中华传世藏书　图文珍藏版

国学经典文库

邹博⊙主编

线装书局

图书在版编目（CIP）数据

蒙学经典／邹博主编 .-- 北京：线装书局，
2011.7 (2022.3)
（国学经典文库）
ISBN 978-7-5120-0378-1

Ⅰ．①蒙…　Ⅱ．①邹…　Ⅲ．①汉语－古代－启蒙读
物　Ⅳ．① H194.1

中国版本图书馆CIP数据核字（2011）第122926号

国学经典文库

主　　编：邹　博
责任编辑：崔建伟　高晓彬
出版发行：线裝書局
　　　　　地　　址：北京市丰台区方庄日月天地大厦 B 座 17 层(100078)
　　　　　电　　话：010-58077126(发行部)010-58076938(总编室)
　　　　　网　　址：www.zgxzsj.com

经　　销：新华书店
印　　制：北京彩虹伟业印刷有限公司
开　　本：787×1092 毫米　1/16
印　　张：336
字　　数：3800 千字
版　　次：2022 年 3 月第 1 版第 2 次印刷
印　　数：3001-9000 套

定　　价：4680.00 元(全十二卷)

线装书局官方微信

蒙学经典

国学经典文库 图文珍藏版

邹博◎主编

线装书局

卷首语

　　"幼读三百千"的吹嘘之词早已不复存在，摇头晃脑背诵着"赵钱孙李……天地玄黄……"的场景也早已成了记忆。中国古代的幼儿启蒙教育早已被现代化的教育制度取代，但一本本经典的童蒙读本却流传至今，为很多家长和教育工作者推崇。这些诞生在古代的幼儿教材中有民族文化血脉的精髓，也有些不合时宜的糟粕。而它们中蕴含的那种希望孩子增长见闻、知礼向善的良苦用心，却可在父母师长的谆谆教导下代代流传。

　　当下社会对《弟子规》《三字经》《神童诗》的关注，与"蒙学热"的兴起有关。但是蒙学读物，内容繁多，良莠不齐。以《三字经》为例，该书提纲挈领，言简意赅，条理明晰，层次分明，通篇三字句，节促音铿，易诵易记，数百年来畅行不衰。但是，由于时代久远，存在不少封建伦理、纲常和显亲扬名的思想，因此，取其精华、去其糟粕就是一种必须。

　　"观今宜鉴古，无古不成今"，批判地继承和借鉴蒙学读物中有益的、科学的部分，对于今天的儿童教育，是大有裨益的。正如鲁迅先生所说："倘若有人做一个历史，将中国历来教育儿童的方法，用书做一个明确的记录，给人明白我们的古人以至我们，是怎样的被熏陶下来的，则其功德，当不在禹下。"

目　录

《三字经》 …………………………………………………………… (1)

百家姓 ………………………………………………………………… (16)

千字文 ………………………………………………………………… (56)

弟子规 ………………………………………………………………… (68)

增广贤文 ……………………………………………………………… (75)

幼学琼林 ……………………………………………………………… (142)

　卷一 ………………………………………………………………… (142)

　　天文 ……………………………………………………………… (142)

　　地舆 ……………………………………………………………… (146)

　　岁时 ……………………………………………………………… (150)

　　朝廷 ……………………………………………………………… (155)

　　文臣 ……………………………………………………………… (157)

　　武职 ……………………………………………………………… (162)

　卷二 ………………………………………………………………… (166)

　　祖孙父子 ………………………………………………………… (166)

　　兄弟 ……………………………………………………………… (170)

　　夫妇 ……………………………………………………………… (172)

　　叔侄 ……………………………………………………………… (175)

　　师生 ……………………………………………………………… (177)

　　朋友宾主 ………………………………………………………… (179)

　　婚姻 ……………………………………………………………… (183)

　　女子 ……………………………………………………………… (186)

　　外戚 ……………………………………………………………… (191)

　　老幼寿诞 ………………………………………………………… (193)

　　身体 ……………………………………………………………… (197)

　　衣服 ……………………………………………………………… (204)

　卷三 ………………………………………………………………… (208)

　　人事 ……………………………………………………………… (208)

饮食 ……………………………………………… （220）

宫室 ……………………………………………… （223）

器用 ……………………………………………… （227）

珍宝 ……………………………………………… （232）

贫富 ……………………………………………… （235）

疾病死丧 ………………………………………… （238）

卷四 ……………………………………………… （243）

文事 ……………………………………………… （243）

科第 ……………………………………………… （249）

制作 ……………………………………………… （252）

技艺 ……………………………………………… （254）

讼狱 ……………………………………………… （257）

释道鬼神 ………………………………………… （260）

鸟兽 ……………………………………………… （264）

花木 ……………………………………………… （272）

龙文鞭影 …………………………………… （277）

卷之一 …………………………………………… （277）

一 一 东 ……………………………………… （277）

二 冬 江 ……………………………………… （285）

三 江 …………………………………………… （289）

四 支 …………………………………………… （293）

五 微 …………………………………………… （308）

六 鱼 …………………………………………… （311）

七 虞 …………………………………………… （316）

卷之二 …………………………………………… （324）

八 齐 …………………………………………… （324）

九 佳 …………………………………………… （327）

十 灰 …………………………………………… （328）

十一 真 ………………………………………… （333）

十二 文 ………………………………………… （339）

十三 元 ………………………………………… （342）

十四 寒 ………………………………………… （346）

十五 删 ………………………………………… （354）

卷之三 …………………………………………… （357）

一 先 …………………………………………… （357）

二 萧 …………………………………………… （366）

三　　肴 ……………………………………………………（369）

四　　豪 ……………………………………………………（372）

五　　歌 ……………………………………………………（377）

六　　麻 ……………………………………………………（381）

七　　阳 ……………………………………………………（386）

卷之四 ………………………………………………………（398）

八　庚 ……………………………………………………（398）

九　青 ……………………………………………………（409）

十　蒸 ……………………………………………………（412）

十一　尤 …………………………………………………（414）

十二　侵 …………………………………………………（424）

十三　覃 …………………………………………………（430）

十四　盐 …………………………………………………（433）

十五　咸 …………………………………………………（436）

中华传世藏书

国学经典文库

目录

图文珍藏版

《三字经》

【导语】

《三字经》是中国古代文化启蒙类书籍中流行最广、内容最为典型的一种。在明清两代可谓家喻户晓、人人皆知,直到 20 世纪的民国时期,在农村的私家学堂中还用它作为儿童的启蒙教材。中华人民共和国成立后,《三字经》虽然未再作为教材使用,但它作为曾经在历史上出现过的文化普及读物,仍然在文化界、学术界常常被人们提及。

《三字经》的作者已难以考察清楚。明代后期赵南星《味檗斋遗书·教家二书序》中说:"世所传《三字经》《女儿经》者,皆不知谁氏所作。"可见在那时候,关于《三字经》的作者已没有确切的说法了。王相的《〈三字经〉训诂序》、陈灿的《增订发蒙〈三字经〉序》及屈大均的《广东新语》提到《三字经》的作者,或说是王应麟,或说是粤中逸老,或说是区适,莫衷一是。民国时期金陵大学油印本的《三字经》序文说,此书的成书有一个过程,由王应麟初撰,区适改订,明代人黎贞续成。现在一般的说法是"相传为王应麟所撰",或"世传为王应麟所撰",用不肯定语气来表述。

王应麟(1223~1296)字伯厚,号厚斋,又号深宁居士。其祖先是汴州浚仪(今河南开封)人,北宋末年靖康之乱后南渡,侨居庆元(今浙江鄞州区)。王应麟年幼好学,九岁时即通晓六经,南宋理宗淳祐元年(1241)十九岁时考中进士,曾官西安县(今浙江衢江区)主簿。宝祐四年(1256)他任考官,理宗让他主持复试,他极力赞扬文天祥的试卷,由理宗钦定文天祥为状元。南宋灭亡后,王应麟不肯做元朝的官,隐居潜心著述,元成宗元祯二年(1296)去世,终年七十四岁。从王应麟的学识、人品及有充分的时间从事著述这些情况来看,他撰作《三字经》是完全有可能的。区适字正叔,是南宋

王应麟像

南海(今属广东)人,南宋末至元初时在世。他幼年爽迈,擅作文辞,成年以博学多闻著称于世。后人说他续作《三字经》,或者事出有因。但是,《三字经》中涉及元朝以后的内容,如"明太祖,久亲师。传建文,方四祀。迁北京,永乐嗣。迨崇祯,煤山逝"等语,显然是清代人增补的。可以肯定,《三字经》在流传过程中,必定经过后人的修订,逐渐成为今人看到的这样的面貌。

《三字经》是用三言诗的形式写成的,文字精练,语句通畅,读起来朗朗上口,易记易诵。它尽可能地以最少的文字表述更多的内容,包括少年儿童勤学上进的道理,为人处世的原则,应当了解的关于传统文化的基本常识、关于封建社会的必读书籍、关于历史演

变的大体脉络以及历代名人刻苦好学的典型事例等,使最初接受启蒙教育的少年儿童能通过这本小册子即可了解儒家文化的主要观点和基本精神。近代著名学者章炳麟《重订〈三字经〉题辞》云:"先举方名事类,次及经史诸子,观其分别部居,不相杂厕,以较梁人所辑《千字文》,虽字有重复,辞无藻采,其启人知识过之。"这段话对《三字经》的特点与作用给予了充分的肯定,也是一种具有权威性的评价。

【原文】 人之初①,性本善,②性相近,习相远③。苟不教④,性乃迁⑤ 教之道⑥,贵以专⑦。

【注释】 ①初:初始。这里指人初生下来时。②性:生性,天性。③习:指人在成长过程中,因为后天的环境、教育不同,所形成的习性、习惯。④苟:如果。⑤迁:迁移,变化。⑥道:方法。⑦贵:最宝贵的。这里指重视、注重。专:专一,始终不懈。

【译文】 人刚出生下来,本性都很良善,天性虽然相近,习惯相差却远。如果不加教诲,秉性就会改变,教育要讲方法,贵在始终一贯。

【原文】 昔孟母①,择邻处②,子不学,断机杼③。窦燕山④,有义方⑤,教五子,名俱扬⑥。

【注释】 ①昔:往昔,过去。孟母:孟子的母亲。孟子,名轲,战国著名思想家,儒家尊其为"亚圣"。②择:选择。处:指安家居住。据说孟母为培养孟子,曾三次搬家。开始他家与屠夫为邻,孟子便学玩杀猪的游戏。后来的邻居是专为人操办丧事的吹鼓手,孟子又爱上了吹吹打打。最后孟母将家搬迁到了学堂旁,孟子才开始受到良好学习环境的熏陶影响。③机杼:织布机上穿引纬线的梭子。孟子有一次逃学回家,孟母非常生气,于是用剪刀剪断了织机上已经织好的布来警示教诲儿子。④窦燕山:五代后周时人,名禹钧。因家居渔阳(今北京地区),地处燕山脚下,故号燕山。⑤义方:指良好的家教。⑥俱:全都。窦禹钧共育五子,因家教严格、教育有方,五个儿子相继科举登第,名扬于世。

【译文】 昔日孟子母亲,安家慎选邻居,孟子逃学回家,停织剪布教育。还有窦氏燕山,家教严格有方,培养教育五子,个个声名远扬。

【原文】 养不教,父之过①,教不严,师之惰②。子不学,非所宜③,幼不学,老何为④?

【注释】 ①过:过错。②惰:懒惰,责任心不强。③宜:应该。④何为:做什么,怎么办。

【译文】 抚养而不教育,这是父亲过错,教育而不严格,老师要负其责。孩子不肯学习,确实太不应该,小时如不努力,到老能干什么?

【原文】 玉不琢①,不成器,人不学,不知义②。为人子,方少时,亲师友③,习礼仪。

【注释】 ①琢:雕琢,雕刻玉石使成器物。②义:道理,应当遵循的行为规范。③亲:亲近,尊敬。

【译文】 玉石不加雕琢,不能成为器物,人不通过学习,不会明白事理。所以作为儿女,就要从小时候,培养尊师敬友,严格学习礼仪。

【原文】 香九龄①,能温席②,孝于亲,所当执③。融四岁④,能让梨⑤,弟于长⑥,宜先知⑦。

【注释】 ①香:黄香,东汉时人,博通经典,官至尚书令。九龄:九岁。②席:炕席,卧具。黄香九岁时就知孝顺父母。夏季炎热,他先用扇子把父母的枕席扇凉;冬日寒冷,他就用身体暖热父母的卧具被褥。③执:做到。④融:孔融,东汉末鲁(今山东曲阜)人。著名文学家,"建安七子"之一。⑤让:谦让。孔融年仅四岁,就懂得把大梨让给哥哥们,自己则挑最小的吃。⑥弟:同"悌",指弟弟敬爱哥哥。长:兄长。⑦知:明白。这句是说从小就应该明白尊敬兄长、友爱兄弟的道理。

【译文】 黄香不过九岁,能替爹妈暖被,孝顺生身父母,子女理当如此。孔融年仅四岁,就懂让梨兄辈,弟弟敬爱兄长,从小就要明白。

【原文】 首孝弟①,次见闻,知某数②,识某文③。一而十,十而百,百而千,千而万④。

【注释】 ①首:首要。弟:同"悌"。②数:数目,算术。③文:文字,文章,文理。④千而万:一到十是基本数字,按照十进位算术方法,十个十是一百,十个一百是一千,十个一千是一万,累计下去可以无穷无尽。这里是说做人做事的道理也如此,基础非常重要,从少到多逐渐积累,就能最终成功。

【译文】 做人首讲孝悌,其次增广见闻,学会数目加减,认读文字文章。这样从一到十,十十相加成百,十百变为一千,十千能成一万。

【原文】 三才者①,天地人,三光者,日月星。三纲者②:君臣义③,父子亲,夫妇顺④。

【注释】 ①三才:指天、地、人。②纲:纲领,法则。"三纲"是汉儒董仲舒最早提出的封建时代君臣、父子、夫妻之间应遵守的三个行为准则,即"君为臣纲,父为子纲,夫为妻纲"。③义:应当遵守的规矩法度。④顺:和顺,和睦。

【译文】 古人所谓"三才",是指天、地与人,古人所称"三光",是指日、月、星辰。古人提出"三纲":规范君臣礼义,要求父子相亲,夫妻和顺不弃。

【原文】 曰春夏,曰秋冬,此四时,运不穷①。曰南北,曰西东,此四方,应乎中②。

【注释】 ①运:运行。穷:穷尽,终止。②应:对应。中:中央。这里是说南、北、西、东四个方位以中央为基准互相对应。

【译文】 说到春天夏天,还有秋季冬季,一年四个季节,反复循环不息。至于南方北方,加上西方东方,对应成为四方,基准在于中央。

【原文】 曰水火,木金土,此五行①,本乎数②。曰仁义③,礼智信④,此五常⑤,不容紊⑥。

【注释】 ①五行:我国古代思想家提出金生水、水生木、木生火、火生土、土生金的"五行相生",和金克木、木克土、土克水、水克火、火克金的"五行相克"学说,认为金、木、水、火、土这五种常见物质,是构成宇宙万物不可缺少的基本元素。②本:本源,根源。数:天数,天理。③仁:仁爱。义:应该遵守的道义。④礼:礼仪,礼节。智:有才智,晓事理。信：诚实守信。⑤五常：仁、义、礼、智、信这五种道德法则。常，常规，准则。⑥紊：紊乱，改变。

【译文】　日常所见水、火，加上木、金与土，五行相生相克，一切本有规则。古人倡导仁、义，恪守礼、智、诚信，此被称作"五常"，不容紊乱违背。

【原文】　稻粱菽①，麦黍稷②，此六谷，人所食。马牛羊，鸡犬豕③，此六畜，人所饲。

【注释】　①粱：古人也称粟，即谷子，去壳后叫作小米。菽：大豆，也泛指豆类。②黍：粘谷子，去皮后北方称作黄米子。稷：一种谷物，古代对其形态记载解释不同，可泛指粮食作物。③豕：猪。

【译文】　水稻、小米、大豆、小麦、粘谷、高粱，以上合称六谷，是人生存食粮。有马有牛有羊，有鸡有狗有猪，上面六种牲畜，人们家家饲养。

【原文】　曰喜怒，曰哀惧，爱恶欲①，七情具②。匏土革③，木石金④，丝与竹⑤，乃八音⑥。

【注释】　①恶：厌恶，憎恨。欲：欲望，贪念。②七情：喜、怒、哀、惧、爱、恶、欲合称七情。具：具备。古人认为七情六欲是与生俱来人人具有的感情。③匏：匏瓠，属葫芦类，古人用来制作匏笙、匏琴等乐器。土：粘土，这里指陶制吹奏乐器埙，上有一到三五个不等的音孔。革：皮革，这里指鼓一类的革制乐器。④木：指柷一类的木制打击乐器。柷，形状如方形漆桶，古代雅乐开始时击之。石：指磬一类玉石制作的敲击乐器。金：指锣、钟、钲、钹等金属制作的乐器。⑤丝：指琴、瑟、琵琶等丝弦类乐器。竹：指笛子、排箫一类吹管乐器。⑥八音：匏、土、革、木、石、金、丝、竹合称"八音"，是中国古代乐器的统称。

【译文】　高兴叫作喜悦，生气叫作愤怒，悲痛叫作哀伤，害怕叫作恐惧，倾慕叫作心爱，讨厌叫作憎恶，贪念叫作私欲，七情人人具备。匏笙、陶埙、皮鼓、木柷、石磬、金钟、琴瑟、笛箫乐器，八类统称八音。

【原文】　高曾祖①，父而身②，身而子，子而孙，自子孙，至玄曾③，乃九族④，人之伦⑤。

【注释】　①高：高祖，曾祖父的父亲。曾：曾祖，祖父的父亲。祖：祖父。②父而身：从父亲到自身。③玄：玄孙，自身以下第五代。曾：指曾孙，孙辈的孩子，自身以下第四代。④九族：九代，即高祖、曾祖、祖父、父、自身、子、孙、曾孙、玄孙共九世。⑤伦：辈分，排列次序。古人特别看重家族延续、血缘血统关系。

【译文】　高祖、曾祖、祖父，父亲生下我身，我再生我儿子，儿子又生我孙，由自己的子孙，再生曾孙、玄孙，传宗接代九辈，延续繁衍不停。

【原文】　父子恩①，夫妇从②，兄则友③，弟则恭④，长幼序⑤，友与朋⑥，君则敬⑦，臣则忠，此十义⑧，人所同。

【注释】　①恩：恩情，有情义。②从：顺从，和顺。封建伦理关系中注重夫权，认为妻子顺从丈夫，家庭就能和顺。新式家庭则强调男女平等。③友：友爱。④恭：恭敬。⑤长幼序：指年长与年幼之间要有尊卑次序。⑥友与朋：古人将有共同志向者称作"友"，有同

样德行者称作"朋",后来则总称做朋友。⑦敬:敬重,尊重。⑧义:指应当遵守的道德伦理关系和行为准则。

【译文】

父子间重恩情,夫妇间应和顺,兄对弟要友爱,弟对兄要谦恭,长与幼讲尊卑,朋与友守信用,君对臣应尊重,臣对君须忠诚,上十义是准则,人与人同遵循。

【原文】 凡训蒙①,须讲究②,详训诂③,名句读④。为学者⑤,必有初⑥,小学终⑦,至四书⑧。

【注释】 ①训蒙:指对幼童的启蒙教育。训,训诫,教导。蒙,蒙昧无知。②讲:讲解。究:追根究底,彻底弄清楚。③详:细说,使完全明白。训诂:解释古书中词句的意义,也叫"训故""故训"。④句读:文章中应当停顿的地方,完整的句子为"句",句子中较短的停顿为"读",后代称作标点。⑤为学:进行学习,做学问。⑥初:指刚开始学习。⑦小学:古代八岁入小学,学习洒扫应对进退、礼乐射御书数等文化基础知识和礼节。南宋著名教育家、思想家朱熹编有以此为内容的童蒙读本《小学》一书,影响较大。⑧四书:朱熹把《论语》《孟子》《大学》《中庸》四本书合在一起,称为"四书",并为之作章句集注。从元代开始,《四书章句集注》成为各级学校必读书,也是士子参加科举求取功名的必读之书。

【译文】 幼童启蒙教育,必须讲析清楚,细说字源词义,让其明白句读。人们读书求学,夯实最初基础,小学内容学好,才能研读四书。

【原文】 《论语》者①,二十篇,群弟子,记善言②。《孟子》者③,七篇止,讲道德,说仁义。

【注释】 ①论语:孔子学生辑录孔子及其一些弟子言行、思想的一本书,共有二十篇。孔子是我国古代伟大的思想家和教育家,儒家思想的代表人物。②善言:有启迪、教益的言论。③孟子:书名,记录孟子及其弟子言论行为,讲述道德仁义等儒家思想。总共七篇,一般认为是孟子及其弟子万章等著,一说是其弟子、再传弟子辑录。

【译文】 儒家经典《论语》,全书二十篇目,都是孔门弟子,师生哲言辑录。孟子著书《孟子》,全书总共七篇,宣讲道德修养,阐说仁义思想。

【原文】 作《中庸》①,子思笔②,中不偏③,庸不易④。作《大学》⑤,乃曾子⑥,自修齐⑦,至平治⑧。

【注释】 ①中庸:儒家重要经典,原是《礼记》中的一篇,作者为孔子的孙子孔伋,战国初思想家。②子思:孔伋字子思。③中不偏:"中"的意思是不偏不倚。④庸:平常。易:改变。"中庸"是说个人修养要做到平和适度,力求和谐,社会也能由此安定。⑤大学:原为儒家经典《礼记》中的一篇,南宋理学大家朱熹将其与《中庸》《论语》《孟子》一起编为《四书》。⑥曾子:名参,字子舆,孔子的著名弟子,春秋时代鲁国人。朱熹认为《大学》大体为曾子思想,但作者也可能是其后学写定。⑦修:修身。齐:整治。⑧平:指平定

天下。治：指治理邦国。《大学》书中强调品德修养，指出先要修养自身品性，整治管理好自己的家庭家族，才能治理好邦国，并最终做到平定天下。

【译文】 四书之一《中庸》，出自子思手笔，"中"谓不偏不倚，"庸"是平和不变。四书另有《大学》，作者当是曾子，主张修身治家，方能安定天下。

【原文】 《孝经》通①，四书熟，如六经②，始可读。《诗》《书》《易》③，《礼》《春秋》④，号六经，当讲求。

【注释】 ①孝经：儒家经典之一，可能是孔门后学所著，论述封建孝道、宗法思想。②六经：指儒家的六部经典《诗经》《尚书》《礼经》《易经》《春秋》《乐经》。今《乐经》已失传，或认为《乐》非独自成书，而是包括在《诗》《周礼》之中。③诗：《诗经》，我国最早的诗歌总集，收集保存了古代诗歌305首。书：《尚书》，我国最早的历史典籍，是上古历史文件和追述古代事迹著作的汇编，相传是孔子编选成书。易：《周易》，也称《易经》，通过八卦形式，推测自然和社会的变化，相传是周人所作。④礼：《礼经》，指儒家经典《周礼》《仪礼》《礼记》，合称"三礼"。《周礼》，亦称《周官》，搜集周王室及战国时代官制、社会制度并添附儒家政治理想汇编而成，据传是周公所作，实应为战国时代作品。《仪礼》据说是孔子采集周代留传下来的礼而编集成书，全书十七篇，内容包括士冠、乡饮、聘礼、丧服、祭祀等基本礼仪，是历代制定封建礼制的重要依据。《礼记》原是解释《仪礼》的资料汇编，内容多采自先秦旧籍，为西汉戴圣所编，世称《小戴礼记》。另有西汉戴德辑本，称作《大戴礼记》。后代"六经"中的"礼"，一般多指《礼记》。春秋：相传是孔子根据鲁国史籍整理删订而成的一部编年体史书。

【译文】 《孝经》融会贯通，"四书"熟习通晓，再如典籍"六经"，开始研读其奥。《诗经》《尚书》《周易》，《礼记》再加《春秋》，号称儒家"六经"，应当讲习探求。

【原文】 有《连山》①，有《归藏》②，有《周易》，三易详③。有典谟④，有训诰⑤，有誓命⑥，《书》之奥⑦。

【注释】 ①连山：书名，相传为伏羲氏所作，又称《连山易》。②归藏：书名，相传为黄帝作，又称《归藏易》。③三易：《连山易》《归藏易》《周易》三部古代易书合称"三易"。详：详尽，知详。指掌握了"三易"也就弄懂了以"卦"的形式解释宇宙、人事万物循环变化的道理。④典：《尚书》文体之一，主要记载典章制度。谟：《尚书》文体之一，主要记载大臣谋士为君王建言献策的事迹和言辞。⑤训：《尚书》文体之一，主要记载贤臣劝诫训导君王的言辞。诰：《尚书》文体之一，主要记载君王的政令通告。⑥誓：《尚书》文体之一，主要记载君王出师征伐时誓师的文辞。命：《尚书》文体之一，主要记载君王对大臣的训令。⑦书：指《尚书》。奥：深奥难懂。因为《尚书》溯源久远，语言古今迥异，所以连唐代文学大家韩愈都感叹其"诘屈聱牙"，艰涩拗口。

【译文】 伏羲著有《连山》，黄帝又作《归藏》，两书加上《周易》，万物变化知详。《书》载典章、谋略，君臣言行、政令，征伐誓言、训令，文字深奥难懂。

【原文】　我周公①，作《周礼》，著六官②，存治体③。大小戴④，注《礼记》⑤，述圣言，礼乐备⑥。

【注释】　①周公：周武王的弟弟姬旦，西周初年著名政治家，曾助武王灭商。武王死后，其子成王年幼，由周公摄政辅佐成王。②六官：《周礼》分天官冢宰、地官司徒、春官宗伯、夏官司马、秋官司寇、冬官司空六部分，讲述周代典章制度。据说为周公所著，实际上系成书于战国，故其中也含有战国的相关内容。③存：保存并使后人知晓。治体：国家政治体制。④大小戴：指西汉儒家学者戴德、戴圣叔侄。⑤注礼记：《礼记》是战国秦汉间儒家言论、特别是关于礼制方面的言论汇编，它有两种辑录本，由戴德辑录的称《大戴礼记》，由戴圣辑录的称《小戴礼记》。现在通行的本子是《小戴礼记》，东汉郑玄为之作注，唐孔颖达为之作疏。⑥备：齐全，详尽。这句意思是《礼记》为后人了解前代礼乐制度提供了详备记载。

【译文】　有我圣贤周公，为国制作《周礼》，分列六类官制，留存周代政体。戴德戴圣叔侄，搜录编辑《礼记》，叙述圣人言论，礼乐制度齐备。

【原文】　曰《国风》①，曰《雅》《颂》②，号四诗③，当讽咏④。

【注释】　①国风：又称"风"，包括《周南》《召南》《邶》《鄘》……共十五个诸侯国与地区的160首诗歌，大多为周代各地的民间歌谣，是《诗经》三百篇中最富思想意义和艺术价值的篇章。②雅：分《大雅》《小雅》两部分。《大雅》是诸侯朝会时的乐歌，共三十一篇；《小雅》大部分是贵族聚会宴享时的乐歌，有七十四篇。颂：朝廷、诸侯、贵族们宗庙祭祀时的乐歌，分《周颂》《商颂》《鲁颂》三部分，共计四十篇。③四诗：指《风》《小雅》《大雅》《颂》。一说是指《风》《雅》《颂》《南》（《周南》和《召南》的合称），这里指《诗经》。④讽咏：吟诵。咏，有节奏地声调抑扬地唱诵。

【译文】　民间歌谣《国风》，朝会祭祀《雅》《颂》，《诗经》号称"四诗"，应当击节吟诵。

【原文】　《诗》既亡，《春秋》作，寓褒贬①，别善恶。三传者②，有《公羊》③，有《左氏》④，有《谷梁》⑤。

【注释】　①寓：寄托，隐含。褒贬：评论好坏。以上是说随着周朝衰落，《诗经》的微言大义也被世人遗忘冷落，于是孔子依据鲁史整理修订《春秋》。《春秋》文字简短，据说隐含着对当时政治的褒贬和各国当政者善恶行为的分辨讽喻，后世称之为"春秋笔法"。②传：解释经书的文字。"三传"是指解说注释《春秋》的《公羊传》《左传》《谷梁传》。③公羊：《公羊传》，也称《春秋公羊传》，儒家经典之一，旧题战国时公羊高撰。④左氏：《左传》，也称《左氏春秋》，儒家经典之一，旧传春秋时左丘明撰。⑤谷梁：《谷梁传》，也称《春秋谷梁传》，儒家经典之一，旧题谷梁赤撰。

【译文】　《诗经》大义沦丧，《春秋》继之而作，文字寓含褒贬，目的辨别善恶。"三传"阐释《春秋》，一是《春秋公羊》，二是《左氏春秋》，三乃《春秋谷梁》。

【原文】 经既明①，方读子②，撮其要③，记其事。五子者，有荀扬④，文中子⑤，及老庄⑥。

【注释】 ①经：指儒家经典。②子：诸子百家著作。③撮：撮取，选择归纳。要：要点，要旨。④荀：荀子，名况，战国著名思想家，著作有《荀子》。扬：扬雄，西汉著名文学家，除擅长作赋外，经学、小学造诣亦深，著有《法言》《太玄》《方言》等。⑤文中子：隋代王通的私谥。其子福郊、福畤模拟《论语》辑录王通语录的书称《中说》，亦称《文中子》。⑥老：老子。老子及其著作《老子》的年代争议较大，通行说法是老子姓李名耳，字聃，春秋后期或战国时代人。《老子》一书分道经、德经两部分，所以又称《道德经》。庄：庄子。战国时代人，与老子同为道家学派的代表人物，世称老庄，著有《庄子》。

【译文】 经书读懂之后，方可再读诸子，选择归纳要旨，熟记事缘因果。诸子名家五子，包括荀子、扬子，文中子即王通，以及老子、庄子。

【原文】 经子通，读诸史，考世系①，知终始②。自羲农③，至黄帝④，号三皇⑤，居上世⑥。

【注释】 ①考：考究，考据。世系：帝王家族世代相承的脉系关系。②终始：指王朝盛衰兴亡及原因。③羲：伏羲氏，神话中的人类始祖，传说他与妹妹女娲氏相婚产生了人类。又传他教民结网从事渔猎畜牧，并制作了八卦。农：神农氏，传说中农业、医药的发明者，有神农尝百草之说。一说神农即炎帝。④黄帝：传说中的中原各族的共同祖先，姬姓，号轩辕氏。相传他曾打败炎帝，击杀蚩尤。舟车、文字、音律、算术等据说都是由他发明创造的。⑤三皇：传说中的三位远古帝王，这里指伏羲、神农、黄帝。⑥上世：远古时代。

【译文】 经书、子书贯通，接着再读史著，考究朝代世系，了解兴衰始末。远自伏羲、神农，再至轩辕黄帝，后人尊称"三皇"，所处时代远古。

【原文】 唐有虞①，号二帝，相揖逊②，称盛世。夏有禹③，商有汤④，周文武⑤，称三王。

【注释】 ①唐：唐尧，传说中父系氏族社会部落联盟领袖。相传他曾设官掌管时令，制定历法。有虞：虞舜。②揖逊：禅让王位。传说唐尧对虞舜进行了三年考核后，推选舜继任为部落联盟领袖。舜继位后，又选拔治水有功的禹为继任人。③禹：传说中夏后氏的部落领袖，奉舜命治理洪水十三年，疏通江河，兴修水利，舜死后继任为部落联盟领袖。④汤：又称成汤、大乙等，商王朝的建立者。⑤周文武：周文王和周武王。文王为商末周族领袖，姬姓，名昌，曾遭商纣王囚禁。统治期间，国势逐渐强盛。其子武王，姬姓，名发，西周王朝的建立者。

【译文】 传说唐尧、虞舜，自古号称二帝，选贤禅让王位，史称太平盛世。夏有治水大禹，商有开国成汤，周有文王、武王，举世称颂三王。

【原文】 夏传子①，家天下②，四百载③，迁夏社④。汤伐夏⑤，国号商，六百载，至

纣亡⑥。

【注释】　①夏传子:夏禹开始将王位传给儿子,不再选贤禅让。②家天下:天下从此成为一个家族所有。③四百载:从夏禹开始到夏朝灭亡共四百三十余年。④迁:迁移,改变。这里指王朝覆灭。社:社稷,指国家政权。⑤伐:讨伐。商汤任用贤臣伊尹执政,不断积聚壮大力量,最后一举灭夏,夏朝末代暴君桀出逃而死。⑥纣:纣王,商朝末代国君,荒淫暴虐。从商汤立国到周武王灭商,纣王自焚而死,共计六百四十余年。

【译文】　夏禹传位于子,天下归其家有,历时四百余载,夏朝最终覆亡。商汤赶走夏桀,建立国号为商,商朝六百余载,至纣自杀国亡。

【原文】　周武王,始诛纣①,八百载②,最长久。周辙东③,王纲坠④,逞干戈⑤,尚游说⑥。

【注释】　①诛:诛杀。武王继承文王遗志,会合西南各族起兵伐纣,取得牧野大捷。纣王兵败自焚。②八百载:自公元前十一世纪周武王立国,至公元前256年周赧王时被秦昭王所灭,周朝共历三十四王,八百余年。③周辙东:指周平王将国都镐(今陕西西安沣河以西)东迁至洛邑(今河南洛阳)。辙,这里指代车,意思是搬迁。公元前771年周幽王被杀,次年平王东迁,历史上称平王东迁前为西周,以后为东周。东周又可分春秋、战国两个时期。④王纲:王朝的统治。坠:衰落。这句是说东周王室已无力控制各国诸侯。⑤逞干戈:炫耀武力。指诸侯纷纷称王称霸。⑥尚游说:谋士、政客凭借口才劝说各国诸侯采纳他们的计策主张。尚,崇尚。

【译文】　武王起兵伐商,纣王兵败自戕,周朝国运最长,历时八百余载。自从平王东迁,周室开始衰败,诸侯炫耀武力,谋士鼓吹游说。

【原文】　始春秋①,终战国②,五霸强③,七雄出④。嬴秦氏⑤,始兼并⑥,传二世⑦,楚汉争⑧。

【注释】　①春秋:指公元前770年至公元前476年这段时期,因鲁国编年史《春秋》而得名。②战国:指公元前475年至公元前221年这段时期,因当时各诸侯国间连年战争而得名。③五霸:指齐桓公、晋文公、秦穆公、宋襄公、楚庄王这五个春秋时代霸主。④七雄:战国时代七个强国齐、楚、燕、韩、赵、魏、秦。⑤嬴秦氏:秦国国君嬴姓,所以秦也称嬴秦,这里是指秦始皇嬴政。⑥兼并:并吞。秦王嬴政十年间先后消灭了其余战国六强,于公元前221年建立了秦王朝,并自称始皇帝。⑦二世:秦始皇儿子,名胡亥,继承始皇为二世皇帝。⑧楚:楚霸王项羽。汉:汉王刘邦。争:争权。秦传至二世,天下又乱,最后形成楚汉相争的局面。

【译文】　东周前期春秋,后期称作战国,春秋五霸逞强,战国七雄鼎立。嬴政即位秦王,开始并吞六强,可叹仅传二世,项羽、刘邦争王。

【原文】　高祖兴①,汉业建,至孝平②,王莽篡③。光武兴④,为东汉,四百年,终于献⑤。

【注释】 ①高祖:汉高祖刘邦。兴:兴起。刘邦打败项羽,于公元前 202 年称帝,建立西汉王朝。②孝平:汉平帝,在位仅五年便被王莽毒杀,西汉灭亡。③王莽:汉元帝皇后侄,以外戚掌权。后毒死平帝,于公元 8 年篡夺政权代汉称帝,改国号为"新"。④光武:指东汉光武帝刘秀。公元 23 年王莽新朝被绿林农民起义军所灭。公元 25 年刘秀称帝重建汉朝,史称"光武中兴"。⑤献:汉献帝,东汉末代皇帝。公元 220 年东汉灭亡。

【译文】 高祖击败项羽,汉朝基业始建,皇位传至平帝,却被王莽夺篡。光武起兵中兴,建朝史称东汉,两汉四百余年,最终亡于汉献。

【原文】 魏蜀吴①,争汉鼎②,号三国,迄两晋③。宋齐继④,梁陈承⑤,为南朝⑥,都金陵⑦。

【注释】 ①魏:公元 220 年曹丕取代汉献帝于洛阳称帝,国号魏,史称曹魏。蜀:公元 221 年刘备在成都称帝,国号汉,史称蜀汉。吴:公元 222 年孙权在建业(今江苏南京)称吴王,229 年称帝,史称孙吴、东吴。魏、蜀、吴三国鼎立,历史号称三国时期。②鼎:传国宝器,象征国家政权、江山社稷。③迄:到。两晋:西晋和东晋的合称。公元 265 年司马炎代魏称帝,都洛阳,是谓西晋。西晋灭亡后,公元 317 年司马睿在建康(今江苏南京)重建政权,史称东晋。④宋:公元 420 年刘裕代晋称帝,建都建康,国号宋,史称刘宋,以区别后来的赵宋。齐:公元 479 年萧道成代宋称帝,国号齐,史称南齐。⑤梁:公元 520 年萧衍代齐称帝,国号梁,史称萧梁。陈:公元 557 年陈霸先代梁称帝,国号陈。⑥南朝:自刘裕建宋到陈为隋灭,历经宋、齐、梁、陈四代,史称南朝。⑦都金陵:南朝四代皆建都在今天的南京,南京古称建业、建康、金陵等名。

【译文】 曹魏、蜀汉、东吴,争夺汉室皇权,三国鼎立混战,两晋一统江山。刘宋、南齐继国,萧梁与陈接承,历史称为南朝,四代建都金陵。

【原文】 北元魏①,分东西②,宇文周③,与高齐④。迨至隋⑤,一土宇⑥,不再传⑦,失统绪⑧。

【注释】 ①北:北朝。元魏:北魏。公元 386 年北方鲜卑族拓跋珪称王,国号魏,建都平城(今山西大同)。后孝文帝迁都洛阳,改姓"元",所以历史上也称北魏为元魏。②分东西:公元 534 年北魏分裂为东魏和西魏。③宇文周:北周。公元 557 年宇文觉代西魏称帝,建都长安(今陕西西安),国号周,史称北周。因皇室姓宇文,故也称宇文周。④高齐:北齐。公元 550 年高洋代东魏称帝,建都邺(今河北临漳西南),国号齐,史称北齐、高齐。北朝的北魏、东魏、西魏、北齐、北周政权与南朝一直对峙,历史上称为南北朝时期。⑤迨:及,等到。隋:公元 581 年杨坚代北周称帝,国号隋,史称隋文帝。⑥一:统一。土宇:天下。⑦不再传:隋朝于二代皇帝炀帝时亡国,社稷不再传续。⑧统绪:一脉相传的系统。指帝位世代传承。

【译文】 北朝先有北魏,后分东魏、西魏,宇文代魏建周,高洋另立北齐。直到杨坚称帝,天下一统归隋,隋朝仅传一代,从此失去帝位。

【原文】 唐高祖①,起义师,除隋乱,创国基②。二十传③,三百载④,梁灭之⑤,国乃改。

【注释】 ①唐高祖:李渊,原为隋朝太原留守,封唐国公,起兵反隋,攻克长安。公元618年隋亡,他在关中称帝,国号唐。②国基:国家基业。③二十传:唐朝共传二十帝。④三百载:自公元618年至907年,唐朝统治近三百年。⑤梁:公元907年朱温篡唐称帝,建都汴(今河南开封),国号梁,史称后梁。

【译文】 唐朝高祖李渊,兴起仁义之师,清除隋末之乱,开创大唐基业。传承二十皇帝,享国近三百年,后梁朱温灭唐,江山于是改变。

【原文】 梁唐晋①,及汉周②,称五代③,皆有由④。炎宋兴⑤,受周禅⑥。十八传⑦,南北混⑧。

【注释】 ①梁:后梁。唐:后唐。公元923年沙陀部人李存勖灭后梁称帝,建都洛阳,国号唐,史称后唐。晋:后晋。公元936年沙陀部人石敬瑭勾结契丹灭后唐称帝,建都汴,国号晋,史称后晋。②汉:后汉。公元946年契丹灭后晋。次年沙陀部人刘知远趁机称帝,建都汴,国号汉,史称后汉。周:后周。公元951年,郭威代后汉称帝,改国号为周,史称后周。③五代:后梁、后唐、后晋、后汉、后周五个中国北方的短暂朝代的合称。④由:缘由。⑤炎宋:公元960年赵匡胤建立宋朝。定都汴京(今河南开封),为区别于南朝刘宋,史称赵宋。赵宋尊崇五行中的火德,故亦称炎宋。⑥受周禅:赵匡胤原官后周殿前都点检,掌握兵权。960年他发动陈桥兵变,黄袍加身,废黜后周恭帝,篡位登基。禅,是说周恭帝禅让出帝位。《三字经》出自宋人之手,"禅位"不过是宋人避讳之言。⑦十八传:宋代共历十八帝。⑧南北混:公元1126年金兵攻入汴京,北宋亡。宋室南渡,建都临安(今浙江杭州),史称南宋。两宋先后与北方辽、金、西夏、蒙古互相攻伐混战,局势纷乱。

【译文】 后梁、后唐、后晋,以及后汉、后周,史书称作五代,更替都有缘由。炎炎隆宋兴国,源自后周禅让,共历一十八帝,后陷南北纷乱。

【原文】 辽与金①,帝号纷②,迨灭辽,宋犹存③。至元兴④,金绪歇⑤,有宋世,一同灭⑥。并中国⑦,兼戎狄⑧,九十年⑨,国祚废⑩。

【注释】 ①辽:公元907年耶律阿保机建契丹国。938年契丹改国号为辽。是中国北方与北宋长期对峙的王朝。金:公元1115年女真族完颜阿骨打创建的朝代,建都会宁(今黑龙江阿城南)。1125年灭辽,次年灭北宋。②帝号纷:指辽、金纷纷建国称帝。③宋犹存:辽被金灭时,北宋仍存在。后宋室南渡,南宋又存在一百五十三年。④元:公元1206年成吉思汗建蒙古国,陆续攻灭西辽、西夏、金、大理等国。1271年忽必烈定蒙古国号为元。⑤金绪歇:元朝兴盛,金的事业功绩渐渐削弱停息。绪,功业。歇,停止。⑥一同灭:金与南宋同样是被元所灭。⑦并中国:公元1279年元世祖忽必烈灭掉南宋统一中国,建都大都(今北京市)。并,吞并。⑧兼:兼并。戎狄:古代对西、北少数民族的称

谓。⑨九十年：自元世祖公元1271年定蒙古国号为元，到公元1368年朱元璋推翻元朝统治，共计九十八年。⑩国祚：帝位。废：废弃。此指亡国。

【译文】 北方辽人金人，纷纷建国称帝，到了金朝灭辽，南边还存宋朝。直至元朝兴盛，金朝功业才消，南宋继金之后，同被元朝灭掉。元朝统一中国，同时兼并戎狄，历时九十余载，最终帝位废弃。

【原文】 明太祖①，久亲师②，传建文③，方四祀④。迁北京，永乐嗣⑤，迨崇祯⑥，煤山逝。

【注释】 ①明太祖：朱元璋，少时家贫曾出家为僧。后参加元末义军，屡有战功，成为统帅。1368年推翻元朝统治，建立明朝，建都南京。②亲师：亲自率兵征伐。③建文：明惠帝，年号建文，朱元璋之孙。④四祀：四年。建文帝在位仅四年。⑤永乐：明成祖朱棣，年号永乐。嗣：指继承帝位。朱棣是朱元璋第四子，建文帝叔，封燕王，镇守北平（今北京市）。他不满太祖传位皇太孙，以平定变乱为借口，起兵攻陷南京，建文帝生死下落不明。朱棣夺取帝位，迁都北京。⑥崇祯：明思宗，年号崇祯。公元1644年李自成率起义军攻克北京，崇祯杀死幼女、嫔妃后在煤山（今北京景山）自缢，明朝灭亡。

【译文】 明太祖朱元璋，亲统兵灭元朝，传皇位给建文，才四年被叔夺。将国都迁北京，号永乐继帝位，到崇祯家国碎，逝煤山明亡废。

【原文】 清太祖①，膺景命②，靖四方③，克大定④。至世祖⑤，乃大同⑥，十二世⑦，清祚终⑧。

【注释】 ①清太祖：姓爱新觉罗，名努尔哈赤，公元1616年统一女真（满族前身），建立后金。他雄才大略，建八旗，创满文，在满清的初期发展中起了重要作用。其子皇太极1636年改国号为清。②膺：承受。景命：上天授予王位之命，天命。③靖：平定。④克：能够。大定：大一统。此指统一女真各部。⑤世祖：爱新觉罗·福临，年号顺治。他六岁即位，由叔父多尔衮摄政。⑥大同：儒家所谓的理想社会。顺治元年（1644）清兵入关，击败李自成政权，建都北京。继而统一中国，建立所谓太平盛世。⑦十二世：自清太祖起清代共历十二帝。⑧祚：帝王之位，也指国运。终：止。宣统三年（1911）辛亥革命推翻清王朝，结束了两千多年来的封建君主制度。

【译文】 清祖努尔哈赤，秉承上天授命，平定女真全境，完成开国重任。到了世祖福临，取得天下大同，清帝传至十二，宣统退位告终。

【原文】 读史者，考实录①，通古今，若亲目②。口而诵，心而惟③，朝于斯④，夕于斯⑤。

【注释】 ①实录：翔实可靠的记载。又"实录"为中国古代编年体史书之一种，中国自南朝梁开始，历朝历代都修有每个皇帝统治时的编年大事记《实录》，虽于实事多有忌讳，但资料丰富，常为修史者所依据。②亲目：亲眼所见。③惟：思考。④朝：早上。斯：这里。⑤夕：晚上。

【译文】 想要读通历史,必须查考史料,了解古往今来,就像亲眼目睹。一面口中诵读,一面用心思考,早晚专注于此,才能真正学好。

【原文】 昔仲尼①,师项橐②,古圣贤,尚勤学。赵中令③,读《鲁论》④,彼既仕⑤,学且勤。

【注释】 ①仲尼:孔子名丘,字仲尼,春秋时鲁(今山东曲阜)人,思想家、政治家、教育家,儒家的创始者,被尊为"至圣先师"。②项橐:鲁国神童。据说他七岁时就教过孔子乐曲,十一岁时死去。③赵中令:赵普,北宋初年两朝宰相。中令,即中书令,宋代行政中枢中书省长官。赵普任中书令时仍手不释卷阅读《论语》,曾有"半部论语治天下"的名言。④鲁论:西汉初年鲁国人所传的《论语》。当时还有古文字写的《古论》和齐国人所学的《齐论》。⑤仕:做官。

【译文】 从前圣人孔子,求教七岁项橐,古人即便圣贤,尚且不忘勤学。北宋宰相赵普,《论语》常年在手,他虽已做高官,勤奋好学依旧。

【原文】 披蒲编①,削竹简②,彼无书,且知勉。头悬梁③,锥刺股④,彼不教⑤,自勤苦。

【注释】 ①披蒲编:西汉人路温舒家贫,在水泽边放羊时砍蒲草编成本册,当作书写文字的纸张。披,劈分。②削竹简:西汉人公孙弘幼贫,在竹林中放猪时将青竹削成竹片,向人借书抄在上面苦读。③头悬梁:汉朝人孙敬读书非常刻苦,晚上阅读时,他把头发拴在屋梁上以免打瞌睡。④锥刺股:战国人苏秦读书每到疲倦时,就用锥子刺大腿来警醒自己。股,大腿。⑤不教:不用督促。

【译文】 温舒编草写字,公孙竹片抄书,他俩无钱买书,尚且如此苦读。孙敬头发系梁,苏秦锥子刺腿,他们无须督促,学习勤奋刻苦。

【原文】 如囊萤①,如映雪②,家虽贫,学不辍③。如负薪④,如挂角⑤,身虽劳,犹苦卓⑥。

【注释】 ①囊萤:晋朝人车胤家贫买不起灯油,他捉来许多萤火虫装在纱袋里照亮儿夜读。②映雪:晋朝人孙康贫苦,冬夜借助积雪的反光读书。③辍:停止。④负薪:汉朝人朱买臣靠砍柴为生,挑柴时将书放在柴草担上边走边读。⑤挂角:隋朝人李密给人家放牛,他把书册挂在牛角上,一边放牛一边读书。⑥苦卓:刻苦自强。卓,卓越,不同一般。

【译文】 车胤借助萤火,孙康借助雪光,家贫条件不好,读书念念不忘。买臣书挂柴担,李密书挂牛角,每日干活虽苦,书却一刻不放。

【原文】 苏老泉①,二十七,始发愤,读书籍。彼既老,犹悔迟,尔小生②,宜早思。

【注释】 ①苏老泉:苏洵,别号老泉,宋代著名文学家。二十七岁才发奋读书,与长子苏轼、次子苏辙合称"三苏",同列唐宋散文八大家内。②尔:你,你们。小生:青少年。

【译文】 苏洵别号老泉,直到二十七岁,才知发愤苦读。老来虽有成就,还是后悔当

初,没有更早学习。你们年纪轻轻,应当早做考虑,珍惜大好时光,发奋读书自立。

【原文】 若梁灏①,八十二,对大廷②,魁多士③。彼既成,众称异,尔小生,宜立志。

【注释】 ①梁灏:五代末年人,历经后晋、后汉、后周,直到北宋太宗雍熙年间他八十二岁时才考中状元。一说梁灏实为宋人,二十三岁时登第。②对大廷:在朝廷上回答皇帝的策问。③魁多士:在众多名士中一举夺魁。魁,为首,第一。

【译文】 再如五代梁灏,八十二岁登第,金殿对答如流,众名士中夺魁。如此高龄成才,天下无不惊异,你们年轻小子,更要励志努力。

【原文】 莹八岁①,能咏诗,泌七岁②,能赋棋。彼颖悟③,人称奇,尔幼学,当效之④。

【注释】 ①莹:北魏人祖莹,八岁时就能作诗成诵。②泌:唐朝人李泌,七岁时便能做出棋赋,有"方若棋局,圆若运知"等句。③颖悟:聪明有悟性。悟,理解力强。④效:效仿,作为榜样学习。

【译文】 祖莹八岁能诗,李泌七岁作赋。他们聪明好学,人人赞叹称奇,你们年幼求学,当向他们看齐。

【原文】 蔡文姬①,能辨琴,谢道韫②,能咏吟。彼女子,且聪敏,尔男子,当自警③。

【注释】 ①蔡文姬:东汉著名文学家蔡邕女儿蔡琰,字文姬。精通诗赋、音律,能辨别琴声,所作《胡笳十八拍》一时号为绝唱。②谢道韫:晋代著名女诗人,才思敏捷,能出口成诗。③自警:指警醒自己不要落在女子之后。

【译文】 文姬能辨琴韵,道韫出口诗成,她们虽是女子,尚且如此聪颖,你们堂堂男子,更当激励警醒。

【原文】 唐刘晏①,方七岁,举神童②,作正字③。彼虽幼,身已仕,尔幼学,勉而致④。有为者,亦若是⑤。

【注释】 ①刘晏:唐玄宗时人,七岁便能写诗作文,是当时著名神童。②举:推举选拔。③正字:官名,负责校勘书籍。刘晏七岁时唐玄宗泰山封禅(在泰山祭祀天地),刘晏所献颂文深得玄宗称赞,授官太子正字。④致:达到。⑤是:这样。此句为总结语,意思是一切有作为的人,都能与上述名贤一样取得成就,扬名后世。

【译文】 唐代有个刘晏,七岁献赋泰山,玄宗举作神童,作了校勘之官。他虽小小年纪,已然担当重任,你们年龄相同,努力也能成功。凡有作为之人,都能千古传诵。

【原文】 犬守夜,鸡司晨①,苟不学②,曷为人③?蚕吐丝,蜂酿蜜,人不学,不如物。

【注释】 ①司:管理,负责。②苟:如果。③曷:何,怎么。

【译文】 狗会看家守夜,鸡能报晓啼鸣,如不用心学习,有何资格称人?春蚕辛苦吐丝,蜜蜂勤劳酿蜜,人不勤奋学习,不如这些动物。

【原文】 幼而学,壮而行①,上致君②,下泽民③。扬名声,显父母,光于前,裕于后④。

【注释】 ①壮:成年。行:行事。指实践。②致君:指辅佐君王,报效国家。③泽民:指为官一方,惠及百姓。泽,恩泽。④裕于后:指惠泽后代。裕,使富足。

【译文】 幼时勤奋学习,长大学以致用,上能报效君主,下可造福百姓。既能声名远扬,又能显耀双亲,祖宗增添光彩,恩泽惠及子孙。

【原文】 人遗子^①,金满籯^②,我教子,惟一经^③。勤有功,戏无益,戒之哉,宜勉力。

【注释】 ①遗:留下。②籯:竹箱,竹筐。③经:泛指经典、经书。这里是作者对自己《三字经》的自称。

【译文】 别人留给后代,或许满箱金银,而我教育儿孙,仅有三字此经。勤学定有收获,贪玩浪费光阴,必须以此为戒,勉励自己成人。

中华传世藏书

国学经典文库

三字经

图文珍藏版

15

百家姓

【导语】

中华姓氏历史悠久,源远流长。在古代,姓与氏不仅有着严格的区分,即使在姓氏合一之后,人们仍能从姓氏中获取家族的历史背景与相关信息。在当今,姓氏作为家族与个体的符号,在社会交往与日常生活中,仍是人们必须经常面对,而又无法回避的,因此本书可以提供虽然简略而又基本的姓氏方面的知识。

古往今来,中华姓氏到底有多少,仍是专家们经常要进行探究的中华姓氏学中最重要的问题。唐代的《元和姓纂》收录姓氏一千五百二十个,宋代的《氏族略》收录姓氏二千三百六十八个,明代的《姓汇》收录姓氏二千五百余个,《姓觿》收录姓氏三千六百二十五个,清代的《姓氏寻源》收录姓氏达四千零五十三个。当代著名姓氏专家袁义达等著录的《中华姓氏大辞典》,共收录古今各族的汉字姓氏一万一千九百六十九个,其中单字姓氏五千三百二十七个、双字姓氏四千三百二十九个、三字姓氏一千六百一十五个、四字姓氏五百六十九个、五字姓氏九十六个、六字姓氏二十二个、七字姓氏七个、八字姓氏三个、九字姓氏一个。尽管该书为迄今著录中华姓氏最多的书,但就中华姓氏的总量而言,似乎还应更多。

《百家姓》书影

既然姓氏是每个人必须每天面对的,将这些常用姓氏作为启蒙教材,便是古人早已关心的事情了。西汉的黄门令史游著有《急就篇》,用三言诗的形式,将常用姓氏编列了一百三十四句,便于人们尤其是幼童记诵。以后人们进行了更多的尝试,但尤以北宋钱氏所著《百家姓》最有影响。早期的《百家姓》收录常用姓氏四百一十个,而现在见到的最为普及的版本收录姓氏四百三十八个。在民间广为流传的则是图文并茂的《增广百家姓》,收录姓氏五百零四个。尽管明代有《千家姓》、清代有《御制百家姓》等不同的姓氏蒙学著作,但是"赵、钱、孙、李,周、吴、郑、王……",人们便是在这种朗朗上口的读书声中,认识了姓氏,开始了人生。

我们还无法搞清《百家姓》中姓氏排序的内在依据,尽管当代学者依每一姓氏的人口数量进行了新的百家大姓排序,但从历史传承的角度,我们仍然选择了《百家姓》与它的"赵、钱、孙、李……",但愿这部分内容能给您一点姓氏方面的启蒙知识,并从这里开始认识自身的以及家族的历史。

【原文】 赵钱孙李,周吴郑王。冯陈褚卫,蒋沈韩杨。

【注释】 赵:嬴姓祖先伯益的后代名叫造父,造父为周穆王驾车,在穆王出巡及征伐中屡屡建功,穆王于是把赵城封赏给了他,造父的后代便以赵为姓。

钱:相传五帝之一颛顼的后代彭祖之孙彭孚,在西周时任钱府上士,掌管财政,其子孙便以官职钱为姓。一说彭祖姓篯名铿,乃古之长寿者,其后裔去掉竹字头而改姓为钱。

孙:春秋时卫武公的儿子名惠孙,其后代子孙便以孙字为姓。一说孙姓源于楚国贤臣孙叔敖之后。一说春秋时陈厉公之子陈完逃奔齐国后改姓田,田完六代孙田书讨伐莒国有功,被齐景公封于乐安(今山东惠民),并赐姓孙。

李:颛顼帝高阳氏后裔皋陶在尧、舜时任理官,执掌刑狱之事,故以理为姓。其后代遭殷纣王迫害,当时理氏家族族长理征之子理利贞出逃避祸,采食李子充饥,后改理姓为李姓,以躲避纣王耳目,同时也是为了表达对李树救难的感激。又唐代开国皇帝名李渊,李氏于是成为国姓,许多有功的家族都被赐姓李,李姓由此大增,血缘亦不再单纯。

周:周平王小儿子姬烈被封在汝州(今属河南省),当地人称其家族为周家,从此便以周为姓。周王室后裔仍保持姬姓未改者,至唐代玄宗时因避李隆基的"基"音之讳,也被诏改为周。同是在唐代改姓,与李姓相比,周的血缘关系要简单得多。

吴:古代周族领袖古公亶父的长子太伯与弟弟仲雍远奔江南,始建勾吴国,都城梅里(今江苏无锡)。周朝建立后,武王封太伯三代孙周章为诸侯,建国号为吴。吴国被越王勾践灭掉后,其后代为记其耻,遂以国名为姓。

郑:周宣王封其弟姬友于南郑(今陕西华县东),史称郑桓公。桓公子郑武公先后攻灭郐和东虢,建立了郑国,定都新郑(今属河南省),郑国一度成为春秋强国。郑于战国时被韩所灭,郑国子孙遂以国名为姓,改姬为郑。

王:商代贤臣箕子和比干本是纣王的叔父,因直言苦谏,遭到纣王残酷迫害。周武王灭商后,箕子、比干的后裔因其先人是商朝王族,于是改姓为王。此外周与战国诸侯国的王族后裔,在秦灭六国之后,四处避难散居,不少家族也纷纷隐姓埋名,改称姓王。

冯:周武王灭商后,其弟毕公姬高受封于冯城,子孙于是以冯为姓。另外春秋时郑国大夫冯简子的封邑也是冯,后代也以冯为姓。

陈:西周初,武王将舜的后代胡公满封于陈(今河南淮阳),胡公满建陈国,子孙后便以陈为姓。

褚:春秋时宋共公的儿子公子段被封于褚,任职褚师,是掌管市场的官员,后代便以褚师为复姓,后又省略为单姓褚。一说公子段食邑封在褚地,因其德可以为人师法,故号褚师,后代于是以之为姓,简略作褚。

卫:周文王第九子分封于康邑,称作康叔。周公旦平定商纣王儿子武庚之乱后,将商遗民七族划归康叔统治,康叔于是建立卫国(在今河南淇县一带)。秦灭卫后,卫国王公贵族后代遂以国名卫为姓。

蒋:周初周公旦第三子姬伯龄被封在蒋邑(今河南固始。一说今河南光山),后被楚

国所灭,后代便改姬姓为蒋。

沈:周文王第十子季载因平叛有功被封在沈邑(今河南平舆北),后建沈国。沈国最终被蔡国所灭,子孙遂以沈为姓。

韩:周成王之弟权虞的后代毕万受封于韩原(今陕西韩城),建立韩国,韩被晋灭后,子孙后代便以韩为姓。又春秋时晋国大夫韩武子后代韩景侯于"三家分晋"之后建立韩国,迫使周威烈王承认为诸侯,建都阳翟(今河南禹县)。韩哀侯灭郑,迁都新郑(今属河南省)。韩被秦灭之后,子孙以韩为姓。

杨:周成王三弟叔虞的次子名姬抒,在周康王时被封为杨侯,建国于今山西洪洞东南。杨侯第六代孙杨康随周宣王北征时阵亡,其子尚父继国。东周桓王时杨国被晋武公灭,子孙陆续南迁,并以国名杨为姓。

【原文】 朱秦尤许,何吕施张。孔曹严华,金魏陶姜。

【注释】 朱:颛顼玄孙陆终的第五子名安,大禹时赐姓曹。武王灭商后封曹安后裔曹挟于邾(今山东邹县一带),建邾国。至战国时邾被楚灭,王公贵族以国名去偏旁改姓朱。其偏旁右"阝",古代同"邑",意思是邾国已失其地,国已不国。

秦:古代嬴姓祖先伯益后代嬴非子替周孝王牧马有功,受封于秦,后代遂以为姓。此外周公之子伯禽裔孙封邑在秦,子孙以封邑为姓。所以秦氏祖先或源出嬴姓,或源出姬姓。

尤:五代时,王审之在福建闽王,闽国沈姓人为避闽王名字中"审"字的音讳("沈"与"审"音同)。去掉水字旁,改余下的右半边为"尤"字作姓。

许:周武王灭商后,将不肯食周粟而逃亡的贤士伯夷后人文叔封于许国,世称许文叔。封国旧址在今河南许昌,后虽多次迁徙,但均在今河南省界内。战国初许为楚灭,子孙始以许为姓。一说许姓的祖先是尧时的隐士许由。传说尧想将君位让给他,后又想请他做九州长官,他均辞而不受,隐居在箕山、颍水畔。

何:战国时韩国被秦所灭后,子孙流离分散。其中逃至江淮一带的便以韩为姓,当地发音"韩"与"何"相近,于是被变称为何。

吕:传说上古炎帝因出生并居住于姜水流域。所以姓姜,姜姓羌人有四支胞族即"四岳",其中一支在夏时被封为吕侯,建吕国(今河南南阳)。春秋时吕国被楚所灭,子孙后代以国为姓,称吕氏。

施:施氏原系殷商七族之一,其余还有陶氏、樊氏等。周公旦平定武庚之乱,殷商七族都被划归文王之子康叔管辖,施氏家族主要负责制造旗帜。

张:相传黄帝的孙子姬挥夜观天象,见弧矢九星如弓状排列正对天狼星,于是受到启发而发明制造出了弓箭,被黄帝封官做弓正。这当然是神话传说,不过制作弓箭的弓匠都以姬挥为祖师爷。弓正也称作弓长,后代将弓长二字合一为姓,遂有了张姓。汉代道教盛行,领袖张角、张宝等都称道教源于黄帝,而张姓亦为黄帝所赐,于是张姓人数渐多。

孔:商族始祖为契,子姓。后十四代孙成汤灭夏建立商朝,被商民尊奉为开国英主。

商汤字天乙,所以他的一支后裔便用汤的本姓"子",再加上他字里的"乙",合成一个孔字为姓。又纣王庶兄微子启被周封于商丘,国号宋,史称宋微子。宋微子后代中有名叫孔父嘉者,他的子孙因祸逃到鲁国,改姓孔,这个家族中后来诞生了孔子。

曹:周武王灭商后封弟弟叔振铎于曹(今山东曹县),世称曹叔振铎。曹被宋灭,其国人遂以曹为姓。

严:严姓本源为庄氏,是春秋楚王侣的后裔。楚王侣死后谥号楚庄王,其支庶子孙便有以庄为姓者。东汉明帝名刘庄,庄氏为避明帝讳,便以同义词"严"代替庄做了姓氏。

华:春秋时宋戴公之子考父封邑于华(今陕西华阴),后代遂以封邑地名为姓。

金:黄帝儿子少昊为金天氏,所以他的一支子孙便以其中的金字为姓。一说汉武帝时,匈奴王太子日磾曾事武帝,武帝将其装扮成金色人身参与祭天大典,并赐姓金,所以金氏为少数民族后裔。

魏:周文王后裔毕万在晋国为大夫,毕万后代魏斯与韩、赵三家分晋后各自建国,魏斯建立魏国,都安邑(今山西夏县),史称魏文侯。魏文侯任用李悝变法改革,成为战国七雄之一。魏被秦灭后,后代便以魏为姓氏。又战国时秦国穰侯魏冉本是楚王后裔,芈姓,后改芈姓为魏,子孙亦沿袭魏姓。

陶:武王弟康叔统治的殷商七族中有陶氏,负责陶器制作,子孙也以陶为姓。一说尧任君主前居住于唐,后又居住于陶,称陶唐氏。尧的后裔子孙中的一支遂以陶为姓。

姜:炎帝(一说即神农氏)出生并居住在姜水,故以姜为姓。在历史发展中,由于种种原因,炎帝后代子孙许多支已改变为别的姓氏。周代齐国的开国始祖吕尚就是炎帝的后裔,姓姜名望字子牙,因功封于吕地,遂改姓吕。到春秋时,姜子牙之后齐桓公已成为五霸第一霸主。齐在战国时被田和所灭,其子孙后代分居各地,许多族裔又改回姜姓。

【原文】 戚射邹喻,柏水窦章。云苏潘葛,奚范彭郎。

【注释】 戚:春秋时卫国大夫孙林父受封至戚邑,遂以封邑为姓。

谢:周宣王封其舅父申伯于谢国(今河南唐河),后代遂以谢为姓。

邹:周武王灭商后封颛顼后裔曹挟于邾国,邾国被灭后其后代改姓为朱。邾国被楚灭前一度为鲁国的附属国,鲁穆公时曾将其国号改为邹,故其后代在国亡后,一部分改姓了朱,另一部分则改姓了邹。

喻:西汉苍梧太守谕猛的后代在东晋时改姓为喻,其子孙遂沿袭改谕作喻姓。

柏:春秋时有一小国柏国(在今河南西平),后被楚国所灭,子孙后以国为姓。又传说上古炎帝有师名招,帝喾有师名同,他们居住在柏地,后代便都以柏为姓。

水:因大禹治水之故,其后代子孙很多人做了水官,负责掌管治理江河湖泊,渐渐地便以水作为了姓氏。另上古居民住在江河湖泽之畔者,也多有以水为姓的。

窦:夏朝第五代君主名相,相失国被杀,其妃当时已怀有身孕,慌乱中从窦(墙洞)中逃出,生下了遗腹子少康。后少康中兴,成为夏的第六代君王。少康儿子杼、龙为纪念祖

母逃难之举,遂以窦为己姓,后代子孙也都姓了窦。

章:齐太公姜尚(姜子牙)的一支子孙被封于鄣(今山东章丘),春秋时被齐所灭,后代于是去掉右边偏旁"阝(邑)"改姓为章。

云:传说颛顼后裔祝融在帝喾时担任火正,居住于妘,以妘为姓。其后代一支南迁成为周代诸侯国郧国,亦称妘(今湖北郧阳区)。郧于春秋时被楚国所灭,其后代便以国名作姓,并去偏旁改字为云。

苏:周武王时颛顼后裔忿生任职司寇,掌管刑狱、纠察,因功封国于苏,史称苏忿生。春秋时苏国被狄人灭掉,其子孙便以国名苏为姓。

潘:周文王后代姬高被封在毕国(今陕西咸阳西北),人称毕公高。毕公高之子季孙被封在潘(今陕北一带),季孙之后遂以封地潘为姓。又春秋时楚成王世子商臣的太师为潘崇氏,潘崇氏后代便改姓作了潘。

葛:夏代有一诸侯国名葛(故址在今河南长葛),葛国国君封为伯爵,所以史称葛伯。葛伯后人于是以葛为姓。

奚:黄帝后裔姬仲在夏朝时任职车正,掌管车马,其封地(供其赋税之地,即食邑)在奚,故被称为奚仲。奚仲后代取其名字中的奚代姬,便有了奚姓。

范:帝尧后裔杜伯被周宣王所杀,其子出逃到晋国任士师。晋国后封杜伯曾孙士会食邑于范(今河南范县),人称范武子,后代于是以封邑范作为了姓氏。

彭:颛顼裔孙陆终的第三子篯铿,即钱氏先祖,因居于彭地,故世称彭祖,彭祖号称长寿,活了八百岁。商代有诸侯国大彭(故地在今江苏徐州),大彭的开国君主据说就是传说人物彭祖,大彭国亡后子孙便以彭为姓。所以钱姓与彭姓均奉彭祖为其先祖。

郎:春秋时鲁懿公孙子费伯修筑了郎城(故址在今山东曲阜)居住在那里,后代子孙遂以郎为姓。又历史上南匈奴也有郎氏。

【原文】 鲁韦昌马,苗凤花方。俞任袁柳,酆鲍史唐。

【注释】 鲁:周公旦的封国为鲁(今山东西南部),但他一直留在镐京(今陕西西安)辅佐成王,让其子伯禽就封曲阜(鲁国都城)。后代子孙遂以鲁为姓。

韦:夏朝少康帝中兴复国后,封其孙元哲于豕韦(今河南滑县南),元哲到了封地后只选留了一个"韦"字建韦国。韦国后被商汤所灭,王族遂以韦为姓。又秦汉时韩信后人避祸曾藏身南粤(今两广一带),仅以姓氏的半边韦字作姓,故今广西僮族多韦姓。

昌:传说黄帝之子名昌意,娶蜀山氏之女昌仆生儿子颛顼,这个家族的一支便以昌字作姓氏。

马:伯益后代赵奢是战国时代赵国的名将,因战功被封于马服(今河北邯郸),世称马服君,后代于是以马服为姓,并简化成马。

苗:春秋时楚国发生若敖之乱,楚大夫伯棼被杀,其子贲皇逃到晋国,被封于苗邑(今河南济源),子孙便以苗为姓。

20

凤:相传帝喾高辛氏时,凤鸟氏担任历正,掌管历法节令,后代子孙便以先祖氏中的凤字为姓。又唐代南诏国王族中有阁罗凤一支,阁罗凤的后代便以其中最后一个字作为姓氏。

花:古代本无花字,花草之"花"通"华"字,所以花姓、华姓同源。唐朝开始,花与华字意渐渐有所区别,所以花姓也随之由华姓分支出来。华姓源自春秋时宋戴公子考父,考父食邑于华地,子孙后便以华为姓。

方:周宣王大臣姬方叔是黄帝后裔方雷氏的后代,他奉命南征叛乱的荆人有功,宣王便赐其子孙取其名字中的方为姓。

俞:黄帝时主管医药的俞跗是医术高超的神医,据说《素问》就是经他注释推广的,故后代以其名中俞字为姓。

任:黄帝少子禹阳封在任邑,其后代遂以任为姓。

袁:周朝时陈国开国君主胡公妫满为舜的后代,其十一世孙妫诸,字伯爰。伯爰后代遂取爰字为姓,因"爰"与"袁"通,故又称姓袁。则爰、袁同出自妫姓。

柳:春秋时鲁孝公之子姬展的孙子无骇,以祖父名字展为姓,生有展禽。展禽任鲁国负责刑狱的士师(司寇的属官),不但执法严明,而且品行端方,死后谥号惠。因其食邑封于柳下(今河南濮阳柳下村),其后代遂取其封邑中的柳字为姓。

酆:周文王的小儿子姬封被封国于酆,人称酆侯,其后遂以酆为姓。

鲍:夏禹后代敬叔,春秋时任齐国大夫,齐侯将鲍邑(今山东历城东)封给了他,世称鲍敬叔。其子叔牙以敬叔封地为姓,名叫鲍叔牙,后成了齐桓公的贤臣,鲍姓由此而始。

史:西周著名史官太史佚与周公、召公、姜太公齐名,世称四圣,传说太史佚的先祖就是黄帝时发明文字的史官仓颉。后代以他们的功绩为荣,于是取史官的史字为姓。

唐:出自尧之后。尧为陶唐氏部落首领,封于唐(今山西翼城),后来舜封尧的儿子丹朱为唐侯,建唐国。至周时,唐国被成王灭掉,其子孙遂以国名为姓。

【原文】 费廉岑薛,雷贺倪汤。滕殷罗毕,郝邬安常。

【注释】 费:伯益协助大禹治水有功,受封于大费,其后人于是以费为姓。又春秋时鲁懿公后裔被封于费,后代子孙便以费作为姓氏。

廉:颛顼的孙子名大廉,子孙便以其名字中的廉作为姓氏。

岑:周武王封自己的堂弟姬渠在岑邑,为子爵,人称岑子。岑子建岑国,子孙后代便以岑为姓。

薛:夏禹封黄帝后裔奚仲于薛地(今山东滕县),其后有薛国。薛国曾迁徙至邳(今山东微山西北),再迁至下邳(今江苏邳州市西南),成为齐国属地。战国时薛被楚兼并,公子登仕楚,封官大夫,登命子孙改姬姓为薛姓。

雷:上古有部落方雷氏,其后代分为方姓或雷姓,据说黄帝妃中便有方雷氏之女。

贺:齐桓公后代有公子封,封父名庆克,于是他便以父名中的庆字为姓。传至东汉安帝时,因汉安帝父名刘庆,为避庆字讳,安帝的侍臣庆纯便以同义词"贺"代庆作姓,从此

便有了贺姓。

倪：周武王封曹挟于邾建邾国。邾武公封其次子肥于郳，建附庸小国郳国。战国时，郳国被楚所灭，后代便以郳为姓，为避仇杀又去偏旁改作兒，后又加人字旁作倪姓。

汤：商王朝建立者成汤，甲骨文中称唐、大乙，史书亦作商汤，后代以汤为荣，遂用汤为姓。

滕：周武王灭商后，封其十四弟错叔秀于滕（今山东滕县西南），建滕国。战国初期先被越国所灭，复国后又被宋灭，子孙遂以国名为姓。

殷：成汤第九代孙商王盘庚自奄（今山东曲阜）迁都至殷（今河南安阳小屯村），所以商亦称作商殷、殷商，商亡国后，子孙后代便以殷为姓。

罗：黄帝后裔祝融的后代于春秋时建罗国，后被楚所灭，子孙遂以国名为姓。

毕：周文王第十五子姬高受封于毕（今陕西咸阳西北），世称毕公高，后代遂改姓为毕。

郝：殷商时商王帝乙封子期于郝乡（今山西太原），子期后代便以郝为姓。

邬：黄帝时求言为邬邑部族首领，后代遂以邬为姓。又春秋时晋国大夫祁臧封邑于邬（今山西介休），子孙后来以邬姓。

安：黄帝孙子名安，据说后居西戎，以名字立国称安息，后代于是以安为姓。实际上安息国应为少数民族所建，东汉灵帝时西域安息国太子安清来到京城洛阳传习佛事，后定居洛阳，以安为汉姓。又北魏时有安迟氏族随孝文帝南迁洛阳，亦改单姓作安氏。除安息国外，西域尚有安国，唐时归附中原，亦以国名效汉姓作安。而柳城（今辽宁朝阳）胡人安禄山本姓为康，后改为安姓，子孙亦随之姓安。

常：黄帝时司空名常先，后代便以常为姓。一说周文王儿子康叔分封其子于常邑，这支后代最终以常为姓。又春秋时楚国公族恒惠公的后人以恒为姓，北宋时为避宋真宗赵恒名讳，恒氏便改姓为常，因"常"与"恒"义同。

【原文】 乐于时傅，皮卞齐康。伍余元卜，顾孟平黄。

【注释】 乐：春秋时宋国国君宋戴公儿子名衎，字乐父。乐父孙子夷父须取祖父字中的乐为姓，世遂有乐姓。

于：周武王第三子受封在邘国，人称邘叔。子孙后以国名为姓，并去偏旁简化作于。

时：春秋时宋国公子来，受封在时邑，子孙以封邑为姓，遂有时氏。

傅：商王武丁派人四出访贤，在傅岩（今山西平陆）发现了筑墙的奴隶说，便推举为相，世称傅说，其子孙后代便以傅为姓。又黄帝后裔大由，周朝时封邑于傅，因以封地名为姓。

皮：周公后裔仲山甫因辅佐周宣王有功，被封在樊国，称樊侯。樊侯后人有一支又封在皮氏邑，遂改以皮为姓。

卞：周初武王封其弟叔振铎于曹，人称曹叔振铎。曹叔振铎的后人中出了个勇士名

庄,受封在卞邑,称为卞庄子,其子孙遂以封邑卞为姓氏。

齐:周初太公望姜子牙封于齐,建齐国,都营丘(今山东淄博东北)。到齐桓公时用管仲为相,国力强盛,成为"春秋五霸"之一。齐康公时,齐国君权被田氏取代,史称田齐。齐康公的后代遂改原姜姓为齐姓。

康:周初武王七弟姬封被封于康邑(今河南禹县西北),故称康叔。周公灭武庚后,把殷民七族和商故都周围土地都封给了康叔,建国称卫,都朝歌(今河南淇县),成为当时大国。后国势渐衰,先后沦为齐、魏的附庸国,最终被秦所灭。后代为缅怀康叔,遂以康为姓氏。

伍:春秋时楚庄王有大夫姓芈,名伍参,后代以其名字中的伍字为姓,遂有伍氏。

余:春秋时有晋人叫由余的入秦为相,子孙以为荣耀,遂取余字为家族姓氏。

元:商朝有一太史名叫元铣,他的子孙后来就以元为姓。又春秋时卫国大夫咺,食邑在元。其后人便以元为姓。

卜:上古有占卜之官,其后代遂以卜字为姓。

顾:夏朝有附庸小国名顾,在今河南范县东南一带,后被商汤所灭,国人改姓为顾。

孟:古代兄弟排行居长者称孟或伯,以下依次是仲、叔、季。春秋时鲁桓公次子仲庆父趁其同父异母弟鲁庄公去世,先后作乱杀死即位的子般和鲁闵公,引起鲁国人公愤,被迫出逃,后自缢而死。其家族后代仲孙氏以仲为耻,改仲孙氏为孟孙氏,继又改孟孙为单姓孟。又春秋时卫襄公之子,字孟公,子孙后以孟为姓。

平:战国时韩哀侯少子婼被封于平邑(今山西临汾),韩亡国后婼的后代南迁下邑(今安徽砀山),以平为姓。

黄:颛顼帝后裔有封于黄者建黄国(今河南潢川一带),后被楚灭,子孙散居四方,以黄为姓。

【原文】 和穆萧尹,姚邵湛汪。祁毛禹狄,米贝明臧。

【注释】 和:传说尧、舜时掌管天地四时之官有羲氏、和氏,后羲与和合称成为官名,又太阳的驾者、太阳的母亲均名羲和,和姓后代以之为荣,遂以上述神话传说的人物为其远祖。一说楚国发现"和氏璧"玉璞的卞和后代,取其祖先名字中的和字为姓,始有和姓。

穆:春秋时宋宣公弟弟和继承兄位,在位九年,临终前力排众议将君位让给宣公之子兴夷,即宋殇公,而将自己儿子公子冯送去郑国居住。为褒扬其品德,死后谥号穆,子孙后代遂有以穆为姓者。

萧:宋国开国君主微子启后裔乐叔大心平息叛乱有功,封于萧邑,建附庸于宋的小国萧(今安徽萧县),后被楚灭,后代遂以萧为姓。

尹:古代东夷族首领少昊儿子殷被封于尹地(今河南新安一带),后代遂以尹为姓。又尹在古代为辅弼之官,春秋时楚国长官多称作尹,后代便以祖上的官名为姓氏。

姚:传说舜的母亲握登生舜于姚墟,舜的后代便有以姚为姓者。

邵:春秋时邵与召为同一个氏族,都是召公奭的后代。召公姓姬名奭,为周的支族,曾助武王灭商,后又与周公一起辅佐成王,为西周四圣之一,封邑于召(今陕西岐山西南),故称召公或召伯,后代遂以召为姓。召姓后人又有加邑(右"阝")旁表示封邑之意,于是又有了邵姓。

湛:夏朝时有一氏族建斟灌国,后因战乱亡国,国人为避祸,相约分取国名两字中的各一半"甚"和"水"组成湛字为姓。

汪:春秋时鲁桓公庶子名满,食邑封在汪地(在今山东省境内),后代遂以封邑汪为姓。一说汪姓来源于汪芒氏,夏禹时有防风氏因罪被禹诛杀,后代以为耻,于是改防风为汪芒,在商代时建汪芒国(在今浙江武康东),后代以国名中的汪为姓。

祁:春秋时晋献侯四世孙名奚,官为大夫,封食邑于祁(今山西祁县),后代遂以祁为姓。

毛:周文王之子伯聃被封在毛邑(今河南宜阳),后代遂以邑名为姓。又周文王庶子叔郑封于毛国(今陕西岐山一带),史称毛公,后代于是以国名为姓。

禹:春秋列国中有一小国名郚,在今山东临沂一带,郚国后人去"邑"旁改姓为禹。一说夏禹后人为纪念先祖,遂以禹为姓。

狄:周康王姬钊推行其父周成王政策,周国力益盛,两王并称"成康之治"。康王封其弟孝伯于狄城,后代遂以狄为姓。一说孝伯为周成王舅父,封食邑于狄。

米:西域少数民族"昭武九姓"之一。原居住在昭武(今甘肃界内),后为匈奴所败,迁居至中亚地区,建立米国(故址在今乌兹别克斯坦境内)。隋唐时,米国有一支系来到中原地区,遂按照汉俗以米为姓。

贝:西周召公后代的一支被封在浿水畔的浿丘(今山东淄博北),后代子孙去浿字的水旁为贝字,作姓氏。

明:春秋时晋国灭虞国后俘获了虞大夫百里奚,作为陪嫁之臣送入秦国,百里奚与蹇叔等共同帮助秦穆公建立霸业。百里奚之子名视,字孟明,为秦国大将,曾率军大胜过晋国,后代子孙遂以孟明视字中的明字为姓。一说:传说中燧人氏有大臣叫明由,明姓由此而始。

臧:春秋时鲁孝公之子名彄,被封在臧邑(今山东界内),子孙遂以臧为姓。又鲁惠公之子名欣,字子臧,其家族一支便以先祖字中的臧字为姓。

【原文】 计伏成戴,谈宋茅庞。熊纪舒屈,项祝董梁。

【注释】 计:周文王封少昊后裔兹舆期于莒国,最早建都计斤(今山东胶县西南),春秋时迁都于莒(今山东莒县),后被楚国所灭,后代的一支遂以国都计斤中的计字为姓。

伏:南北朝时,北魏骠骑将军侯植跟随魏孝武帝西迁,甚得宠幸。至西魏文帝时,他又随宇文泰(北周代魏后,被尊为北周太祖文皇帝)破沙苑,战河桥,屡建功勋,进封大都督并赐改姓侯伏侯氏,继又因功赐姓贺屯氏。后裔子孙中一支遂取赐姓中的一个伏字为

姓。又伏羲氏后裔中亦有以伏为姓者。

成：武王灭商后，封自己一个弟弟姬叔武于郕（今山东宁阳东北），建郕国，也称盛或成国。后代子孙遂以成为姓。

戴：周公平定武庚反叛后，把商殷旧都周围地区分封给商纣王的庶兄微子启，建立宋国。春秋时，宋国第十一位君主宋戴公死后，其庶支子孙遂以其谥号戴为姓。又西周时有小国名戴，姬姓，故址在今河南民权东，春秋时被宋国所灭，戴国后代遂以国名为姓。

谈：宋国殷商后裔传至三十多代后有封邑于谈的，人称谈君，后代于是以谈为姓。又周朝有大夫名谈，其子孙遂以谈作姓氏。

宋：战国时宋国被齐所灭，王公贵族遂相约改宋为姓氏。

茅：周公旦第三子姬叔受封于茅（今山东金乡西南），世称茅叔，后代于是以茅为姓。

庞：周文王之子毕公高后裔中，有庶支封于庞乡，遂以庞为姓。

熊：黄帝为姬姓，号轩辕氏，又号有熊氏，后裔中遂有以熊为姓者。又西周时芈姓氏族领袖鬻熊于荆山一带建立楚国，都丹阳（今湖北秭归东南），传至熊渠做国君时，疆土不断扩大。后楚国迁都至郢（今湖北江陵西北），到了楚庄王时更成为"春秋五霸"之一。楚国王族后裔遂有以先祖名字中的熊字为姓者。

纪：相传炎帝后裔于周初建有纪国，故地在今山东寿光东南，春秋时被齐国灭掉，后代以国名纪为姓。

舒：周朝建立后封皋陶后代于舒（今安徽庐江）建国，春秋时被徐国所灭。后又复国，国名舒鸠，后又被楚所灭，子孙便以舒为姓。

屈：春秋时楚武王儿子瑕受封于屈邑，后代遂以屈为姓。又南北朝时，北魏有屈突氏，魏孝文帝迁都洛阳后进一步改革，鼓励鲜卑族与汉族通婚，改鲜卑姓氏为汉姓，屈突氏遂改为屈姓。

项：春秋时楚国公子燕被封于项（今河南项城），建项国，后被齐灭（一说被鲁所灭），后代子孙遂以项为姓。因项国源出于楚，故秦末项羽便自号西楚霸王。

祝：西周初周武王分封先代遗民，黄帝后裔中有一支被封在祝（今山东长清东北），子孙遂姓祝。又古代有官称太祝，在《周礼》中为春官的属官，掌管祭祀祈祷，其后代遂以先祖官职祝为姓。

董：周代大夫辛有之子被派往晋国做太史，掌管监督祭祀、策命、编写史书等大事，地位很高。监督之责在《尚书》中称作董，故其后代以董为姓，并世袭太史之职。春秋时著名史官晋国良史董狐即出此氏族。又传说帝舜时有名叫董父的人善于养龙，其后代以先祖为荣，遂取其名字中的董字为姓。

梁：伯益后裔非子为周孝王养马有功，封于秦，为秦开国始祖。传到秦仲时，周宣王命为大夫，令其讨伐犬戎，秦仲战死，其长子又把犬戎打败，受封西垂大夫。其次子康则被封于夏阳梁山（今陕西韩城南），建梁国，春秋时梁被秦灭，后代遂以梁为姓。梁国另有

部分子孙逃到晋国，居住在晋国的解梁（今山西临晋西南）、高梁（今山西临汾东）、曲梁（今河北永平）等地，这些地方后被晋惠公割让给了秦国，梁的遗民亦都相约改姓梁氏。

【原文】 杜阮蓝闵，席季麻强。贾路娄危，江童颜郭。

【注释】 杜：帝尧后裔原封于唐，建唐国（今山西翼城西），西周时被成王灭，成为周成王弟叔虞的封地。原居住于此的帝尧后代被迁居至杜邑（今陕西西安东南），建杜国，春秋初年被秦宁公所灭，后代子孙遂以杜为姓。

阮：商代时有诸侯小国阮国，旧地在今陕西岐山东北至渭河之间，后被周武王灭掉，子孙于是以国名为姓。

蓝：楚国公子亹受封于蓝，人称蓝尹，后代于是以蓝为姓。又春秋时秦王族一支被封于蓝邑（故地据说即今陕西蓝田一带），后代遂以蓝为姓。

闵：春秋时鲁国庆父作乱，先是杀死了庄公之子般，立庄公另子开即位。接着他又杀了国君开，打算代之为君，引发众怒，逃亡后自杀。鲁国亡君开谥号为闵，即鲁闵公，后代子孙遂以闵为姓。

席：春秋时晋国大夫籍谈的先人因为世代掌管典籍，所以便以籍做了姓氏。秦末西楚霸王项羽势力益强，项羽名籍字羽，当时籍氏为避项羽名讳，遂改籍姓为语音相近的席姓。

季：春秋时鲁桓公的小儿子名友，按伯、仲、叔、季排行称作季友。季友在平定庆父之乱时立了大功，以后几代均在鲁国掌权，后代以此为荣，遂以季为姓。

麻：春秋时楚国有位大夫食邑于麻；齐国则有一位大夫叫麻婴，他们两位的后代据说都以麻为姓。

强：春秋时齐国有大夫公孙疆，"疆"与"强"通，故其后代遂有强姓。

贾：西周时周康王把唐叔虞的小儿子公明封于贾，人称贾伯。后来小国贾被晋所灭，贾伯后代遂以贾为姓。

路：相传高辛氏帝喾的第四个妻子常仪生下了挚，挚的儿子玄元在尧时被封在中路，传到夏时始建路国，子孙后代遂以国名"路"为姓。一说路是河水名，即路水，故道在今河北涿州一带，后来在路水畔居住的人便以河名"路"为姓。

娄：周武王灭商后封少康后裔东楼公于杞地，建杞国。春秋时杞国被楚所灭，东楼公子孙又被迁至娄邑，后代遂以娄为姓。又颛顼后裔挟所建邾娄国于战国时被楚所灭，其国人或以邾为姓，或以娄为姓。

危：据说帝舜时，尧的不肖子丹朱荒淫狂傲，因不满尧禅位于舜，联合诸多部落作乱反舜。居住于今洞庭湖至鄱阳湖一带的三苗族因参与了丹朱与舜争夺帝位的叛乱，被舜迁往三危（今甘肃敦煌南），三苗后裔遂以危为姓。

江：伯益后人嬴姓的一支被封于江（今河南正阳西南），建江国，春秋时被楚所灭，后代遂以江为姓。另一支封在江陵（今属湖北省），亦以江为姓。

童:据说颛顼之子中有名字为老童者,声音高亢洪亮,深得颛顼喜爱,老童子孙后代遂以童为姓。又春秋时晋国大夫胥童后人以其名字中的童字为姓。

颜:颛顼帝后裔在周武王时建邾国,邾国传至邾武公,因其字伯颜,世人于是称武公为颜公,颜公后代遂有以颜为姓者。

郭:周文王封其弟虢仲于东虢,另一个弟弟虢叔于西虢。东虢在今河南荥阳东北,春秋时为郑所灭。西虢在今陕西宝鸡东,也称作城虢、小虢,西周灭亡后其支族仍留原地,后被秦所灭。周王室另有姬姓旁支建北虢,在今河南三门峡西和山西平陆一带,后被晋所灭。东虢、西虢、北虢三国相继被灭后,后代均以国名为姓,因虢与郭音同,故都改姓郭。

【原文】 梅盛林刁,钟徐邱骆。高夏蔡田,樊胡凌霍。

【注释】 梅:商王太丁封其弟于梅(今安徽亳县东南),建梅国,世称梅伯。到商纣王时,梅伯被杀,梅国封号被废。武王灭商后,封梅伯后人于黄梅(今属湖北省),后代子孙遂以梅为姓。

盛:周穆王时封其同宗建盛国,春秋时盛国被齐所灭,后代遂改姬姓为盛姓。

林:商纣王暴虐无道,将屡次劝谏自己的叔父少师比干剖心杀死,比干妻逃到了长林,生下遗腹子名坚。武王灭商后拜坚为大夫,因其生长于长林,故赐姓林。又周平王庶子名林开,后代遂以其名中的林字为姓。

刁:周文王时有雕国,其后代遂以国为姓,并以同音字"刁"代替。又古代工匠中有雕人,是专门刻玉的工匠,他们的后代遂以雕为姓,改字作刁。又春秋时齐国大夫竖刁,曾与管仲共同辅佐齐桓公成就霸业,后代于是以其名字中的刁字为姓。

钟:春秋时宋桓公曾孙伯宗在晋国做官,因忠直敢言被杀。伯宗儿子州黎出逃到了楚国,官至太宰,食邑封于钟离(今安徽凤阳东北),子孙后代遂以钟离为姓。秦末,钟离氏有大将钟离昧追随项羽起兵反秦,项羽败亡后钟离昧被刘邦追逼,被迫自刎而死。其子钟离接避难于长社(今河南长葛西),改复姓钟离为钟,史称钟接,世遂有钟姓。

徐:皋陶后代伯益佐禹治水有功,被赐嬴姓。到夏朝时伯益之子若木被封于徐(今安徽泗水北),后建徐国,历夏、商、周三代,一直活跃在江淮之间,史称徐戎、徐夷或徐方。春秋时徐国被吴所灭,子孙遂以国名为姓。

邱:太公望姜子牙辅佐武王灭商有功,封于齐,建齐国,都营丘(今山东淄博东北),子孙遂有以丘为姓者。因孔子名丘,所以后世为避孔子名讳,将丘加邑旁儿改为姓邱。

骆:伯益后代非子因善养马,被周孝王封于秦,赐姓嬴。非子父亲名大骆,大骆的长子成世居大邱,以父亲之名建大骆国,西周厉王时被西戎所灭,后代遂以骆为姓。又姜太公后裔子孙中有公子骆,骆的后代遂以其祖之名为姓。

高:姜太公裔孙齐文公吕赤的一个儿子食邑于高(今河南禹县),人称公子高。公子高有孙名傒,以祖父封邑为姓,世称高傒,后代遂有高姓。又齐惠公之子吕祁,字子高,其

后代一支子孙中取高代吕为姓。

夏：春秋时陈宣公有子名少西，字子夏，后代子孙中有叫征舒的，取先祖之字为姓，称夏征舒，陈国的夏姓由此始。又周武王灭商后封夏禹的后裔东楼公于杞，建杞国。夏禹后裔中未得到封地的，后来便以先祖的国名夏为姓氏。

蔡：周武王灭商后把弟弟叔度分封到蔡（今河南上蔡西南）建国，叔度后因随同武庚叛乱被周公旦放逐，改封叔度儿子姬胡于此，世称蔡仲。春秋时蔡国不断受到楚国侵扰威逼，被迫多次迁徙，蔡平侯迁新蔡（今属河南省），蔡昭侯再迁州来（今安徽凤台），称下蔡，战国时蔡被楚灭，子孙遂以国名为姓。

田：周武王灭商后，封舜的后代胡公建陈国，都宛丘（今河南淮阳）。胡公姓妫名满，传至十三代君陈厉公，生子名完字敬仲。至陈宣公时，欲立庶子款继承君位，杀太子御寇。敬仲与太子关系密切，害怕祸及自身，出逃齐国，齐桓公封其食邑于田，遂以田为姓。敬仲后人田和后来推翻姜姓齐国而代之，史称田氏代齐，田姓齐国至齐威王时成为"战国七雄"之一。

樊：周文王子虞仲的后代有位仲山甫任周宣王卿士，食邑封于邑，后代以樊为姓。又殷商遗民七族中，樊为其中一族，其后代遂以樊为姓氏。

胡：陈国开国君主胡公满，为舜的后裔，春秋末年陈被楚灭，国人中遂有以胡为姓氏者。

凌：周文王儿子康叔是卫国的开国之君，康叔庶子中有在周任凌人官职的，凌人是负责采贮冰块管理冰窖的官员，子孙中遂有以祖上官名凌字为姓者。

霍：周文王第六子名处，封于霍国（今山西霍县），人称霍叔。霍叔与武王弟管叔、蔡叔同为周初三监，因不服周公旦摄政，勾结商纣王子武庚反叛，结果被周公打败。武庚、管叔被杀（一说管叔自杀），蔡叔被放逐，霍叔则降为庶人，霍叔后代遂以国名霍为姓。

【原文】 虞万支柯，昝管卢莫。经房裘缪，干解应宗。

【注释】 虞：周文王的祖父古公亶父被周尊奉为太王，周太王之子虞仲的后代在文王时建立了虞国（今山西平陆北），春秋时晋国以借道攻虢为由趁机灭掉了虞国，虞国后人遂以原国名虞为姓。

万：西周时芮伯受封于芮（今山西芮城），后代中有名万者，人称芮伯万，芮伯万的子孙中遂有以万为姓者。又春秋时晋献公灭掉西周分封的姬姓诸侯国魏国（也在今山西芮城北一带）后，把它封给了晋国大夫毕万，毕万后代遂有以万为姓氏的。

支：古代西域有少数民族所建的月氏国，也称月支，其族最早居住在今甘肃敦煌与青海祁连县之间。汉文帝时月支国被匈奴攻破，一部分迁徙至今伊犁河上游，称大月支；余下的进入祁连山区，称小月支。魏晋南北朝时，大、小月支有与汉民族交往并留居中原者，学习汉俗以支作姓，此后遂有支姓。

柯：春秋时吴王有子名柯卢，子孙后来以柯为姓。

咎：原本出自咎姓。晋文公重耳身边有五名贤士辅佐，其中一名是他的舅父狐偃，狐偃字子犯，史称狐偃咎犯，因"咎"与舅音同，借以代舅意，狐偃的后代中遂有以咎为姓者。然咎字还有灾祸之意，咎姓后人认为不够吉利，于是在这个字下面的口中加上了一横，成为咎字，之后遂有咎姓。

管：武王灭商后，将自己的弟弟鲜封于管（今河南郑州），人称管叔。管叔与蔡叔、霍叔并为周初三监，以监管殷商遗族，后因参与武庚叛乱，被周公杀死（一说自杀），管叔后人遂改姬姓为管姓。

卢：齐文公姜赤之子公子高有孙名姜傒，任齐国正卿，封邑于卢（今山东长青西南），姜傒后代遂以邑名为姓。又齐桓公小白后裔有一支封于卢蒲（在今河北文安西），战国时被燕兼并，子孙遂改姓卢蒲，后又改为单姓卢。故卢姓均为姜太公后裔。另传帝舜后代中一支在夏商时居于卢地（今湖北南漳至襄阳之间），与当地少数民族杂处融合，史称卢戎。周初因其系帝舜后裔故被封为诸侯国，春秋时卢国被楚所灭，子孙后代遂以卢为姓。

莫：颛顼曾建造郑城，其部族居此城的便以城名"郑"为姓，后又去邑旁改姓莫。又春秋时楚国有官职称莫敖，地位仅次于令尹，楚庄王大夫屈荡之子屈到就担任过莫敖。因莫敖地位较高，只有王公贵族子弟方可担任，所以担任过莫敖的后代子孙中便有以祖上官职为姓者，再后又演变成单姓莫。

经：春秋时郑武公之子共叔段曾封于京（今河南荥阳东南），世称京城太叔，后出奔到共国，其后代遂有以京为姓者，为避仇杀又改京为经。一说西汉《易经》京氏学创始人京房，本姓李氏，自己推律定为京姓。汉元帝时京房为博士，任魏郡太守，后因与中书令石显争权被下狱处死，其后代为避祸改姓经。另说春秋时魏国有经侯，后代遂以经为姓。

房：尧有儿子名朱，封在丹水，世称丹朱，因其荒淫无能，所以尧禅位于舜。丹朱不服而反舜，被舜击败后改封到房（今河南遂平）建国，世称房侯。房侯之子陵以封国为姓，称房陵，后遂有房姓。

裘：春秋时卫国有大夫封邑于裘，后代遂以裘为姓。又古代制皮工匠中按技能分为五种，裘是其中之一，裘人的后代于是便有以裘为姓者。也有说是由仇姓所改的。

缪："春秋五霸"之一秦国国君任好，死后谥穆，史称秦穆公。"穆"与"缪"古时音同，故秦穆公后裔中遂有以缪为姓者。

干：春秋时宋国有大夫名干犨，他的后代遂以先祖名中第一字为姓。又说春秋时有小国名干国，干国灭亡后遂有以国为姓者。

解：周成王分封其弟叔虞于唐，世称唐叔虞。唐叔虞儿子名良，食邑于解（今山西解县），人称解良，其子孙遂以解为姓。

应：周武王封自己的一个儿子在应（今河南鲁山东）建国，世称应侯，其后代遂以国名应为姓。

宗：古代职官有宗人，主要负责宗庙祭祀之礼，后代子孙故有以先人官职为姓者。因

为宗有祖庙、祖先、宗族的意思,所以历代与此有关的职官名称大多有宗字,比如宗伯主要执掌邦国祭礼典礼,为古代六卿之一,宗伯的后代遂有以此为复姓宗伯的。宗与宗伯虽一为单姓,一为复姓,但都是执管家国祭祀大典职官的舌裔。

【原文】 丁宣贲邓,郁单杭洪。包诸左石,崔吉钮龚。

【注释】 丁:西周对姜太公望的儿子伋死后谥号丁公,丁公子孙遂以丁为姓。又三国时吴帝孙权宗室中有中郎将孙匡在伐曹时触犯军纪,孙权强令其族改姓为丁,因丁在古代是苦役的代称。又商代有丁国,第22代商王武丁就曾讨伐过丁国的反叛,丁国随同殷商一起被武王灭掉后,其后代便以丁为姓。

宣:西周厉王之子姬静继承君位,死后谥号宣,即周宣王,宣王子孙中遂有以宣为姓氏的。又春秋时鲁国大夫宣伯后代亦有以宣为姓者。

贲:春秋时鲁国有大夫名县贲父,其后人遂以贲为姓。又春秋时楚国令尹斗椒因罪被杀,其子贲皇投奔晋国,封邑于苗,称苗贲皇。晋楚鄢陵之战中,贲皇为晋侯出谋大败楚军,被晋侯封为大夫,子孙遂以其名中贲字为姓。又据说古有勇士孟贲,其后代亦以贲为姓。

邓:商王武丁封其叔父曼季于邓(今河南邓州)建国,称邓侯,其后代遂以邓为姓。又五代时南唐后主李煜幼子从镒被封作邓王,南唐被宋灭后,从镒子孙为避祸改李姓为邓姓。

郁:春秋时鲁国宰相有名郁黄者,其后代子孙遂以郁为姓。又春秋时吴国大夫食邑中有郁国,之后遂有郁姓。

单:周成王分封少子臻于单(今河南孟津东南),作为周朝王都辖内的诸侯世代拱卫周王室,地位显贵尊荣,人称单伯,其子孙后遂以单为姓。

杭:夏禹治水之后留下许多舟船,便命自己庶子管理这些余下的船只,其封国称余航(故地在今浙江余杭),后代将航去舟旁改作木旁为姓,遂有杭姓。

洪:相传尧有大臣共工,和驩兜、三苗、鲧合称“四凶”。他们或为祸作乱,或治水无功,结果有的被尧流放,有的被杀。共工后代本以共为姓,后为避仇杀,兼欲获水德,遂将共字加水旁成洪姓。又西周时有姬姓诸侯国共国(今河南辉县),春秋时被卫国所灭,后代改姓共氏,又为避难,加水旁改姓洪。

包:春秋时楚国大夫申包胥,其后代子孙中有以包为姓者。又说有鲍姓后人去鱼字旁改姓为包者。

诸:春秋越王勾践的后裔支族有驺无诸,封为闽越王,秦时被废为君长。因参与诸侯反秦有功,汉代时复为闽越王。子孙后因数次反叛,被汉武帝所灭,遂取先祖字中的诸字为姓。又春秋时鲁国有诸邑(今山东诸城西南),食邑于诸的公族大夫后裔中遂有以诸为姓的。

左:周代各诸侯国均设有史官,分左史和右史,左史记言为内史,右史记事为太史。

30

如周穆王有左史戎父、楚威王有左史倚相,他们的后代便以祖上官职左字为姓。

石:西周初周成王封康叔于卫(今河南淇县),世称卫康叔,其后裔子孙中有公孙碏立有大功,被卫桓公封为大夫。公孙碏,字石,史称石碏,后代遂以其字为姓。又自秦汉始,西域地区石姓少数民族不断融入中原。到唐时,以建都昭武(今甘肃临泽境内)的康国为首,石、安、曹等"昭武九姓"少数民族小国全部归附中原,从此石姓也成了我国人口较多的姓氏之一。

崔:春秋时齐国丁公之子季子让君位给其弟叔乙,自己食邑于崔(今山东邹平西),后代遂以崔为姓。又自唐代开始朝鲜半岛上新罗国崔姓朝鲜人不断经中国东北南下进入中原,其中一部分融入汉族,留在东北的部分成为"满州八旗"崔姓,或形成我国的朝鲜族崔姓。

吉:周宣王时大臣兮甲,字伯吉父,宫职为尹,史称尹吉父。他率军大败猃狁,立有战功,后又负责征收南淮夷族贡赋。子孙以为荣,遂以其字中的吉字为姓。

钮:钮姓世系源出未见记载,因有钮滔见于《晋书》,故推测晋代钮姓大概是此姓氏之祖。

龚:传说尧帝时"四凶"之一共工的后裔,开始时均姓共,后代有加水旁的演化成洪姓。共工儿子中有一个叫句龙,他接替父亲继任水土治理之官,句龙子孙后来为避仇祸,在共字上加一与水有关的龙字,遂有了龚姓。故龚姓与洪姓同为共工后裔。

【原文】　程嵇邢滑,裴陆荣翁。荀羊於惠,甄麹家封。

【注释】　程:颛顼之孙重黎官职火正,负责管理天下火事,其后裔封于程,遂有程氏。一说伏羲氏后裔在夏朝时建立了程国(故地在今河南洛阳东),商朝灭亡后被周武王迁到广平(今河北界内),再被周宣王迁回原程国故地,后代遂以程为姓。又春秋时晋国大夫荀骓的食邑被封于程(今河南洛阳东),后裔亦改姓为程。

嵇:夏朝第六代君少康封自己庶子于会稽,其后代遂以会稽为姓。西汉初会稽公族大姓被迁到谯郡稽山(今安徽宿县西南),稽与嵇音同,子孙于是改会稽为嵇姓。

邢:周公旦第四子封于邢(今河北邢台),建邢国,春秋时被魏灭掉,后代遂以邢为姓。又春秋时晋国大夫韩宣子家族有食邑于邢邑(今河南温县东)者,子孙于是以邢为姓。

滑:周代有姬姓小国滑国,故地在今河南睢县西北,后迁都于费(今河南偃师西南),又称费滑。春秋时滑国先是被秦所灭,旋即归属晋国,滑国公族后代便以滑为姓。

裴:伯益后裔秦非子旁支子孙中有封于𦼭乡者。遂以𦼭为姓。到第六世孙陵时封邑改迁别地,陵便将𦼭姓去掉下面的邑字换为同音的衣字,遂有裴姓。又春秋时晋平公封颛顼后裔于裴中(今陕西岐山北),人称裴君,后代遂有裴姓。

陆:齐宣王幼子名通,封于陆乡,子孙遂以陆为姓。又春秋时有陆浑国,故地在今河南嵩县东北,是少数民族所建的小国,后来按汉习改为陆姓。南北朝时北魏有步陆孤氏,为鲜卑族,魏孝文帝迁都洛阳后命其改为汉姓陆氏。

荣:周文王大夫夷公受封于荣邑,世称荣夷公,后代遂以荣为姓。又周成王卿士封于荣,世称荣伯,后代以荣为姓。另传说黄帝时命荣将与乐官伶伦一起铸造了十二口编钟,用来演奏黄帝所做的乐曲《咸池》,因编钟音质优美乐律精准,深得黄帝喜爱,于是封荣将为荣国之君,子孙于是以荣为姓。

翁:周昭王庶子受封于翁山(今浙江定海东),子孙后代于是以封地为姓。又说夏朝第二代君主启当政时有贵族名翁难乙,其后人遂以他名字中的翁字为姓。另传说周昭王小儿子出生后左手掌纹似"公"字,右手掌纹似"羽"字,于是左、右相合起名称翁,其子孙遂以翁为姓。

荀:周文王有子封于郇,建郇国,人称郇伯,其子孙后改郇为荀作为姓氏。

羊:春秋时晋国大夫祁盈封于羊舌,遂称羊舌氏,后代去掉舌字改姓羊。又据《周礼》记载古代有官名羊人,掌管宰羊祭祀方面的事情,其后代于是以羊为姓。

於:黄帝有大臣名则,他发明了用草和麻编织鞋子,结束了古人赤脚无鞋的历史,因为这一功绩被封在於邑,人称於则,子孙后代便以於为姓。

惠:周惠王的后代子孙以祖上谥号惠字为姓。又颛顼后裔陆终第二子名惠连,惠连后人遂以惠为姓。

甄:古时制造陶器所用的转轮叫作甄,所以陶瓦工匠就被叫作甄工,据说舜曾做过甄工,后代子孙中遂有以甄为姓者。又说皋陶次子名仲甄,甄姓就是他的后代。

麴:麴(也作麯),即俗称的酒母,是酿酒、制酱用的发酵物,古代掌管酿造官员的后代遂以麴为姓。一说鞠氏后代在汉代为避难而迁徙,同时改鞠姓为麴姓。又中国姓氏中另有曲姓,据《风俗通》说是晋穆侯封小儿子成师于曲沃,后代遂姓曲沃,再去掉沃字改姓曲。另一说则认为曲是夏桀时的一个逆臣,他助桀为虐,被商汤杀死,曲姓就是他的后代。故麴、曲二姓并不同源同宗。

家:周考王有子名家父,是周朝的卿士,其后代遂以家为姓。一说家父就是《诗经·小雅·节南山》的作者,为周代大臣,因为他敢挺身而出揭露执政者尹氏的暴虐,希望周王任用贤士为民造福,所以后代非常尊敬他,遂以其名家字作为姓氏。

封:炎帝裔孙名钜,据说他是黄帝的老师,夏朝时其后代被封在封父(今河南封丘),建立封父国,子孙遂以封或封父为姓。

【原文】 芮羿储靳,汲邴糜松。井段富巫,乌焦巴弓。

【注释】 芮:周武王封姬姓司徒于芮(今陕西大荔南)建芮国,世称芮伯,《诗经·桑柔》据说就是他写的讽谏周厉王搜刮民脂民膏的诗篇。芮伯后代东迁居芮伯城(今山西芮城北),春秋时被晋献公所灭,子孙后代为纪念先祖改姓芮。

羿:夏代有穷氏部落首领名叫后羿,又称夷羿,善于射箭狩猎。他曾一度推翻夏朝,夺取了夏第三代君主太康的王位,但不久就因不理民事而被家众杀死,他的后代遂改用其名字羿为姓。

储：古有储国,储国公族后代遂以储为姓。又春秋时齐国有大夫名储子,子孙于是以储为姓。

靳：战国时楚怀王侍臣名尚,因食邑封于靳(今湖南长沙至宁乡间),史称靳尚。张仪替秦王游说,离间齐、楚联盟,将被楚怀王处死,靳尚通过怀王夫人郑袖说服怀王释放了张仪。靳尚子孙后以其封国之名靳为姓。

汲：周文王之后康叔受封于卫建国,至卫宣公时封儿子于汲(今河南卫辉),人称太子汲,后代子孙遂以汲为姓。

邴：春秋时晋国有大夫豫食邑封于邴(今山东费县界内),人称邴豫,子孙遂姓邴。邴氏后人亦有去掉邑旁改姓为丙的。

糜：夏代似姓同姓部落中有一族为有糜氏,有糜氏后代遂有取糜字为姓者。一说古代种植粮食作物糜子的人中,后来有以糜为姓者,为的是祈求上天保祐其氏族永远食粮丰足。

松：据说秦始皇登泰山封禅祭祀天地时途中曾遇大雨,幸有一棵大松树得以避雨其下,于是即以当时的第九等爵"五大夫"封之,后来五大夫便成了松树的代称。陪侍始皇泰山封禅的大臣中遂有以松为姓者。一说松姓世系不详,最早见于史籍记载的是隋代松赟。

井：周代虞国有大夫名井伯,晋灭虞之后,井伯后代百里奚入秦,秦穆公用为大夫,与蹇叔、由余等共同辅佐穆公建立霸业,百里奚支族中遂有以先祖井伯之名中的井字为姓者。

段：春秋时郑庄公弟弟共叔段的后代,有以共为姓者,也有以段为姓者。又道家创始人老子后代子孙中,有在鲁国为卿士食邑于段的,后人遂以段为姓。

富：东周时,周襄王准备伐郑,大夫富辰苦谏不听。后襄王利用翟人攻郑,还娶了翟人的女子为自己王后,富辰再谏仍不听。最后翟人反叛,襄王被迫先后出逃到郑国、晋国。富辰后代以祖上忠正贤良为荣,遂取其名字中富字为姓。

巫：古代以舞降神之人称作巫,他们执掌祝祷、占卜、治病等事,被认为是神的代言人,其后代遂以巫为姓。据说黄帝时神巫名咸(一说是商代人),黄帝与炎帝逐鹿中原,大战阪泉之前就是先由巫咸占卜胜负的,故巫姓以巫咸为始祖。一说巫咸之子名贤,商时任太宰,史称巫贤,巫姓就是由他而始。

乌：上古少昊氏以鸟名任命官职,掌管高山丘陵之官名乌鸟,其后代遂以乌为姓。又南北朝魏孝文帝时改变鲜卑风俗,令其民族改姓汉姓,乌石兰氏遂改汉姓作乌氏。

焦：西周初年周武王封神农氏后代子孙于焦地(故址在今河南陕县南部一带),其后人遂以焦为姓。

巴：周代在今四川东部地区有巴人所建巴子国,其不少文化遗存保留至今。巴人的后代遂以国名巴为姓。

弓：古代制造弓弩的官称作弓正，子孙遂以弓为姓。又春秋时鲁大夫叔弓出使晋国，不辱使命，世赞其知礼，死后谥敬子。叔弓之后遂以其名弓为姓。

【原文】 牧隗山谷，车侯宓蓬。全郗班仰，秋仲伊宫。

【注释】 牧：春秋时卫国康叔后代有牧人，为管理放牧之官，其子孙遂有以牧为姓者。又传黄帝有臣名力牧，黄帝梦见他执千钧之弓弩，驱羊万群，勇力过人，遂拜他为将，力牧后裔遂以牧为姓。

隗：商汤灭夏桀后将夏王族封于隗，建隗国（今湖北秭归东），春秋时被楚所灭，后代以隗为姓。

山：周代有山师之官，掌管山林，后代遂以山为姓。传说炎帝出生于厉山（也称烈山，今湖北随县北）的山洞内，遂号厉山氏（烈山氏），后在阪泉（今河北涿鹿东南）被黄帝击败，子孙后裔中的一支遂以山为姓。

谷：颛顼之后秦国开国君主非子，因养马有功被周孝王封于秦谷（今甘肃天水西南），后代遂有以谷或秦为姓者。又南北朝时魏孝文帝命鲜卑族改汉姓，其中谷会氏则改为谷氏。

车："春秋五霸"之一秦穆公死时，辅佐他的子车奄息、子车仲行、子车鍼虎三位良臣被迫殉葬从死，子车氏后代子孙哀悼先人，改姓车氏。《诗经·黄鸟》就是秦国人挽子车"三良"的诗篇。又黄帝时有大臣名车区，负责星相占卜，其后代以车为姓。又汉武帝时有丞相田千秋，因老迈上朝时必须乘车出入，时人谓之车丞相，后其子孙遂有以车为姓者。

侯：西周时封夏侯氏于侯建国，子孙遂以国名侯为姓。又春秋时晋国哀侯兄弟均被晋武公杀死，哀侯子孙避祸出逃，并以原封爵位侯为姓。南北朝魏孝文帝迁入中原后，鲜卑族侯奴氏、侯伏氏改汉姓为侯。

宓：宓姓据说是伏羲氏的后代，因为上古时宓与伏音同，故伏羲也称宓羲，后裔遂有取宓为姓者。

蓬：西周初周王室封支裔子孙于蓬州（一说即蓬陂，在今河南开封南；一说在今四川营山东北），后代遂以蓬为姓。又说蓬是蓬草，蓬姓祖先以蓬草筑屋，认为蓬草为生存必需品，故以蓬为姓。

全：西周设有泉府之官，负责管理钱财，泉府后代遂有以泉为姓者，又因泉与全音同，故演化为全姓。一说全是古代邑名，居住全邑的人于是以全为姓。

郗：东夷族少昊氏挚的后裔西周时被封于郗邑（今河南沁阳一带），子孙遂以郗为姓。

班：楚国若敖有孙子名子文，官职令尹，人称令尹子文，传说小时候他被老虎叼走，是吃虎乳长大的。因老虎身上有斑纹，所以令尹子文的后代就用斑为姓，后写作班。

仰：秦惠王儿子名卬，人称公子卬，子孙后加人字偏旁以仰为姓。又说舜有大臣名仰延，精通音乐，他将原本仅有八根弦的瑟增加到二十五根弦，使其乐律更加丰富宽广，子

孙引以为荣,遂改姓仰。

秋:春秋时鲁国大夫仲孙湫的裔孙名胡,在陈国为官,人称湫胡,湫胡后代遂有去水偏旁以秋为姓者。传统京剧中《秋胡戏妻》据说就是根据湫胡的故事改编的。

仲:黄帝后裔高辛氏有才子八人,世称"八元(善)",舜举之使教化四方。八元中仲熊、仲堪的子孙,遂以先祖名字中的仲字为姓。又商汤王有左相名仲虺,仲虺子孙遂以仲为姓。又周宣王有卿士仲山甫,多次劝谏宣王施行仁政,力佐周室中兴,其后代以仲为姓。

伊:传说帝尧出生于伊水畔,其后代于是以伊为姓。一说商代大臣伊尹,辅佐商汤攻灭夏桀,子孙遂以其名伊为姓。伊尹名伊(一说名挚),尹为官名。

宫:周朝专门负责修缮、清扫宫室庭院的官称宫人,其后人遂以官职宫为姓。又春秋时鲁国孟僖子的儿子食邑于南宫,后代子孙中的一支遂以宫为姓。

【原文】 宁仇栾暴,甘钭厉戎。祖武符刘,景詹束龙。

【注释】 宁:春秋时秦襄公曾孙死后谥宁,世称宁公,子孙遂以宁为姓。又卫武公儿子季亹封于宁邑,后代于是以封地宁为姓。

仇:夏代有诸侯九吾氏,入商后建国名九国,九国的国君九侯商朝末年时被纣王杀死,子孙为避祸遂加人字偏旁改九为"仇"作为姓氏。又春秋时宋缗公被宋万杀死,大夫仇牧闻讯赶赴宫廷救君,在宫门口与宋万狭路相逢,仇牧仗剑斥责宋万,不幸亦被杀死。仇牧后代为纪念先人,取其名字中的仇字为姓。

栾:春秋时晋靖侯有孙子名宾,封食邑于栾(今河北栾城),后代遂以封邑栾为姓。又齐国始祖姜太公后代中有叫子栾的,子栾的后人遂有以栾为姓者。

暴:商代诸侯暴辛公建暴国,周朝时并入郑国,暴辛公后代遂以暴为姓。

甘:夏代时有甘国(今陕西鄠邑区西。一说今河南宜阳或洛阳附近),甘国王族后裔以甘为姓。一说夏代甘国后裔中出了贤士甘盘,在商朝时任第二十二代商王武丁的老师,甘盘子孙因此以甘为姓。又西周时武王,东周时惠王、襄王,都有姬姓王族封邑于甘,他们的子孙后代都以甘为姓。

钭:战国时田氏代齐,史称田齐。姜姓齐国末代君主齐康公被迫流落海滨,用酒器钭当作锅煮食野菜充饥,其支庶子孙中的一支为不忘先祖困苦,遂以钭作为姓氏。

厉:春秋齐国厉公后代以祖上谥号厉为姓。一说上古炎帝生于厉山,号厉山氏,炎帝后裔中遂有以厉为姓者。一说西周时有厉国,故地在今河南桐柏东南一带,厉国公族后代以国名为姓。

戎:周武王封其弟叔振铎于陶丘(今山东定陶西南),建立姬姓诸侯国曹国。当时另一诸侯小国戎国(今山东菏泽西南),是曹国的附庸国,春秋末年戎国随同曹国一起被宋国所灭,戎国公族后裔遂以戎为姓。

祖:商汤后裔子孙中,先后有祖乙、祖辛、祖丁、祖庚、祖甲任第十三、十四、十六、二十

35

三、二十四代商王,他们的后代遂以祖为姓。

武:据说夏代帮助后羿一度夺取夏王太康君位的部族首领中有名武罗者,武罗的子孙后来便以武为姓。又商代中兴之王武丁先后用兵征服了周边各国,后裔子孙中遂有以其名字中的武为姓者。又周平王小儿子出生后因手心中有"武"字手纹,故起名叫武,他的后代于是改姬姓为武姓。

符:春秋时鲁顷公之孙公雅在秦国任符玺令,负责掌管传达命令调遣军队的符节印玺,其后代遂以符为姓。

刘:唐尧儿子丹朱的后裔有名叫累的为夏王孔甲养龙(驯养鳄鱼)有功,封在刘地(故地在今河北唐县),故称刘累,刘累后人遂以刘为姓。刘姓后裔在周代曾被迁到杜邑(今陕西西安一带),后改姓为杜。杜氏子孙中有名隰叔的在晋国任士师,隰叔后代后来分为两支,一支留在晋国以隰叔官职中的士字为姓;一支入秦未归,并且改回最初先祖姓氏即刘姓。战国后期秦灭魏、楚等六国,刘姓亦随秦军东进,其中一支定居在了沛县(今属江苏省),这族中就出了后来的汉高祖刘邦,刘姓也从此成了大姓。又东周匡王姬班少子王季封于刘邑(今河南偃师西南),世称刘康公,后代遂以刘为姓。

景:春秋时楚国大夫景差与宋玉同时,以楚辞见称,他的后人遂以景为姓。又春秋时齐国景公的后代,有以其谥号景为姓者。

詹:舜封黄帝后裔于詹地(在今河南省界内),遂有詹姓。一说周宣王封其支庶子孙于詹地建国,人称詹侯,詹侯之后以詹为姓。因黄帝为姬姓,是周始祖,则詹姓源出于姬姓。

束:春秋末期田姓代齐,至战国田齐公族中有疎,(今读作,写作疏)姓,因战乱避祸,去足字偏旁改姓作束。一说疎姓传至汉代,有疎广(疏广)家居传授《春秋》,汉宣帝征召其为博士太中大夫,做太子少傅。王莽篡国后,疎广曾孙疎孟达避难沙鹿山,去掉姓中的足旁改姓束氏,束姓由此而始。

龙:相传黄帝时有臣名叫龙行;帝舜时有臣名龙,官职为纳言(负责上传下达之官),他们的后代遂以先祖名字龙为姓。一说颛顼后裔替舜驯养龙(即鳄鱼),故称豢龙氏,后代于是以龙为姓。一说刘氏先祖刘累曾师从豢龙氏为夏王孔甲养龙,因功封于刘,赐姓御龙氏,故其后代有姓刘者,有姓龙者。一说春秋时鲁国有龙邑,故地在今山东泰安西南,居于此地的人,后代有以龙为姓者。

【原文】 叶幸司韶,郜黎蓟薄。印宿白怀,蒲邰从鄂。

【注释】 叶:春秋时楚国庄王的曾孙沈尹戍为楚平王左司马,在与吴国的交战中被杀。沈尹戍之子沈诸梁,字子高,被封于叶县(今河南南阳)任县尹,自称叶公,因平定楚国王族白公胜之乱有功,子孙世袭其爵,并改沈为叶姓。

幸:幸氏世系不详,有人说因古代君王身边有不少宠幸的侍从之臣,其子孙遂被冠以幸姓。

司：据传神农氏时属下有专门负责占卜祭祷的大臣名叫司怪，司怪子孙遂以司为姓。一说春秋时郑国有大夫名叫司成，司姓就是他的后代。另说复姓司马、司徒、司寇、司城的子孙有改为单姓司的。

韶：帝舜制作的韶乐美妙动听，后被当作庙堂音乐，据说孔子在齐闻韶乐而三月不知肉味，因此有人以韶为姓。一说舜南巡曾登韶石（在今广东韶关北），演奏韶乐，故此地称韶石，居住于此地的人遂以韶为姓。

郜：周文王有小儿子封于郜（在今山东成武东南），春秋时被宋桓公所灭，郜国姬姓王公子孙遂以故国国名郜为姓。

黎：据说颛顼裔孙被封于黎阳（今山西长治西南），建黎国，子孙后代遂以黎为姓。到商朝末年黎国被周所灭，周武王分封帝尧后裔居黎，尧的后裔亦以封地黎为姓。

蓟：西周初武王封黄帝后裔于蓟（今北京大兴）建蓟国，子孙遂以蓟为姓。

薄：商代诸侯中有薄姑氏，其后代遂以薄为姓。又春秋时宋国有大夫封于薄城（今河南商丘北），子孙于是以食邑为姓。又南北朝时鲜卑族有薄奚氏，魏孝文帝下令改汉姓时，一部分改作薄姓，一部分改作奚姓。

印：春秋时郑成公名睔，字子印。他的孙子段为郑国大夫，曾著《蟋蟀赋》，被誉为保家之士，段以祖父之字印为姓，后遂有印姓。

宿：据说西周初周武王封伏羲氏后裔于宿（今山东东平东）建国，子孙后代遂以宿为姓。

白：据说炎帝时有大臣名白阜，负责水利工程，因治水有功深得炎帝赞赏，子孙于是以白为姓。又春秋时秦文公之子公子白的后代以白为姓。又春秋时著名的秦晋殽之战中，秦军统帅为孟明视、西乞术、白乙丙三人。为纪念先祖战功，白乙丙子孙后遂以白为姓，据说战国著名秦将白起就是他的裔孙。又春秋后期楚平王太子建有子名胜，楚惠王时被封在白邑（今河南息县西南）建城，人称白公城，胜则被称为白公胜。白公胜作乱被叶公平定，其后人遂以城邑之名白为姓。又西汉至唐宋时，西域少数民族中亦有大量仿效汉俗起单姓称白氏的。

怀：西周时周武王初封其子叔虞于怀地，后周成王灭唐国（今山西翼城西），把唐封给了叔虞，世称唐叔虞，而原来居住于怀地的叔虞宗族则改姓怀。又春秋时宋国微子启后裔中有改子姓为怀姓的。

蒲：据说是上古有扈氏的后裔。一说夏禹封舜的后代于蒲（今河南长垣；一说今山西吕梁；一说今山西蒲州），蒲人遂以蒲为姓。

邰：据说帝尧封后稷于邰，其子孙遂以邰为姓。后稷就是周的先祖弃，传说他的母亲名姜嫄，为有邰氏之女。姜嫄在田野上见一巨人脚印，好奇踏上去玩，结果因此怀孕而生一子，开始想把这男孩抛弃不要，故名叫弃。弃后来做了尧的农官，教民耕地种植稷、麦等粮食作物，因功封邑于邰（今陕西武功），邰姓和姬姓都是他的子孙后代。

从：东周时平王将小儿子精英封于枞(今安徽枞阳)，建枞国，世称枞侯。枞侯后代枞公为刘邦大将，与御史大夫周苛同守荥阳，荥阳城破，枞公被项羽所杀。枞公子孙将枞字去掉木旁改姓从，意思是"去木留从"，枞姓由此渐渐消亡。

鄂：春秋时晋孝侯之子郤接替父位，因其原居于鄂(今山西乡宁南)，故称晋鄂侯，鄂侯子孙后遂以鄂为姓。又春秋时楚王有子封于鄂(今湖北鄂城)，鄂邑王公子孙后代便以鄂为姓。

【原文】 索咸籍赖，卓蔺屠蒙。池乔阴郁，胥能苍双。

【注释】 索：周公平定武庚之乱后，将殷商遗民"殷民七族"和商故都周围地区一并封给了武王弟弟康叔。索氏即为殷七族之一，居住地在今河南商丘东部一带，这就是索姓的先祖。

咸：帝尧大臣有名咸的，是尧的巫祝之官。传说他能为人延年益寿；而且咒树树能枯，咒鸟鸟能坠，子孙为其神通广大而自豪，因此以咸的名字为姓。一说巫咸是商朝时负责掌管占卜巫祝的大臣，成姓就是他的后代。

籍：春秋时晋国大夫荀林父之孙伯黡管理国家典籍文献，后代遂以其官职籍为姓。一说卫国有地名籍圃，居住此地之民遂以籍为姓。

赖：西周初年周武王分封炎帝后裔于赖(今湖北随县)建国，赖国后被楚国所灭，子孙出逃至鄢、傅、罗等地，有的以原国名赖为姓，有的则以寓居地鄢、傅、罗等为姓了。

卓：春秋时楚威王儿子名卓，人称公子卓，卓姓就是他的后代。一说卓姓是楚国大夫卓滑的子孙。

蔺：春秋末韩、赵、魏三家分晋，晋大夫韩武子后代韩景侯建立韩国，子孙后有以韩为姓者。后来韩国公族有支裔孙韩康在赵国为官，食邑封于蔺(故址在今山西离石西)，子孙后改以蔺为姓，蔺相如即出自这一家族。

屠：据说东方九黎部族首领蚩尤与黄帝大战涿鹿，兵败被诛。黄帝为使九黎族人难以集聚反抗，将其分散于各地居住，其中居住于屠地(今山东界内)的遂以屠为姓。又商朝王族有封于郇地者，后代去邑偏旁改姓屠。又古有以屠宰牲畜为职业者，其后代遂姓屠。

蒙：夏朝初期封颛顼后裔于蒙双(今山东界内)，之后遂有蒙姓。

池：战国时秦国王族中有一公子名池，官居大司马，家族声名显赫，子孙遂以池为姓。又春秋时城邑都建有城墙，城墙外则围有护城河，因护城河称为池，故居住护城河边的人家中便有以池作为姓氏者。

乔：据说轩辕黄帝死后葬于桥山(今陕西黄陵)，子孙中留居桥山为其护陵守墓者遂以山名桥字为姓，后去偏旁木字简姓作乔。又东汉太尉桥玄后代裔孙桥勤在北魏时任平原内史，后随孝武帝避乱逃奔关中，投靠大将宇文泰。后宇文泰杀孝武帝立元宝炬为帝，权倾一时，史称西魏。某日宇文泰兴致所至，命桥勤改姓乔木之乔，取其高远之意，桥勤

听命而改,据说桥姓筒作乔姓的出处即此。

阴:春秋时齐桓公贤相管仲后代孙管修仕楚,封为阴邑大夫,人称阴修。阴修与其先祖一样有贤名,后因白公胜之乱被杀,修的子孙遂以阴为姓。

郁:古代有郁国,是吴大夫封地,其公族后以国名郁为姓。一说古时扶风有郁夷县,胶东有郁秩县,北边还有郁致县,居住在那里的人后来便陆续以郁为姓了。一说春秋时楚国曾征伐郁林氏,将其民强迁至楚都郢的附近,人称郁氏。

胥:春秋时晋有大夫名胥臣,曾陪晋公子重耳出奔。重耳即位后胥臣得以封邑赐爵,子孙以为荣,遂以其名胥为姓。

能:周成王封熊绎建楚国,其子熊挚受封于夔,建夔国。后楚国以夔国不奉祀祖先为罪名灭掉了夔,夔国王族为避株连之祸,将熊字改为能字作姓。

苍:传说黄帝诸子中有一个名叫苍林,其后代遂以先祖名字中的苍字为姓。

双:夏朝时颛顼后裔的一支被封于双蒙,其子孙遂以双为姓。一说封于蒙双的颛顼后裔,后又分为双姓和蒙姓。双蒙与前面"蒙"姓之封地蒙双,实为一地。

【原文】 闻莘党翟,谭贡劳逢。姬申扶堵,冉宰郦雍。

【注释】 闻:春秋时鲁国的少正卯博闻强识学问渊博,但观点政见与孔子不同,他聚徒讲学对孔子的学说冲击很大,孔子做了鲁国司寇执掌刑狱之后便诛杀了少正卯。由于少正卯是当时远近闻名的人,其后代便以"闻人"二字为姓,后来又演变成了单姓闻。

莘:夏代国王启的支系子孙被封于莘,后代遂以封国莘为姓。古史所称商汤娶有莘氏之女,即是莘国女子。

党:夏禹后裔世居党项(今青海、甘肃一带)者以党为姓。又春秋时晋国公族封邑于上党(今山西长治),子孙后代遂以党为姓。又历史上党项一地是民族混居的地区之一,除夏禹后裔,还有很多少数民族,其中的党项羌人学习汉俗亦以党为姓。

翟:黄帝后裔居于翟地者。后便以翟为姓。翟又可读作翟,与狄同,春秋时代居住于北地的狄族故有以翟字作姓者。

谭:周初分封时夏禹的一支子孙被封于谭(今山东章丘西)建国,到春秋时谭国被"春秋五霸"之一的齐桓公所灭,谭国国君逃亡至莒(今山东莒县),留在故国的子孙遂以原国名谭为姓。又谈姓中有因避祸、避讳而改谭姓者。

贡:孔子的著名弟子端木赐。字子贡,其后代子孙中遂有以贡为姓者。

劳:崂山(今山东界内)古称劳山,居住山里的人原来很少与外界来往,西汉初劳山人开始与外界相通,朝廷于是赐山民为劳姓。

逢:相传炎帝有裔孙名陵,商朝时被封于逢建国,世称逢伯陵,其后代遂以封国逢为姓。

姬:传说黄帝出生于姬水畔,于是便以姬为姓,周朝王族是黄帝后裔,遂为姬姓。

申:周朝封姜姓始祖炎帝的后裔于申(故址在今河南南阳北),春秋时申国被楚所灭,

其王族后代遂改姜姓为申姓。

扶：夏禹有大臣扶登，其子孙遂以扶为姓。一说西汉初年有一个巫祝名嘉，善于占卜祈祷，预言无不应验，汉高祖刘邦因巫嘉能感召神祇扶助汉室，特赐巫嘉姓扶。

堵：春秋时郑国大夫泄寇受封于堵邑（在今河南界内），世称堵叔。堵叔与叔詹、师叔号称三良臣，辅佐郑君，颇有善名，后代子孙遂以封邑堵为姓。

冉：据说帝喾高辛氏部落中有冉氏，其后裔遂以冉为姓。又周文王第十子名季载，武王灭商后被封于郮，周公推举他做司空辅佐成王，声名显于当时，后代子孙遂把封邑郮去掉右偏旁作冉为姓。又楚有大夫名叔山冉，他的后代也以冉为姓。

宰：本为殷商时代开始设置的掌管家事、家奴的官职，西周时沿置，职权扩大到执掌王家内外事务，或在王的左右辅赞王命。春秋各国亦设此官，多称为太宰。周有大夫孔担任此职，史称宰孔，其子孙遂以其官职宰为姓。

郦：夏禹封黄帝后裔于郦地建国，郦国灭亡后，王公族裔遂以国名为姓。

雍：西周初文王将其一子封于雍地（故地在今陕西西部），人称雍伯，雍伯后代遂以雍为姓。

【原文】 郤璩桑桂，濮牛寿通。边扈燕冀，郏浦尚农。

【注释】 郤：春秋时晋国公族叔虎因战功受封于郤，建郤国，世称郤子，其子孙后代便以封国郤为姓。

璩：璩姓源出不详。因璩本是一种耳环，故一说认为璩姓可能是制作耳环工匠的后代。另一说认为古代有地名蘧，居住于蘧的人遂以蘧为姓，后蘧与璩混同为一姓。今见于著录的如唐代岳州人璩抱朴，春秋卫国大夫蘧瑗，汉代大行令蘧正。

桑：传说古代东夷族首领少昊氏后代有居住于穷桑（故址在今山东曲阜北）的，子孙遂以地名中的桑字为姓。又春秋时秦国公族有公孙枝，字子桑，他的后代遂以其字桑为姓。

桂：周朝王族后裔姬季桢为秦国博士，秦始皇焚书坑儒时被杀。他的弟弟姬季眭为避祸，将季桢的四子统统更改了姓名，其老大改叫桂奕，因"桂"与自己名字"眭"同音，桂姓源出即此。

濮：虞舜有子名散，封地于濮。子孙后以濮为姓。一说春秋时卫国有大夫封于濮，后代遂以封地为姓。

牛：周武王灭商后封商纣王庶兄微子启建宋国，微子启裔孙司寇牛父为保卫宋国战死，子孙引以为荣，以他的名字牛为姓。又北魏侍中寮允，因功赐姓牛，其子牛弘任隋朝吏部尚书，好学博闻，性格宽宏，史称大雅君子。

寿：春秋时周王室支裔吴王寿梦的后代，以其祖名字寿为姓。

通：春秋时巴国有大夫封食邑于通川（故地在今四川省），子孙遂以通为姓。一说秦汉时有爵位名彻侯，金印紫绶，地位极尊。曾有封爵彻侯者的子孙以先人爵位"彻"为姓，

后因避汉武帝刘彻名讳,改彻姓为通姓,取"彻"与"通"字意相同之故。

边:商代有小国名边,居其国者以边为姓。又东周襄王时有大夫封邑于边,称边伯,子孙遂以边为姓。一说春秋时宋平公之子御戎,字子边,子孙以他的字边为姓。

扈:夏朝时禹的子孙中有封地于扈者建扈国(今陕西鄠邑区),禹去世后由启继承了王位,引起了其他王族公国的不满,扈国即是反对启的公国之一,结果扈国被启灭掉,国人遂改姓扈。

燕:商朝封黄帝后裔伯倏于燕(今河南汲县一带),史称南燕国,其国人后以燕为姓。又周武王建国后,分封助其灭商的功臣召公奭于燕(今河北北部和辽宁西部)建国,都城为蓟(在今北京西南部),史称北燕。燕在战国时为七雄之一,后被秦灭,燕国公族遂以燕为姓。又东晋时鲜卑族慕容氏于北方称帝,国号为燕,分前燕、后燕、西燕、南燕、北燕诸国,诸燕相继亡国后,其后人亦有仿汉族以燕为姓者。

冀:唐尧的后裔周朝初年被封于冀(今山西河津一带)建国,春秋时冀国被晋吞并,其王族遂以冀为姓。又冀姓后代追溯其源,认为晋国大夫冀芮食邑于冀,子孙遂以冀为姓,故冀芮实为冀姓之祖。

郏:周成王定国鼎于郏鄏,故址在今河南洛阳西,居住此地的人后遂以郏为姓。又春秋时郑国大夫郏张的先人封邑于郏地(今河南郏县),其族遂以郏为姓。

浦:春秋时晋国大夫浦跞乃姜太公姜尚的后代,浦跞子孙后遂以其名字中的浦字为姓。

尚:夏朝时有王族名尚黑者,他的子孙后以先祖名字中的尚为姓。又姜太公名望,西周初年官拜太师,辅佐武王灭商有功,被尊称为师尚父,也称姜尚。因其封于齐建国,为齐国始祖,故亦称太公。姜太公后裔中遂有以其尊号中的尚为姓者。一说战国时开始设置尚书官职,掌管文书,秦汉后因尚书在皇帝身边办事,地位渐重,尚书的子孙后代遂有取祖上官名中的尚(即执掌之意)为姓者。

农:西周初武王封神农氏后裔为农正,执掌农业生产与农事祈祷等事,农正后代子孙遂以祖上官职为姓。

【原文】 温别庄晏,柴瞿阎充。慕连茹习,宦艾鱼容。

【注释】 温:西周初成王封其弟叔虞于唐,唐叔虞后代子孙中的一支受封于温(今河南温县),其族后人遂以温为姓。又春秋时晋国大夫郤至的食邑封于温,世袭温季,温季后代遂以温为姓。又唐代西域有康居国(故址在今新疆北),与唐交往中其国王取汉姓为温,后融入中原成为温姓源流之一支。

别:古代宗法之制,嫡长子族系称宗子,长子之外的次子、三子等诸子族系称小宗。小宗的次子们地位更低,称为别子,因为按照宗法制度别子不能承继祖姓,于是就有了以别为姓以示区别者。别姓既然带有如此明显的尊卑有别之意,所以罕见于世,历史上大多用为元代蒙古族人的姓氏音译。

庄：春秋时楚庄王支系子孙中有以先祖谥号庄为姓者。又春秋时宋戴公名武庄，其后代子孙中遂有以其名字中庄字为姓者。

晏：据说颛顼有裔孙名陆终，陆终第五子名晏安，晏安后人遂以晏为姓。又尧帝时有臣名晏龙，晏龙之后遂取其名字中晏字为姓。又春秋时齐国公族有封于晏（今山东齐河西北）者，后代遂以封邑为姓，身为齐国灵公、庄公、景公三朝大夫的晏婴即出此家族。

柴：齐国姜子牙的后代裔孙有名高柴者为孔子弟子，高柴之孙名举，举以祖父名字中的柴字为姓，称作柴举，柴姓由此而始。又元朝灭亡后，蒙古王公贵族中有不少家族改作汉姓柴氏，到了清代，亦有许多满族人效仿汉姓改称柴氏。

瞿：商朝时有一大夫封食邑于瞿上，世称瞿父，子孙后以先祖封邑为姓。一说孔子有弟子名商瞿，居住地被称作商瞿里，后改称瞿上乡（在今四川双流东），他的后代便以瞿为姓。

阎：西周初武王封周太伯（太王古公亶父的长子）曾孙仲奕于阎乡，其后代遂以封邑阎为姓。又周康王之子封于阎，后代亦以封地为姓。春秋时晋成公之子封于阎，子孙亦以阎为姓。

充：周代官职中有充人，主管饲养祭祀时所用的牲畜，"充"的意思就是使牲畜肥壮，充人后代遂有以祖先官职为姓者。

慕：古代鲜卑族有慕容氏，意思是：仰慕天地二仪之德，承继日、月、星辰三光之容。在不断与中原汉民族融合的过程中，鲜卑慕容氏有改复姓为单姓慕者。

连：颛顼裔孙陆终第三子名惠连，他的后代中遂有以连为姓者。又春秋时齐国大夫连称与管至父一起戍葵丘，后发动叛乱杀死襄公，从而引起国人不满，最终连称亦被杀。连称子孙只好逃出了齐国，为了避祸，他们改掉原姓，以连称名字中的连字作为了新姓氏。又楚国春秋时设有连尹、连敖等军事官职，后合为一职，他们的子孙后来遂有以祖上军职中的连字为姓者。

茹：古代东胡族有柔然部落，南北朝时北朝称其作蠕蠕，南朝称其作芮芮，主要活动在今甘肃敦煌、张掖北部。柔然族人进入中原后改蠕蠕、芮芮为茹茹氏，后又效法汉族以单字茹为姓。

习：古有小国名少习国，其故地在今陕西商州东南一百八十多里的武关北。少习国人后有以习为姓氏者。

宦：宦姓源起不详，有人推测为官宦人家后代自称姓宦。当然是取仕宦之意，而非阉宦之宦。一说战国时赵国有宦者令，汉代有宦者令、宦者丞，均为少府属官，宦姓也可能源于任此官职者的后代。

艾：夏代少康王时，有臣名汝艾辅佐其中兴大业，其子孙后代便以艾为姓。又春秋时齐景公宠臣名孔，因封邑于艾（今山东莱芜东南），人称艾孔，后代遂姓艾。

鱼：春秋时宋桓公因病打算让位，太子兹父请桓公立其庶兄子鱼（名目夷）继位，子鱼

一再谦让，最后兹父登基为宋襄公。襄公命子鱼为司马，宋、楚泓之战，宋襄公不听子鱼趁楚军渡河前后阵脚未稳之机击溃楚军的正确建议，结果被楚军打败，襄公自己亦因伤而卒。子鱼后代以先祖贤能为傲，遂以其字鱼为姓。

容：古有容氏国，其国人后遂以容为姓。又古代礼乐之官称作容，据说黄帝的礼官名容成，中国最早的历法就是他发明的，道家更是把他附会作仙人，说他是黄帝或老子的老师，容成的子孙后遂以容为姓。

【原文】 向古易慎，戈廖庾终。暨居衡步，都耿满弘。

【注释】 向：春秋时宋桓公儿子中有公子肸，字向父，其子孙遂以其字向为姓。

古：周太王古公亶父后人中有以古为姓者。又春秋时晋景公大夫郤犨，又称苦成叔，谋事有智，临戎有文，而且有辩才，为使有礼，其后代中有以苦成为姓者。苦成的后人又以音近而改姓古成者；古成的子孙则又有改复姓为单姓古者。

易：春秋时齐桓公有宠臣名雍巫，字牙，精于烹调美食，封邑于易，人称易牙，易牙子孙后代以易为姓。又古代易州在今河北易县，居于此者遂以地名为姓。

慎：春秋时楚太子建的儿子白公胜曾于慎地（今安徽颍上西北）打败吴国军队，后作乱出逃，自缢而死。白公胜的后代居于慎的遂以地名慎为姓。

戈：夏禹后裔子孙中有封于戈地者，遂以封地戈为姓。

廖：商朝时封颛顼后裔叔安于廖国，世称廖叔安，子孙后以廖为姓。又周文王有子名伯廖，伯廖子孙中有以廖为姓者。

庾：古代称露天堆积粮食的临时仓库为庾，远在帝尧时代就有负责看管这种粮仓的官职掌庾大夫，周朝沿置此官职，且子孙一般世袭其职，因此他们的后代中就有以庾为姓者。

终：颛顼裔孙名陆终，陆终子孙中遂有以终为姓者。一说夏桀太史令名终古，子孙遂以其名为复姓终古，后裔中又有改复姓为单姓终者。

暨：据说颛顼裔孙陆终儿子名篯，篯的后人在商代时封于诸暨（今属浙江省），子孙遂以地名中的暨字为姓。

居：春秋时晋国大夫先轸善用兵，先后统帅中军击败楚师，为襄公谋划大败秦师，后不穿胄甲勇入狄师战死。先轸之子先且居继其父职，辅佐晋襄公多有善策，子孙因以为荣，以其名字中的居字为姓。

衡：商汤辅国之臣伊尹，官拜阿衡，至太甲王时改称保衡，为执掌国政之臣，伊尹后代遂以先祖官职名称衡字为姓。又三国时袁绍在官渡被曹操打败，不久病死，其支裔子孙避祸于衡山（今属湖南省）。后便以山名为姓。

步：春秋时晋国大夫郤豹的裔孙名扬，封邑于步，世称步扬，其子孙后代以封邑步为姓。

都：春秋时郑国大夫公孙阏，字子都，好强逞勇，长相俊美，闻名当时。郑庄公命子都

与大夫颍考叔伐许,子都因为争功而将颍考叔射杀。子都后人中有以其字都为姓者。

耿:商代自祖乙王至阳甲王均于耿(今河南温县东)建都,后盘庚迁都于殷(今河南安阳小屯村),留在耿的商王族后裔中遂有以耿为姓者。又周灭商后,分封周姬姓王族中一支建诸侯小国耿(在今山西河津南),春秋时为晋所灭,其王族遂以国名耿为姓。

满:周初封舜的裔孙胡公满于陈建国,建都宛丘(今河南淮阳),春秋时陈国被楚所灭,胡公满的后代遂以满为姓。又伊斯兰历史上阿拔斯王朝统治者艾布·贾法尔又名满苏尔,意即胜利者。后满苏尔演变成穆斯林中的一支大姓,在与我国中原汉民族交往融合的过程中,我国回族遂效仿汉姓改满苏尔为满姓。

弘:春秋时卫懿公大臣弘演出使在外,狄人攻卫,杀卫懿公后食尽其肉而丢弃其肝。弘演闻讯赶回卫国,呼天悲号,并自剖己腹将懿公之肝置于内而死。弘演子孙以其祖忠耿为荣,遂改姓弘。

【原文】 匡国文寇,广禄阙东。欧殳沃利,蔚越夔隆。

【注释】 匡:春秋时鲁国句须担任匡邑(故地在今山东西南一带)宰,子孙遂以其居官的地名为姓。

国:据说夏禹时,为其掌管车马出巡的御者名国哀,国姓子孙认为国哀即其始祖。又春秋时齐国有上卿名国,子孙以国为姓,世袭上卿。又春秋时郑穆公之子公子发,字子国,后代遂以其字为姓。

文:周武王灭商建周,追谥父亲姬昌为文王,文王后代中遂有以其封谥文为姓者。

寇:西周初苏忿生任武王司寇,负责刑狱尽职尽责,他的后代遂以其官职中寇字为姓。又卫国始祖康叔为周武王弟,周公灭武庚后把殷民七族和商故都土地均封赏给了他,成王时又命他做了司寇,康叔后代中遂有以其官称中的寇字为姓者。又后魏时鲜卑族中的若口引氏改汉姓为寇。

广:据说上古轩辕黄帝时,有号广成子的高人隐居于崆峒山石室中,黄帝曾向他请教过治国之道,广成子后代有以广成为复姓者,亦有以广为单姓者。

禄:商纣王儿子武庚,字禄父,武王灭商后继续守其封地为殷君,周公旦摄政时他勾结"三监"谋反,被周公诛杀。武庚死后,子孙改以其字中的禄字做姓。

阙:相传春秋时孔子讲学授徒之所在洙、泗二水之间的阙里(故地在今山东曲阜北),孔子学生中有定居此地的,其后代遂以阙为姓。一说阙里有邑名阙党,封于阙党邑的鲁人中有以阙为姓者。

东:传说帝舜有七位好友,其中的东不识乃伏羲后裔,东不识的后代子孙遂以东字为姓。

欧:春秋时越国著名的冶炼锻造工匠欧冶子,曾为勾践王制作过湛卢、巨阙等五把名剑,与干将携手为楚王打造了龙渊等三把宝剑,因此名噪当时,他的子孙后以其名字中的欧字为姓。又越王勾践后裔有封为乌程欧阳亭侯者,其子孙遂以欧阳为姓,欧阳复姓在

传继过程中又演化出了欧这个单姓。

弢：帝舜是传说中远古部落有虞氏的领袖，他曾命垂担任共工一职，负责执掌百工之事，垂让贤于弢斨，弢斨后代遂以先祖名字中的弢为姓。

沃：商王太甲之子名沃丁，他即位后名相伊尹已卒，沃丁任用贤臣咎单继续实行伊尹善政，天下大治。沃丁后代认为先王治理有方，遂以沃为姓。一说古代居住于沃（今山西曲沃）的人以居住地为姓。

利：帝尧的理官皋陶后裔理利贞，为了躲避商纣王追杀，出逃至今河南嵩县伊水旁，曾以李子充饥，他的后代遂有以李、以理或以利为姓者，故利姓与李姓同出一祖。

蔚：北周宣帝时改代郡为蔚州（今河北蔚县东北）。代郡上溯至春秋时为诸侯小国代国，战国初被赵襄子所灭，其侄赵周受封于此。战国末期赵国为秦攻破，赵公子嘉由邯郸出奔到代，自立为代王。后代国终为秦灭，居住此地的古代国和迁徙来的赵国王公贵族后裔中遂有改姓代者。至北周宣帝改代郡为蔚州后，代姓中又有改姓蔚者，蔚姓由此而始。

越：夏禹后裔夏朝第六代王名少康，少康庶子名无余，建立越国，都城会稽（今浙江绍兴），战国时越被楚灭，王族后裔以国名越为姓。

夔：西周时成王封熊绎建立楚国，其子熊挚受封于夔（今湖北秭归东）建夔国。后楚国以夔不敬祀先祖为借口灭掉了夔，熊挚的后代为免受株连纷纷改姓避祸，有改熊字为能字做姓氏者，有改以封国夔字做姓氏者。

隆：春秋时鲁国境内有隆邑，居住此地的人后便以隆为姓。

【原文】 师巩厍聂，晁勾敖融。冷訾辛阚，那简饶空。

【注释】 师：上古至先秦负责掌管音乐的官员称作师，如轩辕时的司乐师延，传说他拊一弦琴则地祇皆升，吹玉律则天神俱降，听遍诸国乐声，可以从其中分辨出兴亡之兆。商代乐官师涓为商纣王制靡靡之音，武王伐纣时师涓投河自杀。春秋时卫国乐官也称师涓，晋国著名乐师为师旷。这些乐师的后代多以师为姓。

巩：周敬王时有同族姬姓卿士简公封邑于巩（今河南巩义市），世称巩简公，他在辅佐敬王时主张选贤任能，弃用了不少姬姓王族子弟而录用了大批远道前来的异姓诸侯国人才，结果招致王侯子弟的不满而被诛杀，简公的子孙后遂以封地巩为姓。

厍：厍为库的俗字，古代有守库大夫官职，其后代则有以库或厍为姓者。又我国少数民族中多有库狄、库门、库得官等复姓或三字姓，在与汉民族的融合过程中不少改成了单姓库或厍姓。

聂：春秋时齐国有丁公封支庶子孙于聂（今山东省境内），子孙后代遂以聂为姓。一说是卫国大夫（或说是楚国大夫）封地于聂，因以为姓。

晁：西周时景王姬贵小儿子姬朝在王位争夺中失败，被迫出逃至楚国，子孙后以朝的同音字晁为姓。又晁与鼌通，所以鼌姓亦作晁姓，例如西汉著名刑名家、景帝御史大夫鼌

错,今多写作晁错。

勾:传说上古有木正、火正等五行之官,木正为春官,主掌天地四时万物生死。勾芒氏为少昊时木正,其后代以勾为姓,勾姓又演化出句姓、钩姓,实为一源。

敖:传说颛顼帝有老师名太敖,其子孙遂以敖为姓。又春秋时楚国称被废被杀没有谥号的国君为敖,他们的后代也有以敖为姓者。

融:传说高辛氏帝喾的火正祝融,执掌火事,他是颛顼后代老童之子,祝融子孙中有以祝或融为姓者。

冷:传说黄帝时有乐官名冷伦,古代乐律就是由他发明创定的,冷与伶通,故乐官、乐人后便称作伶人,他们的后代遂有以冷或伶为姓者。又因为寒冷的"冷"字在表示清凉或象声时可写作泠泠,与冷泠音、义皆同,所以冷姓又有演变成泠姓。

訾:古代有訾陬国,居其国者遂以訾陬为氏,据说帝喾的一个宠妃即訾陬氏人,訾陬后又演化做单姓訾。一说訾姓原本为祭姓,因祭祀要杀牲,祭姓的后代认为姓"祭"不祥,所以改为字形相近的訾姓。(笔者认为訾,有诋毁之意,也不能算作褒义吉祥之字,故訾姓来源祭姓之说略显牵强,聊备一说而已。)

辛:夏禹儿子启建立了夏朝,封其支庶子于莘(今河南开封东南,一说在今山东曹县北),莘国也称有辛、有莘、有侁国,其后人遂以地名莘或辛等为姓,商汤所娶有莘氏即其国之女。又今陕西合阳东南亦曾是古代莘国故地,姒姓,周文王妃太姒即此国之女,居此国者也有以莘或辛为姓者。

阚:春秋时齐国大夫止曾居住于阚(今山东汶上西南),世称阚止,他的子孙遂以阚为姓。一说黄帝后裔南燕国(与北方燕国并非一国,在今河南延津东北)王族中有封于阚邑者,后代以阚为姓。

那:春秋时诸侯小国权国(在今湖北当阳东南)被楚所灭,楚把权人迁徙至那城(故城在今湖北荆门东南),权国王公后裔遂有以那为姓者。

简:春秋时晋国大夫狐鞠居食邑于续,号续简伯,他的后人或以简为姓,或以续为姓,或以狐为姓,故简姓、续姓、狐姓同源同宗。

饶:战国时赵悼襄王封长安君于饶(在今河北界内),其子孙遂以饶为姓。又战国时齐有大夫食邑于饶,他的子孙后代也以饶为姓。

空:古代有小国名空,居其地者称空侯氏,空侯氏后代遂以空为姓。又商代始祖名契,契的后裔中有封于空桐(今河南虞城)者,子孙遂以空桐为姓,继而又演化出单姓空。

【原文】　曾毋沙乜,养鞠须丰。巢关蒯相,查後荆红。

【注释】　曾:相传夏禹之后第五代君少康中兴夏室后,封小儿子曲烈于鄫(今山东苍山西北),建鄫国,历夏、商、周三代至春秋时被莒国所灭。鄫国太子出逃到鲁国为官,其子孙后将原国名鄫去掉偏旁邑(即右阝),表示离开了故国都邑,只留曾字以为姓。

毋:战国时齐宣王封其弟食邑于毋邱,以延续田氏齐国的祖祀,其子孙后代遂以毋

为姓。

沙：相传神农氏即炎帝时有大臣夙沙氏，他的后代遂有以沙为姓者。又春秋时商纣王庶兄微子启后裔中的一支受封食邑于沙(今河北大名东)，子孙后代以沙为姓。

乜：春秋时卫国有大夫封邑于乜，子孙后代遂以封邑乜为姓。

养：春秋时吴国公子掩余、烛庸出逃至楚国，楚王封赏他俩大片田地以做养地食邑，其故址在今河南沈丘东与安徽界首西之间，他们的后代遂以养为姓。

鞠：相传周族始祖后稷的孙子出生下来时手心有菊形花纹，因古代菊与鞠字相通(一说生而有纹在手称作鞠)，所以给他起名叫鞠陶，鞠陶后代遂以先祖名中鞠字为姓。

须：相传中古时东夷族首领太皞即伏羲氏的后裔，春秋时期先后在济水流域建立了须句、任、宿、颛臾等国，其中须句国人后来便以须句或须为姓。一说燕国有附庸小国密须国，密须国公族后代遂以密或须为姓。

丰：西周初周文王灭了商朝崇侯虎的封国酆(今陕西鄠邑区)，将其改作酆邑，武王灭商后封其弟(文王第十七子)于酆为酆侯，酆侯子孙后去偏旁邑字作豊(丰)为姓。又春秋时郑穆公有子名丰，子孙遂以丰为姓。

巢：相传远古时代巢居的发明者教民构木为巢居住在树上，以避免野兽侵袭，史称有巢氏。夏禹时封有巢氏后人建巢国，巢国人遂以巢为姓。

关：夏朝末年有贤臣龙逢，因其封邑于关，世称关龙逢。当时夏帝桀荒淫暴虐，沉溺酒内，不理朝政，关龙逢屡屡直谏触怒了暴君夏桀，结果被囚禁杀死，关龙逢子孙后便以关为姓。

蒯：春秋时卫灵公太子蒯聩欲杀灵公夫人南子，灵公大怒，蒯聩被迫出逃到晋国。后卫国内乱，蒯聩趁机回国印位，是为卫庄公，卫庄公后裔子孙遂以蒯为姓。一说晋国大夫蒯得后代以蒯为姓。一说商代有蒯国。故址在今河南洛阳一带，其国人后遂以蒯为姓。

相：夏朝第五代王名相，建立都城相里，故城在今河北省界内，居住相里的王族后裔遂以相为姓。又商朝第十二代君名河亶甲，也曾居于相地，他的后代中亦有以相为姓者。

查：春秋时，齐顷公有子食邑于楂，"楂"通"楂"，故其后代子孙以楂为姓，后又去掉木字旁改姓查。

後：传说古代东夷族首领太皞裔孙中有名後照者，他的子孙遂以後为姓。此"後"姓不同于"后"，"后"姓另有起源。

荆：西周时鬻熊立国荆山一带，建都丹阳(今湖北秭归东南)，称荆国，为楚国前身，故楚国也称为荆楚，楚国后裔子孙中遂有以荆为姓者。

红：西周周夷王时，楚王熊渠趁周室衰微，不断兴兵吞并周围小国，并封长子熊挚为鄂王。熊挚字红，故其支庶子孙中有以其字红为姓者。又汉高祖刘邦后代中有楚元王刘交，刘交之子刘富封地于红，刘富子孙后代遂以封地红为姓。

【原文】 游竺权逯，盖益桓公。万俟司马，上官欧阳。

【注释】 游:春秋时郑穆公有子名偃,字子游,其子孙以其字游为姓。又晋国桓、庄之族后裔有游姓。

竺:商朝末年孤竹国君长子伯夷与次子叔齐争让君位,后双双投奔了周,武王灭商后他俩因不食周粟而死,他们的后代中有以原国名中竹字为姓者,后又有改竹为竺者。又古代西域天竺国(印度古称)僧徒进入中国后,多以竺为姓,而我国僧人又常有取其师之姓为己姓者,如南朝宋时庐山名僧竺道生,本姓魏,出家后就以其师竺法汰之姓为姓。

权:商朝二十二代王武丁裔孙封地于权(今湖北当阳东南),其子孙遂以权为姓。

逯:战国时秦有大夫封邑于逯,子孙遂以逯为姓。又楚国公族中有逯姓。

盖:战国时齐有大夫食邑封于盖(今山东沂水西北),子孙以盖为姓。

益:相传帝舜时掌管刑法的大臣皋陶有子名伯益,伯益为禹重用,助禹治水有功,被禹选为继承人,后被禹子启所杀。伯益支系子孙中有以益为姓者。

桓:相传黄帝时有大臣名桓常,其子孙遂以桓为姓。又春秋时宋国国君宋桓公后代,以其祖先谥号桓为姓。又南北朝时北魏鲜卑族有乌丸氏,魏孝文帝迁都洛阳后,乌丸氏改汉姓为桓。

公:春秋时鲁昭公有两个儿子,名衍与为,他们的封爵是公、侯、伯、子、男中的第一等即公爵,所以世称公衍、公为,其子孙以祖上封爵为姓,遂有公姓。

万俟:南北朝时期北魏孝文帝迁都洛阳,改鲜卑王族拓跋氏为汉姓元,故北魏亦称元魏。在孝文帝倡导下鲜卑族纷纷改姓汉姓,魏献文帝之弟即孝文帝的叔叔这个家族,被赐改称复姓万俟。

司马:传说古代东夷族首领少暤设官职司马,执掌军政大事。但文献记载司马一职始见于西周,春秋战国至汉代一直沿用,负责军政、军赋,周宣王时程伯休父任司马,他的后代遂以司马为姓。

上官:春秋时楚庄王小儿子名子兰,官为上官大夫,他的子孙遂以其官职上官为姓。又在今河南滑县东南三十多里处古时有上官邑,是河南通向河北的通道,居住此地的人遂有以邑名为姓者。

欧阳:战国时,越王勾践第五代孙越王无彊被楚威王杀死,越国被灭。无彊之子蹄被楚王封于乌程欧余山(在今浙江吴兴)南面,因山南为阳,故世称其欧阳亭侯,子孙后遂以欧阳为姓。

【原文】 夏侯诸葛,闻人东方。赫连皇甫,尉迟公羊。

【注释】 夏侯:西周时夏禹后裔东楼公被封于雍丘(今河南杞县),建杞国。战国时杞简公被楚所灭,简公之弟佗出逃奔鲁,鲁公认为佗乃夏禹之后,尊称为夏侯,佗的后代遂以夏侯为姓。

诸葛:相传远古有葛天氏部落,夏代诸侯葛伯即葛天氏后裔。葛伯其国被商所灭后,他的支族中有一支迁至诸(今山东诸城西南),并以迁居地名诸,加上原诸侯国名葛,组合

成复姓诸葛。

闻人：春秋时鲁国大学问家少正卯因与孔子政见不同被杀，少正卯曾与孔子同时讲学，他的影响力使得孔子门下三盈三虚，在当时闻名远近，号称"闻人"，子孙在其被杀后遂以闻人为复姓，或单姓为闻。

东方：相传伏羲氏创八卦，以震为尊，认为震是雷之象，万物均出于震，与之对应的方位为东方，是太阳神居住之地，伏羲后裔中遂有以东方为姓氏者。

赫连：东汉时长期活跃于漠北的匈奴族开始分裂为两部，留居当地的称北匈奴，南下的称南匈奴。南匈奴右贤王刘豹子后代刘勃勃拥兵自立，号称大夏天王，自创姓氏称赫连，因赫有显耀盛大之意，故赫连意思是光辉显赫与天相连。

皇甫：春秋时宋戴公有子名充石，字皇父，曾任周太师，子孙遂以皇父或皇为姓。汉代时，皇父氏族后裔皇父鸾徙居于茂陵，将姓中的父字改为甫字，这一家族后遂姓皇甫。

尉迟：南北朝时北魏孝文帝迁都洛阳，鲜卑族纷纷改姓汉姓，与鲜卑拓跋部落一起南迁的尉迟部落，从此就以尉迟为姓。

公羊：春秋时鲁国有贵族公孙羊孺，他的子孙后代取其姓和名中各一字组成又一复姓公羊。

【原文】 澹台公冶，宗政濮阳。淳于单于，太叔申屠。

【注释】 澹台：春秋时孔子弟子灭明因家住鲁国澹台山（今山东嘉祥南），故以澹台为姓，称澹台灭明，他的子孙以后均以澹台为姓。

公冶：春秋时鲁国季氏之族有大夫季冶，字公冶，子孙遂以其字为姓。

宗政：汉高祖之弟楚元王刘交之子刘郢客官为宗正，封上邳侯，统掌皇族事务，他的后代遂以其官名宗正为姓，宗正也做宗政，故其姓后改作宗政。

濮阳：古代称山之南水之北为阳，濮阳（今属河南省）为春秋时卫国都城，在濮水之北，居住于此的王公贵族后代遂以都邑之名为姓。

淳于：夏朝时有斟灌国，周武王时封淳于公在此建淳于国（今山东安丘东北），后被杞国所灭。杞文公时杞国迁都淳于，战国时杞国又被楚国所灭。居住于此的原淳于国公族贵戚中，遂有以故都名称为姓者。

单于：汉代时匈奴称其君长为单于，意思是像天一样广大高远，匈奴左贤王去卑单于归降汉朝后，即以其君位之称单于为姓。

太叔：春秋时卫文公儿子姬仪，人称太叔仪，姬仪后代遂改姬姓为太叔。又郑庄公弟弟段封邑于京，世称京城太叔，他的子孙也有以太叔为姓者。

申屠：传说上古神农氏主掌四时、方岳之官称四岳，其后裔于周代时封国于申（故地在今河南南阳北），世称申侯。申侯支裔孙居住在安定（在今河南省境内）的屠原，其子孙后遂以封国申与居住地屠合为复姓申屠。一说夏代有贤人名申徒狄，申徒后转写为申屠，申徒狄后代遂以之为姓。一说春秋时楚有官职称申屠，子孙后代以祖上官称为姓。

【原文】　公孙仲孙，轩辕令狐。钟离宇文，长孙慕容。

【注释】　公孙：春秋时列国诸侯王位按例由嫡长子继承，继位前称太子，太子的兄弟称作公子，公子的儿子称公孙，公孙的儿子如果没有封邑爵号的一般皆以公孙为姓，追本溯源可知姓公孙的人非常多，并非一族一姓的后人。一说黄帝本姓公孙，因居姬水故改姓姬，姓公孙者为黄帝之后。

仲孙：春秋时鲁桓公次子名庆父，因排行第二，故称仲庆父、共仲，又称孟氏。庆父弑君作乱，畏罪出逃，后自缢而死，他的子孙遂改姓仲孙或孟孙。

轩辕：传说中中原各部族的共同祖先黄帝号轩辕氏，所以黄帝后裔子孙中有以轩辕为姓者。

令狐：周文王第十五子毕公高的裔孙魏颗，与其父魏犨一样均为春秋时晋国名将，魏颗以战功受封于令狐（今山西临猗西），子孙遂以封邑令狐为姓。

钟离：春秋时晋国有大夫伯宗，因遭受谗言被杀，其子伯州黎出逃到楚邑钟离（今安徽凤阳），伯州黎的后代遂以钟离为姓。

宇文：鲜卑族有部落首领名普回，据说普回有一次外出狩猎时拾获玉玺，上刻文字为“皇帝玺”，普回认为此玺是上天所授，而鲜卑族俗称天子为“宇文”，故普回改称自己部落为宇文，从此该部落遂以宇文为姓。

长孙：北魏道武帝拓跋珪的曾祖拓跋郁律的长子沙英雄，号拔拔，是鲜卑族南部首领；拓跋郁律的次子就是道武帝的祖父。沙英雄的儿子名嵩，按辈分排列应是皇室家族中的长房裔孙，所以道武帝拓跋珪建立北魏后封其为北平王，授官太尉，并赐姓长孙，长孙一姓自此而始。

慕容：鲜卑族涉归单于自称仰慕天地二仪之德，承继日月星三光之容，因此改用慕容为自己部落的姓氏。

【原文】　鲜于闾丘，司徒司空。亓官司寇，仉督子车。

【注释】　鲜于：相传西周初武王封商纣王的诸父、贤臣箕子于朝鲜，箕子旁支子名仲，食邑封在了于地，仲的子孙后遂以祖上封邑中的鲜和于，组合成姓氏鲜于。

闾丘：春秋时齐国大夫婴居住在闾丘，世称闾丘婴，子孙后代遂以闾丘为姓。

司徒：相传帝喾之子契因助禹治水有功，被舜任命为司徒，掌管教化，契的后代中遂有以司徒为姓氏者。司徒也作司土，夏商周至春秋时期主要掌管国家的土地民众、田赋徒役，汉代以后司徒官职渐高，职权相当丞相。故祖上担任司徒官职之人的后代子孙，遂以司徒为姓氏。

司空：西周时司空为六卿之一，主管建筑和制作业，春秋时夏禹后裔晋国的士蒍担任司空，子孙后代遂以司空为姓。

亓官：古代插定发髻和弁冕的簪子称笄，弁是贵族戴的一种帽子，冕是帝王、诸侯及卿大夫所戴的礼帽。自周代开始设立了专门执掌王侯冕服与等制的礼官弁师，又称笄

官,因"笄"与"亓"通,所以也称亓官,他们的后代中遂有以祖上官职为姓者。

司寇:西周时六卿之一,主管刑狱,周武王时苏忿生为司寇,春秋时卫灵公之子公子郢的后代也担任过司寇,他们的子孙遂以司寇为姓。

仉:春秋时鲁国有大夫党氏,是周公族之后,因"党"与"掌"音同,故又演化出掌氏,"掌"与"仉"通,故又有仉氏,所以党、掌、仉三姓不仅读音相同,而且源出一宗。

督:春秋时宋国大夫华父督的子孙以其祖名字中的督字为姓。又战国时燕国督亢之地(今河北易县、涿州、固安一带)最为肥沃,燕太子丹为刺杀秦王,派荆轲带着夹藏匕首的督亢地图假作进献秦王的礼物,结果行刺失败荆轲被杀,督亢之人因此有以督为姓者。又汉末少数民族"板盾七姓"中,有改称汉姓督氏者。

子车:春秋时秦国有大夫子车氏,其族人中子车奄息与子车仲行、子车鍼虎三位贤臣同时辅佐秦穆公,号称"三良"。秦穆公卒,以三良殉葬,国人哀伤而赋诗《黄鸟》,今复姓子车即为秦国子车氏的后裔。

【原文】 颛孙端木,巫马公西。漆雕乐正,壤驷公良。

【注释】 颛孙:春秋时陈国有公子颛孙在鲁国做官。他的子孙后来便以其名字颛孙为姓。孔子的弟子颛孙师,字子张,据说就是他的后代。

端木:春秋时卫国人端木赐,字子贡,为孔子弟子。子贡有雄辩之才,田常代齐时本想出兵伐鲁,孔子打算选派弟子游说田常而救鲁国,子路、子张、子石争相请行,孔子却点名叫子贡赴齐,结果子贡先后游说田常、吴王、越王、晋君,造成了史籍所称"存鲁,乱齐,破吴,强晋而霸越"的局面,子贡后代遂以其祖之名中的端木二字为姓。

巫马:周代设有巫马官职,掌管疗治马病等事务,子孙遂以祖上官职为姓,孔子弟子巫马期的先人就是周朝时的巫马官。

公西:春秋时鲁国国君桓公的儿子名季友,季友的后裔季孙氏家族自鲁文公以后世代为大夫,权倾一时,以至鲁国公室日益衰卑。季孙氏中有一支子孙后以公西为姓,孔子弟子公西赤即其族人。

漆雕:春秋时鲁国的漆雕氏中有漆雕开、漆雕哆、漆雕徒父三人同时成为孔子弟子。其中漆雕开,字子若,喜读《尚书》,不乐做官,最为孔子赏识,漆雕一姓由此为人广知。

乐正:周代设有大小乐正官,掌管礼乐教化,其后代遂有以祖上官职乐正为姓者。

壤驷:据说周代时已有壤驷氏族,但最早见于史籍的是春秋时的孔子弟子壤驷赤,字子徒(一说字子从),以《诗经》《尚书》见长,复姓壤驷者一般认为壤驷赤即其先祖。

公良:春秋时陈国有公子名良,他的后代遂以公良为姓,孔子弟子公良儒,字子正(一说字子幼),就是出自这一氏族。孔子经过蒲地时被蒲人所困,公良儒驾车仗剑为孔子解围,深得孔子赞赏。

【原文】 拓跋夹谷,宰父穀梁。晋楚闫法,汝鄢涂钦。

【注释】 拓跋:鲜卑族政权北魏王朝自称是黄帝之后,受封于北土,谓黄帝以土德

王,而鲜卑语称土为拓,称君主为"跋",故北魏皇族以拓跋为姓氏。孝文帝拓跋宏迁都洛阳后,以《周易》解释"元"为万善之始,遂改拓跋为汉姓元,所以北魏在历史上亦称拓跋魏或元魏。

夹谷:满族的祖先自五代十国时称女真,到辽代时完颜阿骨打统一各部建立金王朝,金代女真族有加古部落,后来写成夹古,遂成为复姓为子孙沿用。

宰父:周代设有掌管朝议、考核官员职守等级的宰夫官职,后演化成复姓宰父。孔子弟子宰父黑即出自此氏族。

穀梁:春秋时鲁国有大夫食邑封于穀梁,后代遂以先人采邑为姓。孔子弟子子夏的学生战国鲁人穀梁赤,即这一氏族的后人,他后来为《春秋》作传,与《左传》《公羊传》并称"春秋三传"。一说古代种植穀梁的氏族后代以穀梁为姓,后改梁作粱,遂姓穀粱。

晋:西周时周成王封其弟叔虞建唐国,唐叔虞儿子燮继位后因唐国南有晋水,改封国称晋,自称晋侯,晋侯后裔遂以晋为姓。

楚:西周时鬻熊立国于荆山,建都丹阳(今湖北秭归东南),至其裔孙熊绎受封于周成王,被称为楚子(子爵),其国则称为楚、荆楚或荆蛮。之后楚国疆土不断扩大,并迁都至郢(今湖北江陵西北),楚国被秦所灭后,公族后裔遂以楚为姓。

闫:西周时周武王封周太伯(太王古公亶父的长子)曾孙姬仲弈于阎乡,其后人遂有以阎为姓者。阎与闫通,故闫姓与阎姓同宗,是阎姓的别支。

法:战国末期田齐被秦国所灭,齐襄王的子孙为避祸不再称田姓,而改以襄王名字法章中的法字为姓。

汝:西周末年幽王被杀,太子宜臼东迁洛邑(今河南洛阳),建立东周,史称周平王。周平王封少子于汝(今河南省境内),其子孙后以封地汝为姓。一说殷商有贤人名汝鸠,汝鸠后代遂以汝为姓。

鄢:春秋时郑国有鄢邑(今河南鄢陵),《左传》载"郑伯克段于鄢",记郑庄公讨伐反叛的弟弟共叔段至鄢邑,指的就是此地,鄢人后代遂以邑名为姓。

涂:相传夏代有涂山氏,其后代去了山字以涂为姓。又古有涂水(即今安徽东北部的滁河),居住水畔的人们遂以涂为姓。

钦:我国古代少数民族东胡的别支,于秦末被匈奴所灭,避祸迁徙至乌桓山(今内蒙古阿鲁科尔沁旗北),由此改称乌桓族。乌桓族亦称乌丸族,其中的钦志贲部落后裔子孙,在民族融合中改称汉姓钦。

【原文】 段干百里,东郭南门。呼延归海,羊舌微生。

【注释】 段干:春秋时道家学派创始人、思想家老子的儿子李宗为魏国大将,受封邑于段干,其子孙后代以封地段干为姓。

百里:春秋时秦国大夫百里奚(姓百,名奚,字里)原为虞国大夫,虞亡后被晋国俘获当作陪嫁之臣送入秦国,后来一度出走入楚,又被秦穆公用五张黑公羊皮赎回用为秦国

大夫,世称五羖大夫。百里奚与蹇叔、由余等共同辅佐秦穆公成就霸业,其子孙后代遂以百里为姓。

东郭:古代城邑筑有城墙围护,称作城;在城的外围再加筑的一道城墙则称作郭。周代齐国公族大夫居住于国都郭墙内东、南、西、北方的,分别有以东郭、南郭、西郭、北郭为姓氏者。

南门:商汤时贤臣蠕居住在都城南门,人称南门蠕,其子孙遂以南门为姓。一说当时有负责开启、关闭都邑南门的管城官,他的后代于是以南门为姓。

呼延:秦汉时散居我国北方大漠南北的匈奴族有呼延(也写作呼衍)、兰、须卜三个贵族部落,匈奴鲜卑族拓跋部建魏并南迁洛阳后,呼延则成了北魏的一个复姓。

归:周代有小国名胡或胡子,故址在今安徽阜阳西北,春秋时被楚所灭。胡子国公族中有归姓,即今归姓公认的始源。

海:春秋时卫灵公有大臣海春,被海姓公认为是氏族的先祖。

羊舌:春秋时晋国公族靖侯封食邑于羊舌,后代遂以其封邑为姓。

微生:周代宋国始祖微子启的后裔中有以微为姓者。微生氏族认为自己的先祖是出生于微家,故姓微生,所以微生与微两姓同源同祖。一说鲁国有贵族微生氏,即微生姓氏的渊源所自。

【原文】 岳帅缑亢,况后有琴。梁丘左丘,东门西门。

【注释】 岳:相传唐尧时设有掌管四方诸侯的大臣,称之为四岳(一说四岳为羲和的四个儿子),四岳的后裔中有以岳为姓者。

帅:上古至先秦掌管音乐的官称作师,其后代遂以师为姓。西晋时为避景帝司马师讳,将师姓去掉一横改姓帅,遂有帅姓。

缑:西周时有卿大夫封食邑于缑(今河南偃师东南),子孙遂以缑为姓。又北魏鲜卑有渴侯氏,孝文帝迁都洛阳后改渴侯为汉姓缑。

亢:西周诸侯国宋国开国君主微子启后裔有伉氏,其后代有去掉人字旁以亢为姓者。又春秋时卫国大夫三伉的后人以亢为姓。又战国时齐国有亢父邑,地势十分险要,故址在今山东济宁南,受封镇守亢父的士大夫后裔中,亦有以亢为姓者。

况:据说三国时蜀国有况长宁,是况姓之始见。一说况姓出自庐江郡,庐江郡即春秋时舒国,在今安徽合肥一带。明代苏州知府况钟,江西靖安人,以刚直清廉、断狱公正见称,是史籍中为数不多的治姓名人,但亦有人考证说沉钟先祖姓况乃黄姓所改。

后:相传与颛顼争帝而发怒头触不周山的共工氏,有个儿子名句龙,句龙担任后土一职,掌管社稷,即田地和五谷。后土自夏、商、周三代以来,被尊奉为土地之神,句龙的后代遂以其官职为姓,称后氏。

有:相传远古巢居的发明者为有巢氏,有巢氏的后代中遂有以有字为姓者。一说孔子的弟子有若,字子有,是有姓的先祖。

琴:春秋时卫国人琴牢,字子开,又字子张,为孔子弟子,他的后代遂以琴为姓。一说古代世世相承的琴师子孙中有以琴为姓者。

梁丘:春秋时鲁国有邑名梁丘,故址在今山东成武东北,有卿大夫封邑于此,后代遂以梁丘为姓。齐景公有下大夫名梁丘据,即出自其族。

左丘:春秋时鲁国有太史左丘明,相传是周代史官之后,世代为左史,故以左为姓,名叫丘明。一说他因家住左丘,名叫明,故称左丘明。左丘明家世代担任史职,故他能搜罗到列国之史以解释《春秋》,著有《春秋左氏传》和《国语》。今复姓左丘者,均以左丘明为其先祖。

东门:春秋时鲁庄公之子公子遂,字襄仲,因居住在都城东门,世称东门襄仲。鲁文公死后他借助齐国之力而立鲁宣公,其子归父也因此受宠于宣公,他们的后代遂以东门为姓。

西门:春秋时郑国有大夫居住于都城西门,后代遂以之为姓,战国魏文侯时邺令西门豹即出此氏族。

【原文】 商牟佘佴,伯赏南宫。墨哈谯笪,年爱阳佟。

【注释】 商:相传黄帝之兄有孙封地于商(今陕西商县东南),遂以商为姓。一说商纣王有贤臣商容,他的后代于是以商为姓。又周武王灭商后,商朝公族后代以故国名为姓。又战国时卫国人公孙鞅在秦孝公支持下任秦国左庶长,两次在秦实施变法,并因战功受封商十五邑,号称商君,秦孝公死后他被秦国贵族车裂,子孙遂以商为姓。

牟:春秋时有牟子国,故址在今山东莱芜东,相传是帝喾火官祝融后裔的封国,国人遂以牟为姓。

佘:佘姓起源不详,因古代有余字而无佘字,或是从余姓演化而来,余姓先祖为春秋时晋人由余。又春秋时齐国有邑名佘丘,齐国公族中有食邑封于此者,后代遂姓佘丘,佘姓或由佘丘演化而成。一说佘丘应作蛇丘,亦作余丘。另说五代时有余姓音讹作沙姓,又写作佘姓。总之,佘姓晚于余姓,由余姓声、形讹变的可能性极大。书册上最早著录的是唐代太学博士佘钦;而百姓知道佘姓大多是因为小说戏曲《杨门女将》中的佘太君。

佴:佴姓极少见,起源不详,存世书册中以晋代《山公集》中的佴湛为较早。是随后,居次的意思,但在词汇中亦极少使用。

伯:相传帝舜时任命伯益为掌管山泽的虞官,后伯益助大禹治水有功,被禹选定为继承人,最后被禹的儿子启所杀,伯益的后代遂以伯为姓。

赏:春秋时吴国建都吴中(今江苏苏州),赏姓为当时"吴中八姓"之一,亦是赏姓可以查考的最早记载。

南宫:春秋时鲁人南宫括,字子容,为孔子弟子,言行深得孔子赏识,孔子将哥哥之女嫁其为妻。《史记·仲尼弟子列传·索隐》认为括又作绦,即鲁国大夫孟僖子的儿子仲孙阅,因为居住在南宫,所以以南宫为姓。在《论语》中南宫括又作南容或南宫适,其后代遂

继用南宫为姓。

墨：商代孤竹国国君本姓墨胎氏，后改为墨氏。其长子伯夷姓墨名允，字公信；次子叔齐名墨智，字公达，两人皆因耻食周粟而饿死于首阳山中。孤竹国君即墨氏先祖。

哈：我国少数民族回族的姓氏之一。回族的第一大姓为马姓，这是因为回族人民大多信奉伊斯兰教，该教创始人如今译作穆罕默德，而在明清时代"穆"一般译作"马"。除马姓外，哈、白、沙、金也是用得较多的回族姓氏，此外满族中也有一些以哈为姓氏者。

谯：周代召公奭曾佐武王灭商，为燕国开国君主。他的儿子名盛，封地于谯，故址在今安徽亳州一带，其后代遂以谯为姓。又周武王弟弟叔振铎封于曹国，其公族中有食邑封于谯者，子孙后代遂以谯为姓。

笪：起源不详，宋代时有笪深、笪揆见于书册记载。

年：周代齐国始祖姜太公后裔中有以年为姓者。又有严姓因音近而讹传为年姓者。

爱：唐代西域回鹘国，其先为匈奴族，北魏时称高车或敕勒部，唐初称回纥，与唐一直保持着友好关系并从属唐朝。回鹘有一位国相爱邪勿曾出使唐朝，唐朝皇帝赐其汉姓为爱，名弘顺，其子孙后代遂沿用爱姓。

阳：周代有国名阳，故址在今山东沂水西南，春秋时被齐所灭，国人后遂以阳为姓。又东周景王封其小儿子于阳樊（今河南济源），后为避诸侯间不断战乱举族迁往燕国，遂以原封地中的阳字为姓。

佟：商汤灭夏后，夏朝内史终古归附商朝，终古后代以终为姓，因"终"与"佟"音形相近，后又演化出佟姓。又女真族有佟佳氏，努尔哈赤统一女真各部后建立后金，自号满洲汗，女真亦称满族。满族后金于皇太极时改国号为清，清统一中国后在与汉民族融合过程中，佟佳氏逐渐演变为佟姓。

【原文】　第五言福，百家姓终。

【注释】　第五：汉高祖刘邦称帝后，将战国原诸侯国王族后裔迁徙至关中，以削弱地方豪强割据势力。因原齐国田氏族大支众，需要迁徙的园陵太多，故从第一至第八按次第划分排序来代替其原来姓氏，划分为第五氏的后人遂以第五为姓。东汉光武帝时，第五氏族有名叫伦，字伯鱼的儒生被举为孝廉，拜会稽太守，以清廉著名当时，汉章帝时擢升司空，其子孙后亦陆续为官，故"第五"一姓因此而显。其余第一、第二等姓渐衰，子孙亦有改回田姓者。

言：春秋时吴人言偃，字子游，为孔子弟子，任鲁国武城宰，以礼乐教化治理武城人，其后代遂以言为姓。

福：春秋时齐国有大夫名福子丹，当为福姓始祖。又清代满族富察氏、蒙古族旺察氏等都有以福为称谓者，如康熙时进士、大学士福敏，乾隆时参赞大臣福禄，乾隆时大将军福康安等。

千字文

【导语】

《千字文》出自南朝才子周兴嗣手。周兴嗣(? ~521 年),字思纂,南梁陈郡项(今河南项城)人。祖上曾任汉太子老师,家学素养厚重,本人更是以文学知名当时,深得梁武帝萧衍常识,授官员外散骑侍郎,奉命编纂国史,著有文集百余卷。

《千字文》原是周兴嗣奉诏编缀的一篇命题文字,篇名为《次韵王羲之书千字》。《梁书》于其虽有记载,但过简略,好在宋人《太平广记》叙述尚详,为我们保存下来了《千字文》成书情况:

据说《千字文》传出后,世人初始一片疑惑,搞不清为什么周文竟是早其一百多年前的东晋书圣王羲之所书写?

原来梁武帝为了教诸王学习书法,让人在王羲之遗墨书迹中拓出一千个不相重复的字,写在纸片上,因零碎杂乱没有次序,于是召周兴嗣说:"你才思敏捷,可用此千字给我编一篇韵文出来。"不料周兴嗣仅用一个晚上就编好了,只是他的两鬓也在一夜之间都花白了。

《千字文》以"天地玄黄,宇宙洪荒"开头,用被指定的无一重

周兴嗣像

复的一千个单字,条理贯通叙事有序地吟咏了关于天文、博物、社会、历史、伦理、教育等包罗万象的诸方面知识,且结构严简,文采飞扬,对仗工整,协韵流畅,令人叹服称绝。其既可识字、学书、习文,又可增广见闻,兼能启蒙儒家伦理思想,成为我国历史上综合性蒙学读物的开山之作,对后代如《蒙求》《三字经》《龙文鞭影》《弟子规》等一系列蒙书的编写体例和内容,影响深刻。

《千字文》自隋代开始大为流行。南朝陈末至隋初,王羲之七世孙书法家智永和尚为满足时人需求,曾临摹了《千字文》八百册散发赠友,江南各个寺院也都保留了一本,对《千字文》的广为流传功不可没。到清代《千字文》已成为流传最广、最久的蒙学课本,几乎长幼咸知,以致文书编卷都采用天、地、玄、黄……来排列类分。清初学者顾炎武称赞《千字文》"不独以文传,而又以其巧传",道出了其传世经久的缘故。周兴嗣《千字文》后,唐《梵语千字文》、宋《叙古千字文》《续千文》《重续千文》、元《稽古千字文》、明《广易千文》《正字千文》、清《训蒙千字文》《续千字文》等模仿续貂之作纷纷问世,虽无一能与周文媲美抗衡,但却可以窥见周文影响的非同一般。

56

【原文】 天地玄黄①,宇宙洪荒②。日月盈昃③,辰宿列张④。

【注释】　①玄黄:天地的颜色。玄,高空的深青色。②洪荒:古人想象中远古宇宙一片混沌、蒙昧的状态。③盈:月光圆满。昃:太阳西斜。④辰宿:星辰,星宿。列张:排列分布。

【译文】　苍蓝的上天,灰黄的大地,混沌的宇宙无边又无际。太阳东升西下,月儿圆缺轮替,满天星辰排列自有序。

【原文】　**寒来暑往,秋收冬藏。闰余成岁,律吕调阳**①**。云腾致雨,露结为霜。**

【注释】　①律吕:乐律的统称。旧说我国古代用十二个长度不同的律管,吹出十二个高度不同的标准音,称作十二律。十二律从低到高依次排列,奇数各律为阳律,叫"六律";偶数各律为阴律,叫"六吕",合称"律吕"。古人将十二律与十二个月相对应,认为可用律吕调阴阳,使时序不相紊乱。

【译文】　一年四季,寒来暑往,秋天地里收割忙,冬天粮食囤满仓。历法纪年,用闰日闰月来调整,六律六吕,调节时序合阴阳。云气蒸腾,遇冷化作天降雨,夜露凝聚,天寒结成地上霜。

【原文】　**金生丽水**①**,玉出昆冈**②**。剑号巨阙**③**,珠称夜光**④**。**

【注释】　①丽水:金沙江流入今云南丽江境内的一段称丽水,也称丽江,自古出产黄金。②昆冈:昆仑山。③巨阙:春秋时越王勾践的宝剑,乃欧冶子铸锻的五把名剑之一,后代常用作宝剑的通称。其余四剑称湛庐、胜邪、鱼肠、纯钩(一作纯钩)。④夜光:传说中夜里可以闪闪发光的宝珠,据说出自南海,为鲸鱼目瞳所变。一说即隋侯珠,隋侯救助了一条受伤的大蛇,大蛇后来便衔了夜光殊来报答他。

【译文】　黄金出产在金沙江畔,美玉生成于昆仑山冈。锋利的宝剑号称巨阙,珍贵的明珠叫作夜光。

【原文】　**果珍李奈**①**,菜重芥姜**②**。海咸河淡,鳞潜羽翔**③**。**

【注释】　①奈:沙果,俗称花红。②芥:芥菜。种类很多,叶用芥菜可腌制雪里红,茎用可腌榨菜,根用可腌大头菜,种子可磨碎做芥末。芥姜,与上句"李奈"均泛指果蔬。③鳞:这里泛指鱼类。羽:泛指禽鸟。这句意思是说物产丰饶。

【译文】　果中美味有李子沙果,日常菜蔬离不开芥菜生姜。海水咸,河水淡,鱼儿水里藏,展翅的鸟儿蓝天任飞翔。

【原文】　**龙师火帝**①**,鸟官人皇**②**。始制文字**③**,乃服衣裳**④**。**

【注释】　①龙师:即伏羲氏。相传他用龙给百官命名,故名龙师。火帝:即炎帝。传说炎帝以火纪事,命名百官,并自为火师。②鸟官:即少皞氏,也作少昊氏。传说他以鸟为图腾,并用鸟名为官名。人皇:神话传说中的三皇之一,生有九个头,出巡时乘六鸟所驾云车。③制文字:相传黄帝的史官仓颉创造了汉字。④服衣裳:传说黄帝之妻嫘祖,为西陵氏之女,创造发明了养蚕治丝法,教民制作衣裳。

【译文】　龙师即伏羲,火帝是炎帝,鸟官乃少皞,人皇为古帝。仓颉发明创文字,嫘

祖教民始制衣。

【原文】 推位让国①,有虞陶唐②。吊民伐罪③,周发殷汤④。

【注释】 ①推位:推让出君位。②有虞:有虞氏,即虞舜,名重华。上古部落联盟领袖,后选拔并让位给治水有功的大禹。陶唐:陶唐氏,即唐尧,名放勋。上古部落联盟领袖,挑选并考察了虞舜三年之后,让位给舜,由舜代他行政。③吊民伐罪:慰问被压迫的百姓,讨伐有罪的统治者。④周发:西周开国君主武王姬发。他讨伐暴君商纣王,灭商建周。殷汤:殷商国王成汤,他率兵赶走夏代暴君桀,建立了商朝。

【译文】 禅让王位和社稷,史颂圣君虞舜与陶唐。安抚百姓讨暴君,世赞英主商汤、周武王。

【原文】 坐朝问道①,垂拱平章②。爱育黎首③,臣伏戎羌。遐迩一体④,率宾归王⑤。

【注释】 ①道:治国方法。②垂拱:垂衣拱手,不做什么。形容古代帝王无为而治。平章:辨别彰明。出自《尚书·尧典》:"平章百姓。"百姓即百官。意思是辨明百官功劳,论功行赏。③黎首:黎元,黎民百姓。④遐迩:远近。⑤率宾:"率土之滨"的省略语,出自《诗·小雅·北山》,意思是四海之内。

【译文】 英明圣君,端坐朝堂,咨问贤臣,治国良方。垂衣拱手,无为而治,考核百官,论功奖赏。爱戴黎民,抚育百姓。戎羌臣服,俯首归降。无论远近,四域八方,江山一统,四海归王。

【原文】 鸣凤在竹,白驹食场。化被草木①,赖及万方②。

【注释】 ①被:遍及。②赖:惠,利。

【译文】 凤凰在竹林间欢快地鸣唱,小白马驹悠然地觅食在草场。草木万物沐浴着太平盛世的雨露阳光,君王的仁德恩泽惠及了天下万方。

【原文】 盖此身发①,四大五常②。恭惟鞠养③,岂敢毁伤。

【注释】 ①盖:发语词。②四大:道家以道、天、地、王(一说"王"应为"人")为四大,佛教以地、水、火、风为四大,认为一切事物道理均来源产生于四大。五常:即五伦,五教。旧时礼教宣讲的君臣、父子、兄弟、夫妇、朋友间五种关系,和父义、母慈、兄友、弟恭、子孝的道德伦理。③恭惟:恭敬不安地想。鞠养:抚养。

【译文】 人们的身体发肤,关系到天地伦常。虔敬地想着父母的抚养,哪里敢随便将身体毁伤。

【原文】 女慕贞洁,男效才良。知过必改,得能莫忘①。

【注释】 ①能:才能,技艺。

【译文】 女子应仰慕操守贞洁之妇,男人要仿效德才兼备人物。知道了过错必定要改正,不可荒废忘掉已有的技能。

【原文】 罔谈彼短①,靡恃己长②。信使可覆③,器欲难量④。墨悲丝染⑤,《诗》赞羔羊⑥。

【注释】 ①罔:不可,不要。②靡:不。恃:凭借。③信:诚信。覆:审查。④器:器量。量:计算,测量。⑤墨:墨子,名翟。春秋战国之际思想家、政治家,墨家学派创始人。悲:感叹。丝染:《墨子闲诂·卷一》记墨子见染丝者而叹曰:"染于苍则苍,染于黄则黄。"并进而分析环境对人的重要影响。⑥羔羊:《诗·召南·羔羊》以洁白的"羔羊之皮"来比喻君子品德高洁。

【译文】 不要议论别人有多差,不要自负自己多么强。诚信要使它经得起考验,器量要大到难以被度量。墨子感叹白丝本质容易被色染,《诗经》赞美君子品德洁白如羔羊。

【原文】 景行维贤①,克念作圣②。德建名立,形端表正。

【注释】 ①景行:高尚的德行。语出《诗·小雅·车舝》:"高山仰止,景行行止。"意思是仰慕圣贤高尚品德,与之看齐,站到一起。②念:私欲。

【译文】 高尚的德行,唯有向圣贤看齐,克制私念,就能与他们站列一起。一旦道德树立,声名定会四起,形体端直,堂堂正正,外表自具威仪。

【原文】 空谷传声,虚堂习听①。祸因恶积,福缘善庆②。尺璧非宝,寸阴是竞。

【注释】 ①习听:重复听到。指有回声。②庆:吉庆,福。《易·坤·文言》:"积善之家必有余庆,积不善之家必有余殃。"

【译文】 空旷山谷,可以很快传回声,空荡大屋,声音发出引共鸣。祸患皆因作恶多端而引起,福运则是积善行德的余庆。一尺长的璧玉并非真正是珍宝,一寸短的光阴不可虚度要力争。

【原文】 资父事君①,曰严与敬。孝当竭力,忠则尽命。

【注释】 ①资:供养。

【译文】 供养父母,侍奉君主,需要严肃与恭敬。尽孝应该竭尽全力,忠君则当不惜生命。

【原文】 临深履薄,夙兴温清①。似兰斯馨②,如松之盛。

【注释】 ①夙兴:"夙兴夜寐"的省略语,即早起晚睡。夙,早。温清:"冬温夏清"的略语。温,指温被使暖。清,凉,谓扇席使凉。②斯:这样。馨:散布很远的香气。

【译文】 如临深渊,如履薄冰,早起晚睡,侍奉双亲。冬天温被使暖,夏天扇席使凉。孝行如兰草,芳香不断,品德像松柏,茂盛久长。

【原文】 川流不息,渊澄取映①。容止若思②,言辞安定。

【注释】 ①澄:水清。取映:可用来映照。②容止:仪容举止。

【译文】 河水日日夜夜奔流不停息,潭水宛若明净清澈可照人。仪容举止似思索般安详沉静,言语对答要从容,恰当又稳重。

【原文】 笃初诚美①,慎终宜令②。荣业所基,籍甚无竟③。

【注释】 ①笃:诚厚,认真。诚:的确②令:美,善。③籍甚:盛大,多。竟:穷尽。完。

【译文】　真诚认真地开始，确实很美好，始终如一的坚持，更让人称颂。光辉荣耀的事业，德行是基础，根基强大又坚实，前途无止境。

【原文】　学优登仕，摄职从政。存以甘棠①，去而益咏。

【注释】　①甘棠：即棠梨树。旧说西周时召伯巡行南方，宣扬文王之政，曾在甘棠树下处理政事，后人怀念他的政绩，保存下来甘棠树而不忍砍伐。"甘棠"也成了后代称赞地方官吏的颂词。

【译文】　书读好了就能做官，可以担任职务，参与国政。做官就要像召伯一样：周人留下了为他遮阳的甘棠树，一直舍不得砍伐，虽然他已离去了，却越发被百姓怀念和歌颂。

【原文】　乐殊贵贱①，礼别尊卑。上和下睦，夫唱妇随。

【注释】　①殊：不同。

【译文】　音乐要依照身份的贵贱有所不同，礼节要区别出地位的长幼卑尊。上上下下要做到和睦相处，丈夫倡导的，妻子要附和跟从。

【原文】　外受傅训①，入奉母仪②。诸姑伯叔③，犹子比儿④。

【注释】　①傅：傅父，古代保育、辅导子女的师傅，多由老年男子担任。②奉：遵奉。母仪：为人母者的典范。③诸：众。④犹子：侄子。比：类同。

【译文】　在外要接受师傅训导，入内要遵奉母亲教诲。对待姑母、伯伯、叔父，做侄子的一样要恭顺孝敬，就像是他们亲生的儿辈。

【原文】　孔怀兄弟①，同气连枝。交友投分②，切磨箴规③。

【注释】　①孔怀：指非常思念。语出《诗·小雅·常棣》："死丧之威，兄弟孔怀。"意思是死丧可畏。只有兄弟之亲甚相思念。后也以孔怀代指兄弟。孔，甚。怀，思念。②投分：意气相合，相知。③箴：劝告，规诫。

【译文】　要常关怀自己兄弟，因为血脉相同，共通气息，就像连理之树，枝叶永在一起。结交朋友应当志趣相投，互相切磋劝诫，一起探讨研习。

【原文】　仁慈隐恻①，造次弗离②。节义廉退③，颠沛匪亏④。

【注释】　①隐恻：忧伤哀痛，对别人不幸表示怜悯、同情。②造次：匆忙，轻易。弗：不。离：指丢失放弃。③退：谦让。④匪：不。亏：缺。

【译文】　做人要仁爱富有怜悯心，不能轻易地丢弃对别人的同情。气节、仁义、清廉、谦让，是必具的美德，即使颠沛困顿，也不能丝毫缺损。

【原文】　性静情逸，心动神疲。守真志满①，逐物意移。坚持雅操，好爵自縻②。

【注释】　①守真：保持自然本性。②好爵：高官厚禄。自縻：自我束缚。縻，牵系，束缚。

【译文】　内心清静平和，就能舒适安逸，心为外物所动，精神则会疲惫。保持自然本性，知足就会满意，追逐物欲享受，意志就要衰退。坚持高雅情操，不被爵禄所累。

【原文】 都邑华夏,东西二京①。背邙面洛②,浮渭据泾③。

【注释】 ①二京:汉代洛阳称东京,长安称西京。东汉班固《两都赋》、张衡《二京赋》是描写二都富丽繁华、社会百态的杰作。②邙:邙山。在今河南省西部,西起今三门峡市,东止伊洛河岸。洛:洛水。古人以水北为阳,洛阳地处洛水之北,故称洛阳。③浮渭:远望长安如同浮在渭水上。渭,渭水,源出甘肃渭源西北,入陕西后横贯渭河平原,至潼关入黄河。据泾:凭依泾水。据,凭靠。泾,泾水,源出甘肃平凉,入陕西后在长安东北的今陕西高陵流入渭水。

【译文】 古来华夏都城,富丽要属二京,东京即是洛阳,长安则称西京。洛阳背靠邙山,面前洛水流经,长安北临渭水,泾水汇入其中。

【原文】 宫殿盘郁①,楼观飞惊②。图写禽兽,画彩仙灵。

【注释】 ①郁:彩饰华丽。也可指繁多。②观:楼阙,楼台。惊:令人叹惊。

【译文】 两京的宫殿回环曲折,叠叠重重,楼台宫阙凌空欲飞,令人叹惊。宫殿内外画满飞禽走兽,还有彩绘的天仙神灵。

【原文】 丙舍傍启①,甲帐对楹②。肆筵设席③,鼓瑟吹笙④。升阶纳陛⑤,弁转疑星⑥。

【注释】 ①丙舍:宫中的别室,也泛指正室两旁的房屋。傍:通“旁”,旁边。②甲帐:汉武帝时所造账幕以甲、乙等天干数字编次排列,后以甲帐、乙帐代指皇帝闲居游宴休息的地方。对楹:殿堂前部的左右两根大柱子。③肆:摆设。④鼓:弹奏。瑟:这里泛指弦乐器。笙:泛指管乐器。⑤纳:进入。陛:宫殿的台阶。⑥弁:这里指古代官帽,上面缀有珠玉。

【译文】 殿堂两旁敞开着嫔妃的厢房,左右大柱撑起了皇帝的幕帐。处处摆设着丰盛的宴席,弹瑟吹笙乐曲美妙悠扬。官员们上下台阶互相祝酒,珠帽转动乍看疑是满天星斗。

【原文】 右通广内①,左达承明②。既集坟典③,亦聚群英。杜稿钟隶④,漆书壁经⑤。

【注释】 ①广内:汉代内廷藏书殿府,后泛指帝王书库。②承明:汉代未央宫中的殿名。承明殿旁设有专供侍臣值宿所居之屋,故后以“入承明”为在朝做官的代称。③坟典:《三坟》《五典》,传说中我国最古老的书籍,记载了三皇五帝的事迹。这里泛指古代典籍。④杜稿:东汉杜度奉汉章帝诏所上的草书章奏手稿。后世称为章草。钟隶:汉末钟繇的隶书真迹。后人赞誉其书法为秦汉以来第一。⑤漆书:用漆书写的竹简。《后汉书·杜林传》记载杜林曾于西州得到漆书《古文尚书》一卷。壁经:西汉景帝时鲁恭王刘余在曲阜孔子旧宅壁中发现的古文经书,包括《尚书》《论语》等。

【译文】 朝右转可通往广内大殿,向左行见到的殿是承明。广内殿集藏了古籍经典,承明殿汇聚有文武群英。典籍中有杜度章草,钟繇隶书,更有漆简《尚书》,《论语》古经。

【原文】　府罗将相,路侠槐卿①。户封八县②,家给千兵③。

【注释】　①侠:同"夹"。槐卿:指三公九卿。周时朝廷种三槐九棘,公卿大夫分坐其下,面对三棵槐树者为三公之位。后因以槐棘指三公之位。②封:封邑。③千兵:兵丁上千。战国时秦有千户侯,封食邑千家,为上卿。这里"千兵"与上句"八县"均为泛指。

【译文】　两京城内将相府第星罗棋布,三公九卿夹道高宅尽显威风。文臣武将户户享有八县多的封地,家家还有上千人的护卫亲兵。

【原文】　高冠陪辇,驱毂振缨①。世禄侈富,车驾肥轻②。策功茂实③,勒碑刻铭④。

【注释】　①驱毂:驱车。毂,车轮中心的圆木,中有孔,用以插入车轴,也代指车轮。缨:飘带。②肥轻:语出《论语·雍也》:"乘肥马,衣轻裘。"裘,皮衣。③茂:勉励。实:事迹。④勒:刻。铭:铭文。常刻在碑版器物上赞颂功德。

【译文】　将相们头戴高高官帽,陪侍帝王的车辇,看那车轮滚滚,彩饰迎风飘。生活奢侈又富裕,俸禄得世袭,驾华车,骑肥马,身着裘皮衣。功劳记在简册上,以勉慰他们勋业,还要立碑刻铭,来彰显卓著功绩。

【原文】　磻溪伊尹①,佐时阿衡②。奄宅曲阜③,微旦孰营④?

【注释】　①磻溪:指姜太公吕尚。磻溪在今陕西宝鸡东南,吕尚在此钓鱼,遇周文王,被拜为太师,后辅佐武王灭商有功,封于齐。伊尹:原为奴隶,被商汤起用,任以国政,帮助汤攻灭夏桀。汤去世后,继续辅佐卜丙、仲壬二王,是商初辅国重臣。②阿衡:商代官名。商汤授伊尹此官,总理国家大政。后以"阿衡"指代辅导帝王,主持国政。③奄:西周时古国名,在今山东曲阜东。宅:开辟居住之地。曲阜:今属山东省。周武王封周公旦于曲阜,周公因留佐武王而未就封地。成王时,周公使其子伯禽代赴封地,建鲁国,都城曲阜。④微:如果没有,如果不是。旦:周公旦。孰:谁,哪一个。营:建造,经营。

【译文】　伊尹和吕尚,是辅佐君王的一代名相。鲁都曲阜建立在古奄国的土地上,如果不是周公旦,谁能把鲁国经营成这样?

【原文】　桓公匡合①,济弱扶倾②。绮回汉惠③,说感武丁④。俊乂密勿⑤,多士寔宁⑥。

【注释】　①桓公:指齐桓公,名小白,"春秋五霸"之一。匡合:《论语·宪问》称管仲辅佐齐桓公"九合诸侯,一匡天下","匡合"即此省略语。匡,匡正。合,主持会盟。②济:救助。倾:危亡。③绮:绮里季。他与东园公、角里先生、夏黄公于秦末汉初时隐居商山,时称"商山四皓"。汉惠帝刘盈为太子时园性格柔弱,汉高祖一度想改立赵王如意。吕后采用张良计策,令太子卑辞安车迎四皓并与之游,高祖认为太子羽翼已成,遂打消了改立太子的念头。④说:傅说。相传原是服苦役的刑徒,在傅岩筑墙修路,商王武丁因梦中感应,知道他是辅佐殷商的圣人,遂寻访得之,任为治国之相。⑤俊乂:贤德之人。密勿:勤勉努力。⑥多士:英才贤士。寔:是。宁:安定。《诗·大雅·文王》:"济济多士,文王以宁。"意思是人才济济,文王赖之以安邦。

【译文】 齐桓公会盟诸侯,匡正天下,扶助弱国,拯救危亡,多亏有了管仲。绮里季挽回了汉惠帝的太子位,没让他被高祖轻易就黜废。因入梦傅说被武丁感应,由刑徒擢升为治国重臣。英杰贤士佐君王勉励又勤奋,人才济济天下平安社稷得安定。

【原文】 晋楚更霸①,赵魏困横②。假途灭虢③,践土会盟④。何遵约法⑤,韩弊烦刑⑥。

【注释】 ①更:更替,变换。②横:连横。战国时秦国强大,齐、楚、燕、赵、魏等六国联合抗秦称为合纵;六国中某些国家追随强秦进攻别国叫作连横。秦国采用范雎谋策,远交近攻,与秦接壤的韩、赵、魏最先被灭,所以说"赵、魏困横"。③假途灭虢:春秋时晋献公借道于虞国(旧址在今山西平陆东北),去攻灭虢国(在今河南陕县东南至三门峡一带,与虞国接壤)。假,借。④践土:地名,在今河南荥阳东北。晋文公城濮之战大胜楚军后,在践土主持诸侯会盟,成为"春秋五霸"之一。⑤何:萧何,西汉高祖时丞相。鉴于百姓对秦苛政的强烈不满,他顺应民意,制订出较为简约的汉代第一部律法《九章律》。⑥韩:韩非,战国末期法家代表人物。提出"法、术、势"三者合一的统治方法,受到秦王嬴政重视,后因遭李斯等陷害,自杀于狱中。烦刑:烦苛的刑法。

【译文】 晋文公、楚庄王先后称霸主,赵国、魏国被秦灭受困于连横。晋献公借道越境将虢国吞并,晋文公在践土召集诸侯会盟。萧何遵奉律法从简制订《九章律》,韩非主张苛刑作法自弊搭性命。

【原文】 起翦颇牧①,用军最精。宣威沙漠②,驰誉丹青③。

【注释】 ①起:白起。战国时秦国名将,长平之战大胜赵军。翦:王翦。战国末年秦国大将,得秦王嬴政重用,先后率军攻破赵、燕,灭掉楚国。颇:战国时赵国名将廉颇。牧:李牧。战国末年赵将,曾于肥(今河北晋州市西)大败秦军。②宣威沙漠:指西汉大将卫青、霍去病、李广。他们率军多次击败匈奴,北方解除了对汉威胁,西边打通了西域之路,宣扬国威,声震大漠。③丹青:史册。古代丹册记勋,青史记事。

【译文】 战国名将白起、王翦、廉颇与李牧,个个善于用兵,作战最为精通。西汉大将卫青、李广还有霍去病,屡屡击败匈奴,大漠威名远震。天下到处赞誉,他们卓著功勋,代代英雄虎将,青史永留英名。

【原文】 九州禹迹,百郡秦并。岳宗泰岱①,禅主云亭②。

【注释】 ①岱:泰山别名。②禅:在泰山南侧支脉辟基祭地称为"禅"。在泰山主峰筑坛祭天称作"封"。云亭:云云、亭亭二山的合称,均为泰山南侧支脉。相传神农、尧、舜在泰山祭天,在云云山祭地;黄帝祭地则在亭亭山。

【译文】 九州大地处处留有大禹治水的足迹,天下郡县在秦并六国后终于归一统。五岳中泰山为尊,帝王祭天凌绝顶,辟基祭地禅礼仪式在云亭。

【原文】 雁门紫塞①,鸡田赤城②。昆池碣石③,巨野洞庭④。旷远绵邈⑤,岩岫杳冥⑥。

【注释】　①雁门:山名,在今山西代县西北,山势险要,上有西陉关,亦称雁门关。紫塞:北方边塞,这里指长城。秦、汉所筑长城,土色发紫。②鸡田:鸡泽。在今河北永年西南,春秋时鲁襄公在此盟会诸侯。赤城:地名。晋、魏时相继于此筑城置戍,以防御柔然入侵。一说赤城为浙江天台山脉山蜂名。道家名山青城山亦称赤城山。③昆池:昆明滇池。汉武帝曾于长安近郊比照滇池开凿昆明池训练水军。碣石:古山名。据考在今河北昌黎西北,秦始皇、汉武帝都曾东巡至此,刻石观海。④巨野:泽名,亦称大野泽,在今山东巨野北。洞庭:湖名,在今湖南省北部。⑤旷:空阔。邈:远。⑥岫:山,山洞。杳:幽暗深远。冥:幽深高远。

【译文】　雁门险关,边塞长城,盟会鸡田,屯戍赤城。昆明巡舟,碣石刻铭,大泽巨野,湖数洞庭。辽阔广大,连绵遥远。高峰峭立,岩穴幽深。山河壮丽,历久永存。

【原文】　治本于农,务兹稼穑①。俶载南亩②,我艺黍稷③。税熟贡新④,劝赏黜陟⑤。

【注释】　①兹:此。稼:耕种。穑:收割庄稼。②俶载:开始。南亩:泛指农田。《诗·豳风·七月》:“馌彼南亩。”③艺:种植。④熟:指庄稼成熟。⑤劝:奖励。黜陟:指官吏的进退升降。黜,贬斥。陟,提升。

【译文】　治国根本在于农,勉力从事重耕耘。春季开始去田亩,种植五谷忙不停。庄稼成熟交田税,贡进新粮表忠诚,种好种坏赏罚明。

【原文】　孟轲敦素①,史鱼秉直②。庶几中庸③,劳谦谨敕④。

【注释】　①孟轲:战国时儒家代表人物孟子。敦:勉力,崇尚。素:素位。儒家中庸思想中提倡的安于素常所处地位的立身处世态度。②史鱼:春秋时卫国大夫,以正直敢谏著名。③庶几:希望达到。中庸:儒家倡导的“不偏不倚,无过无不及”的道德标准。④敕:谨严,端正。

【译文】　孟子崇尚安于素位,史鱼坚持正义敢言。想要中庸不偏不倚,恪守勤劳、谦恭、谨严。

【原文】　聆音察理,鉴貌辨色。贻厥嘉猷①,勉其祗植②。

【注释】　①贻:留赠。厥:代词,那个。嘉猷:忠告,好的谋划。猷,谋略,方法。②祗:敬。可用以加强词义,这里有敬奉、谨守的意思。植:树立。此指立身处世。

【译文】　聆听谈话要了解人家话中道理,与人交往须辨察对方脸色变化。留赠给人的应当是良谋忠告,勉励为人要谨守立身之道。

【原文】　省躬讥诫①,宠增抗极②。殆辱近耻③,林皋幸即④。

【注释】　①省躬:反省自身。②抗:抵御,防止。极:极端,过度。③殆:近。④林皋:林泉,指退隐之地。皋,沼泽,水边高地。幸:幸好。即:靠近。

【译文】　对别人的讥讽告诫要躬身自省,要时时防止增加过度的荣宠。得意忘形时往往就临近了耻辱,幸好有林泉山野可以及时地归隐。

【原文】　两疏见机①,解组谁逼②。索居闲处③,沉默寂寥。

【注释】 ①两疏:指西汉疏广、疏受叔侄。汉宣帝时疏广任太子太傅,疏受任少傅,在任五年,双双称病还乡,后世用为"功遂身退"的典故。②解组:解下印绶,指辞官。组,系官印的绶带。③索居:孤独生活。

【译文】 疏广、疏受,见机避祸,解印辞官,有谁逼迫?独居日子,悠闲自过,不谈是非,安于寂寞。

【原文】 求古寻论,散虑逍遥①。欣奏累遣②,戚谢欢招③。

【注释】 ①散虑:排散忧虑杂念。②欣:欢欣。奏:进,来。累:疲累烦恼。③戚:悲伤,忧愁。谢:辞别,指离去。招:招致,来到。

【译文】 探求古人古论,思考至理名言。排除忧虑杂念,活得自在逍遥。喜悦如果增添,烦累自然排遣。忧愁一旦离去,欢乐也就出现。

【原文】 渠荷的历①,园莽抽条②。枇杷晚翠③,梧桐蚤凋④。

【注释】 ①的历:光亮鲜明。②莽:密生的草。这里泛指园中草木。③晚:指季节晚,这里是说冬季。④蚤:早。

【译文】 夏季池塘荷花艳丽又妖娆,春季园林草木抽出嫩绿的枝条。枇杷树冬日里仍然青翠,梧桐叶子在秋天早早零凋。

【原文】 陈根委翳①,落叶飘摇。游鹍独运②,凌摩绛霄③。

【注释】 ①委:枯萎。翳:通"殪",树木自己枯死。②运:指飞翔。③绛霄:云霄。

【译文】 可叹老树根已衰萎枯死,落下的叶子在风雨中飘摇。而悠游的鹍鹏正独立翱翔,展翅凌空直冲上九霄。

【原文】 耽读玩市①,寓目囊箱②。易辎攸畏③,属耳垣墙④。

【注释】 ①耽:沉迷。玩市:市场。东汉王充家贫无书,常游洛阳市肆,在书摊上只看不买,因为他看上一遍就能背诵下来。②囊箱:指书箱。③易:轻视,轻易。辎:轻车。帝王使臣多乘辎车。这里指东汉党锢之祸严重,朝廷耳目常轻车简从打探搜集文士言论,予以迫害。攸:所。④属耳:倾耳听。此指窃听。

【译文】 最好是沉迷读书徜徉于书摊,满眼见到的都是书袋和书箱。发表议论最怕是轻易随便,要防止隔墙有耳为此惹麻烦。

【原文】 具膳餐饭,适口充肠。饱饫烹宰①,饥厌糟糠②。

【注释】 ①饫:饱食。这里指过饱。②厌:饱,满足。

【译文】 准备一日三餐饭菜应平常,适合口味填饱肚子吃啥都一样。吃得太饱肯定不想宰牛又烹羊,饿着肚子决不嫌弃酒糟和米糠。

【原文】 亲戚故旧,老少异粮①。妾御绩纺②,侍巾帷房③。

【注释】 ①异粮:指不同的食物。②御:指从事。绩:将麻搓捻成线、绳。③巾:头巾,这里泛指衣帽。帷房:内室。

【译文】 假如亲戚朋友登门来拜访,长幼有别款待饭菜不可一个样。妻妾主内每日

在家织麻把布纺,递衣递帽侍奉丈夫样样都不忘。

　　【原文】 纨扇圆絜①,银烛炜煌②。昼眠夕寐,蓝笋象床③。

　　【注释】 ①纨扇:绢制的圆扇。絜:洁。②炜:光明。③蓝笋:指青竹编成的席子。蓝,竹子青皮的颜色。

　　【译文】 绢制的圆扇洁白又漂亮,银白色的蜡烛将室内照得雪亮。白天休憩,夜晚长睡,用的是青蓝的竹席、象牙雕饰的床。

　　【原文】 弦歌酒宴,接杯举觞①。矫手顿足②,悦豫且康③。

　　【注释】 ①觞:喝酒的器具。②矫:举起。③豫:喜悦,安适。

　　【译文】 盛大酒宴伴随着歌舞弹唱,传杯接盏这酒喝得真酣畅。情不自禁手又舞来足又蹈,愉悦欢欣互相祝酒道安康。

　　【原文】 嫡后嗣续①,祭祀烝尝②。稽颡再拜③,悚惧恐惶。

　　【注释】 ①嫡:旧时指正妻及其所生长子,嫡长子具有继承权。嗣:继承,也指子孙后代。②烝尝:古代冬祭名"烝",秋祭称"尝",这里泛指祭祀。③稽颡:屈膝下拜以额触地的一种跪拜礼,表示极度悲痛或感激的心情。

　　【译文】 子孙一代一代向下得传续,按时祭祀请求祖先多祐庇。磕头下拜虔敬按规矩,诚惶诚恐唯恐失礼仪。

　　【原文】 笺牒简要①,顾答审详。骸垢想浴②,执热愿凉③。

　　【注释】 ①笺牒:指书信文章。牒,古代书板,也指公文。②骸:指身体。③执热:酷热难解。语出《诗·大雅·桑柔》:"谁能执热,逝不以濯。"意思是谁不愿在酷热时,以沐浴求得凉快。

　　【译文】 书信文章应简明扼要,回答问话要审慎周详。身上脏了想要洗个澡,酷暑难耐愿意早清凉。

　　【原文】 驴骡犊特①,骇跃超骧②。诛斩贼盗,捕获叛亡。

　　【注释】 ①犊:小牛。特:公牛。此句泛指不善于奔跑的牲畜。②骧:马头昂举疾奔。这里泛指奔马。

　　【译文】 毛驴骡子大小牛,受惊奔跑超马速。法律威严杀贼盗,捕获反叛亡命徒。

　　【原文】 布射僚丸①,嵇琴阮啸②。恬笔伦纸,钧巧任钓③。

　　【注释】 ①布:吕布。三国时徐州刺史,善射箭,曾于辕门射戟,解决了刘备与袁术大将纪灵之争。僚:熊宜僚。春秋时楚国勇士,善玩弹丸,楚、宋之战时他于阵前表演弹丸,分散宋军注意力,使楚军趁机大败宋军。②嵇:嵇康。三国时魏国谯郡人,字叔夜,"竹林七贤"之一,工诗文,善鼓琴,精乐理。阮:阮籍。三国时魏国尉氏人,世称阮步兵,"竹林七贤"之一,博览群书,尤好老庄。善于长啸,每至穷途路断,则恸哭。③钧:马钧。三国时魏国扶风人,著名的能工巧匠,发明龙骨水车,创意重造了指南车,造连弩、发石机等兵器。任:任父,亦称任公子。传说中善钓的神人,他以牛做钓饵,下钩至东海,钓得大

66

鱼,以至方圆千里都被鱼的挣扎所震动。

【译文】 吕布善于射箭,熊宜僚善玩弹丸,嵇康善于弹琴,阮籍善于呐喊。蒙恬制造了毛笔,蔡伦发明了造纸,马钧一代巧匠,任父善钓流传。

【原文】 释纷利俗①,并皆佳妙。毛施淑姿②,工颦妍笑③。

【注释】 ①利俗:有利世俗社会。②毛:毛嫱,古代美女。施:西施,春秋时越国美女③工:善于。颦:皱眉。

【译文】 他们或是善解纠纷,或是善于发明创造,或是性格独特有所擅长,因而有利社会世人称好。还有美女毛嫱、西施,个个姿容娇艳美妙,皱眉都显格外俏丽,更有倩曼动人一笑。

【原文】 年矢每催①,曦晖朗曜②。璇玑悬斡③,晦魄环照④。指薪修祜⑤,永绥吉劭⑥。

【注释】 ①年矢:指光阴似箭。矢,箭。②曦晖:阳光。③璇玑:北斗七星第四星。这里指代北斗七星。斡:指运转。④晦:夜晚。魄:月初出或将没时的微光。⑤指薪:即薪火相传。语出《庄子·养生主》:"指穷于为薪,而火传也,不知其尽也。"意思是脂膏有燃尽的时候,而火种却传延无尽。后来比喻家族或技艺的传承延续。指,同"脂"。祜:福。⑥绥:安。劭:美好。

【译文】 光阴似箭,催人向老,太阳光辉,明朗普照,北斗七星,运转不停,晚月微明,天穹闪耀。修德积福,子孙传续,永远平安,吉祥美好。

【原文】 矩步引领①,俯仰廊庙②。束带矜庄③,徘徊瞻眺④。

【注释】 ①矩步:走路步法端正,符合规矩。引领:伸长脖颈,这里指抬头前行。领,脖子。②俯仰:上下,这里指上朝。廊庙:庙堂,指朝廷。③束带:束好衣带,指穿戴衣服。矜庄:保持端庄严肃的态度。④徘徊:作者形容自己等待呈献《千字文》时志忐紧张的样子。实际上是谦辞。瞻眺:仰望。

【译文】 我端正步伐,抬头前行,朝廷在上,须恭敬景仰。穿戴齐整,态度端庄,徘徊不安,敬献此章。

【原文】 孤陋寡闻,愚蒙等诮①。谓语助者,焉哉乎也②。

【注释】 ①诮:讥讽,嘲笑。②焉哉乎也:《千字文》作者以此四个语气助词终结本段,结束全文,并且自谦说自己孤陋寡闻,学识不够。一方面因为本文是奉诏撰写,必须恭敬自谦;另一方面也是将这四个文言虚词自然而然地嵌入了文内,构思十分巧妙。

【译文】 臣实浅陋,鲜有见识,愚笨蒙昧,让人耻笑。学识不过:焉、哉、乎、也,语气助词,四个罢了。

弟子规

中华传世藏书

国学经典文库 蒙学经典

图文珍藏版

【导语】

我国一向有重视儿童启蒙教育的良好传统。早在春秋时期,曾经辅佐齐桓公完成霸业的著名政治家管仲著有《管子》一书,其中"弟子职"一章,主要讲述的就是弟子受业、应客、侍坐、进退、洒扫、馈馈等礼仪规范。比管仲晚一百多年的孔子,是我国古代最为著名的思想家和教育家,由其弟子记录孔子言行而成的《论语》,既是儒家经典,又是我国古代第一部真正意义上的教子弟书。此后,对儿童进行启蒙教育的著作也越来越多。唐代李瀚取《周易》蒙卦"匪我求童蒙,童蒙求我"之义而撰《蒙求》,以教学童。其后遂出现了许多类似的著作,如宋吕本中的《童蒙训》、朱熹的《童蒙须知》、王逢原的《十七史蒙求》、方逢辰的《名物蒙求》、徐伯益的《训女蒙求》,元吴化龙的《左氏蒙求》、胡炳文的《纯正蒙求》,清王筠的《文字蒙求》、罗泽南的《养正蒙求》,等等。启蒙教育早在古代社会就已经成为一门备受社会各界普遍重视的"蒙学"。

蒙以养正。启蒙教育的一个显著特点,就是向儿童传授社会生活知识和儒家伦理道德规范,培养正确规范的言行和浩然正气。虽然各类蒙学著作林林总总,卷帙浩繁,涉及的生活面和知识面也相当广泛,但其主旨都不外乎"养正"二字。"养正"是儿童教育的基础和根本。正如屠义英所言:"《易》曰:'蒙以养正。圣功也。'而养正莫先乎礼。盖人之自失其正,以自外于圣人之途者,率以童幼之年,不闻礼教,则耳目手足,无所持循,作止语默,无所检束。及其既长,沿习偷安,徇情任气,如已决之水,不可堤防;已放之条,不可盘都,何所不至哉!是故,朱子小学,必先洒扫应对之节,程子谓即此便可达天德。信非诬也!"(清张伯行《养正类编》卷三引屠义英《童子礼》)《弟子规》和《弟子职》《小儿语》《续小儿语》《好人歌》《朱子治家格言》,同样也是以养正为旨归,教育儿童识礼仪,懂道理,正其身,慎其言,自幼就养成"富贵不能淫、威武不能屈"的浩然正气。

《弟子规》出自清康熙年间人李毓秀之手。李毓秀,字子潜,山西绛州(治今山西新绛)人。一生仕途不得志,靠教育童蒙维持生计。在教书生涯中,他根据传统蒙学的要求,结合自己的教书实践,写成了《训蒙文》。此书后经贾有仁修订,改名《弟子规》,意为童蒙应该遵守的规矩。全书以《论语·学而篇》中的"弟子,入则孝,出则弟,谨而信,泛爱众,而亲仁。行有余力,则以学文"一段文字为纲,以三字韵语的形式,教导儿童如何待人接物、为人处世,如何

李毓秀像

修身养性、行以正道,如何实践儒家的伦理道德规范。此书虽然出现在清代,比《小儿语》和《续小儿语》等明人之作要晚得多,但影响却比它们还要大一些。现代教育制度出现之前,《弟子规》是许多私塾先生教授学童的必选之书。

一、总叙

【原文】 弟子规,圣人训①。首孝悌②,次谨信③。泛爱众,而亲仁。有余力,则学文④。

【注释】 ①圣人:指儒家创始人孔子。训:教导,教诲。②悌:弟弟服从兄长。③谨:出言慎重,寡言。信:诚信。④文:文献典籍。

【译文】 《弟子规》的核心,本自孔子言论。首先要讲孝悌,其次谨慎诚信。要爱周围大众,亲近仁德贤人。倘有富余精力,读书多做学问。

二、入则孝出则悌

【原文】 父母呼,应勿缓;父母命,行勿懒。父母教,须敬听;父母责,须顺承。

【译文】 听到父母呼唤,回答不能迟缓;父母指派差遣,快做不能偷懒。父母谆谆教导,应当恭敬聆听;父母批评责备,必须接受顺从:

【原文】 冬则温①,夏则清②,晨则省③,昏则定④。出必告,反必面⑤,居有常,业无变⑥。

【注释】 ①冬则温:冬天用自己身体先为父母把被窝温暖。②清:凉。这句说夏天替父母把床铺扇凉。③省:探问,请安。④定:定省,子女早晚问候父母。这里专指昏定,即晚间服侍父母就寝。《礼记·曲礼上》:“凡为人子之礼,冬温而夏清,昏定雨晨省。”⑤反:同“返”,指返家。面:当面向父母禀报平安,让父母放心。⑥业:职业,做事。无变:没有改变。指在外做事有规律、台规矩,不随意改变,以免父母担忧。

【译文】 冬天为亲暖被,夏天把床扇凉,早起问候父母,黄昏要道晚安。外出必须相告,回家当面禀报,按时起居工作,不能随意调换。

【原文】 事虽小,勿擅为,苟擅为,子道亏①。物虽小,勿私藏,苟私藏,亲心伤。

【注释】 ①子道:子女应当做的。

【译文】 事情即使不大,不可擅作主张,如果任性而为,有失子女本分。虽然东西很小,不能据为己有,假如私自匿藏,会让父母心伤。

【原文】 亲所好,力为具①;亲所恶,谨为去。身有伤,贻亲忧②;德有伤,贻亲羞。

【注释】 ①具:准备,置办。②贻:遗留。

【译文】 父母双亲喜好,竭力为其办到;父母厌恶之事,尽心尽力除掉。身体受到损伤,会让父母担忧;品德若有污点,连累父母蒙羞。

【原文】 亲爱我,孝何难?亲恶我,孝方贤。亲有过,谏使更①,怡吾色②,柔吾声。

谏不入③,悦复谏,号泣随④,挞无怨⑤。

【注释】 ①更:改变。②怡:和悦。③入:指采纳。④号:大声哭号。⑤挞:鞭挞。

【译文】 父母非常爱我,孝敬他们不难;父母对我厌恶,尽孝才显我贤。父母若有过错,劝说他们改正,劝时和颜悦色,还应细语柔声。劝说父母不听,待其高兴再劝,悲号哭泣请求,被打也无怨言。

【原文】 亲有疾,药先尝,昼夜侍,不离床。丧三年,常悲咽,居处变,酒肉绝。丧尽礼,祭尽诚,事死者,如事生。

【译文】 双亲如果染病,煎药自己先尝,白天黑夜侍奉,寸步不离其床。父母不幸身亡,守丧要满三年,常常伤心哭泣,改变生活起居,一切尽量从简,酒肉享乐不沾。丧事要合礼仪,祭奠竭尽诚意,对待去世父母,一如他们生前。

【原文】 兄道友①,弟道恭!兄弟睦,孝在中。财物轻,怨何生?言语忍,忿自泯②。

【注释】 ①道:应遵行的道德原则。友:友爱亲近。②泯:灭。指消失化解。

【译文】 兄对弟要友善,弟对兄要恭敬,兄弟彼此和睦,孝道体现其中。财物看得很轻,就不怨天尤人,言语不合要忍,愤怒自然不生。

【原文】 或饮食,或坐走,长者先,幼者后。长呼人,即代叫,人不在,己即到。

【译文】 无论饮水吃饭,或是坐卧出行,依礼长者为先,幼者应在其后。长辈要是叫人,帮忙代为呼叫,所叫之人不在,自己立即赶到。

【原文】 称尊长,勿呼名,对尊长,勿见能①。路遇长,疾趋揖②,长无言,退恭立。骑下马,乘下车,过犹待,百步余。

【注释】 ①见能:逞能,炫耀,见,同"现"。②疾趋:快步向前。

【译文】 如果称呼尊长,不可直呼其名,若在尊长面前,不可炫耀逞能。路上遇到尊长,快步向前行礼,长辈没有吩咐,退后恭敬侍立。外出见到尊长,赶紧下马下车,恭待长辈离远,目送百步开外。

【原文】 长者立,幼勿坐,长者坐,命乃坐。尊长前,声要低,低不闻,却非宜。进必趋,退必迟,问起对,视勿移。事诸父①,如事父;事诸兄②,如事兄。

【注释】 ①诸父:伯父、叔父。②诸兄:同族兄长,堂兄。

【译文】 长者如果站着,幼者不能就座,尊长坐定以后,叫你你才能坐。尊长面前说话,声音一定放低,低至不能听到,那也不合规矩。尊长叫你见面,理应快步向前,告退行动要缓,这才合乎礼仪。尊长如果问话,必须起身作答,不可左顾右盼,否则就是失礼。侍奉自己叔伯,也如侍奉父亲;对待同族兄长,也像胞兄一样。

三、谨而信

【原文】 朝起早,夜眠迟,老易至,惜此时。晨必盥,兼漱口,便溺回,辄净手。

【译文】 清晨尽量早起,晚上迟些入睡,人生岁月易老,要把时间珍惜。早上必须盥

洗,同时注意漱口,便溺结束回来,则要立即洗手。

【原文】　冠必正,纽必结,袜与履①,俱紧切。置冠服,有定位,勿乱顿②,致污秽。

【注释】　①履:鞋。②顿:安置。

【译文】　帽子应戴端正,衣扣必须扣好,袜子要穿平整,鞋带注意系紧。脱下衣帽鞋袜,存放位置固定,不可乱丢乱放,以免弄脏弄乱。

【原文】　衣贵洁,不贵华,上循分①,下称家②。对饮食,勿拣择,食适可,勿过则。年方少,勿饮酒,饮酒醉,最为丑。

【注释】　①循:遵循,符合。分:身份,等级。②称:相称,合适。

【译文】　穿衣贵在整洁。不必追求华贵,衣着要合身份,还要考虑家境。饮食应当全面,不能挑挑拣拣。注意适当有节,不要过量无限。年龄如果还小,千万不要饮酒,否则一旦喝醉,失态样子最丑。

【原文】　步从容,立端正,揖深圆,拜恭敬。勿践阈①,勿跛倚②,勿箕踞③,勿摇髀④。

【注释】　①阈:门坎。②跛倚:偏倚,站立不正。语出《礼记·礼器》:"有司跛倚以临祭,其为不敬大矣。"③箕踞:两脚伸直岔开的坐姿,形似簸箕。④髀:大腿。

【译文】　走路迈步从容,直立姿态端正,作揖弯腰到位,跪拜认真恭敬。出入不踩门坎,站不歪斜其身,坐不叉开双腿,切忌腿脚抖动。

【原文】　缓揭帘,勿有声,宽转弯,勿触棱①。执虚器,如执盈②;入虚室,如有人。

【注释】　①勿触棱:不要撞到家具物品的棱角。②盈:满。

【译文】　掀动门帘要轻,切勿发出声音,走路转弯大些,不要撞上物品。手拿空的器皿,像满装般小心;进入无人空屋,如同屋里有人。做事小心谨慎,不可掉以轻心。

【原文】　事勿忙,忙多错,勿畏难,勿轻略①。斗闹场,绝勿近;邪僻事,绝勿问。

【注释】　①略:忽略

【译文】　做事不要匆忙,忙中大多出错,不必害怕困难,也不轻率随便。打架闹事场合,不可轻易靠近;邪恶荒诞之事,绝不好奇打听。

【原文】　将入门,问孰存①;将上堂,声必扬。人问谁?对以名,吾与我②,不分明。

【注释】　①孰:谁,哪一个。存:在家。②吾:我。

【译文】　要进人家大门,先问是否有人?迈入厅堂之前,大声让人知闻。人家问你是谁?定要回答姓名,如果只说是我,对方如何辨明。

【原文】　用人物,须明求,倘不问,即为偷。借人物,及时还;人借物,有勿悭①。

【注释】　①悭:音啬。

【译文】　借用别人物品,必须请求应允,倘若根本不问,无疑与偷等同。借了人家东西,一定及时归还;别人向你借物,有就不要吝啬。

【原文】　凡出言,信为先,诈与妄①,奚可焉②!话说多,不如少,惟其是,勿佞巧③。刻薄语,秽污词,市井气,切戒之。

【注释】 ①妄:言辞荒谬,没有根据。②奚:何,怎么。③佞巧:花言巧语骗人。

【译文】 大凡开口说话,要以诚信为先,如果欺诈荒诞,那又怎么可以!话多不如话少,言多语必有失,应当实话实说,不能花言巧语。尖酸刻薄之话,污秽不堪之言,粗俗无赖习气,切记戒除改变。

【原文】 见未真①,勿轻言;知未的②,勿轻传。事非宜,勿轻诺,苟轻诺,进退错。

【注释】 ①真:真实情况。②的:确实。

【译文】 没有弄清之事,不可轻易发言;听到并不确切,不要轻易就传。不合义理之事,不要轻易允诺,如果随便承诺,做与不做都错。

【原文】 凡道字①,重且舒②,勿急疾,勿模糊。彼说长,此说短,不关己,莫闲管。

【注释】 ①道字:说话吐字。②重:指发音吐字清楚。舒:流畅。

【译文】 说话吐字发音,定要清晰流畅,说得不能太急,否则含糊不清。那人过来说长,这人过来说短,事情与己无关,闲事不要去管。

【原文】 见人善,即思齐,纵去远,以渐跻①。见人恶,即内省,有则改,无加警②。

【注释】 ①跻:登,升。这里指升入同一行列,成为同一类人。②无加警:无则加勉,警告自己不去做。

【译文】 见人义举善行,就要向人学习,纵然差距尚远,也要逐渐看齐。见到别人不好,立即反躬自省,有则立刻改正,无则加勉自警。

【原文】 惟德学,惟才艺,不如人,当自励。若衣服,若饮食,不如人,勿生戚①。

【注释】 ①戚:悲戚,忧伤。

【译文】 注重品德学问,培养才能技艺,发觉己不如人,就当自我激励。诸如衣服饮食,不要与人攀比,即使不如旁人,切勿自卑生气。

【原文】 闻过怒,闻誉乐,损友来①,益友却②。闻誉恐,闻过欣,直谅士③,渐相亲。

【注释】 ①损友:对自己有害的朋友。②却:退却,离去。③直:正直。谅:诚信。孔子认为正直、诚信、见闻广博的人是三种有益的朋友,即益友

【译文】 闻听批评即怒,听到赞誉则喜,坏朋友就会来,好朋友就会走。听到恭维不安,听见指责却喜,正直诚信之士,渐会与你亲近。

【原文】 无心非①,名为错②;有心非,名为恶。过能改,归于无③,倘掩饰,增一辜④。

【注释】 ①非:错误。②名:称作。③归:回到。无:指没有过错。④辜:罪,过错。

【译文】 无意之间失误,可以称为过错;故意去干坏事,那可就是罪恶。有错勇于改正,可以当作无过,倘若文过饰非,就是错上加错。

四、泛爱众而亲仁

【原文】 凡是人,皆须爱,天同覆①,地同载②。行高者,名自高,人所重,非貌高③。才大者,望自大,人所服,非言大④。

【注释】 ①天同覆:同在蓝天下。覆,遮盖。②地同载:共立大地上。载,承载。以上两句指共同生活在一个世界上。③貌高:指外表高大威严,仪表堂堂,好像正人君子。④言大:自我吹嘘,夸夸其谈。

【译文】 所有一切的人,都须相亲相爱,共享一片蓝天,同有大地承载。德行高尚之人,自然拥有名望,人们看重品德,并非容貌怎样。才学博大精深,肯定天下闻名,人们钦佩其才,并非言辞惊人。

【原文】 己有能,勿自私;人有能,勿轻訾①。勿谄富,勿骄贫,勿厌故,勿喜新。人不闲,勿事搅;人不安,勿话扰。

【注释】 ①轻:轻易,随便。訾:诋毁,说人坏话。

【译文】 自己若有才能,切勿自私独用;他人才华出众,不要诋毁否定。不应谄媚富人,不可傲慢欺贫,不要喜新厌旧,做个仁德贤人。人家正在忙碌,不可用事打搅;人家心情不好,不要闲话打扰。

【原文】 人有短,切莫揭;人有私,切莫说。道人善,即是善,人知之,愈思勉。

【译文】 别人缺点短处,不要轻易揭穿;人家个人隐私,不可到处外传。赞美别人善行,其实就是行善,对方听你称赞,会更勉力为善。

【原文】 扬人恶,即是恶,疾之甚①,祸且作。善相劝,德皆建②;过不规③,道两亏④。

【注释】 ①疾:痛恨。②德皆建:指双方道德都可建立。③规:规劝。④亏:亏欠,缺失。

【译文】 宣扬别人恶行,等于也是作恶,痛斥别人过分,就会引发灾祸。如果以善相劝,彼此道德完满;过错不加规劝,双方道德缺陷。

【原文】 凡取与,贵分晓,与宜多,取宜少。将加人,先问己,己不欲,即速已①。恩欲报,怨欲忘,报怨短,报恩长。

【注释】 ①己不欲,即速已:孔子说"己所不欲,勿施于人",意思是自己不愿意的事,也不要强加于人。已,停止。

【译文】 财物取得、给予,贵在明白其理,给予别人应多,拿取应当要少。强加别人之事,首先问问自己,自己都不愿意,那就马上停止。受人恩惠要报,对人怨恨应忘,怨恨越短越好,报恩长记不忘。

【原文】 待婢仆①,身贵端②,虽贵端,慈而宽。势服人,心不然,理服人,方无言。

【注释】 ①婢仆:旧时供有钱人家使用的女子称婢,男子称仆。②身:指主人自身。贵:重在。

【译文】 对待婢女男仆,主人自身须正,即使品行端正,还须仁慈宽厚。以势压服别人,别人内心不服,若是以理服人,对方心服口服。

【原文】 同是人,类不齐,流俗众,仁者稀。果仁者,人多畏,言不讳,色不媚。

【译文】 虽然同样是人,善恶正邪不同,世俗之人众多,仁德贤者稀少。果真仁德贤

73

士,大家自然敬畏,因其直言不讳,更不阿谀谄媚。

【原文】 能亲仁,无限好,德日进,过日少。不亲仁,无限害,小人进,百事坏。

【译文】 能够亲近仁者,一生无限美好,品德与日俱进,过失天天减少。假如不亲仁德,会有无限祸害,小人乘虚而入,凡事注定失败。

五、行有余力则以学文

【原文】 不力行①,但学文,长浮华,成何人!但力行,不学文,任己见,昧理真。

【注释】 ①力行:努力做。这里指身体力行前面所说的孝、悌、谨、信、爱、仁。

【译文】 不去力行实践,只是死读经典,徒增浮华习气,怎能为人典范!只懂一味去傲,而不学习经典。任由自己偏见,事理真谛难辨。

【原文】 读书法,有三到,心眼口,信皆要①。方读此,勿慕彼,此未终,彼勿起。

【注释】 ①信:确实。

【译文】 说到读书方法,必须注意三到,心到、眼到、口到,确实全要做到。开始正读这书,不要又想那书,此书还未读完,那书不可起读。

【原文】 宽为限,紧用功,工夫到,滞塞通。心有疑,随札记,就人问,求确义。

【译文】 制定读书方案,不妨放宽期限,一旦实际去读,务必抓紧读完,只要功夫用到,茅塞自然顿开。心有困惑疑问,随手要记笔记,时时向人讨教,求解确切含义。

【原文】 房室清,墙壁净,几案洁,笔砚正。墨磨偏,心不端,字不敬,心先病。

【译文】 书房打扫清洁,墙壁保持干净,书桌洁净明亮,笔砚摆放端正。研墨如果磨偏,肯定心不在焉,字体歪歪斜斜,心浮气躁表现。

【原文】 列典籍,有定处,读看毕,还原处。虽有急,卷束齐,有缺损,就补之。

【译文】 书籍排列有序,位置固定整齐,如果阅读完毕,必须放回原地。即使再急再忙,书卷也要整理,一旦发现破损,及时修补整齐。

【原文】 非圣书,屏勿视,蔽聪明,坏心志。勿自暴,勿自弃,圣与贤,可驯致①。

【注释】 ①驯:渐进。

【译文】 不是圣贤书籍,应该摒弃不看,否则蒙蔽智慧,还会败坏意志。坚持既定目标,切勿自暴自弃,圣贤境界虽高,循序渐进可到。

增广贤文

【导语】

《增广贤文》的前身,是《昔时贤文》,又称《古今贤文》。相传是由明朝中叶一位儒生编纂而成,但详情不得而知。其书名最早见于汤显祖的名剧《牡丹亭》。汤剧写作于明朝中后期的万历年间,《昔时贤文》的成名无疑应该在此之前,而其成书自然应该更早。后来又有明末清初士人对之加以增补,书名遂变为《增广昔时贤文》,通常简称《增广贤文》。增补者的姓名行事亦不详。清朝咸丰年间,一位署名硕果山人的儒士,又对之进行了一番修订补缀,并且改以字数多少为依据重新编排,共分为四言、五言、六言、七言、杂言五个部分,末附对仗偶语五十七联,书名更易为《训蒙增广改本》,特地标明了童蒙教育之鹄的。清朝同治年间,儒者周希陶再次对原文加以删削增益,改以平、上、去、入四种韵调为依据重新排序,并且略做注音释典,篇幅明显增长,改取书名为《重订增广》。

《增广贤文》的内容,主要有两大来源:一是前人的名言警句,二是民间的谚语俗谈。其中体现了丰富的人生经验,包含着深刻的生活哲理。在形式上,大多两两相对,音韵和谐。朗朗上口,便于记诵。故而在旧时影响甚大。降及清朝后期,更是风靡全国,社会各界人等,无不讽诵谙熟。此书内涵广博,雅俗共赏。"有文言,有俗言,有直言,有婉言,有善恶言、勉戒言、在家出家言,复有仕宦治世言,隐逸出世言,士农工商,无一不备。"(何荣爵《重订增广序》)书中格言被人们视为宝贵的处世金箴、做人指南。"以之律己,可以修身;以之处身,可以寡过,为人之道,颇具于此。"(《训广增广改本》卷首公轩主人识语)随着时间的推移,本书普及日广,影响日深。"读了《四书》知礼义,学习《贤文》会做人","读了《增广》会讲话,读了《幼学》会看书",成了家喻户晓的著名谚语。

【原文】 昔时贤文①,诲汝谆谆②。集韵增广③,多见多闻。

【注释】 ①昔时:从前。贤文:圣贤的文章。②诲:教诲。汝:你。谆谆:恳切的样子。③集韵:搜集同韵的字。实际是指编写韵文,亦即本书正文。

【译文】 利用昔日圣贤的名言,对你进行恳切的教诲。汇集韵语并加扩展,以便使你广见博闻。

【原文】 观今宜鉴古①,无古不成今。

【注释】 ①宜:应该。鉴:原意是镜子,

《增广贤文》书影

用作动词便是照镜子,亦即借鉴之意。《诗经·大雅·荡》:"殷鉴不远,在夏后之世。"是说殷朝君主应该以灭亡的夏桀为镜子,吸取教训。

【译文】 观察今天应该借鉴往古,没有往古也就不成其为今天。

【原文】 知己知彼,将心比心①。

【注释】 ①上句语出《孙子·谋攻》:"知彼知己者,百战不殆。"下句语出明汤显祖《紫钗记》:"太尉不将心比心,小子待将计就计。"

两句意思是,凡事不能先想着自己这一个方面,得两面想想,才知道该怎么做,不该怎么做。

【译文】 既要了解自己,又要了解对方。应拿自己的心理去比照、推想别人的心理。

【原文】 酒逢知己饮①,诗向会人吟②。

【注释】 ①知己:彼此相互了解而情谊深切的人。②会人:指会心的人,懂诗的人。

【译文】 喝酒要遇着知己朋友的时候才会喝得开心,吟诗要面对能够会心的对象才能吟得有味。

【原文】 相识满天下,知心能几人①!

【注释】 ①这两句讲了知心朋友的难得。世上彼此相识的人很多,但大都是泛泛之交,与个人深度协调的人总是很少,知心朋友永远是凤毛麟角。鲁迅对瞿秋白就有这样的题词:"人生得一知己足矣,斯世当以同怀视之。"

【译文】 相识的人到处都有,知心的人能有几个!

【原文】 相逢好似初相识,到老终无怨恨心①。

【注释】 ①意思是告诉人们,和其他人在一起时要客气些,别太随便,保持一定距离,这样就不会产生矛盾和怨恨。显然,这话是对那些不能成为知己的人说的。

【译文】 假如人们相遇总像初次相识那样,那么彼此到老最终也不会有怨恨之心。

【原文】 近水知鱼性,近山识鸟音①。

【注释】 ①认识来源于实践,感性认识逐步积累,就会获得规律性的认识,从只了解事物的外部联系,到逐渐了解事物的内部联系。对鱼、对鸟,也是如此。此外,这里面还包含着人与大自然息息相通的道理。

【译文】 住所接近流水的人,就了解鱼的习性;住所接近山林的人,就通晓鸟的声音。

【原文】 易涨易退山溪水,易反易覆小人心①。

【注释】 ①这里用山溪流水的易涨易退,来比喻小人心理的反复无常,不守信用。小人常常是不守信用的;倒过来说,不守信用也便是一种小人的做法。

近山识鸟音

【译文】 容易暴涨也容易退潮的,是山溪的流水;容

易反来也容易覆去的,是小人的内心。

【原文】 运去金成铁,时来铁似金①。

【注释】 ①时运的确是人生常常见到的现象。所谓时运,就是人们所面临的一种客观环境,其中往往包含着一些人们无法控制的因素。时运好的时候,事事顺心;时运坏的时候,事事违逆。人们既然不能控制发展的局面,那就只能调整自己的内心,来适应客观情况。尤其是在不利情况下,要能够冷静处理,沉着应对。

【译文】 时运逝去的时候,金子也会像铁块一样平凡;时运来临的时候,铁块也会像金子一样宝贵。

【原文】 读书须用意,一字值千金①。

【注释】 ①后句用的是秦相吕不韦的典故。吕不韦曾组织门客撰写了一部书叫《吕氏春秋》,写成后发出布告称,能增减一字的赏给千金。此事记在《史记·吕不韦传》中。后世有个成语就叫"一字千金"。这里化用吕氏典故,是强调读书不能马马虎虎、漫不经心,只有动脑子认真思索,才会发现书中有价值的东西,得到巨大的收获。

【译文】 读书时要全神贯注、用心领会,因为其中每一个字都价值千金。

【原文】 逢人且说三分话,未可全抛一片心①。

【注释】 ①现实生活中,人们的利害往往并不一样;而且事实证明,也不是所有的人都那么值得信任,所以相互之间便须有所防范。这是一种自我保护的意识。但只说"三分话",则未免过分了些。

【译文】 见了人只能说出三分心里话,不要把一片心思全都掏出来。

【原文】 有意栽花花不发,无心插柳柳成荫①。

【注释】 ①这是讲主观愿望和客观结果的关系。在某些情况下,努力去办的事却没有办成,漫不经心的事却成功了。这里的两个比喻很生动。花本来就是不太好养的植物,而柳树的确很容易成活。在这里,客观事物的性质是事情成败的关键所在,事物的巧合也常起着重要的作用。

【译文】 有心养花观赏,花却并没有开放;随意插些柳枝,它却长成了绿荫。

【原文】 画虎画皮难画骨,知人知面不知心①。

【注释】 ①这里是拿画虎作比方,来说明人心难测。人心不是自我呈现的,需要通过做事情显示出来。看人做事只能看过去,而且往往只能看到某些表面和局部,而很难看到他的全貌,人的未来表现更是永远无法准确预测。这样,就很难对人心做出精确的判断,有时甚至会大出意料。这句话的实际意思偏于贬义,往往是用来形容那些不可信任的人。

【译文】 人们画虎,可以画出它的皮毛,但无法画出它的骨骼。人们看人,可以看到他的面容,却无法看到他的内心。

【原文】 钱财如粪土,仁义值千金①。

【注释】 ①上句意出《晋书·殷浩传》,其中载殷浩语:"官本臭腐,故将得官而梦

尸;钱本粪土,故将得钱而梦秽。"

义利之辨,是儒家思想的一个基本观念,其核心是重义轻利。钱财是生活中不可缺少的东西,但这里却把它比作粪土,目的在于以此为反衬,将仁义抬到极崇高的地位。这正是儒家思想的突出特点。

【译文】 钱财十分轻贱,好比粪土;仁义却极为贵重,价值千金。

【原文】 流水下滩非有意,白云出岫本无心①。

【注释】 ①岫:山洞,岩穴。

后句化用晋陶渊明《归去来兮辞》:"云无心以出岫,鸟倦飞而知还。"

这两句讲的是一种美景出天然的状态。天然美是一种最高的美。而"有意""无心"字样分明带有拟人的意味。所以美景的背后实际暗含了一种对人的风度气质的象喻。

【译文】 流水泻下沙滩,并非存有意向;白云飘出山洞,完全出于无心。

【原文】 当时若不登高望,谁识东流海洋深①!

【注释】 ①站得高,看得远,既是人们观察自然现象的规律,也是人们观察社会现象的规律。登上自然界中的高处是靠运动,而登上社会界中的高处则要靠学习。其中既包括向实践学习,也包括向书本学习,向别人学习。

【译文】 如果没有当时的登高远望,怎能够知道东流河水汇成海洋的深邃!

【原文】 路遥知马力①,事久见人心②。

【注释】 ①马力:指马的驱驰耐力。②人心:是指人的精神品质。

此二句原出宋人陈元靓《事林广记·结交警语》,后句今多作"日久见人心"。

一时一事,只能看到人的某个侧面,甚至是假象;日子久了、经事多了,就能看到不同的侧面,假象就遮不住了。而优秀的人物,则日子愈久,愈能显出其动人的光彩。

【译文】 路途遥远,才能知道马力的大小;处事久长,才能知道人心的好坏。

【原文】 马行无力皆因瘦,人不风流只为贫①。

【注释】 ①风流:指风度、气质,其中主要是人的道德修养和审美追求。

这里以马的力量比喻人的格调。人而贫穷,便往往忙于求生,无暇讲究气质风度。有了一定的经济条件,才会对人的发展提出更高层面的要求。当然,这只是讲的一般情况,并非一概如此。

【译文】 马行走没有力量,都是因为太瘦;人不够风流偶傥,只是因为贫穷。

【原文】 饶①人不是痴②汉,痴汉不会饶人。

【注释】 ①饶:指宽恕。②痴:指呆傻。

这两句是提倡宽厚待人,以恕为德;不赞成锱铢计较,冤冤相报。强调宽恕之心乃是人们的一种高尚道德修养,呆痴者是无法做到的。

【译文】 能宽恕人的不是愚蠢汉,是愚蠢汉的不会宽恕人。

【原文】　是亲不是亲,非亲却是亲①。

【注释】　①两句中的前一个"亲"字,是指亲戚、亲属,后一个"亲"字是指友爱者、亲密者。尽管中国传统文化中非常强调血缘关系,但血缘亲近往往并不能保证人们一定会有与之相应的亲密感情。人们思想气质和其他利害的一致倒可能对人们的关系起关键的作用。

【译文】　本是亲戚的并不亲近,不是亲戚的反倒很亲。

【原文】　美不美,乡中水;亲不亲,故乡人①。

【注释】　①故乡是人生的起源地,是人们最初的根。人的一生都会对故乡充满深厚的

以恕为德

感情。即使故乡的山水不是那么美丽,也仍然亲切可爱;即使故乡的人们不是亲密的故交,也仍然亲切感人。

【译文】　不论美不美,总是故乡的水;不管亲不亲,总是故乡的人。

【原文】

相逢不饮空归去,洞口桃花也笑人①。

【注释】　①苏轼《九日次韵王巩》诗云:"相逢不用忙归去。"前句化用之。李白《当涂赵炎少府粉图山水歌》诗云:"武陵桃花笑煞人。"后句化用之。"洞口桃花":东晋陶渊明有《桃花源记》一文,其中叙述自己沿着溪边的桃花林,进入一个大山的洞口,见到一番极美好的世外天地,村中人为之设酒杀鸡作食,十分快乐。这里借用这一典故,认为友人相逢要开怀畅饮,尽享欢情。

【译文】　如果朋友相逢却不痛饮一番,白白地返回,那么,就是洞口的桃花也会笑你愚笨。

【原文】　为人莫作亏心事,半夜敲门心不惊①。

【注释】　①此语出自元人杨景贤杂剧《西游记》第三出:"念佛修行去诵经,谁知处处有神明。平生不做亏心事,半夜敲门心不惊。"

这两句是教人要谨慎做事,不能违背道德准则。人做了害人利己的亏心事,就会心虚胆怯,生怕遭到报应。而不做亏心事,则心中平静自然。这样不仅表现了高尚的道德情操,从现代医学的角度来看,对人的身体健康也有莫大的好处。

【译文】　一个人不要去做不合道德、违背良心的事,这样,即使是有人半夜敲门,心里也会非常平静,毫不惊慌。

【原文】　两人一条心,有钱堪买金。一人一条心,无钱堪买针①。

【注释】 ①这里讲了两人(主要指夫妻)亲切和睦、亲密合作的重要意义,也就是今人常说的一加一大于二。相反,如果两人各怀心思,都只替自己盘算,甚至互相拆台,那样事情就注定无法办好,变成了一减一小于零。

【译文】 两个人齐心合力,家境就会越来越富,攒的钱可以购买黄金。两个人各自算计,家境就会越来越穷,直弄到没钱买根小针。

【原文】 莺花犹怕春光老,岂可教人枉度春①。

【注释】 ①莺花:黄莺和鲜花,代指自然界的众多生命。

两句是说,春天里,黄莺婉转啼鸣,鲜花舒芳吐艳,都仿佛是在抓紧时间沐浴春光,不让它迅速流逝;人是万物的灵长,生命高贵,富有感情,当然更不能白白度过这美好的春天。实际是主张及时行乐,尽情享受人生的美好。

【译文】 黄莺和鲜花尚且害怕春光的逝去,有情的世人怎能虚度美好的春天?

【原文】 红粉佳人休使老①,风流浪子莫教贫②。

【注释】 ①佳人:美女。②浪子:游荡之子弟。又为游荡无业者之通称。据《宋史·李邦彦传》,李邦彦风姿俊爽,善讴谑,能蹴鞠,用市语为词曲,人争传之,自号"李浪子"。拜少宰,无所建树,都人目为浪子宰相。又元关汉卿散曲《一枝花·不伏老》:"我是个普天下郎君领袖,盖世界浪子班头。"

莺花怕老

这里两句似可专门解作对风月场中男女的欣赏之词,但也可以宽泛视为对世间妍美、多情人物的良好祝愿。漂亮女子是世间的宝贝,如果让她们老去,就太可惜了;风流男子是世间的情种,如果让他们困穷,就太遗憾了。

【译文】 漂亮的女子,不要让她们变老;风流的男子,不要让他们贫穷。

【原文】 黄金无假,阿魏无真①。

【注释】 ①阿魏:药名,本来出自天竺、波斯等地,天竺称形虞,波斯称阿虞,《涅槃经》称央匮,蒙语称哈昔尼。其树皮青黄色,三月生叶,似鼠耳,无花实。将其树枝折断,有汁流出,纳于竹筒内,日久坚凝,即成阿魏。传入中国后,多在江浙一带种植。

黄金比重极大,且有光泽,无法造假;阿魏产自异国,极为难得,很少有真货。此两句讲了一种辨别事物真伪的生活经验。

【译文】 黄金没有假的出售,阿魏没有真的行销。

【原文】 客来主不顾,应恐是痴人①。

【注释】　①意思是讲,主人对来客不能够冷若冰霜,态度轻慢,而应该以礼相待,热情欢迎。

【译文】　有客人到来,主人却不管不顾,这样的主人恐怕是个傻瓜。

【原文】　**贫居闹市无人问,富在深山有远亲①。**

【注释】　①两句是讲世态炎凉,嫌贫爱富。

【译文】　家境贫寒的人,即使你住在繁闹的街市当中,也没人前来探问;家中富有的人,即使你住在偏僻的大山深处,也会有远方的亲戚前来寻访。

【原文】　**谁人背后无人说,那个人前不说人①。**

【注释】　①既然世态如此,那么也就由他去吧,无须为闲话烦恼。不过,对自己来说,还是应该有所节制,不要对人妄加评论。

【译文】　哪个人在背后不受人议论?哪个人在人前不议论别人?

【原文】　**有钱道真语,无钱语不真。不信但看筵中酒,杯杯先劝有钱人①。**

【注释】　①世俗风气,最重金钱。人有了钱,说话分量就重,假话也会被看作是真话;人没有钱,说话分量就轻,真话也会被当成假话。在酒席宴上,这种风气就看得最为清楚,有钱人往往被特别看重,许多人都喜欢向他们敬酒,与他们搭讪。人们对此颇为不满,但有时却连自己也会跻身其中,推波助澜,这就更加可叹。

【译文】　人如果有钱,说什么话都被认为是真话;人如果没钱,说什么话都被认为不可靠。如若不信,只要看看酒宴上的情况,哪一杯都是先敬有钱的人。

【原文】　**闹里有钱,静处安身①。**

【注释】　①挣钱和养身,都是人所需要的,但二者却往往互相矛盾,难以同时并举,不可兼而得之。于是,人也有了嬉闹与喜静的区别,并从而形成了各人不同的个性。

【译文】　在繁闹之处,可以找到机会挣钱;在安静之处,可以好好养护身体。

【原文】　**来如风雨,去似微尘①。**

【注释】　①微尘:佛教语,指极细小的物质。人生一世,草木一春。新陈代谢,规律如此。对于个人来说,则要尽力提高生命质量。既然是"来如风雨",那就让它有声有色,堪为一景。纵然日后"去似微尘",也就心中无憾。

【译文】　人来到世间就好比风吹雨注,可触可感;而离去之际则好比细微的尘土,无声无息。

【原文】　**长江后浪推前浪,世上新人赶旧人①。**

【注释】　①两句语出宋文映《过苕溪》一诗:"只看后浪推前浪,当悟新人换旧人。"
后浪推前浪,才有长江的滚滚东流;新人换旧人,才有社会的代代更新。这是自然界的发展规律,也是自然界的生机所在。明智的人应该清楚地意识到这一点,自觉地适应这一规律,做好自己该做的事情。

【译文】　长江的流水,后浪推动着前浪;人间的世界,新人替换着旧人。

【原文】 近水楼台先得月,向阳花木早逢春①。

【注释】 ①语见宋俞文豹《清夜录》:"范文正(仲淹)公镇守钱塘,兵官皆被荐,独巡检苏麟不见录,乃赋诗云:'近水楼台先得月,向阳花木早逢春。'公即荐之。"

这也是自然界常见的现象。明月升空,光照大地,近在水边的楼台容易见到月亮的倒影,看起来特别清晰、美丽,让人觉得像是可以首先得到明月的清辉。而朝向太阳的花草树木,则可以更多地得到阳光的直接照射,似乎可以比其他的植物更早地迎接春天的到来。这两句话常被用来形容具有某种方便条件的人可以更早、更多地享受到某些特殊的利益。

【译文】 靠近水边的楼阁亭台首先看到皎洁的月亮,向着太阳的花草树木最早感受和煦的春光。

【原文】 古人不见今时月,今月曾经照古人①。

【注释】 ①这里讲了自然与人事的某种联系及区别。明月恒久,而人生短暂,两者不能长期共存,想来令人生出无限的感慨。

语出李白《把酒问月》:"今人不见古时月,今月曾经照古人。古人今人若流水,共看明月皆如此。"

【译文】 古代的人们无法见到今天的月亮,今天的月亮却曾照耀过古代的人们。

【原文】 先到为君,后到为臣①。

【注释】 ①两句讲了在某种条件下时间和机会的关键意义,即所谓"先入为主"。有时其他条件完全相同,但先到一步者却能得到绝对的优势,后来者则永远无法改变不利的地位。

【译文】 前面来到的就是君王,后面来到的就是臣子。

【原文】 莫道君行早,更有早行人①。

【注释】 ①茫茫人海,状况各异,人们的行动也都难以预料。这里提醒人们做事时要多想几种可能,不可过于自信,做出简单判断。

毛泽东在《清平乐·会昌》一词中曾经援引前句,自述情怀:"东方欲晓,莫道君行早。踏遍青山人未老,风景这边独好。"

【译文】 不要说您清晨起来走得最早,其实还有比您起得更早的行人。

【原文】 莫信直中直,须防仁不仁①。

【注释】 ①意思是说,世间众人的情况复杂,不可轻易相信。有些人外表看来似乎耿直,甚至享有直率之名,但未必表里如一,名副其实。有些看似仁义或传有仁义之名的人也是这样,对之必须有所提防。

【译文】 不要相信那些号称"正直"的人中看似最为"正直"的人,必须谨防名曰"仁义"的人中其实并不仁义的人。

【原文】 山中有直树,世上无直人①。

【注释】 ①此二句语气十分恳切,认定世上根本就没有完全正直的人,凡人总有不直之处或不直之事,因此不可绝对信赖。

【译文】 山里面有笔直的树,世界上没有正直的人。

【原文】 自恨枝无叶,莫怨太阳倾①。

【注释】 ①当枝上没有叶子的时候,就无法接受阳光的照射,也无法产生凉荫,太阳的倾斜并不是产生这些结果的真正原因。二句讲了自身条件与个人处境的关系。当自身不具备某种条件时,便无法享受到某种利益,所以不能只埋怨客观外界的不公。

【译文】 应该自己责备自己的枝条上为什么没长叶子,不要抱怨太阳的位置为什么出现倾斜。

【原文】 大家都是命,半点不由人①。

【注释】 ①二句讲了命运对人的制约。世上许多事在于人为,但也有不少事则是个人所无法更改的,这便是人们所说的"命"。豁达的人常说"乐天知命",便有这个道理在里面。而此处所说的"命"字,实际却是一种宿命论观念,所以下句说"半点不由人",将人的主观因素完全否定,这是与唯物论根本不同的。

乐天知命

【译文】 人们的一切都是天命决定,人的努力不能改变它的一星半点。

【原文】 一年之计在于春①,一日之计在于寅②。一家之计在于和,一生之计在于勤。

【注释】 ①计:主意,策略。②寅:指时辰,即夜间三点至五点钟的时间。

四句源出元鲁明善《农桑衣食撮要·十二月》:"一家之计在于和,一生之计在于勤。一年之计在于春,一日之计在于晨。"

春季是一年最好的季节,一年的任务要从这里开始,一年的事业要在这里奠基。寅时的后半是黎明时分,一天的工作要从这里发端,一天的主意要在此时拿定。所以,有心的人们要牢牢抓住春天和早晨这两个时段。才有希望把全年、全天的工作做好。后两句则说和顺、勤劳对于一家生活和人之一生极为重要。这几句话分别讲了人在生活中具体处理一些问题时的方针策略。前两句是纵向讨论,后二句是横向分析。彼此之间又有一种类比关系,互相说明,互相印证。

【译文】 一年的大事基础在于春天,一天的大事基础在于寅时。一家的大事基础在于和睦,一生的大事基础在于勤勉。

【原文】 责人之心责己,恕己之心恕人①。

【注释】 ①人与己,是人生之中经常面对的一对重要关系。一般人常犯的毛病,就是责人严,待己宽。这里则要求把事情反转一下,推己及人,推人及己。实际上是主张责己严,待人宽。

唐人韩愈说过:"古之君子,其责己也重以周,其待人也轻以约。重以周,故不怠;轻以约,故人乐为善。……今之君子则不然,其责人也详,其待己也廉。详,故人难于为善;廉,故自取也少。"(《原毁》)责己严,待人宽,这是古人早就提出的一种可贵思想。

【译文】 用苛责别人的心意来苛责自己,用宽恕自己的心意来宽恕别人。

【原文】 守口如瓶,防意如城①。

【注释】 ①这是一种处世方略。谨言慎行,不乱讲话,为的是避免招祸。而在自身,则是要在思想深处筑起一道牢固的防线,严防一切不良意识的萌生。后一句讲得很深刻,前一句则不尽恰当。在有些问题上人们可以守口如瓶,但在有关原则的重要问题上,人们又不能一味明哲保身,而应是非明了,敢于直言。

【译文】 闭住嘴巴不乱讲话,要像盖紧的瓶子;防范私心不生邪念,要像坚固的城墙。

【原文】 宁可人负我,切莫我负人①。

【注释】 ①小说《三国演义》中,把曹操写成了一个奸雄,让他讲了一句很有名的话:"宁可我负天下人,不可天下人负我。""负",是辜负、对不起的意思。小说把曹操心目中的人、我关系用最明白的语言赤裸裸地讲了出来,表现了一种极端自私的思想。这里则把它颠倒过来,强调一个人应该尊尚道德,严于律己,决不做损人利己的事情,也决不以其他人的失德作为放任自己的理由。

【译文】 宁可让别人辜负自己,决不可自己辜负别人。

【原文】 再三须重事,第一莫欺心①。

【注释】 ①此句取意于朱熹《大学章句·欲正其心者先诚其意》,其中有云:"意者,心之所发也。实其心之所发,欲其一于善而无自欺也。"

儒经《大学》中指出:"自天子以至于庶人,壹是皆以修身为本。"又说:"物格而后知至,知至而后意诚,意诚而后心正,心正而后身修,身修而后家齐,家齐而后国治,国治而后天下平。"这里两句讲的便是正心这一重要环节。教人要有严格的道德自律,把这当成第一件大事。

【译文】 必须反复考虑、认真对待的事情,第一件就是不要自己欺骗自己的良心。

【原文】 虎生犹可近,人毒不堪亲①。

【注释】 ①这里拿狠毒的人与凶猛的老虎相比,认为毒人毒于虎,这是一种极深刻的生活体验,立论人一定曾吃过极大的苦头。

【译文】 陌生的老虎也还可以靠近,狠毒的人千万不可亲近。

【原文】 来说是非者,便是是非人①。

【注释】 ①是非之人是令人讨厌的。而这里其实是提出了一个辨别是非之人的简单标准:所谓是非之人,既是那些惹是生非之人,也是那些言说是非之人。

【译文】 前来给你言讲是非的,本身便是是非之人。

【原文】　远水难救近火,远亲不如近邻①。

【注释】　①两句的重点在后句,前句是打了一个比喻。近处失火,远处的水是无法利用的。与此相似,在日常生活中,邻居们经常要互相关照、互相借助,这与住在远处的亲属相比,其作用往往更有力,更迅捷。所以,搞好邻里关系也便十分重要。

【译文】　远处的水源很难扑救近处的火灾,远处的亲戚反倒不如近处的邻居。

【原文】　有茶有酒多兄弟,急难何曾见一人①。

【注释】　①许多世人都很势利,与人交往,只想占便宜。所以你无法与他们交知心朋友。当你茶酒不断、家财充裕的时候,他们都是你的座上常客,亲亲密密,简直是兄弟一般;而一旦你遭遇困难、需要帮助的时候,他们却都远远避开了。交些这样的朋友有什么意义呢?

【译文】　有茶有酒的时候,曾有许多朋友哥们儿;遇到危难的时候,却一个人也看不到了。

【原文】　人情似纸张张薄,世事如棋局局新①。

【注释】　①用旧时的入声读,这是一个工整的对句。它说出了两种常见的社会现象,一个是"人情似纸",一个是"世事如棋"。人的自私根性是如此的牢固和普遍,所以常常让人觉得彼此间缺乏温暖,冷若冰霜。而世间的事局却是日日更新、变化无穷。也可以反过来咀嚼:世事不论怎样千变万化,从中总能看到人的恶劣根性。

【译文】　人际交情就像白纸一样,每一张都很轻薄;世间形势就像下棋一样,每一局郡在翻新。

【原文】　山中也有千年树,世上难逢百岁人①。

【注释】　①这里是说人的年寿难久。古人诗云"人生七十古来稀",又云"生年不满百","人生忽如寄"……可见这是一种超越时限、与世长存的人生慨叹。

【译文】　山中可以找到生长千年的大树,世上很难遇见活到百岁的老人。

【原文】　力微休负重,言轻莫劝人①。

【注释】　①意思都是讲人们要有自知之明,不要硬去承担力不胜任的事情。两句的意思偏重在后句。

【译文】　力量很微弱就不要去背负重物,说话没分量就不要去规劝别人。

【原文】　无钱休入众,遭难莫寻亲①。

【注释】　①众人是重钱的,无钱入众恐怕会到处受困;亲人是重利的,遭难寻亲大抵是备受冷落。钱、利两端对人的支配真是难以言说。

【译文】　没有钱不要到众人中去,遭了难不要去求告亲戚。

【原文】　平生莫作皱眉事,世上应无切齿人①。

【注释】　①皱眉事:指不合法条、不合道德、无情无义的事。一生都不去做问心有愧的事。这样,有时也许会引起某些人的嫉妒,但应不会招致切齿的仇恨。当然,这里论事

只是取了外界反映这一特定角度，更进一层，从内心深处就应自我立定严格的道德标准。

【译文】　一生不要去做问心有愧的事，世上就不会有痛恨自己的人。

【原文】　**士者国之宝，儒为席上珍**①。

【注释】　①这是两个生动的比喻，表现了重视知识、重视人才的思想。

上句意出《汉诰纂疏》："奏欲伐楚，使人观楚之宝器，吴恤谓使者曰：'客欲观楚之宝器乎？楚之所宝，即贤人也，惟大国之所观。'"下句语出《礼记·儒行》："儒有席上之珍以待聘，夙夜强学以待问，怀忠信以待举，力行以待取，其自立有如此者。"

【译文】　贤士是国家的宝贝，儒者是席上的珍珠。

【原文】　**若要断酒法，醒眼看醉人**①。

【注释】　①这确是一个妙法。因为人一喝醉，就会丑态百出，自爱的人会引为羞耻，从而也就会下决心不再饮酒，以保持自己的正常形象。

【译文】　若要寻找戒酒的方法，最好就是以清醒时的眼光去好好看看人喝醉后的那种状态。

【原文】　**求人须求大丈夫，济人须济急时无**①。

【注释】　①两句语出《清平山堂话本·杨温拦路虎》："才人有诗说得好：'求人须求大丈夫，济人须济急时无。'"

须求男子汉，因为这种人最可靠，不会乘人之危。济人所急需，因为这是人们最感到困难、最需要帮助的时候。雪中送炭比锦上添花更为当紧、更为迫切。

【译文】　如果求人，就要去求那种堂堂正正的男子汉；如果帮人，就要为人提供急难所需的东西。

【原文】　**渴时一滴如甘露，醉后添杯不如无**①。

【注释】　①这是从人的需要的角度来观察问题。一个人在口渴的时候，一滴水也是宝贝，极为珍贵；若是在醉酒之后，你再给送上一杯，只会让他更醉，结果更糟。两相对比，人们就知道自己应该怎样待人处事了。

【译文】　口渴时哪怕只有一滴水，也会甜得像甘露；喝醉后再给添上一杯酒，反倒不如不添好。

【原文】　**久住令人贱，频来亲也疏**①。

【注释】　①由此可以知道，办什么事都得掌握好分寸，注意适可而止。

【译文】　在别人家住得太久，会让人感到厌烦；往亲戚家去得太多，亲近的也会疏远。

【原文】　**酒中不语真君子，财上分明大丈夫**①。

【注释】　①上句语出清王有光《吴下谚联》卷四。

两句是说，在酒筵上要出语谨慎，不传闲言、不说醉话，这是有涵养的表现。在钱财上来去分明，不贪利取巧，这是正派人的作风。

【译文】 在酒宴上不乱说话的才是真君子,在钱财上账目清白的就是大丈夫。

【原文】 积金千两,不如明解经书①。

【注释】 ①两句意出《汉书·韦贤传》,其中引述谚语:"遗子黄金满籯,不如一经。"此处稍有变化。

这里的"经书",主要是指儒家经典。所谓"明解",主要也是指学习、力行,缺少分析、批判的含义。撇开这些问题,单就其中的主导方面来讲,它表现了对人文知识和文化教育的高度重视。这是中国传统文化中一个十分宝贵的方面。

【译文】 积存黄金千两,不如通晓经典著作。

【原文】 养子不教如养驴,养女不教如养猪①。

【注释】 ①驴和猪,吃饱以后只知道干活、睡觉,呆痴蠢笨,愚不可及。两句引为比喻,极言子女教育之重要。

【译文】 生养儿子而不好好教育,就像养了头驴;生养女儿而不好好教育,就像养了头猪。

【原文】 有田不耕仓廪①虚,有书不读子孙愚。

【注释】 ①仓廪:装谷米的仓库。

取意偏重在下句,强调教育、读书对子孙成长的重要意义。

【译文】 虽有田地而不去耕种,仓库就会空虚无粮;虽有书籍而不去攻读,子孙就会愚昧无知。

【原文】 仓廪虚兮岁月乏,子孙愚兮礼义疏①。

【注释】 ①仓库空虚,生活就会贫乏;缺少教养,子孙就会愚钝。但有的人会对此感觉迟钝、麻木不仁,所以这里特地将二者相提并论,令人立刻可以感到它的严重性。

【译文】 如果仓库空虚,就会日子艰难;如果子孙愚蠢,就会礼义欠缺。

【原文】 同君一夜话,胜读十年书①。

【注释】 ①这话似乎有些夸张,但有时的确

相向而谈

如此。一则对方确是高人,出语不凡,眼界高远,启人警醒;一则相向而谈,对症下药,切中要害,因而可以对人有指点迷津、拨正航程的作用,其作用自非寻常书本可比。

两句源出明人许时泉《赤壁游》。今天多用于赞扬对方谈话水平高超。

【译文】 与您的一夜谈话,获益极大,其效果甚至胜过读书十年。

【原文】 人不通古今,马牛而襟裾①。

【注释】 ①襟裾:代指衣服。裾,衣服的前后部分。

把人比为牛马,话说得很重,意在极力强调知识乃是一个人的灵魂。

两句原出韩愈《符读书城南》,是一首教儿子韩符努力读书的诗。诗中还有"人之能为人,由腹有诗书。诗书勤乃有,不勤腹空虚"等含义相近之句。

【译文】 一个人如果孤陋寡闻,不能博古通今,那就和穿着衣服的牛马没有区别。

【原文】 茫茫四海人无数,哪个男儿是丈夫①。

【注释】 ①此语原出《五灯会元·资寿尼妙总禅师》。

这里"丈夫"是指那有作为、有气节的男子。这种人在现实社会中相当少见,所以这里提出反问,颇为愤激。

【译文】 在茫茫四海之中人多得不计其数,哪个男子称得起是真正的"丈夫"呢?

【原文】 白酒酿成缘好客,黄金散尽为收书①。

【注释】 ①收书:指买书收藏。

两句出自唐人吕岩《题沈东老壁》,原诗为:"西邻已富忧不足,东老虽贫乐有余。白酒酿成缘好客,黄金散尽为收书。"

"好客""收书",是两种高尚行事和优雅品格。为好客而酿成许多美酒,为收书而不惜用尽金钱,更是显得豪爽可敬,令人称赏。

【译文】 酿好了许多白酒,是为了欢迎朋友来访;花掉了全部金钱,是因为购买书籍收藏。

【原文】 救人一命,胜造七级浮屠①。

【注释】 ①浮屠:又作"浮图",即佛塔,有三层、五层、七层等区别。这种建筑最初为供奉佛骨之用,后来也用于供奉佛像、收藏佛经或保存僧人遗体。

两句语见《古今小说·月明和尚度柳翠》,原文为:"自古道,'救人一命,胜造七级浮图。'"

人们捐资建塔原是为了礼佛向善;而如果在现实中救人一条性命,其功德要更为真切而实在,胜过修行仪式和慷慨捐资。这就突出强调了行善的具体实践。

【译文】 救下一个人的性命,胜过建造七层的佛塔。

【原文】 城门失火,殃及池鱼①。

【注释】 ①城门着了火,人们从护城河里取水扑救,河中的鱼因水进而致死。两句比喻不相干的东西因受牵连而遭祸害。

两句源于《太平广记》。其中说,春秋战国时,宋国池仲鱼所居靠近城门,有一次城门起火,延及其家,仲鱼烧死。另一说见周辉《清波杂志》卷下,其中讲,宋国城门失火,取池水灌救,池中汲干,鱼皆枯死。

【译文】 城门遭了火灾,护城河中的鱼也受祸殃连累而死亡。

【原文】 庭前生瑞草,好事不如无①。

【注释】 ①庭院讲究清洁,瑞草生在这里,固然也可以添些瑞气,但毕竟并无实际用

中华传世藏书——国学经典文库 蒙学经典——图文珍藏版

处,不免多此一举,增添麻烦,还不如没有更为省心。就是说,好事也要看时间地点,否则也会有不良作用。

【译文】 庭院里长出象征珍贵的青草,这样的好事反不如没有更好些。

【原文】 欲求生富贵,须下死功夫①。

【注释】 ①富贵是世俗崇尚的一种人生目标,但在实践中却包含着一种辩证关系。苦和甜对立统一,不可分离,这里用"生"与"死"两个字来作对映,最为鲜明。

庭院生瑞草

【译文】 要想争取生活得富贵,必须付出拼死的努力。

【原文】 百年成之不足,一旦败之有余①。

【注释】 ①极言成事极难而败事甚易。

【译文】 有些事情要做得完美,花上百年工夫也嫌不够,而要把它毁坏,只需一天时间就绰绰有余。

【原文】 人心似铁,官法如炉。善化不足,恶化有余①。

【注释】 ①这里打了两个比方:人心像是铁块,法律像是熔炉,有强制熔化的力量,可以用来维护秩序、改进世风。但是这种熔炉的作用在扬善、抑恶两者间并不平均,它虽然也有促人向善的作用,但主要作用却是惩人作恶,所以说是"善化不足,恶化有余"。这是法律和道德的重要区别。

【译文】 人心像是铁块,法律像是熔炉。化人向善作用不充分,化人戒恶作用有富余。

【原文】 水至清则无鱼,人至察则无徒①。

【注释】 ①此语见于《大戴礼记·子张问入官》。

鱼儿需要食物,水过于清澈、纯净,它们就无法在里面生活。人都有缺点,你过于明察、苛责,别人就无法与你交友共事。这里讲了一种待人处事的辩证法,启发我们要多考虑一下别人的状况,要多看别人的优点,能包容别人的缺点,不苛求、不挑剔,雍容大度、心气平和,这样别人才乐于与你合作,事情才有做好的希望。

【语译】

水如果太清洁了,就没有鱼儿;人如果太明察了,就没有朋友。

【原文】 知①者减半,愚者全无。

【注释】 ①知:同"智"。

智与愚是相对而言的,没有智也就没有愚。人们之所以感到世上愚蠢的人满眼都

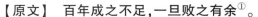
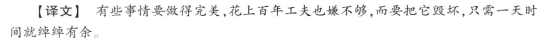

89

是,只是因为都觉得自己属于聪明人。所以说,如果世上的聪明人减少一半,那么就几乎完全没有愚蠢的人了。

【译文】 如果世上聪明的人减少一半,那么愚蠢的人就完全没有了。

【原文】 在家由父,出嫁从夫①。

【注释】 ①此语出自《仪礼·丧服传》。

这里讲的是旧时妇女的行事原则,即所谓"夫为妻纲",是封建时代儒家"三纲"之一。现代以来,这种男尊女卑的夫权思想已为男女平等的平权思想所取代。

【译文】 在家时要接受父亲管教,出嫁后要服从丈夫意志。

【原文】 痴人畏妇,贤女敬夫①。

【注释】 ①两语出自《金瓶梅词话》第二十回:"自古痴人畏妇,贤女敬夫。"

呆笨无能的男人通常害怕老婆,受老婆管辖。而聪慧贤淑的女子,则不是让自己的男人害怕,而是尊敬丈夫,与之亲密合作。

【译文】 呆笨的男人害怕老婆,贤惠的妻子尊敬丈夫。

【原文】 是非终日有,不听自然无①。

【注释】 ①这里讲的是客观存在和主观意识的关系,强调人要有排除干扰、清静自安的主观能力。这样便不会再为是非所搅扰。

【译文】 是非一天到晚都会有,但你如果不去听,它自然也就没有了。

【原文】 宁可正而不足,不可邪而有余①。

【注释】 ①人都是喜欢富足的,但这里特别强调的是道德第一、行事正派,决不可见利忘义、一味贪财。

【译文】 宁可做正直的人而生活贫困,不可做奸邪的人而生活富足。

【原文】 宁可信其有,不可信其无①。

【注释】 ①这里讲的是在某些情况下,办事情要向最坏处着想,而向最好处努力。对于不好的情况要有足够的思想准备,以防出现意外,措手不及。

【译文】 宁可相信它是有的,不可相信它是没有的。

【原文】 竹篱茅舍风光好,道院僧房总不如①。

【注释】 ①竹子制的篱笆、茅草盖的房舍,虽然简陋,但却是朴实清静,别有风情;而道士住的大院、僧人住的宽宅,虽然多在名山,广阔华美,但却是清规戒律、扰攘喧闹,反不如自家的竹篱茅舍自由自在,舒适安宁。这里看重的是人的内心需求。

【译文】 竹篱笆、茅草屋,风光却很美好,道士院、僧人房,全都比它不上。

【原文】 命里有时终须有,命里无时莫强求①。

【注释】 ①这便是俗话说的"人不与命争"。实际上,现实中的某些东西,人们去不去争结果往往是大不相同的。当然,也有些东西不争却自然而至,有些东西虽经争取而仍然落空。此中的因由,人们就把它归结为"命"。命是什么,就是那些人们主观精神无

法支配的部分。人的主观能力是相当有限的，有些事情，人们对它的确无奈，所以人们便只好相信命运的存在。说透了，所谓"命"，其实不过是一种自然的结局。

【译文】　凡是命里该有的东西，到头来终究会有；而命里没有的东西，你拼命去争也没用处。

【原文】　道院迎仙客，书堂隐相儒。庭栽栖凤竹，池养化龙鱼①。

【注释】　①化龙鱼：典出《三秦记》："河津，一名龙门，桃花浪起，鱼跃而上之。跃过者为龙，否则毕点额而还。"又《艺文类聚》卷九十六《符子》："观于龙门，有一鱼奋鳞鼓鬐而登乎龙门而为龙。"后世常以鱼跳龙门比喻金榜题名。《琵琶记·南浦嘱别》："孩儿出去在今日中，爹爹妈妈为相送。但愿得鱼化龙，青云得路。"

道院迎客

综合此处所举各项，说明不论在什么地方，都有出现生命奇迹的可能，不可粗疏地等闲视之。

【译文】　道观里可以迎接到仙风飘洒的贵客，书斋里可以隐藏着将做宰相的儒生。庭院里栽着可供凤凰栖居的绿竹，水池里养着可以化为长龙的鱼儿。

【原文】　结交须胜己，似我不如无①。但看三五日，相见不如初。

【注释】　①前两句语出《论语·学而》："子曰：'无友不如己者。'"

这种交友必胜于己的思想，有一定道理，但不可绝对化。如果大家都持这种观念，结果就会变成比你差的人你不肯交人家，比你强的人人家不肯交你，岂不是谁也交不到朋友了？其实，交朋友重在志同道合，有情有义，并不单是为了学本领；更何况尺有所短，寸有所长，只要虚心，许多人都有可学的东西。

【译文】　结交的朋友必须胜过自己，如果与自己相似，还不如没有的好。这样的朋友只要看上三天五天，就会觉得已不如初见的印象为好。

【原文】　人情似水分高下，世事如云任卷舒①。

【注释】　①卷：收敛。舒：张开。

两句说，人们的感情是有高尚、低下之分的，自己要善于加以区别。世间的事物是有收卷和开张之分的，自己要能够安然对待。上句强调的是细心，下句强调的是宽心。

【译文】　人们的感情就像流水一样，区分为高者、低者；世上的事物就像云彩一样，任凭它收卷、张开。

【原文】　会说说都市，不会说屋里①。

【注释】 ①家长里短也可能包含着深刻道理、人际真情。但这里强调的是要关心世间大事，不可老是絮叨那些细枝末节。

【译文】 会说话的人，总是讲些都市中的重大事件、新鲜见闻；不会说话的人，总是讲些身边琐事、家长里短。

【原文】 磨刀恨不利，刀利伤人指；求财恨不多，财多反害己①。

【注释】 ①唐人寒山诗云："贪人好聚财，恰如枭爱子。子大而食母，财多还害己。"后二句意思有取于此。

祸福相倚，利弊相生，一种事物，总是包含着两个相反的方面。这里举了两个例子：一个是磨刀，另一个是求财。两句的措意偏于后者，着重讲钱财的两面性作用。

【译文】 磨刀总是嫌它不锋利，而真的锋利了，却又很容易割伤手指；求财总是嫌它不够多，而真的够多了，又可能反过来害了自己。

【原文】 知足常足，终身不辱。知止常止，终身不耻①。

【注释】 ①两句源出《老子》："知足不辱，知止不殆。"

人对利益的追求，永远没有满足的时候。但人又不能总是不知满足。有一种办法是可以让人得到满足的，那办法就是"知足"。如果能够知足，那就会适可而止，因而就永不会蒙受侮辱。能"知足"则能"知止"，行为有所节制，因而就永不会感到羞耻。

【译文】 能够知足的人会经常感到满足，他们终身都不会受到侮辱；懂得节制的人会经常有所节制，他们终身都不会感到羞耻。

【原文】 有福伤财，无福伤己①。

【注释】 ①这话有宿命论的思想，把人的"有福""无福"说成是先天的预设。如果把这层意思剥去，两句话的真正含义不过是说：只损失钱财物品的人，还算是有福气的；那些直接损伤了自己身体的人，可真是没福了。

【译文】 有福气的人倒霉，只是损失些财物；无福气的人倒霉，则会伤害到自身。

【原文】 差之毫厘，失之千里①。

【注释】 ①语出《礼记·经解》，原句是："差若豪厘，缪以千里。"《大戴礼记·礼察》亦云："君子慎始，差若毫厘，缪之千里。""豪"通"毫"。"缪"通"谬"。

两句是说，最初的差别虽然微小，但造成的后果却十分巨大。

【译文】 差错虽然只有毫厘，失误却会大至千里。

【原文】 若登高必自卑①，若涉远必自迩②。

【注释】 ①卑：低处。②迩：近处。

这是对事物发展的基本规律的一种认识。提醒人们办事情要循序渐进、积少成多，不可好大喜功，急于求成。

这种思想古已有之。《尚书·太甲下》："若升高，必自下；若陟遐，必自迩。"《墨子·经说下》："行者必先近而后远。"《礼记·中庸》："君子之道，辟如行远必自迩，譬如登高

必自卑。"

【译文】 如果想登上高处,一定要从低处开始;如果想走向远方,一定要从近处起步。

【原文】 三思而行,再思可矣①。

【注释】 ①再:第二次,两次。

此语本于《论语·公冶长》:"季文子三思而后行。子闻之,曰:'再,斯可矣。'"季文子即季孙行父,是春秋时期鲁国的正卿,为官廉俭持重,行为谨慎。

做事谨慎,固然很好,但也不可事事三思,优柔寡断。在很多时候,考虑两次便可以行动了。

【译文】 有人做事,考虑多次而后行动;一般说来,考虑两次也就够了。

【原文】 使口不如自走,求人不如求己①。

【注释】 ①重力行、重自身,这是一种积极的生活态度。它容易激发出一种蔑视困难、昂扬奋发的精神力量。

【译文】 光动嘴巴不如动腿去干,央求别人不如依靠自身。

【原文】 小时是兄弟,长大各乡里①。

【注释】 ①这里讲了人际关系的一种微妙变化,本来十分亲近的人,长大后自立门户,各成一家,便不免彼此疏远了。

【译文】 小时候,彼此是兄弟,住在一起;长大后,便各奔东西、分居异地了。

【原文】 嫉财莫嫉食,怨生莫怨死①。

【注释】 ①这里讲了人际关系中一些比较消极的方面,劝导人们嫉妒、埋怨都要掌握分寸、不可过分。

【译文】 可以嫉妒别人的钱财,但不要嫉妒别人的饮食;别人活着的时候可以埋怨,人死后就不要再埋怨了。

【原文】 人见白头嗔,我见白头喜。多少少年亡,不到白头死①。

【注释】 ①这是两种不同的比较方法:一种是与自己年轻的时候比,越比越觉得悲哀;一种是与其他人的年轻短命比,越比越觉得幸运。人要逐渐变老是不可改变的规律,只看你爱用哪一种比法。

【译文】 人们见到了头发变白都很生气,我看到头发变白却很欢喜。你看世上有多少人年纪轻轻就死了,并没有活到白头的时候哩。

【原文】 墙有缝,壁有耳①。

【注释】 ①此语初见于《管子·君臣下》:"墙有耳,伏寇在侧。墙有耳者,微谋外泄之谓也。"

意思是提醒人说话要小心谨慎,多加提防,以免被人听去不宜公开的个人隐私或其他秘密。

【译文】 墙壁上总有缝隙,房隔壁常有耳朵。

【原文】 好事不出门,恶事传千里①。

【注释】 ①此语原见《五灯会元·泰州绍宗禅师》:"僧问:'如何是西来意?'师曰:'好事不出门,恶事传千里。'"

这是在感叹好事情很难传扬出去,坏事情却往往传得又快又远。这种现象也许可以由两方面的原因来做解释:一是社会上的芸芸众生往往对坏事更感兴趣,津津乐道;一是当事人主观上总觉得自己的好事传扬得太慢太近,而自己的坏事情却传得太快太远。

【译文】 好事情难以传出家门,坏事情却传到千里之外。

【原文】 贼是小人,智过君子①。

【注释】 ①语出《五灯会元·子陵自瑜禅师》:"师曰:'贼是小人,智过君子。'"

意思是说,做贼的人固然品格低下,但往往智谋不低,所以必须认真对付。

【译文】 做贼的人虽是卑鄙小人,但智谋却常常超过正派君子。

【原文】 君子固穷①,小人穷斯滥矣②。

【注释】 ①固穷:安守困穷。②斯:就。滥:指胡作非为。

语见《论语·卫灵公》:"子曰:'君子固穷,小人穷斯滥矣。'"

这里清楚指明了有道德的人对待贫穷所持的正确态度,同时也指出,不讲道德的小人可能会有的表现,从而提醒人们予以注意。

【译文】 君子虽穷,却能安守贫困;若是小人穷了,便要胡作非为了。

【原文】 贫穷自在,富贵多忧①。

【注释】 ①上句句意源出《论语·述而》:"子曰:'饭疏食饮水,曲肱而枕之,乐亦在其中也。'"

人们大抵爱富贵而怕贫穷,但贫穷的人却总是大量存在。这里提出用另一种眼光来看贫穷:贫穷也有贫穷的好处。

贫穷自在

【译文】 人贫穷时往往活得比较自在,而富贵时却会有许多的忧愁。

【原文】 不以我为德,反以我为仇①。

【注释】 ①此即人们所说的"恩将仇报""以怨报德"之意,是一种不合道德的行为。这里给予了明确的批判。

【译文】 不但不感谢我的恩德,反而把我当仇人看待。

【原文】 宁可直中取,不向曲中求①。

【注释】 ①语出《封神演义》第二十三回:"岂可曲中而取鱼乎?非丈夫之所为也。吾宁在直中取,不向曲中求。"

正直的人做事要用正直的手段,坦坦荡荡,光明磊落,而不能为了某种利益而低首下心,取巧钻营,从而有辱自己的人格。

【译文】 宁可用正当手段去争取,决不以歪门邪道去谋求。

【原文】 人无远虑,必有近忧①。

【注释】 ①语出《论语·卫灵公》:"子曰:'人无远虑,必有近忧。'"

一个人出门远去,一定得有个目标,否则,很可能抬腿就错。生活中也是如此。一个人如果不是得过且过,糊里糊涂地混日子,那么就得有一个长远的目标。自己当前做事,都是朝向这个长远目标的,否则就会没有章法,乱干一气,甚至做出不该做的荒唐事,陷自己于狼狈境地。

【译文】 一个人如果没有长远的考虑,很快就会遇到困难和麻烦。

【原文】 知我者谓我心忧,不知我者谓我何求①。

【注释】 ①语出《诗经·王风·黍离》。《毛诗序》解释说:《黍离》,闵宗周也。周大夫行役至于宗周,过故宗庙宫室,尽为禾黍。闵周室之颠覆,彷徨不忍去,而作是诗也。"

这里两句表达的是一种忧国忧民的思想感情。

【译文】 了解我的人,知道我的心里充满忧愁;不了解我的人,会认为我有什么寻求。

【原文】 晴干①不肯去,直待雨淋头。

【注释】 ①晴干:指晴天路干。

语出《五灯会元·保福从展禅师》:"时有僧出,方礼拜,师曰:晴干不肯出,直待雨淋头。"

两句是说办事不抓紧,错过了良好时机。到头来困难重重,事情还是得办。

【译文】 晴天路干时迟迟不肯前往,一直等到阴天下雨时才不得不去。

【原文】 成事莫说,覆水难收①。

【注释】 ①上句语出《论语·八佾》:"子闻之,曰:'成事不说,遂事不谏,既往不咎。'"下句语出宋王楙《野客丛书·心坚石穿覆水难收》:"姜太公妻马氏,不堪其贫而去。及太公既贵,再来。太公取一壶水倾于地,令妻收之,及语之曰:'若言离更合,覆水定再收。'"

两句启发人们,要能够正视已经发生的现实,不再说些没有用处的话。

【译文】 已经做成的事,就不要再埋怨了;泼在地上的水,是无法再收回的。

【原文】 是非只为多开口,烦恼皆因强出头①。

【注释】 ①明汪廷讷《狮吼记》第十六出:"我是非只为多开口,大娘子,大娘子,你烦恼皆因强出头。"二语本此。

意思是让人少讲闲话,少出风头,以免招惹是非,自找麻烦。

【译文】 惹是生非,都是因为爱说闲话;烦恼重重,都是因为好出风头。

【原文】 忍得一时之气,免得百日之忧①。

【注释】 ①有许多事情不是一下子就能了断的。有时不能忍下心头之气,发作起

来,会引出许多麻烦,往往要纠缠很久都不能解决,带来无尽的忧愁和烦恼,两相比较,还不如一时隐忍,以求息事宁人。当然,只是有些事情可以这样处理,而有些事情则不能这样处理。

【译文】 勉强忍下一时的怨气,可以免去长期的忧愁。

【原文】 近来学得乌龟法,得缩头时且缩头①。

【注释】 ①此语出自《五灯会元·大同旺禅师》:"僧问:'如何是祖师西来意?'师曰:'入市乌龟。'曰:'意旨如何?'师曰:'得缩头时且缩头。'"

乌龟有一种本能,在遇到不利情况时,就把头缩进壳子里去,以避免受到伤害。人也不能不分场合、不辨情况,一味强干;有时遇到危险,主动躲避退让,乃是一种保护自己的重要方法。

隐忍乐居

【译文】 近来学到了乌龟处事的方法,能缩头的时候就把头缩起来。

【原文】 惧法朝朝乐,欺公日日忧①。

【注释】 ①如果是畏惧法律,奉公守法,那就能心平气和、安居乐业;如果是瞒着大家,干些坏事,那样即便没被人发觉,也会一天到晚忧心忡忡、诚惶诚恐。意思是教人知法守法,行事光明。

【译文】 害怕法律则可以天天快乐,欺骗公众会落得日日忧愁。

【原文】 人生一世,草木一春①。

【注释】 ①一世:一辈子。

《水浒传》第十五回,有"人生一世,草生一秋"之句,此二句与之意近。

人在世界上只能生活一辈子,而草木则在世界上只能存活一个春天。二者颇有相似之处。时间都很短暂,因而应该好生珍惜。

【译文】 人生在世一辈子,草木生长一春天。

【原文】 黑发①不知勤学早,转眼便是白头翁。

【注释】 ①黑发:黑头发,借指年轻人、年轻时代。

人生只有几十年光景,年轻人常常不知道抓紧时间努力读书,结果青春迅速逝去,一事无成。这里是用严峻的事实向青年人提出忠告,要珍惜青春、奋发向上,否则蹉跎岁月、等闲头白,那就一切皆晚、悔之莫及了。

【译文】 黑发的年轻人不知道及早地勤奋学习,转眼间就会变成白头老翁。

【原文】 月过十五①光明少②,人到中年万事休。

【注释】 ①十五:是指阴历每月的十五日。阴历以月亮(太阴)的运行计算时间,制定历法。月亮因与太阳、地球的相互关系而出现圆缺变化,每月十五日最圆,十五日后便

清光递减。

②少：逐渐减少。

以农历每月的十五日月亮最圆的情况，来比喻人在中年是事业发展的顶端。如果到了中年仍然事业无成，此后便没有什么希望了。这种判断符合不少人的实际状况。但人事与月亮的情况毕竟又不尽相同，人过中年而事业方兴的例子也颇不少见。所以"人到中年万事休"的慨叹便不免过于悲观。另外，"中年"的概念也在随着时代的前进而有所变更，人们的平均寿命越来越长，中年的时限也越来越高。

【译文】　月亮在过了每月的十五日后，光明就逐渐减少；世人在到了中年的时候，一切都基本完结。

【原文】　儿孙自有儿孙福，莫为儿孙作马牛①。

【注释】　①此语出自宋人徐守信《绝句》，原诗是这样的："汲汲光明似流水，随时得过便须休。儿孙自有儿孙福，莫与儿孙作马牛。"元人关汉卿《蝴蝶梦》楔子部分亦曾化用，说道："儿孙自有儿孙福，莫为儿孙作远忧。"

抚育儿孙，是人们的应尽职责，但不应对之一味溺爱，也不应一辈子把他们包在褓褓之中，而应培养他们自立、自强的能力。另外，儿孙长大后，也应该靠自己的本领和自己的劳动自立于社会，尽量减轻长辈的负担。从这个角度说，"莫为儿孙作马牛"也是一种通达的哲学。

【译文】　儿孙们自然会有儿孙们的福分，不要总是为他们当牛做马，过分操劳。

【原文】　人生不满百，常怀千岁忧①。

【注释】　①两句出自汉乐府古辞《西门行》。

人是会忧愁的动物，而且忧愁又常常是人的高尚之所在。如"忧国忧民""心忧天下""先天下之忧而忧，后天下之乐而乐"，等等。但如果单为个人而忧，单为家庭而忧，有时又令人过分劳累，所以人们又想出许多办法舒忧、解忧。这里的意思也是慨叹人们的忧愁太多。

【译文】　人一生连一百岁都活不到，却常常怀着千年之久的忧愁。

【原文】　今朝有酒今朝醉，明日愁来明日忧①。

【注释】　①对这样的话可以有不同的理解，或者说可以赋予它不同的含义。有人说这是一种腐朽堕落、醉生梦死的人生哲学，有的说这是一种胸无大志、得过且过的生活方式，也有的说这是一种处境艰难、无可奈何的人生态度。或许，也可以作另外一种理解，就是对以后的事不要想得太远，重要的是要过好今天的时光，尽情享受现实的美好；以后的事情等出现以后再去想法对付。如果是这样的话，就和那种"人无远虑，必有近忧"的思想，侧重点完全不同了。

【译文】　今天既然有酒就喝个痛快，哪怕是酩酊大醉；明天也许会有忧愁烦恼，到明天再说。

【原文】　路逢险处难回避,事到头来不自由①。

【注释】　①语出明人高明诚《琵琶记》第十六出。

既然难以回避,那就只有冒险前行,闯过险关。既然是由不得自己,那就只有千方百计,化解难题。

【译文】　有时行路行到危险之处,是无法回避的;有时生活中遇到难题纠缠,便由不得自己。

【原文】　药能医假病,酒不解真愁①。

【注释】　①药能治真病,也能治假病;酒能解假愁,却不能解真愁。重点是在后一句,是说人生常为忧愁所苦,无法解脱,饮酒也没有用处。

【译文】　药能够治好并不存在的虚假病症,而酒却不能解除真正存在的内心愁情。

【原文】　人贫不语,水平不流①。

【注释】　①二句化用《五灯会元·长灵守卓禅师》中语。原文如下:"问:'佛未出世时如何?'师曰:'绝毫绝厘。'曰:'出世后如何?'师:'填沟塞壑。'曰:'出与未出,相去几何?'师曰:'人平不语,水平不流。'"

人穷了讲话就没有分量,多讲何用? 水平了就不再流动,是一个客观事实,这里用来衬托前一句,提高它的可信性。

【译文】　人穷了就不要多讲话,水平了就不会再流动。

【原文】　一家养女百家求,一马不行百马忧①。

【注释】　①上句语见李渔《怜香伴》第十五出:"常言道:'一家有女百家求。'"下句意出《会子·制言》:"马非马不走。"

一家的姑娘到了结婚的年龄,很多人都会来说媒、求婚,影响力很大,因为归属来定,双方都在挑选。这对主家来说应该是好事。马群中的马站在一起,领头的不动,所有的马都不动,也是一种很大的影响力。不过两个对象物类不同,没有更多的可比性。

【译文】　一家养的姑娘长大了,一百家的人都来求婚;领头的马站着不走,一百匹马都忧愁地站在那里。

【原文】　有花方酌酒,无月不登楼①。

【注释】　①意思是说,良辰、美景、赏心、乐事应该同现并出,互相烘托映衬。人的情致才会更好,雅兴才会更高。

李白《月下独酌》诗云:"花间一壶酒,独酌无相亲。举杯邀明月,对影成三人。月既不解饮,影徒随我身。暂伴月将影,行乐须及春。……"又其《金陵城西楼月下吟》诗云:"金陵夜寂凉风发,独上高楼望吴越。白云映水摇空城,白露垂珠滴秋月。……"二句与此诗意味有相近之处。

【译文】　有了鲜花相伴才可以开怀饮酒,没有月亮升天就不要登楼眺望。

【原文】　三杯通大道,一醉解千愁①。

【注释】 ①这是讲酒的积极作用,给予了热情的赞美。这与"酒不解真愁""举杯浇愁愁更愁"之类的话显然是表达了不同的意向。

【译文】 饮上三杯美酒,便可以通晓重要的道理;喝个酩酊大醉,便可以化解万千的忧心愁。

【原文】 深山毕竟藏猛虎,大海终须纳细流①。

【注释】 ①《五灯会元·法华全举禅师》:"深山藏独虎。"上句有取于此。《荀子·劝学》:"不积小流,无以成江海。"李斯《谏逐客书》:"江海不择细流,故能就其深。"下句有取于此。

这里是讲幽深的事物具有非凡的包藏内容,阔大的事物离不开细小的组成部分。

【译文】 深山里毕竟隐藏着称王于兽中的猛虎,大海终究必须吸纳无数细小的水流。

【原文】 惜花须检点①,爱月不梳头。

【注释】 ①检点:谨慎之意。

两句讲的是爱美之心。爱惜花朵,就不要随意攀折,或大意损伤了它;喜欢月亮,那就要好好观赏,而不要拿它做镜子使用,照着梳头。

【译文】 如果爱惜花朵,那么就要举止谨慎;如果喜爱月亮,就不拿它做镜子梳头。

【原文】 大抵选他肌骨好①,不擦红粉也风流②。

【注释】 ①大抵:大概。②风流:俊美,有风韵。

这话是对那些寻花问柳的嫖客而言的。撇开这种特殊含义,作为一种单纯的审美观念,它最看重的是人的自然资质。而非衣饰脂粉。

【译文】 选择女子,应该挑选那种身材姣好、肌肤细嫩的,她们即使不搽脂粉,也十分美丽。

【原文】 受恩深处宜先退,得意浓时便可休。莫待是非来入耳,从前恩爱反成仇①。

【注释】 ①意思是说,凡事要有分寸、有调控,以免达至极点而走向反面。

《喻世明言·闹阴司司马貌断狱》:"得意浓时休进步,须防世事多翻覆。"与此意近似。

【译文】 受恩太多的时候,就应该知足,主动退让;得意浓烈的时候,要注意节制,就此罢休。不要等到是非传进耳中,致使从前恩爱的情人反而变成对立的仇敌。

【原文】 留得五湖明月在,不愁无处下金钩①。

【注释】 ①下金钩:指钓鱼。

语出《西游记》第八十二回:"留得五湖明月在,何愁没处挂金钩。"

二句意思是说,只要保住了根本,就不愁没有发展的机会。

【译文】 只要有五湖的明月照耀,就不愁没有地方可以钓鱼。

【原文】 休别有鱼处,莫恋浅滩头①。

中华传世藏书

国学经典文库 增广贤文

图文珍藏版

【注释】　①此二句是提醒人们要明察事局,权衡轻重,不要舍大取小。

【译文】　不要离开有鱼的深水,别去贪恋浅近的沙滩。

【原文】　**去时终须去,再三留不住**①。

【注释】　①这样,就需要我们持一种比较现实的态度,不必枉费心力,去做一些无效的劳动。

《封神演义》第十八回:"常言道:'心去意难留',勉强终非是结果。"语意相近。

【译文】　该失去的东西,终归要失去,再三挽留也没有用处。

【原文】　**忍一句,息一怒。饶一着,退一步**①。

【注释】　①总之是保持退让原则,不要争强好胜,促使事态和缓,避免局面恶化。这是一种息事宁人的处事方法。

【译文】　忍一句怨言,息一些怒气。让对方一着,退后面一步。

【原文】　**三十不豪,四十不富,五十将近寻死路**①。

【注释】　①意思是人要趁年轻时积极创业,早成富贵之家。不过,话说得有些过分。今天的世界,五十后而成为豪富的亦不乏其人。

【译文】　三十岁时没有大量的财势,四十岁时没有丰厚的家产,近五十岁时已经离死不远,也就没有发达的希望了。

【原文】　**生不认魂**①,**死不认尸**。

【注释】　①魂:灵魂。孔颖达疏:"附形之灵为魄,附气之神为魂。"

二句是说生死皆不相认,形容态度坚决。

【译文】　活着不认他的魂魄,死了不认他的尸体。

【原文】　**一寸光阴一寸金,寸金难买寸光阴**①。

【注释】　①两句语出明罗懋登《三宝太监西洋记》第十一回。首句最早见于唐王贞白《白鹿洞二首》诗:"读书不觉已春深,一寸光阴一寸金。"

二句是说,光阴比黄金更为可贵。人的生命是由时间组成的,光阴是生命的存在形式。珍惜生命者,自然要把光阴看得最为宝贵,力争让它过得饱满充实。

【译文】　一寸光阴就像一寸金子那样宝贵,而一寸金子却买不到一寸光阴。

【原文】　**父母恩深终有别,夫妻义重也分离。人生似鸟同林宿,大限**①**来时各自飞**。

【注释】　①大限:命运之中死亡的期限,是一种宿命论的说法。

人总难免一死,不管是父母亲情,还是夫妻恩爱,到头来都不得不彼此离开。后二句以林中的鸟儿最后分飞作为比喻,说明"大限"必然到来是无情的规律。

【译文】　父母的恩情深厚,但终究要告别;夫妻的情义很重,也迟早会分离。人生就像鸟儿一样,大家都宿在一个林子里,一旦死期来临,便要各飞一方。

【原文】　**人善被人欺,马善被人骑**①。

【注释】　①言外之意是说,人不能太善良、太老实,否则就会受欺侮、受损害,总是吃亏。社会上的人大都是自私的,而且存在着激烈的生存竞争,老实人吃亏的事是大量存在的,所以两句的归纳是有生活基础的。但善良又是一种高尚的道德,是群体生活的重要需求,善良的人也总是会得到人们的尊敬、爱戴,不可只看一个方面,以偏概全。

【译文】 人太善良了,就会被人欺负;马太驯顺了,就会被人随意骑乘。

【原文】 人无横财不富①,马无夜草不肥②。

【注释】 ①横财:意外得来的钱财,多指用不正当手段获得。富:这里指突然变富。②夜草:指夜里喂草。养马需要夜里喂草,这是与其他许多牲畜不同的。

上句原出元代张国宾杂剧《合汗衫》第三折。

在今天的社会现实中,由正当途径而快速变富的也颇有人在,但大发横财的暴富者数量更多。奸商、"官倒"、贪污、盗窃……严重破坏了社会的合理秩序,引起了广大群众的强烈不满。

马无夜草不肥

【译文】 人没有横财不会暴富,马没有夜草不能长肥。

【原文】 人恶人怕天不怕,人善人欺天不欺①。

【注释】 ①恶人作恶,为害社会,普通人往往无可奈何;善人行善,造福众人,许多人却又觉得他们软弱可欺,这些事情都是令人愤慨的丑恶现象。为了对付这些丑恶。这里抬出了"天"。"天不怕""天不欺",天显然是被当作了一种人格化的生命个体,这是有神论的观念。若以无神论来看,则可以把这里的"天"视为一种人类社会的正义力量,它会通过自己的特有方式和巨大威力扬善惩恶。

【译文】 为人凶恶,人们往往怕他,但上天不会怕他;为人善良,往往受人欺侮,但上天不会欺侮。

【原文】 善恶到头终有报,只争①来早与来迟。

【注释】 ①争:差,分。

二句原出《武王伐纣平话》卷下:"休将方寸昧神祇,祸福还同影相随。善恶到头终有报,只争来早与来迟。"

这种因果报应的思想是一种宿命论,事实上并不存在这样的事情。但是,社会上也有另一种"报应"机制,那就是法律和道德,它们会通过法律机制和"世道人心"来发挥作用。所以,这里的"天"也可以有另一种理解:它不是在冥冥中主宰世界的那个天帝,而是由社会大众组成的有机群体。

【译文】 行善和作恶,等到最后都会得到报应,区别只在早些来临还是晚些来临。

【原文】　黄河尚有澄清日,岂可人无得运时①!

【注释】　①得运:走运,幸运,顺利地获得幸福。

这里是将两件不容易出现的事情拿来对比。黄河水黄,以混浊为特点,总也不会澄清。但古时传说,以黄河变清为奇异之兆或太平祥瑞。如《后汉书·桓帝纪》:"延熹八年夏四月,河水清。"《周易·乾凿度》:"天降嘉应,河水先清三日。"如此说来,则黄河也有澄清的时候。但终究是极难的事,故《拾遗记》有云:"丹邱千年一烧,黄河千年一清。"又古人有"河清难俟"之语。不过,如此困难的事情尚有可能发生,那么,人的转运、走运相比来说,就该是容易得多。这样一比,人就对自己有信心了。所以,这是一个鼓励人的格言。

【译文】　混浊的黄河尚且还有澄清的日子,难道人生就没有时来运转的时候?

【原文】　得宠思辱,居安思危①。

【注释】　①后句语见唐人魏徵《谏太宗十思疏》:"人君……不念于居安思危,戒奢以俭,德不处其厚,情不胜其欲,斯亦伐根以求木茂,塞源而欲流长者也。"

此语的意思是教人保持警惕,不致大意失足。

【译文】　得到宠幸时,要想到遭受屈辱的日子;处境安逸时,要想到遭遇危险的可能。

【原文】　念念有如临敌日,心心常似过桥时①。

【注释】　①大意易出差错,懈怠易遭挫折。所以小心谨慎是避免失误的一个重要方法。而"临敌"与"过桥",则是两个小心谨慎的极好实例,故此引以为比。

【译文】　意念中总像面临着大敌一样,一直警惕不懈;心理上总像走过拱桥时一样,时刻谨慎小心。

【原文】　英雄行险道,富贵似花枝①。

【注释】　①这里讲了世上两种常见的社会现象,意思是说明世上美好、杰出的东西都生存得不易,隐含着艰辛和遗憾。所以古谚又有"富贵怕见花开"之语。

【译文】　英雄豪杰所走的道路充满艰险,荣华富贵像花朵一样容易凋谢。

【原文】　人情莫道春光好,只怕秋来有冷时①。

【注释】　①世间的人际关系常常是一个变数,忽热忽冷,不能久长。这里拿人们极熟悉的自然季节来做比喻,就显得更为具体、可感。

【译文】　不要说人情总像明艳的春光那样温馨美好,一旦出现困难和变故,它又可能变得像寒秋那样冷漠凄凉。

【原文】　送君千里,终须一别①。

【注释】　①语见明人冯惟敏《不伏老》第四折:"常言'送君千里,终须一别',少得留恋。"

亲人朋友相处融洽亲密时,常常不忍离开。不得不分离时,则总要出门相送,有时是送了一程又一程。但送得再远，也要分手。这是送人告别时的一种抚慰之语。

【译文】　哪怕送您到千里之外，最终总是要分手告别。

【原文】　但将冷眼观螃蟹①，看你横行到几时②。

【注释】　①冷眼：冷峻的眼光。螃蟹：蟹的俗称。②横行：行动蛮横；倚仗势力做坏事。

此语出自元杨显之《潇湘雨》："常将冷眼看螃蟹，看你横行得几时！"

螃蟹体形横宽，所以这里说它"横行"，正好与行动蛮横之意的"横行"谐音，极为巧妙。又螃蟹

分手告别

形貌丑陋，所以这里用以比喻恶人，也很合宜。世上的一些恶人仗势欺人，横行霸道，人们对这种人常常无法对付，但十分愤恨，希望他们能够很快受到应得的惩罚。这里则是借说螃蟹对他们进行无情的诅咒。

【译文】　且用冷静的眼光看着那丑陋的螃蟹，看你能横行到什么时候！

【原文】　见事莫说，问事不知。闲事休管，无事早归①。

【注释】　①这是一种明哲保身、怕惹麻烦、怕负责任的思想。如果大家都持这样的态度，那么社会上的不良现象就得不到制止，社会上的公益事业就没人去从事。

【译文】　看见什么事，不要对人说；问你什么事，就说不知道。与自己无关的闲事不要去管，没有要办的事情就早些回家。

【原文】　假饶①染就真红色②，也被旁人说是非。

【注释】　①假饶：纵使。②真红色：纯正的红色。这里比喻纯洁、端正的行为。

两句是说，一个人即使本质很好、行为纯正，也会被人品头论足，说长道短。是说社会上众口驳杂，很难提防。

【译文】　即使你染出的是真正的纯净红色，也会被人怀疑猜测，乱加评说。

【原文】　善事可作，恶事莫为①。

【注释】　①这是教人行事的基本原则，极简单，但也极明了。

【译文】　好事可以做，坏事不能干。

【原文】　许人一物，千金不移①。

【注释】　①语意源出《资治通鉴·唐纪》："丈夫一言许人，千金不易。"

这是教人行事要以诚为本，信守诺言。我国古代就有"一诺千金"的典故。《史记·季布栾布列传》："得黄金百斤，不如得季布一诺。"这是流传很广的名人范例。

【译文】　如果答应了给人某件东西，即使以千金来换，也不能反悔。

【原文】　龙生龙子,虎生虎儿①。

【注释】　①什么物种有什么遗传,这是人所共知的事实。但这里的立意不是在讲基因遗传,而是在讲家风影响。而且是从积极方面立论,称赞英雄的家庭会生出杰出的后代,亦即所谓"将门出虎子"。当然,这只是事物的一种类型,相反的情况也颇为不少。因为家庭的影响与物种的遗传毕竟不同。

《景德传灯录》有云:"龙生龙子,凤生凤儿。"此语与之意近。

【译文】　龙生下的就是龙子,虎生下的就是虎儿。

【原文】　龙游浅水遭虾戏,虎落平阳被犬欺①。

【注释】　①语出《古今谈概》卷二十九:"俗语云:龙游浅水遭虾戏,虎落平阳被犬欺。"比喻英雄人物落到不利境地时,常会遭到小人的欺侮。

【译文】　蛟龙游至浅水之处,虾米也敢与它调戏;老虎落到平坦地面,连狗都会过来欺侮。

【原文】　一举首登龙虎榜①,十年身到凤凰池②。

【注释】　①龙虎榜:科考及第,知名人士同登一榜,称龙虎榜。②凤凰池:禁宫中的池沼。古时中书省地在枢近,多承宠任,人谓之凤凰池。

语见宋李昉《贺吕蒙正》诗。

两句是描述一个人科第高中、仕途显达、名就功成、春风得意的情景。

【译文】　一考及第,名字登上了龙虎榜首;十年为官,职位已升为皇帝近臣。

【原文】　十载寒窗①无人问,一举成名②天下知。

【注释】　①十载寒窗:指十年勤奋的读书生涯。②一举成名:指科举及第后名传四方。

元人刘祁《归潜志》:"古人谓:十年窗下无人问,一举成名天下知。"与此语略同。

这是对一部分知识分子奋斗经历的简单概括。其中包含着独特的荣辱甘苦,也包含着一种特殊的因果关系:没有"十载寒窗"之苦,也就不会有"一举成名"之功;没有"无人问"的寂寞凄凉,也就没有"天下知"的光彩荣耀。这对旧时的读书人,无疑是一种深刻的启发诱导。推而广之,许多事业的成功也都离不开默默无闻的切实奋斗。

【译文】　十年寒窗苦读,无人理睬关照;一旦科举及第,立即天下闻名。

【原文】　酒债寻常行处有,人生七十古来稀①。

【注释】　①寻常:平常,普通。"寻""常"又分别是古代的长度单位,八尺为寻,两寻为常,合为"寻常"可指距离短或长度小。这里的寻常作"平常"讲,但又可借长度之潜在含义而与下句的"七十"形成对仗。是一种巧妙的修辞艺术。

"酒债"一句是说为喝酒欠下了许多债,几乎到处都有。"人生"一句是说人生相当短暂,行乐应该及时。

二句语出杜甫《曲江二首》第二首。原诗写杜甫在"仕不得志"的情况下改取及时行乐的生活方针,而行乐的具体内容便是尽情饮酒:"朝回日日典春衣,每日江头尽醉归。酒债寻常行处有,人生七十古来稀。……"

【译文】 喝酒欠别人债的事平平常常，人活到七十岁的事自古少有。

【原文】 养儿防老，积谷防饥①。

【注释】 ①语出宋人陈元靓《事林广记·治家警语》。又明人冯梦龙《警世通言·宋小官团圆破毡笠》亦云："养儿待老，积谷防饥。"

在革命年代，人们说养儿是为了继承革命事业；而在古时，人们却说是为了防老，各有道理。人生在世，总要衰老，并逐渐失去劳动乃至生活能力。在从前缺少社会保险的情况下，只有依靠儿女照料。是之谓"养儿防老"。饥荒在过去也是经常发生的，一旦出现，哀鸿遍野，饿殍遍地，惨不忍睹。有鉴于此，凡有条件的，平时就要认真地储粮备荒，是之谓"积谷防饥"。

【译文】 养育儿子是为了防备年老，储存谷物是为了防备饥荒。

【原文】 当家才知盐米贵，养子方知父母恩①。

【注释】 ①当家谋生不易，生养儿女不易。光听人说说体会不深，亲身经历过体会才深。

【译文】 自己当家过日子，才知道柴米油盐的价钱原来是这么贵；自己生养了子女，才知道父母养育自己的恩德原来有这么深。

【原文】 常将有日思无日，莫把无时当有时①。

【注释】 ①两句原出冯梦龙《警世通言·桂员外途穷忏悔》："常将有日思无日，莫诗无时思有时。"

人生家境常如潮水，有涨有落。富足时不节俭，有可能变穷；穷困时不节俭，会变得更穷。所以这里谆谆告诫人们要勤俭节约，避免奢侈浪费。

【译文】 在富足的日子里，要经常想想贫穷的日子；过的是贫穷的日子，可不要当作富足的日子。

【原文】 时来风送滕王阁①，运去雷轰荐福碑②。

【注释】 ①滕王阁：阁名。唐高祖第二十二子李元婴曾受封为滕王，后任洪州（今南昌）都督，建此阁。唐上元二年刺史阎伯屿重新修缮，于九月九日大宴宾客于阁上。诗人王勃因赴海南省亲，路过洪州，于宴会上写下著名的《滕王阁序》。据传说，当时九月八日晚，王勃泊船于马当，距洪州七百里。此夜水神报梦助风，使之得于九日晨抵阁赴宴，从而名震四方。②荐福碑：相传宋朝范仲淹镇守鄱阳时，有一书生献诗哭穷，说自己一生贫寒，没吃过一顿饱饭。范见他字写得好，就让他去临摹荐福寺的碑文，说可售高价，并为他准备好了纸墨。谁知就在当夜，荐福碑被雷击毁。

此处借两个书生的故事，谈论时运的重要，实际是讲宿命论。时运和机遇对人的确重要之极，但预定的宿命并不存在。

【译文】 时运到来的时候，会有好风送你到滕王阁，以使你名扬天下；时运失去的时候，会有炸雷击毁荐福碑，不让你借此谋生。

【原文】 入门休问荣枯事,观看容颜便得知①。

【注释】 ①语见《水浒传》第二十四回:"西门庆道:'干娘如何便猜得着?'婆子道:'有什么难猜?自古道:入门休问荣枯事,观看容颜便得知。'"

这是讲人们观察情况可以用一种婉曲的方法。

【译文】 进门后不要询问家境的兴衰、顺逆,只要看看主人的面色、神情便可知。

【原文】 官清书吏①瘦,神灵庙祝②肥。

【注释】 ①书吏:旧时衙门里办理文书的人。②庙祝:寺庙中管理香火的人。

两句是说,如果长官清廉,那么手下的人也会廉洁奉公,没有非分收入,生计困窘;如果神仙灵验,那么庙院中的香客就会多如潮水,管香火的人就可以捞到很多钱财,越来越富。如果情况反过来:长官不清廉,神仙不灵验,那结果也就会与前述迥然不同。以此规律来看官场的腐败,便可以推断,凡是腐败严重的地方,一定是长官带头腐败。

【译文】 长官清廉,手下的小官吏就会境况清贫;神仙灵验,庙里的小职员就会大大获益。

【原文】 息却雷霆之怒,罢却虎狼之威①。

【注释】 ①两句主要是指那些权势者而言,因为一般是有了权势,才有机会发"雷霆之怒",才条件逞"虎狼之威"。而这里则告诫他们要注意"制怒",不要乱逞淫成。

【译文】 嘲平息雷霆般的怒火,收起虎狼般的威风。

【原文】 饶人算之本,输人算之机①。

【注释】 ①这是提倡谦虚自处,宽厚待人。而许多人的毛病正在于不肯饶人,不愿输人。

【译文】 能够饶恕别人,是考虑问题的根本之点;承认不如别人,是考虑问题的关键一条。

【原文】 好言难得,恶语易施①。

【注释】 ①不说好话,恶语伤人,这是待人处事中经常遇到的现象,有明显的负面效果,是人际关系中的消极因素,值得每个人深思。

【译文】 好听的话不容易听得到,难听的话很容易说出来。

【原文】 一言既出,驷马难追①。

【注释】 ①驷马:同拉一辆车的四匹马。

语意源出《论语·颜渊》:"子贡曰:'惜乎,夫子说君子也,驷不及舌。'"宋欧阳修《笔说·驷不及舌说》:"俗云:'一言出口,驷马难追。'《论语》所谓'驷不及舌'也。"元李寿卿《伍员吹箫》第三折:"大丈夫一言既出,驷马难追,岂有反悔之理!"

此处是教人说话要考虑后果,不能不负责任、信口开河。

【译文】 一句话讲出去,用四马共驾的快车也追不回来。

【原文】 道吾好者是吾贼,道吾恶者是吾师①。

【注释】　①贼：这里指伤害者。

语出《陈确别集·闻过》："讼吾过者是吾师，谀吾善者是吾贼。"

二句系严于自律、闻过则喜之意。又《庄子·盗跖》有云："好面誉人者，亦好背而毁之。"可以从一个方面加深我们对某些"道吾好者"的理解。

【译文】　奉承我好处的，是我的伤害者；批评我坏处的，是我的好老师。

【原文】　**路逢险处须当避，不是才人莫献诗**①。

【注释】　①上句是说要绕过艰险，以便顺利前进；下句是说须有知人之明，不要对牛弹琴。

【译文】　路上遇到了危险的地方，应注意自觉回避；自己面对的若不是才子，就不要向他献诗。

【原文】　**三人行，必有我师焉：择其善者而从之，其不善者而改之**①。

【注释】　①语见《论语·述而》。

这几句话是孔夫子说的，意思是说要虚心向别人学习，要善于区分高下，取长补短。孔夫子如此，我们更应该如此。

【译文】　三个人一块行走，其中必定有可以为我所取法的人：我选取那些优良部分而学习，看出那些不良方面而改正。

【原文】　**欲昌和顺须为善，要振家声在读书**①。

【注释】　①行善与读书，一个属于道德范畴，一个属于文化范畴，都是中国人传统精神中的经典要义。

【译文】　要想诸事顺利平和，必须尽力多做善事；要想提高家庭声誉，关键在于刻苦读书。

【原文】　**少壮不努力，老大徒伤悲**①。

【注释】　①徒：白白地。

语出汉乐府《长歌行》。原诗为："青青园中葵，朝露待日晞。阳春布德泽，万物生光辉。常恐秋节至，焜黄华叶衰。百川东到海，何时复西归？少壮不努力，老大徒伤悲。"

行善与读书

大意是说，园中的向日葵，春天葱绿，秋天就要枯黄；地上的众河流，东入海洋，再也不能回返。人也是这样，青春一去不回，必须抓紧学习，有所成就，才不致年老时徒然悲伤。

两句是劝人珍惜年华，努力向上。

【译文】　年轻时如不肯努力上进，年老时就只有枉自悲伤。

【原文】　**人有善愿，天必佑之**①。

【注释】　①善良的人会得到上天的帮助，这是在鼓励人多做好事。在有神论者眼

中,天永远是善良的,他总是愿意并且有能力帮助善良的人。但在无神论者眼中,天只是一种自然现象,没有人格意志,所以它也不会帮助什么人。即便假设天是有人格意志的生命者,世上的善良人那么多,都需要帮助,他也很难顾得过来。

【译文】 人如果有善良的愿望,上天一定会保佑它得以实现。

【原文】 莫饮卯时①酒,昏昏醉到酉。莫骂酉时②妻,一夜受孤凄。

【注释】 ①卯时:早晨五时至七时。②酉时:下午五时至七时。

什么时候喝醉酒都不好,尤其是在早晨。什么时候都不要骂妻子,尤其是在傍晚。

【译文】 不要在早晨喝酒致醉,这样会一整天昏昏沉沉,直到傍晚。不要在傍晚骂你妻子,否则一整夜都会无人理会你,只落得孤单凄凉。

【原文】 种麻得麻,种豆得豆①。

【注释】 ①撒什么种子,收什么果实。比喻有什么行为,得什么结果。俗话说"种瓜得瓜,种豆得豆",与此意同。

【译文】 种的是麻收获的就是麻,种的是豆收获的也是豆。

【原文】 天网恢恢,疏而不漏①。

【注释】 ①恢恢:广大,空。

语出《老子》七十三章:"天网恢恢,疏而不失。"

人们常常用此二句来比喻法网巨大,不会漏掉一个坏人。

【译文】 天网极为广大,网孔虽稀,但却没有漏失。

【原文】 见官莫向前,做客莫向后①。

【注释】 ①见官走在前,容易先被质问,失言遭殃;做客落在后,容易受到冷落,处境尴尬。这里提出两件事都要防止。

【译文】 到衙门里见官的时候,不要走在前面;到亲友家做客的时候,不要落在后边。

【原文】 宁添一斗,莫添一口①。

【注释】 ①多添一斗粮虽然数量有限,但负担得以减轻;多添一口人虽然数量不多,但负担大大加重。所以这里说宁要前者,不要后者。中国计划生育政策的本意,就是要多添粮食,少添人口。

【译文】 宁愿多添一斗粮,不愿多添一口人。

【原文】 螳螂捕蝉,岂知黄雀在后①。

【注释】 ①典故出于《吴越春秋》:"螳螂捕蝉,志在有利,不知黄雀在后啄之。"《庄子·山木》中亦有类似的记载:"睹一蝉方得美荫而忘其身。螳螂执翳而搏之,见得而忘其形。异鹊从而利之,见利而忘其真。庄周怵然曰:'噫!物固相累,二类相召也。'"

此事比喻目光短浅者一心暗算别人,却不知道自身正在遭人暗算。西汉刘向《说苑·正谏》中,曾记载一个故事,说吴王准备讨伐楚国,通告左右大臣谁也不准劝阻。一个青年侍卫就借用这个典故进行讽喻，获得成功，吴王于是将军队撤回。

【译文】 螳螂正在专心捕食前面的知了，哪里知道黄雀就盯在自己身后！

【原文】 不求金玉重重贵，但愿儿孙个个贤①。

【注释】 ①钱财是人们所喜爱的，但如果一味贪图，就可能有违正道。正如《史典·愿体集》中所说："凡人坏品败名，钱财占了八分。"这里的"不求"与"但愿"形成了鲜明的对比，重儿孙胜过重钱财，重人胜过重物，体现了中国文化中的宝贵传统。从另一方面看，在"子孙贤"的情况当中，其实也包括经济的利

儿子贤

益。贤才能为国家、百姓立功效命，自然也就能够得到更多的报酬，创造更多的财富。所以即使从获取财富的角度说话，"儿孙个个贤"也是更为重要的。更何况贤人给家庭带来的不光是物质的财富，更是精神的愉快、道义的荣光。

【译文】 不企求家中金玉堆积，价值昂贵；只希望儿孙个个出色，都成贤才。

【原文】 一日夫妻，百世①姻缘②。

【注释】 ①世：古代以三十年为一世。②姻缘：指婚姻的缘分。

这里所说的缘分，是一种佛家的宿命论思想，指人与人之间由命中注定的相遇的机会。现在，人们多借指人与人或人与事物之间发生联系的可能性。剥去其宿命论的外壳，我们也可以由此得到另一种启迪：男女相逢、相爱的机遇，极为难得，极为珍贵。

【译文】 两人做一天的夫妻，背后有百世的姻缘。

【原文】 百世修来同船渡，千世修来共枕眠①。

【注释】 ①修：修行，佛家用语。

佛家讲因果报应，人的一切幸福灾殃、好坏机缘都是由前世行事决定的。除去报应的含义，人们也可以由此了解其中的另一含义，即：人与人之间的各种机缘来之不易，应当好自珍惜。

【译文】 经过百世的修行，才能获得与对方同船渡水的机缘；经过千世的修行，才能获得与对方同眠其枕的机缘。

【原文】 杀人一万，自损三千①。

【注释】 ①语见《西游记》第五回："古语云：'杀人一万，自损三千。'"

这里讲人与人厮杀，代价高昂。常常用来劝人敛恶从善。

【译文】 杀死对方一万人，自身也要损失三千人。

【原文】 伤人一语，利如刀割①。

【注释】 ①二句源出《荀子·荣辱》："伤人之言,深于戈矛。"晋人葛洪《抱朴子·疾谬》亦云:"伤人之语,有剑戟之痛。"

其意思是,尖苛的话,会给对方造成极大的痛苦,因而提醒大家出语谨慎,切不可恶语伤人。

【译文】 说一句伤人的话,其尖利就像是用刀刺人一般。

【原文】 枯木逢春犹再发,人无两度再少年①。

【注释】 ①语意源自元人关汉卿《裴度还带》第二折:"花有重开日,人无再少年。"这里意在奉劝人们珍惜青春,不要虚度年华。

【译文】 干枯的树木遇到了春天,还有可能再度发芽;但是人却不可能度过两次青年时代。

【原文】 未晚先投宿,鸡鸣早看天①。

【注释】 ①这话是对出门在外的人讲的,是旧时的人们在长期的生活实践中得来的重要生活经验。

【译文】 晚上还没到,就要预先找好旅店,以便安身;早晨鸡一叫,就要起来察看天象,准备赶路。

【原文】 将相顶头堪走马,公侯肚内好撑船①。

【注释】 ①二句意在说明大人物的心胸开阔,气魄宏伟,也用以鼓励普通人能够容人容事,不计细微。

【译文】 将相的头顶上能够跑马,公侯的肚子里可以行船。

【原文】 富人思来年,穷人思眼前①。

【注释】 ①意思是说,富人想得远,穷人想得近。反过来说,人们想事远近往往是与家庭境况有关的,不纯是由个人的眼界、心胸决定。而且这里只说出了一个方面的情况,与此相反的情况也屡见不鲜。

【译文】 富裕的人家经常考虑来年的发展,穷困的人家总是考虑眼前的生活。

【原文】 世上若要人情好,赊①去物件莫取钱。

【注释】 ①赊:赊欠。

这里的旨意是多多施与,不求取得。这的确是一条重要的原则。对待钱财的态度,是影响人际关系的一个重要原因。人们一般都讨厌自私自利的人,而喜欢助人为乐的人。

【译文】 人在世间生活要想人缘好,一个重要方法就是常把东西赊给别人,而不让对方付钱。

【原文】 死生有命,富贵在天①。

【注释】 ①语出《论语·颜渊》。

这是一种宿命论思想,是不合实际的。人的生死、富贵有许多偶然因素,常常不能由

自己决定,容易使人们对客观事物发展的实际动因迷惑不解,这是宿命论得以存在的一个现实基础。实际情况是,各种偶然都是世间事物相互作用的自然过程,不是天命的预先设定。而且无数事实也可以提供另一方面的证明,即死生可控制,富贵在人为。

【译文】 人的生死是命里注定的,富贵是上天安排的。

【原文】 **击石原有火,不击乃无烟。为学始知道,不学亦枉然**①。

【注释】 ①以上四句来自唐人孟郊《劝学》诗,略有改变。原诗是:"击石乃有火,不击元无烟。人学始知道,不学非自然。万事须己运,他得非我贤。青春须早为,岂能长少年?"

这里用"击石原有火"的客观真实,来比证"为学始知道"的主观识见,相当有力。

【译文】 撞击石头,就能够冒出火花;不去撞击,就不会有烟出现。人通过学习,才能懂得道理;不去学习,就仍是虚度时日,懵懂无知。

【原文】 **莫笑他人老,终须还到老**①。

【注释】 ①这是推人及己的论法。而且,人总是有老有少,各有其长,年老并没有什么可以笑话的。在中国传统文化中,特别强调的是敬老,认为是一种很高尚的美德。

【译文】 不要笑话他人年纪老迈,总有一天,自己也会成为老人。

【原文】 **和得邻里好,犹如拾片宝**①。

【注释】 ①此话意在鼓励人们和邻里搞好关系,和睦相处。

【译文】 如果和邻居相处得好,那就像是拾了一片宝贝,十分可贵。

【原文】 **但能依本分,终须无烦恼**①。

【注释】 ①这是从自己的精神安宁角度分析问题。引导人们要安分守己,不要违犯国家法律和公共道德。

【译文】 只要做事能够安守本分,那就永远不会为烦恼纠缠。

【原文】 **大家做事寻常,小家做事慌张。大家礼义教子弟,小家凶恶训儿郎**①。

【注释】 ①这里是拿两类家庭的做事风格、育人方式来做对比,赞扬做事气度宏大、坦荡自然,批评做事小里小气、忙乱慌张;赞扬以知识道理、用文明方式教育后代,批评以个人好恶、用粗暴方法斥责儿童。里面包含着丰富的经验和深刻的道理。不过这里的划分只是相对而言,实际上做事和育人的风格、方法,很难以"大家""小家"来做划分。

【译文】 大户人家做起事来有如平常,小户人家做起事来慌里慌张。大户人家多是拿儒家的礼义教育子弟,小户人家多是以凶恶的态度训斥儿孙。

【原文】 **君子爱财,取之有道。贞妇爱色,纳之以礼**①。

【注释】 ①这里提倡礼义廉耻和道德规范,但并未否定人们的爱财、爱美之心,而是把两个方面有机地结合起来,是比较全面的观点。而在现实当中,许多爱财的人往往并不遵从这样的道德原则,贪污盗窃、害公肥私、损人利己,结果变成了"小人爱财,取之无道",严重破坏了社会秩序,引起了广大群众的极大不满。至于女子的喜爱漂亮,在新时代里更是蔚然成风。她们也有自己的美学追求,但已经不是旧时概念的所谓"礼"了。美的标准变动不居,与时俱进,体现着鲜明的时代特征。

【译文】 仁义的君子也喜爱钱财,但总是通过正当的途径来取得。贞节的女子也喜欢漂亮,但总是让自己的装扮合乎礼义规范。

【原文】 善有善报,恶有恶报;不是不报,日子未到①。

【注释】 ①报:指报应,是佛教中的重要理论。

崇信佛陀

语出元无名氏《来生债》第一折:"善有善报,恶有恶报;不是不报,时辰来到。"

这里的用意,实际上是以报应的思想从人的内心深处来鼓励好人去做好事,阻止恶人去做坏事。但是恶人恶事仍然层出不穷。因为恶人往往并不信佛,而且神佛的报应事实上也并不存在,存在的只是人为的报应。而在法律制度和侦破手段较不发达的社会里,恶人的犯罪又往往可以逃脱法网、化险为夷。尽管如此,崇信佛陀的好人还是一厢情愿地信奉这一教条,因为它体现了广大民众一种善良的愿望:希望从自然外部出现一种超越性的奖善惩恶的巨大力量,以维持社会的公平合理。有时这种果报格言也被当作对善人善事的一种祝福和对恶人恶事的一种诅咒。

【译文】 做好事就会有好的报应,干坏事就会有坏的报应。有时未能见到报应,并不是没有报应,而是报应的时间还没来临。

【原文】 万恶淫为首,百行孝当先①。

【注释】 ①语见《镜花缘》第一十回:"'万恶淫为首,百善孝为先。'此人既逆父母,又有桑间月下损人名节之事,乃罪之魁,恶之首。"

中国传统道德中特别强调"男女之大防",孔子规定"男女授受不亲",所以这里把男女之间不合礼教的亲密关系作为万恶之首。又儒家道德"以孝为本",封建皇帝曾提出"以孝治天下",所以孝道被抬到最高的位置。这些在新的时代都值得重新探讨。从前对男女交往的那种严厉禁忌,是不合乎今天的道德风尚的;今天提倡的孝敬老人,也与旧时那种抹杀自我、唯命是听的"孝道"有很大区别。

【译文】 在所有坏事当中,淫乱列于首位;在一切德行当中,孝敬应数第一。

【原文】 人而无信,不知其可也①。

【注释】 ①语出《论语·为政》。

这里把信实作为一个人立身的根本条件,是很有价值的见解。

【译文】　作为一个人，却不讲信实，不晓得那怎么可以。

【原文】　一人道虚，千人传实①。

【注释】　①两句意出汉代王符《潜夫论·贤难》："一犬吠形，百犬吠声。一人传虚，万人传实。"

这不是说情况真改变了，而是说开头人们还有些怀疑，后来说的人多了，就分辨不清了，容易盲从。

【译文】　一个人说了个虚假的情况，经过上千人的反复传播后就会变成真实的。

【原文】　凡事要好，须问三老①。

【注释】　①三老：指工老、农老、商老。

这里的"三老"，可以泛指有资历、有经验的内行人士。向内行请教，的确是办好事情的重要方法。

【译文】　凡事要想办好，必须请教三老。

【原文】　若争小可①，便失大道②。

【注释】　①小可：轻微，寻常。②大道：大道理。

过于计较小事，容易耽误大事，所以有人提出应该"大事清楚些，小事糊涂些"。

【译文】　如果争执那些细微的东西，就会丢掉大的道理。

【原文】　家中不和邻里欺，邻里不和说是非①。

【注释】　①两句是告诫人们要注意家庭团结、邻里和睦。这样才不会遭人欺侮或为是非纠缠。

【译文】　如果家庭内部不和睦，就会被邻居欺侮；如果邻居之间不和睦，就会经常讲些是是非非。

【原文】　年年防饥，夜夜防盗①。

【注释】　①两句是说为了维持生计、保证安全，人们必须努力做工，提高警惕。

【译文】　年年防备饥荒，夜夜防备盗贼。

【原文】　学者如禾如稻①，不学者如蒿如草②。

【注释】　①禾、稻：比喻有用之物。②蒿、草：比喻无用之物。

这里对学习者给予了高度的评价，显示了对文化知识的高度重视。不过，旧时的学习多指儒道经典和文史内容，今天的学习，则应该加进其他社会科学和自然科学的内容。

【译文】　学习的人像禾稼、像稻谷；不学习的人像蒿子、像杂草。

【原文】　遇饮酒时须饮酒，得高歌处且高歌①。

【注释】　①意思是破除戒规、及时行乐，是一种豁达开朗、重视享乐的生活态度。

【译文】　遇到饮酒的机会就开怀畅饮，适于高歌的地方就放声高歌。

【原文】　因风吹火，用力不多①。

【注释】　①语出《五灯会元·风穴延沼禅师》："问：'如何是临机一句？'师曰：'因风

吹火,用力不多。'"

两句是说,顺着情势做事,便不觉得费力。

【译文】 趁着风势吹火,就不需多费力气。

【原文】 **不因渔父引,怎得见波涛**①。

【注释】 ①语出《三宝太监西洋记》。

意在说明凭借外力和有利条件的重要。

【译文】 不是借着渔夫的引导,怎能见到滚滚的波涛!

【原文】 **无求到处人情好,不饮任他酒价高**①。

【注释】 ①前句讲的有一定道理。但是,人缘好坏,关键还是在自己道德品格和与他人的协调程度,不单是求不求人的问题。而且社会生活内容纷杂,一个人完全无求于人,事实上也很难做到。后句说自己不喝酒,酒价再高也与自己无关,这自然是没有问题的。

【译文】 因为不求人,所以周围的人缘很好;因为不饮酒,所以任凭他酒价高昂。

【原文】 **知事少时烦恼少,识人多处是非多**①。

【注释】 ①语见《五灯会元·东山齐己禅师》。

前句说的情况的确存在,但知道的事情少,也往往意味着知识贫乏、眼光短浅。何况对烦恼也得有分析。"心忧天下",就是一种大烦恼,但人们并不简单回避。后句的情况比较合乎实际,但认识人多也有多的好处,不仅只是"是非多"的单方面效果。

【译文】 知道事情少的时候,心中的烦恼也会较少;认识人多的地方,遇到的是非也会很多。

【原文】 **世间好语书说尽,天下名山僧占多**①。

【注释】 ①书上有很多精彩的话,是人们宝贵的精神食粮,所以有前句的品评。当然其中不尽然是好话,也有错误的东西,这是需要注意的。中国的佛教极为发达,佛寺也就极为众多,以致唐人杜牧《江南春》中曾有诗云:"南朝四百八十寺,多少楼台烟雨中。"佛寺大多建在名山当中,所以有后句的归纳。

【译文】 世上的好话都被书本上说尽,天下的名山被和尚(实指佛寺)占去的最多。

【原文】 **入山不怕伤人虎,只怕人情两面刀**①。

【注释】 ①语出《五灯会元·鹿门慧昭山主》:"杨侍郎问曰:'入山不畏虎,当路却防人时如何?'师曰:'君子坦荡荡。'"

两句着意形容那些阴毒的人比老虎更可怕。

名山僧多

【译文】 进山不怕吃人的老虎,就怕世上那种两面三刀的人。

【原文】 强中更有强中手,恶人终受恶人磨①。

【注释】 ①上句见于《西游记》第四十五回:"行者闻言,将金箍棒往上又一指。只见刹时,雷收风息,雨散云收。国王满心欢喜,文武尽皆称赞道:'好和尚!这正是强中更有强中手。'"下句见于元无名氏杂剧《谢金吾》第二折:"这也是'恶人自有恶人磨'哩。"又《三宝太监西洋记》第七十六回:"云谷道:'他这等猖獗自咨,怎么处他?'国师道:'恶人自有恶人磨。'"

某人本领强,还有人比他本领更强,所以不能闭门称雄。好人有时对恶人没办法,但恶人之间有时却会互相争斗,猛下毒手。好人反可以袖手旁观了。

【译文】 强人当中还有更强的高手,恶人最终还是受到恶人的打击。

【原文】 会使不在家豪富,风流不在着衣多①。

【注释】 ①此语源出《水浒传》第三十六回:"惯使不论家豪富,风流不在着衣多。"会花费的不在家中富有,而在他善于计划,巧为安排。有风度的不在穿衣很多,而在气质动人,格调高雅。相反,家中豪富的人未必使用得当,着装奢华的人未必风度动人。

【译文】 善于花费的人,不在于家中是否富有;风度潇洒的人,不在于穿衣是否很多。

【原文】 光阴似箭,日月如梭①。

【注释】 ①梭:织布时牵引纬线的工具,来往投掷,经线与纬线就织在一起了。两句形容时间过得极快,不敢稍有放松。

【译文】 光阴飞速流逝,就像是射出去的箭;日月频繁交替,就像是织布时的梭。

【原文】 天时不如地利,地利不如人和①。

【注释】 ①此语出自《孟子·公孙丑下》。强调人的因素胜过物的因素,公共事业的优劣成败往往受人的因素影响更大。

【译文】 天然时机好不如地理环境好,地理环境好不如人心团结好。

【原文】 黄金未为贵,安乐值钱多①。

【注释】 ①这里摆脱了纯以物质金钱定义幸福的世俗标准,把人的安宁康乐提到了极高的地位,认为是人生最可珍贵的东西。

【译文】 黄金还不算是最宝贵的,安乐的价值其实更高。

【原文】 万般皆下品,唯有读书高①。

【注释】 ①语见《神童诗·劝学》:"天子重英豪,文章教尔曹。万般皆下品,唯有读书高。"上句又见于元人郑廷玉杂剧《金凤钗》。

在旧时,读书之所以被看得特别可贵,是因为读书可以做官。读书高归根是讲做官高,这是一种官尊民卑的官本位思想。今天,人们仍然要对读书高度重视,但不纯是为了做官,而是因为读书可以获取知识,为社会做出更大的贡献;同时,个人也可以得到较高的报酬。

【译文】 世上各种职业都是低下的,只有读书做官才是高贵的。

【原文】　为善最乐，为恶难逃①。

【注释】　①两句见于清人阮葵生《茶余客话》。上句最早出自《后汉书·东平宪王苍传》："日者问东平王：'处家何等最乐？'王言：'为善最乐。'"

不是把为善作为遵从圣人教导或实践宗教教条，也不是作为获取名利的手段，而是作为自己的一种精神享受，这就达到了一种极高的精神境界。

【译文】　行善是最快乐的事，作恶则最终难逃应得的惩罚。

【原文】　羊有跪乳①之恩，鸦有反哺②之义。

【注释】　①跪乳：羊羔在吃奶时，是跪在母羊身下吮吸的，称为跪乳。

②反哺：乌鸦中有一类名慈鸦，幼乌初生，母鸦哺育六十日。幼乌长大后，则反过来哺养母乌六十日，称为反哺。梁武帝《孝思赋》："灵蛇含珠以酬德，慈乌反哺以报亲。"

两句以羔羊的跪乳和子乌的反哺两个例子，来说明孝亲是一种普遍的道德规范，人为万物之灵，当然就更应该孝敬父母。其实，动物的跪乳、反哺，都只是一种本能，无所谓"恩""义"；人的孝顺，则是出于某种自觉的道德观念。两者截然不同。

【译文】　老羊对羊羔有哺乳之恩，幼乌长大后有反过来哺养母乌的情义。

【原文】　孝顺还生孝顺子，忤逆①还生忤逆儿。不信但看檐前水，点点滴滴旧窝池。

【注释】　①忤逆：不孝顺。

这里所说的现象的确是大量存在的。不过，孝顺与忤逆并不是基因遗传的结果，而是思想影响、耳濡目染所造成的。

【译文】　孝顺的人还会生出孝顺的儿子，不孝的人还会生出不孝的儿子。如果不信的话，只要看一看屋檐前面的流水，点点滴滴都仍然流在旧坑里面。

【原文】　隐恶扬善，执①其两端。

【注释】　①执：抓住。

此语出自《中庸》第六章，原文是："隐恶而扬善，执其两端，而用其中于民。"末句的意思是用中庸之道去引导人们。

【译文】　隐去别人的短处，宣扬别人的长处，抓住过与不及这两个极端加以调和。

【原文】　妻贤夫祸少，子孝父心宽①。

【注释】　①语见《喻世明言》卷三十九："古人说得好，道是：'妻贤夫祸少，子孝父心宽。'"上句更早见于元李直夫杂剧《虎头牌》。

妻贤、子孝，是丈夫、父母的莫大幸福，也是家庭和顺兴旺的基本因素。

【译文】　妻子贤惠，丈夫就少有灾祸；儿子孝顺，父亲就感到宽心。

【原文】　人生知足何时足，到老偷闲①且自闲。

【注释】　①偷闲：挤出空闲的时间。

俗话说"知足者长乐"，但所谓知足，只是相对而言，是指在某些方面不过分追求；如果要求在一切方面知足，事实上谁也做不到。所以这里说"人生知足何时足"。人已经到

了老年,可惜仍在忙碌不停。这时,如果能忙中偷闲,就要及时得些清闲,不要太苦了自己。所以这里说"到老偷闲且自闲"。

【译文】 说是人要知足,实际上一辈子也没有满足的时候;人生到了老年,能挤点时间清闲一下就清闲一下。

【原文】 **但有绿杨堪系马,处处有路通长安**①。

【注释】 ①但:只要。杨:《说文》:"杨,蒲柳也。"系马:拴马。

语出《五灯会元·资寺尼妙总禅师》。原文是:"尼问曰:如何是人境俱不夺?师曰:处处绿杨堪系马,家家门首通长安。"又《五灯会元·沩潭文淮禅师》云:"家家有路通长安。"

两句意思是,人生门径很多,道路宽广,不必盯死一处,过于拘泥。

【译文】 只要有棵绿树就能拴马,各地都有道路通往长安。

【原文】 **既堕釜甑**①,**反顾何益**②。

【注释】 ①堕:落,掉。釜:古代的炊事用具,相当于现在的锅。甑:古代炊具。底部有许多小孔,放在鬲上蒸食物。②顾:转过头看。

此处是说,对于已经无法挽回的东西,不要总是想来想去,不能释怀。

【译文】 既然锅碗已经掉在地上摔破了,再去回头观看还有什么用处。

【原文】 **反覆之水,收之实难**①。

【注释】 ①比喻事情已成定局,无法再去挽救。

【译文】 已经翻洒在地上的水,要把它再收起来,实在是太难了。

【原文】 **见者易,学者难**①。

【注释】 ①这是讲人的手和眼有区别,讲实践的不易,也包括眼高手低的意思。

【译文】 一件事,在旁边站着看觉得很容易,真正学起来就觉得很难了。

【原文】 **莫将容易得,便作等闲看**①。

【注释】 ①把容易得来的东西视如平常,是人们常见的毛病,这里提出批评。

【译文】 不要因为是容易得来的东西,便把它看得平平常常,不加珍惜。

【原文】 **用心计较般般错,退步思量事事宽**①。

【注释】 ①世上有些事情,越是斤斤计较、细细盘算,越是尽犯错误;所以应该换一种思路,退一步想想,这样反而会道路通畅、天地变宽了。

【译文】 刻意去计较,怎么计较都错误连

用心计较

117

连;退一步思考,每件事情都道路宽广。

【原文】 道路各别,养家一般①。

【注释】 ①这是讲社会人生的同与异、个别与一般,说明家庭问题普遍存在,人们必须共同面对。

【译文】 众人所走的道路各不相同,但在都是为了养家糊口这一点上,却是基本一样的。

【原文】 从俭入奢易,从奢入俭难①。

【注释】 ①语出宋司马光《训俭示康》:"由俭入奢易,由奢入俭难。"

句意是在提倡节俭。节俭是美德,但养成不容易,在形成了奢侈习惯后再来培养,尤其不容易。

【译文】 由俭朴改为奢侈很容易,而由奢侈改为俭朴却很难。

【原文】 知音说与知音听,不是知音莫与弹①。

【注释】 ①知音:本指精于音律者,后来也称知己为知音。弹:指弹琴。这里引申为倾诉。

语见明冯梦龙《警世通言·俞伯牙摔琴谢知音》:"知音说与知音听,不是知音不与谈。"

《列子·汤问》中记载,伯牙弹琴,志在高山。钟子期听了,说:"峨峨兮若泰山。"志在流水,钟子期听了,说:"洋洋兮如江河。"伯牙心中所念的,子期必然能知晓。子期死后,伯才就把琴弦扯断,从此再不弹琴,因为世上已没有知音者。这里是就这一典故加以归纳,认为知音者乃是最可贵的朋友。

【译文】 知心的话只能说给知心人听,不是知心人就不要推心置腹地倾诉。

【原文】 点石化为金①,人心犹未足。

【注释】 ①点石化为金:故事最早见于《列仙传》,其中说:"许逊,南昌人,晋初为旌阳令,点石化金,出足逋赋。"后来"点石成金"成为成语,比喻把别人不好的文章改为好文章。如宋人胡仔《苕溪渔隐丛话·孟浩然》:"诗句以一字为工,自然颖并不凡,如灵丹一粒,点石成金也。"

《广谈助》中则讲了另一个故事,说有个人家境贫寒,但却天天供奉道仙吕洞宾的神位。吕祖为之感动,遂驾云降至他家院中。见此人一贫如洗,心生怜悯,便伸出一根指头,指着院中的半截磨盘,只听"咄"的一声,石磨便转眼变成了黄金。吕祖问他:"这块黄金送给你,要不要?"这人倒头便拜,连说"不要,不要"。吕祖很高兴:"你这般不爱财,可以传授给你真道。""不,不……"那人支吾了半天才说:"我是想要你点金的这只指头。"此处两句就是由上面这个故事引出的议论。意思是在慨叹人的贪得无厌。

【译文】 点石化为金子相送,人心还是不能满足。

【原文】 信了肚,卖了屋①。

【注释】 ①应该把这里的推论倒过来:要好好过生活,就不能把房子卖掉;要想不把

118

房子卖掉,就不能大吃大喝;要想不大吃大喝,就不能完全顺从肚子的贪欲。

【译文】 完全顺从肚子的贪欲,就要去大吃大喝。等把钱花光了,只好卖房子。

【原文】 他人觑觑①,不涉你目;他人碌碌②,不涉你足。

【注释】 ①觑觑:不敢正视的样子。②碌碌:忙碌,繁忙。

以上四句意思是说,各忙各的营生,不必多管闲事。

【译文】 别人不敢正视,与你的眼睛无关;别人忙碌不停,与你的双脚无关。

【原文】 谁人不爱子孙贤,谁人不爱千钟粟①。奈五行②,不是这般题目③。

【注释】 ①钟:量器,也是容量单位。六斛四斗为一钟。粟:谷子,去皮后称小米。千钟粟:指丰厚的官俸,薪水。奈:怎奈,无奈。②五行:指五常,即仁、义、礼、智、信五种道德标准。③题目:标目。

这几句的意思是说,人们都喜欢子孙贤能,高官厚禄,但人生最为重要的,并不是这些东西,而是仁、义、礼、智、信这些高尚的道德。

【译文】 哪个人不喜欢子孙贤能,哪个人不喜爱高官厚禄,怎奈五行中并不包括这些东西。

【原文】 莫把真心空计较,惟有大德①享百福。

【注释】 ①大德:隆盛之德,也指人的最高品德。

这里也是一种果报思想,不过它讲的不是佛教的前世修行,而是讲报在当世,更有了现实主义和实用主义的色彩。但它的宗旨仍是引人向善,多积德义,否定意在立即生财的苦心经营,说那样是没有用处的。

【译文】 不要把心思都用来做无谓的盘算,只有道德崇高的人才能够享受众多的福祉。

【原文】 天下无不是的父母,世上最难得者兄弟①。

【注释】 ①此语又见清人程允升《幼学琼林·兄弟》。

意思是说,父母说的永远都是对的,要绝对顺从;弟兄之间感情深厚,最为难得。其实,父母不见得事事都对,弟兄应该相亲相爱,却也不见得都能相亲相爱。这里强调的是父母慈爱与同胞亲密的一个方面,由此引出"孝""悌"二字加以提倡。

【译文】 天下没有不对的父母,世上最难得的要数兄弟了。

【原文】 与人不和,劝人养鹅;与人不睦,劝人架屋①。

【注释】 ①架:架设,搭起。

劝人养鹅、劝人架屋,看起来是为别人持家着想,其实是别有用心。鹅性好斗,有时会伤人,特别是儿童,所以养鹅容易影响邻里关系,招人埋怨。盖屋花费甚大,往往弄得人钱物两空,生活拮据,困难重重。这种意在给别人带来不利后果的做法是不道德、不可取的。

【译文】 与人关系不谐和,就劝他家里养鹅;与人关系不和睦,就劝他盖座新屋。

【原文】 但①行好事,莫问前程。

【注释】 ①但:只。

两句出自清人李汝珍《镜花缘》第七十一回。最早的近似说法则见于唐人冯道《天道》:"穷达皆由命,何劳发叹声。但知行好事,莫要问前程。"

只做好事,不求回报。这是一种很高的思想境界。世上也有些人常行好事,但却怀有自私的目的,希望能由此获得别人更多的酬谢,或者借此培养声誉,以便仕途升迁。这样的好事虽然也有价值,但当事人的思想却是并不高尚的。两相比较,这种不求回报的思想尤显得无比珍贵、令人敬仰。

【译文】 只管多做好事,不要考虑这样做将来是否会给自己带来好处。

【原文】 不交僧道,便是好人①。

【注释】 ①其中表达了对僧、道人员的鄙夷心理。话说得有些绝对,但却反映了世人对许多僧、道的不良印象。

【译文】 不与和尚、道士交朋友,就是一个好人了。

【原文】 河狭水激,人急计生①。

【注释】 ①语出明人徐畛《杀狗记》第二十九出。

事物在特殊的情况下,常常会表现出特殊的状态。河水在河道狭窄的地方,水流特别迅急,会激起浪花朵朵。人在紧急的时候也有类似的情况,脑子高度紧张,也特别活跃,大大超过平常,有时能想出非常奇妙的主意,使人迅速将困境摆脱。

【译文】 河道狭窄的地方,则水流湍急激荡;人在紧急的时候,会突然生出计谋。

【原文】 明知山有虎,莫向虎山行①。

【注释】 ①语见明人佘聿云《量江记》。

两句是劝诫人们不要去冒险,以免自己受到危害。后人有的反用此意,将两句改为"明知山有虎,偏向虎山行"。一字之差,便由回避冒险改成了勇于冒险。这话在革命精神高涨的时代极为流行。

【译文】 明明知道山中有老虎,就不要再到有虎的山中去。

【原文】 路不铲不平,事不为不成。人不劝不善,钟不敲不鸣①。

【注释】 ①四句话中,两句属于自然物事,两句属于社会人生。自然物事是举的常识现象:路要铲才能平,钟要敲才能响,人所共知。于是便用这些常识来类比、推证人生哲理:事要去干才能完成,人要引导才能向善。这样,便显得确凿有力,使人容易接受。

【译文】 道路不去铲修,就不能平坦;事情如不去做,就不能完成。人不加规劝,就不能道德良善;钟不去敲击,就不能发出声响。

【原文】 无钱方断酒,临老始看经①。

【注释】 ①两句也有某种相近之处,都有受到逼迫的因素。平时常说戒酒,但总是戒不掉;等到没钱时,不戒也得戒,一下子就断了。平时也说经书重要,不可不读,但总是没时间;等到年老时,有了闲暇,对人生也有了更深的感悟,这时才真正拿起经书,慢慢地读起来。

【译文】 到了没钱的时候,才开始真正断酒;临到年老的时候,才开始阅读经书。

【原文】 **点塔七层,不如暗处一灯**①。

【注释】 ①这里强调的是现实人生的急迫需要。点塔七层,也是一种慈善行为,但好比锦上添花,较为浮泛。而在暗处,人们行走困难,迫切需要光亮,给点上一盏小灯,就能解人急困,功德更为切实具体,因而也更显得宝贵。

【译文】 将七层高塔都给点亮,还不如点亮暗处的一盏小灯。

【原文】 **堂上二老是活佛**①,**何用灵山朝世尊**②?

【注释】 ①二老:指父母。活佛:喇嘛教内以转世制度而取得地位的高级僧侣,俗称活佛。其中地位最高者为达赖和班禅,其次是法王,再次是一般的活佛。活佛原来照宗法制,是父子世袭的,后改行转世制度。②灵山:此指有佛寺的山。世尊:佛家对释迦牟尼的尊称。

此处是将儒家的伦理与佛家的佛理结合起来说话,实际上则是以儒家伦理掩抑了佛家佛理。认为与其去灵山朝拜佛祖,不如在家中孝敬父母更有价值。

【译文】 厅堂上的父母就是家中的尊长,就像佛家的活佛一般,何必辛辛苦苦地跑到山中去朝拜佛祖呢?

【原文】 **万事劝人休瞒昧,举头三尺有神明**①。

【注释】 ①语出《醒世姻缘传》第五十四回:"万事劝人休碌碌,举头三尺有神明。"

在人们不能自觉、众人又无法监控的情况下,让万能的神明来监管坏人坏事,是世人十分喜用的办法,而且也确有相当的效力。但如果坏人也是无神论者,那么这办法就不灵了。

【译文】 奉劝世人不管做什么事都不要瞒着众人胡作非为,因为在你头上三尺高的地方就有神明在盯着你的一切举止。

【原文】 **但存方寸地,留与子孙耕**①。

【注释】 ①方寸地:指人的心。《三国志·诸葛亮传》:"(徐)庶辞先主而指其心曰:'本欲与将军共图王霸之业者,以其方寸之地也。今已失老母,方寸乱矣。'"

此处二句的字面意思是,只留下一小块土地作为遗产,让子孙去耕耘;深层的意思则是说,只需要把一颗善良的心留给子孙作为家传的祖业,让世代子孙以此为本去处事为人。

【译文】 只需留下人心这方寸之地,传给子孙去好好耕耘。

【原文】 **灭却心头火**①,**剔起佛前灯**②。

【注释】 ①心头火:指人的欲念,特指人的私念、邪念。②佛前灯:佛像前面的灯烛。

两句意思是说,要熄灭心中的欲火私念,诚心向佛,按照佛祖的教诲去好好修心冶性,行善积德。

【译文】 熄灭心里面的欲火,剔亮佛像前的灯光。

【原文】 **惺惺常不足①,蒙蒙作公卿②。**

【注释】 ①惺惺:聪明人、贤能者。《水浒传》第十九回:"惺惺惜惺惺,好汉惜好汉。"②蒙蒙:糊涂人,昏庸者。公卿:三公九卿。泛指朝廷中的高级官员。

宋代苏轼在《洗儿诗》中就曾发出过同样的感叹:"人家养子爱聪明,我为聪明误一生。但愿生儿愚且鲁,无灾无害到公卿。"古语如斯,可见此种现象是自古有之,不独今天为然。

【译文】 聪明人经常备受压抑,很不得志;糊涂人却能青云直上,身居高官。

【原文】 **众星朗朗,不如孤月独明①。**

【注释】 ①以此类推,人也是如此,众多的一般性人才,比不上一个杰出的人物贡献更大。这也正是两句话的深层含义。

【译文】 众多的星星一齐闪闪发光,却比不上那孤悬中天的月亮更为光明。

【原文】 **兄弟相害,不如友生①。**

【注释】 ①兄弟本应相亲相爱,其关系本应超过其他朋友,可惜的是,兄弟相害的事也屡见不鲜。如果是这样,当然还不如普通朋友更为有益。

【译文】 如果兄弟之间互相残害,还比不上世间的普通朋友。

【原文】 **合理可作,小利莫争①。**

【注释】 ①这是教人做事的基本原则,凡事要考虑合不合理,不能只考虑有利无利。

【译文】 合乎情理的事情可以去做,蝇头之微的小利不要去争。

【原文】 **牡丹花好空入目,枣花虽小结实成①。**

【注释】 ①牡丹号称花中之王,极为美丽,但它并不结果,徒然好看而已;枣花虽然花朵藐小,也不算美观,但却可以结出甜枣供人食用。这里特别看重的是实用,自有其价值。但也不可过分发挥,否则会滑向实用主义。

花中之王

【译文】 牡丹虽然好看,但没有实用意义;枣花虽然微小,但却会结出果实。

【原文】 **欺老莫欺少,欺少心不明①。**

【注释】 ①少年儿童涉世不深,经验、智力都有欠缺,但却是社会的希望和未来,这里对他们表现出了一种极为感人的殷切关怀和细心爱护。

【译文】 哪怕去欺骗老人,也决不能欺骗小孩;如果欺骗小孩,那就太不明事理了。

【原文】 **随分耕锄收地利,他时饱暖谢苍天①。**

【注释】 ①庄稼是人类生活的重要依凭。它既是大地的产物,也是苍天的赠品。历来的农业生产既要依赖土地的肥美,在很大程度上还要依赖天气的和顺,即所谓"靠天吃饭"。今天虽然人对农业的控制能力大有提高,但天然因素仍然占有重要地位。所以当农业丰收的时候,我们应该诚心诚意地谢天谢地。

【译文】 依照季节的变化种植庄稼,愉快地收获大地的出产;日后吃饱穿暖的时候,还应真诚感谢苍天的馈赠。

【原文】 **得忍且忍,得耐且耐。不忍不耐,小事成大**①。

【注释】 ①这是一种忍耐哲学,凡事以忍耐的方针来处理。在很多时候,它是一种有效的办法,可以免祸消灾。经常见到有些人面对一些小事大发脾气,大做文章,结果弄得心烦意乱、焦头烂额、得不偿失。但是,如果事事皆忍,时时皆耐,结果变为没血气、没是非的好好先生,那样好不好呢? 显然也不好。而且事情越忍越糟的情况也不少见。

【译文】 平日里遇到麻烦,能忍耐就要忍耐;如果性子急不能忍耐,那么小事情也会闹大。

【原文】 **相论逞英豪,家计渐渐消**①。

【注释】 ①有些人虚荣心很强,与人在一起喜欢逞英雄、摆阔气,办事讲面子、好铺排,大手大脚,奢侈浪费。这样下去,时间长了,不把家里弄得空空荡荡才怪呢。

【译文】 彼此相见争强比阔,家境只会越弄越穷。

【原文】 **贤妇令夫贵,恶妇令夫败**①。

【注释】 ①妻子对丈夫的事业前途的确有着很大的影响,这里讲的是两种不同的典型,不同的结果。

【译文】 贤惠的妻子能使丈夫富贵荣华,恶劣的毒子能使丈夫一败涂地。

【原文】 **一人有庆**①,**兆民咸赖**②。

【注释】 ①一人有庆:指天子做了好事。②兆民:指广大百姓。兆,极言其多。《汉书·孔安国传》:"十万曰亿,十亿曰兆。"咸:都,全部。赖:依靠,凭借。

两句语出《尚书·吕刑》:"王曰:……一人有庆,兆民赖之,其宁维永。"

意思是说天子地位高,影响大,与百姓关系密切,应该多干好事。

【译文】 天子一个人有了美德善政,万民都会得到很大好处。

【原文】 **人老心不老,人穷志不穷**①。

【注释】 ①两句是讲人的心、志不随年龄、境遇的衰颓而消减,仍然意欲大有作为。这种精神自古以来屡屡可见。东汉名将马援说:"丈夫为志,穷当益坚,老当益壮。"(《后汉书·马援传》)魏武帝曹操说:"老骥伏枥,志在千里,烈士暮年,壮心不已。"(《短歌行》)唐诗人刘禹锡说:"莫道桑榆晚,为霞尚满天。"(《酬乐天咏老见示》)都对不利状况下的人生持积极态度,给世人以极大鼓舞。

【译文】 人的年纪老迈,但是雄心仍然旺盛;人的家境贫穷,但是志向仍然高远。

【原文】　人无千日好,花无百日红①。

【注释】　①语出《水浒传》第四十三回,又见于冯梦龙《警世通言》。

此处是说,人生处境总是有顺有逆,鲜花总是有盛有衰,这是普遍存在的规律。知道了这一点,也就不会为生活处境的某种变化而过分动情。

【译文】　人不可能长久的一帆风顺,花不可能长久地盛开不凋。

【原文】　杀人可恕,情理难容①。

【注释】　①语出《水浒全传》第十回"林教头风雪山神庙,陆虞候火烧草料场"。陆虞候火烧草料场要害林冲,林冲发现后,用刀逼着陆虞候的脸喝道:"泼贼,我自来又和你无甚么冤仇,你如何这等害我？正是杀人可恕,情理难容。"

意思是说,做事情伤天害理,其罪恶超过杀人。

【译文】　在某种特殊情况下,或许杀死人命也可以饶恕;但如果干事伤天害理,那就绝不可宽容。

【原文】　乍富不知新受用,乍贫难改旧家风①。

【注释】　①这里在讲,一个人总是受到习惯的影响、制约,当境况突然改变的时候,一时很难适应,仍会沿着旧时的轨道惯性前进。

【译文】　刚刚变富的人,还不知道怎样去奢侈享受;刚刚变穷的人,仍维改变原来的生活作风。

【原文】　座中客常满,杯中酒不空①。

【注释】　①语出《后汉书·孔融传》。

这家主人交友众多,好酒不断,看来过的是一种小康生活,普通人比不上。

【译文】　座位上经常坐满了客人,毫不寂寞;酒器里总是存放着美酒,想喝就喝。

【原文】　屋漏更遭连夜雨,行船又遇打头风①。

【注释】　①语出明人洪楩《清平山堂话本·董永遇仙传》:"屋漏更遭连夜雨,行船又撞打头风。"又见冯梦龙《喻世明言》卷九:"正是屋漏更遭连夜雨,船迟又被打头风。"

是说人的处境难上加难,或形容人们连遭不幸。

【译文】　屋子本来就漏,偏偏又遭受了连夜的阴雨;行船本来就慢,恰恰又遇上了顶头的大风。

【原文】　笋因落箨①方成竹,鱼为奔波始化龙②。

【注释】　①箨:竹笋一层一层的外皮。

②鱼化龙:见前"池养化龙鱼"句下注释。

两句用以比喻人必须经过很多磨炼和困苦,才能成为人才。

【译文】　竹笋因为脱去一层一层的外皮,所以才长成了竹子,鱼儿因为长途奔波跃过门限,所以才变化为长龙。

124

【原文】　曾记少年骑竹马,看看又是白头翁①。

【注释】 ①竹马：儿童游戏时当马骑的竹竿。《后汉书·郭伋传》："始至行郡，到河西美稷，有童儿数百，各骑竹马，道次迎拜。"李白《长干行》："妾发初覆额，折花门前剧。郎骑竹马来，绕床弄青梅。"

二句是说人生短暂，由稚气少年到白头老翁，变化只在转眼之间。

【译文】 还记得少年时候骑着竹马玩耍的情景，但转眼一看，已经成了白发老翁。

【原文】 礼义生于富足，盗贼出于赌博①。

【注释】 ①话说得有道理，且有大量事实可证。从根本上讲，人的道德水平是与社会的生产发展密切相关的。没有一定的经济基础，人就无法生活，也就谈不上礼义道德。而在赌徒当中，由于发财心重，一旦输光，有些人就容易铤而走险，流为盗贼。

【译文】 礼义出现于富足环境，盗贼产生于赌博场所。

【原文】 天上众星皆拱北，世间无水不朝东①。

【注释】 ①拱：环绕。

两语出自《五灯会元·剑门安分庵主》："十五日以前，天上有星皆拱北。十五日以后，人间无水不朝东。"又李好古《张生煮海》第一折云："岂不知众星皆拱北，无水不朝东。"

前句讲天文，后句讲地理。天上的星星都会随着季节、时间的变化发生移动，而北极星则位置稳定，所以有众星拱卫的感觉。中国地形西高东低，所以绝大多数河水都流向东方。但这种归纳只适于中国，而并不适于整个"世间"，所以用今天的地理知识衡量，后一句就不对了。这是由古人的眼界局限所致。

江河东流

【译文】 天上的无数星辰，都是环绕着北极星；世间的众多江河，无一不是向东流。

【原文】 君子安贫，达人①知命②。

【注释】 ①达人：通达事理的人。②命：指天命。

两句语出唐人王勃《滕王阁序》："所赖君子安贫（一作'见机'），达人知命。"更早对"达人"做出评述的则有《吕氏春秋·知分》："达士者，达乎生死之分。"

两句包含的意思，是听天由命，随遇而安。但新时代的流行思想，就不是这样了。毛泽东说："穷则思变，要干，要革命"，不能甘于"一穷二白"。当代人则争着要"先富起来"，甚至更有"笑贫不笑娼"之俗谚。另外，越是通达现代事理的人，越是不信天命，甚至常说要与天命抗争哩。照此来看，也许得说成"君子不安贫，达人不知命"了。

【译文】 君子安于贫穷，达人通晓天命。

【原文】 良药苦口利于病,忠言逆耳利于行①。

【注释】 ①两句语出《孔子家语》。又《汉书·刘安传》有云:"毒药苦口利病,忠言逆耳利行。"

两句是说,有病了就要买药吃,不能怕味道苦;遇着事就要听人劝,不能嫌不好听。

【译文】 好药虽然很苦,但是有利于治病;忠言虽然刺耳,但是有利于行动。

【原文】 顺天者存,逆天者亡①。

【注释】 ①语出《孟子·离娄上》:"天下有道,小德役大德,小贤役大贤;天下无道,小役大,弱役强。斯二者,天也。顺天者存,逆天者亡。"

如果不把"天"理解为人格化的天帝,而作为客观世界、自然规律对待,那么这话实际上说得很对。而且,客观世界、自然规律,是可以逐步认识的;而人格化的"天意",则永远无法知晓的。既然如此,那么我们就把它理解为后者吧。稍做变通,我们还可以把它作为环境保护的格言,提醒我们自觉地去与大自然取得协调发展,不要一意孤行,破坏自然生态;否则,就会遭到大自然的无情报复。

【译文】 顺从天意的,就能生存;违逆天意的,就会灭亡。

【原文】 人为财死,鸟为食亡①。

【注释】 ①两句讲,凡动物都有共同的特性,就是自私。《史记·货殖列传》:"天下熙熙,皆为利来。天下攘攘,皆为利往。"利就是许多人一生的不懈追求,直到为此而死。至于禽鸟,就更简单、更低等,一生活着,就是不停地觅食充饥。有时为了得一点食物,甚至会付出生命的代价。然而,人是不是应该停留在原始的水准、自甘与鸟兽等同呢?人是高等的动物,其特点是社会群居,有道德观念。那些只为财死的人们,应该属于没有教养、道德欠缺的一群,似乎也只配继续与鸟兽为伍。

【译文】 人会为了钱财而死,鸟会为了食物而亡。

【原文】 夫妻相和好,琴瑟与笙簧①。

【注释】 ①琴:古弦乐器,用梧桐木等制成,有五根或七根弦。瑟:古代弦乐器,像琴,有二十五根弦。

两句意出《诗经·小雅·常棣》:"妻子好合,如鼓琴瑟。"

琴、瑟都要讲和谐,讲动听,两个比喻都很优美。

【译文】 夫妻之间应该相亲相爱、和和美美,就好像琴瑟与笙簧,音韵和谐、悦耳动听。

【原文】 有儿贫不久,无子富不长①。

【注释】 ①这里把儿子当成了家庭富足的根本。其实,即使有了儿子,如果没有足够的能力,还是会继续贫穷。至于无子,富止一代,当然也就不算久长。还有一点,这里出于重男轻女的思想,只说生子,并不包括女儿。而在今天男女基本平等的情况下,女儿比儿子更有出息的情况也比比皆是。若在旧时代,"生男慎莫举,生女哺用脯"(汉陈琳

《饮马长城窟行》)和"遂令天下父母心,不重生男重生女"(唐白居易《长恨歌》)的情况,则被认为是一种极反常的情况。

【译文】 有了儿子,贫穷就不会长久;没有儿子,富裕也不会久长。

【原文】 善必寿考①,恶必早亡。

【注释】 ①寿考:高龄。"考",同"老"。

两句话是劝人多行善事,不可作恶。同时也是表达了人们的一种善良愿望,希望事实确是如此。可惜在客观上,事实并不一定如此,相反的情况也有不少。不过,从现代心理学的角度来看,行善积德对人的心理健康极为有利,因而也会有利于人的生命寿考;作恶使坏对人的心理健康极为不利,因而也会导致身体早亡。这样来看,二句又真有一定的科学价值。

【译文】 好善积德的人必然长寿高龄,作恶多端的人必然短命早死。

【原文】 爽口食多偏作病,快心事过恐生殃①。

【注释】 ①两语意出《喻世明言·新桥市韩五卖春情》:"爽口物多终作疾,快心事过必为殃。"

"祸兮福之所倚,福兮祸之所伏。"天下万事,物极必反,这是辩证法的基本原理。因此,做事情应注意分寸,留有余地,即便是好事也不可做得过头,以免走向反面,引出坏的结果。

【译文】 如果食物味美可能就会暴饮暴食,偏偏会闹出病来;如果事情顺利可能就会高兴过度,倒怕会生出灾殃。

【原文】 富贵定要依本分,贫穷不必枉思量①。

【注释】 ①枉:徒然,白白地。

两句主要是教人要奉公守法,正当行事,不可邪门歪道,非分逐求。但其中也含有宿命论的成分,有教人听天由命、安于现状的意旨。谋求富贵,多数世人对此已不讳言。为达此目标,自当奉公守法,行为正当;但其中也有诸多的门路、技巧,讲究这些似乎并不超出应依的"本分"。摆脱贫穷,现已成为世人的普遍口号。要实现这种理想,那就难免要想方设法,百般"思量"。问题在于,主意往往并不那么好想,许多人尽管绞尽脑汁,结果仍不免落于"枉思量"。

【译文】 家业富贵,一定要依照自己的本分正当从事;家境贫穷,就不要再胡思乱想枉费心机。

【原文】 画水无风空作浪,绣花虽好不闻香①。

【注释】 ①这是说人为的假事假物,有着无法掩饰的缺陷,不可能给人真实的感觉。在具体工作、日常生活中,有许多弄虚作假的现象,华而不实,只图好看,亦属此类。两句意在提倡人们扎扎实实、真真切切,不玩虚套、不尚空谈。

【译文】 绘画中的水面没有风吹,凭空呈现出许多波浪;刺绣中的花朵徒然好看,不能闻到它散发芳香。

【原文】 贪他一斗米,失却半年粮。争他一脚豚①,反失一肘羊②。

【注释】 ①一脚豚:一个猪蹄。②一肘羊:一条羊腿。

意思是教人权衡利弊,办事稳妥,不要只顾眼前,贪小失大。而贪小失大恰恰是目光短小者最常犯的毛病。

【译文】 因为贪图他一斗谷米,结果失去了半年口粮。向他争来了一个猪蹄,反倒失去了一条羊腿。

贪小失大

【原文】 龙归晚洞云犹湿,麝过春山草亦香①。

【注释】 ①两句是讲名贵事物的恩泽经久不去,遗惠绵长。

【译文】 龙在天晚时回归了洞穴,天上的云霞仍然保留着湿气;麝在春天里走过了山野,地上的草木继续飘荡着清香。

【原文】 平生只会说人短,何不回头把己量①。

【注释】 ①这种人的习惯就是严于待人,宽于律己。光看别人的缺点,不看自己的短处。光看别人的缺点,就学不到别人的优点;不看自己的短处,就难使自己得到提高。这种思想方法实在不好,值得每个人引为鉴戒。

【译文】 一生到老只会述说别人的短处,为什么不回头看看自己做得如何呢?

【原文】 见善如不及,见恶如探汤①。

【注释】 ①汤:开水。

语出《论语·季氏》:"孔子曰:'见善如不及,见不善如探汤。'"

这里表达的是一种喜善恨恶的思想。以此为基础,还可以上升到行善拒恶,甚至扬善惩恶的境界来。

【译文】 见了善良的行为,好像赶不上似的,要努力追赶;看见邪恶的行为,就像把手伸进沸水里一样,一定要避开。

【原文】 人穷志短,马瘦毛长①。

【注释】 ①肥壮的马毛光亮而短,瘦弱的马毛黯淡而长。此处用马瘦毛长的特点推证和映衬人穷志短的现象。人穷志短,是一种较为常见的社会现象。因为人的志向,常常是和人的现实条件相关联的,经济能力弱了,做什么事情都感到困难,志向也就短小了。但这并不是绝对的,"人穷志不穷"的格言就讲出了另一种情况。

【译文】 人穷困了,志向就短;马瘦弱了,马毛就长。

【原文】 自家心里急,他人不知忙①。

【注释】 ①这就是当事人和旁观者的区别。当然,也说明彼此缺少沟通,否则你的

忙碌也会有某些人知道,为某些人同情。

【译文】　自己遇到困难自己心里着急,但你的急迫心情其他人并不了解。

【原文】　贫无达士将金赠,病有高人说药方①。

【注释】　①事情就是这样,人有时遇到困难无人援助;有时遇到困难却有人相帮,情况的顺逆有所不同。或许,这里面也有"说药方"之类比"将金赠"之类较为容易一些的因素。

【译文】　贫穷的时候,并没有旷达的人拿金银赠给他用;生病的时候,幸而有高明的人把药方说给他听。

【原文】　触来莫与竞,事过心清凉①。

【注释】　①这里是劝人遇事要善于克制、冷静处理,以求缓和局面,顺利了结。

【译文】　当别人触犯你的时候,不要与他互相争斗;事情过后,心里自然就会平静下来。

【原文】　秋至满山多秀色,春来无处不花香①。

【注释】　①唐韩翃《寒食》诗云:"春城无处不飞花。"此处化用。

春秋两季,是一年中最好的季节,气候温润,景色宜人,以上两句对之作了生动的描绘。

【译文】　秋天到了,漫山遍野呈现出秀丽的美景;春天来了,无处不在飘荡着醉人的花香。

【原文】　凡人不可貌相,海水不可斗量①。

【注释】　①用斗来量海水,人们都知道那是十分荒唐的行为,以貌取人的荒唐,与此相同。容貌只是人的外表,而人的品德、才能则是内在的东西,二者未必一致,后者才是衡量一个人的主要条件。

【译文】　我们看人,不可以凭容貌来判定他的能力高低;对于海水,不可以用斗来计算它的数量多少。

海水不可斗量

【原文】　清清之水为土所防,济济之士为酒所伤①。

【注释】　①济济:美好的样子。《诗经·齐风·载驱》:"四骊济济,垂辔濔濔。"

酒的危害的确是很大的。士人如果不想为酒所伤,就应该自觉地远离它。

【译文】　清澈的流水可以被土阻挡,潇洒的士人往往被酒损伤。

【原文】　蒿①草之下或有兰香,茅茨②之屋或有侯王。

【注释】 ①蒿:野草名,艾类。有青蒿、牡蒿、白蒿、茵陈蒿等。②茅茨:茅草屋顶。此处是指贫家的屋顶。

依据旧时的科举制度,考生不论家庭的贵贱贫富,在考卷面前人人平等。家庭贫寒而才华优秀的人,有可能通过科考而青云直上,位至侯王。这是中国文化中一个十分特异的现象。

【译文】 在野蒿野草的下边,或许会有芳香的兰花;在茅草屋顶的下边,或许会有未来的侯王。

【原文】 无限朱门①生饿殍②,几多白屋③出公卿④。

【注释】 ①朱门:红漆的大门。旧时指豪富人家。②饿殍:饿死的人。③白屋:用茅草覆盖的房屋。指贫苦平民的住所。④公卿:泛指朝廷中的高级官员。

世人家业的兴衰变化极大,甚至颇有戏剧性。其关键在于后代子孙的教育培养。这是一个十分重要而又普遍存在的社会问题。

【译文】 无数豪富人家都子孙无能,严重的会被饿死;多少贫苦家庭却子孙优秀,充任了朝廷高官。

【原文】 醉后乾坤①大,壶②中日月长。

【注释】 ①乾坤:本指《周易》中的乾卦和坤卦,二者属于阴阳的范畴,是构成宇宙万物的原始物质。这里用以代称天地。②壶:指酒壶。

这是对饮酒生活的颂扬和赞美。醉酒通常是令人难受的,这里却把它说得十分美妙,是爱饮者的独特体会。

【译文】 人在喝醉之后,迷迷糊糊,会觉得天地广阔而美好;生活中以酒为伴,洋洋洒洒,会觉得时间充裕而久长。

【原文】 万事皆已定,浮生①空自忙。

【注释】 ①浮生:指人生。古代老庄学派认为人生在世虚浮无定,故称人生为浮生。

人生中的许多现象的确往往带有很大偶然性,从而显得个人的主观努力毫无用处。宿命论者则把它说成是由命中注定、不可更改。其实更多的事实证明,人间之事,为与不为大不一样。所以,另有许多格言则是鼓励人们勤奋有为,努力向上,与此不同。

【译文】 世界上的一切事情,都已经在命中注定;你在现实中的奔忙劳碌,都将白费力气、于事无补。

【原文】 千里送毫毛,礼轻仁义重①。

【注释】 ①千里送毫毛:据《南唐书》载,大理国派特使缅伯高向唐朝进贡天鹅,路经沔阳湖,特使为天鹅洗澡,天鹅伺机飞走,仅留下羽毛一根,特使无奈,只好将这根鹅毛献给唐朝皇帝,并赋诗一首:"将鹅贡唐朝,山高路遥遥。沔阳湖失鹅,倒地哭号号。上禀唐天子,可饶缅伯高?礼轻情意重,千里送鹅毛。"宋苏轼《扬州以土物寄少游》诗曰:"且同千里寄鹅毛,何用孜孜领麋鹿。"宋吴曾《能改斋漫录·遗文》有云:"千里寄鹅毛,礼轻人意重。"此处措辞与上述各诗略有区别。

今天,二句常被用为给人远道送礼时的自谦之词。

【译文】 千里遥遥送根毫毛,礼物虽轻仁义很重。

【原文】 世事明如镜,前程暗似漆①。

【注释】 ①两句意思重在说对自己的前途没有把握,因而觉得信心不足。

【译文】 世上的事情就像镜子一样明明白白,自己的前程却像黑漆一般昏暗一片。

【原文】 架上碗儿轮流转,媳妇自有做婆时①。

世事明如镜

【注释】 ①旧时,婆媳地位是不平等的,媳妇往往受到婆婆的压迫和虐待,备受煎熬,因而时时巴望能有出头之日。甚至有的怀有报复心理:自己现在受尽委屈,等将来做了婆婆,扬眉吐气,也要逞逞威风。这里两句则说,这种身份的转化是一种自然规律,迟早总会发生,因而做媳妇的可以权且隐忍,以待将来。

【译文】 碗架上的碗儿轮流转动着依次使用,家庭中的媳妇也总有一天会当上婆婆。

【原文】 人生一世,如驹①过隙②。

【注释】 ①驹:白驹,白色骏马。后用来比喻日影。②隙:缝隙。

语意出自《庄子·知北游》:"人生天地之间,若白驹之过,忽然而已。"二句嗟叹人生之短暂。如驹过隙的比喻十分新颖、奇特,给人留下深刻的印象。

【译文】 人活一辈子,就像白驹过隙一样,转瞬即逝。

【原文】 良田万顷,日食一升;大厦千间,夜眠八尺①。

【注释】 ①意思是说,一个人的基本生活需求十分有限,财富过多,实际上都无法享用,因而人们不应该贪得无厌。

【译文】 家中纵有万顷良田,一天吃饭也不过用一升粮食;家中纵有千间大厦,夜间睡觉也不过占八尺地面。

【原文】 千经万典,孝弟为先①。

【注释】 ①弟:"悌"的古字。意思是顺敬兄长。《孟子·告子下》:"徐行后长者,谓之弟。"

此处二句源出《景行录》:"千经万典,孝义为先;天上人间,方便第一。"

孝、悌,是儒家思想的核心内容,具有首先重要的意义,因而这里把它置于"千经万

131

典"的其他内容之上加以强调。

【译文】　各种各样的儒家经典,都把孝悌放在首位。

【原文】　一字入公门,九牛拖不出①。

【注释】　①人们一旦将状纸送进衙门去打官司,再想中途退出,极为困难。哪怕你的状子再简单,也非打到底不可。"九牛拖不出"就是一种形象的描绘。旧时官府衙门十分黑暗,贪赃枉法的情况比比皆是。人们一旦陷进去,就无法自拔,常常会弄得倾家荡产。

【译文】　将一个字的状纸送进衙门,用九头牛的力量也拖不出来。

【原文】　八字衙门①向南开,有理无钱莫进来。

【注释】　①八字衙门:形容衙门建筑的外形,就像个"八"字一样。

两句说,官府衙门是收钱的地方,不是讲理的地方,你如果腰里没钱,那就千万不要进来打官司。否则,就是有理,也要败诉。这是对旧时衙门腐败作风的有力揭露。今天,官府门面的造型已经与旧时大不一样,但诉讼使钱的现象仍然相当普遍,法制建设步履维艰,任重道远。

【译文】　八字形的衙门朝南敞开,有理没钱的人千万不要进来。

【原文】　富从升合起,贫因不算来①。

【注释】　①升合:较小的容量单位,十合为一升。十升为一斗。

这里强调从小处着眼、精打细算、积少成多的重要意义。其中包含着深沉的人生经验。

【译文】　富足要依靠一点一滴慢慢积攒来实现,贫穷是平时大手大脚盘算不细所造成。

【原文】　万事不由人计较①,一生都是命安排。

【注释】　①计较:算计,商量。

"一生"都在命,"万事"不由人,这是最彻底的宿命论。依照这种理论。人的一切主观意识、社会活动都没有意义,命运就是一切,人们只需俯首听命,无须费心耗神。如果真是这样,那么,许多人的"预设命运"一定会变得更糟。

【译文】　世间一切事情都与人们的主观意向无关,人的一生全是由天命安排好的。

【原文】　家无读书子,官从何处来①。

【注释】　①古代社会"学而优则仕",读书应举,才能做官。而做官就是人生最好的前程,待遇优厚、种种特权,这种社会结构就是今人所说的"官本位"。官本位是中国的一种牢固文化传统,至今仍然有着强大的影响。许多人还是一心想着读书做官,成为优等公民,同时又可以迅速发财,后来居上。要想铲除这种思想,首先必须铲除它所存在的社会基础。

【译文】　如果家里没有读书的子弟,那么官位从何而来呢?

　【原文】　人间私语,天闻若雷。暗室亏心,神目如电①。

【注释】 ①语出元无名氏杂剧《朱砂担》第四折。

在有神论的圈子里,天神是一种控制人间万事的无上权威,从而可以对信徒的行为产生巨大的影响。这里就讲了天神控制人事的无限能量。人不论在哪里说坏话、干坏事,天神都能严密监控,无处可逃。要想不被天神所知,自己不说不做是唯一的办法。

【译文】 人间的窃窃私语,天帝听着清楚得就像打雷;人在暗处做事亏心,神灵看着明显得就像闪电。

【原文】 一毫之恶,劝人莫作。一毫之善,与人方便①。

【注释】 ①语见吕岩《劝世》诗。原文如下:"一毫之善,与人方便。一毫之恶,劝君莫作。衣食随缘,自然快乐。算是甚命?问什么卜?欺人是祸,饶人是福。天眼昭昭,报应甚速。谛听吾言,神钦鬼伏。"吕岩即吕洞宾,是著名仙家,相传为唐京兆人,曾举进士,两调县令。后修道于终南山,不知所终。元明以来称为八仙之一。道家正阳派号为纯阳祖师,俗称吕祖。

行善事也是仙家的重要宗旨。这里引述吕祖的话意在强调:坏事莫作,善事多为。

【译文】 一丝一毫的坏事,奉劝世人也不要去做。一丝一毫的善事,也会给世人带来益处(因而应该做好)。

【原文】 欺人是祸,饶人是福。天眼昭昭,报应甚速①。

【注释】 ①语出吕岩《劝世》,见于该诗的后半首。

果报思想是不少宗教引人向善的重要理论。这里也是以此来提倡"饶人",警戒"欺人"。

【译文】 欺负人会带来祸患,宽恕人会带来幸福。天帝的眼睛十分明亮,善恶的报应非常迅速。

【原文】 圣贤言语,神钦鬼服①。

【注释】 ①圣贤们说的话,连神鬼都极为钦服,人就更应该无限尊崇了。

《论语·季氏》曰:"君子有三畏:畏天命,畏大人,畏圣人之言。"与此含义可以相通。

【译文】 圣贤们的话语博大精深,连鬼神们也都佩服钦敬。

【原文】 人各有心,心各有见①。

【注释】 ①上句语出《三国志·魏书·三少帝纪》:"孙权病死,主帅改易,国内乖达,人各有心。"

每人都是一个独立的个体,都有自己的思想见解。这体现了事物的多样性,复杂性。

【译文】 人们各有自己的心思,心中各有自己的主见。

【原文】 口说不如身逢,耳闻不如眼见①。

【注释】 ①两句源出《资治通鉴·唐纪·睿宗景云二年》:"口说不如身逢,耳闻不如目睹。"又汉刘向《说苑·理政》有曰:"耳闻不如目见之。"

这里不满足于空口玄谈和道听途说,而强调亲身所历、亲眼所见,是一种看重实干、实见的求实思想。

【译文】　口说不如亲身经历，耳听不如亲眼看见。

【原文】　**养兵千日，用兵一时**①。

【注释】　①语出元人马致远杂剧《汉宫秋》第二折："养军千日，用军一时。"又见《水浒传》第六十一回。

两句讲了养兵与用兵的内在联系与区别。养兵的目的在于用兵，用兵的前提是养兵。用兵短暂，而养兵漫长。兵可以养而不用，但不能用而不养。

【译文】　供养、训练军队，需要长年累月；而调兵迎战杀敌，只在一时之间。

【原文】　**国清才子贵，家富小儿娇**①。

【注释】　①国家政治清明，固然离不开清明的君主，但政治清明本身往往也正是才子贤人辅佐进谏的结果，所以人君必然也对才子贤人十分器重。家庭富有，生活优裕，孩童的生活往往也安排得比较优越，由外面看起来，也就显得特别的娇贵。与两句所述相反，国家政治腐败混乱，才子贤人就会不受重视；家庭经济困难，即使把孩子看得娇贵，但经济上无力支持，也会显得较为平常。

【译文】　国家政治清明，才子贤人就会特别受到推尊；家庭经济富有，孩子就被看得特别娇贵。

【原文】　**利刀割体疮犹合，恶语伤人恨不消**①。

【注释】　①这里是说，恶语伤人比利刀伤身后果更为严重，所以在与人打交道时说话不可不谨慎小心。

【译文】　用快刀伤了人的身体，伤口还可以长好；而用恶语伤了人的心，怨恨就很难消除。

与人为善

【原文】　**有才堪出众，无衣懒出门**①。

【注释】　①有才学而常与众人交往，可借机表现才气；没好衣服就懒得出门，是为了避免难堪。这里反映了世人的一种通常心理：优越的东西，就想向人显示；卑陋的东西，就想自我遮掩。

【译文】　胸中充满着才学，就可以常出来与众人交际；没有像样的衣服，就懒得走出自己的家门。

【原文】　**公道世间唯白发，贵人头上不曾饶**①。

【注释】　①语出唐人杜牧《送隐者一绝》，原诗为："无媒径路草萧萧，自古云林远市朝。公道世间唯白发，贵人头上不曾饶。"

两句含义以拟人手法出之，颇有幽默意味。实则感叹世人都要面临衰老的问题，不

论贵贱高低,都要受到同一规律支配。

【译文】 白发是世间最公道的东西,即便是在贵人的头上也要生长,决不放过。

【原文】 为官须作相,及第必争先①。

【注释】 ①这是一种争上游、攀高峰的思想,表现出一种奋勇当先、排除万难的雄心壮志。但人的立志也不能离开答观的基础,必须具体估量自己的现有实力,不可虚浮无根、妄作空言,最后弄得大失所望、自触霉头。

【译文】 做官就要争当宰相,中举就要名列前茅。

【原文】 苗从地发,树由枝分①。

【注释】 ①这是一种自然界的常见现象,其中也包含着某种哲学的原理,有些社会现象也有与此相类似的地方。

【译文】 禾苗是从地里长出来,大树是由枝条分散开。

【原文】 父子亲而家不退,兄弟和而家不分①。

【注释】 ①意思是鼓励家庭成员之间搞好关系,亲密相处,和和融融。但就现代的社会潮流来看,核心家庭已经占据主导地位,扩大家庭不太符合人们的生活要求,已经越来越呈现萎缩趋势。这与父子、兄弟的是否亲密并不是一回事。

【译文】 父子之间关系亲密,家道就不会衰退;兄弟之间关系和睦,家庭就不会分开。

【原文】 官有公法,民有私约①。

【注释】 ①国家与民间各有自己的行为规范,都需要遵守,不能无法无天,各行其是,为所欲为,否则,社会就无法维持正常的秩序。但这些法律、规约各有其阶级性、时代性,未必都合道理,也未必永远适用。

【译文】 国家有国家的法律制度,民间有民间的乡规民约。

【原文】 闲时不烧香,急时抱佛脚①。

【注释】 ①语出宋人张世南《游宦纪闻》:"云南之南有番国,俗尚佛教。人犯罪应诛者,捕之急,趋往寺中抱佛脚悔过,原髡发为僧以赎前罪,即贳之,谚云:'闲时不烧香,急则抱佛脚',本此。"两语又见明沈璟《一种情传奇·香兆》《水浒传》第七十四回。

喻指平时不做准备,临时仓促应付。

【译文】 平常闲暇时不烧香磕头,遇事紧急时才抱着佛脚求佛保佑。

【原文】 幸生太平无事日,恐逢年老不多时①。

【注释】 ①两句表现出对太平盛世的留恋和对生命短促的忧思。

【译文】 生在太平无事的时代,这是一种很大的幸运;只是担心生命太短,很快就要年老了。

【原文】 国乱思良将,家贫思贤妻①。

【注释】 ①语意源出《史记·魏世家》:"家贫则思良妻,国乱则思良相。"这里略有更改。

国家战乱，如果有卓越的将帅，就可以靠他靖乱安邦。家里贫穷，如果有贤惠的妻子，就可以靠他持家理财。

【译文】 国家战乱的时候，就想获得卓越的将帅；家里贫穷的时候，就想有个贤惠的妻子。

【原文】 池塘积水须防旱，田土深耕足养家①。

【注释】 ①这是旧时一个小康之家的境况：有一个池塘，有若干土地。在这种情况下，要有些远见，做好计划，蓄水防旱，精耕细作，使小家庭过上丰足的日子。两句的意思也可作引申：教人做事须有远见，工作要讲认真。

【译文】 池塘中经常蓄水，是为了防备干旱；田地里深耕细作，就可以丰收养家。

【原文】 根深不怕风摇动，树正何愁月影斜①。

【注释】 ①上句语出明冯梦龙《楚江情》（原本袁于令《西楼记》）第十九折。两句常常用以表示：自身做事光明正大，就不怕别人的闲言碎语。

【译文】 根子扎得深，就不害怕大风摇动；树身立得正，何必担心影子倾斜？

【原文】 学在一人之下，用在万人之上①。

【注释】 ①是说只要投一个好老师，那么就可以大有作为，纵横天下。这是旧时科举制度下从师就学与及第为官的情况。在现代教育制度下，"学在一人之下"的情况，已不复存在。

【译文】 投师在一个人的门下，运用在无数人的身上。

【原文】 一字为师，终身如父①。

【注释】 ①语意源出元关汉卿杂剧《玉镜台》第二折："小姐拜哥哥，一日为师，终身为父。学士教小姐写字者。"

其意思是强调尊师重教。我国古时将天、地、君、亲、师五者连举，皆为尊长，对之都要绝对服从。又说"师徒如父子"，须毕恭毕敬。今天，仍要尊师重教，但在师生关系上不可仿照家长制，彼此人格平等，在真理面前也平等。

【译文】 即使是教过自己一个字的老师，也要终身尊敬，看得像父亲一样。

【原文】 忘恩负义，禽兽之徒①。

【注释】 ①是说一个人对于对自己有恩德的人，不应该忘记，而应一直怀有感激之情，甚至设法报答。这是人际关系中一种普遍的道德观念。

【译文】 忘恩负义的人，就是禽兽一类。

【原文】 劝君莫将油炒菜，留与儿孙夜读书①。

【注释】 ①意思是家长们要克勤克俭、节约用度，支持孩子读书学习，使之成为有知识、有文化的有用人才。过去没有电灯，要靠油灯照明，读书也是如此，所以有这样的说法。

【译文】 奉劝您不要把油拿来炒菜，而要留给儿孙夜里用来点灯读书。

【原文】 书中自有千钟粟①，书中自有颜②如玉。

【注释】 ①钟：容量单位，六斛四斗为一钟。粟：谷子。千钟粟：指丰厚的薪俸收入。②颜：脸面，容貌。

两句出自宋真宗赵恒《劝学文》，原诗全文是："富家不用买良田，书中自有千钟粟。

书中自有颜如玉

安房不用架高梁，书中自有黄金屋。娶妻莫恨无良媒，书中有女颜如玉。出门莫恨无人随，书中车马多如簇。男儿欲遂平生志，六经勤向窗前读。"

古代由文德政治，推演出科举制度。读书可以做官，"劳心者"高官厚禄，便能享受人间的荣华富贵。这里抽出了诗中的两句，是讲读书出色、获取功名的人，无须做工务农，就可以取得丰厚的禄俸，娶到美貌的娇妻。今天，是一个充满竞争的社会，经济之丰，配偶之美，当然仍是竞争的重要内容。但读书似已不是唯一的出路，而且引导读书的口号也另有了"为人民服务""报效国家""振兴民族"，等等。

【译文】 书本当中自有堆积如山的米粮，书本当中自有容貌如玉的美女。

【原文】 莫怨天来莫怨人，五行①八字②命生成。

【注释】 ①五行：指水、火、木、金、土，古时称它们是构成各种物质的五种元素。②八字：星命术士以人出生的年、月、日、时为四柱，配合干支，合为八字，加以附会，用来推算命运的好坏。其术始于唐，唐李虚中《命书》论之甚详。

两句讲的是宿命论，否定了人的主观努力对人生境遇的重要作用，容易引出听天由命、无所作为的消极后果。

【译文】 不要怨天，不要怨人，个人的遭遇与不幸都是命中注定、无法更改的。

【原文】 莫怨自己穷，穷要穷得干净；莫羡他人富，富要富得清高①。

【注释】 ①这里是说，不论穷富，都要保持高尚的道德情操和良好的精神风貌。道德和品行的重要更在家境穷富之上。

【译文】 不要埋怨自己贫穷，穷要穷得端正、纯洁；不要羡慕别人富裕，富要富得清廉、高雅。

【原文】 别人骑马我骑驴，仔细思量我不如。待我回头看，还有挑脚汉①。

【注释】 ①这里举出了骑马的、骑驴的和挑担的三种人进行比较，用来比况人的生活境遇，很形象，很生动，很好玩。而自己正好是骑驴的，处在当中，即所谓"比上不足，比下有余"。这里虽然把"不足"和"有余"两种情况都说了，但侧重点是在后者，是在与不如自己者的比较中获得一种安慰和满足。

【译文】　别人骑的是马，自己骑的是驴，仔细想想，我比不上。但是回过头一看，后面还有人挑担，再来想想，比不上我。

【原文】　路上有饥人，家中有剩饭。积德与儿孙，要广行方便①。

【注释】　①具体地说，这里提出要对饥饿者进行施舍、捐助，使他们得到救济，以解眼前之困危。不过，它是把这些善事归在了"积德与儿孙"的旗子之下，表现了虔诚的宗教意识。

【译文】　路上有人正在挨饿，自家却有剩饭余粮。想积阴德留给儿孙，得多行善事救困扶危。

【原文】　作善鬼神钦，作恶遭天谴①。

【注释】　①两句是说，天帝鬼神都能赏善罚恶，人生在世应该戒恶行善。

【译文】　如果多行善举，鬼神也会对他表示钦佩；如果尽做坏事，苍天也会对他进行惩罚。

【原文】　积钱积谷不如积德，买田买地不如买书①。

【注释】　①这里做了两个对比，一个是拿积攒钱粮与积德行善相比，一个是拿购买田地与买书学习相比，都是舍前者而取后者。上句讲的是财物与道德的关系，下句讲的是财物与文化的关系。强调道德、文化而轻视物质、钱财，是中国传统文化的一个基本观念。

【译文】　积攒钱粮不如积德行善；购买田地不如买书学习。

【原文】　一日春工十日粮，十日春工半年粮①。

【注释】　①谚云："一年之计在于春。"春天是耕耘播种的重要季节，直接关系到以后的田间收成和生活安排。所以一定要抓紧春季的有利时机，搞好春耕生产，才能为将来的生活打下坚实的基础。广而言之，一切事情都要抓住关键时机，为未来发展打好基础。

【译文】　春季里一天的劳动，秋季能换到十天的粮食；春季里十天的劳动，秋季能换到半年的粮食。

【原文】　疏懒人没吃，勤俭粮满仓①。

【注释】　①这是警告人们必须勤俭，不能懒惰。

【译文】　闲散懒惰，就会弄得没有饭吃；勤劳节俭，就会家中堆满余粮。

【原文】　人亲财不亲，财利要分清①。

【注释】　①俗语说："亲兄弟，明算账。"钱财是每个人的基本利益，在经济问题上彼此划分不清，容易出现矛盾。如果要表示亲情，一般是另外采用互相馈赠的方法，而不是故作大度，糊里糊涂地混在一起。

【译文】　彼此人情亲近，钱财并不亲近；钱财利益之事，应该清楚划分。

【原文】　十分伶俐使七分，常留三分与儿孙；若要十分都使尽，远在儿孙近在身①。

【注释】　①人必须够聪明，但又不能太聪明。太聪明的人往往并不招人喜欢，甚至

会给自己事业带来种种麻烦和不幸，即所谓"聪明反被聪明误"。这够聪明与太聪明的界限怎么划分呢？此处很聪明地提出了一个大约的比例："十分"伶俐使"七分"。

【译文】　自己有十分的聪明，只能使出七分，要留三分给儿孙使用。假如十分聪明全都用完，反会给儿孙甚至自己带来不幸。

【原文】　**君子乐得做君子，小人枉自做小人**①。

【注释】　①孔子说："君子坦荡荡，小人长戚戚。"彼此人格有别，心理也不一样。

【译文】　是君子，就会快快乐乐地按君子的风格行事；是小人，只会猥猥琐琐地照小人的心理做人。

【原文】　**好学者则庶民**①**之子为公卿，不好学者则公卿之子为庶民。**

【注释】　①庶民：平民，百姓。庶，众多。

世间家庭、个人地位高低贵贱的变化经常不断，这里特别强调家庭的教育、子弟的好学。这在旧时代是极为重要的，在新时代同样极为重要，只是人们的进取目标未必都在高官。

【译文】　如果是喜爱学习的，那么平民的孩子也会成为高官；如果是不爱学习的，那么高官的孩子也会成为平民。

【原文】　**惜钱休教子，护短**①**莫从师。**

【注释】　①护短：为自己（或与自己有关的人）的缺点或过失辩护。

教育往往需要较大的投资，所以不投资孩子就无法去接受教育。拜师求学就是要学本领、除陋习，所以要护短就不要去拜师求学。

【译文】　如果吝惜家里的钱财，就别让孩子去受教育；如果偏护自己的短处，就不要去拜师求学。

【原文】　**记得旧文章，便是新举子**①。

【注释】　①举子：旧时被荐举应试的士子。

旧时科举，考试诗赋策论，所以要大量背诵过去圣人、贤者的经典名文，学得好的，便可以受到荐举，将来有可能金榜高中，一鸣惊人。这对今人也有启发：前贤文章永远是学习文化的经典内容。

【译文】　记住从前的优美文章，便能成为今天的优秀举子。

【原文】　**人在家中坐，祸从天上落**①。

【注释】　①人有时会遭到意外的灾难，即使坐在家中，也会祸患临头。令人很诧异，也令人很惊惧。如果其中的"祸"字变为"福"字，那就不是很惊惧。而是很惊喜了。

【译文】　人坐在自己家没有出去，灾祸却凭空地突然发生。

【原文】　**但求心无愧，不怕有后灾**①。

【注释】　①因为事情问心无愧，自然就会平平和和，所以也就不担心日后会有灾祸发生。两句是教人做事要讲道德、讲良心。

【译文】　只要做事务求问心无愧，那就不怕日后会有灾殃。

【原文】　只有和气去迎人，那有相打得太平①。

【注释】　①与人相处，应该礼貌谦虚、和和气气，如果彼此事事争执、互不相让，那就不会有安宁的时光。所以，要想让日子欢乐太平，"和气"是个宝贝，应该好好保护、好好利用。

【译文】　应该总是以和气的态度去对待别人，哪有互相打斗能得太平的道理。

【原文】　忠厚自有忠厚报，豪强一定受官刑①。

【注释】　①这里的意思是提倡忠厚、反对豪强，认为各自会得到各自的报应。但报应的权威则举出了不同的两种：一种是彼岸的天神，一种是此岸的法律。前者是看不见的，但是无处不在；后者是看得见的，机构就在官府。比较起来，前者比较玄虚，往往并不灵验；后者比较实在，往往现行现报。所以一般恶人更怕后者。

【译文】　忠厚自然会得到忠厚的报应，豪强一定会受到法律的制裁。

【原文】　人到公门正好修，留些阴德在后头①。

【注释】　①这样说有其理由：在官府做官，手中操有权柄，更具备做好事的条件。相反的情况则是：因为手中操有权柄，许多人便用它来实现个人的卑劣欲望，横征暴敛、营私舞弊。也许正是针对这样的丑恶现实，人们才提出了上面的善良心愿，希望那些良心未泯的官员能够多做善事、造福人民，同时也为自己积些阴德。这样，仍是人我两利，而不是只利别人。

【译文】　人能进入官府，正好可以修炼；多积一些阴德，也图日后方便。

【原文】　为人何必争高下，一旦无命万事休①。

【注释】　①这话主要是出于安全的考虑，劝人遇事要主动退让，不要一味竞争，否则一旦丢掉性命，一切都没了意义。不过，这种劝导不免有些离谱。因为在绝大多数情况下，竞争只是费掉些力气，远不至于搭上性命。只有在极少数情况下，竞争才有这样的危险。而且，事情还得分个轻重缓急，若是遇到了原则性的重大问题，还是非争不可，有时即使牺牲性命，也应在所不惜。

为人何必争高下

【译文】 人在世间生存,为什么非要争个高低呢?一旦丢了性命,那就一切都完了。

【原文】 **山高不算高,人心比天高**①。

【注释】 ①两句极言人的心志高远。为作衬托,其中特将山和天引为对照。世间事物之高,当数高山。但这里却说"山高不算高",因为有天比它更高,而人的心志却比天还要高。"人心比天高",有时是一种令人神往的精神境界,有时又会成为一种被人取笑的痴心妄想。

【译文】 山虽然很高,还不算太高;人心之高,比天还高。

【原文】 **白水变酒卖,还嫌猪无糟**①。

【注释】 ①糟:做酒剩下的渣子。

酒糟是用粮食等原料做酒后余下来的东西,可以用来喂猪。拿水冒充酒,欺骗顾客,自然也就没有酒糟产生,倒成了一种遗憾。这是反对卖假酒的一种委婉之词,充满幽默情调。

【译文】 如果把白水当作酒卖,还会落得养猪没有酒糟。

【原文】 **贫寒休要怨,富贵不须骄**①。

【注释】 ①贫寒时好埋怨,富贵时爱骄矜,这是世人最为常见的毛病,所以这里特别提醒注意防止。贫要安贫乐道,富要平等待人,这样才是有道德、有修养的君子之风。

【译文】 家中贫寒不要怨天怨地,家中富贵不要盛气凌人。

【原文】 **善恶随人作,祸福自己招**①。

【注释】 ①以上字面之外,包含了因果报应的意思:善举定有善报,恶行必遭祸殃。这是宿命论的说法,但也反映了善良人们的一种内心愿望,人们常常借此来表达一种美好的祝福或愤激的诅咒。

【译文】 善举恶行,由你随便去做;惹祸积福,全是自己招来。

【原文】 **奉劝君子,各宜守己。只此呈示,万无一失**①。

【注释】 ①这四句是全书的结束语,是对书中内容的肯定和强调,并且号召人们身体力行,做出成绩。

【译文】 奉劝诸位正人君子,各自应该安分守己。只要照此努力去做,保证能够万无一失。

幼学琼林

【导语】

《幼学琼林》，又名《幼学故事琼林》，明程登吉撰，原名《幼学须知》，后经清乾隆时邹圣脉增补，改名《幼学琼林》，简称《幼学》。古代儿童十岁称为幼学之年，初入学的，也称作幼学，所以它是一种儿童启蒙读物。

本书广辑古代文化典籍中的各种知识和典故，包括了各个方面的内容，既有政治哲学、伦理道德，又有文学艺术、神话传说；既有天文地理、鸟兽植物，又有生老病死、衣食住行等，分门别类，编成整齐对仗的双句，可读性强，文字简练，合辙押韵，浅显易懂，便于孩童诵读背记。读此书，有种"如入五都之市，百货充盈"的感觉。古代有人评论此书说："令天下之童熟读之，即不读六经亦可，不读诸史诸记亦可也。""读了《增广》会说话，读了《幼学》走天下。"此言虽未免有夸大之嫌，但也正是它能广为流传、脍炙人口的原因。即使是中青年、老年人读此书，也能从中受到教益。

《幼学琼林》插图

卷一

天文

（新增文十一联）

【原文】　**混沌初开，乾坤始奠。**

【解译】　传说远古时代，天地就像一个由清浊气体浑成的圆团，自从盘古把它劈开后，天地才有了定位。

【原文】　**气之轻清上浮者为天；气之重浊下凝者为地。**

【解译】　那轻而清的气，上浮升起成了天；那重而浊的气，下沉凝结成了地。

【原文】　**日月五星，谓之七政；天地与人，谓之三才。**

【解译】　日、月和金、木、水、火、土五星，叫作七政；天、地、人，叫作三才。

【原文】　**日为众阳之宗，月乃太阴之象。**

【解译】　日是众多阳气的主脑，月是众多阴气的形象。

【原文】　虹名螮蝀,乃天地之淫气;月里蟾蜍,是月魄之精光。

【解译】　长虹的别名,叫作,古人认为是阳气和阴气相交而成,因而认为它是天地的淫气;《淮南子》记载,月宫里有个蛤蟆,乃姮娥(即传说中的嫦娥)奔月而变成,是月亮的精华。

【原文】　风欲起而石燕飞,天将雨而商羊舞。

【解译】　湖南零陵山上有一种形似燕子的石头,风将刮起时,它们会群而飞起,风停了,它们又落下仍化为石头;春秋齐国有一种一只脚的鸟,天将下雨时,它会乱舞,孔子称它为商羊。

【原文】　旋风名为羊角,闪电号曰雷鞭。

【解译】　旋风叫作羊角,闪电叫作雷鞭。

【原文】　青女乃霜之神,素娥即月之号。

【解译】　青女是管霜雪的神灵,素娥(即嫦娥)是月的别号。

【原文】　雷部至捷之鬼曰律令,雷部推车之女曰阿香。

【解译】　雷部有一个走路极快的小鬼,叫作律令;另有一个专门推车的女神,叫作阿香。

【原文】　云师系是丰隆,雪神就是滕六。

【解译】　云师就是丰隆,雪神就是滕六。

【原文】　欻火、谢仙,俱掌雷火;飞廉、箕伯,悉是风神。

【解译】　欻火和谢仙,都是掌管雷火的神;飞廉和箕伯,都是风神。

【原文】　列缺乃电之神,望舒是月之御。

【解译】　列缺是管闪电的神,望舒是为月神驾车的仙人。

【原文】　甘霖、甘澍,俱指时雨;玄穹、彼苍,悉称上天。

【解译】　甘霖、甘澍,都是指及时好雨;玄穹、彼苍,都是上天的统称。

【原文】　雪花飞六出,先兆丰年;日上已三竿,乃云时晏。

【解译】　天上飞舞着六个瓣的雪花,预兆着来年是丰收年;太阳已升到三竿高,是说时候已经不早了。

【原文】　蜀犬吠日,比人所见甚稀;吴牛喘月,笑人畏惧过甚。

【解译】　蜀地晴天少,那里的狗看见太阳就狂叫,这是比喻有的人见识太少;吴地天气热,那里的牛看见月亮以为是太阳就喘气,这是讥笑有的人过于胆小。

【原文】　望切者,若云霓之望;恩深者,如雨露之恩。

【解译】　期望迫切的人,好比大旱盼望天上出现云彩;受人恩深的人,好比万物普受雨露。

【原文】　参商二星,其出没不相见;牛女两宿,惟七夕一相逢。

【解译】　参星和商星不同时在天空中出现,彼此永不相遇;牛郎星和织女星。传说每年七月初七才会相逢一次。

【原文】　后羿妻,奔月宫而为嫦娥;傅说死,其精神托于箕尾。

【解译】 传说后羿的妻子偷吃了长生不老药,奔到月宫变成了嫦娥;商高宗的宰相傅说,死后灵魂跨于箕、尾两星之间。

【原文】 披星戴月,谓早夜之奔驰;沐雨栉风,谓风尘之劳苦。

【解译】 披星戴月,是说早起晚睡不停地奔波;沐雨栉风,是说旅途的劳苦。

【原文】 事非有意,譬如云出无心;恩可遍施,乃曰阳春有脚。

【解译】 事情不经意就做成了,好比天上的云彩出来无心;恩惠广为施舍的,可说是温暖的春光遍及八方。

【原文】 馈物致敬,曰敢效献曝之忱;托人转移,曰全赖回天之力。

【解译】 送人礼物,说是效仿古人献曝的诚意。《列子·杨朱》中说:宋国有一农夫,家里很穷,冬天只能以晒日取暖,他不知天下还有暖室狐裘,就想把晒日取暖的方法献给君王。后来就以献曝作为对人馈赠的谦辞。托人调解,说是全靠人家扭转难以挽回的局面。

【原文】 感救死之恩曰再造,诵再生之德曰二天。

【解译】 感激别人救死之恩,叫再造;称颂他人使自己再生,叫二天。

【原文】 势易尽者若冰山,事相悬者如天壤。

【解译】 权势易尽,就像冰山一样容易融化;事理相差悬殊,如同天地一样遥远。

【原文】 晨星谓贤人寥落,雷同谓言语相符。

【解译】 晨星是指贤人稀少,雷同是指彼此间语言相同。

【原文】 心多过虑,何异杞人忧天;事不量力,不殊夸父追日。

【解译】 心中多忧虑,无异像杞人担心天要下坠;做事不量力,和古代夸父追逐太阳没什么不同。

【原文】 如夏日之可畏,是谓赵盾;如冬日之可爱,是谓赵衰。

【解译】 战国时晋国大夫赵盾威严,让人见了像炎热的夏天一样可怕;他的父亲赵衰温和,让人见了像温暖的冬天一样可爱。

【原文】 齐妇含冤,三年不雨;邹衍下狱,六月飞霜。

【解译】 齐国的一个贤妇含冤而死,上天三年不曾下雨;战国时燕国的邹衍蒙冤入狱。六月天空降霜雪。

【原文】 父仇不共戴天,子道须当爱日。

【解译】 和父亲的仇人,不能共处在一个天底下;做儿子的,应该懂得珍惜每一天以尽孝心的道理。

【原文】 盛世黎民,嬉游于光天化日之下;太平天子,上召夫景星庆云之祥。

【解译】 盛世的百姓,可以自由地游乐在明朗的天空下;天下太平的皇帝,头顶上会有景星、庆云等吉祥星云的出现。

【原文】 夏时大禹在位,上天雨金;《春秋》《孝经》既成,赤虹化玉。

【解译】 夏朝大禹在位,天上下起了黄金雨;孔子编成《春秋》《孝经》后,彩虹化成

了黄玉。

【原文】 箕好风,毕好雨,比庶人愿欲不同;风从虎,云从龙,比君臣会合不偶。

【解译】 箕星(木星)喜欢风,毕星(金星)喜欢雨,好比众人的欲望各有不同;虎起风从,龙生云从,比喻君臣意气相投不是偶然的。

【原文】 雨旸时若,系是休征;天地交泰,斯称盛世。

【解译】 晴雨适宜,是美好的象征;天地万物兴旺发达,这才是昌盛的世界。

【原文】 〔增〕大圆乃天之号,阳德为日之称。

【解译】 大圆是天的别号,阳德是太阳的别称。

【原文】 涿鹿野中之云,彩分华盖;柏梁台上之露,润浥金茎。

【解译】 黄帝在涿鹿田野上看见五彩云朵,就仿照着做成了华盖;汉武帝柏梁台上的承露盘所接的露水,滋润了黄金做成的盘柱。

【原文】 欲知孝子伤心,晨霜践履;每见雄军喜气,晚雪消融。

【解译】 清晨踏霜操琴,是孝子伤心的表现;傍晚春雪消融,是军队雄壮喜气洋洋的征兆。

【原文】 郑公风一往一来,御史雨既沾既足。

【解译】 东汉郑弘在山上求得的风,朝南暮北,人称郑公风;唐颜真卿做御史,断了狱中的冤案,天下久旱大雨,人称御史雨。

【原文】 赤电绕枢而附宝孕,白虹贯日而荆轲歌。

【解译】 电光围绕枢星(北斗星),少昊氏的妻子附宝受孕而生黄帝;白虹横穿长空,燕国壮士荆轲悲歌刺秦王。

【原文】 太子庶子之名,星分前后;旱年涝年之占,雷辨雌雄。

【解译】 太子和庶子的名分,从他们的星座中就可以分出前后;旱年和涝年的征兆,从雷声的不同中就可以分辨出来。

【原文】 中台为鼎鼐之司,东壁是图书之府。

【解译】 秦汉时尚书称中台,后指朝廷公卿宰相的所在;东壁是星宿石,后指朝廷储藏图书的府库。

【原文】 鲁阳苦战挥西日,日返戈头;诸葛神机祭东风,风回纛下。

【解译】 战国时楚国的鲁阳公日暮战韩兵,操戈向太阳一挥,日头又从西边转了回来;三国时诸葛亮助周瑜破曹兵,登台祭东风相助,风果然将军旗都吹向了西边。

【原文】 束先生精神毕至,可祷三日之霖;张道士法术颇神,能作五里之雾。

【解译】 东晋人束皙天旱求雨精诚,感动神灵,连下了三天大雨;汉代道士张楷道术精通,祭起的大雾能笼罩五里之遥。

【原文】 儿童争日,如盘如汤;辩士论天,有头有足。

【解译】 有两个儿童在争论太阳,一个说像盘子一样圆,另一个说像汤一样热,去问孔子,孔子竟不能答。三国时吴国使者张温与蜀国的秦宓在一起论天,张问:"天有头

乎?"秦答:"有。"张又问:"天有足乎?"秦答:"有。"张温很佩服秦宓。

【原文】 月离毕而雨候将征,星孛辰而火灾乃见。

【解译】 月亮离开毕星,预示着天要下雨;彗星冲到辰星边,就会出现火灾。

地　舆

(新增文十联)

【原文】 黄帝画野,始分都邑;夏禹治水,初奠山川。

【解译】 自从黄帝划分了疆野后,才开始有了都城和乡镇;夏禹治平洪水后,才有了山川的走向。

【原文】 宇宙之江山不改,古今之称谓各殊。

【解译】 天地之间的山川,是不会改变的;但人们对它的称呼,古今却大不相同。

【原文】 北京原属幽燕,金台是其异号;南京原为建业,金陵又是别名。

【解译】 北京原来属于古代的幽、燕地区,金台是它的别称;南京原来叫建业,金陵是它的别名。

【原文】 浙江是武林之区,原为越国;江西是豫章之郡,又曰吴皋。

黄帝画野

【解译】 浙江是武林(杭州)的所在地,古代称越国;江西是豫章(南昌)的所在地,又叫吴皋。

【原文】 福建省属闽中,湖广地名三楚。

【解译】 福建省在秦朝属于闽中郡,湖广地区在战国时代叫三楚。

【原文】 东鲁西鲁,即山东山西之分;东粤西粤,乃广东广西之域。

【解译】 东鲁、西鲁,是山东、山西的称呼;东粤、西粤,是广东、广西的疆域。

【原文】 河南在华夏之中,故曰中州;陕西即长安之地,原为秦境。

【解译】 中国古代称华夏,河南在它的中部,所以叫中州;陕西是长安(西安)的所在地,春秋战国时是秦国的境地。

【原文】 四川为西蜀,云南为古滇。

【解译】 四川别号叫西蜀,云南就是古代的滇国。

【原文】 贵州省近蛮方,自古名为黔地。

【解译】 贵州省靠近古代南蛮地,自古以来就称为黔地。

【原文】 东岳泰山,西岳华山,南岳衡山,北岳恒山,中岳嵩山,此为天下之五岳;饶州之鄱阳,岳州之青草,润州之丹阳,鄂州之洞庭,苏州之太湖,此为天下之五湖。

【解译】　东岳泰山，西岳华山，南岳衡山，北岳恒山，中岳嵩山，是中国五大名山；饶州(江西波阳)的鄱阳湖，岳州(湖南岳阳)的青草湖，润州(江苏镇江)的丹阳湖，鄂州(湖北武昌)的洞庭湖(原文有误，应在湖南岳阳)，苏州(今属江苏)的太湖，是中国五大湖泊。

【原文】　金城汤池，谓城池之巩固；砺山带河，乃封建之誓盟。

【解译】　金比喻坚固，汤比喻沸水不可接近。金城汤池，是说城池坚不可破。山如砺石，河如衣带，比喻年代无穷，子孙永存。砺山带河，是汉高祖册封功臣时的盟约。

【原文】　帝都曰京师，故乡曰梓里。

【解译】　皇帝所在的都城叫京师；故乡叫梓里。

【原文】　蓬莱弱水，惟飞仙可渡；方壶员峤，乃仙子所居。

【解译】　蓬莱四周环水，水浅鸿毛不浮，舟船不通，只有神仙才能飞渡过去。方壶和员峤，是仙人居住的地方。

【原文】　沧海桑田，谓世事之多变；河清海晏，兆天下之升平。

【解译】　大海变成农田，农田变成大海，比喻人世间事情的多变；黄河水清，海不扬波，预兆着天下太平。

【原文】　水神曰冯夷，又曰阳侯；火神曰祝融，又曰回禄。

【解译】　水神叫冯夷，又叫阳侯；火神叫祝融，又叫回禄。

【原文】　海神曰海若，海眼曰尾闾。

【解译】　海神叫海若；海眼叫尾闾，传说是海水归宿之处。

【原文】　望人包容曰海涵，谢人恩泽曰河润。

【解译】　希望别人宽容原谅自己，叫海涵；感谢别人对自己的恩惠，叫河润，像干枯的禾苗得到河水的滋润。

【原文】　无系累者，曰江湖散人；负豪气者，曰湖海之士。

【解译】　心中没有牵挂的人，叫作江湖散人；胸中抱有豪气的人，叫作湖海之士。

【原文】　问舍求田，原无大志；掀天揭地，方是奇才。

【解译】　到处找房买地的人，原本就没有什么大志；能够翻天覆地做一番大事业的人，才称得上是奇才。

【原文】　凭空起事，谓之平地风波；独立不移，谓之中流砥柱。

【解译】　事情凭空而起，叫作平地风波；能够独当一面，顶住危局不动摇，叫作中流砥柱。

【原文】　黑子弹丸，极言至小之邑；咽喉右臂，皆言要害之区。

【解译】　黑子弹丸，是指极小的地方；咽喉右臂，比喻形势险要之地。

【原文】　独立难持，曰一木焉能支大厦；英雄自恃，曰丸泥亦可封函关。

【解译】　一个人的力量难于成大事，就像一根木头不能支撑一座大厦；一个人依仗

自己有英雄才略,就说用一粒泥丸也能封住险要的函谷关。

【原文】 事先败而后成,曰失之东隅,收之桑榆;事将成而终止,曰为山九仞,功亏一篑。

【解译】 做事先失败又成功的,说是在东边日出的地方丢失的东西,在西边日落的地方又找到了;事情将要成功却又突然停止了,说是山已经堆得很高了,却失败在最后差一把土上。

【原文】 以蠡测海,喻人之见小;精卫衔石,比人之徒劳。

【解译】 用蠡(葫芦瓢)去量海水,比喻人的见识太少;一种叫精卫的鸟衔石想把海填平,比喻人做事徒劳无功。

【原文】 跋涉谓行路艰难,康庄谓道路平坦。

【解译】 跋涉是指行路的艰难,康庄是指道路的平坦。

【原文】 硗地曰不毛之地,美田曰膏腴之田。

【解译】 不长庄稼的盐碱薄地,叫不毛之地;肥沃的田地,叫膏腴之田。

【原文】 得物无所用,曰如获石田;为学已大成,曰延登道岸。

【解译】 得到的东西没有用处,就如获得一块不能种庄稼的石头田;学业已有成就,就如登上了知识的彼岸。

【原文】 淄渑之滋味可辨,泾渭之清浊当分。

【解译】 春秋齐国的易牙,可以辨别淄水和渑水的不同味道;泾水清,渭水浊,两水合流三百余里,仍能分明清浊。

【原文】 泌水乐饥,隐居不仕;东山高卧,谢职求安。

【解译】 看着泌水可以让人忘了饥饿,所以隐居的高士不愿出来做官;晋朝的谢安隐居在东山上高枕无忧,谢绝朝廷的屡次征召,以求安逸。

【原文】 圣人出则黄河清,太守廉则越石见。

【解译】 圣人出世,黄河才会清澈;太守廉洁,才能见到南海边隐于云雾中的越王石。

谢安隐居

【原文】 美俗曰仁里,恶俗曰互乡。

【解译】 风俗淳美的地方叫仁里,风俗恶劣的地方叫互乡。

【原文】 里名胜母,曾子不入;邑号朝歌,墨翟回车。

【解译】 一个叫胜母里的地方,曾子不肯入境,认为地名不合礼仪;一个都城叫朝歌,墨翟回车就走,认为名字起得不好。

【原文】 击壤而歌,尧帝黎民之自得;让畔而耕,文王百姓之相推。

【解译】　尧帝时的百姓,击打着田地尽情歌唱,十分得意;周文王时的百姓,互相谦让着地界而耕作,何等有礼。

【原文】　费长房有缩地之方,秦始皇有鞭石之法。

【解译】　传说东汉人费长房有缩短土地的奇法;秦始皇想渡海观日,有神仙鞭打石头、下海架桥的怪事。

【原文】　尧有九年之水患,汤有七年之旱灾。

【解译】　尧帝时有九年的水患,让禹治水,三过家门而不入;商汤时有七年的旱灾,商王为民祷雨于桑林。

【原文】　商鞅不仁而阡陌开,夏桀无道而伊洛竭。

【解译】　商鞅没有仁心,废除井田制而在田中开辟纵横交错的道路;夏桀没有君道,伊水和洛水郁干枯了。

【原文】　道不拾遗,由在上有善政;海不扬波,知中国有圣人。

【解译】　路上丢了东西没人拾取,这是由于地方长官治理有方;周成王时,大海三年不翻滚波涛,来朝贡的外国人都知道中国一定是出了圣人。

【原文】　〔增〕神州曰赤县,边地曰穹庐。

【解译】　神州又称赤县,边塞地方又叫穹庐。

【原文】　白鹭洲,二水中分吴壮丽;金牛路,五丁凿破蜀空虚。

【解译】　长江中的白鹭洲,将长江和赣水分开,造成了吴地(江苏)的壮丽美景;蜀王为了得到五条金牛,派五个力士开凿了金牛路,结果被秦惠王利用,灭掉了蜀国。

【原文】　瀑布岭头悬,苍碧空中垂白练;君山湖内翠,水晶盘里拥青螺。

【解译】　瀑布在岭头上悬空流下,好似在碧空中垂下一条白练;君山在洞庭湖中青翠兀立,好像水晶盘里放着一只青螺。

【原文】　浩荡吴江,险称天堑;嵯峨秦岭,高谓坤维。

【解译】　浩荡的吴江(长江),像天堑一般险要;巍峨的秦岭,高耸于坤维(西南方)。

【原文】　雪浪涌鞋山,洗清步武;彩云笼笔岫,绚出文章。

【解译】　鄱阳湖中鞋山(即大孤山,因山形如鞋又名)下涌着白浪,将人们的脚印都冲洗掉了;河北涿郡的笔山上笼罩着彩云,仿佛会显出绚丽的文章。

【原文】　金谷园中,花卉俱备;平泉庄上,木石皆奇。

【解译】　晋石崇在洛阳所建的金谷园中,各种花卉样样都有;唐朝李德裕的平泉庄里,一木一石都很奇巧。

【原文】　滩之凶无如虎须,路之险莫若羊肠。

【解译】　最凶险的河滩,莫如虎须滩(在重庆忠县),杜甫有诗"瞿塘漫天虎须怒";最险恶的路,莫如崎岖曲折的羊肠小道。

【原文】　烟树晴岚,潇湘可纪;武乡文里,汉郡堪夸。

【解译】　绿树如烟,山峦秀美,是湖南潇湘的美景;武乡(三国蜀诸葛亮的封邑)文里,是古代汉中值得夸耀的地方。

【原文】　七里滩是严光乐地,九折坂乃王阳畏途。

【解译】　七里滩(在浙江桐庐西南钱塘江滨)是汉严光(字子陵)隐居的乐地;九折坂(一名邛道,在四川荣经西邛崃山)的险恶,是汉代益州刺史王阳最怕经过的路途。

【原文】　将军征战之场,雁门紫塞;仙子遨游之境,玄圃阆风。

【解译】　山西大同的雁门紫塞,是将军打仗的战场;昆仑山顶上的玄圃阆风,是神仙遨游的境地。

山庄奇石

岁　时

(新增文十联)

【原文】　爆竹一声除旧,桃符万户更新。

【解译】　爆竹一声,人们辞去了旧岁;门上换上新的桃符(春联),千家万户气象更新。

【原文】　履端是初一元旦,人日是初七灵辰:

【解译】　履端是指一年的头一天,即元旦;人日是指正月初七,是个良辰吉日。

【原文】　元日献君以椒花颂,为祝遐龄;元日饮人以屠苏酒,可除历疫。

【解译】　元旦那天,晋刘臻的妻子陈氏写了一篇《椒花颂》,祝夫君长寿;元旦那天,人们喝用药浸泡而成的屠苏酒,可以清除各种瘟疫。

【原文】　新岁曰王春,去年曰客岁。

【解译】　新的一年叫王春,过去的一年叫客岁。

【原文】　火树银花合,谓元宵灯火之辉煌;星桥铁锁开,谓元夕金吾之不禁。

【解译】　火树银花合,形容元宵节灯火的辉煌;星桥铁锁开,比喻元宵晚上官府不禁夜,人们可以自由通行。

【原文】　二月朔为中和节,三月三为上巳辰。

【解译】　二月初一叫中和节,三月初三叫上巳日。

【原文】　冬至百六是清明,立春五戊为春社。

【解译】　冬至过后一百零六天，是清明节；立春过后第五个带"戊"字的日子，是祭土神的春社日。

【原文】　寒食节是清明前一日，初伏日是夏至第三庚。

【解译】　寒食节在清明的前一天，又叫禁烟节；初伏是夏至后第三个带"庚"字的日子。

【原文】　四月乃是麦秋，端午却为蒲节。

【解译】　四月是麦子熟了的时候，所以叫麦秋；五月初五端午节，人们都喝菖蒲酒以避瘟疫，所以又叫蒲节。

【原文】　六月六日，节名天贶；五月五日，节号天中。

【解译】　六月初六叫天贶节，五月初五叫天中节(即端午节)。

【原文】　端阳竞渡，吊屈原之溺水；重九登高，效桓景之避灾。

【解译】　端午节赛龙舟，是为了凭吊屈原投汨罗江而死；九月初九重阳节登高饮菊花酒，是效仿东汉桓景登山避灾。

【原文】　五戊鸡豚宴社，处处饮治聋之酒；七夕牛女渡河，家家穿乞巧之针。

【解译】　立春后第五个戊日(即春社日)，乡亲们到处杀鸡宰猪，人人都喝防治耳聋的酒；七月初七夜，牛郎、织女相会天河，妇女们穿针引线，乞求女工的灵巧。

【原文】　中秋月朗，明皇亲游于月殿；九日风高，孟嘉帽落于龙山。

【解译】　中秋节月光明亮，罗公远施道术，取拄杖化作桥，陪同唐明皇神游月宫；重阳节那天风大，晋朝桓温参军孟嘉和众官员陪同桓温登龙山，帽子被风吹落而不知，被人嘲笑。

明皇神游月殿　　　　　　　孟生落帽龙山

【原文】　秦人岁终祭神曰腊，故至今以十二月为腊；始皇当年御讳曰政，故至今读正月为征。

【解译】　秦国人年终要祭神，叫腊，所以到现在仍把十二月叫作腊月；秦始皇名嬴政，称帝后为了避讳，改正月为征月，所以至今正月仍读作征月。

【原文】　东方之神曰太皞，乘震而司春。甲乙属木，木则旺于春，其色青，故春帝曰青帝。

【解译】 东方的神叫太皞,居震位,掌管春天。春天在天干中属甲乙,甲乙在五行中属木,木气在春天最旺盛,它的颜色是青的,所以春帝又叫青帝。

【原文】 南方之神曰祝融,居离而司夏。丙丁属火,火则旺于夏,其色赤,故夏帝曰赤帝。

【解译】 南方的神叫祝融,居离位,掌管夏天。夏天在天干中属丙丁,丙丁在五行中属火,火气在夏天最旺盛,它的颜色是赤色的,所以夏帝又叫赤帝。

【原文】 西方之神曰蓐收,当兑而司秋。庚辛属金,金则旺于秋,其色白,故秋帝曰白帝。

【解译】 西方的神叫蓐收,居兑位,掌管秋天。秋天在天干中属庚辛,庚辛在五行中属金,金气在秋天最旺盛,它的颜色是白的,所以秋帝又叫白帝。

【原文】 北方之神曰玄冥,乘坎而司冬。壬癸属水,水则旺于冬,其色黑,故冬帝曰黑帝。

【解译】 北方的神叫玄冥,居坎位,掌管冬天。冬天在天干中属壬癸,壬癸在五行中属水,水气在冬天最旺盛,它的颜色是黑的,所以冬帝又叫黑帝。

【原文】 中央戊己属土,其色黄,故中央帝曰黄帝。

【解译】 中央在天干中属戊己,戊己在五行中属土,它的颜色是黄的,所以中央帝又叫黄帝。

【原文】 夏至一阴生,是以天时渐短;冬至一阳生,是以日晷初长。

【解译】 夏至开始生阴气,所以夏至后的白天逐渐短起来;冬至开始阳气回转,所以冬至后的白天又慢慢长起来。

【原文】 冬至到而葭灰飞,立秋至而梧叶落。

【解译】 冬至日到,天上飞着人们燃烧葭草(芦苇)而形成的烟灰;立教开始,地上飘着梧树的落叶。

【原文】 上弦谓月圆其半,系初八九;下弦谓月缺其半,系廿二三。

【解译】 上弦月是指月亮半圆,在每月的初八、初九;下弦月是指月亮缺了一半,在每月的二十二、二十三。

【原文】 月光都尽谓之晦,三十日之名;月光复苏谓之朔,初一之号;月与日对谓之望,十五日之称。

【解译】 月亮光完全没有了叫晦,是每月三十的别名;月亮光重新恢复叫朔,是每月初一的别号;月亮光同太阳光相对叫望,是每月十五的别称。

【原文】 初一是死魄,初二旁死魄,初三哉生明,十六始生魄。

【解译】 初一那天月亮最暗,叫死魄;初二和初一差不多,叫旁死魄;到初三那天开始有光,叫哉生明;十六那天又开始亏缺,月光逐渐暗淡,叫始生魄。

【原文】 翼日、诘朝,皆言明日;穀旦、吉旦,悉是良辰。

【解译】　翼日、诘朝，都是指明天的意思；穀旦、吉旦，都是指良好的时辰。

【原文】　片晌即谓片时，日曛乃云日暮。

【解译】　片晌是片时、片刻的意思；日曛是日暮、傍晚的意思。

【原文】　畴昔、曩者，俱前日之谓；黎明、昧爽，皆将曙之时。

【解译】　畴昔、曩者，都是前些日子的称呼；黎明、昧爽，都是指天将亮的时辰。

【原文】　月有三浣：初旬十日为上浣，中旬十日为中浣，下旬十日为下浣；学足三余：夜者日之余，冬者岁之余，雨者晴之余。

【解译】　唐代官员每月要洗濯三次，叫三浣：每月的前十天叫上浣，中间十天叫中浣，最后十天叫下浣；求学问要抓紧三个空余时间：夜晚是白天的空余时间，冬天是一年的空余时间，雨天是晴天的空余时间。

【原文】　以术愚人，曰朝三暮四；为学求益，日日就月将。

【解译】　用权术愚弄人，就像古代养猴人喂猴，一会儿早上三升，晚上四升，一会儿早上四升，晚上三升，哄骗猴子一样；求学问要想有收获，应该天天月月都努力。

【原文】　焚膏继晷，日夜辛勤；俾昼作夜，晨昏颠倒。

【解译】　点着油灯，夜以继日，比喻勤奋好学的人白天黑夜都在苦读；把白天当作了黑夜，是指有的人沉醉于花红酒绿的生活，把早晨和黄昏都弄颠倒了。

【原文】　自愧无成，曰虚延岁月；与人共语，曰少叙寒暄。

【解译】　自己惭愧一事无成，叫虚延岁月；和别人叙谈，说几句问寒问暖的话，叫少叙寒暄。

【原文】　可憎者，人情冷暖；可厌者，世态炎凉。

【解译】　最可恨的事是人情有冷有热，最可恶的事是嫌贫附势，世态炎凉。

【原文】　周末无寒年，因东周之懦弱；秦亡无燠岁，由嬴氏之凶残。

【解译】　东周的末年没有寒冷的岁月，因为它的政令太宽，太虚弱；秦朝灭亡时没有燠暖的岁月，因为它的刑法太严，太残暴。

【原文】　泰阶星平曰泰平，时序调和曰玉烛。

【解译】　泰阶星（指三台六星）阴阳平和叫太平，四季调和叫玉烛。

【原文】　岁歉曰饥馑之岁，年丰曰大有之年。

【解译】　庄稼歉收的年份叫饥馑之岁，丰收的年份叫大有之年。

【原文】　唐德宗之饥年，醉人为瑞；梁惠王之凶岁，野莩堪怜。

【解译】　唐德宗时的饥年，连酿酒的粮食都没有，偶尔看见有人喝醉了，都以为是祥瑞的征兆；战国梁惠王时的荒年，到处是饿死的穷人，孟子认为十分可怜。

【原文】　丰年玉、荒年谷，言人品之可珍；薪如桂、食如玉，言薪米之腾贵。

【解译】　丰年的玉石，荒年的谷子，比喻人的品格十分珍贵；柴和米胜似桂枝白玉，比喻柴米的价钱贵得惊人。

【原文】 春祈秋报,农夫之常规;夜寐夙兴,吾人之勤事。

【解译】 春天祈祷丰收,秋天庆祝回报,这是农夫的常规;天黑就睡,清晨早起,这是勤劳人的作为。

【原文】 韶华不再,吾辈须当惜阴;日月其除,志士正宜待旦。

【解译】 美好的年华不会再来,我们都应当珍惜光阴;日月过得很快,有志向的人都应当学周公坐以待天明,抓紧时间有所作为。

【原文】 〔增〕寒暑代迁,居诸迭运。

【解译】 冬夏在循环转换,日月在不停更迭。

【原文】 九秋授御寒之服,自古已然;三月上踏青之鞋,于今不改。

【解译】 秋天的九月,准备过冬御寒的衣服,古今都是这样;春天的三月,准备春游踏青的鞋子,至今没有改变。

【原文】 双柑斗酒,雅称春游;对影三人,尽堪夜饮。

【解译】 唐戴颙春天带着柑子和好酒出游去听黄鹂声,美称为春游;李白夜晚独自吟酒,作诗"举杯邀明月,对影成三人"。

【原文】 五月孤军渡泸水,蜀丞相何等忠勤;上元三鼓夺昆仑,狄将军更多妙算。

【解译】 蜀国丞相诸葛亮,在炎热的五月孤军渡过泸水(即四川、云南交界的金沙江河段)攻打孟获,这是何等的忠诚勤勉;宋朝大将狄青,正月十五夜三更天巧夺昆仑关(在广西南宁东北昆仑山上),表现了他的神机妙算。

【原文】 二月扑蝶之会,洵可乐焉;元正磔鸡之朝,必有取尔。

【解译】 从前长安二月有捕蝶的盛会,十分欢乐;魏晋时的正月,人们杀羊宰鸡,以求岁月充满生机。

【原文】 吴质浮瓜避暑,陂塘九夏为秋;葛仙吐火驱寒,户牖三冬亦暖。

【解译】 魏国的吴质,把瓜浸在泉水中以避暑热,池塘夏天也有秋天凉爽的感觉;晋朝的葛洪有仙术,寒冬请客,口中吐火,满屋顿觉温暖如春。

【原文】 豪吟释子,夜敲咏月之钟;胜赏君王,春击催花之鼓。

【解译】 唐僧人如满,夜晚吟月诗兴未尽,敲响了寺院的钟声。唐明皇游上苑赏花,命高力士击鼓催花开,得意地对妃子说:"你们不叫我做天公,行吗?"

【原文】 清秋汾水,歌传汉武之词;上巳兰亭,事记右军之迹。

【解译】 汉武帝秋游山西汾水,伴着秋风吟诵:"秋风起兮白云飞,草木黄落兮雁南归。"晋永和九年三月三日上巳日,王羲之与朋友欢宴于会稽(今浙江绍兴)兰亭,写下了著名的《兰亭序》。

【原文】 人日卧含章檐下,寿阳试学梅妆;中秋过牛渚矶头,谢尚细吹竹笛。

【解译】 南朝宋武帝之女寿阳公主,在人日(正月初七)那天,卧在含章殿屋檐下,梅花掉落在额头上十分美丽,宫中纷纷效仿称为梅花妆;晋朝人谢尚中秋夜过长江牛渚

矶,遇见袁宏在船上歌咏,谢尚就吹笛相和,并登船与袁宏畅谈通宵。

【原文】 寇公春色诗,真可喜也;欧子《秋声赋》,何其凄然。

【解译】 宋寇准做春色诗,读了让人喜悦;欧阳修作《秋声赋》,读了令人凄惨不已。

朝　廷

(新增文十联)

【原文】 三皇为皇,五帝为帝。

【解译】 天皇、地皇、人皇(一说伏羲、神农、黄帝),古称三皇;伏羲、神农、黄帝、尧、舜(一说少昊、颛顼、高辛、尧、舜),为五帝。

【原文】 以德行仁者王,以力假仁者霸。

【解译】 用道德推行仁义者,叫王道;以武力假为仁义者,叫霸道。

【原文】 天子天下之主,诸侯一国之君。

【解译】 天子是天下的主人,诸侯是封国的君主。

【原文】 官天下,乃以位让贤;家天下,是以位传子。

【解译】 古代五帝时出于公心,将帝位让给了贤人;三王时(指夏、商、周)出于私心,将帝位传给了儿子或兄弟。

【原文】 陛下尊称天子,殿下尊重宗藩。

【解译】 陛下是对天子的尊称,殿下是对皇帝分封在外的宗族藩王们的尊称。

【原文】 皇帝即位曰龙飞,人臣觐君曰虎拜。

【解译】 皇帝继承帝位,叫龙飞,犹飞龙在天。周宣王大臣召虎因有战功,受到宣王赏赐,召虎上朝拜谢,《诗经》中称为虎拜。以后大臣朝见皇帝,就叫虎拜。

【原文】 皇帝之言,谓之纶音;皇后之命,乃称懿旨。

【解译】 皇帝的话,叫纶音;皇后的命令,叫懿旨。

【原文】 椒房是皇后所居,枫宸乃人君所莅。

【解译】 皇后居住的地方,因为用椒粉刷过以避邪,所以叫椒房;皇帝居住的地方前面种有枫树,所以叫枫宸。

【原文】 天子尊崇,故称元首;臣邻辅翼,故曰股肱。

【解译】 天子受人尊崇,就像一个人的头一样,所以叫元首;大臣们是辅佐皇帝的,如同人的四肢护着身体一样,所以叫股肱。

【原文】 龙之种、麟之角,俱誉宗藩;君之储、国之贰,皆称太子。

【解译】 龙种、麟角,都是赞誉皇帝宗族的;君储、国贰,都是称呼太子的。

【原文】 帝子爱立青宫,帝印乃是玉玺。

【解译】 太子居住在皇宫东边的青宫,帝王的印章叫玉玺。

【原文】　宗室之派,演于天潢;帝胄之谱,名为玉牒。

【解译】　帝王宗族的各支,如同天河的流派一样;皇家的谱系,叫作玉牒。

【原文】　前星耀彩,共祝太子以千秋;嵩岳效灵,三呼天子以万岁。

【解译】　天上有前、中、后三星,前星在太子位。唐明皇做太子时,生日宴请百官,前星发出耀眼的光彩,大臣们共祝太子千秋。汉武帝登临登封嵩山,和大臣们听到空中三呼"万岁",以为嵩山神在显灵,于是在山下建邑以祭祀。

【原文】　神器、大宝,皆言帝位;妃嫔、媵嫱,总是宫娥。

【解译】　神器、大宝,都是皇位的代称;妃、嫔、媵、嫱等皇帝的侍妾,再说也是宫女。

【原文】　姜后脱簪而待罪,世称哲后;马后练服以鸣俭,共仰贤妃。

【解译】　周宣王好色,皇后姜氏认为是自己的过错,就摘下头上的簪子去永巷待罪,世人称她是明哲的皇后;东汉光武帝的皇后马氏衣着节俭,人们敬仰她是贤德的皇妃。

【原文】　唐放勋德配昊天,遂动华封之三祝;汉太子恩覃少海,乃兴乐府之四歌。

【解译】　唐(尧)帝放勋的功德可与天相比,华地的封人祝愿他多福多寿多子孙;汉明帝为太子时对人恩深如海,乐府的艺人们为他作歌四章到处赞颂。

【原文】　〔增〕德奉三无,功安九有。

【解译】　品德尊奉三无(天无私覆、地无私载、日月无私照),功绩才能安定九州。

【原文】　陈桥驿军兵欲变,独日重轮;春陵城圣哲诞生,一禾九穗。

【解译】　宋太祖赵匡胤在开封陈桥驿黄袍加身,准备兵变当皇帝,太阳的外围出现了光圈;东汉光武帝在春陵城(今湖北枣阳)出生时,一棵禾苗长了九个穗子,他的父亲刘钦为他起名刘秀。

【原文】　祥钟汉代,禁中卧柳生枝;瑞蔼宋廷,榻下灵芝生叶。

【解译】　西汉昭帝时,上林苑有棵倒下的柳树有一天突然立起,并生出新叶,叶上有文字,告示汉宣帝将继位;宋仁宗母亲的床下生出灵芝,有四十二个叶子。后来仁宗在位正好四十二年。

【原文】　设鼓悬钟,千古仰夏王之乐善;释袍结袜,万年钦西伯之尊贤。

【解译】　夏禹治天下时,设鼓悬钟,广听民意,自古以来得到民众的敬仰;周文王伐崇,自己穿衣穿袜,不让下人动手,也得到了人们万年的钦佩。

【原文】　信天命攸归,驰王骤帝;知人心爱戴,冠道履仁。

【解译】　相信天命归附自己,就应学三王(夏禹、商汤、周文王)快跑,五帝(少昊、颛顼、高辛、尧、禹)疾行,而不要学三皇(伏羲、神农、黄帝)慢走,五霸(春秋时齐桓公、晋文公、宋襄公、秦穆公、楚庄王)奔驰。君王要想百姓爱戴自己,就应该头脑中有道德,行动中履行仁义。

【原文】　帝尧用心,哀孺子又哀妇人;武王伐暴,廉货财还廉女色。

【解译】　尧帝施政很用心,既怜悯儿童,又怜悯妇女;周武王征伐殷纣王,既不贪钱财,也不贪女色。

【原文】 六宫无丽服,玄宗罢织锦之坊;万姓有余粮,周祖建绘农之阁。

【解译】 皇宫里没有华丽的衣服,是因为唐玄宗撤了织锦的作坊;百姓家里有余粮,是因为后周世宗在宫中画有各种农作图,重视农业生产的结果。

【原文】 仁宗味淡而撤蟹,晋武尚朴而焚裘。

【解译】 宋仁宗因为新蟹太贵,不忍心吃而下令撤去;晋武帝崇尚俭朴,在殿前焚烧大臣献上的皮衣,以示警诫。

周武王像

【原文】 汉文除肉刑,仁昭法外;周武分宝玉,恩溢伦中。

【解译】 汉文帝废除肉刑,仁义显扬到法律之外;周武王将宝玉分给各封国,他的恩惠满溢于王族之中。

【原文】 更知唐王颂成功,舞扬七德;且仰汉高颁令典,约法三章。

【解译】 要知道唐太宗颂扬自己成功,令人奏起了七德舞军乐之事;更敬仰汉高祖占领秦都长安后颁发令典,与百姓约法三章之举(秦国留下的法律,只留下杀人者死、伤人及盗者抵罪三条,其余一律废除)。

文 臣

(新增文十联)

【原文】 帝王有出震向离之象,大臣有补天浴日之功。

【解译】 震和离都是《易经》中八卦的卦名,震代表东方,比喻春天,太阳从东方升起,普照万物;离代表南方,比喻夏天,象征光明。出震和向离,都是帝王的卦象;大臣们则有力挽危局的巨大的功劳。

【原文】 三公上应三台,郎官上应列宿。

【解译】 三公(太师、太傅、太保,一说大司马、大司徒、大司空)对应天上的三台星,众多郎官的排序,也都和众星宿相照应。

【原文】 宰相位居台铉,吏部职掌铨衡。

【解译】 宰相的位置,就如三台星中的中台星、大鼎两边的鼎耳,最为重要;吏部的职责是掌管天下的官吏,起着选拔和考察的作用。

【原文】 吏部天官大冢宰,户部地官大司徒,礼部春官大宗伯,兵部夏官大司马,刑部秋官大司寇,工部冬官大司空。

【解译】 吏部尚书是管理官吏的,又叫天官、大冢宰;户部尚书是管理户口的,又叫地官、大司徒;礼部尚书是管理礼制的,又叫春官、大宗伯;兵部尚书是管理军队的,又叫夏官、大司马;刑部尚书是管理刑法的,又叫秋官、大司寇;工部尚书是管理工程的,又叫冬官、大司空。

【原文】 司宪中丞,都御史之号;内翰学士,翰林院之称。

【解译】 司宪、中丞,是都御史的别号;内翰、学士,是翰林院翰林的别称。

【原文】 天使称誉行人,司成尊称祭酒。

【解译】 天使,是对行人(使者)的美称;掌管教育的官员司成,尊称为祭酒。

【原文】 称都堂曰大抚台,称巡按曰大柱史。

【解译】 都堂,叫大抚台;巡按,叫大柱史。

【原文】 方伯藩侯,左右布政之号;宪台廉宪,提刑按察之称。

【解译】 方伯、藩侯,是左右布政使的称号;宪台、廉宪,是提刑按察使的称号。

【原文】 宗师称为大文衡,副使称为大宪副。

【解译】 宗师称作大文衡,副使称作大宪副。

【原文】 郡侯邦伯,知府名尊;郡丞贰侯,同知誉美。

【解译】 郡侯、邦伯,是对知府的尊称;郡丞、贰侯,是对同知的美称。

【原文】 郡宰别驾,乃称通判;司理荐史,赞美推官。

【解译】 郡宰、别驾,是称呼通判的;司理、荐史,是赞美推官的。

【原文】 刺史州牧,乃知州之两号;荐史台谏,即知县之尊称。

【解译】 刺史、州牧,是知州的两个称号;荐史、台谏,是对知县的尊称。

【原文】 乡宦曰乡绅,农官曰田畯。

【解译】 退职还乡的官员叫乡绅,管理农事的官员叫田畯。

【原文】 钧座台座,皆称仕宦;帐下麾下,并美武官。

【解译】 钧座、台座,都是称呼做官的;帐下、麾下,是对武官的美称。

【原文】 秩官既分九品,命妇亦有七阶。

【解译】 古代官员的官阶俸禄,分为九品;皇帝诰封妇人,也有七级。

【原文】 一品曰夫人,二品亦夫人,三品曰淑人,四品曰恭人,五品曰宜人,六品曰安人,七品曰孺人。

【解译】 一品叫夫人,二品也叫夫人,三品叫淑人,四品叫恭人,五品叫宜人,六品叫安人,七品叫孺人。

【原文】 妇人受封曰金花诰,状元报捷曰紫泥封。

【解译】 皇帝诰封妇人是写在金花罗纸上的,所以叫金花诰;状元的报喜信是用紫金泥封口的,所以叫紫泥封。

【原文】　唐玄宗以金瓯覆宰相之名,宋真宗以美珠钳谏臣之口。

【解译】　唐玄宗任命宰相时,先把宰相的名字用金瓯覆盖,然后让太子来猜;宋真宗为了制止大臣王旦谏封禅,特赐他一坛珍珠,以堵住他的口。

【原文】　金马玉堂,羡翰林之声价;朱幡皂盖,仰郡守之威仪。

【解译】　金马玉堂,是羡慕翰林声望和身价的赞词;朱幡皂盖,是仰慕郡守出行仪仗威严的美誉。

【原文】　台辅曰紫阁明公,知府曰黄堂太守。

【解译】　台辅(三公宰相)办事在紫禁城内,所以台辅又叫紫阁明公;黄堂是太守的办事厅堂,所以知府又叫黄堂太守。

【原文】　府尹之禄二千石,太守之马五花骢。

【解译】　府尹的年俸,有两千石;太守的乘车,有五匹马。

【原文】　代天巡狩,赞称巡按;指日高升,预贺官僚。

【解译】　代表天子巡视,这是赞誉巡按的言语;指日高升,这是预先祝贺官吏提升的言语。

【原文】　初到任曰下车,告致仕曰解组。

【解译】　官吏初到任上,叫作下车;官吏辞去官职,叫作解组,解下印绶。

【原文】　藩垣屏翰,方伯犹古诸侯之国;墨绶铜章,令尹即古子男之邦。

【解译】　藩垣屏翰,是指方伯(泛指地方长官)所辖的地区,犹如古代诸侯之国,是护卫京城的屏障;黑色绶带、铜质印章,是指令尹(县令),他们的领地,就如古代爵位中子、男等小诸侯的封地。

【原文】　太监掌阍门之禁令,故曰阉宦;朝臣皆搢笏于绅间,故曰搢绅。

【解译】　太监掌管着宫门的开闭,所以叫阉宦;朝廷的大臣们都把记事用的笏板插在绅(腰带)间,所以叫搢绅。

【原文】　萧曹相汉高,曾为刀笔吏;汲黯相汉武,真是社稷臣。

【解译】　汉高祖的丞相萧何、曹参,都曾做过秦朝主办文案的小官刀笔吏;汉武帝的丞相汲黯,安定社稷有功,被武帝称作社稷臣。

【原文】　召伯布文王之政,尝舍甘棠之下,后人思其遗爱,不忍伐其树;孔明有王佐之才,尝隐草庐之中,先主慕其令名,乃三顾其庐。

【解译】　周朝的召公传布文王的政令,曾在一棵甘棠树下居住,卒后人们想念他,不忍心把这棵树砍去;诸葛亮有辅佐天子的才略,曾隐居南阳卧龙岗草庐中,刘备敬仰他的大名,三次亲自到草庐请他出山。

【原文】　鱼头参政,鲁宗道秉性骨鲠;伴食宰相,卢怀慎居位无能。

【解译】　宋朝参政鲁宗道秉性耿直,遇事敢言,人称鱼头参政;唐朝宰相卢怀慎遇事推让,不敢做主,人称伴食宰相。

【原文】 王德用人称黑王相公,赵清献世号铁面御史。

【解译】 宋朝大将王德用脸黑,对军中事了如指掌,经常施恩于部下,未曾亲自督战上阵,即已名扬四方,被称为黑王相公;宋朝殿中侍御史赵忭(谥清献),铁面无私,弹劾不避权贵,被称为铁面御史。

【原文】 汉刘宽责民,蒲鞭示辱;项仲山洁己,饮马投钱。

【解译】 汉朝南阳太守刘宽,为人温厚宽恕,遇有吏民有过,只用蒲草做的鞭子抽打几下,以示羞辱而已;安陵人项仲山为了表示自己的清廉,每次在渭水边饮马,都要向水中投入三文钱。

【原文】 李善感直言不讳,竞称鸣凤朝阳;汉张纲弹劾无私,直斥豺狼当道。

【解译】 唐朝监察御史李善感敢于直言谏上,深得民心,被誉为鸣凤朝阳;汉朝御史张纲,无私无畏,敢于弹劾大将军梁冀父子不法,直斥奸臣是豺狼当道。

【原文】 民爱邓侯之政,挽之不留;人嫌谢令之贪,推之不去。

【解译】 晋朝吴郡太守邓攸为人清廉,离任时百姓再三挽留不让他走。他的前任谢令在任上贪赃枉法,百姓赶都赶不走。有民谣说:"邓侯挽不留,谢令推不去。"

【原文】 廉范守蜀郡,民歌五裤;张堪守渔阳,麦穗两歧。

【解译】 汉朝蜀郡太守廉范,废除过去禁民夜作的陋规,百姓生活好了,过去没衣,如今裤子也多了,就唱道:"廉叔度,来何暮;不禁火,民安堵;昔无襦,今五裤。"汉朝张堪作渔阳太守时,劝民勤耕,麦穗竟会分叉。

【原文】 鲁恭为中牟令,桑下有驯雉之异;郭汲为并州守,儿童有竹马之迎。

【解译】 汉朝鲁恭为中牟县令时,民风醇正,桑树下有野鸡而没人捕捉它;郭汲为并州太守时,施行仁政,后来旧地重来,有数百名儿童骑着竹马在道上迎候。

【原文】 鲜于子骏,宁非一路福星;司马温公,真是万家生佛。

【解译】 宋代鲜于子骏为京中转运使,司马光让他去赈济齐鲁,人们称他是一路福星;司马光做宰相时,有德惠于人,百姓称之为万家生佛。

【原文】 鸾凤不栖枳棘,羡仇香之为主簿;河阳遍种桃花,乃潘岳之为县官。

【解译】 鸾凤不在酸枳荆棘中栖身,这是赞扬东汉人仇香任亭长时,在处理一件母告子不孝的诉状中,劝子孝母有成,而升为主簿的誉词;河阳县(今河南孟州市)到处种植桃树,以致满县皆桃花,这是晋朝潘岳当县令时要求种的。

【原文】 刘昆宰江陵,昔日反风灭火;龚遂守渤海,令民卖刀买牛。

【解译】 汉朝刘昆任江陵县令时,遇有火灾,便下跪向火叩头,反转风力,把火扑灭;龚遂作渤海太守时,下令不捕强盗,劝说他们卖掉兵器买牛从农,改过自新。

【原文】 此皆德政可歌,是以令名攸著。

【解译】 这些仁德的政治都可歌颂,所以他们的美名,也从此久传不衰。

【原文】 〔增〕太守称为紫马,邑宰地号雷封。

【解译】 晋朝谢灵运任永嘉太守时,常骑紫马出行,所以后人称太守为紫马;古时一个县管辖的地盘方圆约百里,下雨天打雷声也传百里左右,所以县官的辖地也叫雷封。

【原文】 槐位棘垣,三公及孤卿异秩;棱官紧职,拾遗与御史别称。

【解译】 周时,朝廷种有槐树和棘(酸枣)树,公卿大夫分坐其下。槐下是三公(太师、太傅、太保)之位,棘下是三孤(少师、少傅、少保)及九卿之位,他们的俸禄也是不同的;棱官、紧职,是拾遗和御史的别称。

【原文】 给事谓之夕郎,黄门批敕;翰林名为仙掖,紫禁宣麻。

【解译】 汉朝给事因常在晚上入黄门批答敕书,所以又叫夕郎;唐朝翰林则在紫禁城里用黄麻纸书写皇帝诏书,所以又叫仙掖。

【原文】 饱卿睡卿,名号自别;铨部祠部,政事攸分。

【解译】 饱卿即光禄卿,睡卿即鸿胪卿,名号是不同的;铨部即吏部,祠部即礼部,所管的职责也不一样。

【原文】 俗美化醇,尹翁归去思蜀郡;名高望重,汲长孺卧治淮阳。

【解译】 风俗美好,教化醇厚,百姓安居乐业,这是蜀郡太守尹翁去职后对该郡的思念;名高望重,这是人们对淮阳太守汲黯(字长孺)治理淮阳的赞词。

【原文】 张魏公作冲天羽翼,李长吉为瑞世琼瑶。

【解译】 宋朝张浚(封魏国公)任礼部侍郎,皇帝称赞他是"冲天羽翼";唐朝李贺(字长吉)为承旨官,韩愈称赞他的文才是"瑞世琼瑶"。

【原文】 士仰直声,汉世喜多二鲍;民歌善政,江东闻有三岑。

【解译】 士人敬仰正直的名声,汉朝的御史鲍恢、鲍永叔侄俩世称"二鲍";百姓歌颂德政,江东三个县令,金坛令岑义、长州令岑仲翔、溧水令岑仲休三兄弟,世号"三岑"。

【原文】 棠棣理政多能,刘氏弟兄守南郡;桥梓治县有谱,傅家父子宰山阴。

【解译】 南朝梁理政多年、百姓受惠最多的是先后任南郡太守的刘之遴、刘之亨兄弟;南宋治县有方、政绩卓著的是相继任山阴县令的傅僧佑、傅琰父子。

【原文】 政简刑清,姜谟号太平官府;身修行洁,裴侠称独立使君。

【解译】 唐姜谟官泰州,政简刑清,人称他是太平官府;五代周裴侠官河北太守,清廉奉公,当时号称独立使君。

吕蒙正像

【原文】 袁尚书学问深宏,不愧魏朝杜预;寇丞相事功彪炳,真为宋代谢安。

161

【解译】　北魏尚书袁翻学问精深博达，肃宗称他有如晋朝的杜预；宋朝丞相寇准功绩彪炳千秋，有如东晋的谢安。

【原文】　熙宁三舍人，乃一朝硕彦；庆历四谏士，实千古良臣。

【解译】　宋朝熙宁年间知制诰宋敏求、苏仲、李大临因奏本反对王安石提升李定为御史而落职，世称"熙宁三舍人"，乃是一朝大贤士；庆历年间余靖、王素、欧阳修、蔡襄共为谏官，忠于职守，时号"庆历四谏士"，实为千古良臣。

【原文】　宰相必用读书人，舍窦可象谁当鼎轴？状元曾是瞌睡汉，惟吕文穆乃占魁名。

【解译】　宰相须用读书人，这是宋太祖夸赞窦仪（字可象）博学的话；吕蒙正（卒谥文穆）中状元前曾被人讥为瞌睡汉，中了状元令讥者大惭。

【原文】　谁云公种生公，或谓相门有相？

【解译】　谁说公卿家一定生公卿，或者说相门家一定会出宰相呢？

武　职

（新增文十二联）

【原文】　韩柳欧苏，固文人之最著；起翦颇牧，乃武将之多奇。

【解译】　韩愈、柳宗元、欧阳修、苏轼，是文人中最著名的；白起、王翦、廉颇、李牧则是武将中最有奇才的。

【原文】　范仲淹胸中具数万甲兵，楚项羽江东有八千子弟。

【解译】　宋朝范仲淹守延州，西夏人称他胸有雄兵数万而不敢侵犯；楚霸王项羽起兵时，带江东八千子弟渡江而西。

【原文】　孙膑吴起，将略堪夸；穰苴尉缭，兵机莫测。

【解译】　春秋战国时齐孙膑、魏吴起，他们的谋略可夸；齐司马穰苴、魏尉缭，他们的计谋难测。

【原文】　姜太公有《六韬》，黄石公有《三略》。

【解译】　周文王时姜太公著有《六韬》（文、武、龙、虎、豹、犬），汉朝黄石公著有《三略》（上略、中略、下略）。

【原文】　韩信将兵，多多益善；毛遂讥众，碌碌无奇。

【解译】　汉韩信与汉高祖刘邦论兵，韩说："陛下可带兵十万，臣则多多益善。"战国时赵国人毛遂自荐随平原君求救于楚，同行二十人，结果只有他一人说服楚王出兵。毛遂指着十九人说："公等碌碌，因人成事。"讥讽他们没有奇谋，空忙一场。

【原文】　大将曰干城，武士曰武弁。

【解译】　大将叫干城，武士叫武弁。

【原文】　都督称为大镇国，总兵称为大总戎。

【解译】 都督称大镇国,总兵称大总戎。

【原文】 都阃即是都司,参戎即是参将。

【解译】 都阃就是都司,参戎就是参将。

【原文】 千户有户侯之仰,百户有百宰之称。

【解译】 千户有户侯的尊称,百户有百宰的别称。

【原文】 以车为户曰辕门,显揭战功为露布。

【解译】 过去天子外出在外住宿时,用车子作屏障,又立起两乘车辕相向以表示门,所以叫辕门;北魏时每打胜仗,都要把战功写在战旗上,称为露布。

【原文】 下杀上谓之弑,上伐下谓之征。

【解译】 臣子杀国君叫弑,国君讨伐臣子叫征。

【原文】 交锋谓对垒,求和曰求成。

【解译】 两军交锋叫对垒,请求停战叫求成。

【原文】 战胜而回谓之凯旋,战败而走谓之奔北。

【解译】 得胜回营叫凯旋,战败逃走叫奔北。

【原文】 为君泄恨曰敌忾,为国救难曰勤王。

【解译】 为君王发泄愤恨,叫敌忾;为国家拯救危难,叫勤王。

【原文】 胆破心寒,比敌人慑伏之状;风声鹤唳,惊士卒败北之魂。

【解译】 宋朝将领韩稚圭、范仲淹收复西夏时,有歌谣说:“军中有一韩,西贼闻之心胆寒;军中有一范,西贼闻之惊破胆。”后以胆破心寒比喻敌人恐惧万分之状。东晋谢玄、谢石攻破前秦符坚的阵地,秦兵四处逃亡,听到风声和鹤鸣,也以为是晋军,失魂落魄。

【原文】 汉冯异当论功,独立大树下不夸已绩;汉文帝尝劳军,亲幸细柳营按辔徐行。

【解译】 东汉光武帝的偏将军冯异,在诸将并坐论功时,他独自站在大树下,不讲自己的功绩;汉文帝到周亚夫的细柳营劳军,门卫说将军有令,营中不得驱马快跑,文帝只好让人手拉缰绳,缓慢而行。

【原文】 符坚自夸将广,投鞭可以断流;毛遂自荐才奇,处囊便当脱颖。

【解译】 前秦大将符坚举兵南侵,符融劝他前有长江,不可妄动。符坚不听,夸口说:“我有百万雄兵,把鞭子投入长江,也能断其流。”结果被东晋谢玄打得大败。战国时赵国有难,派平原君到楚国求救,毛遂自我推荐前往说:“臣像锥子放在布袋中,尖儿马上会露出来。”后来他果然完成了使命。

【原文】 羞与哙等伍,韩信降作淮阴;无面见江东,项羽羞归故里。

【解译】 羞与樊哙为伍,这是汉朝大将韩信被降为淮阴侯后,不愿与以前的部下樊哙平起平坐说的话;无面见江东父老,这是楚霸王项羽兵败乌江,想起过去领着江东三千子弟出征无剩一人,临自杀前说的话。

163

【原文】 韩信受胯下之辱，张良有进履之谦。

【解译】 韩信在少年时，曾受过钻别人裤裆的污辱；张良在下邳桥上，曾将一老人故意甩掉的鞋，恭敬地捡起给他穿上。

【原文】 卫青为牧猪之奴，樊哙为屠狗之辈。

【解译】 汉朝大将卫青少时孤贫，曾做过放猪的奴隶；樊哙少时家穷，曾干过杀狗的行当。

【原文】 求士莫求全，毋以二卵弃干城之将；用人如用木，毋以寸朽弃连抱之材。

【解译】 求才不要求全，不要像《史记》上说的荀爕因吃了别人两个鸡蛋而

项羽羞归故里

不能当将军；用人如使用木材，不要因为有一寸腐朽而丢弃整根粗大的木料。

【原文】 总之，君子之身，可大可小；丈夫之志，能屈能伸。

【解译】 总之，君子的身价，可大可小；大丈夫的志向，能屈能伸。

【原文】 自古英雄，难以枚举；欲详将略，须读武经。

【解译】 自古英雄，难以一一列举；要想详知将领的谋略，须熟读《武经七书》(《孙子》《吴子》《司马法》《六韬》《三略》《尉缭子》《李卫公问对》)。

【原文】 〔增〕《书》曰桓桓武士，《诗》云矫矫虎臣。

【解译】 《尚书》上说"桓桓武士"，这是称颂武士的威武；《诗经》上说"矫矫虎臣"，这是夸耀武士的勇猛。

【原文】 黄骢少年，登先陷阵；白马长史，殿后摧锋。

【解译】 北周的裴果常骑黄骢马冲锋陷阵，人称黄骢少年；东汉公孙瓒任辽东属国长史，常带善射将士乘白马出阵破敌前锋，又常断后掩护，人称白马长史。

【原文】 天子遣赵将军，真得御边之策；路人问霍去病，速收绝漠之勋。

【解译】 汉宣帝派赵充国去抵御羌人，赵提出屯田方略，朝廷真算是得到了御边的良策。梁朝曹景宗破北魏回师，梁武帝设宴慰劳，曹作诗说："去时女儿悲，归来笳鼓竞；借问行路人，何如霍去病。"自比汉将霍去病，破北魏有功。

【原文】 北敌势方强，娄师德八遇八克；南蛮心未服，诸葛亮七纵七擒。

【解译】 唐朝时西北的吐蕃势力强盛，屡犯边境。娄师德奉诏征讨，八战八胜。三

164

国时南蛮首领孟获不服蜀汉统治，诸葛亮将他七擒七纵(放)，终于使他诚服归顺。

【原文】　卫将军一举而朔庭空，仗剑洗刘家日月；薛总管三箭而天山定，弯弓造李氏乾坤。

【解译】　汉武帝令大将军卫青征讨匈奴，匈奴遁逃一空，他倚仗宝剑捍卫了刘氏王朝的天下；唐初大将薛仁贵三箭射杀三个乱贼头领，平定了天山，用弓箭建造了李氏王朝的江山。

【原文】　韩信用木罂渡军，机谋叵测；田单以火牛出阵，势焰莫当。

【解译】　汉韩信攻打魏军时，用木罂(用木料缚住许多盛水容器做成的渡河工具)渡军过河，出其不意击败了魏军，这种计谋是常人难以预料的；齐国大将田单遭燕国围困，摆出了火牛阵突围，其势难以阻挡。

【原文】　太史慈乃猿臂英雄，班定远实虎头豪杰。

【解译】　三国吴将太史慈善射，其手臂长如猿猴之臂，人称猿臂英雄；东汉名将班超(封定远侯)长得虎头燕颔，战功显赫，人称虎头豪杰。

【原文】　力能迈众，敬德避槊而复夺槊；胆略过人，张辽出阵而复入阵。

【解译】　唐初大将尉迟恭(字敬德)力大过人，在与敌交战中，既能避开对方的长矛，又能把长矛夺过来；三国魏将张辽胆略过人，守合肥时被孙权所围，他率众突围而出，又杀回去救出还未突围出来的部下。

【原文】　狄天使可例云长，高敖曹堪比项籍。

【解译】　宋朝大将狄青，人呼狄天使，在出征西夏时屡立战功，宋仁宗把他比作三国蜀关羽(字云长)；北齐高敖曹善于弓马，武功高强，人们将他比作楚霸王项羽。

【原文】　紫髯会稽，振耀吴军武烈；黄须骁骑，奋扬曹氏威声。

【解译】　孙权长有一副紫须，曾做过会稽太守，人称孙会稽。他的勇猛刚烈，振起了吴军的军威。曹操的儿子曹彰长着一副黄须，被封为骁骑将军，征乌桓有功，振扬了曹氏的声威。

【原文】　鸦军雷军雁子军，鬼神褫魄；飞将锐将熊虎将，草木知名。

【解译】　后晋李克用身穿黑衣的鸦军，唐朝郑畋行动快捷的雷军，后梁朱瑾额上刺着双雁的雁子军，就是神鬼见了，也会丢魂落魄。唐朝单雄信号称飞将，马璘被称为锐将，三国关羽、张飞被称为熊虎将，就是草木也知道他们的威名。

【原文】　圻父王之爪牙，诗旨真可味也；将军国之心膂，人言其不谬乎。

【解译】　《诗经》中把圻父(掌管京城军事的官员)称作是国王的爪牙，说得深透，令人回味。汉李广私自杀了霸陵尉，上书请罪，汉武帝称他是国家的心脏和脊梁，免了他的罪。人们说汉武帝的话一点也不错。

卷　二

祖孙父子

（新增文十二联）

【原文】　何谓五伦？君臣、父子、兄弟、夫妇、朋友；何谓九族？高、曾、祖、考、已身、子、孙、曾、玄。

【解译】　什么叫五伦？就是君臣、父子、兄弟、夫妇、朋友之间的关系；什么叫九族？就是高祖、曾祖、祖父、考父（父亲）、自己、儿子、孙子、曾孙、玄孙九辈人。

【原文】　始祖曰鼻祖，远孙曰耳孙。

【解译】　本族最初的祖辈叫始祖，也叫鼻祖；孙子的孙子叫远孙，也叫耳孙。

【原文】　父子创造，曰肯构肯堂；父子俱贤，曰是父是子。

【解译】　父亲和儿子共同建房，叫"肯构肯堂"，意思是父亲有建房的构想，儿子把房建了起来，儿子能够继承父业。父子都具有贤才，叫"是父是子"，意思是儿子像其父，没有父亲就没有儿子，没有儿子也就没有父亲。这是《扬子》中说的。

【原文】　祖称王父，父曰严君。

【解译】　祖父又叫王父，父亲又叫严君。

【原文】　父母俱存，谓之椿萱并茂；子孙发达，谓之兰桂腾芳。

【解译】　父母亲都健在，犹如椿树和萱草都很茂盛；子孙都有出息，事业有成，就如兰花桂树不断发出芬芳。

【原文】　桥木高而仰，似父之道；梓木低而俯，如子之卑。

【解译】　乔木高大而向上，就像当父亲威严的样子；梓木低矮而向下，就像当儿子的谦卑。

【原文】　不痴不聋，不作阿家（读"姑"）阿翁；得亲顺亲，方可为人为子。

【解译】　不会装傻装聋，谦让对方，就不会做婆婆、公公；能得到父母的亲情，顺从父母的心意，才可做人、做子。

【原文】　盖父愆，名为干蛊；育义子，乃曰螟蛉。

【解译】　掩盖父辈的过错，叫作干蛊；收养别人的孩子，叫作螟蛉。

【原文】　"生子当如孙仲谋"，曹操羡孙权之语；"生子须如李亚子"，朱温叹存勖之词。

【解译】　"生子当如孙仲谋"，这是三国曹操羡慕东吴孙权（字仲谋）军务整肃的话；"生子须如李亚子"，这是后梁高祖朱温赞叹李存勖（小名亚子）英勇善战的话。

【原文】 菽水承欢,贫士养亲之乐;义方是训,父亲教子之严。

【解译】 能吃到豆,喝到水,让父母欢喜,这是贫穷人家儿子扶养双亲的乐趣;把做人的正道作为家训,不使儿子走入邪路,这是父亲教子的严格要求。

【原文】 绍箕裘,子承父业;恢先绪,子振家声。

【解译】 绍箕裘,是说儿子能够继承父辈的事业;恢先绪,是说子孙能够重振家族的声望。

【原文】 具庆下,父母俱存;重庆下,祖父俱在。

【解译】 具庆下,是指父母都健在;重庆下,是指祖父母、父母都健在。

【原文】 燕翼诒谋,乃称裕后之福;克绳祖武,是称象贤之孙。

【解译】 燕翼诒谋,是燕子为养幼燕而飞来飞去的意思,比喻长辈为了子孙四处奔忙为其造福;克绳祖武,是继承祖上美德的意思,这是赞扬子孙贤能的话。

【原文】 称人有令子,曰麟趾呈祥;称宦有贤郎,曰凤毛济美。

【解译】 称赞人家有佳儿,叫麟趾呈祥,意思是麟足呈现吉祥;称赞官宦人家有贤儿,叫凤毛济美,意思是能继承祖先的风采并发扬光大。

【原文】 弑父自立,隋杨广之天性何存?杀子媚君,齐易牙之人心奚在?

【解译】 杀死父亲自立为皇帝,隋炀帝杨广哪里还有什么天性?春秋齐大臣易牙杀死儿子,把儿子的肉献给齐桓公以讨主子欢心,易牙的人心又何在呢?

【原文】 分甘以娱目,王羲之弄孙自乐;问安惟点颔,郭子仪厥孙最多。

【解译】 晋朝王羲之常怀抱孙子,一起分吃美食,自寻乐趣;唐朝郭子仪有孙子数十人,每来问安,辨认不清,只好点头示意。

【原文】 和丸教子,仲郢母之贤;戏彩娱亲,老莱子之孝。

【解译】 唐朝柳仲郢的母亲贤惠,经常用熊胆合成的药丸让仲郢吃,以教育他能吃苦耐劳,勤奋读书;春秋时楚国的老莱子是个孝子,已七十多岁了,还经常穿着五彩斑斓的衣服,学小孩的动作,以讨得双亲的欢心。

【原文】 毛义捧檄,为亲之存;伯俞泣杖,因母之老。

【解译】 汉朝毛义,捧着任命的公文,面露喜色,他是为了让还健在的母亲高兴才出去做官的;韩伯愈受了母亲的罚杖,忽然哭泣,他是因为母亲没有过去打得疼,痛惜母亲已衰老无力而哭的。

【原文】 慈母望子,倚门倚闾;游子思亲,陟岵陟屺。

【解译】 慈祥的母亲盼望儿子归来,白天倚立在家门前,晚上倚立在里巷门前四处张望;儿子在外思念双亲,或登上青山,或登上荒山遥望故乡。

【原文】 爱无差等,曰兄子如邻子;分有相同,曰吾翁即若翁。

【解译】 爱是不分等级的,孟子曾说过,不论是兄长的儿子,还是邻家的儿子,如果有危险,都应当去救助;同辈的名分是相同的,刘邦曾对项羽说过,我们曾相约为兄弟,我

的父亲就是你的父亲。

【原文】 长男为主器,令子可克家。

【解译】 古代国君的长子(即太子)主管宗庙祭器,所以称长子为主器;家有好儿子可以替父治家。

【原文】 子光前曰充闾,子过父曰跨灶。

【解译】 儿子能光大门庭,叫充闾;儿子超过父亲,叫跨灶。

【原文】 宁馨英畏,皆是羡人之儿;国器掌珠,悉是称人之子。

【解译】 宁馨儿、英俊可畏,都是羡慕人家孩子的话;国家栋梁、掌上明珠,都是称赞人家孩子的话。

【原文】 可爱者子孙之多,若螽斯之蛰蛰;堪羡者后人之盛,如瓜瓞之绵绵。

【解译】 最让人可爱的,是子孙众多如螽斯(虫名)一样繁殖成群;最让人羡慕的,是后代兴盛如同瓜瓞滋生不绝。

【原文】 〔增〕经遗世训,韦玄成乐有贤父兄;书擅时名,王羲之却是佳子弟。

【解译】 熟读经书当了宰相,汉朝韦玄成全靠家有贤父兄的精心传授;东晋王羲之的书法最有名,他的伯父王敦夸他是王家的好子弟。

【原文】 敬则应得鸣鼓角,母觇子荣;宗武更勿带罗囊,父规儿怠。

【解译】 北齐王敬则幼时,他的母亲常对人说她的儿子应得到鸣鼓角的荣誉(指做大官),后来敬则果然封侯,出门鸣鼓吹号;唐朝杜甫有诗示儿宗武"莫带紫罗囊",规劝儿子不可佩带华丽香囊玩物丧志,怠惰读书学习。

【原文】 宋之问能分父绝,作述重光;狄兼谟绰有祖风,后先辉映。

【解译】 唐朝宋之问的父亲有三绝(文辞、书法、武功),宋之问成名后,人称他得了其父文辞一绝;狄仁杰的孙子狄兼谟刚正有祖风,祖孙俱光辉映照。

【原文】 焚裘伏剑,罗母与陵母俱贤;跃鲤杀鸡,姜生与茅生并孝。

【解译】 晋朝罗企生的母亲听到桓玄攻破荆州,企生已殉难的消息,烧掉了桓玄以前送给她的皮衣;汉朝王陵的母亲不从项羽逼她招儿子投降的威胁,伏剑自杀。这两位母亲都是贤母。东汉姜诗的母亲想吃鱼,姜诗经常去打鱼,有一天屋旁忽然涌出江水跃出鲤鱼来;茅容杀鸡供母亲食用,自己却以蔬菜陪客人吃饭。姜诗和茅容都是孝子。

【原文】 灵运子孙多是凤,岂是阿私?僧虔后嗣半为龙,原非自侈。

【解译】 "(谢)灵运子孙多是凤",宋朝苏东坡这句诗并不是奉承谢家,因为谢家子孙确实出了不少人才;南齐王僧虔有诗称他家后代"优者为龙为凤",这话也不是自夸,因为王家后代真有几个英雄。

【原文】 马援得璘能耀武,毕竟孙贤;祁奚举午不避亲,皆因子肖。

【解译】 东汉大将马援的后代、唐朝马璘曾读马援的传记,奋发耀武而成名将,这是一个贤孙;晋国祁奚告老,晋侯问他谁能接任,祁奚举荐了他的儿子祁午而不避亲,这是

因为他知道儿子确实像他一样有才能。

【原文】 触詟犹怜少子,乞请要于君前;萧俶喜见曾孙,效传呼于阶下。

【解译】 战国时赵国左师触詟爱怜他的小儿子,在太后面前乞求给他个官职;唐朝宰相萧俶喜欢曾孙,常在庭阶下仿效他的声音呼叫为乐。

【原文】 王霸则曾惭贵客,张凭则戏说佳儿。

【解译】 东汉王霸性情清高,他的儿子是个农夫。有一次王霸的朋友令狐子伯派做官的儿子来看望他,王霸见朋友的儿子当了官,自己的儿子却是个农夫,感到十分惭愧。晋朝张苍梧是张凭的祖父,他对张凭的父亲说:"我不如你呀,你有个好儿子。"张凭年龄尚小,时祖父说:"爷爷怎么可以拿我嬉笑父亲呢!"

【原文】 李峤贻讥,甘罗堪羡。

【解译】 唐朝大臣李峤的儿子被皇帝召见,因背书不合皇帝的意,皇帝讥讽说"李峤无儿";秦朝甘罗十二岁当了上卿,吕不韦对秦始皇说,甘罗是名家的子孙,让人羡慕。

【原文】 公才公望,喜说云仍;率祖率亲,宁云委蜕。

【解译】 南朝齐王俭做宰相时,宾客盈门,见其孙王暕气度不凡,夸道:"公才公望,复在此乎?"意思是王俭的才识和声望,又在孙子身上看见了。亲情由祖上向下辈推为"率祖",由父辈向上追溯为"率亲"。庄子曾说:"子孙非吾有,天地之委蜕也。"意思是子孙不是那个人所有,而是天地所造化。

【原文】 杜氏之宝田斯在,薛家之盘石犹存。

【解译】 宋朝杜孟外出游学,因蔡京专权,决定回家,说:"忠孝是我家之宝,经史是我家的田。"人称他是宝田杜氏。唐朝薛道衡任侍郎时曾在一块盘石

庄子像

上起草过文书,后来他的孙子做了中书舍人后,每见这块盘石就思念祖父,人说薛家盘石犹存。

【原文】 词辨既见渊源,强项亦征风烈。

【解译】 唐朝员半千博学多才,他的孙子员俶九岁就善于辨说佛道和孔孟之说,唐玄宗说,半千的孙子就应当是这样的;东汉杨震刚直不阿,他的孙子杨奇也很刚强,汉灵帝说,杨奇强项,真有他祖父的风烈。

中华传世藏书——国学经典文库 幼学琼林——图文珍藏版

兄　弟

（新增文十一联）

【原文】　天下无不是的父母,世间最难得者兄弟。

【解译】　父母的用意总是对的,兄弟的情分是最可贵的。

【原文】　须贻同气之光,毋伤手足之雅。

【解译】　兄弟同属父母的血气所生,应该保留同胞的感情,不要伤了手足之情谊。

【原文】　玉昆金友,羡兄弟之俱贤;伯埙仲篪,谓声气之相应。

【解译】　南朝宋王铨、王锡两兄弟都有贤德,人称"玉昆金友";伯氏和仲氏是兄弟,《诗经》上说伯氏吹埙,仲氏吹篪,意思是说兄弟间声气互通。

【原文】　兄弟既翕,谓之花萼相辉;兄弟联芳,谓之棠棣竞秀。

【解译】　唐玄宗常和兄弟大被同寝,并将寝楼题为花萼相辉之楼,后人以"花萼相辉"比喻兄弟之间和睦相处;兄弟情谊,流芳百世,《诗经》上称为"棠棣竞秀",意思是像棠棣花一样竞相开放。

【原文】　患难相顾,似鹡鸰之在原;手足分离,如雁行之折翼。

【解译】　兄弟在人生途中遇有难处,彼此应相互照顾,《诗经》上称"鹡鸰在原";手足分离,就像大雁在飞行中折断了翅膀。

【原文】　元方季方俱盛德,祖太丘称为难弟难兄;宋郊宋祁俱中元,当时人号为大宋小宋。

【解译】　东汉陈纪(字元方)和陈湛(字季方)两兄弟都很有孝德,一日他们俩的儿子争论起谁的父亲好,就去问祖父太丘令陈寔,陈寔说:"元方难做兄,季方难做弟。"意思是两人不分上下。宋朝宋郊宋祁是兄弟,宋祁先中了状元,章宪太后知道后说,弟弟怎可先于兄长呢? 于是赐宋郊为状元,宋祁改为第十名。兄弟俩同时中进士,时人号称大宋小宋。

【原文】　荀氏兄弟得八龙之佳誉,河东伯仲有三凤之美名。

【解译】　东汉荀俶有八个儿子,都有才名,人称"荀氏八龙";唐朝薛收与族兄薛德音、侄薛元敬三人都有文才,人称"河东三凤"。

【原文】　东征破斧,周公大义灭亲;遇贼争死,赵孝以身代弟。

【解译】　用武王克商,派弟管叔鲜、蔡叔度监视纣王的儿子武庚的属国。后来管、蔡二人叛乱,周公东征三年,连斧柄都用坏了,才平了叛乱,杀了这两个亲兄弟。汉朝赵礼被贼抓住了,将要被杀,他的兄长赵孝闻讯赶来求贼代弟而死,贼寇被他的义气感动,就把兄弟俩都放了。

【原文】　煮豆燃萁,谓其相害;斗粟尺布,讥其不容。

【解译】　煮豆燃萁,是三国魏曹丕为迫害曹植,令其作七步诗的故事,比喻兄弟互相残杀;斗粟尺布,是百姓讥讽汉文帝不容兄弟淮南厉王刘长,致使刘长饿死的事。

【原文】　兄弟阋墙,即兄弟之斗狠;天生羽翼,谓兄弟之相亲。

【解译】　《诗经》上说“兄弟阋墙”,是指兄弟不和,在墙内狠斗;“天生羽翼”,是唐玄宗写给诸兄弟信中的一句话,意思是希望兄弟间相亲和睦,就像天生的羽翼。

【原文】　姜家大被以同眠,宋君灼艾而分痛。

【解译】　汉朝姜肱兄弟几个相亲相爱,虽都娶了妻子,仍不忍分开,经常盖一条大被共眠;宋太祖看见兄弟匡义有病灼艾,他也灼艾,以分担兄弟的痛苦。

【原文】　田氏分财,忽瘁庭前之荆树;夷齐让国,共采首阳之蕨薇。

【解译】　隋朝田真、田广、田庆三兄弟争分财产,堂前的一棵荆树突然枯死了。三人感悟不再分家,荆树又复活了。伯夷和叔齐是商末孤竹君的两个儿子,孤竹君死后,兄弟俩互相谦让君位,各自逃走。后来周武王灭商,伯夷和叔齐不食周粟,隐于首阳山采野果而食,最后都饿死了。

【原文】　虽曰安宁之日,不如友生;其实凡今之人,莫如兄弟。

【解译】　《诗经》上说,日子平安宁静了,虽有兄弟,不如友生(朋友);《诗经》上又说,其实如今的人,朋友都不如兄弟相亲。

【原文】　〔增〕诗歌绰绰,圣训怡怡。

【解译】　《诗经》上说:“此令兄弟,绰绰有余。”是形容兄弟间的友情深厚;《论语》上孔子说:“兄弟怡怡如也。”是形容兄弟间的关系和洽。

【原文】　羯末封胡,俱称彦秀;醍醐酪乳,并属珍奇。

【解译】　《晋书》上称羯(谢玄字)、末(谢川字)、封(谢韶字)、胡(谢朗字)四兄弟为谢氏特别彦秀(俊秀)者。醍醐酪乳,比喻人品精美。《新唐书》上说穆赞四兄弟关系和睦,资质灵秀,足可珍奇。穆赞少俗有格称酪,穆质美而多文称酥,穆员称醍醐,穆赏称乳腐。

【原文】　陆机陆云,名共喧于洛邑;季心季布,气并盖于关中。

【解译】　晋朝陆机、陆云兄弟俩,以他们的才气在洛阳名噪一时;汉朝季心、季布兄弟俩,一个勇猛,一个重承诺,气概闻名关中。

【原文】　刘孝标之绶方青,马季常之眉本白。

【解译】　南朝梁刘孝标同兄弟话别时,曾作诗说:“四鸟怨离群,三荆悦同处;如今腰艾绶,东南各殊举。”虽然腰间挂着青色的绶带(高官的标志),但兄弟又要各奔东西了。三国蜀人马良(字季常)兄弟五人都有才气,而且在字号中都有“常”字,惟马良眉间生有白毛,当时谚称:“马氏五常,白眉最良。”

【原文】　文采则眉山轼、辙;才名则秦氏昉、通。

【解译】　要论文采,则数宋朝四川眉山的苏轼、苏辙兄弟俩,号大苏、小苏;要论才

名,则数唐朝秦景通、秦暐兄弟俩,他们都精通《汉书》,号大秦君、小秦君。

【原文】 欲成弟名,虽择肥美而何咎;中分财产,宁取荒顿以为安。

【解译】 东汉许武为了兄弟能成名,不怕别人讥骂贪婪,分家时独得肥田广宅,使两个弟弟落了个贤良克让的美名。后来兄弟成名了,许武把所增值的家业全都让给了他们,乡邻这才知道他当初的苦衷。东汉薛包同兄弟分家产,他宁愿要荒田老奴,虽然吃点亏,但却感到心安。

【原文】 一家之桐木称荣,千里之龙驹谁匹?

【解译】 北宋韩绛、韩维兄弟俩都是宰相,他家有棵桐树,人称"桐木韩家",家荣连桐树也跟着沾光;北朝卢思道,小名释奴,他弟弟卢昌衡,小名龙子,两人都有才名,人称"卢家千里,释奴龙子",谁又能和他们相匹比呢?

【原文】 上留田,何如廉让江;闭户挝,亦当唾面受。

【解译】 《古乐府》中有《上留田》诗,是说上留田这个地方有对兄弟不和的事。廉让江是一条江河名,因那里有个李家十兄弟都很慈孝廉让而得名,前者怎如后者呢?东汉缪彤的兄弟娶妻后闹分家,缪彤闭门自责,认为自己没有管好家,兄弟知道后,叩头认错,不再提分家的事了。唐朝娄师德教弟有人将唾沫吐在你的脸上也不要擦去,让它自己干掉,忍辱求全,这样就不会激怒别人了。

【原文】 推田相让,知延寿之化行;洒泪息争,感苏琼之言厚。

【解译】 汉朝韩延寿任左冯翊时,在高陵遇到两兄弟为争田打官司的事,他责备自己对百姓教化不到而闭门思过。后来两兄弟被他感化,不再争田反而让田。北朝苏琼在清河任太守时,也遇见兄弟俩为争田打官司的事,他说:"天下最难得的是兄弟情,而田地是可以求得的。如果因为田地而失去兄弟情,你们的心情会怎样呢?"兄弟俩听了感动泪下,不再打官司了。

【原文】 三孔既推鼎立,五张亦号明经。

【解译】 宋朝孔文仲、武仲、平仲三兄弟都以文才闻名,人称三孔如鼎立;唐朝张知謇、知宏、知晦、知泰、知默五兄弟都通晓经义以明经(科举的科目)中式,号称明经高第。

【原文】 爱敬宜法温公,恭让当师延寿。

【解译】 宋朝司马光侍奉兄长如慈父,时常问寒问暖,这种爱敬兄长的做法,值得效仿;北朝杨椿(字延寿)每天都要等齐兄弟们后才吃饭,这种谦让兄弟的行为,值得敬仰。

夫 妇

（新增文八联）

【原文】 孤阴则不生,独阳则不长,故天地配以阴阳;男以女为室,女以男为家,故人生偶以夫妇。

【解译】　单独的阴气,不能生成万物。单独的阳光,也不能长成万物。所以天地间必须阴阳配合,万物才能生长。男人娶女人为室,女人嫁男人为家。所以人生中男女必须配为夫妇以成家室。

【原文】　阴阳和而后雨泽降,夫妇和而后家道成。

【解译】　阴阳调和,雨露才会下降;夫妇和睦,家道才会生成。

【原文】　夫谓妻曰拙荆,又曰内子;妻称夫曰藁砧,又曰良人。

【解译】　丈夫称妻子叫拙荆,又叫内子;妻子称丈夫叫藁砧,又叫良人。

【原文】　贺人娶妻曰荣偕伉俪,留物与妻曰归遗细君。

【解译】　祝贺别人娶妻,叫荣偕伉俪;汉武帝赐大臣肉食,东方朔将它留给了细君(妻子)。后把丈夫留物给妻子,称作归遗细君。

【原文】　受室即是娶妻,纳宠谓人娶妾。

【解译】　受室就是娶妻,纳宠是说男人娶妾。

【原文】　正妻谓之嫡,众妾谓之庶。

【解译】　正妻称嫡,众妾称庶。

【原文】　称人妻曰尊夫人,称人妾曰如夫人。

【解译】　称呼别人的妻子叫尊夫人,称呼别人的妾叫如夫人。

【原文】　结发系是初婚,续弦乃是再娶。

【解译】　结发是初次婚娶,续弦是再次婚娶。

【原文】　妇人重婚曰再醮,男子无偶曰鳏居。

【解译】　妇人再次出嫁叫再醮,男人无配偶叫鳏居。

【原文】　如鼓瑟琴,夫妻好合之谓;琴瑟不调,夫妻反目之词。

【解译】　"如鼓瑟琴",这是《诗经》里比喻夫妻恩爱的诗句;"琴瑟不调",是比喻夫妻不和的话语。

【原文】　牝鸡司晨,比妇人之主事;河东狮吼,讥男子之畏妻。

【解译】　母鸡报晓,比喻妇人掌权家事。宋朝陈慥妻柳氏嫉妒凶悍,苏东坡有诗戏笑陈慥:"忽闻河东狮子吼,拄杖落手心茫然。"后用"河东狮吼"嘲笑男人惧怕妻子。

【原文】　杀妻求将,吴起何其忍心;蒸梨出妻,曾子善全孝道。

【解译】　春秋时鲁国人吴起,在齐国伐鲁时,因为妻子是齐国人,就把她杀了,以求得鲁君的重用,其心何等残忍! 孔子的门徒曾参侍奉后母很有孝心,一日,他妻子没有把给婆婆吃的梨蒸熟,曾参就把她赶走了,这是何等孝道!

【原文】　张敞为妻画眉,媚态可哂;董氏对夫封发,贞节堪夸。

【解译】　汉朝张敞常为妻子画眉,这种谄媚妻子的行为让人嘲笑。唐朝贾直言被贬岭南,他的妻子在临别时,将自己的长发用绳、帛封绑起来,说非君之手不解。一直等了二十年,封绑依旧,这种贞洁气节值得夸奖。

【原文】　冀郤缺夫妻相敬如宾,陈仲子夫妇灌园食力。

【解译】　春秋晋国冀地的郤缺在田里耕作,他的妻子送饭到田头,两人相敬如宾客;齐国人陈仲子回绝楚国之聘,夫妻一起逃往别处,替人浇园,终身自食其力。

【原文】　不弃糟糠,宋弘回光武之语;举案齐眉,梁鸿配孟光之贤。

【解译】　汉光武帝想把新寡的姐姐湖阳公主下嫁给宋弘,宋弘不忍抛弃结发妻子,回答说:"贫贱之交不可忘,糟糠之妻不下堂。"后人称结发妻子为糟糠。东汉梁鸿的妻子给丈夫送饭时,总是把端饭的盘子举到与眉齐的地方,以示对丈夫的尊敬。

【原文】　苏蕙织回文,乐昌分破镜,是夫妇之生离;张瞻炊臼梦,庄子鼓盆歌,是夫妇之死别。

【解译】　晋朝苏蕙,因她丈夫窦滔被放逐离家戍边,就织绵作回文诗赠他,文辞凄婉。陈朝的乐昌公主,因陈国将要灭亡,就敲破镜子,与丈夫各执一半,作为日后相见时的凭证。这些都是夫妇生离的例子。张瞻在外经商将归,梦见妻子在石臼里做饭。有人告诉他在石臼里做饭,乃是无釜、釜、妇同音,家中无釜是无妇的意思。张瞻到家,果然妻子已卒亡。庄子的妻子死了,有人来悼念,见他坐在地上敲盆唱歌怀念亡妻。这些都是夫妻死别的例子。

【原文】　鲍宣之妻提瓮出汲,雅得顺从之道;齐御之妻窥御激夫,可称内助之贤。

【解译】　汉朝鲍宣的妻子出身富家,婚后换上布衣,亲自提着瓦瓮去打水,这是懂得顺从夫家清贫的道理。春秋齐国宰相晏子车夫的妻子,看见丈夫为晏子赶车洋洋得意的样子,就劝他要谦恭。晏子知道后,将车夫提为大夫。这真称得上是个贤内助。

【原文】　可怪者,买臣之妻因贫求去,不思覆水难收;可丑者,相如之妻夤夜私奔,但识丝桐有意。

【解译】　最可怪的事是汉朝朱买臣的妻子,因嫌买臣家贫,离开朱家而去。后来朱买臣当了大官,她又来求合,买臣说:"如果能将泼出去的水收回来,就复合。"最可丑的事是汉朝司马相如的妻子卓文君,当初夜里同相如私奔。这是因为她懂琴艺,听了相如弹奏凤求凰曲的挑逗后,才心甘情愿投奔相如的。

【原文】　要知身修而后家齐,夫义自然妇顺。

【解译】　要知道修身才能齐家,夫重礼义,妻子自然就顺从了。

【原文】　〔增〕《诗》称偕老,《易》著家人。

【解译】　《诗经》上说"君子偕老",是指夫妻白头到老的意思;《易经》上有"家人"卦,是说家庭中的伦理道德的。

【原文】　或穿墉以窥宾,或断机而勖学。

【解译】　晋朝山涛与嵇康、阮籍交往密切,山涛的妻子韩氏在墙上穿了一个小洞,窥看他们相处的情况。乐羊子外出求学归来,他妻子问是什么原因回来了,乐羊子答:没其他原因,只是想念妻子。妻子剪断织机上的布,劝丈夫回去勤奋读书。

【原文】 贾大夫之射雉,未足欢娱;百里奚之烹雌,何嫌寂寞。

【解译】 春秋时有个贾大夫,为了博得妻子一笑,带她到如皋的地方猎射野鸡,妻子这才开了笑口,其实这不足以让妻子真正欢乐。百里奚做了秦相,一日让洗衣女为他弹琴唱歌,洗衣女唱道:"百里奚,五羊皮。临行时,烹雌鸡。今富贵,忘我为。"百里奚一问,才知洗衣女就是自己的妻子。回想当年为他杀鸡送行,何曾嫌过自己独自在家寂寞?

【原文】 仍求故剑,宣帝不忘许后于多年;忽著新衣,桓冲顿化成心于一旦。

【解译】 汉宣帝未当皇帝前,曾聘许广汉女为妻。即位后,派人四处寻求旧时的宝剑。大臣们知道他的用意,就立许女为皇后,这是宣帝未忘许女多年的情义。桓冲不喜欢穿新衣,一次浴后,妻子故意给他拿来新衣,桓冲大怒,妻子劝他说:不穿新衣,又哪里来旧衣呢?桓冲听了变怒为喜,马上穿上了新衣。

【原文】 吴隐之得淑女,奚惜负薪;司马懿有贤妻,何辞执爨。

【解译】 晋朝吴隐之做太守时,妻子很贤惠,常常自己去打柴背柴,冬天无棉衣,常常披着破棉絮洗衣服,不辞劳苦,如同一般百姓;晋朝司马懿托病辞官回家后,他妻子为了怕婢女泄露家事,便杀掉了婢女,亲自烧火做饭。

【原文】 募死士以拒敌,谁同杨氏之坚持;提数骑以拔围,孰比邵姬之勇往?

【解译】 明朝李侃任项城令时,被敌围困,李侃想逃跑,其妻杨氏出主意,招募不怕死的士兵抗敌坚守,敌退后李侃升迁太平令。当时有谁像杨氏一样坚持到底呢?晋朝刘遐被石季伦围困,他的妻子邵续女领数骑从万人中将他救出,谁又能比得上邵氏的勇猛善战呢!

【原文】 李益设防妻之计,常撒冷灰;志坚摛送妇之词,任撩新发。

【解译】 唐朝李益忌妒心重,为了防备妻子,常用灰撒在门外地上,以观察妻子的行踪。唐朝杨志坚家贫,其妻求离去,志坚写诗送她说:"金钗任尔撩新发,鸾镜从他别画眉;此去便同行路客,相逢即是下山时。"妻子拿了诗到刺史那里请求他嫁,刺史打了她二十杖后任其改嫁。

【原文】 苟内则之无忝,自中馈之称能。

【解译】 女子对内如能遵守《礼记·内则》篇所规定的礼教,自然是治家的能者。

叔　侄

(新增文六联)

【原文】 曰诸父,曰亚父,皆叔父之辈;曰犹子,曰比儿,俱侄儿之称。

【解译】 诸父、亚父,都是对叔父之辈的称呼;犹子、比儿,都是对侄儿的称呼。

【原文】 阿大中郎,道韫雅称叔父;吾家龙文,杨素比美侄儿。

【解译】 阿大中郎,是东晋谢道韫对叔父谢安的关称。龙文,是古代一种骏马名。

吾家龙文,是隋代杨素对侄儿杨惛的美称。

【原文】 乌衣诸郎君,江东称王、谢之子弟;吾家千里驹,符坚羡符朗为侄儿。

【解译】 乌衣诸郎君,是东晋江东人对住在南京乌衣巷的王导、谢安两大家族子弟的称呼;吾家千里驹,是前秦符坚称赞侄儿符朗的话。

【原文】 竹林叔侄之称,兰玉子侄之誉。

【解译】 三国魏阮籍、阮咸都是竹林七贤中的人物,又是叔侄关系;芝兰玉树,比喻自己的子侄优秀。

【原文】 存侄弃儿,悲伯道之无后;视叔犹父,羡公绰之居官。

【解译】 晋朝人邓攸(字伯道)在战乱中,因儿、侄不能两全,就丢弃了儿子,保存了侄子。后来妻子不再生育,竟断了后代,令人可悲。唐朝柳仲郢虽然做了大官,见了叔父柳公权仍侍奉如其父,就像他父亲柳公绰对待叔父一样。

【原文】 卢迈无儿,以侄而主身之后;张范遇贼,以子而代侄之生。

【解译】 汉朝人卢迈无子,别人劝他纳妾,他说兄弟之子和我的儿子一样,可以让侄儿料理我的身后事。三国魏张范的儿子张陵和侄子张戬都被贼抓去,他哀求还他二子,贼还他儿子,张范说:“我的侄子还小,就让我儿子代他死吧!”贼被他感动,将二子都放了。

【原文】 〔增〕谢密能成佳器,刘孺可号明珠。

【解译】 南朝宋人谢密幼时神态端庄,他叔父夸他长大一定能成佳器(有才能的人);南朝梁人刘孺七岁能写文章,他叔父常对宾客说:“他是我家的明珠。”

【原文】 或献泛湖之图,或称招隐之寺。

【解译】 宋朝陈执中过生日,亲戚们多献上老人寿星图等,唯独侄儿陈世修献上范蠡游五湖图,陈执中知道侄儿的用意,当天便辞去了官职;唐朝李约向叔父李绮盛赞招隐寺的景致,劝他不要贪恋权势,李绮不为所动,后在一次叛乱中被杀。

【原文】 陆家精饭,何损素风;杨氏铜盘,独逾诸子。

【解译】 东晋谢安看望陆纳,陆纳的侄儿陆俶做了精美饭菜招待谢安。事后陆纳大怒,打了陆俶四十板,说陆俶此举败坏了陆家朴素的家风。其实一顿饭何至于会败坏家风呢?北齐杨愔年幼时,不与兄弟辈抢食吃,他叔父杨昕特地为他另建一室独居,并用铜盘盛美食给他一个人吃,以傲儿辈。

【原文】 谢安石东山之费,阮仲容北道之贫。

【解译】 东晋谢安(字安石)在东山建造一所豪华别墅,经常带子侄们来游玩,好酒好菜,一顿饭花百金,也不以为然;魏晋时阮咸(字仲容)的叔父们多居道南,阮咸居道北,南阮富,北阮贫。

【原文】 可为都督,王浑预评犹子之词;必破吾门,宗炳先料比儿之语。

【解译】 晋朝大都督王浑的犹子(侄儿)王浚少年时,亲戚们都很轻视他,但王浑预

言他以后会成为都督三公,后来王浚果然做了幽冀都督。南朝宋人宗炳问比儿(侄儿)宗悫的志向是什么,宗悫答:"愿乘长风,破万里浪。"宗炳听了说:"你不富贵,必破我门。"后来宗悫果然当了左将军。

【原文】　愚者宜归葱肆,贤者得返金刀。

【解译】　南朝梁吕僧珍当了南兖州刺史,有个卖葱的侄儿向他求官,僧珍知道侄儿愚笨,就劝他说:"人都有个常分,你还是赶快回去卖葱吧。"十六国南燕开国皇帝慕容德的儿子都被苻氏所杀,只有个侄儿慕容超。慕容超十岁时,他祖母临终前将慕容德给她的一把金刀留给了他,说:"如果天下太平了,你应该将此刀还给你叔父。"后来慕容超被叔父立为太子。

师　生

（新增文八联）

【原文】　马融设绛帐,前授生徒,后列女乐;孔子居杏坛,贤人七十,弟子三千。

【解译】　汉朝大儒马融,博学多才,跟他学习的弟子有三千多人。马融在家里设有紫色的帐帷,帐帷前坐的是学生,后面却是弹唱的女伶。孔子坐在杏坛上教学,他的学生有三千人,精通六艺的贤才有七十二人。

【原文】　称教馆曰设账,又曰振铎;谦教馆曰糊口,又曰舌耕。

【解译】　教馆叫设账,又叫振铎;教馆的人谦称自己是糊口,又说是舌耕。汉朝贾逵教授《左氏春秋》名闻当世,来学的人所交的粟米盈仓,人称贾逵的粟米不是力耕来的,而是舌耕所得。

【原文】　师曰西宾,师席曰函丈;学曰家塾,学俸曰束脩。

【解译】　师傅叶西宾,师傅的讲席叫函丈;在家设学堂叫家塾,师傅所得的报酬叫束脩。

【原文】　桃李在公门,称人弟子之多;苜蓿长阑干,奉师饮食之薄。

【解译】　唐朝宰相狄仁杰曾向朝廷举荐数十人,都成了名臣,有人称"天下桃李,悉在公门"。后来用"桃李在公门"形容师傅的弟子很多。唐朝薛令之做东宫侍读(太子的老师)时有诗说:"盘中无所有,苜蓿长阑干。"抱怨宫中供奉师傅的饮食太菲薄。

【原文】　冰生于水而寒于水,比学生过于先生;青出于蓝而胜于蓝,谓弟子优于师傅。

【解译】　冰是由水凝结而成的,但比水更寒冷,这是比喻学生超过先生;青蓝色是由蓼蓝提炼出来的,但颜色比蓼蓝更深,这是比喻弟子胜过师傅。

【原文】　未得及门,曰宫墙外望;称得秘授,曰衣钵真传。

【解译】　未能进孔子门里求教,如同在宫墙外窥望一样;得到师傅的秘密传授,如同

得到僧侣的衣钵真传一样。

【原文】 人称杨震为关西夫子,世称贺循为当世儒宗。

【解译】 汉朝大学者杨震精通儒学,从学弟子有千人。因他是华阴人,在函谷关以西,所以人称他是关西夫子。晋元帝登位时,宗庙制度等都是由贺循制定,朝廷有难事,也都请教他,所以人称他是当世儒宗。

【原文】 负笈千里,苏章从师之殷;立雪程门,游杨敬师之至。

【解译】 汉朝苏章背着书书籍不远千里寻师,可见他求师的心情有多么殷切。宋朝游酢和杨时为了求教程颐,在屋外雪中等候程颐从睡眠中醒来,此时雪已下有一尺深了,他们的尊师精神可说是到了极点。

【原文】 弟子称师之善教,曰如坐春风之中;学业感师之造成,曰仰沾时雨之化。

【解译】 宋朝朱光庭在汝州听程颢讲学,回家后对人说:我如同在春风中坐了一个月。后以"如坐春风"称赞师傅善于教诲。弟子因师傅传授而学业有成,便说是仰沾及时雨之化。

【原文】 〔增〕民生在三,师术有四。

【解译】 《国语》上说,人生有三件事:父生、师教、君食。荀子说,师傅的教术有四项:尊严令人寒悍、年长而诚信、言行一致、解说细微。

【原文】 执经问义,事若严君;鼓箧担囊,不辞曲士。

【解译】 学生拿着经书求教老师,对待老师应像对待自己的父亲一样;学生挑着行囊来求学,即使是来自穷乡僻壤也要欢迎。

【原文】 史居左,经居右,士得真修;道已南,易已东,人沾教泽。

【解译】 宋代学者张载(世称横渠先生)授徒,学史的坐左边,学经的坐右边,他们都能学到真正的学问。宋朝杨时(人称龟山先生)从学程颢南归,程颢对众人说:"我的学说要传到南方去了。"西汉丁宽从田何学《易经》东归,田何对门人说:"易学已转向东方了。"学问的传播,可以使更多的人受到教益。

【原文】 赐宴月池之上,翼赞堪夸;诵书帷帐之中,烽烟奚避。

【解译】 唐太宗一天在月池赐宴,曾当过太宗师傅的张复胤夸耀自己说:"孔子虽有弟子三千,没一人登上王位的,而我翼赞(辅佐)一人,乃王天下了。我的功劳,超过孔子。"东汉张奂出使休屠国,遇到叛乱,烽烟四起,张奂仍镇定自若,坐在帷帐内同弟子读书,毫无躲避之意。

【原文】 忠臣录、孝子录,纲常互振;经义斋、治事斋,体用兼全。

【解译】 宋朝曾巩把《忠臣录》《孝子录》作为课程,这是教育弟子要把忠孝和纲常互相结合,都记心中;宋朝胡瑗设经义斋、治事斋,使得弟子既知文学,又能从政,学问与实际相结合。

【原文】 东家之外更无丘,道德由文章炫出;北斗以南应有杰,事功从学术做来。

【解译】　汉朝邴原向孙嵩求教,孙嵩说,除了你家东边的邻居郑玄之外,再没有像孔子一样的人了,郑玄的道德是从文章中体现出来的。唐朝狄仁杰曾以明经训世。人称在北斗之南,他算是第一人了。后来狄仁杰做了宰相,他的成功是从他的学识中得来的。

【原文】　边孝先便便大腹,曾见嘲于弟子;韩退之表表高标,宜共仰于吾儒。

【解译】　东汉边韶(字孝先)肚大,白天好打瞌睡,有学生编歌嘲笑他:"边孝先,腹便便,五经笥,但好眠。"边韶回答说,我的肚子里装满了经书,睡梦中能见到周公。唐朝韩愈(字退之)不读非圣贤之书,人品很高,人们景仰他如同泰山北斗一样,称他为韩夫子。

【原文】　应生独举官衔,岂事先生之礼;李固不矜父爵,乃称弟子之良。

【解译】　汉朝应劭求师郑玄,称自己曾任泰山太守,郑玄说:"求师之礼,不称官衔。"应劭面露愧色。汉朝李固是李劭的儿子,外出求学,更名改姓,不在同学面前夸耀自己父亲的官爵,这才是良善的弟子。

朋友宾主

(新增文十二联)

【原文】　取善辅仁,皆资朋友;往来交际,迭为主宾。

【解译】　吸取他人的善行来辅佐自己的仁德,都要依靠朋友;人们在交际往来中,应该经常轮换做宾主。

【原文】　尔我同心曰金兰,朋友相资曰丽泽。

【解译】　你我一条心,叫金兰,《易经》上说:"二人同心,其利断金。"又说:"象曰,丽泽兑,君子以朋友讲求。"学友间相互切磋,叫丽泽。

【原文】　东家曰东主,师傅曰西宾。

【解译】　古时客人见主人,主人位东,客人位西,所以东家(主人)叫东主;师傅是主人请来的宾客,位在西,所以叫西宾。

【原文】　父所交游,尊为父执;己所共事,谓之同袍。

【解译】　同父亲交往的人,应尊称为父执;和自己共事的人,称作同袍。

【原文】　心志相孚为莫逆,老幼相交曰忘年。

【解译】　心思和志向相合,称为莫逆之交;年龄相殊的人交朋友,称为忘年之交。

【原文】　刎颈交,相如与廉颇;总角好,孙策与周瑜。

【解译】　刎颈交,即生死之交,就像战国时赵国蔺相如与廉颇的交情一样,两人是经历了同生死,共患难的朋友;总角好,即幼年之交,就像三国吴孙策和周瑜的交情一样,两人在头发结成羊角状的幼儿时就已是好朋友了。

【原文】　胶漆相投,陈重之与雷义;鸡黍之约,元伯之与巨卿。

【解译】　友谊如胶似漆一样牢固，就像汉朝陈重和雷义的友情一般。当年雷义举荐陈重，刺史不许，雷义就装疯出走，后来二人同为尚书郎。汉朝张邵(字元伯)和范式(字巨卿)同在太学求学，后各归故里。范式相约二年后去拜访张邵的母亲，到时张邵母亲准备了鸡黍，怕他不来，张邵说范式是守信用的人，不会违约。果然范式如期到来。

【原文】　与善人交，如入芝兰之室，久而不闻其香；与恶人交，如入鲍鱼之肆，久而不闻其臭。

【解译】　同善良的人交往，如同进入芝兰之室，时间久了，长期沐浴在香气中，已闻不出香味了；同丑恶的人交往，如同进入鲍鱼(咸鱼)市场，时间久了，满身沾上了臭味，已闻不出臭味了。这是孔子说的。

【原文】　肝胆相照，斯为心腹之友；意气不孚，谓之口头之交。

【解译】　肝胆相照，这是心腹之友；意气不合，只能算是口头交情。

【原文】　彼此不合，谓之参商；尔我相仇，如同冰炭。

【解译】　彼此不合，称作"参商"，因为参星和商星不同时在天空中出现，两星永不相遇；二人相互仇恨，就如冰和炭一样，难以共处。

【原文】　民之失德，干糇以愆；他山之石，可以攻玉。

【解译】　得罪了朋友，送点干粮以弥补过错；别处山上的石头，可以用来琢玉。这都是《诗经》上说的。

【原文】　落月屋梁，相思颜色；暮云春树，想望丰仪。

【解译】　唐朝杜甫夜梦李白，作诗说："落月满屋梁，犹疑见颜色。"他想念李白的神采，又作诗说："渭北春天树，江东日暮云。"

【原文】　王阳在位，贡禹弹冠以待荐；杜伯非罪，左儒宁死不徇君。

【解译】　汉朝王阳和贡禹是朋友，王阳做了益州刺史，贡禹弹去帽子上的灰尘，等待王阳举荐自己。周宣王欲杀无罪的大臣杜伯，杜伯的朋友左儒在宣王前为他争论是非，说："臣愿指出君王的过错，以证明灶伯无罪。"结果左儒也被杀了。

【原文】　分首判袂，叙别之辞；拥彗扫门，迎迓之敬。

【解译】　分首和判袂，都是朋友离别的词语；拿着扫帚打扫门庭，是表示对客人到来的敬意。

【原文】　陆凯折梅逢驿使，聊寄江南一枝春；王维折柳赠行人，遂唱阳关三叠曲。

【解译】　晋朝陆凯与范晔是好友，托驿站信使送范晔一枝梅花，并赠诗说："折梅逢驿使，寄与陇头人；江南无所有，聊赠一枝春。"唐朝王维送友人去安西都护府(今新疆库车一带)，折了一支杨柳送给他。并作诗说："渭城朝雨浥轻尘，客舍青青柳色新；劝君更尽一杯酒，西出阳关无故人。"这就是著名的曲子《阳关三叠》。

【原文】　频来无忌，乃云入幕之宾；不请自来，谓之不速之客。

【解译】　常来常往，无所忌讳的客人，称为入幕之宾；不请自来的客人，叫作不速

之客。

【原文】　醴酒不设,楚王戊待士之意怠;投辖于井,汉陈遵留客之心诚。

【解译】　西汉楚元王与穆生善交,穆生不喝酒,楚元王每次设宴,都要备醴酒(甜酒)招待。楚元王的儿子戊继位,设宴忘了备醴酒,穆生说:"我该走了,不设醴酒,楚王对我有了怠慢的意思了。"汉朝陈遵待客心很诚,每次宾客盈门,他都要闭门,并将宾客的车辖(车轴上的销钉)投入井中。留客豪饮。

【原文】　蔡邕倒屣以迎宾,周公握发而待士。

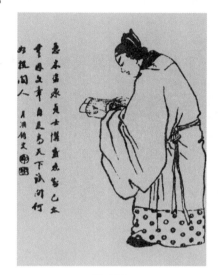

蔡邕像

【解译】　汉朝蔡邕在家招待宾客,听说王粲来了,急得倒穿着鞋子去迎接。宾客见王粲年少身矮,都很惊讶,蔡邕说:"此人有异才,我不如他。"周公曾有三次正在洗发时,忽报有客来访,都等不及洗完,握住头发去迎接,可见他礼待贤士的诚意。

【原文】　陈蕃器重徐稚,下榻相延;孔子道遇程生,倾盖而语。

【解译】　东汉陈蕃为豫章太守时,闭门谢客,独器重隐士徐稚,专门设一张床招待徐稚用,徐稚走了,就把床挂在墙上;孔子在去剡国的路上,遇见程子,两人的车盖连在一起,交谈终日。

【原文】　伯牙绝弦失子期,更无知音之辈;管宁割席拒华歆,谓非同志之人。

【解译】　春秋周人伯牙善弹琴,钟子期善听琴音。后来子期死了,伯牙认为世上再无知音了,就把琴弦弄断,不再弹琴了。汉朝管宁和华歆是朋友,有一次两人同坐在一张席上读书,有官车经过,华歆放下书起来观看,管宁说:"我们不是志同道合的人。"就割断座席,与华歆绝交。

【原文】　分金多与,鲍叔独知管仲之贫;绨袍垂爱,须贾深怜范叔之窘。

【解译】　鲍叔牙和管仲是患难之友,当年两人合伙做生意,每到分钱,鲍叔总要多给管仲一些,因为他知道管仲贫穷。秦国丞相范雎原在魏国须贾手下,曾受过须贾的诬陷差点丢命。后来须贾出使秦国,范雎故意穿着破衣去见他,须贾看他窘困的样子,送他一件绨袍。范雎领须贾到丞相府,须贾知道范雎就是秦相,连忙下跪请罪,范雎说:"我本当杀你,只因你送我一件绨袍,还有点旧情,就免你一死吧!"

【原文】　要知主宾联以情,须尽东南之美;朋友合以义,当展切偲之诚。

【解译】　要知道宾主往来,要尽量显示东南人物的美德;朋友之间义气相合,应展示

切偲(相互切磋勉励)的诚意。

【原文】 〔增〕仲尼老子,可谓通家;管子叔牙,可称知己。

【解译】 汉朝孔融对李膺说:"先祖孔子与老子有师友之份,所以我们孔家同你们李家可算是累世通家了。"齐国鲍叔牙与管仲是朋友,管仲曾说:"生我者父母,知我者鲍子。"他们可称得上是一对知己。

【原文】 伯桃并粮于共事,甘殒流离;子舆裹饭于同侪,不忘贫贱。

【解译】 春秋时羊角哀和左伯桃在投奔楚国的路上,遇到大风雪,缺粮少衣。左伯桃将自己的衣粮都给了羊角哀,自己甘愿冻死在空柳树中。周朝子舆与子桑是好友,一次大雨下了十天,子舆知道子桑缺粮,就亲自裹了饭送去,这是不忘朋友的贫贱之交。

【原文】 钤锤道义,向嵇偶锻于柳中;游戏文章,元白衔杯于花下。

【解译】 晋朝向秀和嵇康很友善,他们曾在嵇康家边上的柳树下锻炼打铁,磨炼情性;唐朝白居易和元稹常在花前小酌,把作诗当游戏消遣。

【原文】 程普见容于周瑜,若饮醇醪自醉;周举得亲于黄宪,不披绵纩犹温。

【解译】 三国吴程普仗着年长,曾欺侮过周瑜,而周瑜并不与他计较。后来程普很敬服周瑜,对人说,同周瑜交往,如饮醇酒,不知不觉自己就醉了。汉朝周举同黄宪很要好,常说:"一见黄宪,让人冬天不穿棉衣也觉温暖。"

【原文】 贵贱不忘,素犬丹鸡定约;死生与共,乌牛白马盟心。

【解译】 越国人朋友间交,要筑坛杀红鸡白狗,歃血立下贵贱不忘的誓约;东汉刘备、关羽和张飞桃园结义,杀白马祭天,杀黑牛祭地,立下死生与共的盟誓。

【原文】 面前便失人,刘巴不与张飞语;事后方思友,周凯还厘王导悲。

【解译】 三国蜀人刘巴认为张飞只是个当兵的,不肯同他说话,当面失去了结识好人的机会;晋朝王导遭难,周曾上表救过他,后来周颉被害后,王导才知道此事,心中十分思念良友。

【原文】 吕安动遐思,千里命寻嵇之驾;子猷怀雅兴,三更泛访戴之舟。

【解译】 晋朝吕安与嵇康是好友,每动思念之情,虽有千里之遥,也要驾车去寻访;晋朝王徽之(字子猷)夜里忽然想念戴逵(字安道),不顾下雪,连夜乘小船去看望他。

【原文】 尹敏班彪岂曰面友,山涛阮籍是谓神交。

【解译】 汉朝尹敏和班彪两人见面,一谈就是一天,废寝忘食,这怎么能说不是真诚相交的朋友呢?魏晋山涛和阮籍都很有才,两人虽未见过面,但已互相引为知己,可算是神交了。

【原文】 孔融座中常满,必然有礼招徕;毛仲堂上全无,定是乏才感召。

【解译】 东汉孔融家常常宾客满门,这是由于他礼待贤士而招来的客人;唐朝毛仲家里没有宾客,这是因为他缺乏才能,没有感召力的缘故。

【原文】 式饮式食,敢曰无鱼;必敬必恭,何尝叱狗。

【解译】　战国时齐田文(孟尝君)有门客数千,吃食分三等,上客吃肉,中客吃鱼,下客吃蔬菜。有个门客冯谖因吃不到肉、鱼,就弹剑唱道:"食无鱼。"如果让门客都喝好吃好,有谁还敢说没鱼吃呢? 待客人毕恭毕敬,就不会在客人面前叱骂自家的看门狗。

【原文】　韩魏公堂前有士,风流态度,得赠女奴;李文定门下何人,新巧诗联,乃逢天子。

【解译】　宋朝宰相韩琦(封魏国公),家里有个门客很风流,有一夜,他越墙出去宿娼,韩琦知道后,就送他一个女婢,让他保持节操。宋朝宰相李沆(卒谥文定)的门客王奇汉为李沆作了一首诗贴在墙上,李沆死后,被前来吊唁的宋真宗看见了,特许王奇汉参加廷试。要不是遇见皇帝,王奇汉哪有这样的机会?

【原文】　熊非清渭逢何暮,无任凄怆;客有可人期不来,岂胜慨叹。

【解译】　宋朝石延年(字曼卿)有诗说:"熊非清渭逢何暮。"意思是说熊飞(即姜太公,名尚,字子牙,号熊飞)要不是在渭水相逢周文王,一生怀才不遇,可惜已经是暮年了。诗句充满了无限凄凉之意。宋朝陈师道有诗说:"客有可人期不来。"意思是宾客中虽有自己看中的人,但就是等不来。诗中留下了许多感慨叹息。

孔融像

婚　姻

(新增文七联)

【原文】　良缘由夙缔,佳偶自天成。

【解译】　美满的姻缘是前世就缔结的,好的配偶是上天生成的。

【原文】　寨修与柯人,皆是媒妁之号;冰人与掌判,悉是传言之人。

【解译】　寨修和柯人,都是对媒人的称呼;冰人和掌判,都是对男女间传话牵线人的称呼。

【原文】　礼须六礼之周,好合二姓之好。

【解译】　操办婚礼需有六项:纳采(备聘礼)、问名(问女方姓名)、纳吉(占卜吉凶)、纳征(送聘礼)、请期(定婚期)、亲迎(接新娘),这样才算是周到。以求二家的好合。

【原文】　女嫁曰于归,男婚曰完娶。

【解译】　女子嫁男犹如归家,所以称"于归",男子结婚叫"完娶"。

【原文】　婚姻论财,夷虏之道;同姓不婚,周礼则然。

183

【解译】　婚姻争议财礼,是夷邦的做法;同姓之间不结婚,早在周朝就已有规定。

【原文】　女家受聘礼,谓之许缨;新妇谒祖先,谓之庙见。

【解译】　女家接受男方的聘礼,叫"许缨";新婚的妻子第三天要去男方的家庙里拜见祖先,叫"庙见"。

【原文】　文定纳采,皆为行聘之名;女嫁男婚,谓了子平之愿。

【解译】　文定(订婚)和纳采,都是行聘的名目;汉朝向长(字子平)处理完儿女婚嫁的事,说:"吾愿毕矣。"后称男婚女嫁为"了却子平之愿"。

【原文】　聘仪曰雁币,卜妻曰凤占。

【解译】　古代聘礼中要有雁和币帛,所以聘仪(聘礼)也叫雁币;春秋齐国大夫懿仲想嫁女给陈敬仲,卜卦的卦辞是"凤凰于飞,其鸣锵锵",所以娶妻算卦叫凤占。

【原文】　成婚之日曰星期,传命之人曰月老。

【解译】　成婚这一天叫星期(指七月初七,传说为牛郎织女相会的日子),在男女间传话牵线的人叫月老。

【原文】　下采即是纳币,合卺系是交杯。

【解译】　下采就是纳币(古代六礼中的"纳征");卺是一种将葫芦剖成二半用以盛酒的器皿,合卺就是新郎新娘喝交杯酒。

【原文】　执巾栉、奉箕帚,皆女家自谦之词;娴姆训、习《内则》,皆男家称女之说。

【解译】　手里拿着脸巾和梳具,捧着簸箕和扫帚,这都是女家自谦的话;熟习女老师的训教,能勤习《礼记·内则》,这是男家称赞女方的话。

【原文】　绿窗是贫女之室,红楼是富女之居。

【解译】　唐朝白居易有诗说:"绿窗贫家女,衣上无珍珠;红楼富家女,金缕绣罗襦。"后称贫家女的住室为绿窗,富家女的住室为红楼。

【原文】　桃夭谓婚姻之及时,摽梅谓婚期之已过。

【解译】　《诗经》上说:"桃之夭夭,灼灼其华,之子于归,宜其室家。"后以"桃夭"表示婚期很及时。《诗经》上又说:"摽(落下)有梅,其实七兮;求我庶士,迨其吉兮。"后以"摽梅"表示婚期吉时已过。

【原文】　御沟题叶,于祐始得官娥;绣幕牵丝,元振幸获美女。

【解译】　唐朝有个宫女韩翠萍将诗题写在红叶上,放入御沟里漂出宫外,被士人于祐拾到,后来两人结为夫妻;唐朝荆州都督郭元振被宰相张嘉贞看上,欲招为婿,让五个女儿各人手执一丝,立于绣幕后,元振牵出谁,谁即为妻,结果牵出最美的第三女,两人结为百年之好。

【原文】　汉武与景帝论妇,欲将金屋贮娇;韦固与月老论婚,始知赤绳系足。

【解译】　汉武帝刘彻幼时,景帝曾问他是否想娶妻。景帝的姐姐长公主指着自己的女儿阿娇问刘彻:"阿娇好吗?"刘彻回答:"如果得到阿娇,当以金屋藏起来。"唐朝韦固

月下遇到一位老人，老人说："我有红绳，只要系住男女的足，两人的婚姻虽然是仇家或住在异地，都跑不掉了。"

【原文】　朱陈一村而结好，秦晋两国以联姻。

【解译】　唐代徐州古丰县有个朱陈村，村中只有朱、陈两姓，两家世代通婚。春秋时秦国和晋国，不止一代互相婚嫁。所以联姻又叫结为"秦晋之好"。

【原文】　兰田种玉，雍伯之缘；宝窗选婿，林甫之女。

【解译】　《搜神记》中说，杨雍伯因为在兰田种玉，因此得以用玉璧娶得妻子；唐朝李林甫将女藏在堂壁，让她们透过纱窗选婿。

【原文】　驾鹊桥以渡河，牛女相会；射雀屏而中目，唐高得妻。

【解译】　牛郎和织女，每年七月初七，有喜鹊架成桥，让他们渡过天河相会。隋朝窦毅有女在屏风上画一孔雀，说有人两箭能射中孔雀两个眼睛者，即选为夫婿，结果被李渊射中，娶为妻子。李渊即后来的唐高祖。

【原文】　至若礼重亲迎，所以正人伦之始；诗首好逑，所以崇王化之原。

【解译】　古代人特别看重迎亲，因为这正是人伦的开始；《诗经》上第一篇"窈窕淑女，君子好逑"诗，成为人们尊崇王道教化的原因。

【原文】　〔增〕鱼水合欢，情何款密；丝萝有托，意甚绸缪。

【解译】　古人以鱼水比喻家室，鱼得水而欢，这种情致是何等的亲密；《诗经》上说茑（一种蔓生植物）和女萝的丝缠在松柏上，这是比喻婚姻缠绵。

【原文】　牵乌羊以为礼，自是古风；选碧鹳以成婚，正为佳匹。

【解译】　宋朝王敬弘以女嫁孔淳之的儿子，淳之牵着黑羊，提一壶水酒为聘礼，有人说他礼薄，他回答说，轻礼重人，这是自古以来的风尚。唐朝韦说选中裴宽为婿，成婚那天，裴宽穿着碧绿的衣服，脸瘦而身长，族人戏称为碧鹳雀。韦说却认为这正是女儿最佳的婚配。

【原文】　因亲作配，温峤曾下镜台；从简去华，仲淹欲焚罗帐。

【解译】　晋朝温峤的姑母托温峤给自己的女儿觅婿，温峤送玉镜台以自荐。在婚礼上，姑母戏说："我怀疑是个老奴呢！"宋朝范仲淹的儿子娶妻回家，仲淹听说儿子以绫罗为帐幔，便说："我家素以清俭为家风，怎么能破我家风呢？真有罗帐来，我将焚烧在庭前。"

【原文】　刘景择婚杜广，厥卒何惭；挚恂定配马融，门徒有幸。

【解译】　稿唐朝刘景当刺史时，发现马夫杜广很有才华，就将女儿许配给他，并不因为杜广是马夫而感到羞惭；东汉挚恂有个门徒马融，挚恂很欣赏他的才学，就招他为婿，马融真是三生有幸。

【原文】　义重恩深，楚女因婚报德；情孚意契，汉君指腹连姻。

【解译】　春秋楚国大夫钟建曾帮楚昭王的妹妹季芊逃难，季芊感到钟建对她义重恩

中华传世藏书

国学经典文库 幼学琼林

图文珍藏版

深,就嫁给了他。东汉将军贾复与光武帝刘秀情投意合,贾复在一次战斗中受伤,光武帝说:"贾复是我的一员爱将,听说他的妻子已有孕,将来生女我子娶她;生子我女嫁他,不要让他妻子担忧。"后来演绎为成语"指腹为婚"。

萧史像

【原文】 贫乏奁仪,吴隐之婢卖犬;婿皆贤士,元叔之女乘龙。

【解译】 晋朝吴隐之为官清廉,女儿出嫁连一点嫁妆都没有,只好让婢女去卖狗以筹钱;东汉太尉桓焉(字元叔)的女婿黄尚和李膺都是贤士,他的两个女儿可算是乘龙了。

【原文】 俊逸裴航,蓝桥捣残玉杵;风流萧史,秦楼吹彻琼箫。

【解译】 唐朝裴航长得英俊,一次在蓝桥见一老妇,向她求浆喝。老妇用玉杵捣琼浆,叫女儿云英盛一杯给裴航,后来裴航就娶了云英,两人成仙而去。春秋秦国人萧史善吹箫,秦穆公以女儿弄玉许配给他,夫妇在秦楼上吹箫引来凤凰,两人乘凤凰而仙去,秦穆公为此筑了凤台。

女　子

(新增文十五联)

【原文】 男子禀乾之刚,女子配坤之顺。

【解译】 男子属乾卦,有阳刚之气;女子属坤卦,有柔顺之仪。

【原文】 贤后称女中尧舜,烈女称女中丈夫。

【解译】 宋哲宗十岁即位,他的母亲高太后垂帘听政,能绝私情、革弊政、免贪官、用新人,天下称她为女中尧舜;刚烈的女子,可称得上是女中大丈夫。

【原文】 曰闺秀,曰淑媛,皆称贤女;曰闺范,曰懿德,并美佳人。

【解译】 闺秀、淑媛,都是对贤惠女子的称呼;闺范、懿德,都是赞美品行端庄女人之词。

【原文】 妇主中馈,烹治饮食之名;女子归宁,回家省亲之谓。

【解译】 妇主中馈,是指妇人在家主持烹调饮食之事;女子归宁,是指已婚女子回家探视双亲。

【原文】 何谓三从?从父、从夫、从子;何谓四德?妇德、妇言、妇工、妇容。

【解译】 什么叫"三从"?孔子说:妇人在家从父,出嫁从夫。夫死从子。什么叫

"四德"？《礼记》上说：妇人在出嫁前，要教以四德：妇德（德行贞洁）、妇言（言语恭敬）、妇工（女工精细）、妇容（容貌端庄）。

【原文】 周家母仪，太王有周姜，王季有太妊，文王有太姒；三代亡国，夏桀以妹喜，商纣以妲己，周幽以褒姒。

【解译】 周朝有几个皇后，可做天下妇人的表率：周太王的妃子太姜，太王儿子季历的妃子太妊，文王的妃子太姒。夏商周三代所以亡国，是因为夏桀宠爱妹喜，商纣王宠爱妲己，周幽王宠爱褒姒所致。

【原文】 兰蕙质、柳絮才，皆女人之美誉；冰雪心、柏舟操，悉孀妇之清声。

【解译】 兰蕙质、柳絮才，都是称赞有才能女人的话；冰雪心、柏舟操，都是称赞寡妇名声清白的话。

【原文】 女貌娇娆，谓之尤物；妇容妖媚，实可倾城。

【解译】 尤物指相貌娇艳的女人。相貌妖媚的女人，能够倾城倾国。汉代李延年作诗称其妹之姿色，曰："北方有佳人，绝世而独立。一顾倾人城，再顾倾人国。"

【原文】 潘妃步朵朵莲花，小蛮腰纤纤杨柳。

【解译】 南朝齐东昏侯用金子制成的莲花贴地，令潘妃在上面行走，称"步步生莲花"；唐朝白居易小妾小蛮善舞，腰细软如杨柳，居易有诗称"杨柳小蛮腰"。

【原文】 张丽华发光可鉴，吴绛仙秀色可餐。

【解译】 南朝陈后主的宠妃张丽华的头发长七尺，光亮照人；隋炀帝的妃子吴绛仙的秀色"可餐"，使人忘掉饥饿。

【原文】 丽娟气馥如兰，呵气结成香雾；太真泪红于血，滴时更结红冰。

【解译】 汉光武帝的宫人丽娟年仅

陈叔宝宠妃张丽华

十四，肌肤柔软，气息芳香如兰花，呵出的气能结成香雾；唐朝杨贵妃告别父亲进宫时，眼泪掉在地上结成了红冰。

【原文】 孟光力大，石臼可擎；飞燕身轻，掌上可舞。

【解译】 东汉梁鸿的妻子孟光力气很大，能举起石臼；汉成帝的皇后赵飞燕身轻如燕，能在手掌上起舞。

【原文】 至若缇萦上书而救父，卢氏冒刃而卫姑，此女之孝者。

【解译】 汉文帝时，淳于意获罪欲判刑，他的女儿上书文帝，愿入宫为婢，以赎父罪。

中华传世藏书 国学经典文库 幼学琼林 图文珍藏版

文帝怜悯她救父一片孝心，就赦免了淳于意。唐代郑义宗家夜里闯入强盗，他的妻子卢氏冒着被杀的危险立在婆婆旁保护她。这些都是女人中的尽孝道者。

【原文】 侃母截发以延宾，村媪杀鸡而谢客，此女之贤者。

【解译】 晋朝陶侃家贫，有客范逵来访，陶母用铺床的垫草给范逵的马吃，又剪去自己的头发，卖掉换回酒食招待客人。汉武帝有一次微服私访到柏谷村，有人怀疑他是盗贼，要捉拿他，一老妇说："这位客人非平常人。"就杀鸡招待他。这些都是女人中的贤惠者。

【原文】 韩玖英恐贼秽而自投于秽，陈仲妻恐陨德而宁陨于崖，此女之烈者。

【解译】 唐朝韩仲成的女儿玖英，怕被强盗捉去受到污辱，就自投于粪坑里；唐朝陈仲的妻子遇到贼人，怕受污辱，宁可跳崖而死。这些都是女人中的刚烈者。

【原文】 王凝妻被牵，断臂投地；曹令女誓志，引刀割鼻，此女之节者。

【解译】 五代王凝在外做官死了，他的妻子李氏携子扶柩回家。晚上投宿时，店家不让住，被店主拉着手臂赶出店外，李氏大哭，用斧将手臂砍断。曹文叔的妻子早寡无子，她怕家人逼她改嫁，就用刀把鼻子割去。这些都是女人中的贞节者。

【原文】 曹大家续完汉帙，徐惠妃援笔成文，此女之才者。

【解译】 汉朝班昭寡居，被汉和帝召入宫内替哥哥班固续修完《汉书》，因她嫁给曹家，人称曹大家(读姑)；唐朝徐坚的女儿徐惠，八岁就能写文章，后来唐太宗召她进宫当才人。这些都是女人中的有才华者。

【原文】 戴女之练裳竹笥，孟光之荆钗布裙，此女之贫者。

【解译】 东汉戴良有五个女儿，选择女婿不问贵贱，唯贤为重，所给的嫁妆都是一些布衣、竹箱、木鞋之类不值钱的东西；东汉梁鸿的妻子孟光平时的穿戴都是些荆钗布衣。这些都是女人中能忍受清贫者。

【原文】 柳氏秃妃之发，郭氏绝夫之嗣，此女之妒者。

【解译】 唐太宗赐给尚书任环两个美女，他的妻子柳氏想法让两美女烂掉头发，变成秃子。晋朝贾充妻子郭氏生了儿子，让乳母抚养。后来怀疑贾充私通乳母，就把乳母打死了，而幼子因思念乳母也死了，断了贾家的后代。这些都是女人中最嫉妒者。

【原文】 贾女偷韩寿之香，齐女致袄庙之毁，此女之淫者。

【解译】 晋朝贾充的女儿与他的下属韩寿私通，并把晋武帝赐给贾充的异香偷偷送给了韩寿。贾充发现后，怕家丑败露，就把女儿嫁给了他。北齐的公主从小和奶妈陈氏的儿子在一起嬉玩，两人长大后，有一次公主约陈氏子在袄庙里相会，陈氏子先到睡着了，公主到庙里见陈氏子熟睡不醒，就把幼时的玉环给他留下走了。陈氏子醒来，见了玉环，知公主来过又走了，一气之下，把袄庙烧了。这些都是女人中最淫乱者。

【原文】 东施效颦而可厌，无盐刻画以难堪，此女之丑者。

【解译】 春秋时美女西施病了皱着眉头，村里有个丑女东施以为好看，也学她皱眉，

让人讨厌;钟离春是齐宣王的王后,无盐(古地名)人,长得很丑,难以刻画。这些都是女人中最丑陋者。

【原文】 自古贞淫各异,人生妍丑不齐,是故生菩萨、九子母、鸠盘荼,谓妇态之变更可畏;钱树子、一点红、无廉耻,谓青楼之妓女殊名。此固不列于人群,亦可附之以博笑。

【解译】 自古以来贞洁和淫乱各有不同,人生美丽和丑陋参差不齐。唐朝裴炎曾说过:女人少年时如生菩萨(貌美的人),中年多儿女如九子母(女神名),到老了脂粉凋落,脸色或青或黑,就像鸠盘荼(佛书中一种丑鬼),这是说女人一生姿态变更的可怕;钱树子、一点红、无廉耻,都是青楼妓女的别名。这些事固然不能安在妇人之中,但也可附在这里以博人一笑。

【原文】 〔增〕蔡女咏吟,曾传笳谱;薛姬裁制,雅号针神。

【解译】 汉朝蔡邕的女儿蔡琰善于吟诗作词,曾流传下《胡笳十八拍》;魏文帝美姬薛灵芸善于女工,夜里不借助灯光,可以裁制衣服,雅称"针神"。

【原文】 蛾眉队里状元,崇嘏文章洒洒;红粉班中博士,兰英才思翩翩。

【解译】 古今女子中可称状元的,是前蜀的黄崇嘏,写出的文章洋洋洒洒;可称博士的,是南朝齐的韩兰英,才思翩翩。

【原文】 城号夫人,牢不可破;军称娘子,锐而莫摧。

【解译】 晋朝时符坚围攻襄阳,襄阳令朱序的母亲韩氏带领百余妇女筑新城御敌。符坚攻破旧城西北角,全军退守新城,牢不可破,人称"夫人城"。唐初柴绍夫人平阳公主协助高祖起兵,率精兵万余,与秦王李世民在渭北会合,锐不可当,人称"娘子军"。

【原文】 是谁佳冶唾如花？赵家飞燕;孰个娉婷颜似玉？秦氏文鸾。

【解译】 汉朝赵飞燕不小心将唾沫吐在妹妹的袖子上,妹妹称她的唾沫像花一般。唐朝妓女秦文鸾亭亭玉立,刘长卿有诗夸她"潇洒美如玉"。

【原文】 徐贤妃却天子召,露沁新诗;谢道韫解小郎围,风生雄辩。

【解译】 唐太宗的妃子徐惠有才华,有一次太宗召她不至,大怒,徐惠进诗说:"朝来临镜台,妆罢独徘徊;千金买一笑,一召岂能来。"太宗看了沁满心迹的诗,气也消了。晋朝王凝之妻子谢道韫听说小叔子王献之与宾客争论中词穷,自动出来为小叔子解围,在青绫帐后面与客人理论,客不能胜。

【原文】 人说骊姬专国色,我云薛女是香珠。

【解译】 人们都说春秋晋献公的骊姬有倾国之色,我说唐朝元载的小妾薛瑶英是个说话能飘香的香珠。

【原文】 慧姬振铎为严传,颇称巾帼先生;老妇吹篪当健儿,须谓裙钗将士。

【解译】 前秦韦逞的母亲宋氏为传父业,在家立紫帐传授生徒,可称得上是巾帼先生。后魏河间王女婥朝云,假扮老妇吹篪,使羌人降服,有人说:"快马健儿,不如老妪吹篪。"可称得上是裙钗将士。

中华传世藏书——国学经典文库 蒙学经典——图文珍藏版

【原文】 看舞剑而工书字,必是心灵;听弹琴而辨绝弦,无非性敏。

【解译】 晋朝卫夫人看人舞剑,从各种姿势中悟出写字的诀窍,书法大有长进,可见她的心思灵巧;汉朝蔡琰六岁时,听父亲蔡邕弹琴弦断,立即能辨别出断的是第几根弦,真是天性机敏。

【原文】 爱欲海,未可沉埋男子躯;温柔乡,岂应老葬君王骨。

【解译】 佛家称世上有"爱欲海",足使男子沉没身亡,告诫男子不要贪恋女色;汉成帝宠爱赵飞燕,称她是"温柔乡",说"我当老死在温柔乡中"。

【原文】 还讶桃叶女,横波眼最好;更思孙寿娥,坠马髻偏妍。

【解译】 晋朝王献之的爱妾桃叶的眼睛美丽清如秋水,令人惊讶;东汉梁冀的妻子孙寿娥,她那"坠马髻"的发式,艳丽媚人,实在令人思念。

【原文】 李子豪雄,红拂顿生敲户念;寇公费用,茜桃应有惜缣心。

【解译】 隋朝李靖性情豪爽,在杨素家见一女婢执红拂在旁侍候,女婢对他一见钟情。夜里有一穿紫衣戴帽者敲门来访李靖,脱去帽子,原来就是白天所见的女婢,两人于是私奔太原。宋朝寇准听歌妓唱一曲,便送她一匹绫缎,他的小妾茜桃感到可惜,作诗劝他:"一曲清歌一束绫,美人何事意嫌轻。不知织女寒窗下,几度抛梭织得成。"

红拂夜访李靖

【原文】 诗人老去莺莺在,情意绸缪;公子归来燕燕忙,私惊款洽。

【解译】 唐朝崔氏女儿莺莺与张生私通,后来两人断了来往,张生想去见她,被她作诗婉绝,这种情意是何等绸缪。汉成帝私访赵飞燕,常有张放陪同,人称张公子。宋朝诗人张先(字子野)年老欲买妾,苏东坡用张公子的掌故作诗曰"诗人老去莺莺在,公子归来燕燕忙",表现了男女间情意融洽的情感。

【原文】 端端体态果然端,皎皎姿容何等皎。

【解译】 唐朝有妓女李端端,体态端庄大方,崔徽为她题诗:"觅得骅骝披绣鞍,善和坊里觅端端。扬州近日浑相诧,一朵能行白牡丹。"一时宾客盈门。妓女阿软生下一女,求白居易起名,居易说:"此女肌肤白皙,可叫皎皎。"

【原文】 语言偷鹦鹉之舌,声律动人;文章炫凤凰之毛,英华绝俗。

【解译】 唐朝薛涛是蜀中名妓,元稹有诗赠她称"言语巧偷鹦鹉舌。文章分得凤凰毛"。夸她言语文章都很出众。

【原文】 可谓笑时花近眼,每看舞罢锦缠头。

【解译】 唐朝杜牧有赠妓诗说:"笑时花近眼,舞罢锦缠头。"夸她如花似锦。

外　戚

（新增文十联）

【原文】　帝女乃公侯主婚,故有公主之称;帝婿非正驾之车,乃是驸马之职。

【解译】　皇帝的女儿出嫁,都由同姓公侯们主婚,所以称公主;汉武帝时,掌副车之马的官员称驸马都尉。魏晋后,皇帝的女婿例封驸马都尉,简称驸马。

【原文】　郡主县君,皆宗女之谓;仪宾国宾,皆宗婿之称。

【解译】　与皇帝同姓诸侯的女儿,她们出嫁都由县、郡长官主婚,所以称郡主、县君;她们的女婿,称为仪宾、国宾。

【原文】　旧好曰通家,好亲曰懿戚。

【解译】　几代都相交,称为"通家";关系好的亲戚,叫"懿戚"。

【原文】　冰清玉润,丈人女婿同荣;泰山泰水,岳父岳母两号。

【解译】　晋朝乐广和女婿卫玠,在当时都很有声望,人们称岳父为"冰清",女婿为"玉润";泰山之巅有丈人峰,峰下有水,所以称岳父为泰山,称岳母为泰水。

【原文】　新婚曰娇客,贵婿曰乘龙。

【解译】　新婚女婿叫"娇客",出身高贵的女婿叫"乘龙"。

【原文】　赘婿曰馆甥,贤婿曰快婿。

【解译】　赘婿(招进门的女婿)叫"馆甥",有贤才的女婿叫"快婿"。

【原文】　凡属东床,俱称半子。

【解译】　晋朝郗监让王导帮他选婿,王导的弟子们听说后,都格外矜持,唯有王羲之露腹躺在东床上视若不闻,郗监认为他就是佳婿,就把女儿嫁给了他。后来女婿就叫"东床"。凡是女婿,都有半个儿子之称。

【原文】　女子号门楣,唐贵妃有光于父母;外甥称宅相,晋魏舒期报于母家。

【解译】　唐玄宗册立杨贵妃时,有歌谣说:"男不封侯女作妃,君看女郎为门楣。"意思是杨贵妃为自己的父母门庭争了光。晋朝魏舒少年失去双亲,由舅家宁氏抚养。宁氏想建新宅,看相人说:"这个家当出贵甥。"魏舒听了后表示,一定要实现看相人的话,以报舅家养育之恩。后来魏舒果然做了司徒。

【原文】　共叙旧姻,曰原有瓜葛之亲;自谦劣戚,曰忝在葭莩之末。

【解译】　姻亲在一起叙旧,称"原有瓜葛之亲",意思是瓜和葛(一种草本植物)互相牵连不可分;自谦是无能的亲戚,称"忝在葭莩(芦苇茎内的薄膜)之末",意思是太不起眼了。

【原文】　大乔小乔,皆姨夫之号;连襟连袂,亦姨父之称。

【解译】　三国吴孙策、周瑜娶了大乔、小乔姐妹俩,后来"大乔小乔"就成了姐妹丈夫的称号。宋朝李晋卿有二女,长女嫁给了王陶,次女嫁给了滕元发,王、滕二人连襟联袂相继进了翰林院,后来"连襟联袂"也成了姐妹丈夫的称呼。

玄宗宠妃杨玉环

【原文】 蒹葭依玉树,自谦借戚属之光;茑萝施乔松,自幸得依附之所。

【解译】 蒹葭(即芦苇)依靠着玉树,这是借了亲戚之光的谦称;茑(一种蔓生植物)与女萝的丝藤缠在松柏树上,这是庆幸有了依靠攀附之所。

【原文】 〔增〕卢李之亲,苏程之戚。

【解译】 唐朝卢纶和李益是内兄弟关系的亲戚,宋朝苏轼和程德孺是表兄弟关系的亲戚。

【原文】 王茂弘呼何充以麈尾,杨沙哥引崔嫂以油幢。

【解译】 晋朝何充是丞相王导(字茂弘)内弟的儿子,常去王家,王导以拂尘的麈尾招呼他在床上同坐,后来何充也做了高官;唐朝杨士汝(小名沙哥)带着妻子崔氏镇守东川,他的妹夫白居易戏作贺诗说:"何以沙哥领崔嫂,碧油幢引向东川。"

【原文】 林宗贷钱,宁以贫穷为病;彦达分秩,不将富贵自私。

【解译】 汉朝郭林宗家里很穷,就向姐夫贷钱五千去求学,不以贫穷为羞耻;宋朝庾彦达为益州刺史,将自己俸禄的一半分给姐姐作膳食之用,不把富贵看作私有。

【原文】 直卿果重亲情,相邀会食;潘岳能敦戚谊,每令弹琴。

【解译】 宋朝黄直卿重亲情,常邀请内弟及外姓兄弟聚会饮酒;晋朝潘岳重情谊,他的内弟阮瞻读书不专,但善于弹琴,潘岳没有责备他,反而常听他弹琴,通宵达旦而不废。

【原文】 中子执内弟之丧,行冲称外家之宝。

【解译】 隋朝王通(卒谥文中子)内弟死了,丧期内不喝酒、不吃肉;唐朝元行冲的表弟韦述能读书作文,行冲称他是外家(舅家)之宝。

【原文】 骑驴以追姑婢,仲容不顾居丧;披扇而笑老奴,温峤自为媒妁。

【解译】 晋朝阮咸(字仲容)与姑母的婢女私通,后来母亲死了,姑母与婢女远行,仲容不顾母丧,借了条毛驴将她们追了回来;晋朝温峤自荐为姑母的女婿,姑母扇着纱扇笑他是老奴。

【原文】 介妇冢妇,不敢并行;先生后生,原为同出。

【解译】 介妇(次子之媳)和冢妇(长子之媳)是不能并行的;年长的妾称姒,年幼的

妾称娣，虽是称呼不同，但都是同一个丈夫。

【原文】　智能散宝，为侄弃军；兆卜张弧，因姬遣稼。

【解译】　汉朝樊哙的妻子因侄儿吕禄放弃军权而去，大怒，把自己的珠宝玉器都撒在堂上，说："不为他人保管了。"春秋晋献公想把女儿伯姬嫁到秦国，占卜的人说："寇张之弧，侄其从姑。"认为不吉利。

【原文】　聂政非无贤姊，屈平亦有女嬃。

【解译】　战国时聂政行刺韩相侠累后自尽，他的姐姐伏尸痛哭，死在弟弟的尸体旁。聂政并非没有贤姐。屈原（名平）的《离骚》中有"女嬃之婵媛兮，申申其詈予"句，这是感念他姐姐女嬃的意思。

【原文】　莫嫌萧氏之姻，宜学郝家之法。

【解译】　唐高宗皇后武则天因薛凯的妻子萧氏不是贵族出身而嫌弃她，别人告诉则天，萧氏是高祖所封的宋国公萧瑀的侄孙女，这才改变了态度；晋朝王浑的妻子钟氏和王浑弟王湛的妻子郝氏是妯娌，二人都有德行，懂礼教，不分贫富。世人说：钟氏之礼，郝氏之法，都值得学习。

老幼寿诞

（新增文十二联）

【原文】　不凡之子，必异其生；大德之人，必得其寿。

【解译】　凡是不平凡的孩子，他的出身必定有奇异的地方；《中庸》上说，有大德的人，必定长寿。

【原文】　称人生日，曰初度良辰；贺人逢旬，曰生申令旦。

【解译】　称赞人的生日，说是"初度良辰"；贺人逢十的生日，说是"生申令旦"，意思是申伯（周朝良臣）出生的吉日。

【原文】　三朝洗儿，曰汤饼之会；周岁试周，曰晬盘之期。

【解译】　小孩生下来三天要洗浴，宴请亲朋好友吃汤饼，叫汤饼会；小孩满周岁，用盘子盛上珍宝及各种玩物等，让他抓取，以测日后他的志趣，叫晬（周岁）盘之期。

【原文】　男生辰曰悬弧令旦，女生辰曰设帨佳辰。

【解译】　《礼记》上说："男生悬弧（悬挂木弓）于门左，女生设帨（陈设帨巾）于门右。"所以男子的生辰叫"悬弧令旦"，女子的生辰叫"设帨佳辰"。

【原文】　贺人生子曰嵩岳降神，自谦生女曰缓急非益。

【解译】　庆贺人家生儿子，说是中岳嵩山降下天神；自谦生了女儿，说是遇有急事，帮不上忙，没一点益处。

【原文】　生子曰弄璋，生女曰弄瓦。

【解译】 生儿子叫弄璋(一种玉器),生女儿叫弄瓦(纺锤)。

【原文】 梦熊梦罴,男子之兆;梦虺梦蛇,女子之祥。

【解译】 熊罴是阳物,梦见它是生男孩的预兆;虺蛇是阴物,梦见它是生女孩的征验。

【原文】 梦兰叶吉,郑文公妾生穆公之奇;英物称奇,温峤闻声知桓公之异。

【解译】 春秋时郑文公妾燕姞生穆公前,梦见有人送她兰花,后来就以"兰"字取名,他的出生的确很奇特。晋朝温峤听见桓温在月子里的哭声,便知道他长大一定有异才。桓温的父亲因儿子得到温峤的赏识,就以"温"字取名。

【原文】 姜嫄生稷,履大人之迹而有娠;简狄生契,吞玄鸟之卵而叶孕。

【解译】 传说帝喾之妃姜嫄在外出的路上踩了巨人的脚印而怀孕,生下稷,后来成了周朝的始祖;帝喾次妃简狄误吞了玄鸟(燕子)下的蛋而怀孕,生下契,后来成了商朝的始祖。

【原文】 麟吐玉书,天生孔子之瑞;玉燕投怀,梦孕张说之奇。

【解译】 孔子出生前,阙里(孔子故里)有麒麟口吐玉书,上有"水精之子,继衰周而为素王"等字,这是一种瑞兆;唐朝宰相张说的母亲因梦见一只玉燕投入怀中,而怀孕生了张说,这也是一个奇闻。

【原文】 弗陵太子,怀胎十四月而始生;老子道君,在孕八十一年而始诞。

【解译】 汉武帝的弗陵太子,其母赵婕妤怀孕十四个月才生下他;道教的始祖老子在娘胎里八十一年才诞生,生出来就一头白发。

【原文】 晚年生子,谓之老蚌生珠;暮岁登科,正是龙头属老。

【解译】 汉朝韦端老年生下两个儿子,孔融说:"不料一双明珠,竟出在老蚌腹内。"后称老年得子为"老蚌生珠"。宋朝梁灏八十二岁中进士,他在谢恩诗中说:"也知年少登科好,不意龙头属老成。"后称暮年中科举为"龙头属老"。

【原文】 贺男寿曰南极星辉,贺女寿曰中天婺焕。

【解译】 祝贺男人寿辰,称如南极老人星,星光辉映;祝贺女人寿辰,称如中天婺女星,光彩焕发。

【原文】 松柏节操,美其寿元之耐久;桑榆暮景,自谦老景之无多。

【解译】 松柏节操,赞美人的寿命长久;桑榆是日落的地方,桑榆暮景,是老年人谦称自己的岁月已不多了。

【原文】 矍铄称人康健,聩眊自谦衰颓。

【解译】 矍铄是说人很康健,聩(耳聋)眊(目昏)是谦称自己已衰颓了。

【原文】 黄发儿齿,有寿之征;龙钟潦倒,年高之状。

【解译】 古人认为,头发由白转黄,牙齿掉了又生新牙,这都是长寿的象征;像龙钟(竹子名)一样摇摇晃晃,不能自持,这都是年事已高的状态。

【原文】　日月逾迈,徒自伤悲;春秋几何,问人寿算。

【解译】　认为日月已经流逝,这是自己在为衰老而徒然伤悲;春秋几何,这是问人的岁数。

【原文】　称少年曰春秋鼎盛,羡高年曰齿德俱尊。

【解译】　称呼少年叫春秋鼎盛,意思是他此时正如春秋时诸侯兴盛鼎立的时候;羡慕高龄长者,称齿德俱尊,意思是他的年龄和德行,都应受到尊敬。

【原文】　行年五十,当知四十九年之非;在世百年,那有三万六千日之乐。

【解译】　人到五十,应知过去四十九年的是非;在世百年有三万六千天,哪能天天都快乐?

【原文】　百岁曰上寿,八十曰中寿,六十曰下寿;八十曰耋,九十曰耄,百岁曰期颐。

【解译】　人活百岁叫上寿,八十叫中寿,六十叫下寿;八十岁叫耋,九十岁叫耄,一百岁叫期颐。

【原文】　童子十岁就外傅,十三舞勺,成童舞象;老者六十杖于乡,七十杖于国,八十杖于朝。

【解译】　《礼记》上说:小孩十岁就应该到学馆跟老师学书习礼,十三岁要学乐、诵诗、舞勺(古代乐舞名),成童(十五岁)要舞象(手执干戈的舞蹈)、学射箭和驾驭车马;《礼记》上又说:老年人六十岁可以扶拐杖于乡里,七十岁可以扶拐杖于国中,八十岁可以扶拐杖于朝廷,这是对老年人的尊重。

【原文】　后生固为可畏,而高年尤是当尊。

【解译】　后生固然可畏,而对年事已高的老人尤其应当尊敬。

【原文】　〔增〕漫道豫章之小,已具梁栋之观。

【解译】　别说松柏、豫章(樟木)树小,但已具有栋梁之材。这是南朝王俭年幼时袁粲夸他有出息的话。

【原文】　项橐童牙作师,却知学富;甘罗孱口为相,勿论年雏。

【解译】　春秋时项橐七岁童牙未换,就当了孔子的老师,可知他的学识丰富;秦朝甘罗十二岁出使赵国,凭借他的口才取得成功,成为宰相,不要说他年纪还小。

【原文】　列俎豆而习礼仪,孟氏冲年乃尔;执干戈以卫社稷,汪踦小子能然。

【解译】　孟子幼时住在学馆旁边,与其他孩子做游戏,排列俎豆(祭祀用的器物),练习礼仪,他母亲见了很高兴。春秋齐国伐鲁,鲁国童子汪踦手执干戈以捍卫社稷,直至战死。年虽少但很能干。

【原文】　寇公七岁咏山,已卜具瞻气象;司马五龄击瓮,即占拯溺才猷。

【解译】　宋朝宰相寇准七岁时,已能写出咏华山的诗,很有气魄,他老师对他的父亲说:你的儿子将来一定能当宰相。司马光五岁时,击破水缸救出掉在里面的小同伴,大家都很惊异,显示了他将来能拯救万民的才能。

【原文】　步处敏于诗,我道公权过子建;座间言自别,人称谢尚是颜回。

【解译】　唐朝柳公权十二岁时,走三步即能成诗,唐文宗称他胜过七步成诗的曹植(字子建);晋朝谢尚八岁时能陪客宴饮,谈吐自如,人称他是孔子的弟子颜回。

【原文】　勿谓卢家儿,案上翻残墨汁;尚嘉羊氏子,桑中探出金环。

【解译】　不要说唐朝卢仝的儿子翻倒书桌上的墨汁,把纸上的新诗涂抹成老乌鸦,倒应该夸奖晋朝羊祜五岁时从邻家桑树林中,寻找到邻家亡儿的遗物金环。

【原文】　亩丘人问年不少,绛县老历甲何多。

【解译】　春秋齐桓公见一老人在田里耕作,问他年龄,答:"已八十三岁了。"桓公称他是高寿。晋国绛县有位老人称自己已经历了四百四十五个甲子(六十年一个甲子),合二万六千七百岁。

【原文】　函谷跨牛,李耳演道德五千之秘;渭川跃鲤,子牙钓乾坤八百之秋。

【解译】　周朝老子(李耳)骑着青牛过函谷关,将五千言的《道德经》传授给了关令尹喜;姜子牙在渭水钓鲤鱼。算定了周朝有八百年天下。

【原文】　是谁运动老阳,生子却无日影;若个学成玄法,烧丹剩有霞光。

【解译】　汉朝陈留有个老翁九十娶女生一子,其长子不认这个弟弟,与他争家产多年,州郡长官都不能断。丞相丙吉说:"曾听说年老力衰的男人所生之子在阳光下行走无影子。"令子站在阳光下确实无影子,众人才服。汉朝淮南王刘安学道术。八个老人授他炼丹法,刘安吃了炼成的丹丸,成仙而去。剩下的炼丹鼎还在发光,鸡犬舔了,也都成仙而去。

老子画像

【原文】　荣启期能扩襟怀,行歌乐土;疏太傅乞归骸骨,饮饯都门。

【解译】　古代隐士荣启期襟怀开阔,常唱行乐歌:"为人是一乐,为男是二乐,年有九十五是三乐。贫者士之常,死者人之终,吾何忧哉。"汉朝疏广官太傅,他的侄儿官少傅,二人上表要求归家,死后能葬故乡。他的朋友们在都域门外为他饯行,观者称他叔侄二人都是贤者。

【原文】　猃狁侵周,方叔迈年奏三捷;先零叛汉,充国颓龄请一行。

【解译】　夷族猃狁国侵犯周朝,老将方叔不顾年迈前去迎战,一月传回三次捷报;汉朝羌族先零国反叛,老将赵充国虽已七十多岁了,仍请缨出征。

【原文】　李百药才新而齿则宿,卢蒲嫳发短而心甚长。

【解译】　唐朝李百药七十岁作《帝京赋》,太宗看了说:"齿则宿而才甚新。"意思是虽已年高牙齿萎缩,但才思仍很清新。春秋齐国卢蒲嫳曾帮助庆封叛乱,被齐侯流放。

后来他在齐侯面前痛哭说："我的头发已很短了,还能干什么呢?"请求宽恕。齐侯的儿子子雅说："他的头发虽短,但心思却很长。"意思是野心还很大。

身　体

(新增文十三联)

【原文】　百体皆血肉之躯,五官有贵贱之别。

【解译】　人的身上有百骸,所以叫百体,这些构成了血肉的躯体;人的身上都有五官(耳、目、口、鼻、心),但它们有贵贱的区别。

【原文】　尧眉分八彩,舜目有重瞳。

【解译】　传说唐尧的眉毛有八种色彩,虞舜的眼里有两个瞳孔。

【原文】　耳有三漏,大禹之奇形;臂有四肘,成汤之异体。

【解译】　相传大禹的耳朵上有三个洞穴,商汤王的手臂上有四个肘关节,皆为圣人之相。

【原文】　文王龙颜而虎眉,汉高斗胸而隆准。

【解译】　相传周文王有龙的额头、虎的眉毛,汉高祖的胸脯宽而鼻梁高。

【原文】　孔子之顶若圩,文王之胸四乳。

【解译】　相传孔子的头顶是凹陷的,周文王的胸前有四个乳。

【原文】　周公反握,作兴周之相;重耳骈胁,为霸晋之君。

【解译】　周公的两手软如绵,能反转过来拿东西,是兴周的宰相;晋文公重耳的肋骨联在一起,是称霸春秋的君主。

【原文】　此皆古圣之英姿,不凡之贵品。

【解译】　这些都是古代圣人的英姿,非凡的高贵品相。

【原文】　至若发肤不可毁伤,曾子常以守身为大;待人须当量大,师德贵于唾面自干。

【解译】　《孝经》上说,身体的头发和肌肤,都是父母给的,不可伤毁。曾子常以此作为守持身心的大事。唐朝宰相娄师德说过,对人要大量,有人把唾沫吐在你的脸上,也不要去擦,让它自己干掉。

【原文】　谗口中伤,金可铄而骨可销;虐政诛求,敲其肤而吸其髓。

【解译】　谗言伤人,可以化金销骨;暴政豪夺,如同敲打肌肤,吸人骨髓。

【原文】　受人牵制曰掣肘,不知羞愧曰厚颜。

【解译】　受到别人的牵制,叫掣肘;不知羞耻惭愧,叫厚颜。

【原文】　好生议论,曰摇唇鼓舌;共话衷肠,曰促膝谈心。

【解译】　无事生非,好发议论,叫摇唇鼓舌;彼此在一起倾诉心事,叫促膝谈心。

【原文】 怒发冲冠,蔺相如之英气勃勃;炙手可热,唐崔铉之贵势炎炎。

【解译】 战国时赵国蔺相如捧着玉璧使秦,用玉璧换取秦地。见秦王出尔反尔,怒气冲天,竖起的头发把帽子都顶起来了,把玉璧带回了赵国,不辱使命。"怒发冲冠",即指蔺相如的英姿。唐朝崔铉任左仆射,与杨绍、郑鲁、段复环、薛蒙等人垄断朝政,其势如把手放在火上炙烤一样,咄咄逼人。"炙手可热",是形容崔氏的权势正在极盛的时候。

【原文】 貌虽瘦而天下肥,唐玄宗之自谓;口有蜜而腹有剑,李林甫之为人。

【解译】 唐玄宗曾说过自己的面貌虽瘦了,但天下的百姓都胖了;说话像蜜一样甜,而心里却藏着一把杀人的利剑,这就是唐朝宰相李林甫的为人。

【原文】 赵子龙一身都是胆,周灵王初生便有须。

【解译】 三国蜀主刘备称赞大将赵云(字子龙)浑身都是胆;周灵王一生下来就有胡须,有"髭王"的美称。

【原文】 来俊臣注醋于囚鼻,法外行凶;严子陵加足于帝腹,忘其尊贵。

【解译】 唐朝酷吏来俊臣生性残忍,曾用酸醋灌在囚犯的鼻子里,这是在法律许可之外行凶;东汉严光(字子陵)有一次和光武帝同床睡觉,竟把两只脚放在光武帝的肚子上,忘记了皇帝的尊贵。

【原文】 久不屈兹膝,郭子仪尊居宰相;不为米折腰,陶渊明不拜吏胥。

【解译】 唐朝田承嗣占据魏地,宰相郭子仪派使者去魏地送书信,田承嗣向西跪拜说:"我的膝盖已有十年不屈于人,今为尊重郭公而下跪。"晋朝陶潜(字渊明)做彭泽县令仅八十天,有一日,郡守派督邮来,渊明不肯跪迎,说:"我岂能为五斗米(县令的俸禄)而折腰!"辞官而归故里。

严子陵像

【原文】 断送老头皮,杨璞得妻送之诗;新剥鸡头肉,明皇爱贵妃之乳。

【解译】 宋朝隐士杨璞被真宗召见,临行时他的妻子写诗送他,其中有"今日捉将官里去,这回断送老头皮。"真宗听说后,把杨璞放了回去。唐朝杨贵妃沐浴出水,玄宗抚摸她的乳房说:"软温新剥鸡头肉。"鸡头指鸡头莲,是一种水生植物,里面的籽似乳头。

【原文】 纤指如春笋,媚眼若秋波。

【解译】 唐朝诗人王履道有诗称杨贵妃的手指纤细娇嫩,长得如同春尹一样;宋朝诗人黄庭坚有诗称女人的妖媚眼神,像秋天的水波一样动人。

【原文】 肩曰玉楼,眼名银海。

【解译】 宋朝苏轼有诗说:"冻合玉楼寒起粟,光摇银海眩生花。"把肩比作玉楼,眼

比作银海。

【原文】　泪曰玉箸,顶曰珠庭。

【解译】　三国魏文帝的甄皇后脸长得白皙,眼泪长流像玉做的筷子一样;唐朝李绛的前额很宽,李班见了称他是"日角珠庭",非凡人相。

【原文】　歇担曰息肩,不服曰强项。

【解译】　挑担子累了放下歇歇,叫息肩;刚强不屈,挺着脖子,叫强项。

【原文】　丁谓与人拂须,何其谄也;彭乐截肠决战,不亦勇乎。

【解译】　宋朝参政丁谓与宰相寇准同席饮酒,见寇准胡须上沾着菜汤,便上前替他抹去,这是何等谄媚;北齐大将彭乐在战斗中被刺,流出肠子,他用刀将肠子割断继续再战,这是何等英勇。

【原文】　剜肉医疮,权济目前之急;伤胸扪足,计安众士之心。

【解译】　割掉好肉去医治疮伤,这只是救眼前急的一种权宜之计;汉高祖刘邦胸口中箭,却用手去扪脚,这是安定军心的一种计谋。

【原文】　汉张良蹑足附耳,黄眉翁洗髓伐毛。

【解译】　汉朝韩信向高祖要求封假王,高祖正想发怒,张良在旁连忙用脚踢踢高祖,并附耳劝他同意,高祖马上表态说,要封就封真王,于是封韩信为齐王。汉朝东方朔曾听仙人黄眉翁说:"我三千年一返骨洗髓,二千年一剥皮伐毛,如今已三次洗髓,五次伐毛了。"示意自己已活了九千多岁了。

【原文】　尹继伦契丹称为黑面大王,傅尧俞宋后称为金玉君子。

【解译】　宋朝尹继伦长得脸黑,在徐河大败契丹,契丹人称要避开这个黑面大王;宋朝侍郎傅尧俞在皇帝面前论事毫无避讳,死时太后夸他是金玉君子。

【原文】　土木形骸,不自妆饰;铁石心肠,秉性坚刚。

【解译】　晋朝嵇康身高七尺八寸,容貌好,不像那些用泥塑木雕而成的人,需要装饰;唐朝宋璟为人正直,皮日休在《桃花赋》的序中说他秉性刚毅,如有铁石心肠。

【原文】　叙会晤,曰得挹芝眉;叙契阔,曰久违颜范。

【解译】　唐朝隐士元德秀(字紫芝)活得很潇洒自如,房琯每次见他,都说:"见了紫芝的眉宇,让人什么名利之心都没了。"后来称与人会晤,叫"得挹芝眉"。阔别重见,叫"久违颜范"。颜,脸面。

【原文】　请女客曰奉迓金莲,邀亲友曰敢攀玉趾。

【解译】　邀请女客,叫"奉迓金莲",金莲指女人的小脚;邀请亲友,叫"敢攀玉趾",玉趾是对脚的美称。

【原文】　侏儒谓人身矮,魁梧称人貌奇。

【解译】　侏儒是指身材矮小的人,魁梧是指身材高大奇伟的人。

【原文】　龙章凤姿,廊庙之彦;獐头鼠目,草野之夫。

【解译】　龙章凤姿,是说廊庙(即朝廷)贤士的容貌如龙凤之姿;獐头鼠目,是指草野丑民猥琐鄙俗的形象。

【原文】　恐惧过甚,曰畏首畏尾;感佩不忘,曰刻骨铭心。

【解译】　过分恐惧,称畏首畏尾;感恩不忘,称刻骨铭心。

【原文】　貌丑曰不扬,貌美曰冠玉。

【解译】　面貌丑陋,叫不扬;面貌秀美,叫冠玉。

【原文】　足跛曰蹒跚,耳聋曰重听。

【解译】　足跛叫蹒跚,行走一步一瘸;听觉迟钝叫重听。

【原文】　期期艾艾,口讷之称;喋喋便便,言多之状。

【解译】　期期艾艾,是对口吃的称呼;喋喋便便,是形容话多。

【原文】　可嘉者,小心翼翼;可鄙者,大言不惭。

【解译】　值得称赞的人,是做事小心翼翼者;令人鄙视的人,是大言不惭者。

【原文】　腰细曰柳腰,身小曰鸡肋。

【解译】　形容腰肢细软叫柳腰,形容身材弱小叫鸡肋。

【原文】　笑人齿缺,曰狗窦大开;讥人不决,曰鼠首偾事。

【解译】　嘲笑别人牙齿缺落,叫狗窦(洞)大开;讥讽别人办事不果断,叫鼠首偾(败)事。

【原文】　口中雌黄,言事多而改移;皮里春秋,胸中自有褒贬。

【解译】　口中雌黄,形容说话随便,言而无信;皮里春秋,形容嘴上不说,但胸中已有看法。

【原文】　唇亡齿寒,谓彼此之失依;足上首下,谓尊卑之颠倒。

【解译】　唇亡齿寒,失去嘴唇牙齿就寒,比喻彼此利益相联,不可分开;足上首下,头脚倒悬,比喻尊卑颠倒,上下不分。

【原文】　所为得意,曰吐气扬眉;待人诚心,曰推心置腹。

【解译】　人有得意之处,叫吐气扬眉;待人真诚,叫推心置腹。

【原文】　心慌曰灵台乱,醉倒曰玉山颓。

【解译】　灵台,是心的别名,心中慌乱,叫灵台乱;玉山,是头的别称,酒后醉倒,叫玉山颓。

【原文】　睡曰黑甜,卧曰息偃。

【解译】　夜里酣睡,叫黑甜;白天卧床休息,叫息偃。

【原文】　口尚乳臭,谓世人年少无知;三折其肱,谓医士老成谙练。

【解译】　口中还有乳味,比喻人年少幼稚无知;多次折断手臂,就能懂得医治折臂的方法,比喻医生老成干练,富有经验。

【原文】　西子捧心,愈见增妍;丑妇效颦,弄巧反拙。

【解译】 美人西施有病,手捧着胸口,显得更加美丽;丑妇东施学她的样子,反而弄巧成拙,显得更加丑陋。

【原文】 慧眼始知道骨,肉眼不识贤人。

【解译】 目光敏锐的眼,能看透人的本质;平常人的肉眼,不能识别贤人。

【原文】 婢膝奴颜,谄容可厌;胁肩谄笑,媚态难堪。

【解译】 婢女见人就跪,奴仆见人就曲意奉承,这种谄媚的样子,令人厌恶;见人弓背哈腰,脸上露出虚伪的假笑,这种谄媚的样子,令人难堪。

【原文】 忠臣披肝,为君之药;妇人长舌,为厉之阶。

【解译】 忠臣披肝沥胆,直言相谏,是君王治理天下的良药;妇人多嘴多舌,是得厉(祸)的阶梯。

【原文】 事遂心曰如愿,事可愧曰汗颜。

【解译】 做事顺心叫如愿,遇事有愧叫汗颜。

【原文】 人多言曰饶舌,物堪食曰可口。

【解译】 人的话多,叫饶舌;食物好吃,叫可口。

【原文】 泽及枯骨,西伯之深仁;灼艾分痛,宋祖之友爱。

【解译】 周文王挖池,掘得枯骨,令人重新埋葬,恩泽施于枯骨,可见他仁义深厚;宋太祖为分担兄弟匡义灼艾的痛苦,自己也去灼艾,可见兄弟之间的友情。

【原文】 唐太宗为臣疗病,亲剪其须;颜杲卿骂贼不绝,贼断其舌。

【解译】 唐太宗听说大臣李勣治病需要龙须,亲自将自己的胡须剪下来给他配药;唐朝颜杲卿在常山当太守,城被叛将安禄山攻破被俘,他痛骂不停,直到舌头被贼割掉。

【原文】 不较横逆,曰置之度外;洞悉虏情,曰已入掌中。

【解译】 毫不计较蛮横悖理的人和事,叫置之度外;洞察敌情了如指掌,叫已入掌中。

【原文】 马良有白眉,独出乎众;阮籍作青眼,厚待乎人。

【解译】 三国蜀汉马良眉中有白毛,他的才能,独在众兄弟之上;传说西晋阮籍能作青白眼,见了俗客用白眼斜相看,见了名人用青眼正目厚礼相待。

【原文】 咬牙封雍齿,计安众将之心;含泪斩丁公,法正叛臣之罪。

【解译】 汉高祖刘邦咬着牙封平时最痛恨的雍齿为侯,为的是安抚众将之心;又含泪斩了投诚自己的项羽旧将丁公,为的是他认为丁公对项羽有叛逆之罪。

【原文】 掷果盈车,潘安仁美姿可爱;投石满载,张孟阳丑态堪憎。

【解译】 晋朝潘岳(字安仁)长得很俊美,每次出行,妇人们总要向他的车上投掷果品,满载而归;张载(字孟阳)长得丑态可厌,每次出行,小孩们总要向他的车上投掷瓦石,颓丧不堪。

【原文】 事之可怪,妇人生须;事所骇闻,男人诞子。

【解译】 世上可怪的事,是宋朝宣和五年,汴京一酒肆老板之妻朱氏已四十多岁了,忽然长出六七寸长的胡须;世上骇闻的事,是同年京城有个卖青果的男子,怀孕而生子。两事都见于《宋史》。

【原文】 求物济用,谓燃眉之急;悔事无成,曰噬脐何及。

【解译】 寻求解救危急的东西,叫燃眉之急;后悔做事无成,叫噬(咬)脐何及。

【原文】 情不相关,如秦越人之视肥瘠;事当探本,如善医者只论精神。

【解译】 没什么情谊关系,就像越国人看到秦国人的肥瘦,毫不介意;做事要探求根源,就像良医从病人的精、气、神上探讨病因一样。

【原文】 无功食禄,谓之尸位素餐;谄劣无能,谓之行尸走肉。

【解译】 没有功劳而去享用俸禄,叫尸位素餐,意思是空占着职位吃闲饭;品性恶劣,没有才能,叫行尸走肉,意思是如同死尸一样,虚活在世上。

【原文】 老当益壮,宁知白首之心;穷且益坚,不坠青云之志。

【解译】 老当益壮,谁不知道白发老人的心思?人穷志更坚,不放弃高如青云的志气。这都是唐朝王勃《滕王阁序》中说的话。

【原文】 一息尚存,此志不容少懈;十手所指,此心安可自欺。

【解译】 《论语》中说,只要有一丝气息尚存,人的志向就不能有少许懈怠;《大学》中说,众人的手都在指着自己,人的心术就不敢自欺欺人。

【原文】 〔增〕高台曰头,广宅云面。

【解译】 佛经上称人头为"高台",人脸为"广宅"。

【原文】 顿殊于众,须号于思;迥异于人,指生骈拇。

【解译】 春秋宋人华元的胡须很多,与众不同,人称为"于思";有的人脚拇趾与第二趾相连合成一指,与人迥异。

【原文】 何平叔面犹傅粉,秦襄公颜若渥丹。

【解译】 三国魏何晏(字平叔)姿容关白,文帝曾怀疑他脸上敷有白粉;春秋秦襄公面色红润,如《诗经》上说的"颜如渥丹(润泽的朱砂)"。

【原文】 古尚书头尖如笔,便擅英称;张太仆腹大如瓠,更垂好誉。

【解译】 北魏尚书令古弼的头像笔尖,世祖戏称他为"笔头",时人给了他"笔公"的美称。汉朝太仆张苍的肚子大如瓠瓜,获罪当斩,却因肚大躺不到铡刀下,高祖只好放了他。没想到大肚给他带来了美誉。

【原文】 可作生民主,刘曜垂五尺之髯;能为帝者师,张良掉三寸之舌。

【解译】 五代刘曜,他的须髯有五尺多长,当了后汉王;汉朝张良凭他的三寸不烂之舌,当了皇帝的老师。

【原文】 维翰一尺面,宰相奇形;比干七窍心,忠臣异蕴。

【解译】 五代后晋桑维翰脸有一尺长,有当宰相的奇形;商代比干因谏纣王被杀,剖开心脏一看,有七孔,这是忠臣与他人不同之处。

【原文】 英雄当自别,金云寇莱公鼻息如雷;俊杰却非凡,始信王浚仲目光若电。

【解译】 英雄自有区别于他人之处,都说宋朝宰相寇准睡觉鼾声如雷;俊杰者从来与凡人不同,晋朝司徒王戎(字浚仲)的目光炯炯如闪电。

【原文】 垂肩耳大,刘先主毕竟兴王;盖胆毛深,德谦师自当成佛。

【解译】 三国刘备耳大垂肩,有贵人相,后来果然兴起了王业,建立了蜀汉;元朝高僧德谦大师胸毛遮盖了心胆,自然应当成佛。

【原文】 岳公刺背间之字,愈见心忠;英布黥面上之痕,何嫌貌丑。

【解译】 宋朝岳飞的背上刺了"尽忠报国"四字,愈见他报效朝廷的忠心。汉朝英布当年有罪,脸上被刺了字,人称黥布。后来他助刘邦定天下,封为九江王。脸上的刺字犹在,可是谁还嫌他貌丑呢?

岳飞像

【原文】 苏生正直,膝岂容佞士作枕头;林蕴精忠,项不使顽奴为砥石。

【解译】 三国魏侍中苏则为人正直,一次善于阿谀奉承的董昭将头倚在他的膝盖上,苏则将他推开说:"我的膝盖怎能让你这种奸人当枕头呢!"唐朝刘辟反版,林蕴直言斥责他,刘辟想杀他,又惜他有才,就让行刑人用刀在他脖子上磨刮威胁他,林蕴说:"死就死,我的脖子不能让顽奴当磨刀石!"

【原文】 彦回之髯如戟,岂为乱阶;李瞻之胆如升,不亏大节。

【解译】 南朝宋褚渊(字彦回)有一晚卧在阁下,有个公主前来挑逗,彦回不动心,公主说:"你的须髯如戟,怎么没一点大丈夫之气?"彦回答:"我虽不才,也不敢借我的须髯做淫乱的台阶。"南朝梁李瞻在侯景作乱时起兵平叛,被乱军擒获,侯景剖开他的肚子,见他的胆囊大如升斗,不亏有大节。

【原文】 张睢阳鼓烈气,握拳透爪;鲁仲连喷义声,嚼齿穿龈。

【解译】 唐朝睢阳太守张巡鼓着忠烈的志气,临死还紧握拳头,指甲透进了肉里;战国时鲁仲连仗义骂贼,牙齿把牙龈都咬破了。

【原文】 党进虽然大腹,非多算之人也;李纬徒有好须,不足齿之伦欤。

【解译】 宋朝大将党进虽然腹大,却不是能胜算有谋的人;唐朝李纬虽然长有一副好须,却不是有才能的人,不足挂齿。

衣　服

（新增文十二联）

【原文】　冠称元服，衣曰身章。

【解译】　冠(帽子)叫元服，衣服叫身章。

【原文】　曰弁、曰冔、曰冕，皆冠之号；曰履、曰舄、曰屣，悉鞋之名。

【解译】　冠在夏朝叫弁，殷商叫冔，周朝叫冕；上朝时穿的鞋叫履，祭祀时穿的鞋叫舄，在家时穿的鞋叫屣。

【原文】　上公命服有九锡，士人初冠有三加。

【解译】　皇帝赐给三公以上大臣的器物有九件：车马、衣服、乐则(悬挂的打击乐器)、朱户(朱红漆的门)、纳陛(凿殿基而成的台阶)、虎贲、弓矢、铁(斧)钺、秬鬯(酒)，称为九锡；读书人行初冠礼有三加：一加布冠，二加皮冠，三加爵冠。

【原文】　簪缨缙绅，仕宦之称；章甫缝掖，儒者之服。

【解译】　簪缨、缙绅，是对做官人的称呼；章甫、缝掖，是读书人的帽子、衣服。

【原文】　布衣即白丁之谓，青衿乃生员之称。

【解译】　布衣，原是穷人穿的衣服，后指没功名的人；青衿原是青色的衣领衫，后为生员(秀才)的称呼。

【原文】　葛屦履霜，诮俭啬之过甚；绿衣黄里，讥贵贱之失伦。

【解译】　冬天还穿着夏天用葛草做的鞋，就会被人讥笑太吝啬了；绿是贱色，黄是贵色，如果将绿衣穿在外面，而黄衣穿在里面，就会被人讥笑贵贱颠倒了。

【原文】　上服曰衣，下服曰裳；衣前曰襟，衣后曰裾。

【解译】　上身的服装叫衣，下身的服装叫裳；衣的前面叫襟，衣的后面叫裾。

【原文】　敝衣曰褴褛，美服曰华裾。

【解译】　破烂的衣服叫褴褛，华丽的衣服叫华裾。

【原文】　襁褓乃小儿之衣，弁髦亦小儿之饰。

【解译】　襁褓是小儿穿的衣服，弁髦是小儿的头饰。

【原文】　左衽是夷狄之服，短后是武夫之衣。

【解译】　衣衽是衣服的前襟，衣襟在左边的，是夷狄外族人穿的衣服；后裾较短的衣服，是武士们穿的。

【原文】　尊卑失序，如冠履倒置；富贵不归，如锦衣夜行。

【解译】　尊卑失去了次序，如同帽子在下，鞋子在上倒置了一样；富贵了不回故乡，如同穿着华丽的锦衣在夜里行走，没人能看见一样。

【原文】　狐裘三十年，俭称晏子；锦幛四十里，富羡石崇。

【解译】 春秋齐国晏婴的一件狐裘皮衣,穿了三十年,他的俭朴令人称赞;晋朝富翁石崇做的锦帐,有四十里长,他的豪富令人羡慕。

【原文】 孟尝君珠履三千客,牛僧孺金钗十二行。

【解译】 春秋齐国孟尝君门下有食客三千人,鞋上都装饰有珠子;唐朝宰相牛僧孺的宠妾成成群,白居易有诗说他"金钗十二行"。

【原文】 千金之裘,非一狐之腋;绮罗之辈,非养蚕之人。

【解译】 价值千金的皮裘,不是一只狐狸的腋皮能做成的;身穿绮罗的人,不是养蚕人。

【原文】 贵者重裀叠褥,贫者裋褐不完。

【解译】 富贵人家,座上的垫子一重又一重,床上的褥子一叠又一叠;贫寒人家,穿的粗布衣服也是破烂不全的。

【原文】 卜子夏甚贫,鹑衣百结;公孙弘甚俭,布被十年。

【解译】 孔子弟子卜子夏家里很贫穷,破旧的衣服像鹌鹑尾一样短秃,上面都是补丁;汉朝博士公孙弘很俭朴,一床布被用了十年。

【原文】 南州冠冕,德操称庞统之迈众;三河领袖,崔浩羡裴骏之超群。

【解译】 三国庞统少年时去见名士司马徽(字德操),两人谈了一天,德操很器重他,称他是南州士人之冠;北魏中书博士裴骏很受太祖喜欢,对崔浩说他是"三河领袖",崔浩很羡慕裴骏有超群之才。

【原文】 虞舜制衣裳,所以命有德;昭侯藏敝裤,所以待有功。

【解译】 虞舜做衣服分五种颜色,以区别人的德行;战国韩昭侯把自己的旧裤子收藏起来,以待赐给有功之臣。

【原文】 唐文宗袖经三浣,晋文公衣不重裘。

【解译】 唐文宗曾举着衣袖对群臣说:"这件衣服已洗过三次了。"以崇尚节俭。春秋晋文公从不同时穿两件皮裘,以提倡俭朴。

【原文】 衣履不敝,不肯更为,世称尧帝;衣不经新,何由得故,妇劝桓冲。

【解译】 衣服和鞋子不破不换,世人都称赞唐尧的俭朴之风。"不穿新衣,哪有旧衣?"这是晋朝大将桓冲的妻子劝他穿新衣的话。

【原文】 王氏之眉贴花钿,被韦固之剑所刺;贵妃之乳服诃子,为禄山之爪所伤。

【解译】 唐朝韦固的妻子王氏眉间贴有花钿(花形薄金片),那是为了遮盖幼时被韦固的剑误伤的缘故;唐朝杨贵妃穿着诃子(抹胸),那是为了掩盖她与安禄山私通,乳房被安用手抓伤的缘故。

【原文】 姜氏翕和,兄弟每宵同大被;王章未遇,夫妻寒夜卧牛衣。

【解译】 汉朝姜肱兄弟和睦,每晚都同盖一条大被而睡;汉朝王章未得志前,家里很贫穷,寒夜夫妻睡在盖牛用的草帘子上。

【原文】　缓带轻裘,羊叔子乃斯文主将;葛巾野服,陶渊明真陆地神仙。

【解译】　晋国大将羊祜(字叔子)镇守襄阳,经常身不披甲,轻裘宽带,优游于山水亭阁之间,随身侍从不过十几人,人称他是斯文主将;晋朝陶潜(字渊明)家虽贫穷,不愿做官,每每头戴葛巾,身着野服,对菊饮酒,不计得失,人称他是陆地神仙。

【原文】　服之不衷,身之灾也;缊袍不耻,志独超轶。

【解译】　《左传》载:"君子曰:服之不衷,身之灾也。"意思是衣服穿着不适宜,就会引来身祸。孔子说仲由"衣敝缊袍,与衣狐貉者立而不耻者"。意思是说仲由虽穿着简陋,和贵人们站在一起并不感到耻辱。可见他的志气超凡,与众不同。

【原文】　〔增〕制豸作法冠,裁荷为隐服。

【解译】　古代的御史都戴着用獬豸(传说中的独角异兽)制成的冠,那是因为獬豸的角能抵邪;屈原在《楚辞》中说以荷叶制衣,那是为了表现自己的高风亮节。

【原文】　王乔属仙令,舄飞天外之凫;李后是娇姝,钗化宫中之燕。

【解译】　汉朝王乔当县令,有神术,每到朝见皇帝时,总不见他有车骑,而是踏着双凫(野鸭)飞来的,抓来双凫一看,原来是皇帝所赐的尚方履;汉武帝的李后有姿色,皇帝赐以白玉钗藏在匣中,一天开匣,玉钗忽然化作玉燕飞走了。

【原文】　肌生银粟,是谁寒赠紫驼尼;肩耸玉楼,有客暖捐红衲袄。

【解译】　肌肤冻得起鸡皮疙瘩,是谁在寒冷时送来紫驼尼?这是宋朝黄庭坚的诗句。双肩冷得耸起如玉楼,有客却嫌暖,把身上的棉袄脱掉了,说是怕流鼻血。

【原文】　精忠膺主眷,狄仁杰披金字之袍;阴德有天知,裴晋公还纹犀之带。

【解译】　精忠之臣,自然会得到君主的宠爱,唐朝宰相狄仁杰身上的金字袍,就是武后亲自绣上赐给他的;阴德自有天知,唐朝裴度把在香山寺捡到的一条纹犀玉带,还给了失主,后被封为晋国公,人们以为他是因为积了阴德而得到的报应。

【原文】　军中狐帽,沈庆之镇压貔貅;滩上羊裘,严子陵傲睨轩冕。

【解译】　宋朝大将沈庆之征南蛮时,因有头风病,戴着狐皮帽,蛮兵见了都很怕他,称他苍头公;汉朝严光(字子陵)穿着羊裘,在富春江滩上钓鱼,这是因为他傲视官位爵禄,甘当隐士。

【原文】　通天带顿输严续之姬,鹔鹴裘为赏相如之酒。

【解译】　南唐裴皞与严续豪赌,裴以身上的无价宝通天犀牛带下注,严以自己的美姬下注,结果严续输了,只好把美姬给了裴皞;汉朝司马相如与卓文君私奔成都后,家境贫穷,就把身上穿的鹔鹴裘拿去贳(赊)酒,与文君对饮。

【原文】　高人能洁已,飘飘挂神武之冠;乐士共摩肩,济济看马嵬之袜。

【解译】　高人自能洁身自好,南朝梁陶弘景不愿做官,把头冠挂在神武门上,飘然而去;唐朝杨贵妃死在马嵬驿,有一老妇拾得她的一只锦袜,士人摩肩接踵,争着拿钱以求一观,看一看收百钱,老妇得钱无数。

【原文】 晋怀以青衣行酒,事丑万年;光武以赤帻起兵,名芳千古。

【解译】 西晋怀帝被前赵主刘聪擒去,叫他身穿青衣给人斟酒,此事真是遗臭万年;东汉光武帝起兵反王莽,军士们个个头上裹着红巾帻,名留千古。

【原文】 有女遗王濛之新帽,谁人换季子之敝装。

【解译】 晋朝王濛姿容出众,走在街上,女人们见他帽子破旧,争着送他新帽;战国苏秦(字季子)穿一件别人送的黑貂皮裘到秦国求官,皮裘穿破了,也没求到官职,更没人为他更换破皮裘。

【原文】 韦绶寝覆缬袍,荣施若此;祭遵贫衣布袴,廉洁何如。

陶弘景像

【解译】 唐朝韦绶做了翰林学士,有一天德宗同韦妃来到翰林院,见韦绶熟睡,德宗怕他受寒,把韦妃身上的丝袍盖在他身上,这是何等的宠遇啊!汉朝祭遵忧国奉公,家无私财,穿的都是布衣裤,这是怎样的廉洁啊!

【原文】 晋君不忍浣征袍,留彼嵇侍中之血;唐士未须裁道服,重他张孝子之缣。

【解译】 晋朝嵇绍在一次战斗中,为保护晋惠帝中箭而死,血溅在惠帝的战袍上。事后左右要为惠帝洗战袍,惠帝不允,说:"这是嵇侍中的血,不要洗掉。"唐朝颜彦思为孝子张僧胤作墓志,张送给他缣(细绢)二百匹,他只收了一匹,并吩咐家人不要轻易动用。

【原文】 汉王制竹籜之冠,威仪自别;闵子衣芦花之絮,孝行纯全。

【解译】 汉高祖未得志前,就曾用竹子皮做冠,其威严自与众不同。孔子门徒闵子骞的继母冬天让自己的两个儿子穿棉衣,让子骞穿用芦花做成的衣服,他父亲想休了继母,子骞跪下求情说:"母亲在只有一子受寒,母亲去了三子都孤单。"这种孝行是多么纯正周全。

卷 三

人 事

（新增文十二联）

【原文】 《大学》首重夫明新，小子莫先于应对。

【解译】 《大学》首先推崇的是发扬人的善良美德，革除旧习作新人；当儿子的首先要懂得应对长辈问话的礼节。

【原文】 其容固宜有度，出言尤贵有章。

【解译】 容貌固然要有风度，说话更要有章法。

【原文】 智欲圆而行欲方，胆欲大而心欲小。

【解译】 唐朝孙思邈说过，人的智慧要圆通，品行要端正；胆子要大，而心要细。

【原文】 阁下足下，并称人之辞；不佞鲰生，皆自谦之语。

【解译】 阁下、足下，是对人的称呼；不佞（不才）、鲰生（小人），是自己的谦称。

【原文】 恕罪曰宽宥，惶恐曰主臣。

【解译】 请人宽恕，叫宽宥；惶恐叫主臣，如同臣下见君主。

【原文】 大春元、大殿选、大会状，举人之称不一；大秋元、大经元、大三元，士人之誉多殊。

【解译】 古代春天科举考试中举者，叫大春元；殿选中举者，叫大殿选；考中会元兼状元者，叫大会状。这些都是对参加不同等级科举考试中举者的不同称呼。大秋元是秋天乡试第一名，大经元是明经科第一名，大三元是连中解元、会元、状元者。这些都是读书人得到的不同荣誉。

【原文】 大掾史，推美吏员；大柱石，尊称乡宦。

【解译】 掾史，是古代官府中属官的通称，大掾史，是对下层官员的美称；柱石比喻国家栋梁，大柱石是对退休还乡的高官的尊称。

【原文】 贺入学，日云程发轫；贺新冠，日元服初荣。

【解译】 祝贺别人入学，叫云程发轫，从此踏上青云之路，像车轮刚转动；祝贺别人成人行加冠礼，叫元服初荣，头戴新冠，荣耀初显。

【原文】 贺人荣归，谓之锦旋；作商得财，谓之稇载。

【解译】 祝贺别人做官荣归，叫锦旋，穿着锦衣凯旋；经商发了财，叫稇载，捆着许多财物满载而归。

【原文】 谦送礼，曰献芹；不受馈，曰反璧。

【解译】 给别人送礼,谦称献芹,意思是送上如同芹菜一样的薄礼,不值一提。不收别人的馈赠,叫反璧。春秋时有人送晋文公酒肴,内有一块璧玉,文公留下酒肴,而把璧玉退了回去。

【原文】 谢人厚礼,曰厚贶;自谦礼薄,曰菲仪。

【解译】 感谢别人送的礼厚重,叫厚贶。贶,赐予的意思。谦称自己送的礼轻薄,叫菲仪。菲,薄的意思。

【原文】 送行之礼,谓之赆仪;拜见之贽,名曰贽敬。

【解译】 送人出行的礼物,叫赆仪;拜谒别人时送的礼物,叫贽敬。

【原文】 贺寿仪曰祝敬,吊死礼曰奠仪。

【解译】 别人寿辰时送的贺礼,叫祝敬;吊丧时送的礼物,叫奠仪。

【原文】 请人远归,曰洗尘;携酒送行,曰祖饯。

【解译】 宴请远道归来的客人,叫洗尘,洗去客人的一路风尘。设酒席为客人送行,叫祖饯。传说黄帝元妃嫘祖远行死于道上,后人祭祀她为引神,也叫路神。

【原文】 犒仆夫谓之旌使,演戏文谓之俳优。

【解译】 犒劳仆人,叫旌使。旌,赏的意思。古代演戏的人,叫俳优。俳,指戏;优,指艺人。

【原文】 谢人寄书,曰辱承华翰;谢人致问,曰多蒙寄声。

【解译】 感谢别人寄来书信,叫辱承华翰;感谢别人的问候,叫多蒙寄声。

【原文】 望人寄信,曰早赐玉音;谢人许物,曰已蒙金诺。

【解译】 盼望别人寄来书信,叫早赐玉音;感谢别人答应给自己东西,叫已蒙金诺。

【原文】 具名帖曰投刺,发书函曰开缄。

【解译】 拜谒别人时送上自己的名片,叫投刺;开启别人寄来的信函,叫开缄。

【原文】 思慕久曰极切瞻韩,想望殷曰久怀慕蔺。

【解译】 思慕他人已久,叫极切瞻韩。唐朝韩朝宗为荆州刺史,好士荐贤,李白有诗说"生不愿封万户侯,但愿一识韩荆州"。想望别人殷切,叫久怀慕蔺。汉朝司马相如少年时因仰慕蔺相如的为人,把名字改成了"相如"。

【原文】 相识未真,曰半面之识;不期而会,曰邂逅之缘。

【解译】 相交不深,叫半面之识;无意中相逢,叫邂逅之缘。

【原文】 登龙门,得参名士;瞻山斗,仰望高贤。

【解译】 汉朝李膺名望很高,有人能见到他,称为"登龙门";唐朝韩愈极有文才,儒生们敬仰他如泰山、北斗,称为"瞻山斗"。

【原文】 一日三秋,言思慕之甚切;渴尘万斛,言想望之久殷。

【解译】 《诗经》上说:"一日不见如三秋兮。"形容思慕之情深切。想见别人久了,叫渴尘万斛,口渴久了,嘴里生了很多尘土。

【原文】 睽违教命,乃云鄙吝复萌;来往无凭,则曰萍踪靡定。

【解译】 几天得不到朋友的教诲,鄙吝庸俗之心又会萌生;来往没有约定,就像水中的浮萍随风飘荡,踪迹不定。

【原文】 虞舜慕唐尧,见尧于羹,见尧于墙;门人学孔圣,孔步亦步,孔趋亦趋。

【解译】 古代尧帝死后,舜帝对他很仰慕。三年中,吃饭时见尧在羹汤里,坐时见尧在墙上。孔子的弟子学孔子,孔子迈步,弟子也跟着迈步;孔子走快,弟子也跟着走快。

【原文】 曾经会晤,曰向获承颜接辞;谢人指教,曰深蒙耳提面命。

【解译】 曾经见过面,就说以前曾受过你的教益;感谢别人的指教,就说承蒙当面亲耳听到你的殷勤恳切的教诲。

【原文】 求人涵容,曰望包荒;求人吹嘘,曰望汲引。

【解译】 求人包涵宽容,叫望包荒。荒,宽广的荒野。求人吹捧自己,叫望汲引。汲引,引进的意思,后比喻为提拔。

【原文】 求人荐引,曰幸为先容;求人改文,曰望赐郢斫。

【解译】 求人引荐,叫幸为先容,有幸你为我先去求人容纳我;求人修改文章,叫望赐郢斫,希望你为我指正修饰。

【原文】 借重鼎言,是托人言事;望移玉趾,是浼人亲行。

【解译】 借重你的一鼎千钧之言,是指托别人为自己说事;希望你能移动珍贵的脚步,是求别人屈驾亲自前往。

【原文】 多蒙推毂,谢人引荐之辞;望作领袖,托人倡首之说。

【解译】 多蒙推毂(车),是感谢别人引荐的话;望作领袖,是托人率先、首倡的话。

【原文】 言辞不爽,谓之金石语;乡党公论,谓之月旦评。

【解译】 说话算数不爽约,叫金石语,如金石一般不变。在乡里公开论事,叫月旦评。汉朝许劭(汝南平舆人)每月旦日(初一)都要对周围的人评论一番,所以汝南有月旦评的风俗。

【原文】 逢人说项斯,表扬善行;名下无虚士,果是贤人。

【解译】 唐朝项斯为人清雅,品行端正,善作诗,一日拿自己的诗请教杨敬之,敬之赠诗说:"几度见郎诗句好,及观标格过于诗;平生不解藏人善,到处逢人说项斯。"项斯因此诗名大振。后称替人说好话的善行叫"说项"。北齐薛道衡有诗名,曾作《人日诗》说:"入春才七日,离家已二年。"有人看到此处,讥讽说:"这是什么话,谁说此人能作诗?"后又看到"人归落雁后,思发在花前"两句时,不禁赞叹说:"名下固无虚士!"名不虚传,果然是个贤才。

【原文】 党恶为非曰朋奸,尽财赌博曰孤注。

【解译】 结党行恶,为非作歹,叫朋奸,勾结为奸;把钱财全部拿去赌博,叫孤注,孤注一掷。

【原文】 徒了事曰但求塞责,戒明察曰不必苛求。

【解译】 贪图省力就想把事情草草办了,叫但求塞责;告诫别人考察不要过严,叫不必苛求,不要苛刻求全。

【原文】 方命是逆人之言,执拗是执己之性。

【解译】 方命,违抗命令的意思;执拗,任性固执的意思。

【原文】 曰觊觎,曰睥睨,总是私心之窥望;曰倥偬,曰旁午,皆言人事之纷纭。

【解译】 偷看叫觊觎,旁视叫睥睨,这些都是藏有私心的窥望;事多繁忙叫倥偬,交错纷繁叫旁午,这些都是说人世间的事情错综繁杂。

【原文】 小过必察,谓之吹毛求疵;乘患相攻,谓之落井下石。

【解译】 对一些小过失也要穷追考察,叫吹毛求疵,吹去毛发去寻找瑕疵;见人有难乘机加害,叫落井下石,人已掉在井里了,还要拿石头扔下去砸他。

【原文】 欲心难厌如谿壑,财物易尽若漏卮。

【解译】 贪欲之心很难满足,如同沟壑难以填平;财物是很容易消耗尽的,如同有孔的酒卮(酒器)一样,酒很快就漏完了。

【原文】 望开茅塞,是求人之教导;多蒙药石,是谢人之箴规。

【解译】 盼望清除掉堵塞道路的茅草,是求人给以教导,解开心中的谜团;承蒙赠给治病的药物和石针,是感谢别人的忠告规劝。

【原文】 芳规芳躅,皆善行之可慕;格言至言,悉嘉言之可听。

【解译】 前代贤德人的规矩和事迹,都是善良的行为,令人敬慕;富有教益的语言、哲理很深的语言,都是佳言,值得听取。

【原文】 无言曰缄默,息怒曰霁威。

【解译】 沉默不语,叫缄默,闲着嘴巴不说话;平息愤怒,叫霁威,如同雨后天晴。

【原文】 包拯寡色笑,人比其笑为黄河清;商鞅最凶残,常见论囚而渭水赤。

【解译】 宋朝包拯脸上很少露出笑容,人说要让他笑,如同黄河水变清一样难;战国时秦宰相商鞅最凶残,常在渭水边审囚犯,一次杀了七百多人,渭水为此变得赤红。

【原文】 仇深曰切齿,人笑曰解颐。

【解译】 仇恨结得很深叫切齿,恨得把牙都咬疼了;欢笑叫解颐,脸颊都展开了。

【原文】 人微笑曰莞尔,掩口笑曰胡卢。

【解译】 人微笑叫莞尔,掩着嘴笑叫胡卢。

【原文】 大笑曰绝倒,众笑曰哄堂。

【解译】 放声大笑叫绝倒,大家都笑叫哄堂。

【原文】 留位待贤,谓之虚左;官僚共署,谓之同寅。

【解译】 留出左边的位置给有贤才的人坐,叫虚左。战国魏信陵君礼待下士,一次宴请宾客,把乘骑左边的位置空着,亲自去接隐士侯嬴。官吏们在同一衙署共事,叫同

寅,即同僚。

【原文】 人失信曰爽约,又曰食言;人忘誓曰寒盟,又曰反汗。

【解译】 人失信叫爽约,又叫食言,违背约定,又像把自己说过的话吞了回去;人忘了誓约叫寒盟,又叫反汗,使盟友心寒,出的汗又退返回去了。

【原文】 铭心镂骨,感德难忘;结草衔环,知恩必报。

【解译】 铭记在心,镂刻在骨,形容难忘别人的大恩大德。春秋时魏武子临死前嘱咐儿子魏颗将他的小妾陪葬,后来魏颗没有听从,让小妾嫁了人。魏颗和秦将杜回打仗,有个老人暗中用单打结把杜回绊倒,帮助魏颗将杜回擒获。夜里梦见老人说:"我就是你救过的小妾的父亲。"汉朝杨宝救了一只黄雀,夜里梦见一个黄衣童子送他四个白玉环。后用"结草""衔环"形容知恩必报。

【原文】 自惹其灾,谓之解衣抱火;幸离其害,真如脱网就渊。

【解译】 自己招惹灾祸,如同解开衣服把火抱在身上;侥幸脱离祸害,如同网中漏出的鱼又回到深渊。

【原文】 两不相入,谓之枘凿;两不相投,谓之冰炭。

【解译】 两人格格不入,称为枘凿,方枘(榫头)插不到圆凿(卯眼)里;两人情不投合,称为冰炭,水火不相容。

【原文】 彼此不合曰龃龉,欲进不前曰趑趄。

【解译】 彼此脾气不合,叫龃龉;想前进又难以举步,叫趑趄。

【原文】 落落,不合之词;区区,自谦之语。

【解译】 落落,形容孤独、不合群之词;区区,微小的意思,是自谦的话。

【原文】 竣者,作事已毕之谓;醵者,敛财饮酒之名。

【解译】 "竣",作事已完毕的意思;"醵",大家兑钱饮酒的意思。

【原文】 赞襄其事,谓之玉成;分裂难完,谓之瓦解。

【解译】 赞助别人办成事情,叫玉成,如同把玉石雕琢成玉器;破裂不再完整,叫瓦解,如同瓦块开裂。

【原文】 事有低昂,曰轩轾;力相上下,曰颉颃。

【解译】 万事有高低轻重之分,叫轩轾(马车前高后低叫轩,前低后高叫轾);人的力量有上下之分,叫颉颃,如鸟能飞上飞下。

【原文】 凭空起事曰作俑,仍前踵弊曰效尤。

【解译】 首次作恶事的人叫作俑,继续前人的弊端叫效尤。

【原文】 手口共作曰拮据,不暇修容曰鞅掌。

【解译】 鸟筑巢时爪与口一起操劳,比喻境况窘迫拮据;官事忙碌,没空修整容貌,叫鞅掌。

【原文】 手足并行曰匍匐,俯首而思曰低徊。

【解译】　手与脚一齐在地上爬行,叫匍匐;低头思考,徘徊不前,叫低徊。

【原文】　明珠投暗,大屈才能;入室操戈,自相鱼肉。

【解译】　把光亮的珠子投到暗处,形容有才能的人投错了地方,委屈了自己的才能;进到人家的屋里,拿起他的戈刺他,比喻内部争斗,互相如对待鱼肉一样任意残杀。

问道于盲

【原文】　求教于愚人,是问道于盲;枉道以干主,是炫玉求售。

【解译】　向愚笨的人请教,等于向盲人打听道路;不以正道求君主重用,等于把自己当作宝玉,待价以求出售。

【原文】　智谋之士,所见略同;仁人之言,其利甚溥。

【解译】　有智谋的人,他们的见解大致是相同的;仁义君子的话,可以使人普遍得到好处。

【原文】　班门弄斧,不知分量;岑楼齐末,不识高卑。

【解译】　在巧匠鲁班门前舞弄大斧,真是不知自己的本领有多大;寸木立在高楼顶上,就认为自己比楼还高,而不管底部如何,真是不识高低。

【原文】　势延莫遏,谓之滋蔓难图;包藏祸心,谓之人心叵测。

【解译】　权势一旦蔓延扩大,就难以再遏止了,这叫滋蔓难图;包藏祸心的人,心思难以窥测,这叫人心叵测。

【原文】　作舍道旁,议论多而难戒;一国三公,权柄分而不一。

【解译】　在道路旁建造房舍,众人意见纷纭,难以建成;一个国家有三个公侯,权力分散,使人难以依从。

【原文】　事有奇缘,曰三生有幸;事皆拂意,曰一事无成。

【解译】　事情有想不到的缘分,叫三生有幸;事事都违背自己的意愿,叫一事无成。

【原文】　酒色是耽,如以双斧伐孤树;力量不胜,如以寸胶澄黄河。

【解译】　沉溺于美酒和女色,如同双斧砍伐孤树,没有不倒的;力量不足以胜任,如同想用一点胶就把黄河水澄清。

【原文】　兼听则明,偏听则暗,此魏征之对太宗;众怒难犯,专欲难成,此子产之讽子孔。

【解译】　兼听各方的意见就明白,偏听一方之词就糊涂,这是唐朝魏征谏太宗的忠言;众人的愤怒是难以触犯的,只想自己专权的欲望,是难以成功的,这是春秋郑国大夫子产规劝子孔的话。

【原文】 欲逞所长,谓之心烦技痒;绝无情欲,谓之槁木死灰。

【解译】 急于想表现自己的擅长和技艺,叫心烦技痒;人没有任何嗜好和情趣,叫槁木死灰。

【原文】 座上有江南,语言须谨;往来无白丁,交接皆贤。

【解译】 宋朝黄庭坚有诗说:"座上若有江南客,莫向春风唱鹧鸪。"因为江南人一听鹧鸪曲,便会思念故乡。后以"座上有江南"提醒人们说话一定要谨慎。来往的人中没有无学问的人,交接的人都是有贤才的朋友。唐刘禹锡《陋室铭》有"谈笑有鸿儒,往来无白丁"句。

【原文】 将近好处,曰渐入佳境;无端倨傲,曰旁若无人。

【解译】 逐渐进入好的意境,叫渐入佳境;傲慢自大,目空一切,叫旁若无人。

【原文】 借事宽役曰告假,将钱嘱托曰夤缘。

【解译】 假借理由,请求宽免公事,叫告假;用钱托人办事,叫夤缘。

【原文】 事有大利,曰奇货可居;事宜鉴前,曰覆车当戒。

【解译】 有大利可图的事,叫奇货可居;做事应当借鉴前人的教训,叫覆车当戒。

【原文】 外彼为此曰左袒,处事两可曰模棱。

【解译】 双方意见不一,偏袒一方的,叫左袒;此事可这可那,没有明确的态度,叫模棱,如手拿方木,摸左摸右都有相同的棱角。

【原文】 敌甚易摧,曰发蒙振落;志在必胜,曰破斧沉舟。

【解译】 敌人很容易就被摧垮,叫发蒙振落,就像掸去蒙在器物上的尘土,振落树上的枯叶。下决心要取得胜利,叫破釜沉舟。秦末楚怀王遣项羽救赵,项羽渡河后把船沉掉,以示义无反顾,决一死战的决心。

【原文】 曲突徙薪无恩泽,不念预防之力大;焦头烂额为上客,徒知救急之功宏。

【解译】 有客建议主人把直烟囱改成弯曲的,把灶旁的柴草搬走以防火灾,主人不听,结果真的发生了火灾。主人事后只知把被烧得焦头烂额的救火者请为上客,唯独没请先前提建议者,真是不知预防比救火的功劳更大。

【原文】 贼人曰梁上君子,强梗曰化外顽民。

【解译】 有贼进入汉朝陈寔家,藏在屋梁上,陈寔发现,称他为梁上君子,贼自动下来请罪而去。后人以"梁上君子"作为盗贼的代称。强横顽固的人,称不可教化的顽民。

【原文】 木屑竹头,皆为有用之物;牛溲马渤,可备药物之资。

【解译】 晋朝陶侃当荆州刺史时,把造船时留下的木屑、竹子头都收藏起来,当时人都不理解,他说:"将来会有用的。"后来果然用木屑在下雪时洒在地上以防滑,竹子头又制成了造船用的钉子,物尽其用。牛溲即车前子,马渤是长在湿地上的菌类植物,都可以备作药材用。

214

【原文】 五经扫地,祝钦明自亵斯文;一木撑天,晋王敦未可擅动。

【解译】　唐睿宗时,以儒学著名的国子监祭酒祝钦明有一次跳八风舞,因身体肥胖,丑态百出,人们说他是五经扫地,猥亵斯文。晋朝王敦想谋反,夜里梦见一木撑天,解梦人说:"一木撑天,是'未'字。"他听了不敢妄动。

【原文】　题凤题午,讥友讥亲之隐词;破麦破梨,见夫见子之奇梦。

【解译】　晋朝吕安拜访嵇康不遇,便在门上写了一个"凤"字而去,讥讽嵇康是只凡鸟。古代有客访朋友扑空,就在门上写了一个"午"字而回,讥讽朋友是个不出头的牛。宁波有个妇人在战乱中失散了丈夫、儿子,夜里梦见磨麦、莲花落,一老尼为她破解说:"磨麦见麸(夫)面,莲花落见莲子。"后来果然丈夫、儿子都回来了。有人失去了儿子,夜里梦见与儿子剖梨,朋友跟他说:"把梨剖开则见子。"没几天,果然父子团聚。

【原文】　毛遂片言九鼎,人重其言;季布一诺千金,人服其信。

【解译】　赵国毛遂随平原君出使楚国,要求楚赵联合抗秦,跟随有数十人,只有他说服了楚国,他的话使赵国在诸侯国中重如九鼎;汉朝季布重信用,世人有"得黄金千金,不如季布一诺"的说法,他做出的承诺,人们都信服。

【原文】　岳飞背涅尽忠报国,杨震惟以清白传家。

【解译】　岳飞为表对朝廷的忠心,在背上刺了"尽忠报国"四个字;汉朝宰相杨震不重钱财,唯以清白廉洁的品德作为传家之宝。

【原文】　下强上弱,曰尾大不掉;上权下夺,曰太阿倒持。

【解译】　下属强悍,上级软弱,叫尾大不掉,尾巴大了,不易摆动;上级的权力被下属篡夺,叫太阿倒持,把太阿(剑名)上下颠倒,剑柄交给别人,自己反受其害。

【原文】　当今之世,不但君择臣,臣亦择其君;受命之主,不独创业难,守成亦不易。

【解译】　东汉大将马援曾对光武帝说:"当今之世,不但君主可以选择臣子,臣子也可以选择君主。"唐朝魏征对唐太宗说:"不仅创业艰难,守住基业也不容易。"

【原文】　生平所为,皆可对人言,司马光之自信;运用之妙,惟存乎一心,岳武穆之论兵。

【解译】　宋朝大臣司马光曾对人自信地说:"我一生所做的事,都可以对人讲。"岳飞同众将议论兵法时说:"运用兵法的神妙之处,就在于用心思考。"

【原文】　不修边幅,谓人不饰仪容;不立崖岸,谓人天性和乐;

【解译】　不修边幅,比喻人不注意修饰仪表和容貌;不立崖岸(不倨傲),是比喻人性随和欢乐。

【原文】　蕞尔么么,言其甚小;卤莽灭裂,言其不精。

【解译】　蕞尔(小草)、么么(小虫),都是形容渺小的意思。卤莽(莽撞)、灭裂(轻率),是说办事缺乏思考,草率从事。《庄子》中说:"君为政焉勿卤莽,治民焉勿灭裂。"

【原文】　误处皆缘不学,强作乃成自然。

【解译】　汉高祖生平失误很多,主要原因是不爱学习;强迫自己去做事,习惯了就能

215

成自然。

【原文】 求事速成曰躐等,过于礼貌曰足恭。

【解译】 办事急于求成,叫躐等,不按次序来;待人过于礼貌,叫足恭,恭敬有余。

【原文】 假忠厚者,谓之乡愿;出人群者,谓之巨擘。

【解译】 装出一副忠厚样子的人,叫乡愿;才德超群的人,叫巨擘。

【原文】 孟浪由于轻浮,精详出于暇豫。

【解译】 做事孟浪(轻率)是由于鲁莽轻浮;办事精详(精细周到)是因为善于思考。

【原文】 为善则流芳百世,为恶则遗臭万年。

【解译】 与人为善就会流芳百世,作恶多端必定遗臭万年。

【原文】 过多曰稔恶,罪满曰贯盈。

【解译】 过失、错误太多叫稔恶,积恶的意思;罪恶累累叫贯盈,如同绳子上穿满了铜钱。

【原文】 尝见冶容诲淫,须知慢藏诲盗。

【解译】 《易·系辞》中说,容颜打扮得妖艳奇特,是教人淫乱;保存东西不慎,等于教人行窃。

【原文】 管中窥豹,所见不多;坐井观天,知识不广。

【解译】 从竹管中看豹子,看见的肯定不多;坐在井底看天,见识肯定不广。

【原文】 无势可乘,英雄无用武之地;有道则见,君子有展采之思。

【解译】 没有好的机遇可以利用,英雄也没有用武之地;天下太平,君子才有施展才能的想法。

【原文】 求名利达曰捷足先得,慰士迟滞曰大器晚成。

【解译】 快于别人追求到名利,叫捷足先得;安慰士人功名未得或得来迟缓,叫大器晚成。

【原文】 不知通变曰徒读父书,自作聪明曰徒执己见。

【解译】 不知道通达变化,叫徒读父书。战国赵将赵括只知道死读父亲赵奢的兵书,却不会灵活运用,结果打了败仗。自作聪明,叫徒执己见,顽固坚持自己的意见。

【原文】 浅见曰肤见,俗言曰俚言。

【解译】 粗浅的见识叫肤见,粗俗的语言叫俚言。

【原文】 识时务者为俊杰,昧先几者非明哲。

【解译】 能认清时势跟上潮流的人,才是英雄豪杰;昏昧无知毫无见解的人,不是明事理的贤人。几,细微变化。

【原文】 村夫不识一丁,愚者岂无一得。

【解译】 乡村的俗夫不识一字,愚昧的人并不见得没有一个好主意。

【原文】 拔去一丁,谓除一害;又生一秦,是增一仇。

【解译】 宋仁宗时丁谓专权，将他除掉，等于除了一害。秦末陈胜起义，他的部下武臣自立为赵王，陈胜要杀他，相国房君说："秦国还未亡，又要杀武臣，等于又生了一个秦国，增加了一个仇敌。"

【原文】 戒轻言，曰恐属垣有耳；戒轻敌，曰勿谓秦无人。

【解译】 告诫别人不要轻易发表议论，就说怕隔墙有耳偷听；告诫人们不要轻敌，可借用春秋时秦国大夫绕朝对晋国士会说的话："不要以为秦国没人。"

【原文】 同恶相帮，谓之助桀为虐；贪心无厌，谓之得陇望蜀。

【解译】 恶人互相帮扶，叫助桀为虐；贪心没有满足的时候，叫得陇望蜀，得了陇中，又想得蜀地。

【原文】 当知器满则倾，须知物极必反。

【解译】 要知道容器装得太满，就会翻倾。器指欹器，一种尖底水瓶，满则易倾。喻人自满就会犯错误。事物走到极端，就会转向反面。

【原文】 喜嬉戏名为好弄，好笑谑谓之诙谐。

【解译】 喜欢嬉闹玩乐，叫好弄；喜欢幽默开玩笑，叫诙谐。

【原文】 谗口交加，市中可信有虎；众奸鼓衅，聚蚊可以成雷。

【解译】 谗言反复鼓吹，能使人信以为真。古人说，集市中本无虎，有三个人说有虎，大家就相信了；众多奸人鼓动闹事，就像蚊子聚集在一起，蚊声如雷。

【原文】 蒌菲成锦，谓谮人之酿祸；含沙射影，言鬼蜮之害人。

【解译】 用美丽的蒌菲（小草）织成锦缎，形容罗织诬陷的言语伤人会酿成大祸。含沙射影，比喻居心险恶的人，暗中伤人。传说有种叫蜮的动物，在水中能含沙喷射人或身影，使人生病。

【原文】 针砭所以治病，鸩毒必至杀人。

【解译】 用铁针和石针针灸都可以治病；鸩鸟有毒，用它的羽毛泡在酒里，喝了必然致人死亡。

【原文】 李义府阴柔害物，人谓之笑里藏刀；李林甫奸诡陷人，世谓之口蜜腹剑。

【解译】 唐朝中书令李义府貌似温柔，内心却阴险毒辣，人说他是笑里藏刀；李林甫奸诈狡猾，嘴上说好话，背后却害人，人称他是口蜜腹剑。

【原文】 代人做事曰代庖，与人设谋曰借箸。

【解译】 代人做事，叫代庖，就像代替厨师去做饭；给别人筹划计谋，叫借箸，汉朝张良曾借高祖吃饭的筷子指画形势为他筹措谋略。

【原文】 见事极真，曰明若观火；对敌易胜，曰势若摧枯。

【解译】 把事物了解得很透彻，就如站在火边看火光一样明亮；对敌军作战轻易取胜，其气势就如摧折枯草一样。

【原文】 汉武内多欲而外施仁义，廉颇先国难而后私仇。

【解译】 汉武帝内心虽多私欲，但对外还是施以仁政；赵国廉颇虽然看不起蔺相如，但能以国难为重，把私人恩怨放一边，主动和相如和好。

【原文】 卧榻之侧，岂容他人鼾睡？宋太祖之语；一统之世，真是胡越一家，唐高祖之时。

【解译】 睡床旁边，岂能容忍别人鼾睡？这是宋太祖清除南唐后主李煜时说的话，意思是说国家的利益不容别人侵犯。唐高祖时，天下统一，各族都隶归附，如同一家。

【原文】 至若暴秦以吕易嬴，是嬴亡于庄襄之手；弱晋以牛易马，是马灭于怀愍之时。

【解译】 战国秦吕不韦把有孕的侍妾献给秦庄襄王，生了后来的始皇嬴政，暗中已把嬴姓换成了吕姓，所以嬴姓的秦国实际上在庄襄王手里就灭掉了；晋末琅琊王司马觐妃子与小吏牛金私通，生下了后来的元帝司马睿，元帝虽姓司马，实际是牛姓的人，所以说司马的天下实际上灭于元帝的上一辈愍帝之时。

【原文】 中宗亲为点筹于韦后，秽播千秋；明皇赐洗儿钱于贵妃，丑遗万代。

【解译】 唐中宗的韦后与武三思通奸，有时韦后和三思玩双陆（赌博的一种玩法），中宗还亲自为韦后点筹码，丑闻传千秋；杨贵妃将安禄山收为干儿子，唐明皇还赏给贵妃洗儿钱，丑事真是遗臭万年。

【原文】 非类相从，不如鹡鸰；父子同牝，谓之聚麀。

【解译】 不是同类却互相跟从，还不如鹡鸰雌雄相随而居，相随而飞；父子同与一个女人淫乱，叫"聚麀"，数只雄鹿共与一只雌鹿交配。

【原文】 以下淫上谓之烝，野合奸伦谓之乱。

【解译】 晚辈与长辈淫乱，叫"烝"；未婚人通奸或五伦中的人相奸淫，叫"乱"。

【原文】 从来淑慝殊途，惟在后人法戒；斯世清浊异品，全赖吾辈激扬。

【解译】 淑（善）、慝（恶）从来不同，后人应当以善为法，以恶为戒；清、浊从来各异，全靠我辈激浊扬清，冲掉浊水，播扬清水。

【原文】 休休莫莫，禁止之词；衮衮匆匆，仓皇之义。

【解译】 休休、莫莫，都是禁止的意思；衮衮、匆匆，都是草率仓皇的意思。

【原文】 暂为寄足，有似鹪鹩一枝；巧于营身，还如狡兔三窟。

【解译】 暂时找个地方落脚，就像鹪鹩（鸟名）暂借一根树枝栖息；巧妙藏身，如同狡猾的兔子，有三个洞穴。

【原文】 放枭囚凤，虐仁纵暴奚为；用蚓投鱼，得重弃轻应尔。

【解译】 放掉鸱枭（毒鸟），囚禁鸾凤（祥鸟），干吗要如此纵容强暴，虐待仁慈呢？用蚯蚓当鱼食钓来大鱼，以小的代价得到大的收获，这才是应该做的。

【原文】 爝火虽无大明之耀，铅刀竟有一割之能。

【解译】 爝火（火把）虽然没有大明（太阳）那样的光耀，一把铅刀（钝刀）却也有分

割东西的功能。

【原文】 淮南一老不就聘,高尚可钦;鲁国两生不肯行,清操足式。

【解译】 汉朝应曜隐居淮南山中,不肯应聘出来做官,这种高尚的气节值得钦佩;汉朝叔孙通制定礼仪,征召鲁地的两个儒生,两人不去,他们的清操足以做后人的表范。

【原文】 一株竹,先兆应举皆荣;两尾牛,预识行兵有失。

【解译】 宋朝王君炳两个儿子参加秋试,夜里梦见有人拿来一根竹子让他种下,解梦者说:"竹字由两个'个'字组成,预示你的两个儿子都中举。"后来果然如此。唐朝黄巢出师,梦见一头两尾牛,解梦者说:"牛两条尾巴是个'失'字,恐出兵不利。"黄巢不听,果然败于唐军。

【原文】 乐羊子劝绩未成,谤书满箧;郭林宗声名最重,谒刺盈车。

【解译】 战国魏大将乐羊子征讨中山三年,功绩未成,诽谤他的奏章已装满一箱;汉朝郭林宗名重京师,求见他的名帖载满一车。

应曜隐居淮南山中

【原文】 黠狗行凶,难免杲卿之骂;鸩媒肆毒,已生屈子之悲。

【解译】 唐朝安禄山反叛,颜杲卿骂他是巧黠的狗,"朝廷没有亏待你,你为什么这样凶狠!"安禄山发怒,把他的舌头割了下来。楚国屈原被谗言所害,他说:"坏人的谗言如鸩(毒鸟)肆意放毒,实在可悲啊!"

【原文】 人有一天,我有二天,便见大恩之爱戴;河润百里,海润千里,乃为渥泽之沾濡。

【解译】 别人有一个天,我却有两个天,意思是得到了他人大恩大德的深厚情意;黄河的水能滋润百里,大海的水能滋润千里,意思是受到了广厚的恩泽濡染。

【原文】 退我一步行,固云安乐法;道人三个好,尤见喜欢缘。

【解译】 宋朝苏轼有诗说:"退一步行安乐法,说三个好喜欢缘。"凡事退让一步,能够平安快乐。说人三个好,能与人喜结欢缘。

【原文】 藉一叶之浓阴,可资覆荫;扩万间之巨庇,尽属帡幪。

【解译】 传说瀛洲有种影木,一片叶子在太阳下能有百个影子。后人借"一叶遮荫"形容借助别人的帮助得到好处。帡幪,覆盖、托庇的意思,唐朝大诗人杜甫有"安得广厦千万间,大庇天下寒士尽欢颜"的诗句。

【原文】 挝三折,编三绝,书三灭,好学十分;眼中泪,心中事,意中人,相思一样。

【解译】 挝,铁链。孔子晚年读《周易》,钉书简的铁链敲折了三次,韦编(装订竹简

的皮绳)断了三次,书上的字磨灭了三次,可见他十分好学。眼中的泪、心中的事、意中的人,这都是宋朝张先词里相思的意思。

饮　食

(新增文十一联)

【原文】　甘脆肥脓,命曰腐肠之药;羹藜含糗,难语太牢之滋。

【解译】　甘甜酥脆、肥美浓醇的食物,都是腐烂肠胃的毒药;喝野菜羹、吃干粮的人,很难和他谈论牛、羊、猪肉的滋味。

【原文】　御食曰珍馐,白米曰玉粒。

【解译】　皇帝吃的食物叫珍馐,白米叫玉粒。

【原文】　好酒曰青州从事,次酒曰平原督邮。

【解译】　晋朝桓温手下有个主簿,善于辨别酒的味道。好酒的酒力能到肚脐底下,青州有个齐县,齐、脐同音,所以好酒又叫青州从事。劣酒的酒力只能到胸膈处。平原有个鬲县,鬲、膈同音,所以劣酒又叫平原督邮。

【原文】　鲁酒、茅柴,皆为薄酒;龙团、雀舌,尽是香茗。

【解译】　鲁酒、茅柴,都是薄酒;龙团,雀舌,全是名茶。

【原文】　待人礼衰,曰醴酒不设;款客甚薄,曰脱粟相留。

【解译】　对客人怠慢,叫醴酒不设,连甜酒也没有;招待客人菲薄,叫脱粟相留,让客人吃粗粮、糙米。

【原文】　竹叶青、状元红,俱为美酒;葡萄绿、珍珠红,悉是香醪。

【解译】　竹叶青、状元红,都是美酒;葡萄绿、珍珠红,都是醇酒。

【原文】　五斗解酲,刘伶独溺于酒;两腋生风,卢仝偏嗜乎茶。

【解译】　喝五斗酒就能治酒病,这是晋朝刘伶沉溺于酒中说的话。唐朝卢仝嗜好品茶,曾作歌说:"惟觉两腋,习习清风生。"

【原文】　茶曰酪奴,又曰瑞草;米曰白粲,又曰长腰。

【解译】　茶叫酪奴,《洛阳伽蓝记》中说:"茶与酪浆(牛、羊的乳)为奴。"又叫瑞草,杜牧有诗说:"山实东南地,茶称瑞草魁。"米叫白粲,杜甫有诗说:"精凿传白粲。"又叫长腰,江南有谚语说:"长腰粳米,缩项鳊鱼。"

【原文】　太羹玄酒,亦可荐馨;尘饭涂羹,焉能充饿。

【解译】　太羹(肉汁)和玄酒(清水),也可以用来供奉神灵;但以尘土当饭,泥水做羹,怎么能充饥呢?

【原文】　酒系杜康所造,腐乃淮南所为。

【解译】　酒为古代杜康所造,豆腐是汉朝淮南王刘安所创。

刘伶溺酒

【原文】 僧谓鱼曰水梭花，僧谓鸡曰穿篱菜。

【解译】 僧人称鱼叫水梭花，在水中像织梭一样穿来穿去；称鸡叫穿篱菜，能在篱笆间穿来穿去。

【原文】 渊临羡鱼，不如退而结网；扬汤止沸，不如去火抽薪。

【解译】 站在深渊边羡慕鱼在水中游来游去，不如回去织网来打捞；把沸腾的水扬起降温，不如抽去火中的柴薪，把火灭掉。

【原文】 羔酒自劳，田家之乐；含脯鼓腹，盛世之风。

【解译】 用羊肉和美酒犒劳自己，这真是农家的乐趣；拍打吃饱鼓起的肚子，这是太平盛世的风俗。

【原文】 多食不厌，谓之饕餮之徒；见食垂涎，谓有欲炙之色。

【解译】 贪吃没穷尽，叫饕餮之徒。饕餮，传说中一种凶恶贪吃的野兽。看见食物就流下口水，叫有欲炙之色，露出想吃的样子。

【原文】 未获同食曰向隅，谢人赐食曰饱德。

【解译】 没能同众人一起共食，叫向隅，独自对着墙角而坐，比喻失意；感谢别人赐给食物，叫饱德，饱受他人的恩德。

【原文】 安步可以当车，晚食可以当肉。

【解译】 缓步行走，可以当作坐车，轻松舒适；晚一点吃饭，可以当作吃肉，人饿了吃什么都很香。

【原文】 饮食贫难，曰半菽不饱；厚恩图报，曰每饭不忘。

【解译】 家贫缺食，叫半菽不饱，连一半豆子一半野草做成的粗饭也吃不饱；想报答别人的厚恩，叫每饭不忘，每逢吃饭都不能忘记。

【原文】 谢扰人曰兵厨之扰，谦待薄曰草具之陈。

【解译】 三国魏阮籍生性好酒，听说步兵厨贮酒多，便要求作步兵校尉，并经常让厨兵摆酒设宴。后来扰人酒食就叫兵厨之扰。谦称自己待客礼薄，叫草具之陈，就像刘邦手下陈平用草编的器具招待项羽派来的使者一样。

【原文】 家贫待客，但知抹月披风；冬月邀宾，乃云敲冰煮茗。

【解译】 家境贫穷没什么东西待客，只好披着清风陪着客人窗前赏月。冬天邀请宾客，叫敲冰煮茗。六朝王休隐居太白山，冬天用冰块煮茶招待客人。

【原文】 君侧元臣，若作酒醴之麴蘖；朝中冢宰，若作和羹之盐梅。

【解译】 君主身边的大臣,就如同酿酒的酒曲;朝中的宰相,就如同做羹时调味的咸盐和酸梅,都不能缺少。

【原文】 宰肉甚均,陈平见重于父老;敲羹示尽,丘嫂心厌乎汉高。

【解译】 汉朝宰相陈平在社日分肉,非常公平均匀,老人们都很敬重他;汉高祖贫寒时路过丘嫂家要饭吃,丘嫂很讨厌他,就敲打汤锅表示羹汤已喝完。

【原文】 毕卓为吏部而盗酒,逸兴太豪;越王爱士卒而投醪,战气百倍。

【解译】 晋朝毕卓嗜酒,身为吏部侍郎却去偷邻家酒喝,这样的酒兴也太过分了;春秋越王勾践爱护士兵,把酒倒在河的上游,让士兵同饮,顿时士气大振。

【原文】 惩羹吹齑,谓人惩前警后;酒囊饭袋,谓人少学多餐。

【解译】 人曾被热羹烫过嘴,后来连吃姜、葱、蒜等冷食时也要吹一吹,这是比喻惩前警后的意思;"酒囊饭袋",比喻人没有学问,只知吃喝。

【原文】 隐逸之士,漱石枕流;沉缅之夫,藉糟枕麹。

【解译】 晋朝孙楚隐居山间,用石子漱口,以砺牙齿,以流水当枕头,以洗耳朵;晋朝刘伶整日沉溺于酒中,还用酒糟当席子,用酒曲做枕头。

【原文】 昏庸桀纣,胡为酒池肉林;苦学仲淹,惟有断齑画粥。

【解译】 夏桀王,殷纣王荒淫奢侈无度,作酒池、肉林取乐;宋朝范仲淹少时孤贫,在僧庙苦读时,常常将粥冷凝后分成数份,把腌菜切成数十段,分几次食用。

【原文】 〔增〕钟阜山庄赤米,隐士加餐;邯郸旅邸黄粱,仙人入梦。

【解译】 南齐周颙隐居钟阜山庄,问他吃什么,他说:"赤米白盐,绿葵红苋。"传说赤米可以增加饭量。古代卢生在邯郸旅舍遇见仙人吕公,卢生自言贫困,吕公送他一个枕头,卢生枕了在睡梦中见自己做将相五十年,大富大贵。等到醒来,主人煮的黄粱米饭还未熟。

曹操像

【原文】 小儿盗禾亩,孔琇之按罪何妨;逸马犯麦田,曹孟德自刑犹尔。

【解译】 南朝齐有个小孩偷了田里的稻子。县令孔琇之认为小的时候就会偷,长大了将无所不为,所以依法判了罪,全县为之肃然。三国曹操(字孟德)行军时下令不准损坏麦田,可是他的乘马突然失控闯进了麦田,踩坏了庄稼。曹操将自己的头发割下来,以严肃军纪。

【原文】 易秕以粟,邹侯为民庶之意拳拳;煮豆燃萁,子建悟兄弟之情切切。

【解译】 让百姓用秕糠换取国库里的谷子,春秋邹穆公为民众的拳拳之情,使人难以忘怀;"煮豆燃豆箕",曹植(字子建)一句诗使曹丕悟出兄弟之情真切,不可相残。

【原文】 狄山之肉,旋割旋生;青田之壶,愈倾愈溢。

【解译】 《山海经》中说,狄山上长有一种肉,形似牛肝,随割随生;青田国有种仙果,果核很大,将米放在核中,顿时就能变成酒,倒之不尽,号称"青田壶"。

【原文】 我爱鹅儿黄似酒,雅可怡情;人言雀子软于绵,最堪适口。

【解译】 宋朝苏轼有诗说:"鹅儿黄似酒。"我喜欢这句诗的幽雅,可以怡悦性情。苏轼又说:"坡绵黄雀谩多脂。"黄雀的肉嫩软似棉,最是可口。

【原文】 多才之士,谢茶而赠我好歌;好事之徒,载酒而问人奇字。

【解译】 唐朝卢仝多才,性嗜茶,谁送他好茶,他便回赠一首好诗;汉朝扬雄嗜酒,好事的人常常用车载着酒,向他请教古怪的字。

【原文】 挹东海以为醴,庶畅高怀;折琼枝以为馐,可舒雅志。

【解译】 舀东海的水酿制成酒,喝了可以抒发高尚的情怀;折琼枝当美肴,吃了可以舒展幽雅的志向。

【原文】 云子饭可入杜句,月儿羹见重柳文。

【解译】 云子是神仙吃的食物,杜甫将它写进了诗中:"饭抄云子白。"说饭可比云子之白。后人就以饭称"云子"。唐朝柳公权作《龙城记》呈文宗,文宗将自己吃的月儿羹赐给他。

【原文】 烧鹅而恣朵颐,且愿鹅生四掌;炮鳖而充嗜欲,还思鳖著两裙。

【解译】 喜欢吃烧鹅的人,总是希望鹅能长出四个掌来,可以多吃一点;爱吃老鳖的人,总是希望鳖能生出两裙来,以满足食欲。

【原文】 种秫不种粳,陶公若以酒为命;窖粟不窖宝,任氏则以食为天。

【解译】 晋朝陶潜当彭泽县令时,有田三百亩,他吩咐家人都种秫米(高粱)不种粳米,因为高粱能酿酒,而他又嗜酒如命。在地窖中藏粮食而不藏珍宝,这是秦汉相争时一户任姓人家的做法。战乱中他想的不是珍宝,而是"以食为天"的粮食。

【原文】 红苋紫茄,种满吴兴之圃;绿葵翠薤,殖盈钟阜之区。

【解译】 梁朝吴兴太守蔡博,在园圃里种满了红色的苋菜和紫色的茄子;南齐周颙隐居钟阜山时,在山上种满了绿色的葵菜和翠色的薤菜。

宫　室

（新增文十联）

【原文】 洪荒之世,野处穴居;有巢以后,上栋下宇。

【解译】 在上古洪荒时代,人类都在野外洞穴里居住。直到有巢氏的出现,才教人架木筑巢,上有房梁,下有屋檐。

中华传世藏书

国学经典文库 幼学琼林

图文珍藏版

【原文】 竹苞松茂,谓制度之得宜;鸟革翚飞,谓创造之尽善。

【解译】 《诗经》上说:"如竹苞矣,如松茂矣。""如鸟斯翚,如翚斯飞。"前一句是比喻宫室制度很适宜,后一句是比喻屋宇建造得很完善。

【原文】 朝廷曰紫宸,禁门曰青锁。

【解译】 唐宋时皇帝接见群臣的宫殿叫紫宸。宫门叫青锁,因为进出宫门的禁令很严,又以青色涂墙并加锁关闭。

【原文】 宰相职掌丝纶,内居黄阁;百官具陈章疏,敷奏丹墀。

【解译】 宰相掌管皇帝的诏书,在皇宫里办公的地方叫"黄阁";百官们呈奏章疏,只能跪在殿前红色的台阶下。

【原文】 木天署,学士所居;紫薇省,中书所莅。

【解译】 木天署是翰林学士居住的地方;紫薇省是唐代中书令办公的处所。

【原文】 金马玉堂,翰林院宇;柏台乌府,御史衙门。

【解译】 汉武帝得到西域大宛马,照形铸成铜马放在门口,叫金马门。宋朝苏易简为学士,太祖赐书"玉堂之署"。这些都是翰林学士的堂宇。汉朝朱博为御史大夫,府中的柏树上常有乌鸦栖集,后人称御史衙门为柏台、乌府。

【原文】 布政司称为藩府,按察司系是臬司。

【解译】 布政司称藩府、藩台府等,是主管一省人事与钱粮的官府;按察司就是臬司,是主管一省刑事的官府。

【原文】 潘岳种桃于满县,故称花县;子贱鸣琴以治邑,故曰琴堂。

【解译】 晋朝潘岳做河阳县令时,全县到处都种桃树,人称花县;孔子弟子宓子贱做单父县官时,终日无讼案,经常在公堂上弹琴,人称琴堂。

【原文】 潭府是仕宦之家,衡门乃隐逸之宅。

【解译】 庭院幽深似潭,是做官的人家;用横木做门(比喻房屋简陋),是隐士的住宅。

【原文】 贺人有喜曰门阑蔼瑞,谢人过访曰蓬荜生辉。

【解译】 祝贺人家有喜事,称门阑蔼瑞,门庭笼罩着吉祥的瑞气;感谢客人来访,称蓬荜生辉,陋舍因此都生光辉。

【原文】 美奂美轮,礼称屋宇之高华;肯构肯堂,书言父子之同志。

【解译】 美奂美轮,是称赞房屋修建得高大华丽,完美无缺;肯构肯堂,比喻子承父业,志同道合。

【原文】 土木方兴曰经始,创造已毕曰落成。

【解译】 土木刚开始动工,叫经始;房屋建造完工,叫落成。

【原文】 楼高可以摘星,屋小仅堪容膝。

【解译】 高大的楼房仿佛可以摘取天上的星星,窄小的屋子仅能容下双膝。

【原文】　寇莱公庭除之外,只可栽花;李文靖厅事之前,仅容旋马。

【解译】　宋朝宰相寇准的庭院空地很小,只能种些花草;宋朝另一位宰相李沆(卒谥文靖)议事的厅堂前,只能容下一匹马旋转调向。

【原文】　恭贺屋成曰燕贺,自谦屋小曰蜗庐。

【解译】　恭贺别人房屋落成,叫燕贺;自谦屋小叫蜗居,魏朝隐士焦光房舍窄小,如同蜗牛的洞穴。

【原文】　民家名曰闾阎,贵族称为阀阅。

【解译】　平民人家叫闾阎,富贵家族叫阀阅。

【原文】　朱门乃富豪之第,白屋是布衣之家。

【解译】　用红色涂门,是富豪的府第;没有装饰的房子,是贫寒人之家。

【原文】　客舍曰逆旅,馆驿曰邮亭。

【解译】　接待旅客的房舍叫逆旅,传送公文的驿站叫邮亭。

【原文】　书室曰芸窗,朝廷曰魏阙。

【解译】　读书人的书房叫芸窗,天子的朝廷叫魏阙。

【原文】　成均辟雍,皆国学之号;黉宫胶序,乃乡学之称。

【解译】　成均、辟雍,都是国家办的学校的名号;黉宫、胶序,乃是地方学校的名称。

【原文】　笑人善忘,曰徙宅忘妻;讥人不谨,曰开门揖盗。

【解译】　嘲笑人家健忘,叫徙宅忘妻,搬家时忘了带走妻子;讥笑别人办事不谨慎,叫开门揖盗,打开大门请盗贼进来。

【原文】　何楼所市,皆滥恶之物;垄断独登,讥专利之人。

【解译】　宋朝京城有个何姓人家的楼下,是个小市场,里面都是些伪劣破烂物品;垄断独登,是讥讽那些自私自利,只图自己发财的商人。

【原文】　荜门圭窦,系贫士之居;瓮牖绳枢,皆窭人之室。

【解译】　用竹子做门,墙上凿个小洞通气,这是贫穷文人居住的地方;用破缸作窗户,用绳子拴住门上的转轴,这是穷苦百姓居住的地方。

【原文】　宋寇准真是北门锁钥,檀道济不愧万里长城。

【解译】　宋朝寇准领天雄军守卫北方的一个关口,无人敢侵犯,真是北门锁钥。南朝刘宋名将檀道济讨伐南魏时,军中缺粮,他让众人在夜间高歌量沙到天明,伪装粮食充足,魏军不敢追。后来被王义康假造圣旨杀害,临刑前道济说:"杀我毁了你们的万里长城啊!"

【原文】　榱题一建,风雨攸除。

【解译】　榱题(屋檐)一经建成,风雨自然就消除了。

【原文】　百堵皆兴,周邦巩固;重门洞辟,宋殿玲珑。

【解译】　《诗经》上说:"似续姚祖,筑室百堵。"盖起的房屋鳞次栉比,象征着周朝的

225

中华传世藏书——国学经典文库 蒙学经典——图文珍藏版

强大巩固；宋朝宫殿的大门重重洞开,看起来玲珑剔透。

【原文】 晋公堂下植三槐,相臣地位;靖节门前栽五柳,隐士家风。

【解译】 宋朝王祜在堂前种了三棵槐树,对人说:"吾子孙必有为三公者。"后来他的次子王旦果然当了宰相。晋朝陶潜(世称靖节先生)门前栽下五棵柳树,号五柳先生,这是隐士的家风。

【原文】 退思岩,是鱼头参政退思时;知妄室,乃半山居士知妄处。

檀道济量沙

【解译】 宋朝鲁宗道外号鱼头参政,他建造一室叫"退思岩",退朝后独自在里面思考朝政;王安石自号半山居士,他建造一室叫"知妄室",常在里面独自思过。

【原文】 蓂生神尧阶下,竹秀唐帝宫前。

【解译】 尧帝的土阶下长有蓂荚草,每逢初一后,一天生一片叶,十五后,一天落一片叶。唐玄宗的宫殿前,长满了茂密的竹子,他说:"兄弟相亲,当如此竹。"

【原文】 夹马营中,异香偏达;盘龙斋内,瑞气常臻。

【解译】 宋太祖生于夹马营,出生时,此地到处可以闻见一股异常香味;南朝宋刘裕幼时即有大志,他建造的盘龙斋,常有瑞气盘绕。

【原文】 月榭已成,剩有十分佳景;雪巢既构,应无半点尘埃。

【解译】 唐朝裴度的府第绿野堂里建有赏月的亭榭,周围的景致十分美妙;宋朝林景思庐舍叫"雪巢",里面没有半点灰尘。

【原文】 避风台,妃子扬歌;凌烟阁,功臣列像。

【解译】 避风台,是汉成帝专为妃子赵飞燕唱歌跳舞建造的台子;凌烟阁,是唐代朝廷为表彰功臣所建的高阁,里面画有功臣的肖像。

【原文】 碧鸡坊里神仙至,朱雀桥边士子游。

【解译】 西汉宣帝建造的碧鸡坊,是神仙也能到的地方;金陵(今南京)的朱雀桥,是文人游览的地方。

【原文】 浣花溪上草堂,最是杜公乐地;至道坊间土窟,更为司马胜居。

【解译】 唐朝裴冕为杜甫在成都浣花溪旁所建的草堂,是杜甫最喜欢居住的乐地;宋朝司马光在洛阳至道坊掘地为室,自认为是最好的居处。

器　用

（新增文十一联）

【原文】　一人之所需，百工斯为备。

【解译】　一个人所用的物品，需要百余个工匠为他制备。

【原文】　但用则各适其用，而名则每异其名。

【解译】　每件物品都有自己的用途，而且名称也各不相同。

【原文】　管城子、中书君，悉为笔号；石虚中、即墨侯，皆为砚称。

【解译】　唐朝韩愈曾以笔拟人，作《毛颖传》，称毛笔叫毛颖。文中说毛颖曾被秦始皇封管城，号管城子，又授中书令，始皇称他中书君。后人便把"管城子""中书君"作毛笔的别称。宋代苏易简的《文房四谱・砚谱》有《石中书传》，以砚拟人，称砚为石虚中，曾封即墨侯。后人便把"石虚中""即墨侯"作砚台的别称。

【原文】　墨为松使者，纸号楮先生。

【解译】　唐玄宗有一天看见御案的墨上有一小道士像苍蝇一样行走，自称是墨精，号松使者。后来"松使者"就成了墨的别名。《毛颖传》中说毛颖与会稽楮先生友善，出必同行。楮树皮可以造纸，后来称"楮先生"为纸，纸与笔不能分开。

【原文】　纸曰剡藤，又曰玉版；墨曰陈玄，又曰龙剂。

【解译】　用山阴剡溪的藤造的纸极美，用成都浣花溪水造的纸光洁如玉，所以纸又叫剡藤、玉版。《毛颖传》中说陈玄是毛颖的好友，所以人称"陈玄"为墨；玄，黑色。唐玄宗用的墨叫龙剂香，因此墨又称"龙剂"。

【原文】　共笔砚，同窗之谓；付衣钵，传道之称。

【解译】　共用笔砚，是指同窗学友；交付衣钵，是向弟子传道的别称。

【原文】　笃志业儒，曰磨穿铁砚；弃文就武，曰安用毛锥。

【解译】　五代桑维翰屡次应试，都因主考官嫌"桑"与"丧"同音而落第。桑维翰并不气馁，铸了个铁砚，发誓说："砚穿则改业。"立志发奋研读，后来终于中了进士，官至枢密使。后人将立志习儒称为"磨穿铁砚"。五代宏肇曾说："安朝廷，定祸乱，直须长枪大剑，毛锥子（笔）安足用哉。"后人将弃文就武、投笔从戎叫作"安用毛锥"。

【原文】　剑有干将、莫邪之名；扇有仁风、便面之号。

【解译】　春秋吴王阖闾派干将铸剑，干将和他妻子莫邪断发剪指投入炉中，制成阴阳两剑，阳剑叫"干将"，阴剑叫"莫邪"。晋朝袁宏赴任东阳太守，谢安赠扇送别，袁宏说："愿用此扇弘扬仁爱之风。"汉朝张敞走马章台街，以扇遮面，不愿人见。所以扇子有"仁风""便面"的别号。

【原文】　何谓箑？亦扇之名。何谓籁？有声之谓。

【解译】 什么叫箑？关东人称扇子为箑。什么是籁？自然界发出的声音叫籁。

【原文】 小舟名舴艋，巨舰曰艨艟。

【解译】 小船叫舴艋，大战船叫艨艟。

【原文】 金根，皇后之车；菱花，妇人之镜。

【解译】 金根，是皇后的坐车，车上以金作装饰；菱花，是妇人用的镜子名。

【原文】 银凿落，原是酒器；玉参差，乃是箫名。

【解译】 唐朝白居易有诗说："金屑琵琶槽，银含凿落盏。"凿落，缕金银的酒杯。后称酒器为银凿落、金凿落。玉参差，镶玉的洞箫。南宋姜夔有诗说："剪烛屡呼金凿落，倚窗闲品玉参差。"

【原文】 刻舟求剑，固而不通；胶柱鼓瑟，拘而不化。

【解译】 《列子》中说，有个楚人乘船过江，不慎把剑掉在了水中，他便在船帮上刻了个记号，说："这是我丢剑的地方。"等船靠了岸，他就从记号处下水寻找。这种人真是死板而不知变通。琴瑟上的琴柱是调节声音用的，可以前后移动。如果把琴柱用胶粘死了，就不能调音了。这是比喻拘泥不化的人。

【原文】 斗筲言其器小，梁栋谓是大材。

【解译】 斗筲，形容器量狭小的人；梁栋，比喻有大才的人。

【原文】 铅刀无一割之利，强弓有六石之名。

【解译】 铅铸的刀钝，不能切割东西；强硬的弓，用六百斤之力才能拉开，所以有"六石"（古代六百斤）的名称。

【原文】 杖以鸠名，因鸠喉之不噎；钥同鱼样，取鱼目之常醒。

【解译】 老人的拐杖又叫鸠杖，因为鸠鸟不会噎食，喻示老人身体健康；钥匙是周穆王时所造，形状似鱼，取鱼在水中常醒不会瞑目，能守夜的意思。

【原文】 兜鍪系是头盔，叵罗乃为酒器。

【解译】 兜鍪，是武将戴的头盔。叵罗，是金属制的酒器。李白有诗说："葡萄酒，金叵罗，吴姬十五醉马驮。"

【原文】 短剑名匕首，毡毯叫氍毹。

【解译】 短剑叫匕首；毡毯叫氍毹。古诗中有"美人赠我毡毯氍毹"句。

【原文】 琴名绿绮、焦桐；弓号乌号、繁弱。

【解译】 汉朝司马相如的琴叫绿绮。蔡邕曾以烧焦的桐木作琴，叫焦尾琴。桑柘树又叫乌号，其枝可制弓，所以弓又叫乌号。繁弱这个地方出良弓，叫繁弱。

【原文】 香炉曰宝鸭，烛台曰烛奴。

【解译】 香炉形似鸭状，叫宝鸭，古诗中有"宝鸭焚兰烬"句；唐朝申王用檀木刻成童子，手执蜡烛，所以烛台又叫烛奴。

【原文】 龙涎鸡舌，悉是香名；鹢首鸭头，别为船号。

【解译】 龙涎、鸡舌,都是香的名称;古人造船,都要在船头画上鹢鸟(一种水鸟),或把船头作成鸭头状,所以船又称鹢首、鸭头。

【原文】 寿光客是妆台无尘之镜,长明公是梵堂不灭之灯。

【解译】 隋朝御史王度有宝镜,照着病人,能使他痊愈,王度因此作《古镜记》,称镜子为寿光先生。后指妇人梳妆台上的一尘不染的镜子。传说唐朝有个叫宋无忌的人,因弘扬佛教,被封为长明公。后称佛堂上长明不灭的灯叫"长明灯"。

【原文】 桔槔是田家之水车,被襆是农夫之雨具。

【解译】 桔槔是农家汲取井水之具,被襆是农夫的雨具。

【原文】 乌金,炭之美誉;忘归,矢之别名。

【解译】 乌金是炭的美称,唐朝孟郊有诗说:"青山白屋有仁人,赠炭价重双乌金。"忘归是箭的别名。

【原文】 夜可击,朝可炊,军中刁斗;云汉热,北风寒,刘褒画图。

【解译】 古代军营中用铜铸成的锅叫刁斗,白天可以煮饭,夜里可以敲击打更;东汉刘褒画《云汉图》,观看者都感到很热,画《北风图》,观看者都感到很寒冷。

【原文】 勉人发愤曰猛著祖鞭,求人宥罪曰幸开汤网。

【解译】 晋朝祖逖与刘琨见石勒攻陷洛阳,一起出兵救援。刘琨怕祖逖先于自己行动,他给亲友信中说:"吾枕戈待旦,志枭逆虏,尝恐祖生先吾着鞭。"后人勉励他人发愤进取,就说是"猛著祖鞭"。商汤王见打猎人四面张网,就劝他解掉三面。诸侯们都称赞商汤王仁德宏大。后人称求人恕罪,叫"幸开汤网"。

【原文】 拔帜立帜,韩信之计甚奇;楚弓楚得,楚王所见未大。

【解译】 汉朝韩信攻赵,装假战败,引诱赵兵追赶,韩乘机派兵拔去赵营的白旗,换上汉军的红旗,赵兵以为大营失守,全军崩溃。韩信的这个计谋算得上是奇策。春秋楚共王出游丢了良弓,随从请求去寻找,楚共王说:"楚人丢了弓,楚人拾到,何必去寻找。"孔子听说此事,说楚王见识不广,只想到楚人能拾到,没想到其他人也能拾到。

西门佩韦　　　　董安佩弦

【原文】 董安于性缓,常佩弦以自急;西门豹性急,常佩韦以自宽。

【解译】　春秋晋国董安于生性缓慢，所以常佩着弓箭，提醒自己行动要快一点；魏国西门豹生性急躁，所以常佩着牛皮宽带，提醒自己行动要柔缓一些。

【原文】　汉孟敏尝坠甑不顾，知其无益；宋太祖谓犯法有剑，正欲立威。

【解译】　汉朝孟敏曾把担着的甑(陶制的炊具)掉在地上，他头也不回继续往前走，因为他知道破甑对他已没用了。宋太祖曾说过："有人敢犯我的法令者，我的剑在此。"他正想以此树立自己的权威。

【原文】　王衍清谈，常持麈拂；横渠讲《易》，每拥皋比。

【解译】　晋朝王衍喜欢谈论黄老之道，手里常常拿着玉柄麈拂；宋朝张载(号横渠)每次讲《易经》，都坐在虎皮褥子上，听者不少。

【原文】　尾生抱桥而死，固执不通；楚妃守符而亡，贞信可录。

【解译】　传说战国时有个叫尾生的，曾和一女子相约在蓝桥幽会，女子没来，突然河水暴涨，尾生不愿离开，执意而不知变通，抱着桥柱被淹死了。春秋楚昭王出游，留妃子贞姜在渐台，相约召她必要见信符。后来派使者去召她，使者忘了带信符，贞姜不敢随行。结果河水拥来，渐台崩圮，贞姜被淹死。这样的贞节守信，真可以载入史册。

【原文】　温峤昔燃犀，照见水族之鬼怪；秦政有方镜，照见世人之邪心。

【解译】　晋朝温峤有犀牛角，点燃可以照见水中的鬼怪；秦始皇嬴政有一面方镜，能照见人的邪恶之心。

【原文】　车载斗量之人，不可胜数；南金东箭之品，实是堪奇。

【解译】　三国魏主曹丕曾问吴王孙权使者赵咨："吴国像你这样的人有多少？"赵咨回答："像我这样的人，车载斗量，不可胜数。"《尔雅》中说，西南华山的金石，东南会稽的竹箭，都是珍贵难得的物品。后以"南金东箭"比喻杰出的人才。

【原文】　传檄可定，极言敌之易破；迎刃而解，甚言事之易为。

【解译】　汉朝韩信对高祖说，秦人对大王很敬仰，盼望大王入秦，你只要下一纸檄文，就可平定三秦。后以"传檄可定"，比喻敌人很容易就能攻破。迎刃而解，竹子迎着刀刃，就能立刻被剖开，比喻事情很容易做成。

【原文】　以铜为鉴，可整衣冠；以古为鉴，可知兴替。

【解译】　以铜为镜子，可以整衣冠；以古为镜，可以知历代兴衰更替。这是唐太宗对大臣们说的话。

【原文】　〔增〕侧理为纸别号，玄香乃墨佳名。

【解译】　用海苔制成的纸，纹里纵横，纸质良好，叫侧理纸。后侧理也用作纸的别号。玄香是墨的佳称。

【原文】　砚彩鲜明，公权曾评鸲眼；笔锋劲健，钟繇惯用鼠须。

【解译】　唐朝柳公权评论砚台说："贮水处有赤白黄点的，叫鸲鹆(八哥)眼。"形容砚台光彩鲜明。三国魏钟繇习惯用鼠须制成的笔，写的字笔锋劲健。

中华传世藏书——国学经典文库 蒙学经典——图文珍藏版

【原文】 匕首一见惊秦王,鳌弧先登降敌国。

【解译】 战国燕荆轲入秦刺秦王,手捧燕国的地图,打开露出匕首,惊得秦王连忙逃避;春秋时郑国攻打许国,颍考叔举着郑公的鳌弧旗,率先登上城墙,降服了对方。

【原文】 蛇矛龙盾,声雄太乙之坛;紫电青霜,炼质昆吾之剑。

【解译】 兵书中说,古代出师,都要拿着蛇矛龙盾,筑台祭祀太乙神。三国吴孙权的紫电剑,汉高祖的青霜剑都是名剑,它们都像周穆王的昆吾剑一样锐利,照人如水,切玉如泥。

【原文】 为炊必用土锉,汲井应藉辘轳。

【解译】 做饭必须要用土锉(瓦锅),打井水应借助辘轳。

【原文】 睡爱珊瑚枕上凹,人情乃尔;饮怜琥珀杯中滑,我意犹然。

【解译】 珊瑚枕,用珊瑚装饰的枕头。人都喜欢睡在珊瑚枕的凹陷处,这是人之常情。饮酒都爱使用光滑的琥珀杯,我也一样。

【原文】 石季龙坐五香床上,李太白卧七宝床中。

【解译】 晋朝石崇(字季龙)家待客的锦缎坐垫里裹着五种香料;唐玄宗召见李白,让他坐卧在金銮殿的用七种珍宝镶嵌的床上。

【原文】 云绕匡庐,案化葛仙之麂;浪翻雷泽,梭飞陶母之龙。

【解译】 晋朝葛洪隐居在云烟缭绕的庐山,他用桐木刻成的几案,忽然化作白麂(一种小鹿)而去;晋朝陶潜的母亲把织梭投进雷泽湖里,顿时波浪翻腾,织梭化为飞龙而去。

【原文】 庾老据胡床谈咏,诸佐皆欢;孔明执羽扇指挥,三军用命。

【解译】 晋朝庾亮镇守武昌,中秋之夜坐在胡床(交椅)上和部下聊天咏诗到天明,大家都很高兴;三国蜀诸葛亮手执羽扇指挥三军,将士们都听从他的命令。

【原文】 以圣贤为拄杖,却优于九节苍藤;用仁义作剑锋,绝胜于七星白刃。

【解译】 把圣贤人当拐杖依赖,的确比神仙用的九节苍藤要优越;用仁义作剑锋,绝对胜过镶着七颗珠宝的大刀。

【原文】 上公膺宠命,已知高坐肩舆;末士少豪雄,可惜倒持手版。

诸葛亮像

【解译】 三国魏钟繇为上公,皇上特别恩宠他,准他坐轿入朝。晋朝桓温想反叛,召见谢安、王坦之,准备杀害他们。王坦之吓得汗流浃背,连手中的笏板都拿颠倒了,幸好谢安还能坦然应对,两人躲过了一场杀身灾祸。

珍　宝

（新增文十一联）

【原文】 山川之精英，每泄为至宝；乾坤之瑞气，恒结为奇珍。

【解译】 山川的精华、天地间的瑞气，发泄、凝结起来就成为奇异的珍宝。

【原文】 故玉足以庇嘉谷，珠可以御火灾。

【解译】 所以好玉可以庇护五谷，使它免遭灾害；好珠可以防御火灾。

【原文】 鱼目岂可混珠，碔砆焉能乱玉。

【解译】 鱼目虽然明亮，怎么可以与珍珠混同呢？似玉的石头又怎么能与美玉乱真呢？

【原文】 黄金生于丽水，白银出自朱提。

【解译】 黄金产在丽水（今广西漓江），白银生自四川朱提山。

【原文】 曰孔方，曰家兄，俱为钱号；曰青蚨，曰鹅眼，亦是钱名。

【解译】 孔方、家兄，都是钱的别号；青蚨、鹅眼，也是钱的名称。

【原文】 可贵者明月夜光之珠，可珍者璠玙琬琰之玉。

【解译】 最可宝贵的东西，是南越国的明月珠和大秦国的夜光珠；最可珍奇的东西，是鲁国的璠玙玉和周朝的琬琰玉。

【原文】 宋人以燕石为玉，什袭缇巾之中；楚王以璞玉为石，两刖卞和之足。

【解译】 宋人得到一块燕石，以为是宝玉，用红色的丝巾层层裹藏起来；卞和两次献给楚厉王未开凿的玉石，厉王却以为是石头，先后两次砍掉了他的双脚。

【原文】 惠王之珠，光能照乘；和氏之璧，价重连城。

【解译】 战国魏惠王有一颗直径达一寸的珍珠，光能照见前后十二辆乘车；赵惠王得和氏璧，秦昭王愿用十五座城邑来换取，真是价值连城。

【原文】 鲛人泣泪成珠，宋人削玉为楮。

【解译】 古代传说中居住在海底的怪人，眼泪能变成珠子；宋国有人能将玉削成楮叶形，混在楮叶中，真假难辨。

【原文】 贤乃国家之宝，儒为席上之珍。

【解译】 贤臣好比是国家之瑰宝，读书人好比是宴席上的珍馐。

【原文】 王者聘贤，束帛加璧；真儒抱道，怀瑾握瑜。

【解译】 君王聘请有贤能的人，送上成束的锦帛，还要加上璧玉；读书人守着自己的为人之道，就如怀里藏着瑾玉、手里握着瑜玉一样珍惜。

【原文】 雍伯多缘，种玉于蓝田而得美妇；太公奇遇，钓璜于渭水而遇文王。

【解译】 晋人杨雍伯将仙人给他的石子种在蓝田，结果得到一块宝玉，他用这块宝玉娶了一个美女做妻子；姜子牙在渭水钓到一条鲤鱼，鱼肚里有一块璜玉，上有"周受命吕佐之"六个字，后来果真遇到了周文王，请他辅政。

【原文】 剖腹藏珠，爱财而不爱命；缠头作锦，助舞而更助娇。

【解译】 西域商人得到美珠，剖腹藏在自己肚里，真是发财而不知爱生命。用锦缎缠头跳舞，不仅能助舞兴，更能生出许多娇媚之态。后以赠舞女的财物称缠头。

【原文】 孟尝廉洁，克俾合浦还珠；相如勇忠，能使秦廷归璧。

姜太公渭水钓鱼

【解译】 东汉时广东合浦产珠，只因遇到贪官，这些珠子都跑到别的地方去了。后来孟尝当了合浦太守，廉洁奉公，革除前弊，珠子又都回来了。春秋赵国宰相蔺相如忠勇有谋，能让被秦昭王骗去的和氏璧仍旧归还赵国。

【原文】 玉钗作燕飞，汉宫之异事；金钱成蝶舞，唐库之奇传。

【解译】 汉武帝将神女送他的玉钗赐给宠妾赵婕妤，后来变作玉燕飞走了，这是汉宫中的怪事；唐穆宗花园里的牡丹花上，有数万只黄白色蝴蝶飞舞，捉来一看，原来是银库中的金钱，这是唐朝钱库中的奇闻。

【原文】 广钱固可以通神，营利乃为鬼所笑。

【解译】 唐朝张延赏办案，有人送他十万贯钱收买他，他说："十万贯钱可以通神，我怕带来灾祸，这个案子不能不停办。"南朝宋刘伯龙，虽在朝廷内外做官，仍很清贫，想经营一毛之利的生意，连鬼都取笑他。

【原文】 以小致大，谓之抛砖引玉；不知所贵，谓之买椟还珠。

【解译】 以小的引来大的，叫抛砖引玉；不知物件的贵重，叫买椟（匣子）还珠。有人看中了一个木匣子，竟将镶嵌在匣子上的珠宝还给卖主，只要木匣子。

【原文】 贤否罹害，如玉石俱焚；贪婪无厌，虽锱铢必算。

【解译】 好人与坏人一起蒙受祸害，就如同美玉与砂石一同被焚毁；贪得无厌的人，连一丝一毫的钱财也要计较。

【原文】 崔烈以钱买官，人皆恶其铜臭；秦嫂不敢视叔，自言畏其多金。

【解译】 汉朝崔烈是冀州名士，拿钱买了个司徒的官职，他儿子说，现在人家都嫌你身上有铜臭味。战国苏秦未当官时，他嫂子不给他做饭吃，当了赵国丞相后，嫂子跪而不敢看他。苏秦问："嫂子为何前倨而后卑呢？"嫂子答："因为你现在位尊而多金也。"

【原文】 熊衮父亡，天乃雨钱助葬；仲儒家窘，天乃雨金济贫。

【解译】　唐朝御史大夫熊袞家无私财,父亡而不能葬,上天下了十万钱雨,助熊葬父;汉朝翁仲儒家贫,上天下了十斛金雨周济他。

【原文】　**汉杨震畏四知而辞金,唐太宗因惩贪而赐绢。**

【解译】　汉朝杨震举荐王密为县令,王密深夜送他黄金十斤,说夜黑无人知。杨震说:"天知地知你知我知,怎么叫无人知呢?"王密惭愧携金而回。唐太宗时长孙顺德接受别人馈赠的绢帛,太宗知道后,又赐他绢帛十四。有人问太宗为什么这样做,太宗说:"他有人性,得绢后感到的耻辱,比受刑还难受。"顺德听说后,感到十分羞惭。

【原文】　**晋鲁褒作《钱神论》,尝以钱为孔方兄;王夷甫口不言钱,乃谓钱为阿堵物。**

【解译】　晋朝人鲁褒作《钱神论》,称钱为孔方兄。王衍(字夷甫)口中从不说"钱"字,一天妻子用钱放在床边一圈,使夷甫不能行。夷甫命奴婢取走"阿堵物"(这东西)。

【原文】　**然而床头金尽,壮士无颜;囊内钱空,阮郎羞涩。**

【解译】　古诗中说:"床头黄金尽,壮士无颜色。"真要是床头没钱,壮士脸上也无光彩。晋朝阮孚袋中无分文,感到很羞涩。

【原文】　**但匹夫不可怀璧,人生孰不爱财。**

【解译】　平常人不要私藏璧玉,以免招来灾祸,可是人生又有谁不爱财呢?

【原文】　**斑斑美玉,瑟瑟灵珠。**

【解译】　斑斑,美玉名;瑟瑟,宝珠名。

【原文】　**琉璃瓶最宜卜相,琥珀盏尤可酌宾。**

【解译】　五代后周废帝选相,用琉璃瓶来占卜;琥珀是松脂入地千年化成的,用它做成的名贵酒杯,最适合招待宾客。

【原文】　**嗣续将盛,鸣鸠化金带之钩;爵禄弥高,飞鹊幻玉纹之印。**

【解译】　山西张氏世代有阴德,一天有鸠鸟飞入他的怀中,变成一个金钩,后来他的子孙繁衍,家业兴盛起来。唐朝张璟见一只飞鹊坠地变成石头,剖开得一枚玉印,上有"忠孝侯之印",后来他果然被封侯,俸禄丰厚。

【原文】　**魏博铁铸错,悔恨已迟;张说记事珠,忽然顿悟。**

【解译】　五代后梁罗绍威守魏博镇,错杀了部将魏承嗣的士兵。后来罗被朱温所困,对亲信说:"就是把魏博六州四十三个县的铁都聚拢起来铸一个错(锉的谐音,即锅),也没有这个错大。"后悔错杀了魏承嗣的部下。唐朝宰相张说有颗记事珠,有事忘记了,只要拨弄珠子,马上就恍然大悟。

【原文】　**夏桀乃昏庸主,国有瑶台;郭况是贵戚卿,家多金穴。**

【解译】　夏朝桀王是个昏庸君主,建有用美玉砌成的瑶台;汉光武帝的内弟郭况是皇亲贵族,家有多处贮金的洞穴。

【原文】　**韩嫣一出,儿童觅绿野之金丸;汉祖既还,亚父撞鸿门之玉斗。**

【解译】　西汉韩嫣生活奢侈,用金子作弹丸打鸟取乐。每出门,后面跟着一群儿童,寻找落在地上的金弹九。汉高祖赴项羽鸿门宴,中途设计逃回汉营。项羽的亚父、丞相范增用剑击碎刘邦送他的一对玉斗,说:"将来夺项王天下者,必沛公(刘邦)也。"

【原文】 刻岷姬之形以玉,好色惟然;铸范蠡之像以金,尊贤乃尔。

【解译】 夏桀征伐岷山,岷山君献上琬、琰二美女,桀将二美女的长相刻在玉石上,可见夏桀的好色。春秋末越国大夫范蠡泛舟游五湖,不知去向。越王勾践想念他,用黄金铸成人像,可见勾践尊贤之心。

范蠡像

【原文】 珊瑚树塞满齐奴之室,玛瑙盘捧来行俭之家。

【解译】 晋朝石崇小名齐奴,家里塞满了名贵的珊瑚树。唐朝裴行俭有个玛瑙盘,被军更跌碎,行俭开不责怪,人们很佩服他的器量,也说明他家珍宝很多。

【原文】 燕昭王之凉珠,炎蒸无暑;扶余国之火玉,冽冱无寒。

【解译】 战国燕昭王有黑蝉珠,夏天清凉无暑热;唐武宗时,扶余国进贡有火玉,冬天能避寒。

【原文】 锦帆锦帐,炫人耳目;金埒金坞,骇我见闻。

【解译】 隋炀帝用锦缎做的船帆,晋石崇用锦缎做的四十里长的屏帐,这都是炫耀自己的富有给人看的;晋朝王济用金钱垒马圈的矮墙,汉朝董卓用金子堆成金坞,真是骇人听闻。

【原文】 从吾所好,岂曰富而可求;有命存焉,当以不贪为宝。

【解译】 按我所好,难道就可以求来宝贵吗? 人生是天命所定,应当以不贪为宝。

贫 富

(新增文十联)

【原文】 命之修短有数,人之富贵在天。

【解译】 人的生命长短,是有一定气数的;人的富贵,在于天命。《论语》中说:"死生有命,富贵在天。"

【原文】 惟君子安贫,达人知命。

【解译】 唯有君子能安于贫困,只有通达事理的人才会正确对待人生。

【原文】 贯朽粟陈,称羡财多之谓;紫标黄榜,封记钱库之名。

【解译】 穿钱的绳子都腐烂了,粮仓的谷子都陈旧了,这是美慕人家财多的话;梁武帝的弟弟爱钱,用紫色标示千万钱,用黄色榜示百万钱,这都是钱库的标记。

【原文】 贪爱钱物谓之钱愚,好置田宅谓之地癖。

【解译】 贪爱钱物的人,叫钱愚,梁武帝次子萧综曾作《钱愚论》讽刺其叔钱太多;爱置买田宅的人,叫地决癖。

【原文】 守钱虏,讥蓄财而不散;落魄夫,谓失业之无依。

【解译】 守钱奴,是讥讽积财却不肯施舍予人;落魄夫,是说那些失业、生活无依靠的人。

【原文】 贫者地无立锥,富者田连阡陌。

【解译】 贫穷的人,连立锥的地方都没有;富贵的人,田间道路纵横连成一片。

【原文】 室如悬磬,言其甚窘;家无儋石,谓其极贫。

【解译】 室如悬磬,形容家境极其窘困。儋石,贮粮的容器。家无儋石,形容家里一点积粮也没有,极度贫穷。

【原文】 无米曰在陈,守死曰待毙。

【解译】 没有米吃,叫"在陈",当年孔子路过陈国,绝粮七日;守死叫"待毙",坐着等死。

【原文】 富足曰殷实,命蹇曰数奇。

【解译】 家财富足叫"殷实",积盛满盈;命运乖蹇叫"数奇",命数不会,时运不佳。

【原文】 苏涸鲋,乃济人之急;呼庚癸,是乞人之粮。

【解译】 复苏缺水的鲋鱼,这是周济别人之急;呼叫庚癸,是向人乞讨粮食,古代军中要粮的暗语。

【原文】 家徒壁立,司马相如之贫;爨廪为炊,秦百里奚之苦。

【解译】 家中只有四面空壁,别无他物,这是汉朝司马相如贫困时的穷相;用爨廪(门闩)烧火做饭,这是秦国丞相百里奚当年贫苦时的境地。

【原文】 鹄形菜色,皆穷民饥饿之形;炊骨爨骸,谓军中乏粮之惨。

【解译】 脸像鹄鸟一样瘦削,面色像烂菜一样青黄,这是穷人饥饿时的形象;用死人的骸骨烧火做饭,形容军中无粮的惨状。

【原文】 饿死留君臣之义,伯夷叔齐;资财敌王公之富,陶朱倚顿。

【解译】 商朝孤竹君的两个儿子伯夷和叔齐,宁愿饿死也不吃周朝的粮粟,把君臣大义留在了心中;家里的资财胜过王公家的富贵,指的是鲁国倚顿听从陶朱公(范蠡)的话,由贫变富的故事。

【原文】 石崇杀妓以侑酒,恃富行凶;何曾一食费万钱,奢侈过甚。

【解译】 晋朝石崇请人喝酒,有客人不喝,就杀死两个陪酒的美妓,这是依仗自己富豪,杀人行凶;晋朝何曾一天吃饭要花费万钱,还说无处下筷,没什么吃的,这种奢侈生活真是太过分了。

【原文】 二月卖新丝,五月粜新谷,真是剜肉医疮;三年耕而有一年之食,九年耕而有三年之食,庶几遇荒有备。

【解译】 二月蚕丝还未出就要卖掉,五月谷还未熟就要粜出,为的是能预先支用点钱,这真同剜去好肉,医治疮伤一样心疼;三年耕作留出一年的粮食,九年耕作就留有三年的粮食,这是为了防备荒年用的。

【原文】 贫士之肠习藜苋,富人之口厌膏粱。

【解译】 贫穷人家肠胃习惯吃藜草苋菜,富人的嘴吃腻了好米肥肉。

【原文】 石崇以蜡代薪,王恺以饴沃釜。

【解译】 晋朝石崇以蜡代替柴薪,王恺以糖来洗锅。

【原文】 范丹蛙生土灶,破甑生尘;曾子捉襟见肘,纳履决踵。

【解译】 汉朝范丹做莱芜县令时,他的土灶里生出青蛙,瓦锅里积满了尘土;孔平门徒曾子捉住衣襟就能露出胳膊肘,穿的鞋露着脚后跟。

【原文】 贫不胜言,韦庄数米而炊,称薪而爨;俭有可鄙,郑羲东门受饷,西门出酤。

【解译】 唐朝韦庄做饭要数着米粒下锅,用秤称着柴薪烧火,可谓贫不胜言;北魏郑羲东门讨来酒肉,到西门去卖掉,这样的俭朴,让人鄙视。

【原文】 总之饱德之士,不愿膏粱;闻誉之施,奚图文绣。

【解译】 总之,满腹仁义道德的人,不愿吃好米肥肉的美餐;有声誉的人,何必再去图文采锦绣的衣服呢?

【原文】 〔增〕公孙牧豕营身,宁思相位;灌婴贩缯为业,岂意封侯。

【解译】 汉朝丞相公孙弘本是养猪出身,他怎么会想到将来能居丞相的高位呢?大臣灌婴曾以贩布为业,他哪里会料到日后能封侯呢?

【原文】 郭泰欲为斗筲役,无可奈何;班超更作书写佣,不得已尔。

【解译】 斗筲,容量很小的容器。汉朝郭泰家贫早孤,去做职位很低的小役。这是无可奈何的事。班超在穷困时,曾做过替人抄书的佣人,这也是不得已的事。

【原文】 朱桃椎掷还鹿帻,自知本命合穷;苏季子破损貂裘,谁意运之难泰。

【解译】 唐朝朱桃椎身穿破衣,别人送他鹿巾,他掷还给人,这是知道自己命该是穷人;苏秦到秦国求官,把身上的貂皮大衣都穿破损了,实在是运气不好。

班超投笔

【原文】 苦矣卫青作牧,牛背后受主鞭笞;惜哉栾布为奴,马头前代人奔走。

【解译】 最苦的人是汉朝的卫青,曾为人放牛,受到主人的鞭打;最可怜的人是栾布,曾被人卖为奴隶,鞍前马后代人奔走。

【原文】 扬雄《逐贫赋》,人谓其逐之何迟;韩愈《送穷文》,我怪其送之不早。

【解译】 汉朝扬雄写过《逐贫赋》,人们说他逐得太迟了;唐朝韩愈写过《送穷文》,我怪他送得太晚了。

【原文】 异宝充盈,王氏都云富窟;佳肴错杂,郇公尝列珍厨。

【解译】 唐朝王元宝家塞满了金银财宝,人们都说他家是个富窟;韦陟(封郇国公)家的厨房里摆满了各种美味佳肴,人称他的厨房为"郇公厨"。

【原文】 董卓积宝郿中,压残金坞;邓通布钱天下,铸尽铜山。

【解译】 汉朝董卓把金银财宝都堆积在郿中的金坞,几乎把金坞都压塌了;汉文帝宠爱邓通,赐他一座四川的铜山,任凭他铸造钱币,邓氏钱币遍天下。

【原文】 象牙床,鱼生太侈;火浣衣,石氏何多。

【解译】 用象牙造床,四周镂刻金莲花,梁朝鱼容的生活太奢侈了;用外国进贡的火浣布做衣服,只有皇帝才有,可是晋朝石崇家的奴仆都穿火浣衣,他为什么会有那么多呢?

【原文】 妇乳饮豚,畜类翻成人类;儿口承唾,家童充作用壶。

【解译】 晋朝王武子家用人乳喂猪,把牲畜当成了人类;晋朝符朗把家僮当痰盂,跪着张口接客人吐的痰。

【原文】 牙樯锦缆,隋炀增远渚之奇;玉凤金龙,元宝侈华堂之胜。

【解译】 隋炀帝用象牙做船桅,用锦缎做缆绳,增加其乘龙舟远游的光彩;唐朝王元宝居住的窗户上有玉雕的凤,金铸的龙,炫耀其府第的豪华。

疾病死丧

(新增文十二联)

【原文】 福寿康宁,固人之所同欲;死亡疾病,亦人所不能无。

【解译】 福寿康宁,固然是人人都盼望的,但死亡疾病,也是人人不能免除的。

【原文】 惟智者能调,达人自玉。

【解译】 只有聪明的人,能够调理自己的身体;通达事理的人,才会珍惜自己的身体如玉。

【原文】 问人病曰贵体违和,自谓疾曰偶沾微恙。

【解译】 问候别人的病情,说贵体违和(不舒服);称自己有病,说偶沾微恙(小病)。

【原文】 罹病者,甚为造化小儿所苦;患疾者,岂是实沈台骀为灾。

【解译】 唐朝杜审言有病,宋之问等来看他,他说这是造化小儿(主命之神)给他带

来的苦痛;春秋晋侯有疾,怎么能说是实沈(参星神)、台骀(汾水神)带来的灾祸呢?

【原文】 疾不可疗,曰膏肓;平安无事,曰无恙。

【解译】 疾疾不可治疗,叫膏肓,病已入心脏下膈膜等处;平安无事,叫无恙(不病)。

【原文】 采薪之忧,谦言抱病;河鱼之患,系是腹疾。

【解译】 担忧不能去打柴了,这是有病的谦称;河鱼之患,是指腹部有疾(腹泻)。

【原文】 可以勿药,喜其病安;厥疾勿瘳,言其病笃。

【解译】 可以不吃药了,是庆喜自己病已痊愈;有病不能治愈,是说病得很重。

【原文】 疟不病君子,病君子正为虐耳;卜所以决疑,既不疑复何卜哉。

【解译】 疟疾是不会病君子的,而能病君子的正是残暴的虐政;卜卦是为了决断疑惑的事情,既然不疑惑,又何必去占卜呢?

【原文】 谢安梦鸡而疾不起,因太岁之在酉;楚王吞蛭而疾乃痊,因厚德之及人。

【解译】 晋朝谢安夜里梦见乘车十六里,遇到白鸡,车不能前进。过了十六年,果然一病不起,这一年正好是酉年(鸡年)。楚惠王吃饭时,见饭里有水蛭,他怕厨子受罚,就勉强吃了下去,不料原来有的病,却因此痊愈了。有个令尹说“:这是因为大王有厚德施予人。”

【原文】 将属纩,将易箦,皆言人之将死;作古人,登鬼录,皆言人之已亡。

【解译】 把纩(丝绵)放在口鼻上以观其是否有气,调换寝席,都是说人快死了;作古人,登鬼簿,都是说人已死亡。

【原文】 亲死则丁忧,居丧则读《礼》。

【解译】 父母亲死了,是子女最忧伤的事,叫丁忧;在服丧期内,应该读《丧礼》。

【原文】 在床谓之尸,在棺谓之柩。

【解译】 死者在床上躺着叫尸,殓在棺材里叫柩。

【原文】 报孝书曰讣,慰孝子曰唁。

【解译】 报告丧事的书信叫讣,安慰孝子的书信叫唁。

【原文】 往吊曰匍匐,庐墓曰倚庐。

【解译】 到死者家里去吊唁叫匍匐,居丧守墓的小屋叫倚庐。

【原文】 寝苫枕块,哀父母之在土;节哀顺变,劝孝子之惜身。

【解译】 睡在苦草上,枕在土块上,这是哀悼父母已经入土,不敢自安;节制哀思,顺应变故,这是劝慰孝子要爱惜自己的身体。

【原文】 男子死曰寿终正寝,女人死曰寿终内寝。

【解译】 男人死了叫寿终正寝,死在正厅;女人死了叫寿终内寝,死在内室。

【原文】 天子死曰崩,诸侯死曰薨,大夫死曰卒,士人死曰不禄,庶人死曰死,童子死曰殇。

【解译】 天子死了叫崩,自上坠下;诸侯死了叫薨,奄然而亡;大夫死了叫卒,终其人生；士人死了叫不禄，没了俸禄；平民死了叫死；儿童死了叫殇，没成年而亡。

【原文】 自谦父死曰孤子，母死曰哀子，父母俱死曰孤哀子；自言父死曰失怙，母死曰失恃，父母俱死曰失怙恃。

【解译】 谦称父亲死了叫孤子，母亲死了叫哀子，父母都死了叫孤哀子；自己说父亲死了叫失怙，失去瞻仰，母亲死了叫失恃，失去依赖，父母都死了叫失怙恃。

【原文】 父死何谓考？考者成也，已成事业也；母死何谓妣？妣者媲也，克媲父美也。

【解译】 父亲死了为什么称"考"？考，事业已成者。母亲死了为什么称"妣"？妣当媲讲，母亲能匹配父亲的美德。

【原文】 百日内曰泣血，百日外曰稽颡。

【解译】 父母死亡百天内叩拜祭祀叫泣血，百天外叫稽颡。

【原文】 期年曰小祥，两期曰大祥。

【解译】 期年(周年)的祭祀叫小祥，两期(两周年)的祭祀叫大祥。

【原文】 不缉曰斩衰，缉之曰齐衰，论丧之有轻重；九月为大功，五月为小功，言服之有等伦。

【解译】 用极粗的麻布作丧服，不缝边的，叫斩衰；用次一等的粗麻布作丧服，缝边的，叫齐衰，这是讲服丧有轻重之分。服丧九个月叫大功，服丧五个月叫小功，这是讲服丧有等级伦次之分。

【原文】 三月之服曰缌麻，三年将满曰禫礼。

【解译】 三个月的丧服叫缌麻，用缌麻系在腰间或头上；三年将满的祭典叫禫礼，除去丧服的祭礼。

【原文】 孙承祖服，嫡孙杖期；长子已死，嫡孙承重。

【解译】 孙子辈为祖父母服丧，只有嫡孙执哀杖一年；祖辈亡时如果长子已死，长孙应该承接斩衰三年。

【原文】 死者之器曰明器，待以神明之道；孝子之杖曰哀杖，为扶哀痛之躯。

【解译】 死者用的陪葬器物，叫明器，用神明之道对待死者；孝子的丧杖叫哀杖，用以扶持他哀痛的身躯。

【原文】 父之节在外，故杖取乎竹；母之节在内，故杖取乎桐。

【解译】 父亲的节操表现在外，所以哀杖要用竹子做；母亲的节操表现在内，所以哀杖要用桐木做。

【原文】 以财物助丧家谓之赙，以车马助丧家谓之赗；以衣敛死者之身谓之襚，以玉实死者之口谓之琀。

【解译】 用钱物帮助丧家叫赙，用车马帮助丧家叫赗；给死者穿衣服叫襚，在死者口里放一块珠玉叫琀。

【原文】 送丧曰执绋，出枢曰驾辆。

【解译】 送丧叫执绋，牵着灵车的绳索。出殡叫驾辆。辆，装着棺材的灵车。

【原文】 吉地曰牛眠地，筑坟曰马鬣封。

【解译】 吉祥的墓地叫牛眠地。晋朝陶侃葬母，跑失一头牛，有位老人指点说，前面的山坞下有头卧牛，是块风水宝地。后来称墓地叫牛眠地。坟上的封土像马鬣(马颈上的长毛)，所以筑坟又叫马鬣封。

【原文】 墓前石人，原名翁仲；枢前功布，今曰铭旌。

【解译】 坟墓前的石人，原型是秦朝的阮翁仲，生前因为威震匈奴，死后秦始皇为他铸铜像，竖在墓前。灵枢前用红帛旌表死者的功德，后来叫作"铭旌"。整个丧事的用具都是素色，唯此用红色，这是因为他人书写所赠。

【原文】 挽歌始于田横，墓志创于傅奕。

【解译】 悼念死者的挽歌，始于汉朝的田横；为死者作墓志，首创于汉朝的傅奕。

【原文】 生坟为寿藏，死墓曰佳城。

【解译】 生者给自己预造的墓穴，叫寿藏；死者的坟墓，叫佳城。

【原文】 坟曰夜台，圹曰窀穸。

【解译】 坟叫夜台，意思是埋葬在坟墓里，昏暗如长夜；圹(墓穴)叫窀穸，埋在里面又厚又昏沉。

【原文】 已葬曰瘗玉，致祭曰束刍。

【解译】 死人已经下葬叫瘗玉，如埋玉于土中。前往祭奠叫束刍，在墓前放一把草。《诗经》上说"生刍一束，其人如玉"。

【原文】 春祭曰禴，夏祭曰禘，秋祭曰尝，冬祭曰烝。

【解译】 《礼记·王制》上说："春祭叫禴，夏祭叫禘，秋祭叫尝，冬祭叫烝。"

【原文】 饮杯棬而抱痛，母之口泽如存；读父书以增伤，父之手泽未泯。

【解译】 用母亲用过的杯子饮水，不免抱杯悲痛，因为母亲口中的津液尚存在上面；读父亲留下的书籍，增加悲伤，因为父亲手上的汗渍还没有泯灭。

【原文】 子羔悲亲而泣血，子夏哭子而丧明。

【解译】 孔子的门徒子羔悲伤痛失双亲，泣血三年；子夏痛失儿子，把眼睛都哭瞎了。

【原文】 王裒哀父之死，门人因废蓼莪诗；王修哭母之亡，邻里遂停桑柘社。

【解译】 晋朝王裒哀伤父亲之死，他的门徒停读了《诗经》中追念父母的《蓼莪》诗，怕他听了引起悲哀；魏朝王修痛哭母亲亡于社日，邻里把以后的社日活动都停了，恐怕引起他的伤心。

【原文】 树欲静而风不息，子欲养而亲不在，皋鱼增感；与其椎牛而祭墓，不如鸡豚之逮存，曾子兴思。

【解译】 树欲静而风不止,儿子想奉养双亲但双亲却不在了,这是春秋时皋鱼对孔子说得伤感的话;与其杀牛而祭父每之墓,不如双亲在世时杀鸡宰猪奉养他们,这是孔子弟子曾子读《丧礼》时产生的感叹。

【原文】 故为人子者,当思木本水源,须重慎终追远。

【解译】 所以做儿子的,应当时刻想到木有本,水有源,不忘父母生养之恩,必须谨慎办理父母的丧事,追思自己的远祖。

【原文】 〔增〕岁在龙蛇,郑玄算促;舍来鹏鸟,贾谊命倾。

【解译】 汉朝郑玄梦见孔子告诉他,太岁在龙年和蛇年,贤人当终。郑玄知道这是预示自己的命数已到,于是寝疾而卒;贾谊为长沙王太傅,有鹏鸟飞入宅舍,便作《鹏鸟赋》而寿尽。

郑玄像

【原文】 王令出尘寰,天上俄垂玉椟;沈君开窆穸,地中曾现漆灯。

【解译】 东汉王乔为叶县令,快死的时候,天上降下一个玉棺,王乔入棺而卒;南唐沈彬临下葬时,发现他的墓穴原是一个古墓,里面有漆灯和铜牌,上有文:"佳城今已开,虽开不葬埋;漆灯犹未尽,留待沈彬来。"

【原文】 箧中存稿,相如上封禅之书;牖下停棺,史鱼素陈尸之谏。

【解译】 汉朝司马相如死后,他的箱箧里存有文稿,是《上封禅书》;窗下停放棺木,春秋卫国史鱼死后陈尸谏昏庸的灵公。

【原文】 梁鸿葬要离冢侧,死后芳邻;郑泉殡陶宅舍旁,生前宿愿。

【解译】 东汉梁鸿死后葬在要离的坟侧,人们说要离是烈士,梁鸿清高,可让他们死后成为近邻;三国吴人郑泉生性嗜酒,临死要求葬在制陶人家的旁边,为的是百年之后化为土,让制陶人取土作酒壶,这是他生前的凤愿。

【原文】 数皆前定,少游之诗谶何灵;事可先知,袁淑之卦占偏验。

【解译】 命数都是前世注定的,宋朝秦观(字少游)有词说:"醉卧古藤阴下,了不知南北。"后来果然死于滕州,他诗中的谶言何等灵验。南朝宋袁淑遇见仙人,所占卜的卦句句都很灵验。

【原文】 顾雍失爱子,掐掌而流血堪矜;奉倩殒佳人,搁泪而伤神可惜。

【解译】 晋朝顾雍丧失爱子,悲痛得手指甲把手掌都掐破了,鲜血直流,真值得同情;三国魏荀粲(字奉倩)的妻子死了,他虽然忍住了眼泪,但仍很伤神,不久也死了,真是可惜。

【原文】 仲尼殒而泰山颓,韩相亡而树木稼。

【解译】 孔子弟子子贡听孔子挂着拐杖在门口唱歌:"泰山其颓乎,梁木其坏乎,哲人其萎乎。"就说夫子快有病了。不久孔子果然病了七天死了。宋朝宰相韩琦亡故时,王安石有挽诗说:"树稼曾闻达官怕。"达官怕听说树枝上的雨水冻成冰,这预示着有大官要死。

【原文】 酹之絮酒,实为佳士高风;殉以刍灵,乃是先人朴典。

【解译】 用棉絮蘸酒洒地祭奠死人,这是佳士的高风;用草人殉葬,这是先人朴实的典范。

【原文】 陈寔之徽猷足录,行吊礼者三万人;郗超之素行可嘉,作诔文者四十辈。

【解译】 东汉陈寔的美德,足以载入史册,他死后来祭奠吊唁的有三万人,纷纷镌石立碑;晋朝郗超平时品行高尚,死时,为他作诔文(悼词)的有四十人。

【原文】 牲牢酒醴,用昭报本之虔;稿鞋鸾刀,还备宁亲之具。

【解译】 用牲畜和酒祭奠死者,这是报答先人恩德的虔诚举动;祭祀时的稿鞋(粗席)、鸾刀(带铃的刀),是用来祭奠死者的物品。

【原文】 值既降既濡之候,礼毋缺于春秋;呈则存则著之形,情必由于爱惎。

【解译】 一年中,秋天降霜露时、春天降雨露时,祭礼是不可缺少的;祭祖呈现爱心,出于诚意,亲人的形象就更鲜明显著了。

【原文】 室事交乎堂事,致斋继以散斋。

【解译】 屋里的祭祀和堂外的祭祀都要举行,祭祀前要有三天的斋戒,叫致斋;接连七天的斋戒,叫散斋。

卷 四

文 事

(新增文十三联)

【原文】 多才之士,才储八斗;博学之儒,学富五车。

【解译】 天下的才华共有一石,而才华多的人,他们的胸中就装有八斗;学问渊博的人,他们读的书有五车之多。

【原文】 三坟五典,乃三皇五帝之书;八索九丘,是八泽九州之志。

【解译】 三坟是指三皇(伏羲、神农、黄帝)写的书,五典是指五帝(少昊、颛顼、高辛、尧、舜)写的书;八索、九丘,是记载上古八泽、九州的志书。

【原文】 《书经》载上古唐虞三代之事,故曰《尚书》;《易经》乃姬周文王、周公所系,故曰《周易》。

【解译】 《书经》上记载的都是上古、唐尧、虞舜及夏商周三代的政事，所以叫《尚书》，"尚"通"上"；《易经》是周文王（姬昌）、周公（姬旦）根据伏羲所画的八卦演绎而来，所以叫《周易》。

【原文】 二戴曾删《礼记》，故曰《戴礼》；二毛曾注《诗经》，故曰《毛诗》。

【解译】 汉朝戴德、戴圣叔侄俩曾删改过《礼记》，所以《礼记》又叫《戴礼》；毛亨、毛苌叔侄俩曾注释过《诗经》，所以现在流传的《诗经》又叫《毛诗》。

【原文】 孔子作《春秋》，因获麟而绝笔，故曰《麟经》。

【解译】 孔子修改鲁国史《春秋》，因见在郊外捕捉到麒麟，感到不祥而悲伤，就停笔不再写下去了。所以《春秋》又叫《麟经》。

【原文】 荣于华衮，乃《春秋》一字之褒；严于斧钺，乃《春秋》一字之贬。

【解译】 《春秋》上一个字的褒扬，就如同穿上华丽的礼服那样荣耀；一个字的贬斥，就如同用斧钺惩罚罪犯那样严厉。

【原文】 缣缃黄卷，总谓经书；雁帛鸾笺，通称简札。

【解译】 用浅黄色的丝绢保护的书和用黄药染过避虫的纸写的书，都称经典之书；雁帛（雁足上缚的帛书）、鸾笺（彩色信纸），都是书信的通称。

【原文】 锦心绣口，李太白之文章；铁画银钩，王羲之之字法。

【解译】 只有五脏如锦绣，才能出口成文，挥毫散雾，这是说李白的文章；笔画像铁一样硬，笔钩像银一样软，这是说王羲之写字的技法。

【原文】 雕虫小技，自谦文学之卑；倚马可待，羡人作文之速。

【解译】 雕虫小技，这是谦称自己写文章的水平不高。倚马可待，这是羡慕别人写文章的速度很快。晋朝袁宏靠在马上，很快写成七篇文章。

【原文】 称人近来进德，曰士别三日，当刮目相看；羡人学业精通，曰面壁九年，始有此神悟。

【解译】 称赞别人近来进步很快，说："士别三日，当刮目相看。"这是三国吴鲁肃表扬吕蒙的话。

李白像

美慕别人学业精通，说："面壁九年，始有此神悟。"高僧达摩在少林寺面壁九年，得佛真谛。

【原文】 五凤楼手，称文字之精奇；七步奇才，羡天才之敏捷。

【解译】 五凤楼是唐代洛阳一座精美的建筑。有能建造五凤楼的巧手，这是称赞别人的文字精奇。宋韩浦有文名，称自己的文章是用造五凤楼的手写成的。有七步成诗的奇才，这是美慕别人才思敏捷。三国魏曹植七步内就作成"煮豆"诗。

【原文】 誉才高，曰今之班马；羡诗工，曰压倒元白。

【解译】　赞誉别人才高，称当今的"班马"（汉班固和司马迁）；美慕别人写诗工整，称压倒"元白"（唐元稹和白居易）。

【原文】　汉晁错多智，景帝号为智囊；王仁裕多诗，时人号为诗窖。

【解译】　汉朝晁错足智多谋，景帝称他为"智囊"；后周王仁裕作诗万首，时人称他是"诗窖"。

【原文】　骚客即是诗人，誉髦乃称美士。

【解译】　骚客就是诗人，誉髦是称呼长得英俊的美男子。

【原文】　自古诗称李杜，至今字仰钟王。

【解译】　自古以来诗写得最好的，是李白和杜甫；至今书法最受到敬仰的是钟繇和王羲之。

【原文】　白雪阳春，是难和难赓之韵；青钱万选，乃屡试屡中之文。

【解译】　阳春白雪，是难以唱和和续写的高雅曲子。唐朝张鷟文才超众，多次考试，多次高中，人称他的文章像青铜钱万选万中，号青钱学士。

【原文】　惊神泣鬼，皆言词赋之雄豪；遏云绕梁，原是歌音之嘹亮。

【解译】　能够惊动神鬼，这是比喻辞赋雄壮豪放；行云为此止步，余音盘绕屋梁三日不散，这是比喻歌声嘹亮。

【原文】　涉猎不精，是多学之弊；尹唔咕毕，皆读书之声。

【解译】　喜欢博览，不求精深，这是学问人的弊病；咿唔、咕毕，都是读书的声音。

【原文】　连篇累牍，总说多文；寸楮尺素，通称简札。

【解译】　篇幅很长，文辞冗杂，这是比喻长篇空论的文章；一寸宽的小纸，一尺长的白绢，通称简札，文字简短的书信。

【原文】　以物求文，谓之润笔之资；因文得钱，乃曰稽古之力。

【解译】　用钱财去求人写文章，叫润笔的资费；因写文章得钱财，叫稽古（研习古事）之力。

【原文】　文章全美，曰文不加点；文章奇异，日机杼一家。

【解译】　文章写得很完美，一气呵成，叫文不加点；文章写得很奇异，叫机杼一家，与他人不同的意思。

【原文】　应试无文，谓之曳白；书成绣梓，谓之杀青。

【解译】　应试的人，面对试卷写不出来一个字，叫曳白。著书完成刻在竹简上，先要把青竹简用火烤炙，防止被虫蛀，叫杀青。后泛指完成著作。

【原文】　袜线之才，自谦才短；记问之学，自愧学肤。

【解译】　袜线之才，这是谦称自己才学短浅，就像袜子一样，拆下来没一根长线；记问之学，这是惭愧自己的学识肤浅，都是从记载和寻问中得来的。

【原文】　裁诗曰推敲，旷学曰作辍。

【解译】 斟酌剪裁诗句叫推敲，唐朝贾岛为一句"僧敲月下门"中的"敲"字，是用"推"还是用"敲"，犹豫不决，遇上韩愈说"敲字佳"，才选定。荒废学业叫作辍，停止不能坚持。

【原文】 文章浮薄，何殊月露风云；典籍储藏，皆在兰台石室。

【解译】 文章写得很浅薄，跟月下的露水、风中的浮云有何不同？古代皇家的书籍，都贮藏在宫中的兰台、石室中。

【原文】 秦始皇无道，焚书坑儒；唐太宗好文，开科取士。

【解译】 秦始皇暴虐无道，焚毁图书坑埋儒生；唐太宗重视文化，开设科考选拔官吏。

【原文】 花样不同，乃谓文章之异；潦草塞责，不求辞语之精。

【解译】 锦缎上的花样不同，这是比喻文章风格各异；潦草搪塞，是指作文不求辞语精美，敷衍了事。

【原文】 邪说曰异端，又曰左道；读书曰肄业，又曰藏修。

【解译】 不是圣人的学说，叫异端，又叫左道，不正的道术；读书叫肄（习）业，又叫藏修，专心攻读。

【原文】 作文曰染翰操觚，从师曰执经问难。

【解译】 古代没有纸，文章都写在木条上，所以作文叫染翰（笔）操觚（木简）；拜师求学叫执经问难，拿着经书向老师询问疑难。

【原文】 求作文曰乞挥如椽笔；羡高文曰才是大方家。

【解译】 求人写文章，叫乞挥如椽笔，请求挥动如椽条一样的大笔；美慕人家文章写得高超，叫才是大方家，这才像个大行家。

【原文】 竞尚佳章，曰洛阳纸贵；不嫌问难，曰明镜不疲。

【解译】 晋朝左思写成《三都赋》，富贵人家竞相传抄，一时洛阳的纸价为此上涨；晋朝谢安、谢石在私学讲习《孝经》，有人怕他们劳累不敢多问，袁羊说："不用怕，有谁见过明亮的镜子虽然不停地照人，但会感到疲倦呢？"

【原文】 称人书架曰邺架，称人嗜学曰书淫。

【解译】 唐朝李泌藏书极多，书架上的书排列有序，因他曾被封为邺侯，后来称赞别人的书架叫"邺架"；南朝梁刘峻（字孝标）酷爱读书，每听到有异书，路程再远，也要去求借，人称"书淫"。【原文】 白居易生七月，便识"之""无"二字；唐李贺才七岁，作《高轩过》一篇。

【解译】 唐朝白居易出生七个月，便认识"之""无"二字；李贺才七岁，就写成《高轩过》一诗，名扬京师。

【原文】 开卷有益，宋太宗之要语；不学无术，汉霍光之为人。

【解译】 开卷有益，是宋太宗说过的至理名言；不学无术，是指汉朝霍光的为人。

【原文】 汉刘向校书于天禄,太乙燃藜;赵匡胤代位于后周,陶谷出诏。

【解译】 汉朝刘向受命在天禄阁校书,元宵节那天,遇见一位自称是太乙星精的黄衣老人,点燃手中的藜木拐杖为他照明;赵匡胤陈桥兵变,接替后周做皇帝,但未有周主的让位诏书,有个叫陶谷的翰林事先已写好了,就从袖中拿了出来。

【原文】 江淹梦笔生花,文思大进;扬雄梦吐白凤,词赋愈奇。

【解译】 南朝梁江淹梦见有人送他一支五色笔,从此作文才思大发;东汉扬雄口吃好沉思,后来梦见嘴里吐出一只白凤来,再写的词赋就愈来愈新奇。

【原文】 李守素通姓氏之学,敬宗名为人物志;虞世南晰古今之理,太宗号为行秘书。

【解译】 唐朝李守素任仓曹参军,精通姓氏学,许敬宗称他为"人物志";虞世南通晓古今之理,一次唐太宗出行,有官员请将书籍带上,太宗说:"世南是管藏书的秘书监,不用带书。"

【原文】 茹古含今,皆言学博;咀英嚼华,总曰文新。

【解译】 茹古含今,是说博学多闻,通晓古今;咀英嚼华,是说文章新颖,如口嚼鲜花。

【原文】 文望尊隆,韩退之若泰山北斗,涵养纯粹,程明道如良玉精金。

【解译】 文望尊隆,是指唐朝韩愈(字退之)在文坛名气大,声望高,如泰山、北斗;涵养纯粹,是称赞宋朝大儒程颢(世称明道先生)的涵养如良玉精金一般。

【原文】 李白才高,咳唾随风生珠玉;孙绰词丽,诗赋掷地作金声。

【解译】 唐朝李白文才很高,他的诗中有"咳唾落九天,随风生珠玉"句;晋朝孙绰的词赋辞藻华丽,掷在地上能发出金石般的声音。

【原文】 〔增〕萤辉竹素,蠹走芸编。

【解译】 萤火虫发出的光亮,能照在用竹片刻成的书上,叫萤辉竹素;芸香草能驱走藏在书里的蠹虫,叫蠹走芸编。

【原文】 东观蓬莱,尽藏简编之所;石渠天禄,悉贮史籍之场。

【解译】 汉代东观和唐代蓬莱宫都是皇家藏书之处。汉朝未央宫中的石渠阁、天禄阁,也是贮藏史籍图书的场所。

孙绰像

【原文】 鲁为鱼,参明不谬;帝作虎,考正无讹。

【解译】 "鲁"和"鱼"字相近,要分辨清楚才不会写错;"帝"和"虎"字易讹,要考证一番才不会出现谬误。

【原文】 长蛇生马之文,最难措手;硬弩枯藤之字,未易挥毫。

【解译】 像空手捕长蛇,骑未经调教的野马一样的神奇文章,最难下手;横画像硬弓,竖画像枯藤,这样的字最不容易写。

【原文】 借还书籍用双瓶,收贮文章分四库。

【解译】 古人借书和还书时,都要拿一壶酒表示感谢,所以借还书籍叫双瓶(酒器);唐玄宗时,两都收藏的图书都要以甲乙丙丁为序分经史子集四库。

【原文】 豪吟如郑綮,还从驴背成诗;富学如薛收,偏向马头草檄。

【解译】 唐朝郑綮豪放的诗句,都是骑在驴背上做成的;薛收有渊博的学问,倚着马头就能写出檄文。

【原文】 八行书,言言委曲;三尺法,字字森严。

【解译】 一页八行的书信,句句都委婉曲折;三尺长的竹简上刻着的法律,字字都威严可畏。

【原文】 咳唾成篇,阵马风樯敏捷;精神满腹,雪车冰柱清高。

【解译】 咳一口唾沫的功夫就能写成一篇文章,如同上阵的战马,顺风的樯(船上的樯杆)一样快捷;精神饱满,唐朝刘义作的《雪车》《冰柱》两首诗,意境都很清高。

【原文】 擅美誉于词场,禹锡诗豪山谷诗伯;称耆英于艺圃,伯英草圣子玉草贤。

【解译】 在词坛上独享美誉的,是诗豪刘禹锡和诗伯黄庭坚(字山谷);书法艺苑中的前辈英杰,有草圣张芝(字伯英)和草贤崔瑗(字子玉)。

【原文】 谢安石之碎金,悉为异物;陆士衡之积玉,总属奇珍。

【解译】 晋朝谢安(字安石)的文章,就像细碎的黄金一样,非同寻常;陆机(字士衡)的文章就像白玉堆积成的,可算是珍奇宝物。

【原文】 少室山集句最佳,片笺片玉;福先寺碑文可诵,一字一缣。

【解译】 唐朝李峤作的《少室山记》最佳,一页书稿如同一片白玉;唐朝皇甫湜作的修造福先寺的碑文,朗朗上口,一个字值一匹细绢。

【原文】 陈琳作檄愈头风,定当神针法灸;子美吟诗除疟鬼,何须妙剂金丹。

【解译】 三国魏陈琳为曹操作一篇檄文,曹操看了,竟治愈了他的头风病,真如同神针法灸;有人说,读唐朝杜甫(字子美)的诗,就能驱除病疟,何须用神妙的药剂和金丹。

【原文】 真老艺林英,朱夫子且退避三舍;苏仙文苑俊,欧阳公尚放出一头。

【解译】 宋朝真德秀是艺苑精英,连大学问家朱熹见了他写的"坐看吴越两山秀,默契羲文千古心"的帖子,也说要"退避三舍",让他几分。苏轼是文坛俊杰,参加贡举时,考官欧阳修看了他的《春秋对义》,叹赏不已,说:"我老了,应当让他出一头地。"把他列为第一名。

科　第

（新增文十二联）

【原文】　士人入学曰游泮，又曰采芹；士人登科曰释褐，又曰得隽。

【解译】　古代学宫有泮池，池中有水芹。读书人进学校学习，叫游泮，又叫采芹。读书人应试做官，叫释褐，又叫得隽。释褐，脱下布衣换上官服。得隽，成为俊彦之士。

【原文】　宾兴即大比之年，贤书乃试录之号。

【解译】　宾兴，即三年一次考举人的乡试；贤书，就是中举考生的题名榜。

【原文】　鹿鸣宴，款文榜之贤；鹰扬宴，待武科之士。

【解译】　鹿鸣宴，是招待文科中榜人的宴会。"鹿鸣"，《诗经·小雅》中的篇名。宴会上要唱《鹿鸣》诗，故名。鹰扬宴，是招待武科中榜人的宴会。

【原文】　文章入式，有朱衣以点头；经术既明，取青紫如拾芥。

【解译】　宋朝欧阳修任考官阅卷时，凡看到合格的文章，总觉得有个穿红衣的人在旁边点头；经术精通的人，取得官服就像俯下身子在地上拾芥草一样容易。

【原文】　其家初中，谓之破天荒；士人超拔，谓之出头地。

【解译】　家里有人初次中举，叫"破天荒"；读书人才气超群，出类拔萃，叫"出头地"。

【原文】　中状元曰独占鳌头，中解元曰名魁虎榜。

【解译】　中了状元，要在殿阶石雕巨鳌头上接榜，所以叫独占鳌头，中了解元（乡试第一名），名列龙虎榜之首，所以叫名魁虎榜。

【原文】　琼林赐宴，宋太宗之伊始；临轩问策，宋神宗之开端。

【解译】　宋太宗时，首次在皇宫花园琼林苑宴请中举的新进士，称琼林宴，后成定制；宋神宗时，首次在皇宫的平台前询问贤士治国之策，称临轩问策。

【原文】　同榜之人，皆是同年；取中之官，谓之座主。

【解译】　同一榜中举的人，叫同年；考场的主考官，叫座主。

【原文】　应试见遗，谓之龙门点额；进士及第，谓之雁塔题名。

【解译】　考试没中，如同鲤鱼没有跃过龙门，点头而退，叫"龙门点额"；居朝中了进士，都要在长安（今西安）大雁塔留下自己的名字，叫"雁塔题名"。

【原文】　贺登科曰荣膺鹗荐，入贡院曰鏖战棘闱。

【解译】　祝贺人家中举及第，说"荣膺鹗荐"。进入贡院（试场）叫鏖战，如去打仗，又叫棘闱，古代试场都要用荆棘围起来，以防喧哗和传递条子作弊。

【原文】　金殿唱名曰传胪；乡会放榜曰撤棘。

【解译】　殿试时，由宰相在金殿读中举人的姓名，由殿下卫士齐声传呼，叫传胪；乡

试、会试发榜后，要把试场四围的荆棘撤掉，所以发榜又叫撤棘。

【原文】 攀仙桂、步青云，皆言荣发；孙山外、红勒帛，总是无名。

【解译】 攀折桂枝，步入青云，都是说考生中举，事业开始兴旺。唐朝孙山和周生一起应试，孙山名列榜末最后一名，周生在孙山之后，连榜都未上，俗称"名落孙山"。宋朝欧阳修当主考官，对刘几的试卷很厌恶，便用红笔抹去，叫"红勒帛"。以后"孙山外""红勒帛"都是指应试落榜的人。

【原文】 英雄入吾彀，唐太宗喜得佳士；桃李属春官，刘禹锡贺得门生。

【解译】 唐太宗开设科目选士，指着中选的进士高兴地说："天下的精英都在我掌握之中了。"桃花、李花(形容中举的进士)，他们都归春官(礼部别称)管理，"桃李属春官"，这是唐朝刘禹锡任礼部尚书时，庆贺礼部喜得门生的诗中说的。

【原文】 薪，采也；槱，积也，美文王作人之诗，故考士谓之薪槱之典。汇，类也；征，进也，是连类同进之象，故进贤谓之汇征之途。

【解译】 薪，采集的意思；槱，堆积的意思。"薪之槱之"，这是《诗经》中赞美周文王网罗培养人才的诗句，所以后来考试选士叫"薪槱之典"。汇，类聚的意思；征，进取的意思。"以其汇，征吉"，这是《易经》上连类同进的卦象，所以进取贤士叫"汇征之途"。

【原文】 赚了英雄，慰人下第；傍人门户，怜士无依。

【解译】 唐太宗时，有歌谣说："太宗皇帝真长策，赚得英雄尽白头。"是说有的士子参加科考，直到满头白发才中举。后来成了安慰落第考生的话。章孝标没有考中，作诗说："连云大厦无栖处，更傍谁家门户飞。"担心以后会无依无靠。

【原文】 虽然有志者事竟成，伫看荣华之日；成丹者火候到，何惜烹炼之功。

【解译】 虽然说人有志气就必能成大事，可以等到荣华富贵这一天，但就像炼仙丹要火候到一样，不能吝惜烹炼的功夫。

【原文】 班名玉笋，饼是红绫。

【解译】 唐朝李宗闵主持贡举，门生多是清秀俊茂，人称"玉笋班"；唐僖宗赐新进士吃用红绫系着的饼，叫"红绫饼"。

【原文】 贡树分香，预卜他年卿相；天街软绣，争看此日郎君。

【解译】 考场贡院的树，能发出香味来，预示着来年卿相的人选；在京城天街上，人们争看穿着锦绣新衣的新科进士。

【原文】 江东之罗隐何多，淮右之温岐不少。

【解译】 在江东，像罗隐那样屡试不中的人何其多？在淮右，和温庭筠(原名岐)一样总是不第的人也不少。

【原文】 狗从窦出，莫非登第休征；鼠以经衔，却是命题吉兆。

【解译】 北魏裴元直考进士前，梦见一只狗从洞里出来，他挽弓射狗，可是都射偏了。第二天请人解梦说："狗"与"苟"同音，是第的头，弓是第的身，箭是第的竖画，加撇

(偏)就成"第"了,这是中举的征兆。后来果然及第。宋朝杜镐登第前,梦见一只老鼠衔着一本《孝经正义》,次日考试,试题果然出自《孝经》里,这是命题的吉祥征兆。

【原文】 不欺之语,有可书绅;忠孝之求,真难副上。

【解译】 宋朝贾黯中状元,范仲淹送他"不欺"两字,贾黯写在腰带上,以示不忘。宋神宗曾焚香祀求得到忠孝状元,郑獬中状元后,在谢折上写道:"何以副上心,忠孝之求是也。"要符合皇上的心愿,唯有做个忠孝之人。

【原文】 孙宋则弟兄俱贵,梁张则乔梓皆荣。

【解译】 宋朝孙何和孙仅、宋郊和宋祁都是兄弟,也都是状元,他们双双都很富贵;梁灏和梁固、张去华和张思德都是父子,也都是进士,儿子们还都是状元,他们的确都很荣耀。

【原文】 得云雨而扬鳍,岂是池中之物;挟风雷而烧尾,终非海底之鱼。

【解译】 云雨来了扬起鱼翅,腾空而飞,这怎么会是池中之物呢?风雷来了,烧掉尾巴化作龙,这也不是海底的鱼。

【原文】 遍历名园,孰作探花之使;同观竞渡,谁为夺锦之人。

【解译】 新进士在杏园聚会叫探花宴,以二位少年英俊进士为探花使,遍游名园寻名花,哪两位能当选呢?卢肇和黄颇都是宜春人,同举进士,郡守独宴请黄颇,不请卢肇。第二年卢肇中了状元,和郡守一起观看龙舟竞渡时,即席作诗说:"报道是龙君不信,果然夺得锦标归。"问郡守究竟谁是夺锦人,郡守惭愧不已。

【原文】 此日羽毛,伫看振翮;昔年辛苦,莫负初心。

【解译】 今日身上的羽毛已长成,等待看他振翅飞翔,这是老师对学生的希望;昔年吃尽了辛苦,今日不要辜负当初的苦心,这是科举主考官对举子们的勉励。

【原文】 莫存温饱之志,还辞贵戚之婚。

【解译】 人的一生不要只有追求温饱的志向,这是宋朝王曾中状元时说的;士子中举,还应辞去贵戚的婚事,这是冯京中第后的故事。

【原文】 邹子为书,明月空遭按剑;高公未第,秋江自怨芙蓉。

【解译】 汉朝邹阳在狱中上书梁王,其中有一句说:"臣听说明月的珠,夜光的璧,黑暗的时候抛掷在路上行人的身上,人家没有不拔剑怒目相视的。"意思是明珠和美玉无缘无故来到身边,不能不提防。唐朝高蟾未及第,写有两句诗:"芙蓉生在秋江上,不向春风怨未开。"意思是不怨别人。

【原文】 青衫则岁岁堪怜,金线则年年自笑。

【解译】 穿青衫的贫士,岁岁没有衣换,实在可怜;年年压金线(缝纫)为他人作嫁衣裳,自己也感到可笑。

制　作

（新增文七联）

【原文】 上古结绳记事,仓颉制字代绳。

【解译】 上古时代人们用在绳子上打结的方法记事,后来是黄帝的史官仓颉创造了文字,代替了结绳。

【原文】 龙马负图,伏羲因画八卦;洛龟呈瑞,大禹因列九畴。

【解译】 伏羲因龙马背着图像出现在孟河。而画了八卦;大禹因背上有文字的神龟出现在洛水,而列出了《尚书·洪范》中所说的九种治理天下的大法。

【原文】 历日是神农所为,甲子乃大挠所作。

【解译】 历法是神农所造;用十个天干十二个地支配成甲子,是黄帝命巨子大挠所作。

【原文】 算数作于隶首,律吕造自伶伦。

【解译】 算术是隶首所作,乐律是伶伦所造,他们都是黄帝的臣子。

【原文】 甲胄舟车,系轩辕之创始;权量衡度,亦轩辕之立规。

【解译】 战袍盔甲、船只车辆,都是黄帝(轩辕氏)攻打蚩尤时创造的;度量衡的器具、规矩,也是由黄帝所立。

【原文】 伏羲氏造网罟,教佃渔以赡民用;唐太宗造册籍,编里甲以税田粮。

【解译】 伏羲氏制造出渔网,教百姓捕鱼以供食用;唐太宗造名册户籍,以百户为里,五里为乡,四家为邻,五家为保,以便收取田粮税和摊派工役。

【原文】 兴贸易,制末耜,皆由炎帝;造琴瑟,教嫁娶,乃是伏羲。

【解译】 兴起贸易往来,制造耕田农具,这些都是炎帝所创;制造乐器,教人婚嫁礼仪,这些都是伏羲所为。

【原文】 冠冕衣裳,至黄帝而始备;桑麻蚕织,自元妃而始兴。

【解译】 头上戴的冠冕,身上穿的衣服,这些都是到了黄帝时才齐备的;采桑绩麻,养蚕纺织,这是黄帝的正妻嫘祖兴起的。

【原文】 神农尝百草,医药有方;后稷播百谷,粒食攸赖。

【解译】 神农氏遍尝百草,才有了医治疾病的药方;舜帝的臣子后稷播种百谷,百姓才开始依赖粮食而不再受饥饿。

【原文】 燧人氏钻木取火,烹饪初兴,有巢氏构木为巢,宫室始创。

【解译】 燧人氏发明钻木取火,人类开始有了烹饪、吃熟食的习惯;有巢氏用木料筑巢,才有了以后的房屋。

【原文】 夏禹欲通神祇,因铸镛钟于郊庙;汉明尊崇佛教,始立寺观于中朝。

【解译】　夏禹欲与神灵沟通，在郊外的庙里铸了一口大钟；汉明帝尊崇佛教，开始在中国建造寺院。

【原文】　周公作指南车，罗盘是其遗制；钱乐作浑天仪，历家始有所宗。

【解译】　周朝周公旦发明指南车，后来的罗盘就是根据它的原理制成的；南朝宋钱乐作浑天仪，后来的历法家们才有了推算历法的根据。

【原文】　阿育王得疾，因造无量宝塔；秦始皇防胡，特筑万里长城。

【解译】　古印度摩揭陀国阿育王得了疾病，驱使鬼神一天一夜造起了宝塔八万四千座；秦始皇赢政，为了防备北方胡人的侵扰，筑起了万里长城。

【原文】　叔孙通制立朝仪，魏曹丕秩序官品。

【解译】　汉高祖初定天下，令大臣叔孙通制定了朝廷的礼仪；三国魏文帝曹丕登位后，制定了九品官位的等级制度。

【原文】　周公独制礼乐，萧何造立律条。

【解译】　周成王年幼，周公旦摄政，专门制定了诸侯朝见时的礼乐；汉初萧何制定了各种法令，以稳定天下。

【原文】　尧帝作围棋，以教丹朱；武王作象棋，以象战斗。

【解译】　尧帝制作围棋，教给儿子朱丹，让他收起淫乱之心；周武王制作象棋，以研究进退攻守的战术。

【原文】　文章取士，兴于赵宋；应制以诗，起于李唐。

【解译】　用八股文考选儒士，始于宋神宗；应皇帝之命而作诗，起于唐朝。

【原文】　梨园子弟，乃唐明皇作始；《资治通鉴》，乃司马光所编。

【解译】　唐明皇时，在皇家花苑中设梨园，选宫女数百人教以舞乐，号称"梨园子弟"；《资治通鉴》，是宋朝司马光所编纂的编年体通史。

【原文】　笔乃蒙恬所造，纸乃蔡伦所为。

【解译】　毛笔是秦朝大将蒙恬所造，造纸术乃是汉朝蔡伦发明的。

【原文】　凡今人之利用，皆古圣之前民。

【解译】　凡是现今人们所用的器物，都是古代圣人所创造，开了民用之先。

【原文】　〔增〕钥曰鱼目，取鱼目常醒；杖以鸠成，重鸠喉不噎。

【解译】　钥匙别名鱼目，因为鱼在水中不闭眼睛，日夜常醒；老人的拐杖头刻成鸠鸟，因为看重鸠鸟吃食不噎，取长寿之意。

【原文】　飞舲是轻车别号，纨箑为素扇佳名。

【解译】　飞舲是轻便车子的别名，纨箑是扇子的美称。

【原文】　翠华旗光摇汉苑，白玉管响彻唐宫。

【解译】　天子用的翠绿华丽的旗帜在汉宫林苑飘扬，光彩照人；唐朝安禄山送给明皇的白玉管箫，声音响彻皇宫。

中华传世藏书——国学经典文库 蒙学经典——图文珍藏版

【原文】　米家书画船，足怡素志；齐子班兰物，可壮生平。

【解译】　宋朝大书画家米芾，在船上竖起了一块"米家书画之船"的大牌，足以怡悦平素的志向。南朝齐张敬儿说："我虽贫穷，但身边还有班兰物（饰有花纹的木剑）。"可壮英雄生平气概。

【原文】　毡氍毹，美人旧赠；金屈戌，良匠新成。

【解译】　毡氍毹（毛织的毡毯），是当年美女赠送的；门窗上的屈戌（金环纽、金绞钉），是巧匠新制成的。

【原文】　乌金热炭厚贻，翠羽编帘异制。

【解译】　乌金热炭，是寒冷时送人的厚礼；用翠鸟的羽毛编织帘子，是宫中特制的用品。

明皇教舞乐

【原文】　等箸收于渔父，卷去夕阳；被襏荷于农人，披来朝雨。

【解译】　渔父收起了装鱼的竹笼，也卷走了一片夕阳；农夫披着蓑衣下地，引来了晨雨。

技　艺

（新增文十二联）

【原文】　医士业岐轩之术，称曰国手；地师习青乌之书，号曰堪舆。

【解译】　医生所从事的是岐伯和轩辕黄帝的医术，所以叫国手；看风水地理的算卦者要学相传是汉朝青乌子写的《葬经》一书，号堪舆先生。

【原文】　卢医扁鹊，古之名医；郑虔崔白，古之名画。

【解译】　战国时卢国的医生扁鹊，是古代的名医；唐朝郑虔和宋朝崔白，是古代的名画师。

【原文】　晋郭璞得《青囊经》，故善卜筮地理；孙思邈得龙宫方，能医虎口龙鳞。

【解译】　晋朝郭璞得到仙人郭公的《青囊经》九卷，所以精通看风水地理之术；唐朝孙思邈得到三十个龙宫药方，曾为病龙点鳞，虎口取出误吞的金钗。

【原文】　善卜者，是君平詹尹之流；善相者，即唐举子卿之亚。

【解译】　善于占卜的人，是汉朝的严遵（字君平）、战国楚的郑詹尹之流；善于看相的,是战国的唐举和春秋郑国的子卿之辈。

【原文】 推命之人即星士,绘图之士曰丹青。

【解译】 算命的人叫星士,画画的人叫丹青。

【原文】 大风鉴,相士之称;大工师,木匠之誉。

【解译】 大风鉴,以风貌品人的意思,是称赞相士的话;大工师,技术高超的意思,是赞誉木匠的话。

【原文】 若王良,若造父,皆善御之人,东方朔、淳于髡,系滑稽之辈。

【解译】 像春秋晋国的王良和周穆王时的造父,都是善于驾驭车马的人;汉朝东方朔、齐国淳于髡,都是说话诙谐滑稽的人。

【原文】 称善卜卦者,曰今之鬼谷;称善记怪者,曰古之董狐。

【解译】 称呼善于卜卦的高手,叫当今的鬼谷子。鬼谷子是战国时隐居于鬼谷的谋略家。称呼善于记载奇异怪事的人,叫古代的董狐。董狐是春秋时晋国敢于直笔记事的史官。

【原文】 称谀日之人曰太史,称书算之人曰掌文。

【解译】 称呼选取吉日的人叫太史,称呼书写推算的人叫掌文。

【原文】 掷骰者喝雉呼卢;善射者穿杨贯虱。

【解译】 玩掷骰子赌博的,喜欢大声吆喝雉(红点)卢(黑点);善于射箭的人,能射中百步外的柳叶和虱子。

【原文】 樗蒲之戏,乃云双陆;橘中之乐,是说围棋。

【解译】 樗蒲这种赌博游戏,就是后来的双陆。晋朝巴邛人家园里有两个大橘子,剖开后,每个橘子里都有两个人在下围棋行乐,这是关于围棋的传说。

【原文】 陈平作傀儡,解汉高白登之围;孔明造木牛,辅刘备运粮之计。

【解译】 汉高祖被匈奴围困在白登城,陈平做傀儡(木偶)美人舞于城上,匈奴首领的妻子怕城破美人被其夫收为妾,就催丈夫撤兵,解了高祖之围。三国蜀诸葛亮六出祁山时,为了辅佐刘备运送粮草,制造了能自己行走的木牛流马。

【原文】 公输子削木鸢,飞天至三日而不下;张僧繇画壁龙,点睛则雷电而飞腾。

【解译】 公输子(鲁班)用木料制成鸢鸟,在天上飞了三日而不落。南朝梁张僧繇在南京安乐寺的影壁上画了两条龙,不肯点睛,说点了就会飞走,人们以为他狂妄。结果他点了其中一条龙的眼睛,顿时雷电大作,龙腾空飞去,尚存一条未点睛的龙。

【原文】 然奇技似无益于人,而百艺则有济于用。

【解译】 然而奇巧的技能看起来似乎对人没什么益处。而实际上百种工艺都会很有用处的。

【原文】 青囊春暖,丹灶烟浮。

【解译】 汉朝名医华佗用青囊装药给人治病,如同春天般的温暖;道家炼丹的炉灶上,有香烟飘浮。

【原文】 膝里痒生,华佗有出蛇之妙术;背间痛溃,伯宗具徙柳之神功。

【解译】 汉朝河内太守刘勋的女儿左膝长了个疮,奇痒不止,华佗从疮口里取出一条三尺长的蛇来,这真是神妙的医术;南朝公孙泰背上生了一个烂痛,薛伯宗能把痛毒转移到门外柳树上,人愈树枯,这的确是神奇的功夫。

【原文】 陆宣公既活国又活人,范文正等为医于为相。

【解译】 唐朝陆赞(谥号宣公)曾在德宗时当宰相救国,晚年又留心医术,救活了不少人。宋朝范仲淹(谥号文正)少年时,曾说过我如不能做良相,一定要做良医。这是比喻良医的重要不比宰相差,都是救百姓于苦难中。

【原文】 一枝铁笔分休咎,三个金钱定吉凶。

【解译】 算卦人的笔犹如刀,一笔就能分出祸与福;用三个铜钱占卜,就能判定凶与吉。

【原文】 折棕获奴,应让杜生术善;破墙得妇,当推管辂神通。

【解译】 有个寻找逃奴的人来问杜生,杜生叫他向赶车人借马鞭,赶车人不借,便去折路旁的棕(树枝)代鞭,那逃奴果然藏在树下,这是杜生善于预测;有人丢失妻子来问管辂,管辂让他同挑猪人争斗,逃跑的猪把挑猪人的墙垣撞破,那人的妻子果然从墙里跑出来,这是因为管辂料事神通。

【原文】 新雨行来,言从季主;琼茅索得,且问灵氛。

【解译】 天上下着雨,汉朝司马季主在长安街上算卦,宋忠同贾谊在雨中向他请教卜卦的学问。屈原在《离骚》中说:"找来了灵草的琼茅和细竹,还要请求女巫的灵氛为我占卦。"

【原文】 燕颔虎头,识是封侯之略;龙行凤颈,知为王者之征。

【解译】 颔像燕子,头像老虎,这是汉朝班超少年时,相面人说他是将来封侯的相貌;宋太宗行走像龙,唐武后颈项似凤,相面人都知道这是将来当帝王的征验。

【原文】 识英布之封侯,果然不谬;知亚夫之当饿,真个无讹。

【解译】 汉朝英布少年时,有个看相的人说他先受刑,后封侯,后来果然先犯法而被脸上刺字,后又被汉高祖封为九江王;周亚夫守河内时,有个看相的人说他日后要饿死,后来果然被诬陷谋反,绝食五天而死。

【原文】 道士能知吉壤,竹策丛生;闽僧善觅佳城,湖灯呵护。

【解译】 唐朝有个道士能知道哪里有吉祥的土地,他把竹子插在那里,很快就能长出新叶来;宋朝福建有个和尚,找到一块好墓地,就送给了好友尤时亨,时亨死后下葬时,夜里能看到墓旁湖里有万盏红灯在呵护。

【原文】 孙钟孝而致三仙,龙图酷而梦二使。

【解译】 汉朝孙钟孝顺父母感动了天地,有三个仙人告诉他一块好墓地,后来传了

四世,到孙坚时当了吴帝;唐朝李龙图是个酷吏,有个姓杨的送他一块好墓地安葬其父,可夜里梦见两个小鬼在呵斥他。便不敢用那块基地了。

【原文】　动静方圆,还符四象;纵横阖辟,止争一先。

【解译】　唐朝李泌七岁时对下棋"动静方圆"四个字的解释,符合天地阴阳四种卦象;纵横阖(合)辟(开),是李岩在《棋赋》中说的下棋的秘诀,胜负只争谁先一着。

【原文】　飞两奁之黑白,争一纸之雌雄。

【解译】　下围棋运行如飞的是两个棋盒中的黑白子,争的是一局棋的输赢胜败。

讼　狱

(新增文十二联)

【原文】　世人惟不平则鸣,圣人以无讼为贵。

【解译】　世上的人遇到不公道的事,就要鸣不平;圣贤的人以没人诉讼为贵。

【原文】　上有恤刑之主,桁杨雨润;下无冤枉之民,肺石风清。

【解译】　上面有不轻易用刑的君主,桁杨(夹颈或脚的木夹棍)只能淋于雨中,闲置不用;下面没有被冤枉的百姓,申冤人站的肺石(形似肺的赤石)就冷清了。

【原文】　虽囹圄便是福堂,而画地亦可为狱。

【解译】　虽然在牢房里,如果能改恶从善,牢房也能成为福堂,但是相传古代民情淳朴,在地上画个圈,就当犯人的监狱了。

【原文】　与人构讼,曰鼠牙雀角之争;罪人诉冤,有抢地吁天之惨。

【解译】　与别人打官司,叫"鼠牙雀角之争",语出《诗经·行露》。犯罪人申诉自己的冤情时,有抢地吁天的惨状,把头撞在地上,对天喊冤。

【原文】　狴犴猛犬而能守,故狱门画狴犴之形;棘木外刺而里直,故听讼在棘木之下。

【解译】　狴犴这种野兽似犬,凶猛能守门,所以牢门上都画着它的形状;棘木外面长刺而里面平直,所以审理案件的官员都坐在棘木下。

【原文】　乡亭之系有岸,朝廷之系有狱,谁敢作奸犯科;死者不可复生,刑者不可复赎,上当原情定罪。

【解译】　乡亭拘捕人的地方叫"岸"(岸通"犴",监牢),朝廷拘捕人的地方叫"狱",有了牢狱谁还敢违犯法律呢?人死了不能复生,受刑的人不能赎回,审案人应当根据案子的实情慎重定罪。

【原文】　囹圄是周狱,姜里是商牢。

【解译】　囹圄是周朝的监狱,姜里是商纣王囚禁周文王的地方,后为牢房的代称。

【原文】　桎梏之设,乃拘罪人之具;缧绁之中,岂无贤者之冤。

【解译】 脚镣手铐,是拘捕犯人的刑具。那被黑绳索拘绑的犯人中,难道就没有被冤枉的好人吗?

【原文】 两争不放,谓之鹬蚌相持;无辜牵连,谓之池鱼受害。

【解译】 双方争执不下,叫鹬蚌相持,双方互不相让,渔翁得利;无辜受牵连,叫池鱼受害,城门失火,殃及住在城门边池仲鱼的家,仲鱼被烧死。

【原文】 请公入瓮,周兴自作其孽;下车泣罪,夏禹深痛其民。

【解译】 唐朝周兴是个酷吏,审讯犯人时,让犯人坐在瓮里,四周用火烧烤。后来他自己也犯了罪,被他的同事,另一个酷吏来俊臣用同样的方法审讯,叫"请公入瓮"。夏禹在路上遇见罪人,就下车询问并落下了眼泪,这是夏禹因深感自己不能教化臣民而痛心。

【原文】 好讼曰健讼,累及曰株连。

【解译】 好打官司叫健讼,受牵连叫株连。

【原文】 为人解讼,谓之释纷;被人栽冤,谓之嫁祸。

【解译】 替别人排解官司,叫释纷,解除纠纷;被人栽赃陷害,叫嫁祸,把自己的祸害移嫁到他人身上。

【原文】 徒配曰城旦,遣戍是问军。

【解译】 判刑发配做苦役,叫城旦;流放边疆戍边,叫问军,问罪充军的意思。

【原文】 三尺乃朝廷之法,三木是罪人之刑。

【解译】 三尺竹简上写的,是朝廷的法律;枷、杻、镣三件木器,是罪人所用的刑具。

【原文】 古之五刑:墨、劓、剕、宫、大辟;今之律例:笞、杖、死罪、徒、流。

【解译】 古代五种刑法是:墨(脸上刺字)、劓(割鼻)、剕(砍足)、宫(割去或破坏生殖器)、大辟(杀头);如今的法律条例是:笞(用竹片或荆条打)、杖(用木棍打)、死罪(杀头)、徒(作苦役)、流(流放充边)。

【原文】 上古时削木为吏,今日之淳风安在;唐太宗纵囚归狱,古人之诚信可嘉。

【解译】 上古时代,用木头刻成官吏放在犯人的家里,犯人抱着木吏到公堂听审,不用人去提拿,如今这种淳朴的民风还存在吗?唐太宗把判死刑的犯人放回家,约定归狱就刑的时间,犯人果然都能如期返回。古人这种诚实守信,实在可嘉。

【原文】 花落讼庭闲,草生图圄静,歌何易治民之简;吏从冰上立,人在镜中行,颂卢奂折狱之清。

【解译】 公堂前花落满地,监牢里杂草丛生,这是歌颂唐朝益昌县令何易治民清政息讼,民无犯法的;办案官吏如站在光洁的冰上,诉冤人如在明亮的镜中行走,这是歌颂唐朝南郡太守卢奂断案的公正明察。

【原文】 可见治乱之药石,刑罚为重;兴平之梁肉,德教为先。

【解译】 可见治理乱世的良药,就是以刑法为重;振兴太平的美食,就是以道德教化为先。

【原文】 乌台定律,象魏悬书。

乌台御史

【解译】 乌台(御史衙门)是制定法律的地方;象魏(宫廷外的阙门)上悬挂着法律条令,是让人能经常看到,警诫自己。

【原文】 惟忠信慈惠之师,有折狱致刑之实。

【解译】 唯有忠信慈惠的官吏,才能据实断案判刑。

【原文】 失入宁失出,须当念切于无辜;过义宁过仁,务必心存其不忍。

【解译】 用刑宁可有失于重罪轻判而不可失于轻罪重判,必须时刻想到不要误罚无辜;宁可过于仁厚而不可过严,务必存有一个不忍之心。

【原文】 察五声而审克,应尔精详;讯三刺以简乎,宜乎谨慎。

【解译】 问案应当明察五声:辞听(言辞是否有理)、色听(神色是否从容)、气听(气息是否平和)、耳听(言辞是否可疑)、目听(眼光是否有神)。这样才能精细详尽;讯三刺指断案要征询群臣、群吏、民众的意见,要核实可信,谨慎从事。

【原文】 蒿满圜扉之宅,人怀天保初年;鹊巢大理之庭,世誉玄宗即位。

【解译】 蓬蒿草长满了牢房门前,人们总是怀念北齐天保初年大赦天下,监牢无一犯人的情景;乌鹊在大理院树上筑巢,世人都称颂唐玄宗在位的二十年间,宽宥刑法的做法。

【原文】 赭衣满道,何其酷烈难堪;玄钺罗门,未免摧戕太甚。

【解译】 穿着红色囚服的犯人站满了道路,秦朝酷虐的刑罚令人不堪忍受;斧钺等刑具布满牢房,这样摧残犯人,未免太过分了。

【原文】 门有沸汤之势,抚念不安;巢无完卵之存,扪心何忍。

【解译】 门前人们群情激昂如沸腾的热汤,这是唐朝李义府被满门抄斩时的情景,每想起此事,未免令人不安。巢穴颠覆了,必无完卵存在,这是汉朝孔融被捕时,他儿子说的话。每扪心自问,怎么忍心去这样做呢?

【原文】 虽辟以止辟,还刑期无刑。

【解译】 虽有死刑,是为了防止后人再犯死刑罪;虽有刑法,是为了希望后人不再触犯刑法。

【原文】 《周礼》有三宥之词,千秋可法;虞廷有肆赦之典,万古常称。

【解译】 《周礼》中有三种宽宥的规定,对不识、过失和遗忘的情况要宽宥,这是千年都可以效法的;虞舜时有赦免的制度,对幼弱、老迈、愚蠢之人犯罪,可予赦免,这种做法万古称颂。

【原文】 蝇集笔端,识赦书之已就;乌啼宵夜,知恩诏之将颁。

【解译】 前秦符坚在写大赦的诏书时,一只苍蝇飞来落在笔端又飞去,外面的人便知道赦书已写成了;南朝刘宋临川王刘义庆任江州刺史时,有人弹劾他。有一夜听到有乌鸦啼叫,仿佛是"明日有赦"的声音,第二天果然有诏书,调他改任南州刺史。

【原文】 无赦而刑必平,文中之论夫岂全诬;多赦则民不敬,管子之言亦非尽谬。

【解译】 没有赦免的国家,用刑一定要平缓,这是隋朝王通(号文中子)说的,这话不能认为全是错的;赦免太多,百姓便不知敬重朝廷的法令,齐国管仲的话也不全是谬论。

【原文】 孔明治蜀,所以不行;吴汉临终,于焉致嘱。

【解译】 三国诸葛亮治理蜀国二十余年,就不实行赦免;东汉吴汉临终时,给皇上一句话:不可轻易赦免犯人。

释道鬼神

(新增文十二联)

【原文】 如来释迦,即是牟尼,原系成佛之祖;老聃李耳,即是道君,乃为道教之宗。

【解译】 如来、释迦,就是牟尼,佛教的始祖;老聃本名李耳,就是太上道君,道教的祖宗。

【原文】 鹫岭祇园,皆属佛国;交梨火枣,尽是仙丹。

【解译】 西域的灵鹫山和祇陀太子的花园,都是佛家居住的地方;交梨和火枣,都是神仙吃的仙丹。

【原文】 沙门称释,始于晋道安;中国有佛,始于汉明帝。

【解译】 沙门(和尚、僧侣)称释,始于晋朝的道安和尚;中国有佛教,始于汉明帝。

【原文】 篯铿即是彭祖,八百高年;许逊原宰旌阳,一家超举。

【解译】 篯铿就是商朝大夫彭祖,活了八百岁;晋朝许逊原是旌阳县令,后来弃官学道,一家人都升了天,连鸡犬都跟随而去。

【原文】 波罗犹云彼岸,紫府即是仙宫。

【解译】 梵语波罗蜜多是登彼岸(指佛地)的意思,紫府是神仙居住的地方。

【原文】 曰上方、曰梵刹,总是佛场;曰真宇、曰蕊珠,皆称仙境。

【解译】 上方、梵刹,都是指佛场;真宇、蕊珠,都是指仙境。

【原文】 伊蒲馔可以斋僧,青精饭亦堪供佛。

【解译】 用伊兰、菖蒲做成的饭食,可以让僧人吃;用南烛(药名,一名黑饭草)叶煮汁浸米做成的青精饭,也可以供奉佛祖。

【原文】 香积厨,僧家所备;仙麟脯,仙子所飧。

【解译】 香积厨是僧寺所必备,仙麟脯是神仙所食用。

【原文】 佛图澄显神通,咒莲生钵;葛仙翁作戏术,吐饭成蜂。

【解译】 佛图澄是古印度人,晋朝时来中国,在澄城县显神通,念咒语能使盛水的瓦钵中生出莲花;三国葛玄(号仙翁)戏作法术,嘴里吐出的米饭,能变成数百只蜜蜂,又能张口将蜜蜂吞下,回复成米饭。

【原文】 达摩一苇渡江,栾巴噀酒灭火。

【解译】 天竺僧人达摩到中国,用一根芦苇就渡过了长江。汉朝成都人栾巴有道术,汉桓帝赐他喝酒,他把酒喷向西南方,说家乡有火灾,所以喷洒灭火。数日后,成都果然上奏有火灾。

【原文】 吴猛画江成路,麻姑掷米成珠。

【解译】 晋朝吴猛得仙人授以仙术,过江无船,便用扇子划开江水,变出一条大路;东汉时仙人麻姑在蔡经家将数升米抛撒在地上,都变成了珍珠。

【原文】 飞锡挂锡,谓僧人之行止;导引胎息,谓道士之修持。

【解译】 有个神僧的锡杖,行走时能飞起来,坐下时就挂起来。后以"飞锡挂锡"指僧人的行和止。呼吸俯仰,屈伸手足,谓之导引,闭气而吞之,谓之胎息,这些都是古代道家的修炼术。后以"导引胎息"指道士修炼功夫的方法。

【原文】 和尚拜礼曰和南,道士拜礼曰稽首。

【解译】 和尚行礼双手合十,叫"和南";道士行礼弯腰头碰地,叫"稽首"。

【原文】 曰圆寂、曰荼毗,皆言和尚之死;曰羽化、曰尸解,悉言道士之亡。

【解译】 圆寂(功德圆满)、荼毗(焚烧),都是说和尚已死;羽化(生羽翼登仙境)、尸解(尸骸化解),都是说道士已亡。

【原文】 女道曰巫,男道曰觋,自古攸分;男僧曰僧,女僧曰尼,从来有别。

【解译】 女道士叫巫,男道士叫觋,自古就是这样区分;男僧人叫僧,女僧人叫尼,从来就有区别。

【原文】 羽客黄冠,皆称道士;上人比丘,并美僧人。

【解译】 羽客、黄冠,都是对道士的称呼;上人、比丘,都是对僧人的美称。

【原文】 檀越檀那,僧家称施主;烧丹炼汞,道士学神仙。

【解译】 檀越、檀那,都是僧人对施主(向寺院施舍财物的信徒)的称呼;烧丹、炼汞,都是道士学做神仙的法术。

【原文】 和尚自谦,谓之空桑子;道士诵经,谓之步虚声。

【解译】 空桑子,是和尚谦虚的称呼,无父母的意思。相传一女子外出采药,在空桑树中捡到一婴儿,取名伊尹,交给和尚抚养成人,后来当了商汤王之相。步虚声,是道士诵读经文时效仿神仙的声音。

【原文】 菩者普也,萨者济也,尊称神祇,故有菩萨之誉;水行龙力大,陆行象力大,负荷佛法,故有龙象之称。

【解译】 菩,普遍的意思;萨,周济的意思。两字合在一起是对神灵的尊称,所以有了菩萨的美誉。在水里龙的力量最大,在陆地象的力量最大,僧人身上背负佛法力大无比,所以有了龙象的称呼。

伊尹像

【原文】 儒家谓之世,释家谓之劫,道家谓之尘,俱谓俗缘之未脱;儒家曰精一,释家曰三昧,道家曰贞一,总言奥义之无穷。

【解译】 儒家所说的"世俗",释家所说的"劫数",道家所说的"尘",这些都是说没有脱离俗家的缘分。儒家说的"精一",释家说的"三昧",道家说的"贞一",都是指深奥的道理没有穷尽。

【原文】 达摩死后,手携只履西归;王乔朝君,舃化双凫下降。

【解译】 达摩死后,手里拿着一只鞋回归西方,被北魏宋云在葱岭遇见;东汉王乔朝见皇帝不坐车马,脚上的舃(鞋)化作一对野鸭从天而降。

【原文】 辟谷绝粒,神仙能服气炼形;不灭不生,释氏惟明心见性。

【解译】 不吃谷粮绝食,神仙能以吐纳气息修炼身体;既不生,也不灭,这是释家心境明亮,佛性显见的道理。

【原文】 梁高僧谈经入妙,可使岩石点头,天花坠地;张虚靖炼丹既成,能令龙虎并伏,鸡犬俱升。

【解译】 南朝梁高僧道生对着一堆石头讲经,说到奥妙处,石头都会点头;云光法师在天龙寺讲经,天上宝花缤纷而下。传说张道陵七世孙张虚靖炼丹既成,能降龙伏虎,鸡犬升天。

【原文】 藏世界于一粟,佛法何其大;贮乾坤于一壶,道法何其玄。

【解译】 把世界藏在一粒粟中,佛家的法术何其宏大;把天地贮在一个药壶里,道家的法术何其玄妙。

【原文】 妄诞之言,载鬼一车;高明之家,鬼瞰其室。

【解译】 狂妄荒诞的话,就如能装来一车鬼怪,以无为有;富贵人家,能招来鬼怪窥

看其家室。

【原文】 《无鬼论》作于晋之阮瞻,《搜神记》撰于晋之干宝。

【解译】 《无鬼论》,论世无鬼神,是晋朝阮瞻所作;《搜神记》,记鬼神故事,是晋朝干宝所撰。

【原文】 颜子渊、卜子商,死为地下修文郎;韩擒虎、寇莱公,死作阴司阎罗王。

【解译】 孔子弟子颜渊和卜商,死后成为阴间撰修文章的郎官;隋朝韩擒虎和宋朝的寇准,死后作了阴间的阎罗王。

【原文】 至若土谷之神曰社稷,干旱之鬼曰旱魃。

【解译】 主管土地禾谷的神叫社稷,主管干旱的鬼叫旱魃。

【原文】 魑魅魍魉,山川之祟;神荼郁垒,啖鬼之神。

【解译】 魑魅、魍魉,都是山川的鬼怪;神荼、郁垒,都是吃鬼的神灵。

【原文】 仕途偃蹇,鬼神亦为之揶揄;心地光明,吉神自为之呵护。

【解译】 做官的道路坎坷,鬼神都在暗中嘲笑;心地光明,自有吉神呵护。

【原文】 〔增〕菩提无树,明镜非台。

【解译】 佛教禅宗五世祖弘忍选传人,让弟子们作偈语,神秀说:"身是菩提树,心如明镜台。时时勤拂拭,不使有尘埃。"慧能说:"菩提本无树,明镜亦非台。本来无一物,何处染尘埃。"五世祖认为慧能比神秀境界更高,就把衣钵传给了慧能。

【原文】 光明拳打破痴迷膜,爱欲海济渡大愿船。

【解译】 如来佛举臂屈指叫光明拳,能打破罩在世人面前的痴迷膜;人的生死情欲如大海,只有菩萨的大愿船,才能引渡众生。

【原文】 白足清癯,谁个未知禅味;赤髭碧眼,何人不是梵宗。

【解译】 北魏高僧昙如的双脚白净,禅宗二始祖慧可的身材清瘦,他们哪个不知道禅宗精深的道理?红须的耶舍、碧眼的达摩,他们哪个不是佛家的宗师?

【原文】 法善为妻,智度为母,无烦询骨肉是谁;慈悲作室,通慧作门,不须问宅居何在。

【解译】 僧人以法术良善为妻,以智慧超度为母,无须去询问骨肉是谁;如来佛以慈悲作室,用神通明慧作门,不必再问家居何处。

【原文】 孙居士大啸一声,山鸣谷应;陈先生长眠数觉,物换星移。

【解译】 晋朝孙登得仙术,大呼一声,山谷应和;宋朝陈抟隐居华山,每睡必数月才醒,景物已换,星辰已移。

【原文】 岩下清风,黑虎卖董仙丹杏;山间明月,彩鸾栖张叟绿筠。

【解译】 吴国董奉隐居庐山,为人治病不要钱,而让病人栽杏树。杏熟时,买杏者以谷一石,换杏一石,多拿者有黑虎来驱赶他走,叫"黑虎卖杏"。张虚靖隐居龙虎山,有彩鸾在竹林中栖息鸣叫,有诗说:"结庐高处无人到,夜半彩鸾栖绿筠。"

【原文】 赵惠宗火中化鹤,岂避烽炎;左真人盆里引鲈,不须烟浪。

263

【解译】 唐朝天宝间赵惠宗堆积柴薪自焚，化作仙鹤而去，他岂会躲避烽烟火焰？三国时左慈能在盆里贮水为曹操钓出松江鲈鱼，无须有烟波。

【原文】 萧子曾餐芝似肉，安期更食枣如瓜。

【解译】 汉朝萧静在地下挖出一物，像人手，吃了齿发更生，力壮貌少，有个道士对他说，这是肉灵芝，吃了寿比龟鹤。仙人安期生吃的枣大如瓜。

【原文】 夏郊有异神，祀处却转凶为吉；黎丘多奇鬼，惑时必以伪害真。

【解译】 春秋时晋侯有病，郑国子产告诉他夏郊有黄熊的阴魂，祭祀它病就好了。后来果然转凶为吉。黎丘那个地方多奇鬼，能仿人样。有个老人在街

孙登像

上喝醉酒回家，鬼怪变成他的儿子在街上搀扶他，他竟辨认不出。醒悟后知道是遇上鬼怪时，却又把亲儿子当鬼怪杀了。这是鬼怪趁人疑惑时以假乱真。

【原文】 唐时花月妖，畏见狄梁公之面；晋代粉榆社，愁逢阮宣子之柯。

【解译】 唐朝武三思的爱妓素娥，有姿色。有一天狄仁杰请见，素娥突然不见了，只听到堂上有声音说："我是花月妖怪，不敢见正人君子。"晋朝阮宣子要砍伐粉榆（家乡）祭土地神的大树，有人劝阻，阮宣子说："大树既然是土地神，伐树不过是给土地神迁移个地方，有何害处？"

【原文】 曾闻大手入窗，贞夫举笔；翻忆舌长吐地，壮士吹灯。

【解译】 晋朝马贞夫夜里在灯下看书，有鬼从窗户伸进一只大手，贞夫用朱笔在它手上写了一个"花"字，鬼苦苦哀求不得出。到天亮，贞夫洗掉鬼手上的字，鬼叩谢而去。嵇康在灯下弹琴，有鬼伸出七八尺长的舌头进来，嵇康把灯吹灭，说："耻与魑魅争光。"

【原文】 邹德润徙项王祠，莫须有也；牛僧孺宿薄后庙，岂其然乎。

【解译】 梁朝吴兴太守邹德润把占公堂一半的楚项羽的祠堂迁移到别处，说："生不能与汉刘邦争中原，死了占据公堂干什么？"这真是莫须有的事。唐朝牛僧孺落第夜归迷路，有火光引导他到汉文帝母薄太后的神庙，与薄太后、王昭君、杨贵妃等相聚。第二天醒来，才知是个鬼宅，怎么会有这种事呢？

鸟　兽

（新增文十三联）

【原文】 麟为毛虫之长，虎为兽中之王。

【解译】 麒麟是毛类动物的长者，老虎是百兽中称王者。

【原文】 麟凤龟龙,谓之四灵;犬豕与鸡,谓之三物。【解译】 麟、凤、龟、龙,是四种有灵性的神兽称作"四灵";狗、猪、鸡,是三种用于盟誓的动物称作"三物"。

【原文】 骒骟骅骝,良马之号,太牢大武,乃牛之称。

【解译】 骒骟、骅骝,是良马的名称;太牢、大武,是牛的称呼

【原文】 羊曰柔毛,又曰长髯主簿;豕名刚鬣,又曰乌喙将军。

【解译】 羊叫柔毛,又叫长髯主簿;猪叫刚鬣,又叫乌喙将军。

【原文】 鹅名舒雁,鸭号家凫。

【解译】 鹅叫舒雁,飞行时从容不迫;鸭叫家凫。凫,野鸭。

【原文】 鸡有五德,故称之曰德禽;雁性随阳,因名之曰阳鸟。

【解译】 鸡有五德(头戴冠是文,脚能搏是武,见敌敢斗是勇,见食互打招呼是仁,守夜不误报晓是信),所以叫"德禽";大雁的性格爱阳不爱阴,秋天自北向南飞,春天自南向北飞,所以叫"阳鸟"(候鸟)。

【原文】 家狸乌圆,乃猫之誉;韩卢楚犷,皆犬之名。

【解译】 家狸、乌圆,都是猫的称誉;韩卢、楚犷,都是狗的名称。

【原文】 麒麟驺虞,皆好仁之兽;螟螣蟊贼,皆害苗之虫。

【解译】 麒麟代表吉祥,驺虞不吃庄稼,它们都是讲仁义的兽类;螟吃苗心,螣吃苗叶,蟊吃苗根,贼吃苗节,它们都是危害禾苗的虫类。

【原文】 无肠公子,螃蟹之名;绿衣使者,鹦鹉之号。

【解译】 无肠公子,是螃蟹的名称;绿衣使者,是鹦鹉的名号。

【原文】 狐假虎威,谓借势而为恶;养虎贻患,谓留祸之在身。

【解译】 狐狸假借老虎的威风,比喻借别人的威势做坏事;养老虎贻留祸患,比喻给自己留下祸害。

【原文】 犹豫多疑,喻人之不决;狼狈相倚,比人之颠连。

【解译】 犹豫多疑,比喻人遇事不果断;狼、狈相倚,比喻人互相利用做坏事。

【原文】 胜负未分,不知鹿死谁手;基业易主,正如燕入他家。

【解译】 胜负未曾分晓,就如打猎时,不知鹿会死在谁的手里;家业更换主人,就像燕子从自己家又飞到别人家。

【原文】 雁到南方,先至为主,后至为宾;雉名陈宝,得雄则王,得雌则霸。

【解译】 大雁飞到南方,先到的是主,后到的是宾;雉(野鸡)又叫陈宝,得雄雉的可以称王,得雌雉的可以称霸。

【原文】 刻鹄类鹜,为学初成;画虎类犬,弄巧反拙。

【解译】 雕刻出来的鹄鸟(天鹅)却像鹜(鸭子),形容学业初见成效;画虎却像狗,形容弄巧成拙。

【原文】 美恶不称,谓之狗尾续貂;贪图不足,谓之蛇欲吞象。

265

【解译】　美与恶是不相称的东西，叫"狗尾续貂"，把狗的尾巴续在贵重的貂皮上；贪心不知满足，叫"蛇欲吞象"，细蛇想把大象吞下去。

【原文】　祸去祸又至，曰前门拒虎，后门进狼；除凶不畏凶，曰不入虎穴，焉得虎子。

【解译】　灾祸才除去又遭灾祸，叫前门挡住了老虎，后门又进来了狼；驱除凶恶不畏惧凶恶，叫不入虎穴，怎么能捉得虎子呢？

【原文】　鄙众趋利，曰群蚁附膻；谦己爱儿，曰老牛舐犊。

【解译】　小人趋附财利，就像蚂蚁附在有羊膻味的物体上；谦称自己喜爱儿子，便说像老牛舐小牛犊一样。

【原文】　无中生有，曰画蛇添足；进退两难，曰羝羊触藩。

【解译】　无中生有，叫"画蛇添足"，蛇本无足，却偏要凭空捏造出足来；进退两难，叫"羝羊触藩"，就像公羊用角去抵触篱笆，角被缠住拔不出来。

【原文】　杯中蛇影，自起猜疑；塞翁失马，难分祸福。

【解译】　酒杯里有蛇，这是自生猜疑，原来是墙上的弓影映在杯中；塞翁丢失了马匹，是祸是福难以判断，因为祸可以变福，福也可以成祸。

【原文】　龙驹凤雏，晋闵鸿夸吴中陆士龙之异；伏龙凤雏，司马徽称孔明庞士元之奇。

【解译】　不是龙驹，就是凤雏，这是晋朝闵鸿夸奖吴中陆云（字士龙）兄弟俩有异才的话；如伏龙，如凤雏，这是汉朝司马徽称赞孔明（诸葛亮）、庞士元（庞统）有奇才的话。

【原文】　吕后断戚夫人手足，号曰人彘；胡人腌契丹王尸骸，谓之帝羓。

【解译】　汉高祖死后，吕后将其宠妃戚夫人的手足砍掉，挖去眼睛，割掉耳朵，使其失声，投入厕所，叫人彘（猪）；契丹人进攻中原，契丹王死在途中，部下将盐填塞在他的腹中腌起来带回国，叫帝羓（干肉）。

【原文】　人之狠恶，同于梼杌；人之凶暴，类于穷奇。

【解译】　人的狠毒，如同古代传说中一种似虎的猛兽梼杌；人的凶暴，如同古代一种能飞的猛兽穷奇。

【原文】　王猛见桓温，扪虱而谈当世之务；宁戚遇齐桓，扣角而取卿相之荣。

【解译】　晋朝隐士王猛去见桓温，一边捉着身上的虱子，一边谈论当时的政事，旁若无人；春秋时宁戚家贫，为人赶车，在牛车下吃饭，敲击牛角唱歌，被齐桓公听见，认为是个奇才，拜他为上卿。

【原文】　楚王式怒蛙，以昆虫之敢死；丙吉问牛喘，恐阴阳之失时。

【解译】　楚王讨伐吴国，在路上看见一只发怒的青蛙，便对它产生敬意，说："昆虫也敢死。"以此来激励士气。汉朝宰相丙吉在郊外看见牛在喘气，就问原因，恐怕阴阳失调。

【原文】　以十人而制千虎，比言事之难胜；驰韩卢而搏蹇兔，喻言敌之易摧。

【解译】　让十个人去制服千只老虎，比喻事情难以胜任；用韩卢（猛犬）去搏击跛足的兔子,比喻敌人太容易摧垮了。

【原文】 兄弟似鹡鸰之相亲,夫妇如鸾凤之配偶。

【解译】 兄弟如同鹡鸰鸟一样相亲相爱;夫妇如同鸾凤一样匹配偶合,雌雄不乱。

【原文】 有势莫能为,曰虽鞭之长不及马腹;制小不用大,曰割鸡之小焉用牛刀。

【解译】 有权势不能用,叫马鞭虽长却够不到马腹;处理小事无须用大力,叫宰杀小鸡,何须用杀牛的刀呢。

【原文】 鸟食母者曰枭,兽食父者曰獍。

【解译】 鸟类中食其母的,叫枭;兽类中食其父的,叫獍。

【原文】 苛政猛于虎,壮士气如虹。

【解译】 苛虐的政令赋税,比老虎还要凶猛;壮士的豪气,如同天上的长虹贯日。

【原文】 腰缠十万贯,骑鹤上扬州,谓仙人而兼富贵;盲人骑瞎马,夜半临深池,是险语之逼人闻。

【解译】 腰间缠着十万贯钱,骑着仙鹤去扬州,这是说有的人既想当神仙,又想过富贵生活;盲人骑着瞎马,夜半到深水池塘边,这话说得太危险了,也太骇人听闻了。

【原文】 黔驴之技,技止此耳;鼯鼠之技,技亦穷乎。

【解译】 贵州本没有驴,有人用船运进去一只放在山下,老虎初见,不知是何物,不敢靠近它。试了几次,见驴子也没什么本事,就猛扑过去把它吃了。鼯鼠只有五种技能:能飞不能上屋,能攀不能上树,能游不能渡谷,能挖穴不能藏身,能跑不能比人快,除此之外,再没什么本事了。

【原文】 强兼并者曰鲸吞,为小贼者曰狗盗。

【解译】 强行兼并别人的财产,叫鲸吞;小偷小摸的贼,叫狗盗。

【原文】 养恶人如养虎,当饱其肉,不饱则噬;养恶人如养鹰,饥之则附,饱之则飏。

【解译】 养一个恶人就如喂养一头老虎,应当用肉喂饱它,不喂饱它,它就要吃人;养一个恶人又如养一只老鹰,饿了会依附人,吃饱了便飞走了。

【原文】 隋珠弹雀,谓得少而失多;投鼠忌器,恐因甲而害乙。

【解译】 用珍宝隋侯珠当弹丸去射麻雀,真是得到的少,失去的多;投击老鼠又怕打坏器物,恐怕因一方而损伤另一方。

【原文】 事多曰猬集,利小曰蝇头。

【解译】 事情太多叫猬集,像刺猬身上的刺一样聚集在一起;利益太小叫蝇头,苍蝇本来就小,蝇头更小。

【原文】 心惑似狐疑,人喜如雀跃。

【解译】 心中疑惑,就像狐狸多疑一样;人遇喜事,高兴得就像鸟雀欢跃一样。

【原文】 爱屋及乌,谓因此而惜彼;轻鸡爱鹜,谓舍此而图他。

【解译】 爱惜房屋,连及栖息在房上的乌鸦,这是说因爱此者而连带惜彼者;轻视家

267

鸡而喜爱野鹜(鸭),这是说舍去此者而另图他者。

【原文】 唆恶为非,曰教猱升木;受恩不报,日得鱼忘筌。

【解译】 唆使恶人去做非法的事,叫"教猱升木",教唆猴子爬上树顶;受了别人的恩情,不去报答,叫"得鱼忘筌",打捞上来鱼,却忘了鱼筌。

【原文】 倚势害人,真似城狐社鼠;空存无用,何殊陶犬瓦鸡。

【解译】 倚仗权势害人,真像是城墙上的狐狸,社庙里的老鼠,凭借着城墙和庙堂,难以清除;空放着没用的东西,和烧制的陶狗不能看门、瓦鸡不能报晓一样,没什么不同。

【原文】 势弱难敌,谓之螳臂当辕;人生易死,乃曰蜉蝣在世。

【解译】 势力衰弱难以抵挡敌人,叫"螳臂当辕",用螳螂的臂去挡车;人生短暂,叫"蜉蝣在世",如同朝生暮死的水中小虫蜉蝣一样。

【原文】 小难制大,如越鸡难伏鹄卵;贱反轻贵,似莺鸠反笑大鹏。

【解译】 小国难以制服大国,就像越国的小鸡难以伏盖黄鹄产下的大蛋;低贱的人反而轻视高贵的人,就像不能飞远的小鸟反而讥笑扶摇直上九万里的鲲鹏。

【原文】 小人不知君子之心,曰燕雀岂知鸿鹄志;君子不受小人之侮,曰虎豹岂受犬羊欺。

【解译】 小人不知道君子的抱负,叫燕雀哪能知道鸿鹄的志向呢?君子不能忍受小人的欺侮,叫虎豹哪能忍受狗羊的欺侮呢?

【原文】 跖犬吠尧,吠非其主;鸠居鹊巢,安享其成。

【解译】 跖(古代大盗)的狗对着尧帝吠叫,并不是尧帝不好,而是因为尧帝不是它的主人;鸠鸟不会筑窝,就居住在喜鹊的巢里,这是比喻心安理得的享受别人的成果。

【原文】 缘木求鱼,极言难得;按图索骥,甚言失真。

【解译】 爬到树上去求鱼,太难得到了;按照图像去寻求千里马,是找不到的,因为图上的马和真马相差太远了。

【原文】 恶人藉势,曰如虎负嵎;穷人无归,曰如鱼失水。

【解译】 恶人凭借他人的势力,就像老虎依附山势险峻一样;穷人没有归处,就同鱼失去了水一样。

【原文】 九尾狐,讥陈彭年素性谄而又奸;独眼龙,夸李克用一目眇而有勇。

【解译】 九尾狐,是讽刺宋朝陈彭年平时性情谄媚奸险,像只九条尾巴的狐狸;独眼龙,是夸奖唐朝李克用虽瞎了一只眼,但作战却仍很勇敢。

【原文】 指鹿为马,秦赵高之欺主;叱石成羊,黄初平之得仙。

【解译】 秦二世的宰相赵高专权,在朝廷上指鹿为马,以欺骗皇上;叱呼石头变成羊,这是汉朝黄初平遇道士所传授的仙术。

【原文】 卞庄勇能刺两虎,高骈一矢贯双雕。

【解译】 春秋鲁国人卞庄勇猛,一人能刺两虎;唐朝高骈一箭能射中双雕。

【原文】 司马懿畏蜀如虎,诸葛亮辅汉如龙。

【解译】 三国魏司马懿惧怕蜀国诸葛亮如老虎;诸葛亮辅佐蜀国鞠躬尽瘁,死而后已如蛟龙。

【原文】 鹪鹩巢林,不过一枝;鼹鼠饮河,不过满腹。

【解译】 鹪鹩是一种小鸟,在树上筑窝,不过占用一根树枝;鼹鼠虽大,吸饮河水,也不过满腹而已。

卞庄刺虎

【原文】 弃人甚易,曰孤雏腐鼠;文名共仰,曰起凤腾蛟。

【解译】 抛弃一个人很容易,就像抛弃孤单的幼鸟和腐烂的老鼠一样;文坛有名望的人,大家都很敬仰他,如同起舞的凤凰,腾云的蛟龙。

【原文】 为公乎,为私乎,惠帝问虾蟆;欲左左,欲右右,汤德及禽兽。

【解译】 昏庸的晋惠帝听到虾蟆的叫声,问左右臣僚:它是为了公事,还是为了私事?贤明的商汤王网开三面,让鸟想往左飞就左飞,想往右飞就右飞,他的仁德普及鸟兽。

【原文】 鱼游于釜中,虽生不久;燕巢于幕上,栖身不安。

【解译】 鱼在锅中游水,虽活着也不会长久;燕雀在幕帘上筑巢,虽能栖息但很不安全。

【原文】 妄自称奇,谓之辽东豕;其见甚小,譬如井底蛙。

【解译】 古代辽东有个人家里生了一只白毛猪,人们感到很奇异,想进贡给皇上,在送往京城的路上,看见白毛猪很多,便不去进贡了。后人称妄自称奇的人叫辽东猪。见识狭小的人譬如井底的青蛙,看见的只是井口大一块地方。

【原文】 父恶子贤,谓是犁牛之子;父谦子拙,谓是豚犬之儿。

【解译】 父亲凶恶,儿子贤能,叫犁牛之子,杂色的牛生下的小牛犊却是赤色的;儿子笨拙,叫猪狗之子,这是后梁太祖朱温谦称自己儿子的话。

【原文】 出人群而独异,如鹤立鸡群;非配偶以相从,如雉求牡匹。

【解译】 才能超群,出人头地,就像仙鹤立在鸡群里;不是配偶而相随,如同雌野鸡鸣求雄野鸡匹配,违反了礼义。

【原文】 天上石麟,夸小儿之迈众;人中骐骥,比君子之超凡。

【解译】 天上的石麒麟,是夸奖小儿出众的话;人中骐骥(骏马),比喻出类拔萃的君子。

【原文】 怡堂燕雀,不知后灾;瓮里醯鸡,安有广见。

【解译】 在厅堂前安居的燕雀,不知有灾难将来临;瓮中的醯鸡(飞虫),哪会有广博的见识呢?

【原文】 马牛襟裾,骂人不识礼义;沐猴而冠,笑人见不恢宏。

【解译】 穿的衣服,如同马牛一般,这是骂人不知礼义;给沐猴(猕猴)戴帽,这是笑人见识不广徒有仪表。

【原文】 羊质虎皮,讥其有文无实;守株待兔,言其守拙无能。

【解译】 羊的本质,虎的外皮,这是讥笑有的人只重外表,而无实才;坐在树旁等待撞死的兔子,这是讽刺有的人心存侥幸,期望不劳而获。

【原文】 恶人如虎生翼,势必择人而食;志士如鹰在笼,自是凌霄有志。

【解译】 恶人就像老虎添两翼,一定会飞来随意害人;有志之士就像关在笼里的雄鹰,每听到风声,就有凌云高飞的壮志。

【原文】 鲋鱼困涸辙,难待西江水,比人之甚窘;蛟龙得云雨,终非池中物,比人有大为。

【解译】 鲋鱼被困在干涸的车辙里,很难等到西江的水,这是比喻人处在困窘中的处境;蛟龙得到云雨,终究不是池塘中生活之物,这是比喻人一旦得势便会大有作为。

【原文】 执牛耳为人主盟,附骥尾望人引带。

【解译】 执牛耳,指主盟的人。古代诸侯结盟时,由主盟的人拿着盛有牛耳血的盘子,让参与盟会的人分尝,以表示诚信;附骥尾,汉光武帝说苍蝇附在马尾上也能飞千里,比喻有人希望依附他人而成名。

【原文】 鸿雁哀鸣,比小民之失所;狡兔三窟,诮贪人之巧营。

【解译】 鸿雁哀鸣,比喻百姓流离失所;狡兔三窟,讥诮贪婪的人巧于营生。

【原文】 风马牛势不相及,常山蛇首尾相应。

【解译】 马、牛见风就走,但马喜逆风,牛喜顺风,两者不会相遇。后用以比喻事物之间毫不相干。常山有蛇,遭到攻击时,首、尾能相互接应。后用以比喻文章结构严谨,前后呼应。

【原文】 百足之虫,死而不僵,以其扶之者众;千岁之龟,死而留甲,因其卜之则灵。

【解译】 百足虫(马陆)就是死了,也不会扑倒在地上,因为有百足在扶持着它;千年的神龟死后,人们留下它的甲背,因为用它来占卜,十分灵验。

【原文】 大丈夫宁为鸡口,毋为牛后;士君子岂甘雌伏,定要雄飞。

【解译】 男子大丈夫光明磊落,宁肯为鸡口,虽小但能进食,也不愿做牛屁股,虽大却只能出粪便。读书人有志向,岂甘心像雌鸟伏在窝里?一定要像雄鸟翱翔天空。

【原文】 毋跼促如辕下驹,毋委靡如牛马走。

【解译】 不要拘束得像驾车的小马驹,也不要萎靡不振如赶牛马的奴仆。

【原文】 猩猩能言不离走兽,鹦鹉能言不离飞鸟。

【解译】 猩猩能学人说话,但它仍属兽类;鹦鹉也能学人说话,但它仍是飞禽。

【原文】 人惟有礼,庶可免《相鼠》之刺;若徒能言,夫何异禽兽之心。

【解译】 人只有懂礼节,才可以免除别人用《诗经·相鼠》讽刺你无耻无礼;如果只会说话而不懂礼节,和禽兽有什么区别呢?

【原文】 〔增〕百鸟鹞称悍,众禽鹤独胎。

【解译】 古人认为百鸟中只有鹞鹰称得上是强悍凶猛;众多的飞禽中,只有鹤是胎生的。

【原文】 提壶提壶,定是村中有酒;脱袴脱袴,必然身上无寒。

【解译】 提壶是一种鸟,听见提壶鸟叫,村里一定有酒;脱袴也是一种鸟,听见脱袴鸟叫,身上一定会不感到寒冷。

【原文】 百舌五更头,学尽众禽之语;鹓雏九霄外,顿空诸鸟之群。

【解译】 百舌是一种鸟,能五次变更头的位置,学出众多飞禽的叫声;鹓雏是一种凤,能飞到九霄之外,高于诸鸟之上。

【原文】 瓮中鸲鹆巧于人,江上白鸥闲似我。

【解译】 鸲鹆(八哥)能学人话,但学瓮鼻人的声音不像,于是把头钻进瓮中去说,这真比人还灵巧;白鸥终日在江边漫游,真是比人还悠闲。

【原文】 莺呼金衣公子,鹛号锦带功曹。

【解译】 唐明皇在花园中见黄莺羽毛鲜艳,称它为金衣公子;鹛鸟身上的纹带像功曹(官名)身上的锦带,所以又叫锦带功曹。

【原文】 鹛入鸦群,雄威岂敌;鸭去鸡队,气类不侔。

【解译】 鹛鸟飞到乌鸦群里,哪能抵得上鸦群的雄威;鸭子到了鸡群里,气势长相都不相当。

【原文】 彪著羊,彪雄而羊败;黑敌犬,黑寡而犬强。

【解译】 彪(小老虎)去追逐羊,羊怎么能不败?熊黑比狗厉害,但是多只狗与一只熊黑争斗,狗就会战胜熊黑。

【原文】 猿献玉环,孙恪自峡山失妇;鹿随丹毂,郑弘从汉室封公。

【解译】 晋朝孙恪娶妻路过端州峡山寺,把一只碧玉环送给老僧,忽然有一群猿把恪妻抢走了。老僧说,这只玉环原来系在猿颈上,已有二十年不见了,你的妻子是猿变的。汉朝郑弘做临淮太守时,他的车旁有两只鹿随行,有个主簿祝贺他说:"三公的车上画有双鹿,你要拜相位了。"后来郑弘果然当了太尉。

【原文】 李愬设谋平蔡,藉声于鸭队鹅群;卢公觅句迁官,得力于猫儿狗子。

【解译】 唐朝李愬平定蔡州,雪夜叫人乱打城下池塘里的鸭鹅群,发出的喧闹声掩盖自己的军事活动,攻破了州城;五代蜀国卢延逊有诗句"饥猫临鼠穴,馋犬舐鱼砧",被蜀王赏识,提升他为给事,延逊说自己升官没想到得力于猫狗。

【原文】 长乐宫中有鹿,衔残妃子榻前花;午桥庄外多羊,点缀小儿坡上草。

【解译】 唐明皇宫中有鹿,衔去了妃子床前的牡丹花,这是安禄山造反的先兆;裴度的午桥庄外有个小儿坡,那里青草茂盛,裴度便在坡上放养了一群白羊,说是白羊点缀绿草,更显得芳草多情。

【原文】 羊舌氏虽为佳话,马头娘未是美谭。

【解译】 春秋晋国有人偷了羊,把羊头送给叔向的母亲,她不吃,把羊头埋在了地下。后来人家追究此事,她又把羊头挖了出来,肉已腐烂,只剩下羊舌,国人称她为羊舌氏,这成了一段佳话。古代蜀地有人被掳去,他的妻子说有谁能救回丈夫,就把女儿嫁给他。有匹马将其夫驮回,丈夫说诺言对人不能对马,就把马杀了,剥去了皮。忽然那马皮竟卷走了他的女儿。几天后,马尸腐烂化为蚕,人称马头娘,这恐怕就不是一段美谈了。

【原文】 辕门传号令,李将军椎飨士之牛;邑士起讴歌,时令尹留去官之犊。

【解译】 汉朝李广镇守雁门,从辕门里传出号令,宰牛犒劳将士,将士杀敌无不拼命,每战必胜,人称"飞将军"。三国魏时苗任寿春县令,为政清廉,以牝牛驾车。后来牝牛生下小牛犊,时苗离任时说,小牛犊是在这里产下的,就留在此地。百姓把它养起来,称它为"时公犊",当地许多文人都讴歌颂扬时公的美德。

花　木

（新增文十一联）

【原文】 植物非一,故有万卉之称;谷种甚多,故有百谷之号。

【解译】 植物的品种并非只有一种,所以有"万卉"的称呼;谷物的种类很多,所以有"百谷"的名号。

【原文】 如茨如梁,谓禾稼之蕃;惟夭惟乔,谓草木之茂。

【解译】 如茨如梁,是庄稼又密又壮的意思;惟夭惟乔,是草木都很丰茂的意思。

【原文】 莲乃花中君子,海棠花内神仙。

【解译】 莲花出淤泥而不染,是花中的君子;海棠花艳丽而不妖冶,是花中的神仙。

【原文】 国色天香,乃牡丹之富贵;冰肌玉骨,乃梅萼之清奇。

【解译】 国色天香,形容牡丹花的富贵;冰肌玉骨,是讲梅花的清奇。

【原文】 兰为王者之香,菊同隐逸之士。

【解译】 幽香飘逸,有"王者"的雅号,菊花如同隐居的士人。

【原文】 竹称君子,松号大夫。

【解译】 明王守仁说竹有君子之道,称它君子无愧其名;松树号称大夫,秦始皇曾在泰山封五棵松为"五大夫"。

272　【原文】 萱草可忘忧,屈轶能指佞。

【解译】 萱草能使人忘记忧愁,屈轶草能辨认奸人。

【原文】 箟筜竹之别号,木樨桂之别名。

【解译】 箟筜是竹子的别号,木樨是桂树的别名。

【原文】 明日黄花,过时之物;岁寒松柏,有节之称。

【解译】 明日黄花,是指已过时的事物,古人过重阳节有"明日黄花蝶也愁"的诗句;岁寒松柏,是对有气节人的赞美,孔子说过:寒冬腊月,方知松柏常青,不会凋枯。

【原文】 樗栎乃无用之散材,楩楠胜大任之良木。

【解译】 樗树、栎树,是两种没什么用处的木材;楩树、楠树,是两种珍贵的上等木材。

【原文】 玉版笋之别号,蹲鸱芋之别名。

【解译】 宋朝陈达叟《本心斋蔬食谱》中称笋为玉版;芋头形似蹲着的鸱鸟,所以芋头又叫"蹲鸱"。

【原文】 瓜田李下,事避嫌疑;秋菊春桃,时来迟早。

【解译】 瓜田李树下,不应提鞋、整冠,以避免人家说你有偷瓜摘李的嫌疑;菊花秋天开放,桃花春天开放,这是因为季节变化的缘故。

【原文】 南枝先,北枝后,庾岭之梅;朔而生,望而落,尧阶蓂荚。

【解译】 庾岭的梅花,南面的枝先开,北面的枝后开,这是因为南暖北寒的缘故;尧帝庭阶前的蓂荚草,每月朔日(初一)后日生一叶,望日(十五)后日落一叶。

【原文】 芒刺在背,言恐惧不安;薰莸异器,犹贤否有别。

【解译】 背上有芒刺,比喻恐惧不安;薰草和莸草,一香一臭,比喻贤才与愚人有所区别。

【原文】 桃李不言,下自成蹊;道旁苦李,为人所弃。

【解译】 桃子和李子成熟时,虽不会说话,但因果实味美,来摘取的人已在树下踩出一条小路;道路旁的李树,结的果实有苦味,多被人扔掉。

【原文】 老人娶少妇,曰枯杨生稊;国家进多贤,曰拔茅连茹。

【解译】 老人娶少妇,叫枯杨生稊,枯槁的杨树又发新芽。国家任用贤士很多,像拔茅连茹,拔起茅草,连茅根都带出来了。比喻互相推荐,连带引进。

【原文】 蒲柳之姿,未秋先槁;姜桂之性,愈老愈辛。

【解译】 蒲柳未到秋天已枯槁了;生姜、肉桂的味道,愈老愈辛辣。

【原文】 王者之兵,势如破竹;七雄之国,地若瓜分。

【解译】 施行王道的军队,打起仗来,势如破竹,锐不可当;战国七雄(秦楚韩魏赵齐燕)互相侵夺,天下土地如同一个大瓜被分割。

【原文】 苻坚望阵,疑草木皆是晋兵;索靖知亡,叹铜驼会在荆棘。

【解译】 前秦苻坚在淝水打了败仗,遥望晋军阵地,怀疑一草一木都是晋兵;晋朝关

273

内侯索靖眼见晋国将亡,指着宫门前的铜骆驼感叹地说,你将会立在荆棘草丛中。

【原文】 王祜知子必贵,手植三槐;窦钧五子齐荣,人称五桂。

【解译】 宋朝王祜立有大功,知道儿子必会富贵至三公,就亲手在庭前栽了三棵槐树;五代后周窦禹钧因做善事,晚年得五子,后来都做了大官,人称"燕山五桂"。

【原文】 钼麑触槐,不忍贼民之主;越王尝蓼,必欲复吴之仇。

【解译】 春秋晋国有个刺客叫钼麑,晋灵公派他去刺杀赵盾,钼麑知道赵盾是个贤大夫,不忍下手,就一头撞死在槐树上;春秋越王勾践败于吴国,就睡柴薪,吃蓼草(苦草),立志复仇。

【原文】 修母画荻以教子,谁不称贤;廉颇负荆以请罪,善能悔过。

【解译】 宋朝欧阳修四岁丧父,家贫无纸笔,他母亲郑氏就用芦苇在地上写字教他读书,后来成了翰林学士,哪一个不称赞他母亲贤惠?战国赵大将廉颇和相国蔺相如不和,后来知道自己错了,就背着荆条向相如请罪,这是善于悔过的表现。

【原文】 弥子瑕常恃宠,将余桃以啖君;秦商鞅欲行令,使徙木以立信。

【解译】 春秋卫国臣子弥子瑕倚仗卫灵公对他的宠爱,把自己吃剩的半个桃子让灵公吃。秦国商鞅要实行新法,为取得百姓的信任,就在南门竖一根巨木,说有谁能将巨木移至北门,赏黄金五十两,果然有人因移木而得赏。商鞅从此树立了威信。

【原文】 王戎卖李钻核,不胜鄙吝;成王剪桐封弟,因无戏言。

【解译】 晋朝王戎家的李子树结的果实很甜,他卖李子营利,又怕别人得到树种,就先在李核上钻个孔再卖,这种人真是卑鄙吝啬到家了;周成王将桐树叶剪成圭形封给弟弟叔虞,圭是封地的符信,周公说君无戏言,于是就将叔虞真的封在了尧帝的故墟,名唐侯。

【原文】 齐景公以二桃杀三士,杨再思谓莲花似六郎。

【解译】 春秋齐景公要杀掉手下的三个勇士,拿出两个桃子让三勇士中有功者吃,结果三勇士因争桃而互不相让,先后自相残杀了;唐朝武后的内史杨再思献媚宠臣张昌宗(小名六郎),有人说六郎貌似莲花,杨再思说是莲花像六郎。

【原文】 倒啖蔗渐入佳境,蒸哀梨大失本真。

【解译】 甘蔗的味道是根甜于梢,如果从梢部吃到根部,会越吃越甜,渐渐进入佳境;晋朝金陵哀仲家种的梨脆甜,吃到嘴里就化了,如果蒸着吃,倒反而失去了原来的味道。

【原文】 煮豆燃萁,比兄残弟;破竹遮笋,弃旧怜新。

【解译】 煮豆燃豆萁,比喻兄弟相残;用破竹遮笋,比喻弃旧怜新。

【原文】 元素致江陵之柑,吴刚伐月中之桂。

【解译】 唐朝董元素有仙术,宣宗想吃江陵的柑橘,他便放一个盒子在御榻前,顷刻盒中装满了柑橘,宣宗惊叹不已。传说吴刚学仙术有过失,玉帝便罚他在月宫砍伐桂树。

那树高五百丈,随砍随合,永远也砍不断。

【原文】　捐赀济贫,当效尧夫之助麦;以物申敬,聊效野人之献芹。

【解译】　捐献资财救济穷人,应当效仿宋朝范仲淹的儿子范尧夫,他把收租得来的一船麦子都送给了处于困境的石延年,助他北归葬父。用物品表达敬意,说自己是仿田野村夫用芹菜送人,谦称礼薄。

【原文】　冒雨剪韭,郭林宗款友情殷;踏雪寻梅,孟浩然自娱兴雅。

【解译】　冒雨到菜园去割韭草,这是汉朝郭泰(字林宗)为了款待深夜来访的友人范逵;冒雪骑着驴子寻访梅花,这是唐朝孟浩然自寻娱乐的雅兴。

【原文】　商太戊能修德,祥桑自死;寇莱公有深仁,枯竹复生。

【解译】　商王太戊初立时,宫中有一棵桑树一夜间长有两人合围那么粗,宰相伊陟说:"恐怕是君主施政有失误。"后来太戊努力修行德政,桑树自己枯死了。宋朝寇准有仁德,枯竹都能重新复活。

【原文】　王母蟠桃,三千年开花,三千年结子,故人借以祝寿诞;上古大椿,八千岁为春,八千岁为秋,故人托以比严君。

【解译】　王母娘娘的蟠桃树,三千年开花,三千年才结果,所以人们常借蟠桃来庆贺别人的寿诞;上古时有棵大椿树,八千年为一春,八千年为一秋,所以人们常借它来比喻自己父亲的长寿。

【原文】　去稂莠正以植嘉禾,沃枝叶不如培根本。

【解译】　除掉田里的杂草,是为了禾苗长势更好;要想枝叶繁茂,不如养护树根。

【原文】　世路之蓁芜当剔,人心之茅塞须开。

【解译】　人生道路上的棘刺和荒草,都要铲除掉;人心迷惑就如有茅草阻塞,必须要开通。

【原文】　[增]姚黄魏紫,牡丹颜色得人怜;雪魄冰姿,茉莉芬芳随我爱。

【解译】　唐朝姚崇家有黄牡丹,宋朝魏仁溥家有紫牡丹,这些品种的牡丹令人爱怜;雪白的花体,冰洁的姿容,茉莉花的芬芳任我喜爱。

【原文】　雪梅乍放,月明魂梦美人来;玉蕊齐开,风动佩环仙子至。

【解译】　雪天的梅花初放,梦见月光下有美人来到面前,这是隋朝赵师雄在大庾岭罗浮酒肆上遇到的事情;唐朝长安唐昌观的玉蕊花齐放,犹如身挂佩玉,手戴玉环的仙女在微风中从远处飘来。

【原文】　尼父试弹琴,发泗水坛前之杏;渔郎频鼓枻,寻武陵源里之桃。

【解译】　孔子在泗水边弹琴,催发了杏坛前的杏花开放;晋朝有个渔翁误入武陵桃花源,见两岸桃花盛开,便用力划桨去寻觅桃花的源头。

【原文】　九烈君原为异柳,支离叟必属乔松。

【解译】　唐朝李固言走到柳树下,听见柳树自称是柳神九烈君;元朝鲜于伯机得怪松一棵，种在书斋前，称它支离叟。

【原文】 丈夫进学骎骎，勿效黄杨阨闰；男子为人卓卓，必如老桧参天。

【解译】 大丈夫学习应当像骎骎（骏马名）一样飞快进步，不要学黄杨树，长一寸遇到闰年就退一寸；男子汉为人的气质，要像老桧树一样高如参天。

【原文】 龙刍茂时，周穆王备供马料；水萍聚处，樊千里用作鸭茵。

【解译】 龙刍草长得茂盛时，周穆王有了充足的草料，喂养了八匹骏马；唐朝樊千里的花园里，水池里的浮萍聚合在一起，成了鸭子的茵褥。

雪梅

雪梅图

【原文】 灵运诗成，已入西堂之梦；江淹赋就，更闻南浦之歌。

【解译】 南朝宋谢灵运的诗句"池塘生春草"，是在永嘉西堂的夜梦中写成的；南朝梁江淹的《别赋》中，有"春草碧色""送君南浦"等句，让人听了很伤感。

【原文】 生成钩戈之拳，西山嫩蕨；剖出庄姜之齿，北苑佳瓠。

【解译】 汉武帝在岩洞中见到一女子，勾拳着手，谁也掰不开，武帝亲自将她手掰开，见她的手如同西山极嫩的蕨菜，被纳为妃，号"拳夫人"；春秋卫庄公的夫人庄姜的牙齿洁白秀美，就像北苑瓠瓜的子一样。

【原文】 曾言水藻绿于蓝，始信山菰红似血。

【解译】 曾听说绿色的水藻胜于蓝草，如今才相信山上的菰草赤红如血。

【原文】 元修蚕豆自古称佳，诸葛蔓菁迄今犹赖。

【解译】 苏东坡家乡的蚕豆，东坡的朋友元修最爱吃，又经东坡的宣扬，成了一种名菜，取名元修菜；诸葛亮在屯军的地方曾种过蔓菁供士兵食用，如今的人能吃到它，还真仰赖诸葛先生。

【原文】 生姜盗母姜留子，尽付园丁；芦菔生儿芥有孙，频充鼎味。

【解译】 栽种生姜必须要有母本，俗称"偷娘"；芫荽（香菜）老了会结籽，以待来年再种，这些事都应由园丁们去做。芦菔（萝卜）和芥菜成熟后都结籽，这些都能在烹调中增添美味。

龙文鞭影

【导语】

　　五代后晋李瀚作《蒙求》八卷,宋人徐子光为之作注。此书四字一句,两句一韵,分韵编排,自成特色,是一种较有影响的启蒙读物,有学者称之为"实初学之津筏"(《四库全书提要》)。明朝万历年间,萧良有仿其例而作《蒙养故事》,亦流行一时。杨臣诤综合二书优长,又加以修订增补,易名为《龙文鞭影》,使之成为明清两代广为流传的蒙学读物。清人李晖吉、徐灒作《龙文鞭影二集》,与《龙文鞭影》一道流行塾间。

　　龙文原是西域宝马,与蒲梢、鱼目、汗血并称四骏,后人常用来指那些才华出众的少年英才。南朝梁杨昱曾称赞堂弟杨愔(字遵彦)说:"此儿驹齿未落,已是吾家龙文。更十岁后,当求之千里外。"后来杨愔果然不凡,梁武帝时官太子太保,封开国公。杨臣诤取龙文见鞭影而奋蹄疾驰之意,名其书为《龙文鞭影》,希望"凡属驹齿未落者,皆当见鞭影而驰,以无负不佞校雠之苦志"(《龙文鞭影序》)。其寄望童蒙之意,殷殷至深。

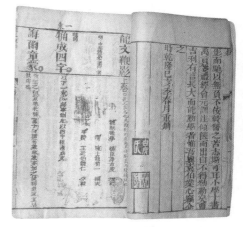

《龙文鞭影》书影

卷之一

一 东

【原文】　　组成四字①,诲尔童蒙②;经书暇日③,子史须通④。

【注释】　　①粗:粗略,粗浅。诲:教诲,教导。②童蒙:未明事理的儿童。③经书:传统的儒家经典,指五经、十三经之类。④子史:子书和史书。

【解译】　　这四句总述作者编写本书的目的。作者编成粗浅的四字句,教导未明事理的孩子们,告诉他们,传统的儒家经典,要坚持每天诵读,子书和史书也必须精通。

【原文】　　重华大孝①,武穆精忠②。

【注释】　　①重华:即远古传说中的舜,五帝之一。他治理天下有功,有人说他光华之德可合于尧,所以称为重华。舜对父母十分孝顺,故称"重华大孝"。

　　②武穆:即岳飞,字鹏举,谥武穆,著名的民族英雄。南宋初年,岳飞矢志抗击金兵,

其母曾在他的背上刺"精忠报国"四字。

【解译】 舜和民族英雄岳飞,都是传统文化中的著名人物。作者在本书的开篇先讲述二人的故事,目的是要突出"忠""孝"二字,把忠孝视作人们的安身立命之本。

【原文】 尧眉八彩①,舜目重瞳②。

【注释】 ①尧:传说中的五帝之一。传说尧长一脸又长又红的大胡子,眉毛有八种颜色。

②重瞳:一只眼中有两个眼珠。传说舜的双眼中上下各有两个眼珠,所以称作"重瞳"。

【解译】 尧、舜都是上古传说中的人物,他们统治天下的时候,四海晏然,万民乐业。作者以为,他们之所以能够成就大的事业,使天下得享太平,是因为他们天生就与众不同,具有超乎常人之处。

【原文】 商王祷雨①,汉祖歌风②。

【注释】 ①商王:指商代的开国帝王成汤。成汤在位的时候,曾经发生连续七年的大旱。他剪去长发和指甲,在桑林这个地方祈祷上苍,责备自己为政失职,以至于宫室高耸,侍女繁盛,贿赂公行,谗夫得势。于是,天降大雨,大旱顿解。

②汉祖:即汉高祖刘邦。刘邦当上皇帝后,回到家乡沛县,和父老饮酒,喝到高兴的时候,独自唱了起来:"大风起兮云飞扬,威加海内兮归故乡,安得猛士兮守四方!"后人称这首歌为《大风歌》。

刘邦筑坛拜将

【解译】 古时那些有作为的帝王,时刻把国家安危、百姓疾苦放在心上。百姓有难,他们忧心如焚,并且时常反躬自责:是不是因为自己有失职的地方而让百姓受苦受难? 商王成汤在桑林祈祷上苍降雨,首先责备的就是自己。汉高祖刘邦得意的时候,心里也还在想着国家,想着去哪里寻找猛士戍边守疆,保家卫国。

【原文】 秀巡河北①,策据江东②。

【注释】 ①秀:指东汉光武帝刘秀。淮南王刘玄更始末年,刘秀以破虏将军行大司马事,起兵巡行河北,革除王莽弊政,天下归心,终于中兴汉室。

②策:即孙策,曾为讨虏将军。汉末大乱,孙策据有江东,成割据之势。孙策死后,其弟孙权统领江东,后称吴大帝,与魏、蜀鼎足而三。

【解译】 自古至今那些成就大事业的创业者,虽然他们所处的社会、政治、文化环境不同,成功的经验也不尽相同,但在砥砺意志、坚持操守、积极进取、奋发有为等方面,他

们却有许多共同之处。

【原文】　太宗怀鹞①，桓典乘骢②。

【注释】　①太宗：即唐太宗李世民。李世民有一只鹞，十分喜爱。有一次，他正托着鹞玩耍时，丞相魏征来商议国家大事，他急忙把鹞藏在怀里。魏征明明知道，却装作不知道，只管说事，说了很久。等魏征走后，唐太宗把鹞从怀里拿出来，鹞已经被捂死了。

②桓典：字公雅，东汉人。汉灵帝时，桓典任侍御史，常骑一匹青白色相杂的马，许多人都很畏惧他，说："行路时姑且停止，回避骢马御史。"骢，青白色相杂的马。

【解译】　魏征谏唐太宗玩鹞，很富艺术性。他明知唐太宗喜爱鹞，容易导致玩物丧志，但又不好明说，就借唐太宗玩鹞的时候去汇报国家大事。唐太宗怕玩鹞的事被人发现有损形象，就急忙揣进怀中，结果却被捂死了。魏征用不着让唐太宗难堪，就巧妙地解决了问题。

【原文】　嘉宾赋雪①，圣祖吟虹②。

【注释】　①嘉宾赋雪：西汉时，梁孝王与司马相如、枚乘等人在梁园宴饮游乐，适逢天降瑞雪，就让司马相如写篇文章咏雪。参加宴会的其他文士也写有咏雪的文章。

②圣祖：即明太祖朱元璋。传说朱元璋微服出行，遇到一个名叫彭友信的人，就吟了两句诗："谁把青红线两条，和风甘雨系天腰？"然后让他续下面的两句。彭友信应声对道："玉皇昨夜銮舆出，万里长空架彩桥。"朱元璋听了很高兴，次日就任命彭友信为布政使。

【解译】　中国古代有许多名士，文采斐然，文思泉涌，他们常常是出口成章，援笔立成，且往往辞不加点，一挥而就。"嘉宾赋雪，圣祖吟虹"两句，是借用梁园之游和《虹霓》诗的故事，赞扬古代名士的文采。

【原文】　邺仙秋水①，宣圣春风②。

【注释】　①邺仙：即唐朝李泌。李泌官至宰相，因功封邺侯。据史书记载，李泌小的时候，目如秋水，贺知章以为他有卿相之相。

②宣圣：即孔子。孔子曾被尊称为宣尼公和宣父，故此处称之为宣圣。西汉东方朔说："孔子如春风，至则万物生。"意思是说孔子的思想道德像春风一样，普天下的人都受其滋润哺育。

【解译】　这里强调的是道德规范的作用和价值。而至于孔子创立的儒家学说，则被视为传统道德思想的典范，是修身齐家治国平天下必须遵循的基本原则。

【原文】　恺崇斗富①，浑濬争功②。

【注释】　①恺崇：即王恺和石崇，西晋人。二人皆以奢侈无度、生活腐化著称于时，相互之间竞豪斗富，最后竟发展到以毁坏财物为乐。

②浑濬：即王浑、王濬，西晋人。公元280年，王浑、王濬等率兵伐吴。王濬先攻入建康，接受吴主孙皓投降。次日，王浑才进建康。王浑以为王濬抢了他的功劳，气愤不过，上书晋武帝，说王濬不受节制，和王濬争夺平吴之功。

【解译】　夸富和争功虽是人之常情,但若做得太过分,就成了弱点,很容易被人利用。传统文化推崇贫贱不能移、威武不能屈的人格精神,对斗富争功则持否定态度,因为,不论斗富还是争功,都是心有所求,有所求就有所畏,就容易遭受对手的攻击。

【原文】　王伦使虏①,魏绛和戎②。

【注释】　①王伦:南宋人。曾奉命出使金国,迎取宋徽宗、宋钦宗的棺木。主战派以为他有辱使命,将他和秦桧等人相提并论,上疏加以弹劾。

②魏绛:春秋时期晋国大夫。他劝说晋悼公与戎狄议和,结成联盟。晋悼公采纳他的建议,八年之内,九次会盟诸侯,使晋国成为春秋五霸之一。

王濬铁锁沉江图

【解译】　作为外交使者,维护国家和民族的尊严,不辱使命,是其分内之事。然而如果不把国家利益、民族尊严放在首位,而是想借机谋一己之私,那就会闹出外交丑闻。王伦和魏绛就是两个截然不同的例子。

【原文】　恂留河内①,何守关中②。

【注释】　①恂:即寇恂,东汉名将。光武帝刘秀北征时,留寇恂守河内(今河南焦作一带)。寇恂留守期间,源源不断地把大量军需品运往前线,使刘秀免除了后顾之忧,为刘秀北征取得胜利做出了重大贡献。

②何:即萧何,西汉丞相。楚汉战争中,他留守关中(今陕西一带),为前线生产、运送军需物资,为刘邦取得楚汉战争的胜利建立了不朽功勋。

【解译】　西汉刘邦起于关中,东汉刘秀兴于河内。对他们来说,关中和河内不仅是大后方,而且是他们赖以取得战争胜利的根本所在。所以,他们劳师远征的时候,必须把大后方交给有勇有谋同时又足可信赖的人。他们分别选中了萧何和寇恂,而萧何和寇恂也不负众望,很好地完成了任务。

【原文】　曾除丁谓①,皓折贾充②。

【注释】　①曾:即王曾,北宋大臣。王曾为宰相时,将曾经跋扈一时的奸臣丁谓贬为崖州司户,人心大快。

②皓:即孙皓,三国吴末帝。吴亡后,孙皓被押解到洛阳。权臣贾充问孙皓在位时为何凿人目、扒人皮,孙皓回答说:"因奸人弑君不忠者。"言外之意,则是讽刺贾充弑君不忠,大大地折了贾充的颜面。

【解译】　有些人得意的时候,往往得意忘形,以讽刺奚落别人为快事。殊不知人事沧桑,世事多变,人的命运如何,有时很难预料。如果只图得意时的一时痛快,而不顾后果,不管别人的感受,则很容易给别人留下话柄,更何况还有"十年河东,十年河西"之说呢!

【原文】　田骄贫贱①,赵别雌雄②。

【注释】　①田:即田子方,战国时期人。魏武侯为太子时,见了田子方十分恭敬,而田子方却不当一回事儿。魏武侯很不高兴,问道:"是富贵之人能够在人面前傲慢,还是贫贱的人能够在人面前傲慢?"田子方回答说:"贫贱者可以在人面前骄傲,而富贵者却不可以。国君若是骄傲,就会失国;大夫若是骄傲,就会失家。贫贱者则什么,都不怕,不高兴的话,抬脚就走人。"

②赵:即赵温,东汉人。他为京兆丞时,感叹道:"大丈夫当雄飞,安能雌伏!"遂弃官而去。

【解译】　田子方的话,自然让人想起马克思的一句名言:"无产者失去的只有锁链。"的确,身无长物,无官无位,无财无产,何惧之有! 不把富贵名位放在眼里,那也是情理中的事。但是,要想挣脱锁链,必须自强,必须奋斗,而不能安于现状,退隐雌伏。

【原文】　王戎简要①,裴楷清通②。

【注释】　①王戎:字濬冲,竹林七贤之一。司马昭执政时,吏部郎缺员,问钟会谁可出任。钟会说:"王戎简要,裴楷清通,可当此任。"于是,司马昭就任命二人为吏部郎。

②裴楷:字叔则,西晋大臣。他风神高迈,容仪俊爽,为人光明磊落。清通,清朗圆通。

【解译】　为人处世,各有各的原则,各有各的方式。有人喜欢繁文缛节,有人则喜欢简明扼要;有人说话做事遮遮掩掩,有人则直来直去,无遮无挡。由于每个人的性格不同,经历不同,文化教养不同,其为人处世的原则和方式自然也就有所区别。

【原文】　子尼名士①,少逸神童②。

【注释】　①子尼:即蔡充,字子尼,西晋人。他是陈留郡名士,因高风亮节、守正不阿、不交富贵而广为人知。

②少逸:即刘少逸,北宋人。刘少逸小时候很聪明,才思敏捷,善于吟诗作赋,十一岁时就被赐进士及第。

【解译】　传统文化素来重视名士。当时的蔡子尼虽无官职,但因是名士,其名声却远在同郡那些达官贵人之上。传说当朝丞相王澄到了陈留郡,问郡中有些什么人物,郡吏说只知有蔡子尼和江应元,其余的就不知道了。

【原文】　巨伯高谊①,许叔阴功②。

【注释】　①巨伯:即荀巨伯,东汉人。他去看望远方患病的朋友,正赶上胡寇攻城,朋友说:"我如今要死了,你赶快离开吧!"荀巨伯说:"我大老远来看你,你让我离开,是让我丢弃朋友之义而求生。这岂是我荀巨伯干的事情?"贼兵进城后,见了荀巨伯,问道:"满城人都跑得干干净净,你是什么人,敢独自一人留下来?"荀巨伯说:"朋友有病在身,我不能丢下他不管。我宁愿代朋友一死。"贼兵听了。说:"我们这些无义之人,进入了有

义之国!"然后就撤兵了。

②许叔:即许叔微,南宋人。他精于医术,宋高宗建炎初年瘟疫流行,他走村串巷,治好了很多人的病。传说上帝为嘉奖他治好了那么多人的病,让他科举时中了第六名。

【解译】 讲究信义,积德行善,都是传统文化所推重的文化行为。而荀巨伯和许叔微,一个重义,一个行善,是讲究信义和积德行善的典型。但是,许叔阴功的故事说教意味太浓,有一定的因果报应色彩。

【原文】 代雨李靖①,止雹王崇②。

【注释】 ①李靖:字药师,初唐名将。传说他未成名时射猎山中,夜宿一处,谓之龙宫,应老妪之请代龙王行雨。

②王崇:西汉末年人。父母死后,他十分悲伤,人也因悲哀而消瘦。夏天下冰雹,别人家的庄稼都被冰雹打坏了,唯独他家的庄稼没受一点损失。有人以为这是他的孝行感动了上苍。

【解译】 李靖和王崇的故事,寄托了人们对事物的不同看法。李靖之所以能够代天行雨,是因为他本来就不是凡人。而冰雹不损害王崇的庄稼,则是因为他孝感天地,上天有好德之意,恻隐之心。从伦理道德的角度看待人们的社会文化行为,是传统文化的显著特色。

【原文】 和凝衣钵①,仁杰药笼②。

【注释】 ①和凝:字成绩,五代后周人。以第十三名中进士,后来主管选举,有一个名叫范质的人也是以第十三名中进士。和凝对他说:"由你来传老夫的衣钵。"范质后来做的官与和凝一样。

②仁杰:即狄仁杰,唐朝名相。有一个叫元行冲的人对狄仁杰说:"门下充旨味者多矣,愿以小人备一药石可乎?"意思是说愿意充当一味中药,为狄仁杰防病疗疾。狄仁杰说:"君正吾药笼中物,不可一日无也。"

【解译】 身居高位的人常常以一种居高临下的姿态对待周围的人,这样无意中也就拉大了和周围的人的距离。明智者则常常通过某种行之有效的方式,缩小这种距离。和凝对范质,狄仁杰对元行冲,都是通过善待下属这一形式来有意缩小这样的差距。

【原文】 义伦清节①,展获和风②。

【注释】 ①义伦:即沈义伦,北宋人。宋太祖时,他随军入川,常常是独居一室,吃的是蔬菜。从蜀中归来时,行囊中只有一些图书。宋太祖得知沈义伦清廉自守,节操高洁,擢升他为枢密副使。

②展获:即展禽,春秋时期鲁国人,食邑柳下。死后,门人议论给他一个谥号。其妻以为,展禽屈柔从俗,蒙耻救民,对柳下这个地方的百姓有恩德,谥号应该称为"惠",后人因此而称展禽为柳下惠。

【解译】 为官不仅要清正廉洁,两袖清风,还应为官一任,造福一方,执政为民,施政为民,真正为百姓着想,让老百姓得到实惠。清正廉洁是为官的基本品质,而能不能为百姓造福、让百姓得到多大的实惠,则可以看出一个官员的才能。

【原文】 占风令尹①,辨日儿童②。

【注释】 ①令尹:指春秋时期的函谷关令尹喜。传说尹喜为函谷关令,望见紫气东来,通过占风术知道将有神仙过关。老子骑青牛至此,授《道德经》五千言,而后离去。

②辨日:孔子东游时,见两小儿辩论太阳是刚出来时离人近,还是正午时离人近,说太阳刚出来时近者,理由是刚出来时太阳大如车盖;说中午太阳近者,理由是这时候太阳最热。二人争执不下,就问孔子。孔子也不能回答。两小儿笑着说:"这样的问题都回答不了,谁说你富有智慧呢?"

老子像

【解译】 老子是道家的创始人,孔子是儒家的创始人。儒、道两家是中国传统文化最为重要的两大文化支柱。他们的智慧和思想分别表现在《道德经》和《论语》中。但是,他们也不是完人,两小儿辩日的故事表明,即使是伟大的思想家,他们对自然和社会的认识也是有限的。世上没有无所不知的圣人。

【原文】 敝履东郭①,粗服张融②。

【注释】 ①东郭:即《史记·滑稽列传》所载东郭先生。他在公车署等待皇上下诏书任命他为官,等了很久也不见诏书下来,以至于贫困饥寒,衣服鞋子都破破烂烂。有人耻笑他,而他却是若无其事,坦然自得。

②张融:南朝齐高帝时人。齐高帝萧道成见他身为朝中大臣,而穿的却是粗布破衣,就把自己穿的衣服按照张融的身材修改一下,送给他一套。

【解译】 东郭先生和张融都是朝廷官员,他们克己奉公,清正廉洁,穿着破衣服烂鞋子上朝,却也坦然自若。殊不知,大臣有大臣的处事原则,皇帝却有皇帝的想法。齐高帝见张融上朝时竟然穿着粗布破衣,觉得他这个皇帝脸上无光,就把龙袍修改一下,赏赐给张融穿。其实,若是聪明的皇帝,应该想一想,同是拿的朝廷俸禄,为何有的大臣破衣烂衫,有的却是锦衣玉食? 不考虑这个问题,只是赏赐一套衣服完事,恐怕于事无补。

【原文】 卢杞除患①,彭宠言功②。

【注释】 ①卢杞:唐德宗时人。他任赣州刺史时,向德宗上书,说有三千头官家的猪为害百姓。德宗命把这些猪转移到同州去饲养。卢杞说:"同州也是陛下的百姓。臣以为还是把这些猪杀了算了。"德宗以为他在赣州而能为别的州郡考虑,是个宰相之才,下

283

令把那些猪赏赐给贫民。

②彭宠：东汉初年大将。光武帝刘秀讨伐王郎，彭宠负责运送粮草，为刘秀取得战争的胜利建立了功勋，于是就居功自傲。朱浮给他写信，信中借辽东之猪皆黑、河东之猪皆白打了一个比喻，说他好比是在辽东得到一头白猪，就以为是异瑞，而其实平平常常。

【解译】 有的人只为自己着想，遇到事情首先考虑的是自己的得失；有的人虽然也为自己考虑，却能够把自己放在社会大背景下，争取利人利己兼而有之；有的人胸怀天下，以救世济民为己任，处理问题的时候首先考虑的是否有利于国家和百姓。不同的思路，会带来截然不同的处理方式。当然，社会评价也会因他们不同的处理方式而有所褒贬。

【原文】 放歌渔者①，鼓枻诗翁②。

【注释】 ①渔者：打鱼的人。唐朝崔铉为江陵太守，见一人在楚江钓鱼，钓到鱼就拿去换酒喝，喝了酒就放声高歌。崔铉问他："您是以打鱼为隐逸吧？"那人说："姜子牙、严子陵，人们都以为他们是隐者，其实他们不过是沽名钓誉罢了。"

②鼓枻：敲击船桨。枻，船桨。宋朝卓彦恭有一次过洞庭湖，见一老翁月下泛舟，就问他打到鱼没有。老翁说无鱼有诗，接着就敲击船桨唱了起来："八十沧浪一老翁，芦花江上水连空。世间多少乘除事，良夜月明收钓筒。"

【解译】 中国社会隐士多多。但真正的隐士，应该是"不事王侯，高尚其事"，不管身外发生怎样的变化，都按照自己的生活方式去生活。可惜这样的隐士并不是很多，更多的是以隐逸为终南捷径者，他们借隐逸自高其名，沽名钓誉，以求得到朝廷的重用，所谓"身在江湖之上，心存魏阙之下"。像放歌渔者、鼓枻诗翁那样，不求名，不求利，不求闻达于世的人，才是真正的隐士。

【原文】 韦文朱武①，阳孝尊忠②。

【注释】 ①韦文：前秦太常韦逞母宋氏，精通《周礼》。苻坚在其家立讲堂，让韦母隔着纱帐向一百多名学生讲授《周礼》。朱武：东晋将领朱序母韩氏。朱序镇守襄阳，其母登城瞭望，以为敌兵将首先进攻城西北角，就带领城中女子在城西北角修筑城池，世称夫人城。

②阳孝尊忠：阳即王阳，尊即王尊，二人皆是汉代人。王阳出任益州刺史时，行至九折坂，说："这个身子是父母所给，怎能经受这样的颠簸？"于是折了回去。人们因此称王阳是孝子；后来王尊出任益州刺史，到了九折坂，得知这就是当初王阳因害怕颠簸而折返回去的地方，喝令驱车前行，人们因此称王尊是忠臣。

【解译】 对汉代的王阳和王尊，作者从是否敢从九折坂通过来评价他们是孝是忠，显得过于简单化。因为无论如何危险的道路，人们通过时，不外是两种态度，即敢过或是不敢过。如果说不敢过是孝，敢过是忠，则世人非忠即孝，奸诈忤逆邪恶之徒将置身于何处？

【原文】 倚园贾母①，投阁扬雄②。

【注释】 ①贾母：战国时期王孙贾之母。齐湣王时，楚人淖齿作乱，湣王出走，王孙

贾不知道淖王到了哪里。其母说:"你早出晚归,我倚门而望;你若是暮出而不归,我就倚里门而望。如今国王出走,你不知道他在哪里,为何还回来?"王孙贾明白母亲的意思,率领国人杀死淖齿,立湣王子为国君,齐国因此得以安定。

②扬雄:字子云,西汉末年人。在天禄阁校书时,因事受牵累,惧怕朝廷治他的罪,从阁楼上跳了下去,差一点摔死。当时有俗谚说:"惟寂寞,自投阁。"

【解译】 王孙贾之母虽是女流,不参与政事,但在国家面临生死存亡的危急关头,她却能以倚门望子作为比喻,劝说儿子守人臣之道,为国家平乱。在这件事情上,她比王孙贾要有眼光,有见识。母贤子孝。正是因为有这样深明大义的母亲,王孙贾才能成大业,建伟功。

【原文】 梁姬值虎①,冯后当熊②。

【注释】 ①梁姬:即梁红玉,南宋抗金将领韩世忠的夫人。传说梁红玉为娼妓时,入朝为贺,见一虎蹲卧在走廊中,惊骇不已,等众人来到后再去看,却是一士卒,问其名,原来是韩世忠。梁红玉归告其母,约韩世忠至家,与之结为伉俪。后来因功封梁国夫人。

②冯后:即西汉元帝婕妤冯氏。一次,汉元帝到御苑,一只熊跑了出来,同行的傅婕妤吓得急忙逃走,冯婕妤却上前挡住熊。元帝问她为何这样,她说:"妾恐怕熊伤害陛下。"汉元帝因此而宠幸冯氏。

【解译】 梁红玉见虎而逃,冯婕妤见熊而前。梁红玉所见之虎是人而非虎,竟然嫁得佳婿;冯婕妤所见之熊是苑中真熊,竟因此而得幸。一是因惧而得佳婿,一是因勇而得宠幸。事虽不同,皆显出巾帼中亦多有见识之人。世俗评价女性常常用"头发长见识短"一语,实则大谬之至。

【原文】 罗敷陌上①,通德宫中②。

【注释】 ①罗敷:汉代美女,传说是王仁之妻。罗敷采桑陌上,太守见其美,百般挑逗,欲占为己有。罗敷弹筝作《陌上桑》,拒绝了太守的挑逗,表明了自己对爱情的坚贞。汉乐府有《陌上桑》述其事。

②通德:即樊通德,汉成帝后赵飞燕的使女。她久在宫中,赵飞燕诸多荒淫之事,她都看在眼里,并把这些事都告诉了丈夫。其夫因而作《飞燕传》。

【解译】 世俗多视女色为祸水。殊不知美丽的女性中也有许多忠于爱情、坚贞不渝的人。汉代的罗敷就是很典型的例子。当太守美慕其美色,百般挑逗她时,她既不上当受骗,又不厉言怒色,而是不停地夸奖自己的丈夫,表明自己对爱情的坚贞,让太守知趣地离开。正是因此,汉乐府《陌上桑》中的罗敷已成为中国古典文学人物形象中美丽、智慧、忠于爱情的女性的化身。

二 冬

【原文】 汉称七制①,唐羡三宗②。

【注释】 ①汉称七制：意思是两汉值得称道的皇帝有七个，他们是汉高祖刘邦、文帝刘恒、武帝刘彻、宣帝刘询、光武帝刘秀、汉明帝刘庄、汉章帝刘炟。

②唐羡三宗：指唐朝三个最有作为的皇帝，他们是唐太宗李世民、唐玄宗李隆基、唐宪宗李纯。

【解译】 中国古代社会曾经有过几次辉煌，文景之治、贞观之治、开元盛世、康乾盛世，都是中国历史上可欣可喜、可圈可点的时代。这也许可以视为中国历史的骄傲，中国帝王的骄傲。但是，反观中国五千多年的历史，却是乱日常多，治日常少，而所谓的盛世，更是屈指可数。

【原文】 杲卿断舌①，高祖伤胸②。

【注释】 ①杲卿：即唐颜真卿的堂弟颜杲卿。安史之乱时，颜杲卿任常山太守，被乱兵所执。杲卿骂不绝口，安禄山大怒，命人把他的舌头钩断。杲卿舌断喷血而死。

②高祖伤胸：楚汉战争中，刘邦与项羽相拒于广武（今河南荥阳），被项羽射中胸膛。刘邦却捂着脚说："我被射中了脚趾头。"为了稳定军心，刘邦又听从张良的建议，带伤慰劳士兵。

【解译】 如果说颜杲卿被俘后怒斥乱兵，表现出来的是勇气，那么，刘邦被射中胸膛却说是射中了脚趾，则是权谋了。楚汉战争中，刘邦长期处于劣势，为鼓舞士气，在对峙中消磨项羽的耐心，他必须始终和将士们在一起，而不敢有丝毫的闪失。两军对垒，他明明被射中了胸膛，却捂住脚趾，说是射中了脚，以此来稳定军心，迷惑敌人。不仅如此，他还带伤劳军，向将士表明受一点小伤奈何不了他刘邦。刘邦能够在楚汉战争中以弱胜强，最终打败项羽，与他善于用智谋有很大关系。

【原文】 魏公切直①，师德宽容②。

【注释】 ①魏公：即韩琦，北宋名相。他耿直敢言，无所忌讳，只要是他认为不对的事情，不论是谁，他都要说，世称直臣。后因功封魏国公。

②师德：即娄师德，唐朝人。武则天时，他任宰相，以宽宏大量著称。他曾对弟弟说："若是有人唾在你的脸上，等唾液自干就是了。"他推荐狄仁杰为宰相，狄仁杰上任后，反而排挤他。武则天把娄师德的信给狄仁杰看，狄仁杰感慨道："娄公盛德，我为所容久矣。"

【解译】 人们的性格不同，处世态度也就不同。有的人疾恶如仇，敢怒敢言，见有不平之事，哪怕你是天王老子，他也要说；有的人就不同了，大肚能容天下难容之事，你唾在他的脸上，他连擦都不擦，等它自干，你若是打他的左脸，他把右脸也伸给你让你打，所谓以德报怨，以德服人。前者容易，后者却甚难。

【原文】 祢衡一鹗①，路斯九龙②。

【注释】 ①祢衡：字正平，汉末名士。孔融向曹操推荐他，信中说："鸷鸟累百，不如一鹗。使衡立朝，必有可观。"但祢衡恃才傲物，过于狂妄，曹操让其为鼓吏，他击鼓骂曹。

曹操使其去见黄祖,黄祖竟将祢衡杀害。

②路斯:即张路斯,唐朝人。传说他生有九子,后皆化龙而去。

【解译】 祢衡是汉末名士,与孔融是忘年交。孔融说祢衡才比颜回,祢衡说孔融是仲尼再世。二人皆有高才,皆恃才傲物,不把世俗看在眼里。可世上毕竟俗物太多,而他们又太过狂妄,什么人都不怕,什么人都敢得罪,最后竟皆不得善终。他们为人处世的态度和方式,确实值得世人深思反省。

【原文】 纯仁助麦①,丁固梦松②。

【注释】 ①纯仁:北宋名臣范仲淹之子。范仲淹任开封知府时,让儿子范纯仁带五百斛麦子回姑苏(今苏州),船至丹阳时,遇见了石曼卿,说家中死了三个人还没有埋葬。范纯仁就把五百斛麦子给了他。石曼卿又说他还有两个女儿未出嫁。范纯仁就把船也给了他。回到开封,范纯仁将这件事告诉父亲。范仲淹说:“你这样做正合我意。”

②丁固:字子贱,三国吴人。小时候曾梦腹上生松。占者以为松字拆开为十八公,预示着丁固十八年后将位至公卿。后来果如其言。

【解译】 恻隐之心,人皆有之。但是要真正做到并不容易。当别人遇到困难的时候,尤其是像石曼卿那样,人死未葬,有女未嫁,许多人可能会为其不幸和窘迫一掬同情之泪,但是很少有人会像范纯仁那样,连船带麦子一起送给他。即使是家财万贯之人,恐怕也未必会如此慷慨。至于丁固梦腹上生松而后来位至公卿,则只宜以传说视之。

【原文】 韩琦芍药①,李固芙蓉②。

【注释】 ①韩琦芍药:韩琦为江都郡守时,府衙有极为罕见的黄腰金带围芍药开了四枝。芍药开放的时候,刚好郡中副职王珪、幕僚王安石和卫尉丞陈升之来到。四人就在芍药花下设宴饮酒。四人后来相继入朝任宰相,人们以为这是“花瑞”。

②李固:即李固言,唐朝人。传说李固言遇见一个老夫人,老夫人对他说:“郎君明年芙蓉镜下及第。”第二年,李固言果然中了状元,而试卷的题目正是“有人镜芙蓉之目”。

【解译】 有些事情非常偶然,非常凑巧,用常理很难解释得通,这时就会有人说“命中注定”或“命该如此”,把一切都归之于命运。上述两件事情,就有很大的偶然或巧合成分,可是,在相信命运的人看来,这都是命中注定,人们无力抗拒或改变。

【原文】 乐羊七载①,方朔三冬②。

【注释】 ①乐羊:战国时期魏将。他外出游学归来,妻子问他为何回来,他说想家了。其妻以织布做比喻,一丝丝而成寸,一寸寸而成丈,进而说明学习也应这样,不能半途而废。乐羊受此启发,再次外出求学,七年中没有再回过家。

②方朔:即东方朔,西汉人,以滑稽著称。他曾上书给汉武帝,说:“臣年十二,学书三冬,文史足用。”

【解译】 关于学习,前贤有很多名言。孔子说:“学不可以已。”荀子说:“不积跬步,无以成千里。”俗谚说:“聚沙成塔,集腋成裘。”乐羊妻劝乐羊学习,虽然看起来道理很浅

显,实际上与哲人的名言异曲同工。乐羊求学七年不归,正是受了其妻所讲故事的启发。那些满足于一知半解,或刚懂得一些皮毛就自以为很了不起的人,应该读一读这个故事。

【原文】 郊祁并第①,谭尚相攻②。

【注释】 ①郊祁:指北宋宋郊、宋祁兄弟。兄弟二人同时中进士,宋祁为第一。章献太后以为弟不可先兄,遂取宋郊为第一,以宋祁为第十。

②谭尚:指汉末袁绍的两个儿子袁谭和袁尚。袁绍死后,兄弟二人反目成仇,兵戎相见,结果被曹操各个击破。

【解译】 俗话说"兄弟一条心,黄土变成金"。由于特殊的血缘关系,兄弟之间彼此比较了解,若能同心同德,心往一处想,劲往一处使,事情就比较容易成功。但是,如果勾心斗角,相互拆台,反倒容易被人利用,最后可能势若水火,互不相容。袁谭、袁尚之事可为前车之鉴。

【原文】 陶违雾豹①,韩比云龙②。

【注释】 ①陶:指周朝陶答子。陶答子治理陶这个地方三年,名声虽然不好,家财却增加了两倍。妻子劝他不要贪图财富,而应像南山之豹那样,隐于雾中以使其皮毛润泽而有纹路。陶答子不听,终于被杀。

②韩:指韩愈,字退之,唐代著名文学家。韩愈与文士孟郊(字东野)为忘年交,韩愈位居高官,而孟郊却没有什么名气,因此,韩愈表示"吾愿身为云,东野变为龙",表达了愿为孟郊作铺路石的心情。

【解译】 有哲人早就说过:天下熙熙,皆为利来。天下攘攘,皆为利往。但是,君子爱财,取之有道,不义之财,即使积之如山,亦不为之心动。可是,总是有那么一些人经受不住金钱的诱惑,利用手中的权力,以权谋私,中饱私囊,结果身败名裂,如山的钱财却无缘享受。这正应了一句俗谚:"人为财死,鸟为食亡。"

【原文】 洗儿妃子①,校士昭容②。

【注释】 ①洗儿妃子:指唐明皇的妃子杨贵妃。杨贵妃曾收安禄山为义子,并在宫中为其举行洗儿礼。唐明皇赐给杨贵妃很多洗儿钱,并厚赏安禄山。

②校士:评价文士。唐中宗春日游昆明池,令朝中文士作诗,让昭容上官婉儿评价优劣。最后只剩下宋之问和沈佺期二人之作。上官婉儿斟酌一番之后,取宋之问为第一,因为其诗末句"不愁明月尽,自有夜珠来",比沈佺期的要好一些。

【解译】 上官婉儿和杨贵妃都是唐代曾经风云一时的人物。上官婉儿素以才女著称,其文才深得唐中宗和武则天的赏识。杨贵妃则就不同了,她是以色事人,而以色事人终究不是那么牢靠。安史之乱爆发后,唐玄宗自顾不暇,自然也无力保护他曾经十分宠爱的妃子。杨贵妃最终命丧马嵬坡,对以色事人者也是一种警示。

【原文】 彩鸾书韵①,琴操参宗②。

【注释】 ①彩鸾:东晋吴猛之女。传说她嫁给穷书生文箫,每天靠抄写书韵卖钱为生,但她却能安贫守贱,穷且益坚,终于和丈夫一起跨虎飞升,成为人们所羡慕的神仙。

②琴操:北宋名妓。苏轼携之游杭州,对她说:"我为长老,你来参禅。"琴操问:"何谓湖中景?"苏轼答:"落霞与孤鹜齐飞,秋水共长天一色。""何谓景中人?""裙拖六幅潇湘水,鬓挽巫山一段云。""何谓人中意?""随他杨学士,鳖杀鲍参军。""如此究竟如何?""门前冷落车马稀,老大嫁作商人妇。"琴操问,苏轼用前人诗句作答。琴操终于醒悟,于是削发为尼。

【解译】 哲人有句名言:"穷且益坚,不坠青云之志。"人穷不怕,但不能志短。只要有志气,肯努力,穷则思变,就一定会告别贫穷,走向富裕之路。如果人穷志短,好吃懒做,不愿努力,不思进取,不要说成神仙,就是填饱肚子,也是一件难事儿。

唐明皇梦会杨贵妃

三　江

【原文】 古帝凤阁①,刺史鸡窗②。

【注释】 ①古帝:这里指黄帝。黄帝时,曾有凤凰在阿阁筑巢。黄帝问天老,凤凰的出现意味着什么。天老说:"凤出东方君子之国,翱翔四海之外,它一出现天下就太平了。"黄帝就在阿阁殿中祭祀,凤凰群集而至,聚集在梧桐树上,直到黄帝死后才离去。

②刺史:指晋朝兖州刺史宋宗。传说宋宗任兖州刺史时,得到一只长鸣鸡,十分喜爱它,把它养了起来。后来这只鸡竟然说起话来,和宋宗一起谈玄论道,宋宗对玄学的理解因此而突飞猛进。

【解译】 古人视凤凰为祥瑞之物,以为凤凰一出现,就会给人们带来好运,所以有百鸟朝凤、有凤来仪等说法。如果凤凰不出现,那就是世道有问题。春秋末年的孔子曾经感慨:"河不出图,凤鸟不至,吾已矣夫!"意思是说,凤凰不出现,社会就不会清平,我再花费力气到列国游说,也很难成功,干脆算了罢。

【原文】 亡秦胡亥①,兴汉刘邦②。

【注释】 ①胡亥:即秦二世。传说秦始皇让卢生去求神仙之术,卢生却给秦始皇带来了"亡秦者胡"的谶语。秦始皇以为谶语中的"胡"指的是胡人,派大将蒙恬发兵三十万修筑长城,没想到秦朝却葬送在他的儿子胡亥手中。

②刘邦:西汉开国皇帝,称帝之前曾称汉王。在长达三年的楚汉战争中,他以弱胜强,打败项羽,建立了汉朝。

【解译】 秦朝灭亡的原因，贾谊在《过秦论》中有很精彩的论述，归结到一点，那就是秦朝暴虐无道，不行仁义，不得人心，结果陈胜、吴广振臂一呼，响应风从，秦王朝在暴风骤雨般的反抗声中很快就灭亡了。而刘邦虽然也是一个地痞无赖，但他意识到民心民意的重要作用，以仁易暴，以德报怨，终于取秦王朝而代之。得道多助，失道寡助，得民心者得天下。中国几千年的历史已经作了证明。

【原文】 戴生独步①，许子无双②。

【注释】 ①戴生：即戴良，东汉人。他曾经对人说："我好比是仲尼生于东鲁，大禹出自西羌，独步天下，没有人可以和我相比！"

②许子：即许慎，字叔重，东汉著名文字学家。许慎自幼博览群书，精通经史，尤其精通五经，当时有"五经无双许叔重"之说。

【解译】 人贵有自知之明。尤其是在自我评价上，更需要自知之明，有什么样的水平，就是什么样的水平，不要有半瓶水，硬说成满满一瓶。至于说天下独步、天下无双，更应慎之又慎。须知天外有天楼外楼，更有英雄在前头。当然，如果真有一瓶水，也不必谦虚到说只有半瓶。若是谦虚过度，倒有虚伪之嫌。

【原文】 柳眠汉苑①，枫落吴江②。

【注释】 ①柳眠：传说汉宫中有柳树，树形像人，一日之间三眠三起，号为"人柳"。

②枫落吴江：唐人崔信明有"枫落吴江冷"之句，诗家皆以为是好诗，欲寻其下句而不得。传说郑世翼想见全诗，等见到其诗，以为见到的不如听到的好，遂把诗稿投入水中而去。

【解译】 崔信明诗虽然仅存"枫落吴江冷"一句，但人们还是记住了他，因为这句诗描写吴江秋景形象而恰贴。一个"冷"字，紧紧扣住吴江秋景的特点，让人过目不忘。从这个意义上说，这句诗胜过许许多多的平庸之作。郑世翼以为所见不如所闻，是对全诗寄望太高。殊不知历来诗家有好句而无好篇者，比比皆是。

【原文】 鱼山警植①，鹿门隐庞②。

【注释】 ①植：即曹植，字子建，三国魏著名文学家。东阿王曹植登鱼山，忽闻岩岫中有诵经之声，其声清越嘹亮，远谷流响，不觉肃然起敬，遂效之而作梵唱。

②庞：即庞德公，东汉末年人。东汉末年，庞德公不应荆州刺史刘表之请，携妻子入襄阳城东三十里的鹿门山中隐居，终身不返。

【解译】 自古以来，有才者多是恃才傲物，不肯轻易随俗。曹植是如此，庞德公也是如此。汉末大乱，庞德公隐居襄阳，与诸葛亮、司马徽、徐元直等人是好朋友，却不愿像诸葛亮那样进入尘世挣一份功名，而是遁入深山，当起了隐士。这正是《易经》所说的"不事王侯，高尚其事"。

【原文】 浩从床匿①，崧避杖撞②。

【注释】 ①浩：即孟浩然，唐代诗人。孟浩然曾应王维之邀，私入内署，刚巧唐玄宗

来,孟浩然急忙藏到床下。王维把实情告诉唐玄宗,唐玄宗闻其诗名,令出诵诗。孟浩然诵其所作诗,诵至"不才明主弃"时,唐玄宗说:"卿不求仕,朕未尝弃卿,为何诬陷我?"于是就让孟浩然走了。

②崧:即药崧,东汉人。有一次,汉明帝因事向药崧发脾气,用手杖撞击他。药崧藏到床底下。汉明帝让他出来。他说:"天子穆穆,诸侯皇皇,未闻人君,自起撞郎。"

【解译】 孟浩然怀才不遇,好不容易见到了皇上,却因一句"不才明主弃"而惹皇上不高兴。"不才明主弃",实际上是一句拍马的话,既自谦没有才能,又说唐明皇是明主。可是,唐明皇却不这么看,因为在他看来,不是他这个皇帝不会用人,而是孟浩然原本就没有求进的意思。既然如此,就不应该把责任推到他身上。言者有心,听者有意,可惜没有对到点子上。

【原文】 刘诗瓿覆①,韩文鼎扛②。

【注释】 ①刘诗:刘伯温之诗。明朝开国勋臣刘基精于文学,有《覆瓿集》。覆瓿,自谦之词,意思是说其诗文没有多大用,只可拿来盖酱瓿。

②韩文:韩愈之文章。韩愈是唐宋散文八大家之首,诗歌与李白、杜甫并称"三杰"。韩愈有诗云:"龙文百斛鼎,健笔乃独扛。"有人以为这是韩愈自言其诗。

【解译】 文章甘苦事,得失自心知。文章的好坏,除了别人的评价外,作者自己也心知肚明。但有的人自谦,把很精彩的作品说成是只堪覆瓿,刘基即其例。有的人则有一说一,好就是好,坏就是坏。若是其作品确能传之不朽,自然也会高看几眼,韩愈"龙文百斛鼎,健笔乃独扛"可为例证。

【原文】 愿归盘谷①,杨忆石淙②。

【注释】 ①愿:即李愿,唐朝人。其故乡盘谷在今河南济源市北。韩愈《送李愿归盘谷序》云:"太行之阳有盘谷,盘谷之间,泉甘而土肥。""是谷也,宅幽而势阻,隐者之所盘旋。"

②杨:即杨一清,明朝人。他曾以奇童被举荐为翰林秀才,十四岁举乡试,成化八年中进士。他的文章多回忆故居石淙精舍之词。

【解译】 古代有许多奇童,有的善于为文,有的精于礼数,有的有奇思妙想。这样的故事很多,如甘罗拜相、曹冲称象、孔融让梨等。但中国还有一句古话"小时了了,大未必佳"。有的人小时候很聪明,长大以后,却未有什么大的成就,甚至还不如寻常人。

【原文】 弩名克敌①,城筑受降②。

【注释】 ①克敌弩:南宋抗金将领韩世忠所造,射程可至百步,力量可以穿透重甲,专门对付金人的骑兵。

②受降城:唐朝朔方总管张仁愿曾在黄河北筑中、西、东三城,名为受降城,以此阻挡突厥南侵。

【解译】 为了防止外族入侵,前人想出了很多法子。秦始皇为防止胡人南侵,命大

将蒙恬筑长城,绵延数千里。唐朝张仁愿又筑受降城,南宋韩世忠发明了克敌弩。这些法子虽然能奏效于一时,但却不能从根本上解决问题。政治黑暗,官场腐败,当权者荒淫无道,暴虐害民,国家积弱积贫,四分五裂,在这种情况下,想依靠长城关隘阻止外族入侵,难矣!

【原文】 韦曲杜曲①,梦窗草窗②。

【注释】 ①韦曲:唐朝韦安石在长安城南修建别墅,林泉花竹,亭台楼阁,人称韦曲。杜曲:唐代大学问家杜佑致仕之后,亦曾在长安城南修建别墅,与昆仲时贤游乐其间,人称杜曲。时人有语:"城南韦杜,去天五尺。"

②梦窗草窗:南宋词人集。南宋词人吴文英有《梦窗甲乙丙稿》,周密有《草窗词》。

【解译】 达官贵人即使不在其位,仍然钟鸣鼎食,楼台馆榭,座上客常满,往来无白丁,仍然给人虎死不倒威之感。而中国古代的文人,往往是才高八斗,激愤之时,禁不住要指点江山,激扬文字。他们中的许多人虽然生前未必显赫,甚至穷困潦倒,但他们留给后人的精神财富,要远远超过达官显宦。司马迁、陶渊明是如此,李白、杜甫也是如此。

【原文】 灵征刍狗①,诗祸花尨②。

【注释】 ①刍狗:草编的狗。三国魏术士周宣,善于解梦,曾为人三占刍狗之梦,每次都很应验。

②花尨:尨,多毛的狗。明代高启,自号青丘子,因其诗"女奴扶醉踏苍苔,明月西园侍宴回。小犬隔花空吠影,夜深宫静有谁来",触动朱元璋的忌讳而遭祸。

【解译】 花花草草,是大自然的赐予,即使有灵性,也不可能预示吉凶福祸。但是,在古人的笔下,花花草草似乎都成了人事吉凶的预兆。周宣三占刍狗之梦和高启因咏花诗而惹祸上身,都是有意把花草与个人命运联系起来。这即使不是有意附会,也是一种巧合,根本不足为信。

【原文】 嘉贞丝幔①,鲁直彩缸②。

【注释】 ①嘉贞:即张嘉贞,唐朝宰相。他见郭元振相貌堂堂,有意招其为婿,让五个女儿每人手持一红丝线,站立幕幔之后,令郭元振牵红丝线选妻,结果选中了张嘉贞贤惠漂亮的三女儿。

②鲁直:即黄庭坚,字鲁直,北宋著名诗人、书法艺术家。他的儿子娶苏轼的孙女为妻,纳吉时用红彩绸缠裹住盛放彩礼的缸,故称彩缸。

【解译】 郭元振选妻,仅凭一根红丝线定终身,看起来有些荒唐,却也合情合理。张嘉贞贵为宰相,却看中了当时尚未有功名的郭元振,要选他为女婿,郭元振自然是喜不自胜,于是就出现了一根红丝定终身的事情。俗话说,千里姻缘一线牵。这凭空扯出的一根丝线,既有很大的偶然性,也有其内在合理因素。古时候,男女授受不亲,许多婚姻都是父母之命、媒妁之言的结果。能凭空扯出一根红线,还算是多多少少给了青年男女一定的选择权。比起父母之命、媒妁之言来,总算是进了一步。

四 支

【原文】 王良策马^①,傅说骑箕^②。

【注释】 ①王良:星名。河汉有四星名天驷,旁有一星名王良,王良星上方有星名策。占星家以为,天驷星参差不齐则天下安,天驷星成一行,王良举策,则天下不安。

②傅说:商朝武丁之相。传说他得道升天,骑箕尾而比于列星。箕星和尾星之间有一星名傅说。占星家以为,傅说为后宫神明,又亮又大则王者多子孙,若无则社稷无主,入尾则天下诅咒。

【解译】 王良策马和傅说骑箕及有关的附会之说,实际上都是人们试图用所谓的"天象"来解释人事,为人世间发生的一些重大事件寻找根据。这种以

李常面试黄庭坚

天象比附人事、用天象来解释人事的理论称为占星。中国古代,太史或后来的钦天监(司天监)官员负责掌管占星,他们可以根据所谓的"天象"来预测将要发生的事情,并向皇帝进言,通过调整人事来趋吉避凶。这些学说虽有古代天文学作基础,但迷信成分很大。

【原文】 伏羲画卦^①,宣父删诗^②。

【注释】 ①伏羲:传说中的中华民族的始祖。传说他仰观象于天、俯取法于地而作八卦。一说他见有龙马负图从黄河出,其图成阴阳奇偶之数,见而法之,遂作八卦。

②宣父:即孔子。西汉时称孔子为至圣文宣王,后人称之为宣圣或宣父。传说古诗三千多篇,经孔子删定后为三百篇,汉代将经孔子删定的古诗尊为《诗经》。

【解译】 伏羲是传说中的中华民族的始祖,孔子是儒家学说的创始人,他们在传统文化中都是很有影响的人物。围绕着他们有许许多多的传说。尤其是伏羲,不论早期文献记载,还是后来人的述说,大都是建立在传说的基础上。伏羲制八卦就是很典型的事例。不同的时代,有不同的传说,对八卦的解释也有很大不同。了解有关的传说,可以加深对传统文化的领悟与理解。

【原文】 高逢白帝^①,禹梦玄彝^②。

【注释】 ①高逢白帝:汉高祖刘邦尚未发迹的时候,有一次喝醉了酒,夜行大泽中,见一大蛇挡道,拔剑斩之。后面的人经过这个地方,见一老妇人哭泣道:"我的儿子是白帝之子,化为大蛇挡道,今天被赤帝子杀死了。"说罢忽然不见。史家称此事为斩蛇起义。

②禹：即大禹，夏朝的创始人。传说他治水来到衡山，杀白马取其血祭祀神灵，夜里梦一男子自称是玄彝苍水使者，对大禹说："想得到我的简书，就在黄帝之宫斋戒。"禹斋戒三日，果然得金简玉牒，找到了治水的要诀。

【解译】　在中国的传统文化中，帝王身上常常笼罩着各种各样的光环，不论是生是死，是登极还是废黜，往往伴随着一些神奇的传说。高祖斩蛇，禹梦玄彝，只是诸多传说中的两个例子而已。此类传说的出现，与传统文化赋予帝王种种超乎常人的文化意义有关，如君权神授、奉天承运、天之骄子，等等，都有意无意地把帝王神秘化了。

【原文】　寅陈七策①，光进五规②。

【注释】　①寅：即胡寅，字明仲，南宋人。他曾向宋高宗上七策：罢和议而修战略，置行台，务实效，起天下之兵，都荆襄，选宗室，存纪纲。

②光：即司马光，北宋著名史学家。他曾上书宋仁宗，进五规：即保业、惜时、远谋、谨微、务实。

【解译】　向帝王进谏陈言，是大臣的职责所在。所以，中国历史上有许多敢于直言进谏的人。只要对国家百姓有利，哪怕触怒皇帝，也要冒死进谏。但一般而言，只要不是昏君，只要是想为国家百姓做点实事的帝王，还是愿意接纳有益于国家百姓的建议的。司马光进五规，宋仁宗不仅接受，还对司马光这样的做法予以表扬，表明了明君从谏如流的品格。

【原文】　鲁恭三异①，杨震四知②。

【注释】　①鲁恭：字仲康，东汉人。鲁恭为中牟令时，邻县发生蝗虫，而蝗虫却不入中牟县境。使者至中牟，与鲁恭在桑阴下乘凉，有雉从一小儿旁经过。使者问小儿为何不捕之，小儿说："雉正在带小雏。"使者说："虫不入境，化及禽兽，童子有仁心，三异也。"

②杨震：字伯起，东汉末年人。任东莱太守时，道经昌邑，邑令王密夜里怀揣金子献之，并说："黑夜里没有人知道。"杨震说："天知，地知，你知，我知，何谓无知？"

【解译】　如果说鲁恭治理有方而使邑有三异还是比较容易做到的话，杨震的"四知"之说，就不是一般人能够做到的了。王密是杨震举荐的，杨震即使接受王密的金子，也是官场上惯常之事。再者，焉知王密的金子就一定是贪财纳贿所得？可是，杨震是坦坦荡荡之人，而王密又是他管辖下的县令，金子即使不是王密贪财纳贿所得，谁又能保证他夜里献金没有个人目的？杨震以"四知"辞金，既显示出他为官清廉，又表现出他对属下的关爱。

【原文】　邓攸弃子①，郭巨埋儿②。

【注释】　①邓攸：字伯道，东晋人。晋末之乱，伯道将自己的儿子放在树上，背起兄弟年幼的儿子逃跑。救了侄子，而他自己后来竟然再也没生儿子。谢安对他很是同情，说："天道无知，使伯道无儿。"

②郭巨：字文举，古代著名的"二十四孝"之一。传说郭巨家中贫穷，连老母亲都供养不起，而且每次吃饭的时候，母亲还要分一些食物给孙子。为奉养老母，郭巨夫妇狠心偷

偷把儿子埋了，挖地三尺时，得到一罐黄金，上写"天赐孝子郭巨，官不得夺，人不得取"。

【解译】　儒家有孝悌之说，是讲如何孝敬父母长辈和友善兄弟的。可是，到了后来，孝悌之说逐渐变了味，不仅出现了王祥卧冰、孟宗哭竹，甚至出现了埋儿养母、割股疗亲、鬻儿买棺等极端的例子。有些人把这些当作孝道的典型大肆宣扬，有所谓"二十四孝""百孝"等说法，使儒家的"孝道"之说完全变了味。

【原文】　公瑜嫁婢①，处道还姬②。

【注释】　①公瑜：即钟离瑾，字公瑜，宋朝人。钟离瑾任德化知县，嫁女的时候，为女儿买一婢女，问其身世，原来是前任县令之女。钟离瑾就认其为女，与自己的女儿一同出嫁。

②处道：即杨素，字处道，隋朝大臣。南朝陈乐昌公主值陈末之乱，破一镜，与夫徐德言各执其半，相约正月十五日卖于都市。陈朝灭亡后，乐昌公主成为杨素的姬妾。正月十五，公主令人持半镜至都市出售，徐德言见镜，被引至杨素府，见公主，拿出另一半镜，刚好相合。杨素知其详情，即把公主还给徐德言，使其夫妇团聚。

【解译】　公瑜的女儿出嫁，要买一个婢女，刚好买回来的是前任县令之女。这使他动了恻隐之心。同是县令，他的女儿出嫁，可以买个婢女作陪嫁，而他的前任之女竟然沦落为婢女，这是怎样的一种落差啊！于是，他将婢女认为己女，并把她嫁了出去。将心比心，推己及人，设身处地为别人想一想，处于优势地位的人就很容易对弱势群体产生恻隐之心。但是，如果一副居高临下的姿态，不肯设身处地地为别人着想，恐怕连人皆有之的恻隐之心也要泯灭了。

【原文】　允诛董卓①，玠杀王夔②。

【注释】　①允：即王允，东汉大臣。他为司徒时，见董卓专权，凌辱汉献帝，擅杀大臣，遂设计除之。

②玠：即余玠，南宋人。四川都统王夔凶悍残暴，不受节制，百姓苦不堪言。余玠为四川安抚制置使，设计杀王夔，为百姓除了一害。

【解译】　除暴安良，常常是绿林好汉的口号。其实，这也是为官者的一项基本职责。如果为官一任，统辖一方，而放任顽悍狡诈之徒残暴肆虐，为害百姓，那就是失职。王夔手下有那么多的兵勇悍将，余玠尚能设计除之，这是因为余玠把国家百姓的利益放在了心上，而将自己的安危置之度外。那些尸位素餐、明哲保身者读了这则故事，不知当做何感想？

【原文】　石虔趫捷①，朱亥雄奇②。

【注释】　①石虔：即桓石虔，小名镇恶，东晋人。他以矫健勇猛著称，父射猎，伤一虎，他上前拔箭，先拔一箭，虎跳起，他也跟着跳，比老虎跳得还要高。等老虎伏地时，他又把另一支箭拔下。趫捷：矫健迅捷。

②朱亥：战国时期魏人。他为魏公子无忌门客，奉命出使秦国，秦王把他放到老虎圈

中。朱亥怒发冲冠，瞋目视虎，虎不敢动。秦王遂以礼待之。曾奉魏公子之命，袖中藏四十斤铁锤，椎杀魏将晋鄙，夺其兵符，发兵抗秦救赵。

【解译】 石虔、朱亥皆可称古之勇士。朱亥是魏公子门客，故有士为知己者死的气概。石虔是将门之子，与其父辈一样，肩负着恢复中原的重任。他从伯父桓温北伐前秦，威镇敌胆。叔父桓冲被敌包围，他冲入敌阵，救桓冲于百万军中。可惜的是，东晋虽有许多将领矢志北伐，但东晋帝王大都满足于偏安一隅，致使一次又一次的北伐皆无功而返。

【原文】 平叔傅粉①，弘治凝脂②。

【注释】 ①平叔：即何晏，字平叔，三国

王允用计诛董卓

魏人。何晏面庞白皙，魏明帝怀疑他搽了粉，正值炎热的夏季，给他热汤饼让他吃。何晏吃后，大汗淋漓，就用红袖子擦汗，脸色更加白皙红润。

②弘治：即杜乂，字弘治，东晋人。他的肌肤白皙。王羲之见了，感叹说："面如凝脂，眼如点漆，神仙中人也！"有人称赞王仲祖长得英俊。蔡子尼说："遗憾的是你们这些人没有见过杜弘治。"言外之意是，你们若见过杜弘治，就不会说王仲祖英俊了。

【解译】 男才女貌，似乎这样才合情合理。殊不知，若是男子既有才，又有貌，才貌双全，更可称人中豪杰。何郎傅粉，潘安掷果，素来称为美谈。只是由于儒家文化被汉唐以后的学究们庸俗化，出现了"女子无才便是德"之类的说法，以为女子不须有才，只要有貌，有了花容月貌而又无才，就可以说是有貌有德了。女子既然讲究貌，男子就要讲究才，才子配美女，所谓才子佳人，男才女貌，说的都是这个意思。

【原文】 伯俞泣杖①，墨翟悲丝②。

【注释】 ①伯俞：即韩伯俞，汉朝人。以孝顺著称。小的时候，他做了错事，母亲用木杖打他。他流了泪。母亲说："从前多次用木杖打你，你都不哭，今天却哭了，这是为什么？"伯俞回答说："以往母亲打我，都能感到痛，因此知道母亲身体健康。今天打我却是不痛，知道母亲力量不如以前，因此而哭泣。"

②墨翟：即战国著名思想家墨子。他看见有人染丝，悲伤地感叹道："用黑色染就成黑色，用黄色染就成黄色，染五次就成五种颜色，因此不可不慎重啊！不只是染丝这样，治理国家也是这样。"

【解译】 作为伟大的思想家，墨子从染丝这样一件寻常小事中，看出了初始教育的重要性。人之童年，如一缕素丝，是最容易接受外界影响、最容易改变的时候，染黑则黑，

染黄则黄,反复地染,就会变成杂色。因此,他指出对幼儿的教育应慎之又慎。从幼儿教育,推及治理国家,他以为也是这个样子。国家制定政策,应该慎之又慎,避免随意性,不然的话,就会造成混乱,老百姓就将无所适从。

【原文】 能文曹植①,善辩张仪②。

【注释】 ①曹植:字子建,三国魏著名文学家。他十岁能写文章,后受曹丕逼迫,作《七步诗》:"煮豆燃豆萁,豆在釜中泣。本是同根生,相煎何太急。"南朝宋谢灵运曾说:"天下才共一石,子建独得八斗。"

②张仪:战国纵横家。能言善辩,与苏秦齐名。苏秦主张合纵以抗秦,张仪主张连横以事秦。有一次,他遭人毒打,回去后问妻子:"看我的舌头还在不在?"妻子说:"舌头还在。"张仪说:"只要舌头在就足够了。"

【解译】 人们评价某人能说会道、能言善辩,常常带有几分贬义。但事实上,如果能说会道、能言善辩而不是华而不实、哗众取宠,那就应该说是一个优点。假如再能够把言辞变成行动,那就更了不起了。就像张仪,凭三寸不烂之舌,就能说动六国连横割地以事秦,绝不是华而不实、哗众取宠之徒所能做到的。

【原文】 温公警枕①,董子下帷②。

【注释】 ①温公:即司马光,以其曾封温国公,故称温公。喜爱读书,恐怕睡熟了耽误读书,就用圆木做枕头,多睡一会儿,硬硬的枕头就会把他弄醒,醒后起来再接着读书。

②董子:即董仲舒,西汉学者。他勤奋学习,为防外界干扰,他放下门帘,三年之间不朝门外的树园看一眼。

【解译】 董仲舒三年不窥园,司马光圆枕自醒,都是古人刻苦学习的例子。为了减少外界干扰,董仲舒放下门帘,把自己关在屋子里,苦读三年,终于成为一代大儒;司马光之所以能成为著名史学家,主要也是得益于刻苦学习。他们和那些头悬梁、锥刺股、囊萤映雪、凿壁偷光的人一样,都表现出一种刻苦读书、勤奋学习的精神。

【原文】 会书张旭①,善画王维②。

【注释】 ①张旭:唐代著名书法家,善草书,人称"草圣"。

②王维:字摩诘,唐代著名诗人、画家。苏轼评价其诗画:"味摩诘之诗,诗中有画;观摩诘之画,画中有诗。"

【解译】 古人有书画同源之说。但不论作书还是作画,都需要有灵感,有修养,需要处处留心,把书画创作和社会生活结合起来。张旭之所以能够成为"草圣",原因之一就是他善于把日常生活和书法艺术联系起来,他见公主与担夫争道而悟笔法之妙,观公孙大娘舞剑器而悟草书神韵。俗话说,处处留心皆学问。只要肯用心,生活自然不会亏待有心人。

【原文】 周兄无慧①,济叔不痴②。

【注释】 ①周:亦作纠、孙周,春秋时期晋悼公。公元前 572 年,晋国大夫栾书、中行

偃等使程滑弑晋厉公,立周为国君。周有兄,但不聪明,不辨菽麦,所以没有被立。

②济叔:即王济的叔父王湛,西晋人。王湛没有显贵的时候,人皆以为痴。王济去看他,见床头有《易》,与之谈论,竟然剖析入微。王济感慨道:"家有名士,竟然三十年而不知!"一次,晋武帝问王济:"你家的傻叔叔死没有?"王济说:"臣叔不痴。"他以为叔父应在山涛之下,魏舒之上。

【解译】 大音希声,大象无形,大智若愚。人太聪明了,不仅思维方式异于常人,而且做事情也有自己的独特方式。他们的思维方式和行为方式既然有别于常人,一般人就很难理解他们,觉得他们有些傻。就像王湛,连帝王都把他当傻子看。不过,是金子总要发光,是智者就要显示其智慧。大智之人以愚示人,实际上也正是他们的聪明之处。

【原文】 杜畿国士①,郭泰人师②。

【注释】 ①杜畿:东汉末年人。他从荆州回许昌,见侍中耿纪,说了一个晚上。尚书令荀彧住在他们的隔壁,听了他们的谈话,次日见耿纪,说:"有国士而不进,何以居位?"就把杜畿推荐给曹操。

②郭泰:字林宗,东汉人,以品行高尚而受到当时人的尊重。魏昭小时候要求侍奉郭泰。郭泰问为何要跟他学,魏昭说:"经师易获,人师难遭。欲以素丝之质,附近朱蓝。"

【解译】 道德高尚的人,言谈举止中亦表现出不同凡俗的修养和胸襟。他们以天下为己任,心中想的是国家百姓,同时又疾恶如仇,对功名利禄等身外之物却很淡漠。东汉郭泰、李膺、贾彪等奸佞当道、纲纪失范之时,以天下为己任,以道德文章聚合天下文士,说议朝政,品评公卿,试图振危扶困,解民于倒悬。虽遭党锢之祸,但九死而不悔,赢得了后人的称赞。

【原文】 伊川传易①,觉范论诗②。

【注释】 ①伊川:即北宋著名理学家程颐,世称伊川先生。他对《易经》很有研究,有《程氏易传》传世。

②觉范:即彭觉范,宋代僧人。善为诗。其弟超然善论诗,曾说:"诗贵得于天趣。"觉范问道:"何以识得天趣?"其弟回答说:"能知萧何何以识韩信,则天趣可知矣。"

【解译】 彭觉范兄弟论诗,很有一些参禅悟道的味道。古代文人常常以诗参禅,前面说到的苏轼和琴操参禅,苏轼用诗来解答琴操的问题,最终使琴操醒悟而皈依佛门,就是这样的例子。彭觉范兄弟却是以论诗参禅。其弟"诗贵得天趣"和"能知萧何何以识韩信,则天趣可知矣"的说法,不仅表明文人对佛教有自己独特的理解,而且表明了佛教对中国文人的深远影响。

【原文】 董昭救蚁①,毛宝放龟②。

【注释】 ①董昭:字公仁,三国魏人。传说董昭渡江时,见江中漂浮一根芦苇,上伏一大蚂蚁,就把芦苇引至岸边。这天夜里,他做了一个梦,梦见黑衣人对他说:"我是蚂蚁王。感谢您救了我。您以后若遇到危难,请告诉我。"后来,董昭被盗贼诬陷下狱,夜里梦

见黑衣人对他说:"可以到山中先躲一躲。"当天夜里,蚂蚁啃坏枷锁,董昭连夜逃出,后遇赦得免。

②毛宝:字硕真,东晋人。传说他见渔人钓得一白龟,把它买下来放生。他出任邾城太守时,被石虎打败,落入江中,因得白龟相救而生还。

【解译】 古人相信因果报应之说,以为积德行善,吃斋放生,可以积阴功,会有好的报应。上述两个故事,说的都是这个道理。其实,类似的故事,只是劝人多积阴功以求现世报或来世报的一种方式,用心虽好,观念错误。从理论上讲,它更多地属于封建迷信性质。

【原文】 乘风宗悫①,立雪杨时②。

【注释】 ①宗悫:字元干,南朝宋人。叔父宗炳问其志向,他回答说:"愿乘长风破万里浪。"官豫州太守时,说:"得一州如斗大,何足以展吾志!"后为振武将军,封洮阳侯。

②杨时:字中立,北宋哲学家,人称龟山先生。杨时是程颐的学生,有一次他去拜见程颐,正赶上下大雪,而程颐正在小睡。他不敢打搅先生,就站在雪中等待。等程颐醒来时,门外的积雪已有一尺多厚。这就是著名的"程门立雪"的故事。

【解译】 20世纪那场被称为"文化大革命"的浩劫中,"师道尊严"成了批判的对象,学生把老师当敌人,斗来斗去,师道没有了,尊严也没有了,尊师重教的好传统被彻底摒弃了。读一读"程门立雪"的故事,我们不仅应为过去那种做法感到汗颜,更应该把尊师重教的好传统继承下来,发扬光大。

【原文】 阮籍青眼①,马良白眉②。

【注释】 ①阮籍:字嗣宗,三国魏人,竹林七贤之一。他能为青白眼,见俗人则以白眼视之,见脱俗之士则以青眼。青眼:谓眼珠在中间正视。

②马良:字季常,三国蜀人。他眉毛边上有白毫,人称白眉马良。他兄弟五人,皆有才能。时人有语说:"马氏五常,白眉最良。"

【解译】 人们常常把看重某人形容为"青眼有加",把受到轻视称为看别人的白眼。这个典故出自三国魏的阮籍。阮籍是大名士,值天下多故、名士少有全者之时,不能公开表达自己的爱憎好恶,只好用青白眼,看不上的人,他就用白眼看,若是超然脱俗的名士,他就用青眼看,于是就有了青眼、白眼之说。

【原文】 韩子《孤愤》①,梁鸿《五噫》②。

【注释】 ①韩子:即韩非子,战国时期著名思想家。善刑名之学。有《孤愤》《五蠹》等作品传世,后人辑为《韩非子》。

②梁鸿:字伯鸾,东汉人。他从京师洛阳经过,作《五噫歌》,感慨世事变迁、百姓疾苦。他与妻子孟光举案齐眉的故事,广为人知。

【解译】 也许由于举案齐眉的故事太动人、太过理想了,许多人只知道梁鸿和孟光是夫妇相敬如宾的典范,而不知梁鸿还是一个有着强烈社会责任心的人。他经过洛阳时

所做的《五噫歌》，就表明了他对国家、社会、百姓的深深关切之情。

【原文】　钱昆嗜蟹①，崔谌乞麈②。

【注释】　①钱昆：字裕之，北宋人。喜欢吃螃蟹。有人问他有什么嗜好，他说："但得有螃蟹无通判处则可矣。"苏轼有诗咏之云："欲问君王乞符竹，但忧无蟹有监州。"

②崔谌：北齐人，曾任西河太守。他依仗弟弟崔暹的势力，向属下李绘索要麈角和鸽羽。李绘回答他说："鸽有六羽，飞则冲天；麈有四足，走便入海。下官手足迟钝，不能近追飞走，以事佞人。"

【解译】　每个人都有自己的喜好，古玩字画，奇珍异宝，寻常人物即使喜爱，亦无这种能力。但是，那些手中握有大权的人就不同了。有的人为满足私欲，纳财受贿，巧夺豪取，公然勒索，既寡廉鲜耻，又目无国法。但是若遇到刚直不阿的人，他们也可能碰一鼻子灰，就像崔谌遇到李绘那样。

【原文】　隐之卖犬①，井伯烹雌②。

【注释】　①隐之：即吴隐之，字处默，东晋人。曾任谢石主簿。家中贫穷，嫁女儿的时候，让婢女牵一条狗在集市上卖，给女儿置办嫁妆。

②井伯：即春秋时期的百里奚。百里奚家中贫穷，出游时他的妻子杀掉伏窝的母鸡，用门闩当柴火煮饭为他送行。他流落到楚国养牛。秦穆公知其贤，用五张羊皮将他换来秦国，遂入秦为相。一日在堂上作乐，有浣妇援琴而唱："百里奚，五羊皮。忆别时，烹伏雌，炊扊扅，今日富贵忘我为？"百里奚觉得歌词很熟悉，询问浣妇，正是其失散多年的妻子，夫妇遂得团聚。

【解译】　吴隐之是谢石的主簿，不是官也算是僚，可是他竟然家贫如洗，穷到连女儿出嫁的嫁妆都办不起，只好把家里仅有的一条狗卖了。这样的官员真正称得上廉洁。那些手中多少有一点权利，就不顾一切地以权谋私的人，和吴隐之这样的官员比一比，不知该做何感想。

【原文】　枚皋敏捷①，司马淹迟②。

【注释】　①枚皋：字少孺，枚乘之子，西汉文学家。反应极为敏捷，时人以为他和东方朔相似。

②司马：即司马相如，西汉著名文学家。他的文章写得很好，但构思迟缓。梁武帝评价司马相如和枚皋说："相如工而不敏，枚皋敏而不工。"

【解译】　俗话说"慢工出巧匠"。司马相如就是这样的文学家。他的辞赋写得很好，在汉代首屈一指，但他的《上林赋》《子虚赋》却不是一挥而就，而是经过很长时间的构思才创作出来的。这些作品能够成为汉赋的代表作，且能传之百代，主要得益于他反复构思、精雕细刻。

【原文】　祖莹称圣①，潘岳诚奇②。

【注释】　①祖莹：字元珍，北朝魏人。幼时聪颖，八岁能诵《诗经》《尚书》，被称为

"圣小儿"。

②潘岳:字安仁,西晋文学家。姿容奇伟,少年时乘车挟弹弓在洛阳道上行走,妇人皆把水果投向他,结果满载而归。乡人号为奇童。

【解译】 也许是名人的缘故,古代许多著名人物小时候都有一些神奇的传说,如孔融让梨、曹冲称象等,都是人们耳熟能详的故事。但是,也有另外一种现象,即古人所说的"小时了了,大未必佳"。有的人小时候很聪明,但长大以后,却是不过尔尔,没有什么超人之处。

【原文】 紫芝眉宇①,思曼风姿②。

【注释】 ①紫芝:即元德秀,字紫芝,唐朝人。他品行高尚,唐玄宗开元年间曾任鲁山令,人称

潘岳奉母乘肩舆出游

"元鲁山"。宰相房绾说:"见紫芝眉宇,使人名利之心都尽。"

②思曼:即张绪,字思曼,南朝宋人。风姿清雅。齐武帝时,有人献蜀柳,植于殿前,其枝条甚长,状如丝缕。齐武帝感叹道:"此柳风流可爱,似张绪当年。"

【解译】 从古至今,真正有修养的人从来都把功名利禄等闲看之,很少把身外之物放在心上。无欲自刚,无私无畏。当你不像世俗那样去追求功名利禄富贵利达时,也就摆脱了名缰利锁的束缚,为人处事也就坦然了许多。元德秀能让人一见即能使名利之心都尽,是他那无私无欲的高尚情操征服了人们。

【原文】 毓会窃饮①,谌纪成糜②。

【注释】 ①毓会:指三国魏钟毓、钟会兄弟。二人小时候乘父亲睡觉的时候偷酒喝,其父钟繇实际上已经醒了,却是假装睡着,观察他们的动静。钟毓祭拜之后才喝,钟会却是拿起来就喝。钟繇问钟毓为何要拜,钟毓说:"酒以成礼,所以要拜。"又问钟会为何不拜,钟会说:"偷酒喝本来就不合礼仪,所以不拜。"

②谌纪:指东汉陈纪、陈谌兄弟。其父陈寔是当时名士,一次,有客人来访,兄弟二人做饭招待客人,却把干饭做成了稀饭。父亲问为何如此。陈纪说:"儿子偷听你们谈话,做饭时忘了加笼箅,所以做成了稀饭。"

【解译】 对不同的人来说,礼仪规范的作用是不同的。循规蹈矩的人可能会严守礼仪规范,小心谨慎,不敢越雷池一步;放荡不羁的人则不太把礼仪规范放在眼里,在礼仪规范面前我行我素,依然故我。钟氏兄弟偷酒喝后,对父亲问话的不同回答,可以看出人们对待礼仪规范的两种不同态度。

【原文】 韩康卖药①,周术茹芝②。

【注释】 ①韩康:字伯休,东汉人。他出身大族,不愿做官,在长安市上卖药,从来不讲价钱。卖了三十多年,从来没有二价。一天,有一女子买药,韩康不愿降价。女子恼怒地说:"你是韩伯休吗? 卖药没有二价。"韩康听了,感慨道:"我卖药本来是不想让人知道我,如今连一个女子都知道,我还卖它干什么!"于是逃进山中,藏了起来。

②周术:字元道,西汉初年人,商山四皓之一。曾作采芝歌云:"烨烨紫芝,可以疗饥。"

【解译】 人怕出名猪怕壮。话虽然粗俗,蕴涵的道理却很深刻。人一出名,自然就成了众人瞩目的焦点,不论好事坏事,很快就会传遍四方。再想平平淡淡地过日子,难矣! 韩康以卖药来逃名,就是想过平淡的日子,不想让太多的人知道他。可是,由于他卖药从来无二价,几十年如一日,最后还是出了名。既然出了名,再想逃名,只好藏身深山老林了。为逃名而如此,亦可谓是无可奈何之举了。

【原文】 刘公殿虎①,庄子涂龟②。

【注释】 ①刘公:即刘安世,北宋人。宋哲宗时,刘安世为谏官,朝堂之上知无不言,言无不尽,哪怕皇上大怒,他只是执简站立一边,等皇上的气消一些,又上前劝谏,当时人称他为"殿上虎"。

②涂龟:烂泥中的龟。典故出于《庄子·秋水篇》:庄子钓龟于濮水,楚王使人请他出来做官。庄子说:"我听说楚地有神龟已死三千年了,楚王用手巾把它包起来供在庙堂之上。像这样的神龟,是死了留骨让人供奉好,还是活着拖着尾巴奔走于烂泥中好呢?"

【解译】 人有各种活法,有的人追求轰轰烈烈,有的人则向往平平淡淡。追求轰轰烈烈者以扬名后世为最大满足,要么光耀门楣,流芳百世,要么遭人唾弃,遗臭万年。但像庄子这样善于明哲保身的人,对待人生却是另一种态度。他宁肯做一个奔走于烂泥之中寻觅食物的平凡之龟,也不愿做那种死后被供奉于庙堂之上的所谓神龟。因为他追求的是自然真淳,信奉的是"平平淡淡才是真"。

【原文】 唐举善相①,扁鹊名医②。

【注释】 ①唐举:战国人。传说他善于相人。蔡泽来求他看相,他说:"圣人不相,这大概说的就是先生吧。"蔡泽说他不问富贵,只问寿命。唐举说他从今以后还有四十三年。后来果然被他言中。

②扁鹊:字越人,战国时名医。兄弟三人皆精于医术。魏文侯问扁鹊。他们兄弟三人谁的医术最高。扁鹊说:"长兄对于疾病,看其神色,就可在病未出现的时候除之,所以只有家里的人知道他;二兄治病,刚刚露出一些端倪,就能治疗,所以,只有家乡的人知道他。像我这样针血脉,投毒药,敷肌肤间的人,竟然能够闻名于诸侯。"

【解译】 世人皆以为扁鹊是神医,但在扁鹊自己看来,他不过是一个精于医术的人而已,真正高明的是他的两个兄长。当一个人刚刚露出一点生病的苗头时,就知道病在哪里,将它治好,已经很不容易了。这样的医生已极为罕见。而通过观察一个人的神色,

就能知道哪里出现了问题,在病还没有形成的时候将它治好。这应该是医术的最高境界。能够达到这种境界的人,可谓是少之又少。

【原文】 韩琦焚疏①,贾岛祭诗②。

【注释】 ①韩琦:北宋名相。为谏官三年,欲学习古人谨密之义,想将所存疏稿焚烧,但又担心无法表彰从谏之美,遂把这些奏疏汇集成册,名《谏垣存稿》。

②贾岛:字浪仙,唐代诗人。贾岛晚年,每天要写诗,一年到头,就于除夕晚上,把一年中作的诗汇集在一起,以酒脯祭之,说:"劳吾精神,以是补之。"

【解译】 做事情应当善始善终,不应虎头蛇尾,更不应半途而废。事情完成之后进行一下总结,也是必要的。温故知新,知往鉴来。如果以为都是已经过去的事情,没有必要再去劳神费心,那就很难有新的进步。

【原文】 康侯训侄①,良弼课儿②。

【注释】 ①康侯:即胡安国,字康侯,北宋人。其侄胡寅小时候狡黠难驯,胡安国置书千余卷于空阁中,把胡寅关在里面一年。一年后,胡寅竟把这些书都背了下来,后来一举而登进士。

②良弼:即余良弼,宋朝人。以善于教导儿子而闻名。他有一首《教子诗》:"白发无凭吾老矣,青春不再汝知乎?年将弱冠非童子,学不成名岂丈夫!幸有明窗兼净几,何劳凿壁与编蒲。功成欲自殊头角,记取韩公训阿符。"

【解译】 望子成龙,望女成凤,是许多家长的心愿。但是,教子有教子的方法,要因人而异,因事而异,不能千篇一律,一以概之。胡寅狡黠难驯,胡安国就采取强制的办法;余良弼教子,则是循循善诱,用心良苦,动之以情,晓之以理。前人教子的经验,可以学习和借鉴。

【原文】 懒残煨芋①,李泌烧梨②。

【注释】 ①懒残:即唐代高僧明瓒。唐德宗闻其名,派人宣诏请他,他当时正用牛粪烧芋头吃,听了宣诏,无动于衷。

②李泌:字长源,唐朝大臣,精于辟谷术。一天夜里,他与颖王等侍坐,唐肃宗赐给他两个烤梨。颖王等即吟诗联句咏赞此事:"先生年几许,颜色如童儿。夜抱九仙骨,朝披一品衣。不食千钟粟,惟餐两颗梨。天生此间气,助我化无为。"

【解译】 道家有所谓的辟谷术,以为人修炼到一定程度,就可以不用吃东西,得道成仙。这固然不可信。但是若善于保养,精通养生之道,倒是可以起到祛病除灾、益寿延年的效果,甚至鹤发童颜,气色像年轻人一样,也是可能的。现代医学已经证实了这一点。

【原文】 干椹杨沛①,焦饭陈遗②。

【注释】 ①杨沛:字孔渠,三国魏人。他为新郑长时,让老百姓储备了很多桑葚干和野豆。曹操迎汉献帝都许,缺少食物,杨沛进干桑葚和野豆给曹操,帮助曹操渡过了难关。

②陈遗:东晋人。其母喜欢吃锅底的焦饭,陈遗作郡主簿,每次做饭的时候,都要把

锅底的焦饭收起来,回来给母亲吃。后遭大乱,他带着平时积攒的焦饭逃到山中,靠这些活了下来。

【解译】 过惯了锦衣玉食生活的人,对桑葚干、野豆、焦饭,肯定是看也不看一眼。但是,当遇到了意外变故(譬如灾年、战乱等)而缺少食物的时候,这些东西或许可以帮助你渡过难关。从这个意义上说,杨沛、陈遗都是很有远见之人。

【原文】 文舒戒子①,安石求师②。

【注释】 ①文舒:即王昶,字文舒,东汉人。他有一篇《戒子书》,其中写道:"物速成则疾亡,晚就则善终。能屈以为伸,让以为德,弱以为强,鲜不遂矣。人或毁己,当退而求之于身。谚曰:救寒莫若重裘,止谤莫于自修。斯言信矣。"

②安石:即王安石。他为儿子求师,一定要找品行端正的博学之人。有人对他说:"你只是给儿子找一个启蒙老师,何必要求这么高?"王安石说:"先入者为主。"

【解译】 王昶戒子,主要是从修身养性的角度,要求他们重修身,重德行。而王安石为子选师,之所以要求博学善士,主要是因为儿童可塑性强,近朱则赤,近墨则黑。如果一开始就所选匪人,则很可能把儿子教坏,到时候再教他学好就难了。万丈高楼平地起。基础打好了,后面的事就比较好办。如果根基不正,根基不牢,是很难建成高楼大厦的。

【原文】 防年末减①,严武称奇②。

【注释】 ①防年:西汉人。因继母陈氏杀其父,遂杀继母。廷尉以大逆不道罪论处,向景帝汇报。汉武帝当时十二岁,说:"继母如母,缘父之故。今继母杀其父,下手之时,母道绝矣,是父仇也,不宜以大逆论处。"防年因此得以减轻刑罚。

②严武:字季鹰,唐朝大臣。小时候,他见父亲宠爱侍妾而冷淡其母,遂将父亲的侍妾杀死,说:"安有大朝人士厚其侍妾,困辱儿之母乎?儿故杀之,非戏。"其父严挺之很是称奇,说:"真是严挺之儿!"

【解译】 杀人偿命,欠债还钱,这本是用不着多说的道理。但是,在封建皇权统治下,在儒家文化思想的约束下,经常出现情大于法的现象。防年杀继母,严武杀父亲的侍妾,虽然于情可赦,但于法不容。须知,法不容情,不然天理何在?法理何存?防年、严武被赦免,是徇情而枉法。这样的事情只能在皇权统治下的社会发生,在缺少法治和公理的社会发生。

【原文】 邓云艾艾①,周曰期期②。

【注释】 ①邓:即邓艾,字士载,三国魏人。他虽然反应敏捷,善于应对,但因口吃,说自己的名字时常常说成"艾艾"。司马懿问他:"卿云艾艾,终究是几艾?"邓艾回答说:"凤兮凤兮。故是一凤。"

②周:即周昌,西汉人。周昌说话口吃,但人刚烈耿直。汉高祖欲易太子。周昌争辩说:"臣口不能言,然期期知其不可。陛下欲易太子,臣期期不奉诏。"

【解译】 周昌和邓艾皆是有名的大将,他们扬名后世,靠的是赫赫战功,靠的是对西

汉和曹魏的贡献。上述有关他们口吃的故事,只是他们生平中的小插曲。这两个故事反映出他们不同的性格。邓艾敏于应对,故其能以"凤兮凤兮"对"艾艾"之谑。周昌耿介之臣,故敢当面对汉高祖说:"陛下易太子,臣期期不奉诏。"

【原文】 周师猿鹄①,梁相鹓鸱②。

【注释】 ①周师猿鹄:晋葛洪《抱朴子》记载:周穆王率师南征,一军尽化,君子化为猿和鹄,小人化为虫和沙。

②梁相:指战国人惠子,曾任梁国相。庄子到梁国,有人对惠子说:"庄子来是想代替你为梁国相。"惠子很害怕,在国内搜寻三天三夜。这时,庄子来见惠子,说:"南方有一种鸟名叫鹓鸱,你知道吗?这种鸟从南海飞到北海,非梧桐不栖,非练实不食,非醴泉不饮。这时,有一只鸱得到一只腐烂的老鼠,见鹓鸱飞过,大叫一声'吓'。如今,你也想以你梁国的职位来'吓'我吗?"鹓,即凤凰。鸱,即猫头鹰。

【解译】 庄子很会讲故事。他用一个通俗易懂的故事,用鹓鸱做比喻,说明了高雅脱俗之人视功名富贵如腐鼠的人生态度。而那些留恋功名富贵的世俗之人,却常常以小人之心度君子之腹,竟然对高雅脱俗之人怀有戒心,唯恐抢了他们得之不易的富贵。其实,他们根本不了解君子的高尚情怀和不俗志向。

【原文】 临洮大汉①,琼崖小儿②。

【注释】 ①临洮大汉:秦始皇时,有十二个大汉高五丈,出现在临洮。秦始皇统一六国后,模仿临洮大汉,铸十二个金人,立于阿房宫前。

②琼崖小儿:据钱易《洞征志》记载,北宋时,琼州(今海南省)有一个叫杨避举的人,父辈皆一百二十多岁,其祖一百九十五岁,梁上鸡巢中有一小儿,乃其前代祖,不语不食,亦不知其年龄。每当初一、十五,子孙就把他取下来祭拜。

【解译】 秦始皇初并六国,以为临洮出现的十二大汉是祥瑞之兆,于是销毁天下兵器,仿照临洮大汉的样子铸十二金人,想以此保佑秦王朝传之万世。结果还是成为中国历史上最短命的王朝。看来,不行善政,不恤万民,而想保其王朝不朽者,最终不过只是一种幻想。

【原文】 东阳巧对①,汝锡奇诗②。

【注释】 ①东阳:即李东阳,号西崖,明代著名文学家。李东阳幼时举神童,入朝见天子,门槛太高,迈不过去。皇上说:"神童足短。"李东阳对道:"天子门高。"皇上很高兴,抱他坐膝上,而他的父亲却立于一侧。皇上说:"子坐父立,合乎礼仪吗?"他回答说:"嫂落水,小叔子伸手救援,是权宜之计。"皇上又出句说:"螃蟹浑身甲胄。"对曰:"蜘蛛满腹经纶。"属对甚为巧妙。

②汝锡:即陈汝锡,北宋人。他把所作诗句"闲愁莫浪遣,留为痛饮资",给黄庭坚看。黄庭坚看了,称赞说:"真是我辈中人也!"

【解译】 何以解忧,唯有杜康。酒解愁肠,酒浇块垒。有的人愁闷之时,携三五好

友,举杯痛饮,试图消愁解闷。殊不知,抽刀断水水更流,举杯消愁愁更愁。酒非愁之友,实乃愁之媒。越是饮酒,越难忘却。酒醒之后,就会更加惆怅满怀。陈汝锡的两句诗化用前人诗意,意虽近而诗不同,作者称其诗奇,大概也就是因为这一点。

【原文】　启期三乐①,藏用五知②。

【注释】　①启期:即荣启期,春秋末年人。孔子游泰山见到他,问他何以为乐,他说有三乐:"天生万物,人为贵,吾得为人,一乐也;男女之别,男尊女卑,吾得为男,二乐也;人生有不见日月不免襁褓者,吾行年九十矣,三乐也。"

②藏用:即李藏用,北宋人。他有《五知先生传》,以知时、知难、知命、知退、知足为五知。

【解译】　知足者常乐。此话一点不假。荣启期的三乐,在常人看来也许根本不值得一乐。生而为人,为男人,有什么可乐的?在人活七十古来稀的时代,活到九十岁,也许可以算一件可乐之事,但在今天来看,平平常常,同样没有什么可乐的。不过,人们对事情的看法不同,参照物也不同,所以,今人看来根本不值得一乐的事情,荣启期却认为是很快乐的事情。

【原文】　堕甑叔达①,发瓮钟离②。

【注释】　①叔达:即孟敏,字叔达,东汉人。有一次,他扛甑行走,不小心甑掉在地上摔破了,他看也不看,扬长而去。郭泰问他为何如此,他说:"甑已经摔破了,看它有什么用?"甑:古代做饭用的一种瓦器。

②钟离:即钟离意,西汉人。他为鲁相时,自己出钱修孔子庙。有个叫张伯的人在堂下除草,得玉璧七枚,揣起来一枚,把剩下的六枚交给了钟离意。堂下有瓮,挖出来后,瓮上有字:"后世修吾书,广川董仲舒。护吾车,拭吾履,发吾笥,会稽钟离意。璧有七,张伯怀其一。"一切皆如所言。

【解译】　孟敏可谓是拿得起放得下的人。若是常人,甑摔破了,即使不后悔半天,至少要停下来看一看,想一想好端端地怎么就把甑摔破了,甚至还要总结一下教训。孟敏却很豁达,他清楚地知道甑摔破了就是摔破了,看也没有用,所以干脆不看,扭头就走。这样的人拿得起放得下,不论是好是坏,是对是错,过去了就过去了,不回头看,不后悔。

【原文】　一钱诛吏①,半臂怜姬②。

【注释】　①一钱诛吏:宋人张咏任崇阳知县,见库吏从库房出,鬓角边有一钱,一问是库钱,就令人用法杖打他。库吏说:"一个钱值得你这样?你能用杖打我,还能把我杀了不成!"张咏拿起笔来判决道:"一日一钱,千日千钱。绳锯木断,水滴石穿。"拿剑把库吏杀了,然后向上司自首。

②半臂怜姬:北宋大臣宋祁有很多姬妾,一天在锦江宴饮,感到有点冷,就让人拿一件半臂(即短袖)来,结果在场的姬妾每人拿来一件。宋祁怕厚此薄彼,干脆挨冻回府。

【解译】　俗话说"官大一级压死人"。这话在张咏身上表现得最充分不过。他杀库

吏不仅是仗势欺人,更是目无国法。且不说库吏鬓角上的一个钱是不是他有意偷盗,即使是偷盗,也罪不至死。也许正是因此,在接受惩罚的时候,库吏才那么嘴硬,敢于顶撞。而张咏则容不得下属对他如此,竟然用极为荒唐的推理,为自己对库吏痛下杀手开脱辩护。如此草菅人命的官员,竟然还受到封建文人的褒扬,不知天理何在!

【原文】　王胡索食①,罗友乞祠②。

【注释】　①王胡:即王胡之,字修龄,东晋人。他家很穷,陶胡奴派人给他送米来,他不肯接受,说:"我要是饿了,会向谢仁祖要吃的,不需要陶胡奴的米。"

②罗友:东晋人。喜欢在人们祭祀祖先的时候,去祠堂乞食。若是去得早了,就藏在门后面。他以此为乐,不以此为羞。

【解译】　《孟子》中有一个齐人乞墦的故事,说的是齐人有一妻一妾,每天都到人家的坟地里乞食,回到家里,大言不惭地说是和富贵之人在一起。后来,他的妻妾跟踪他,拆穿了他的把戏。罗友乞祠,不知是不是受了齐人的启发,但他不以为羞,倒是和齐人很相似。

【原文】　召父杜母①,雍友杨师②。

【注释】　①召父:汉召信臣为上蔡长,视民如子,后为南阳太守,为民兴利,教化大行,号称"召父"。杜母:东汉杜诗为南阳太守,爱民罢役,兴利除弊,造作水排,铸为农器,方便百姓,号为"杜母"。

②雍友杨师:南宋张浚主持选举的时候,问梁洋这个地方有些什么人物,杨用中回答说:"杨仲远可以为师,雍退翁可以为友。"

【解译】　官若爱民,则民亦爱官;官若敬民,则民亦敬官。爱民之官,必得百姓爱戴,召父、杜母就是很好的例子。如果以为百姓可欺,不把百姓放在眼里,甚至是鱼肉百姓,百姓不仅不会爱戴和敬仰你,而且还会揭竿而起。水可载舟,亦可覆丹。这是千古不易之理。

【原文】　直言解发①,京兆画眉②。

【注释】　①直言:即贾直言,唐朝人。贾直言与父俱被流放荒远,行前对妻子董氏说:"生死难以预料。我去后你赶快嫁人。"董氏拿根绳子把头发系起来,对丈夫说:"这根绳子,只有你的手才能解开它。"

②京兆:指张敞,西汉人,曾为京兆尹。他为妻子画眉,有司弹劾他。他说:"闺房之中,有比这更为过分的。"

【解译】　张敞为妻子画眉,竟然遭到弹劾,看来有司也有点太不近情理了。夫妇闺中的事,用得着别人指手画脚吗?张敞其实也是这么想的,要不然,他那句"闺房之中,有比这更为过分的"该如何解释呢?

【原文】　美姬工笛①,老婢吹篪②。

【注释】　①美姬:指晋石崇宠姬绿珠。绿珠美丽而善吹奏笛子,其弟子宋祎和她一样有倾国之色，也善吹笛子。

②老婢：即王琛的婢女，名朝云。王琛为秦州刺史，境内的羌人发动叛乱，屡次征讨皆不能取胜。王琛令朝云假扮成一个穷老太婆，吹篪到羌人处行乞。羌人听到她吹奏的篪声，说："我们何必要背井离乡到山中为寇呢？"于是就投降了。当时有民谣说："快马健儿，不及老婢吹篪。"

【解译】　楚汉战争后期，项羽被困在垓下，夜里听到汉军四面皆楚歌，以为楚地皆为汉军所得。士兵听到楚歌，唤起思乡之情，遂丢盔弃甲，再无斗志。项羽乌江自刎，刘邦一战而胜。王琛屡次征讨不能取胜，就学习刘邦，让老婢扮成乞丐，到叛军中吹篪行乞，扰乱叛军的军心。叛军听到篪声，牵动思乡之情，就按兵束甲，投降了王琛。音乐艺术真的有动天地、泣鬼神的力量。

绿珠像

五　微

【原文】　敬叔受饷①，吴祐遗衣②。

【注释】　①敬叔：即何敬叔，南北朝人。他任长城县县令的时候，为政清廉，从不接受下属的馈赠。有一年夏季歉收，他忽然贴出告示，表示接受馈赠，几天之内即得到二千八百石米，他把这些米都拿去代老百姓交了租税。之后再不接受馈赠。

②吴祐：字季英，汉朝人。他为胶东相时，仁德简约，下属不敢欺瞒。有一个属下，私下向老百姓收税，买了一件衣服送给父亲。其父训斥他说："有这样好的长官，你怎么好意思欺骗他！"让他自首请罪。吴祐说："掾属因为孝敬父亲，自愿受辱，这就是所说的观过而知其仁。"于是赦免了他，并把那件衣服送给他的父亲。

【解译】　中国古代有所谓的"循吏"，他们奉公守法，爱民如子，广施仁政，深得百姓的爱戴。不过，同是爱民，方式却不尽相同。何敬叔公开贴出告示接受馈赠，是为了替老百姓交纳税赋；吴祐赦免属下，是因其有孝敬之心，事后又不怕自己名声受损而主动请罪。如果遇到"一钱诛吏"那样的官员，不知其属下是否还有这样的勇气。

【原文】　淳于窃笑①，司马微讥②。

【注释】　①淳于：即淳于髡，战国时期齐人，以滑稽著称。楚伐齐，齐威王派他去赵国求救，给他黄金百斤、驷马车十辆。淳于髡仰天大笑。齐威王问他笑什么，他说："臣今天来的时候，见一个老农拿一个猪蹄、一盅酒祭神，求神灵让他五谷丰登，牛羊满院。臣见他用那么一点点东西祭祀神灵,而他的要求却是那么奢侈,所以才笑。"齐威王明白了他的意思,给他黄金千镒,白璧十双,车马百驷。淳于髡至赵,请来十万精兵。楚兵得信,连夜逃跑了。

②司马:即司马承祯,唐朝人。卢藏用隐居终南山,但又很想做官,后来朝廷征他为左拾遗。天台山道士司马承祯从朝廷回,遇卢藏用。卢藏用指着终南山说:"这里有很多好地方,您何必一定要回天台山呢?"司马承祯说:"以我来看,这里只不过是仕宦的捷径罢了。"卢藏用听了很惭愧。

【解译】 隐逸是中国古代社会的一种文化现象。从传说中的尧、舜时代起,经常有一些名士遁世而居。但是,自东汉以后,以隐居求名者也是大有人在。尤其是南北朝以后,借隐逸而求名者越来越多。后人把这种现象称之为"终南捷径"。而这一典故就出自司马承祯讽刺卢藏用之语。

【原文】 子房辟谷①,公信采薇②。

【注释】 ①子房:即张良,字子房,西汉大臣。他曾对人说:"吾仅靠智谋而为帝王师,封万户侯,已心满意足。愿摈弃人间之事,从神仙赤松子游。"于是辟谷学道。辟谷:道家称行导引之术,不食五谷,可以长生。道家方士于是附会为神仙入道之术。

②公信:即伯夷,名允,字公信,西周初年人。武王伐纣,他扣马而谏。殷朝灭亡后,他耻食周粟,隐于首阳山,饥时食薇,不久饿死。

【解译】 在传统文化中,伯夷是忠臣义士的典范。他生为殷朝之臣,周取殷而代之,他宁可饿死,义不食周粟。可是,如果换一个角度来看,伯夷就似乎没有那么可爱可敬了。殷纣王是什么样一个人物?是暴君,是荒淫误国之君。这样的国君,人人得而诛之。武王伐纣,顺天应人,可喜可贺,应给予热情歌颂才是。如果只是因为是其臣民而一味地愚忠,倒是没有什么值得歌颂的。

【原文】 卜商闻过①,伯玉知非②。

【注释】 ①卜商:孔子的学生,字子夏。子夏丧子,因悲哀过度而失明。曾子去看他,他哭着说:"天啊,我没有罪,你为何这样惩罚我啊!"曾子说他有三罪,一是本来事夫子于洙泗之间,后来退而老于西河之上,使西河之民怀疑他就是夫子;二是亲人死了之后,不让人们知道;三是已经丧子,竟然又失明。子夏听了,说:"我错了,我错了! 我离群索居太久了。"

②伯玉:指春秋时期卫国大夫蘧瑗,字伯玉。《淮南子》说他快满五十岁的时候,才明白人生的真谛,以为过去四十九年都是白活了。

【解译】 知过能改,善莫大焉。这个道理,很多人都懂得,但具体到实际生活中,很多人未必能够如此。或是碍于面子,或是执拗的个性在作怪,有的人明知自己错了,却总是不肯承认错误,又不愿主动改正,结果在错误的道路上越滑越远,由小错而成大错。这样的教训很多,应予记取。

【原文】　仕治远志①，伯约当归②。

【注释】　①远志：中草药名，又名小草。东晋谢安隐居东山，朝廷屡征不起。后起为桓温司马。一日，有人送药来，其中有远志。桓温问谢安："这种药既名远志，为何又名小草？"谢安还没有说话，参军郝隆回答说："这很容易解释。处则为远志，出则为小草。"郝隆，字仕治。

②当归：中草药名。三国姜维，字伯约，原是魏国将领，后来归顺了诸葛亮。其母给他写信，令他寻找当归这种药，言外之意是让他回魏国。姜维志在功名，回信说："良田百顷，不在一亩。但有远志，不在当归。"

【解译】　远志、当归两种中药名常常出现在古代文学作品中，是因为它们代表了两种不同的文化取向。一种是虽然不肯出仕，实则志在高远；一种是虽然人在仕途，却心系故乡。这其实是另一种"围城"现象，它反映出人们对出世与入世的两种态度，两种心理。

【原文】　商安鹑服①，章泣牛衣②。

【注释】　①商：卜商，即子夏。子夏家中贫穷，炎热的夏天，还穿着悬结如鹑的衣服，但他却能安然处之。

②章：即王章，字仲卿，西汉人。王章家中贫穷，大病在身，没有被子，就躺在为牛御寒的蓑衣中，哭着与妻子诀别。其妻正言道："京师尊重的人，哪一个超过你？如今你不求自强，反而哭泣，真让人瞧不起！"王章因而自励，后为京兆尹。

【解译】　孔子说，君子固穷，小人穷斯滥矣。有德行操守的人虽处穷苦之境，却能安贫守贱，自强不息，不坠青云之志。传统文化对于这样一些虽处穷困之地而能自强不息的人总是给予热情的礼赞。

【原文】　蔡陈善谑①，王葛交讥②。

【注释】　①蔡陈：指蔡襄和陈亚，北宋人。二人喜爱开玩笑，有一次，二人在金山寺喝酒，喝到高兴的时候，蔡襄在屏风上写道："陈亚有心终成恶。"陈亚也写道："蔡襄无口便成衰。"在场的人都笑得直不起腰来。

②王葛：指王导和诸葛令恢，东晋人。二人曾争姓氏先后。王导说："为何不说葛王，而说王葛？"意思是王在葛前，王胜于葛。诸葛令恢回答说："譬如说驴马，不说马驴。难道说驴就一定比马强吗？"

【解译】　有人说中国人不善幽默，不会幽默。这话其实很片面。早在《史记》中，司马迁就专门设置了《滑稽列传》，为那些以善于幽默的人立传扬名。淳于髡、东方朔等，虽然滑稽，却也不失正义感和社会责任心。就是那些平时满口之乎者也的文人，也不乏幽默。随便打开一本古代笑话著作，你都会看到中国式的幽默。

【原文】　陶公运甓①，孟母断机②。

【注释】　①陶公：即陶侃，东晋名将。他任广州刺史时，每天一早就把一百块砖搬到户外，晚上再搬到户内。有人问他为何这样。他说："我正致力于恢复中原，过着这样安

逸的生活,恐怕不能担当大事,所以就自己劳动作为锻炼。"甓:砖。

②孟母:孟子的母亲。为了让孟子安心学习,给他创造一个好的学习环境,孟母多次迁居。有一次,孟子不想学了,他的母亲用刀割断正在织的布,说:"你不学习,就像割断布一样,将会前功尽弃!"孟子于是勤奋学习,终于成为一代名儒。

【解译】 孟母三迁、孟母断机的故事,千百年来,不知感动过多少人。孟母作为教子的典范,一直为人们所敬仰。孟母教子的精神,一直在激励着莘莘学子刻苦学习,奋发向上。

六 鱼

【原文】 少帝坐膝①,太子牵裾②。

【注释】 ①少帝:即晋明帝司马绍。他小的时候,晋元帝抱他在膝盖上,有人从长安来。元帝问他:"长安和太阳,哪一个离我们近?"司马绍回答说:"太阳远,没有听人说过从日边来。"第二天,群臣聚会,晋元帝又问他。他说:"太阳近。"元帝大吃一惊,问他为何与昨天回答的不一样。司马绍说:"抬头就能看见太阳,却看不见长安。"

②太子:即西晋愍怀太子。他五岁的时候,宫中失火,晋武帝登楼观看。太子扯着武帝的衣角来到暗处。武帝问他为何如此,愍怀太子回答说:"黑夜之中,仓促中失火,应该预防非常事件,不宜离火光太近,让人看见君主。"

【解译】 "少年老成"常常被人们作为一个褒义词使用,以为少年有成年人的思维方法和处世方式是一种优点。当然,要想"老成",必须对人情世事有较多的了解,对社会和人生有深入的观察,不然的话,想"老成"也不可能。但是,如果换一个角度来看,"少年老成"未必就是好事。儿童应该天真活泼,无忧无虑,说话做事了无芥蒂,而不应该有那么多的心计。如果儿童说话做事竟然一副成人模样,他所处的社会文化环境就很成问题了。

【原文】 卫懿好鹤①,鲁隐观鱼②。

【注释】 ①卫懿:即卫懿公,春秋时期卫国国君。他喜欢养鹤,给它俸禄和官位,但对士兵和国人却很残暴。当狄人来进攻时,士兵们都说:"让鹤去打仗吧,鹤有禄位,我们这些人哪里能打仗?"结果,狄人灭卫,杀卫懿公。

②鲁隐:即鲁隐公,春秋时期鲁国国君。他准备到棠这个地方去观鱼,臧僖伯劝阻他说,国君应该关心国家大事,对国家不利的事不要去做,不然的话会把百姓引导向何方?鲁隐公不听。臧僖伯假装有病,没有跟去。

【解译】 一国之君,应该关心国家大事,而不应把心思用到那些鸡毛蒜皮的小事上,更不应耽于享乐,沉湎于声色犬马。因为,上有好之,下必效之。楚王好细腰,宫女犹饿死。如果一国之君不思进取,不把心思放在强国富民上,而是喜好声色犬马,那么,整个国家的百姓该将如何?卫懿公好鹤,可为前车之鉴。

【原文】 蔡伦造纸①,刘向校书②。

【注释】 ①蔡伦:字敬仲,东汉人。他把西汉以来的造纸术又加改进,用麻头、碎布和破渔网造出了用以书写的纸,人称"蔡侯纸"。

②刘向:字子政,西汉人。汉宣帝时,他奉命在天禄阁校正五经。

【解译】 造纸术是四大发明之一,为人类社会的进步做出了重大贡献。但是,正如发明了火药却用来制造爆竹敬神娱鬼,发明了指南针却用来看风水一样,纸张虽然也曾用于传播文明,交流信息,但大量的纸张却被用作节日喜庆之事,用作对联、门神、版画,成为文人雅士吟风弄月、抒写性情的工具,甚至被用来造冥币,画符咒,祭鬼神。这也许是造纸术的发明者始料不及的。

【原文】 朱云折槛①,禽息击车②。

【注释】 ①朱云:西汉人。他任槐里令时,向成帝请尚方宝剑诛杀丞相张禹。成帝大怒,命斩之。朱云抓住大殿的门槛,把门槛都拉断了,大叫道:"臣能够跟着龙逢、比干游于地下,也心满意足了!"成帝赦免了他,并且让扯断的门槛留在那里,用以表彰敢于直言的人。

②禽息:战国时期秦人。他向秦穆公举荐百里奚,秦穆公不用。秦穆公外出的时候,他就用头撞车,脑浆流了出来。秦穆公这才重用百里奚,秦国因此而强大起来。

【解译】 禽息和朱云的行动证明了"文死谏"这样一条规律。封建时代的文臣都把直言进谏作为一种义不容辞的职责。当他们以为需要冒死进谏的时候,哪怕皇上雷霆震怒,他们也会以死相谏。皇上听还是不听,他们根本不去考虑。也许正是有了这样一些敢于冒死进谏的文臣,那些骄奢淫逸的帝王才不得不有所收敛,才避免了许多帝王犯低级错误。

【原文】 耿恭拜井①,郑国穿渠②。

【注释】 ①耿恭拜井:东汉耿恭据守疏勒城。匈奴切断水源。耿恭挖井十五丈,仍不见水,就穿戴整齐对井祭拜,泉水涌出。耿恭把井水给敌人看。敌兵以为有神灵帮助汉兵,就急忙撤兵了。

②郑国:战国时期韩国人。韩国想削弱秦国。就派郑国赴秦,劝秦王开凿泾水修渠。秦王发现了韩国的目的,要杀死郑国。郑国说:"即使这样,韩国不过是苟延数年而已,但渠修成后,秦国可以万世得其利。"秦王赦免了他。

【解译】 韩国派郑国为奸细,想用修渠的办法削弱秦国的实力,以延缓秦国攻韩。不料却是有心栽花花不开,无心插柳柳成荫。郑国渠修好后,不仅没有削弱秦国,反倒使秦国大受其利,壮大了秦国的实力。秦国后来能够吞并六国,与郑国渠的开凿有很大关系。

【原文】 国华取印①,添丁抹书②。

312

【注释】 ①国华:即曹彬,字国华,北宋名将。传说他满一周岁"抓周"的时候,父母

把各种玩具放在他的面前,他左手持干戈,右手持俎豆,过了一会儿又取一印,其他的看都不看。

②添丁:唐卢仝之子名添丁,幼时喜欢在诗书上涂涂抹抹,经常把书弄得黑乎乎的。卢仝戏为诗云:"忽来案上翻墨汁,涂抹诗书如老鸦。"

【解译】 古时有"抓周"之俗,在孩子满一周岁时,在他面前放一些东西,如刀枪剑戟、笔墨纸砚、权杖印玺之类,孩子第一次抓什么,就意味着长大后喜欢干什么。这种习俗寄予着家长对孩子的希望,反映的是一种望子成龙的社会文化心理。

耿恭疏勒拜泉

【原文】 细侯竹马①,宗孟银鱼②。

【注释】 ①细侯:即郭伋,字细侯,东汉人。他曾在并州做官,广施恩德,深得百姓的爱戴。后来又出任并州刺史,数百儿童骑竹马在道路两旁迎接。

②宗孟:即蒲宗孟,字传正,北宋人。宋神宗时为翰林学士。宋神宗以为翰林职清地近,官仪未崇,应该按等级佩鱼,蒲宗孟因此而佩带银鱼。唐朝官制,五品以上官员,按其等级分别佩带金鱼、银鱼和铜鱼。

【解译】 老百姓是最善良的,也是最不可欺的。不论多大的官,若是失去民心,终将被人们所唾弃。反之,如果爱民如子,以德待民,就会受到老百姓的欢迎。东汉郭伋在并州受到的欢迎,就说明了这一点。

【原文】 管宁割席①,和峤专车②。

【注释】 ①管宁:字幼安,三国魏人。曾与华歆同席读书,门外有人坐轿子经过,华歆丢下书本出门观看。管宁遂把席子一分为二,与他分开坐,说:"你不是我的朋友。"

②和峤:字长舆,西晋人。他任中书令时,荀勖为中书监。按照晋朝制度,中书令与中书监同车,但他鄙视荀勖的为人,自己坐一车,不与荀勖同车。

【解译】 道不同不相与谋。既然志向、情趣、爱好、理想等皆不相同,那就很难走到一起,也很难成为同志。管宁甘于淡泊,华歆心慕富贵,所尚不同,所好有别。管宁割席,与华歆分席而坐,就是要借此表示对华歆的鄙视。

【原文】 渭阳袁湛①,宅相魏舒②。

【注释】 ①渭阳:指母舅和外甥。春秋时期,秦康公送晋公子重耳诗:"我送舅氏,曰至渭阳。"袁湛:东晋人。其外甥谢绚曾在大庭广众之中开他的玩笑,袁湛难以忍受,说:"当初你的父亲轻视我,如今你又来和我开玩笑,这真是没有渭阳之情啊!"

②魏舒:字阳元,西晋人。小时候被舅父家收养。舅父家盖房子,风水先生看了他家的宅第,说:"必出贤外甥。"魏舒听了,很自负地说:"应该为舅父家成就这种宅相。"后

来,他官至司徒。

【解译】 魏晋名士素以蔑视礼法著称。他们根本不把儒家那一套看在眼里,我行我素,任性而为。他们中的一些人,把辈分、亲情看作是阻碍人们相互交流的藩篱,说话做事常常有越礼之举。谢绚对舅舅袁湛的态度,就表现出这样一种倾向。

【原文】 永和拥卷①,次道藏书②。

【注释】 ①永和:即李谧,字永和,北朝魏人。少时好学,放弃家产,经营书籍,凡是得到的书,他都亲自删定。他说:"丈夫拥书万卷,何暇南面百城?"

②次道:即宋次道,东晋人。他家藏的书籍,都是校勘过很多遍的,当时人们都把他家的藏书称为善本。他家住在春明坊,很多读书人就在他家附近居住,以便借阅他家的书。因为这个原因,春明坊一带的房子租金比别的地方高出一倍。

【解译】 虽然很多读书人都盼望"金榜题名时",但并不是所有的读书人都紧盯住功名利禄。把读书作为"上天梯"的人,并不一定能够攀上这架梯子。真正的读书人是为了从书本中获取知识,了解社会和人生,是把读书作为一种享受。正像李谧说的那样:"丈夫拥万卷书,何暇南面百城?"

【原文】 镇周赠帛①,宓子驱车②。

【注释】 ①镇周:即张镇周,唐朝人。他出任舒州都督时,一到任就大宴亲朋好友十日,又赠给他们许多金钱和布帛,然后与众人作别说:"今日还可以和众人欢饮,上任之后,你们就成了都督治下的百姓。官民有不同礼法,不能再像现在这样交游了。"从此以后,亲朋没有一人敢于放肆,境内安然。

②宓子:即宓不齐,字子贱,孔子的学生。宓子为单父宰,先去拜访阳昼。阳昼说:"我不懂得为官之道,但有两种钓鱼的技巧,可以告诉你。当你把钓钩扔进水中,迎着鱼饵上的是浮在水面上的鱼,这种鱼不好吃。有一种鱼见了鱼饵,若即若离,欲吃未吃,那是鲂鱼。这种鱼味道十分鲜美。"子贱记住了他的话,上任时,还没有到地方,当地有权势的人就在道路两旁迎接。子贱说:"这就是阳昼所说的浮于水面的鱼,用车把他们赶走!"

【解译】 阳昼用钓鱼比喻官场人情冷暖,可谓是曲尽其妙。当你有权势的时候,你就有可利用的价值,就会有人趋之若鹜,就会有人奉承拍马,相迎于道。这样的人并不是真的看重你,他们看重的是你手中的权力。一旦你失去权杖,他们马上会换一副面孔,甚至道路以目,因为你失去了利用价值。为官之人,不可不仔细体味阳昼这一比喻。

【原文】 廷尉罗雀①,学士焚鱼②。

【注释】 ①廷尉:指翟方进,字子威,西汉人。他任廷尉时,整天宾客盈门,等到被免官后,却是门可罗雀。后来再次被起用,宾客又欲拜见他,他在大门上写道:"一死一生,乃知交情。一贫一富,乃见交态。一贵一贱,交情乃见。"

②学士:指南朝梁学士张褒。御史因其不能尽职,上表弹劾他。他说:"青山不会辜负我。"于是就把象征官阶的银鱼烧了,长啸而去。

【解译】　人情冷暖，世态炎凉，在官场上表现得最为充分。当你高高在上的时候，会有很多人趋炎附势，自然宾客盈门。而当你失意的时候，那些曾经整日围着你转的人则会作鸟兽散，这时则是门庭冷清，门可罗雀。翟方进亲身体验过之后，才有了深刻的感受。他总结出的几句话，真乃是世态炎凉的逼真写照。

【原文】　冥鉴季达①，预识卢储②。

【注释】　①季达：杨仲希，字季达，宋朝人。他居于成都时，房东家的年轻媳妇勾引他，遭到严词拒绝。当晚，他的妻子梦见一人告诉她说："你的丈夫他乡独处，不欺暗室，神明知之。明年当中状元。"第二年果然中了状元。

②卢储：唐朝人。他拿自己准备科举的文章拜见尚书李翱，李翱之女看了他的文章，说："此人必为状元。"李翱即招卢储为婿。第二年，卢储果中状元。新婚之夜，卢储写了一首《催妆诗》："昔年曾向玉京游，第一仙人许状头。今日已成秦晋约，早教鸾凤下妆楼。"

【解译】　杨仲希游学成都，一人独处，却能经得住诱惑，不欺暗室，表现出正直文人应有的节操。他能中状元，是他刻苦学习的结果。可是，那些相信因果业报的人，总是喜欢为成功者或失败者找一些借口。成功了，就说你积了阴德，应有善果；失败了，就说你瞒心昧己，不得好报。这些说法，有较大的迷信成分。

【原文】　宋均渡虎①，李白乘驴②。

【注释】　①宋均：字叔庠，东汉人。他任九江太守时，郡中虎多伤人，设置槛井捕虎，仍是制止不了老虎伤人。宋均以为，老虎伤人，咎在残暴的官吏，于是退奸佞，进忠善。不久，老虎皆渡江东去。

②李白乘驴：传说李白骑驴从华阴市过，县令不让他过。他说："天子殿前尚容我骑马，华阴市里就不许我骑驴？"县令闻言大惊，向他谢罪。

【解译】　宋均为官能够退奸佞，进忠善，可以说深得为官之要。但是，通过这种方法就能让老虎渡江而去，显然是一种理想化的说法。作者的真正用意，是借这一事件说明为官者应行仁政、去暴政。苛政猛于虎。为官不除苛政，其结果比老虎伤人要可怕得多。

【原文】　仓颉造字①，虞卿著书②。

【注释】　①仓颉：传说为上古时期南乐上村人，创造出最早的文字，结束了结绳记事的时代。

②虞卿：战国人，曾为赵上卿，故称虞卿。著书八篇，世称《虞氏春秋》。

【解译】　根据传说，仓颉是轩辕黄帝的史官，他创造了文字，结束了上古之人结绳记事的历史。但这只是传说而已。文字出现的年代，若以最早的书契算起，也就是三代之事。现存最古老的可识文字，是三千多年前的殷商甲骨文和稍后的金文。

【原文】　班妃辞辇①，冯诞同舆②。

【注释】　①班妃：即班婕妤，汉成帝的妃子。汉成帝游后庭，欲与班婕妤同辇。班婕好推辞说："观古图书，贤圣之君，皆有名臣在侧；三代末主，乃有嬖妾。今皇上欲与妃子同辇，岂不是和三代末主差不多了吗？"汉成帝于是就作罢了。

②冯诞：北魏人，与北魏道武帝拓跋珪同岁。冯诞小时候和道武帝一起读书，后来深得道武帝厚爱，娶其妹乐安公主为妻。常与道武帝同车而行，同案而食。

【解译】　班婕妤虽充后庭，却不像其他宫女那样为了争得皇上的宠幸而尔虞我诈，勾心斗角。她是一个知书识礼的女性，深知明君与昏君对女色的不同态度，希望汉成帝成为一个明君，所以，当汉成帝欲让她同辇时，她婉言谢绝了。她的侄孙女班昭也像她一样，恪守礼法，著有《女诫》《女史箴》等，教导女性如何遵守礼仪规范。

七　虞

【原文】　西山精卫①，东海麻姑②。

【注释】　①精卫：传说为炎帝之女，名女娃。游东海时溺死，化为鸟，名精卫，衔西山之石填东海。

②麻姑：传说中的神仙。传说她自成仙以来，曾三次经历沧海变桑田。

【解译】　精卫填海虽然只是一种传说，但它却表现出传统文化所蕴含的矢志不渝的民族精神。这是一种愈挫愈勇、穷且弥坚的精神，是一种不达目的誓不罢休的精神。

【原文】　楚英信佛①，秦政坑儒②。

【注释】　①楚英：即楚王刘英，东汉光武帝刘秀第六子，喜好佛教。

②秦政：秦始皇，姓嬴名政。秦始皇统一中国后，焚烧诸子百家之书，坑杀儒生四百余人。

【解译】　秦始皇统一中国后，害怕老百姓明白道理，犯上作乱，就采用焚书坑儒的办法，焚毁《诗》《书》及诸子百家之书，坑杀儒生四百余人。然而，由于他暴虐无道，不行仁政，"万世"之梦很快就破灭了。

【原文】　曹公多智①，颜子非愚②。

【注释】　①曹公：即曹操。曹操与马超战于渭南时，两军阵前与韩遂叙起老交情，马超军观者如潮。曹操说："你们想看一看我吗？我也是人，没有长四只眼睛两个嘴，只是智谋多一些罢了。"

②颜子：即颜回，字子渊。颜回天资聪睿，幼时见孔子，孔子说："回也不愚。"

【解译】　曹操自称多智，其实他的智谋更多地属于奸诈。他杀孔融、杨修，逐祢衡，使祢衡死于黄祖之手，都是奸诈的表现。不过，社会动乱之时，儒家的温良恭俭让是没有多大市场的。乱世多奸雄。汉末之世，真正能够吃得开玩得转的，正是曹操这种通权变多奸诈的奸雄。

【原文】　伍员覆楚①，勾践灭吴②。

【注释】　①伍员：字子胥，战国时期楚人。伍员因父被杀，亡命于吴，借兵伐楚，入郢

灭楚,鞭楚平王尸。

②勾践:越国国王。吴国灭越后,勾践用范蠡之计,卧薪尝胆,终于灭吴,一雪旧恨。

【解译】 中国有句俗话,叫"一饭之恩必酬,睚眦之怨必报"。虽然爱憎分明,但并不宜提倡。如果只是个人恩怨,完全可以超脱一些,不然很可能形成冤冤相报的怪圈。从这个意义上说,伍员为报家仇而伐楚,虽然师出有名,情有可原,但并不值得张扬。不论个人还是国家,为了和平,为了亿万生灵,即使不能"相逢一笑泯恩仇",也应该尽量避免兵戎相见。

【原文】 君谟龙片①,王肃酪奴②。

【注释】 ①君谟:即蔡襄,字君谟,北宋人。他任福建转运使时,开始制造小片龙茶,味道甚美,每斤二两银子,当时甚为珍贵。

②王肃:南朝齐人。他最初不吃羊肉,不喝牛羊奶,只喝鱼羹。到了北朝,才开始吃羊肉,喝奶粥。魏道武帝拓跋珪问他:"羊肉何如鱼羹?茗汁何如酪浆?"他说:"羊比齐鲁大邦,鱼比邾莒小国,惟茗不中,与酪作奴。"茗:茶。

【解译】 对于大的自然环境或社会环境,个人是没有能力改变的,因而只能适应,而不可能要环境适应你。好在人具有很强的适应环境的能力,各种习惯都可以随着生活环境的改变而改变。王肃在江南时不吃羊肉,只喝鱼羹,而到了北方却能吃羊肉喝牛奶,就是在主动地适应环境。

【原文】 蔡衡辨凤①,义府题乌②。

【注释】 ①蔡衡:东汉人,光武帝时任太史令。当时有一只五尺高的鸟落在一棵槐树上,十多天还没有飞走。华阴太守以为是凤,上报光武帝。蔡衡以为有五种鸟和凤很相似,只有长着很多红色羽毛的才是凤,而这只鸟羽毛多青色,是鸾鸟,而不是凤。

②义府:即李义府,唐朝人。唐太宗令其咏乌,他写道:"日里扬朝彩,琴中伴夜啼。上林多少树,不借一枝栖。"唐太宗说:"把整个树借给你,岂止是一枝!"即命其为御史。

【解译】 自隋代开科举,不少文人靠一首好诗、一篇好文章得登龙门,故有"十年寒窗无人晓,一举成名天下知"之说。李义府能做御史,靠的是一首调侃诗。他借咏乌说自己没有一官半职,希望唐太宗能赏给他个官。唐太宗就应其所求,令其为御史。任用官吏竟是如此随便,很难让人把他和一代明君联系起来。

【原文】 苏秦刺股①,李勣焚须②。

【注释】 ①苏秦:战国时期纵横家。他勤奋学习,瞌睡的时候,就用锥子扎大腿。苦读一年,终于成就功名,佩六国相引,合纵而攻秦。

②李勣:即徐世勣,因功赐姓李,名勣,初唐名将。姐姐生病,他亲自煮粥给她吃,一不小心火烧了胡须。

【解译】 通常以为,苏秦能够成就功名,在于他能发奋学习,刻苦读书。这固然不无道理。不过,在苏秦成功的路上,家人对他的激励作用,也是不可低估的。他游说秦国没

有成功，一路逃饭回到家中。家里的人见了他，妻子只管织布不理他，嫂子不给他做饭，父母也不把他当儿子看。一家人的冷眼，使他受到很大刺激。他从此发奋努力，终于成为叱咤一时的风云人物。正所谓知耻而后勇。

【原文】　介诚狂直①，端不糊涂②。

【注释】　①介：即石介，北宋人。他为人耿直，为太子中允时曾作《沁历圣德诗》，诗中有"众贤之进，如茅斯拔；大奸之去，如距斯脱"之句。

②端：即吕端，北宋人。曾任宰相。宋太宗说他小事糊涂，大事不糊涂。

【解译】　人生在世，若是事事认真，不仅举步维艰，而且难免碰壁。再者说，许多小事并没有那么强的原则性，硬是要争个对错，见个高低，实在没那个必要。因为许多小事不论是对是错，皆无碍大局。相反，如果非要分个是非，倒很可能伤害彼此之间的感情。所以，小事该糊涂就糊涂。若是事关大局或大节，那就不能糊涂了，必须十分清醒，必须要问个是非。吕端大事不糊涂，说的就是这个理儿。

【原文】　关西孔子①，江左夷吾②。

【注释】　①关西孔子：东汉杨震，华阴（今属陕西）人，明经博学，从游者千人，时称"关西孔子"。

②夷吾：即管仲。东晋王导，善于运筹。东晋刚刚建立时，温峤为朝廷无人而担忧。等和王导谈论过之后，高兴地说："江左自有管夷吾，吾复何虑哉！"

【解译】　春秋时，管仲相齐，齐国称霸。王导相晋，则东晋只能偏安，而无力恢复中原。既以王导比管仲，则王导理应有管仲之功业。然而，时既不同，势又有异。王导即使有管仲之才，亦不可能成就管仲之业。

【原文】　赵抃携鹤①，张翰思鲈②。

【注释】　①赵抃：字阅道，北宋名臣。任御史时，弹劾大臣不避权贵，人称铁面御史。到蜀地上任时，仅携带一张琴一只鹤，其他的什么都不带。

②张翰：字季鹰，东晋人。在洛阳做官时，见秋风起，因思吴中鲈脍莼羹，感叹道："人生贵适意耳，何能羁宦数千里以邀名爵乎？"遂命驾南归。

【解译】　对功名富贵，不同的人有不同的看法。有的人一生忙忙碌碌，都是为功名二字；有的人不辞辛苦，则是为了求财求富。但也有像张翰这样身在官场却能淡泊功名的人。他以为，人的一生就在于"适意"二字，若不能适意，即使是高官厚禄亦弃如敝屣。张翰还说过这么一句话："使我有身后名，不如生前一杯酒。"对功名富贵能如此豁达，正是魏晋名士风度。

【原文】　李佳国士①，聂悯田夫②。

【注释】　①李：指东汉李膺。李膺是东汉桓、灵之世党人领袖。同乡聂季宝想见他一面，却因李膺是大名人，而自己只是一个无名小卒，一直没有勇气。李膺知道后，就请聂季宝相见，与之谈论，说："此人当作国士。"

②聂:指唐代诗人聂夷中。他的《伤田家》诗,对农民表示深深的同情:"二月卖新丝,五月粜新谷。医得眼前疮,剜却心头肉。我愿君王心,化作光明烛。不照绮罗筵,遍照逃亡屋。"

【解译】 东汉桓、灵之世爆发了中国历史上最为严重的"党锢之祸",以李膺为首的党人受到了残酷的迫害,许多人被杀头,被流放。所以如此,是因为他们以"是非天下"为己任,裁量执政,品评公卿,触动了当权者的要害,揭开了他们不可见人的伤疤。这些党人虽然个个堪称国士,但由于他们只是流于清议,根本无力与那些手握大权的奸佞相抗衡,其结果也就可想而知了。

【原文】 善讴王豹①,直笔董狐②。

【注释】 ①王豹:战国时期卫国人,善于歌唱。淇水一带的人受他的影响,也都善于歌唱。

②董狐:春秋时期晋国太史。赵穿弑晋灵公,正卿赵盾逃亡,回来后又不讨伐弑君的罪人。董狐就直接写道:"赵盾弑其君。"

【解译】 晋国面临动乱之时,身为正卿的赵盾竟然逃跑,回来后又不惩治凶手,太史董狐以为赵盾虽未弑君,实际上等于弑君,于是秉笔直书:"赵盾弑其君。"正是由于他不惧权贵,不隐恶,敢于直言,孔子才称赞董狐是"古之良史"。可是,中国古代的史官像董狐这样的太少了,即使是后人为前人修史,也自觉不自觉地为尊者讳、为贤者讳,致使人们无法了解历史真面目。

【原文】 赵鼎倔强①,朱穆专愚②。

【注释】 ①赵鼎:字元镇,南宋大臣,虽因力主抗金而遭贬,但仍不改其志。秦桧对其心存畏惧,说:"此老还像过去那样倔强。"

②朱穆:字公叔,汉朝人。自幼埋头读书,不问他事,常常丢失衣物,坠落坑塘,甚至于不知道马是几条腿。其父以为他是"专愚"(因专心于某事而变得近愚)。

【解译】 有的科学家因专心致志于某一科学研究项目,走路时还在思考问题,一头撞了墙,却是头也不抬,说声"对不起",就继续走路。这就是古人所说的"专愚"。的确,当人们太专注于某事时,免不了常常有一些近似愚的举动。这种"愚"是因"专"而引起的,并不是真正的愚昧。不过,如果真的想干成一件事情,还是需要有这种"专愚"精神的。

【原文】 张侯化石①,孟守还珠②。

【注释】 ①张侯:指张颢,东汉人,封忠孝侯。张颢为梁国相时,见一鸟坠地化为圆形石头,敲开后,得一金印,上书"忠孝侯印"。

②孟守:即孟尝,字伯周,东汉顺帝时为合浦太守。郡中产珍珠,前任太守十分贪婪,使得人们都到外地交易。孟尝革除弊政,去珠复还,商贾流通,百姓得利。

【解译】 为官一任,造福一方。如果为官者而不能为百姓谋福利,让百姓得实惠,老

百姓是不会欢迎的。所以,为官者必须牢记自己的职责所在,把老百姓的冷暖福祉放在第一位,而不能一味地迎合长官,更不能贪赃枉法,为害一方。

【原文】 毛遂脱颖①,终军弃繻②。

【注释】 ①毛遂:战国人,平原君门客。平原君求救于楚,准备带二十人前往,选定十九人之后,再也挑选不出来。这时,毛遂自荐。平原君说:"贤士处世,如锥在囊中,锥尖立刻就会露出来。可先生已经来了三年,我还没有听说过您。"毛遂说:"我今天请求进入您的囊中。若早在您的囊中,应该脱颖而出了,那就不仅仅是没有见到的事了。"

②终军:字子云,西汉人。他入关时,关吏给他一片繻,作为将来出关的凭证。他说:"大丈夫西游,终不复转还。"遂弃繻而去。

【解译】 毛遂自荐是一个耳熟能详的典故。在这个典故中,平原君赵胜有一种说法,就是有才能的人生活在社会上,就像是锥子藏在口袋中,一放进去,锥尖就会露出来。毛遂来到他门下三年,却是默默无闻,因而不可能是有才之人。这话他虽然没有说出来,但他的意思已经很明显。不过,平原君求救于楚,最终还是毛遂立了大功。所以,不论是处理事情还是评价一个人,不能用固定的模式或眼光。

【原文】 佐卿化鹤①,次仲为乌②。

【注释】 ①佐卿:即徐佐卿,唐朝人,蜀中道士。传说他化鹤而游,被唐玄宗射中一箭,他带箭飞回,挂箭于墙,对弟子说:"等箭的主人到这里时,把箭还给他。"后来,唐玄宗幸蜀,看到这支箭,才知道当时之鹤是徐佐卿所化。

②次仲:即王次仲,秦朝人。传说他把仓颉造的字用隶书写出来,书写十分方便,秦始皇就召他入朝,多次征召他都不去,后来只好用囚车把他押送到朝廷。王次仲化作一只大乌飞去,落下三根羽毛,化为三座山峰。

【解译】 中国古代有许多类似佐卿化鹤、次仲为乌的神仙传说。这类传说,大都是文人墨客的想象之作,或是道士自神其术,因此只能当传说来看,而不必去考证其真假有无,更不能听之信之。

【原文】 韦述杞梓①,卢植楷模②。

【注释】 ①杞梓:指杞和梓两种优质木材。常用来比喻优秀人才。韦述,唐朝人,兄弟五人俱有学识。当朝宰相张说曾对人说:"韦家兄弟,人之杞梓。"

②卢植:字子干,东汉大臣。曹操评价他说:"植名著海内,学为儒宗,士之楷模,国之桢干。"

【解译】 卢植不仅是"学为儒宗,士之楷模",还是一个敢于主持正义的人。当董卓谋废少帝刘辨、立献帝刘协的时候,朝中大臣没有一人敢说个不字,只有卢植敢于站出来表示反对,和董卓抗争。尽管他最终没能阻止董卓擅自废立,但他这种不屈服于淫威的精神和骨气,却是值得称道的。

【原文】 士衡黄耳①,子寿飞奴②。

【注释】 ①士衡：即陆机，字士衡，西晋人。陆机在洛阳做官时，养有一条黄犬，名黄耳。他久不得家中信息，就写了一封信，装在竹筒中，系在犬颈上。一个月后，黄犬从吴中回来，带回了家书。此后，陆机就用黄犬做信使。

②子寿：即张九龄，字子寿，唐朝大臣。少年时养鸽子，和亲友通信，就把书信系在鸽子腿上，让鸽子充当信使，称之为飞奴。

【解译】 动物皆有灵性。尤其是狗、猫、马、鸽子之类，在人们的日常饲养中，很容易和主人建立感情，且善解人意，帮人们做事情，甚至在紧要关头还能救人于危难。不论是古代还是现代，这样的例子有很多。为了自己，为了人类，人们应善待动物。

【原文】 直书吴兢①，公议袁枢②。

【注释】 ①吴兢：唐朝人。著有《贞观政要》《武后实录》等，敢于秉笔直书，世称"董狐"。

②袁枢：字机仲，南宋史学家。他与章惇是同乡，分修国史时，章惇的后人求他为章惇粉饰一下，袁枢说："吾为史官，法难隐恶，宁负乡人，不可负天下后世公议。"

【解译】 史官的职责就是秉笔直书，据实写来，把历史真相告诉人们，不为贤者讳，不为尊者讳，既不因私意而隐恶，又不因私意而润饰。这就是真正的历史精神。袁枢"宁负乡人，不负公议"，就是这种历史精神的体现。假如存有私意，哪怕是对历史真相稍做润饰，都不符合历史精神。

【原文】 陈胜辍耜①，介子弃觚②。

【注释】 ①陈胜：秦末农民大起义的领袖。他曾和人佣耕，辍耜于垄上，说："苟富贵，无相忘。"和他同耕的人说："我们给人家打工，有什么富贵？"陈胜感叹道："燕雀安知鸿鹄之志！"

②介子：即傅介子，字武仲，西汉人。少年时好读书。一日，他弃觚而叹曰："大丈夫当立功异域，何能坐屋下为老儒生！"

【解译】 人贵有志气。不怕贫贱，不怕穷困，就怕没有志气。人若无志气，则好比大海行船失去了航标，只能随波逐流，任其飘荡。人若无志气，则百事无成。孔子说，君子固穷，小人穷斯滥矣。君子和小人的区别，实际上就在于有没有志气。君子有志气，所以虽处穷困之境而能不易其节，不改其志。

【原文】 谢名蝴蝶①，郑号鹧鸪②。

【注释】 ①谢：指谢逸，北宋人。谢逸屡举进士不第，终日以诗文自娱，曾作蝴蝶诗三百首，人称"谢蝴蝶"。

②郑：指唐朝诗人郑谷。郑谷七岁能诗，司空图见而奇之，抚其背说："当为一代风骚主。"有《鹧鸪诗》极佳，人称"郑鹧鸪"。

【解译】 舞文弄墨是文人墨客的特长。他们兴之所至的时候，常常妙笔生花，多有佳句。读一读古代诗歌中的著名篇章，就会发现，它们多是作者乘兴咏物、述景、抒情、言

志之作。

【原文】 戴和书简①，郑侠呈图②。

【注释】 ①戴和：字宏正，汉朝人。每结交一个要好的朋友，他就焚香祭祖，并把朋友的名字写在竹简上，名为《金兰簿》。

②郑侠：字介夫，北宋人。为东京安上门监时，值天大旱，每天都有饥民扶老携幼从门下过，他就把饥民困苦之状绘成图呈于皇上。

【解译】 郑侠虽然只是一个门监，官不大，衔不高，但他却能心里想着百姓，把百姓的疾苦放在心上，并敢于直言进谏，为民请命。假如那些做官的都能像郑侠这样把百姓的疾苦放在心上，勤政为民，那将是百姓的福祉。

【原文】 瑕邱卖药①，邺令投巫②。

【注释】 ①瑕邱：即瑕邱仲，唐朝人。他卖药百余年，因发生地震而死。有个人把他的尸体扔到水中，把他的药拿走。瑕邱仲披着皮衣去要他的药。那人见了，吓得要死，急忙磕头求饶。

②邺令：指战国时期的西门豹。他为邺令的时候，当地巫师假称为河伯娶妻，每年都要挑选漂亮女子投进湍流不息的漳河水中。到了为河伯娶妻那天，西门豹说挑选来的女子不够漂亮，则将巫师投进河中。

【解译】 西门豹对付巫师，是即以其人之道，还治其人之身。巫师说河伯喜欢漂亮女子，西门豹就说挑选的女子不够漂亮，需要巫师向河伯报告一声，先投一个进去。等了一会儿，说第一个巫师不会办事，半天不回，就又把另外两个也投进河水中。从此以后，再也没有人敢提为河伯娶妻的事了。看来，对付歪门邪道，有时还真的需要采取非常规措施。

【原文】 冰山右相①，铜臭司徒②。

【注释】 ①冰山右相：指唐朝杨贵妃之兄杨钊。唐玄宗赐杨钊名国忠，封为右相。杨国忠颐指气使，不可一世。有人劝进士张彖去拜谒他，张彖说："你们以杨右相为泰山，在我看来不过是一座冰山。太阳一出来，冰山就会融化，你们还靠什么？"

②铜臭司徒：指东汉崔烈。汉灵帝时，开鸿都门榜卖官鬻爵，崔烈得中郎将傅钧母送给他的钱五百万，因而得以进位司徒。他问傅钧外界反应如何，傅钧说："议者嫌大人铜臭。"

【解译】 人们常用"满身铜臭"来形容商人，以为商人奸诈，眼中只有钱，除了钱六亲不认。其实这是对商人的误解。商人经商，就是要通过商品贸易获取利益，如果存心赔本，谁还去经商？再说，即便他们有时囤积居奇，牟取暴利，那也需要眼光，需要胆识。比起崔烈那样身居高官而拼命聚敛钱财的贪官污吏，他们的钱还来得正当些。因为他们毕竟付出了心血和劳动，而那些贪官污吏凭借的却是手中的权力。

【原文】 武陵渔父①，闽越樵夫②。

【注释】　①渔父:打鱼的人。晋太元中,武陵有一位打鱼人无意中进入世外桃源,那里的人原是为逃避秦朝暴政而至此,久与外界隔绝,因而不知有汉,无论魏晋。

②樵夫:打柴的人。唐朝永泰中,闽中樵夫蓝超打柴时遇一白鹿,随其入一石门,内有居者,鸡犬相闻,自言为避秦。蓝超得主人所赠一枝石榴花而出,后来再寻找这个地方,竟不知所在。

【解译】　中国古代社会乱日常多,治日常少,因此,人们热切地希望有一个安定祥和的生存环境,于是就出现了种种类似世外桃源的传说。在这些传说中,人们希望的社会不仅"俎豆犹古法,衣裳无新制。童孺纵歌行,斑白欢游娱。草荣识节和,木衰知风厉",而且"春蚕收长丝,秋熟靡王税",完全是一个人人平等、没有压迫和剥削、自由自在的社会。

唐明皇入蜀

【原文】　渔人鹬蚌①,田父逡卢②。

【注释】　①渔人鹬蚌:战国时期,赵国将伐燕国。苏代劝赵王不要伐燕,讲了一个故事:河蚌出来晒太阳,一只鹬啄住了它的肉,蚌就合起硬壳,钳住鹬的喙。两个争斗很久,互不相让,结果却被渔翁拣了便宜。

②田父逡卢:战国时期,齐王欲伐魏,淳于髡对齐王说:"韩子卢是天下跑得最快的犬,东郭逡是海内最狡猾的兔子。韩子卢追逐东郭逡,追了很久,兔子累得趴在前面,韩子卢累得倒在后面,农夫不费一点力气就得到了那只兔子。"齐王明白了淳于髡的意思,于是打消了进攻魏国的念头。

【解译】　鹬蚌相争,渔翁得利。螳螂捕蝉,黄雀在后。这些成语说的是双方相争,最后不仅没有捞到什么好处,反而被第三方不费吹灰之力就趁机拣了便宜。社会生活中有很多类似的事情。因此,人们在处理事情的时候,尤其是和对方发生矛盾和争执的时候,一定要多考虑利害得失,而不能逞匹夫之勇,被别有用心的人利用。

【原文】　郑家诗婢①,郗氏文奴②。

【注释】　①郑:指东汉郑玄。郑玄是当时名儒,精通《诗经》,他家的婢女受其影响,也对《诗经》很熟悉,常常出口成章。有一次,婢女做事不称心,郑玄要打她,婢女要分辨,被拉到泥中罚站。另一奴婢看到了,问她:"胡为乎泥中?"受罚的婢女说:"薄言往诉,逢彼之怒。"问话和答语都是《诗经》中的诗句。

②郗氏:指东晋郗愔。他有一个家奴,懂得诗书文章,很得王羲之的赏识。

【解译】　书香门第,诗礼之家,其家人不论尊卑贵贱,多少都会懂得一些诗书文章。

郑玄是东汉大儒,曾经为《诗经》作笺,经常侍奉他的奴婢对《诗经》竟然也是烂熟于胸,问话和答语,都是《诗经》中的句子。她们虽然不是有心要学习,但耳濡目染,无意之中却记下许多。

卷之二

八　齐

【原文】　子晋牧豕①,仙翁祝鸡②。

【注释】　①子晋:汉朝人。他喜欢吹竽,靠给人放猪过日子,吃的是菖蒲根,喝的是泉水,年过七十还不见老。

②祝鸡:养鸡人唤鸡时发出的一种声音,即"祝祝"之类。晋朝有一老翁养鸡千余只,每一只都有一个名字,一叫其名,鸡就会自个儿跑过来,人称此翁为祝鸡翁。

【解译】　有的人为了长寿,想尽各种办法。殊不知生命在于运动。像放猪老人子晋,长期在野外生活,吃的是菖蒲根,喝的是泉水,竟然到了七十岁还不见老。有些贵族为求长寿,向他学习,也吃菖蒲根,饮泉水,坚持不到一年就放弃了,结果自然也就不能像子晋那样。

【原文】　武王归马①,裴度还犀②。

【注释】　①武王:即周武王。武王伐纣之后,归马于华山之阳,放牛于桃林之野,以示偃武修文之意。

②裴度:字中立,唐朝宰相。一日游香山寺,拾到一条非常珍贵的犀牛皮带,就到处寻访失主,亲自把犀带归还失主。

【解译】　"裴度还带"是一个很著名的故事。这本来只是一个拾金不昧的故事,可是故事的讲述者却把它和因果报应之说联系在了一起,说相者为裴度看相,以为他本当饿死,因积了这件阴功而官至宰相。这就削弱了故事的意义和价值。

【原文】　重耳霸晋①,小白兴齐②。

【注释】　①重耳:即春秋时期的晋文公,曾出亡十九年,后回国为晋国国君,为春秋五霸之一。

②小白:即春秋时期的齐桓公,曾出逃莒,后返国,以管仲为相,尊周攘夷,大兴齐国,为春秋五霸之一。

【解译】　齐桓公、晋文公素被视为中国古代明君的典范。但孟子对他们似乎并不太欣赏,齐宣王问他桓、文之事,他说:"仲尼之徒无道桓、文之事者,是以后世无传焉,臣未之闻也。"(《孟子》"齐桓晋文之事"章)孟子崇尚"王道",主张以德治天下,故而看不惯以武力称霸天下的齐桓公、晋文公。

【原文】 景公禳彗①，窦俨占奎②。

【注释】 ①景公：即齐景公。齐景公二十三年，彗星出现，大臣皆相对而泣。齐景公说："彗当齐分，寡人以为忧。"使人禳星。晏子说："无益也，只取诬耳。天之有彗，所以除秽也。君无秽德，又何禳焉？"

②窦俨：字望之，北宋人。为翰林学士时，他推算丁卯年五星聚奎，天下从此将太平。乾德五年丁卯，五星果聚于奎。

【解译】 古人以为彗星是不祥之星，每次彗星出现，就要伴随着灾难。所以，当彗星出现于齐分的时候，齐国君臣都很害怕，而只有晏子十分清醒，他笑那些哭泣的大臣是借此献媚讨好齐景公。齐景公准备禳星的时候，他劝景公不要做这样的事儿。在他看来，所谓的禳星不仅是无益之事，而且是骗人的。在占星术盛行的时代，晏子能有这种勇气和胆量，确实难能可贵。

【原文】 卓敬冯虎①，西巴释麑②。

【注释】 ①卓敬：字惟恭，明朝人。他曾风雨之夜回家，迷失了道路，路上遇到一头牛，骑着它回到家中，进门之后放牛走时，却发现他骑的是一只老虎。冯：今作"凭"。

②西巴：战国时期秦国人。他在孟孙手下做事，孟孙打猎得到一只小鹿，让西巴带回去。一路上，母鹿一直跟在后面。西巴不忍心，就把小鹿放走了。麑：小鹿。

【解译】 动物是人类的朋友，它们不仅给人类提供了生存与发展所必需的物质条件，也是维持地球生态平衡不可或缺的一个重要方面。因此，要珍惜生命，爱护生灵，把一份爱心献给和人类共同生活在这个地球上的濒危动物。

【原文】 信陵捕鹞①，祖逖闻鸡②。

【注释】 ①信陵：即战国时期的信陵君，名无忌。一次，他正要吃饭的时候，一只斑鸠飞到饭桌下，一只鹞鹰立在屋顶上。他把斑鸠赶了出去，斑鸠被鹞鹰捕杀。信陵君以为斑鸠为躲避鹞鹰才藏到饭桌下，而他却赶它出去，导致被捕杀。于是，他捕捉了三百多只鹞鹰，问是哪一只杀了斑鸠。一只鹞鹰低头服罪。信陵君杀了那只鹞鹰，把其他的都放了。

②祖逖：字士雅，东晋人。他与刘琨为州主簿时，半夜听到鸡叫，说："这并不是不好的声音。"于是就把刘琨踹起来，一同拔剑起舞。

【解译】 "闻鸡起舞"这一典故，就出自祖逖的故事。祖逖和刘琨生当乱世，俱有救世济民之志，半夜里听见鸡叫，就一同起床，刻苦练习武艺，准备将来报效国家。西晋末年，刘琨死于国难，祖逖渡江南下，后来又矢志北伐，恢复中原，中流击楫，表示不收复中原，誓不渡江，可惜最终没能如愿。

【原文】 赵苞弃母①，吴起杀妻②。

【注释】 ①赵苞：东汉人。他任辽西太守时，贼寇入侵，劫持其母。赵苞对母亲说："欲以微禄奉养，恨为王臣，义不得顾私恩。"其母答曰："人各有命，何得相顾，以亏忠

义?"赵苞率军破敌,其母遇害。

②吴起:战国时期著名军事家。吴起是鲁人,其妻是齐人。齐伐鲁,鲁欲拜吴起为将抗击齐军,因其妻是齐人,鲁国的国君犹豫不决,吴起遂杀妻,表示自己对鲁国的忠诚。

【解译】　在许多人的观念中,先忠后孝,先国后家,是天经地义的事情。于是才有了赵苞弃母、吴起杀妻。在上述两件事情中,如果说赵苞弃母是因为其母已为人质,弃与不弃皆是迫不得已,那么,吴起杀妻就是灭绝人性了。如果真的想证明自己的忠诚,会有很多方法,何况吴起这样以足智多谋著称的军事家呢?可是,吴起选择了杀妻这种方法,合适的解释只能是,吴起本来就有这个念头,而齐人攻鲁正好给他提供了借口。

【原文】　陈平多辙①,李广成蹊②。

【注释】　①陈平:西汉人。他家很穷,穷到用一张破席子做门。富人张负有女,五嫁而夫死。陈平欲娶为妻。张负说:"平虽贫,门外多长者车辙。"就把女儿嫁给了陈平。

②李广:西汉著名将领。不善言辞,猥猥琐琐像个下人,然而天下的人都很仰慕他。当时有俗谚说:"桃李不言,下自成蹊。"蹊:小路。

【解译】　人不可貌相,同样不可以贫富相。若是因为出身贫寒之家,就轻视,就看不起,这种观念很成问题。因为,一个人能否有所作为,不是看他的出身和家境,而是看他有没有才能和智慧,有没有远大的志向。像陈平这样的人,虽然居于陋巷,破席为门,穷得叮当响,但因其有德行,有学问,有志向,人们十分看得起,和他交往的多是很有道德修养的人。张负正是看中了这一点,把已经嫁了五次的女儿嫁给了他。而陈平后来却成为刘邦的得力助手,六出奇计,为汉朝的建立和稳定做出了重大贡献。

李广冥山射虎

【原文】　裂裔刻虎①,温峤燃犀②。

【注释】　①裂裔:秦朝著名的雕刻家,他刻了两只白玉虎,栩栩如生,没有点眼睛。秦始皇派人夜里给老虎点上眼睛,两只玉虎就飞跑了。第二年,南郡献上两只白虎,秦始皇一看,竟是裂裔刻的玉虎。

②温峤:字太真,东晋人。传说牛渚下面有许多怪物,他从那里经过时,点燃犀牛角照看,见下面有各种水中之物,奇形怪状。

【解译】　很多人都知道画龙点睛的故事。其实,出自唐张彦远《历代名画记》的画龙点睛故事,要比裂裔刻虎点睛的故事晚出得多。裂裔的故事出于晋王子年《拾遗记》,

早张彦远几百年。王子年笔下的裂裔精于雕刻,又善画龙凤,其所画龙凤等各种动物骞骞若飞,若画上眼睛,必定飞走。秦朝灭亡后,他雕刻和绘画的各种动物随之湮灭。

【原文】 梁公驯雀①,茅容割鸡②。

【注释】 ①梁公:即狄仁杰,唐朝大臣,封梁国公。传说他为母亲守丧时,有白雀像是驯养过似的,常在其旁。

②茅容:字季常,东汉人。大名士郭泰曾宿于其家,茅容杀鸡做饭,郭秦以为是招待他,待做好后,茅容端给了母亲,而只是用蔬菜招待客人。郭泰因此认为茅容是贤士,是真正可以结交的朋友。

【解译】 有的人以为,孝顺父母就是在他们百年之后大事铺张,实行厚葬,大把大把地花银子。这其实是做给别人看的,对死者没有任何意义。真正的孝顺应该是生前奉养,多尽孝道。像茅容这样,家中虽有客人,但做一些好吃的东西还是要给母亲,招待闻名天下的大名士却是用蔬菜。或许有人以为他这样做对客人有失礼之嫌,但郭泰却因此而更加看重他,以为这样的人才是真正可以结交的朋友。

九 佳

【原文】 禹钧五桂①,王祐三槐②。

【注释】 ①禹钧:即窦禹钧,五代人。他广为善事,多有德行之举。家有五子,皆相继登高第,人称"五子登科"。当时宰相冯道写诗相赠:"燕山窦十郎,教子有义方。灵椿一株老,丹桂五枝芳。"

②王祐:北宋人。宋太祖赵匡胤曾答应提拔他做司空。可后来不仅没有提拔,反而降了职。有人拿这件事和他开玩笑,他说:"祐虽不及做,吾二郎当得之。"并在院子里种植三棵槐树,说:"吾子孙必有为三公者。"后其子王旦位至宰相,并建三槐堂。

【解译】 窦禹钧的五个儿子皆进士及第,人称"五子登科",这就是"五子登科"的来历。后来,人们便把"五子登科"作为一种祝愿,一种期盼,希望自己的子女也能名列金榜。但是,如果想把希望变成现实,就必须注意对子女的教育,教育有方,子女才能成为有用之才。

【原文】 同心向秀①,肖貌伯偕②。

【注释】 ①向秀:字子期,西晋人,竹林七贤之一。与嵇康、吕安志同道合,曾共同在山阳种菜,在洛阳城打铁。

②伯偕:即张伯偕,唐朝人。他有个弟弟仲偕,和他长得十分相似。仲偕新婚,其妻新妆毕,看见伯偕问道:"我的妆好看吗?"伯偕说:"我是伯偕。"说罢急忙避开。过了一会儿,弟媳妇见到他,说:"刚才闹了个大笑话,把大伯哥当成你了。"伯偕说:"我还是伯偕。"弟媳妇十分羞愧,从此不再出门。

【解译】 向秀与嵇康等竹林名士生当魏晋易代之际,心存世外,无心仕宦,一同以种

菜打铁消磨时光,打发日子。但是,生在那样一个政治高压、篡乱不断的时代,想躲清静也不容易,一向慎言慎行的嵇康还是被司马昭随便找个借口给杀了,向秀最后被逼无奈也走进了官场。

【原文】　袁闳土室①,羊侃水斋②。

【注释】　①袁闳:东汉人。桓、灵之世,党锢之祸继起。袁闳不受朝廷征召,筑土室而居,闭门谢客,一早一晚于室中向母礼拜,即使是他的儿子,也不能进室内与他相见。

②羊侃:南朝梁人。他生性豪奢,精于音律,膂力过人。赴衡州时,曾在两船间起三间通梁,在水上进行斋会,两岸观者如潮。

【解译】　东汉末年的党锢之祸,是中国古代文人的又一次浩劫。袁闳汲取了李膺等党人的教训,筑土室而居,闭门谢客,彻底断绝了和外界的交往,甚至于连他的儿子也不能见他。袁闳通过这种方式表明了不与当权者合作的态度,表明了对政治高压的愤怒和无奈,用行动实践了儒家的"穷则独善其身"的处世原则。就当时的情景而言,这种方式有一定的积极意义,但对改变社会现实并无多少实际作用。

【原文】　敬之说好①,郭讷言佳②。

【注释】　①敬之:即杨敬之,唐朝人。当时有一个名叫项斯的人,品行好,诗也写得好。杨敬之有诗赠之:"几度见君诗尽好,及观标格胜于诗。平生不解藏人善,到处逢人说项斯。"项斯的名气因此更大。"说项"的典故即由此而来。

②郭讷:字敬言,西晋人。听歌妓唱歌,称赞唱得好。石崇问歌妓唱的是什么曲子,他说不知道。石崇说:"卿不识曲,那得言佳?"郭讷说:"譬如见西施,何必识姓名然后知美?"

【解译】　郭讷回答石崇的话,其实是一个哲学问题,即美的客观性。情人眼里出西施,说的是美的主观性。而郭讷所说的"譬如见西施,何必识姓名然后知美",则是指美的客观性。即美的事物,不论放到何种环境,也不论你能否欣赏,它都是美的。

【原文】　陈瓘责己①,阮籍咏怀②。

【注释】　①陈瓘:北宋人,在礼部为官。范淳甫说:"颜子不迁不贰,惟伯淳有之。"陈瓘问伯淳是谁。范淳甫感到很奇怪,说:"不知有程伯淳耶?"陈瓘因不知程颢字伯淳而深深自责。

②阮籍:字嗣宗,竹林七贤之一。有《咏怀诗》八十二首。

【解译】　人生也有涯,而学海无涯。一个人知识再渊博,也有不懂的东西。如果问到知识范围之外的东西而不知道,那是很正常的。但是,身为礼部官员,竟然不知道当代理学大师程颢字伯淳,就有点不可理解了。从这个意义上说,陈瓘自责,应是出于真心,而不是作秀。

十　灰

【原文】　初平起石①,左慈掷杯②。

【注释】　①初平:即黄初平,东晋术士。少时牧羊,遇道士授予道术,久而未归。其兄找到他,问羊在哪里,他说在金华山东。到那里一看,皆是白石。初平叱羊起,白石皆起而化为白羊,多达数万只。

②左慈:字元放,东汉末年人,有道术。曹操设酒召之,左慈用头簪在杯中一画,酒分而为二,自饮左边一半,另一半给曹操。然后把杯子向上扔去,杯子化为一只鸟飞去。

【解译】　左慈与黄初平之类的传说,与东汉以后道教的流行有很大关系。对这类故事,只能当故事听,而不能迷信。

【原文】　名高麟阁①,功显云台②。

【注释】　①麟阁:即麒麟阁。西汉宣帝时,为褒扬功臣,将霍光等十一名大臣的画像画在未央宫内的麒麟阁上。

②云台:东汉明帝为表彰中兴功臣,令画工在洛阳南宫云台之上画邓禹等二十八名大将画像。

【解译】　汉宣帝、汉明帝用画像标名的办法表彰有功之臣,使大臣们看到了帝王对他们的重视和倚重。所以,许多文臣武将都把名标麒麟阁、像绘云台上视为莫大的荣耀。那些尚未取得功名的人,常常把这作为一种毕生追求的目标,许多人为达此目标虽九死而不悔。

【原文】　朱熹正学①,苏轼奇才②。

【注释】　①朱熹:字元晦,南宋著名哲学家。他对儒家经典很有研究,曾为《诗经》《周易》等作传注,世称其集诸儒之大成。

②苏轼:字子瞻,北宋著名文学家。仁宗嘉祐中授翰林学士。宣仁太后对他说:“先帝每当读到你的文章,必叹曰‘奇才,奇才’! 但未来得及提拔。因此今天让你做翰林学士这个官。”

【解译】　苏轼、朱熹是两宋著名文人,他们在文学、经学等方面都有很高造诣。朱熹对儒家经典的解说,有很多真知灼见,但也多迂腐之言。但是,宋以后的科举考试却把朱熹对儒家经典的解说作为取士的依据,参加科举的人作八股文,解经阐经都要根据朱熹的解说,否则文章写得再好也不会被录取。这使得许多人的思想逐渐趋于僵化。儒学的没落,与此有很大关系。

【原文】　渊明赏菊①,和靖观梅②。

【注释】　①渊明:即陶渊明,东晋著名文学家。他隐居家乡柴桑(今江西九江),种菊东篱。其诗有“采菊东篱下,悠然见南山”之句。

②和靖:即林逋,字和靖,北宋人。他居于西湖孤山二十年,住宅四周种的都是梅花,整日不知疲倦地在梅林赏花。

【解译】　梅竹松菊以其高洁不俗而深得中国古代文人的喜爱,陶渊明喜菊,林逋喜梅,郑板桥喜竹,显示出他们与众不同的个性精神和高洁不俗的情操。他们吟咏松、菊、

梅、竹的诗作,有不少都是佳作,其中不乏千古传诵的名篇名作。

【原文】 鸡黍张范①,胶漆陈雷②。

【注释】 ①张范:即东汉张劭和范式。二人是好朋友,分手时,范式约定二年后去拜望张劭的母亲。到了那一天,张劭杀鸡炊黍以待范式。其母说:"分别二年了,千里之外说的话,哪里会那么当真?"张劭说:"巨卿(范式字)是守信用的人,肯定不会违约。"到了那一天,范式果然来了。

②陈雷:即东汉陈重和雷义。二人是好朋友。顺帝时,雷义举茂才,让给陈重,刺史不许,雷义遂不应命。后来二人同举为孝廉,同拜尚书郎。时人为之语曰:"胶漆自谓坚,不如陈与雷。"

【解译】 人们通常理解的朋友,是比较合得来、交往比较多的人。但这种意义上的朋友和古人所说的朋友有很大不同。古人以为,同志为朋,同学为友。同学加同志才算得上朋友。既有同窗之谊,又有共同的志向、情趣才是朋友。从这个意义上说,真正可以称为朋友的人并不是很多。那些把多少有些交情的人都称为朋友的人,显然没有真正理解朋友一词的深刻含义。

【原文】 耿弇北道①,僧孺西台②。

【注释】 ①耿弇:字伯昭,东汉初年名将。刘秀北伐,耿弇请求一起北伐。他的部下说:"死也应头朝南死,怎么能够往北进入人家的口袋中?"刘秀指着耿弇说:"这人就是我北道主人。"

②僧孺:即牛僧孺,唐朝人。一天,伊阙县衙前的伊水中有沙滩露出。当地传说,水中有沙滩露出,将有人进入台阁。老吏见沙滩露出,说:"此必分司御史,若是西台(即中书省),当有一双鸂鶒。"牛僧孺即暗暗祈祷说:"既能有滩,何惜鸂鶒!"刚刚祈祷罢,一对鸂鶒飞落下来。过了十天,牛僧孺即拜西台,官同平章事,封奇章郡公。

【解译】 水涨水落,原是一种自然现象。来水多河水就涨,来水少河水就落,水涨时河床里的东西就会被淹没,水落时河床里的东西就会露出来。所以,伊水中有沙滩露出,是水落时正常的事情。但是,却有人把自然现象和人事联系起来。不论在古代社会还是现代社会,这都是一种普遍现象。很多人以为,自然界出现异常现象,人世间必有相应的事件发生。其实,自然界的异常现象和社会、人事并无必然联系,不应把偶然的巧合看作人事对自然现象的反应。

【原文】 建封受贶①,孝基还财②。

【注释】 ①建封:即张建封,字本立,唐朝人。张建封贫贱时,尚书裴宽遇之,见其与俗人不同,就把一船钱帛和奴婢都赠给他,而张建封也不推辞,通通接受下来。贶:赠送。

②孝基:即张孝基,北宋人。张孝基娶富家女为妻,妻弟不成器,岳父将他逐出家门,把钱财都给了张孝基,妻弟则沦为乞丐。后来,妻弟醒悟,自食其力,张孝基把岳父赠送的钱财还给了妻弟。

【解译】 浪子回头金不换。张孝基见妻弟能够幡然悔悟,痛改前非,就把岳父赠给他的家财都还给了妻弟。可见,张孝基对钱财等身外之物看的是很淡的。若是爱财如命之徒,是不会把到手的钱财拱手相让的。

【原文】 准题华岳^①,绰赋天台^②。

【注释】 ①准:即北宋名相寇准。他是华州人,八岁时作诗咏华山,诗云:"只有天在上,更无山与齐。"

②绰:即孙绰,东晋人。他为永嘉太守时,闻天台山十分秀丽,作《天台赋》。赋成之后,他十分自负地对朋友说:"卿试掷地,当作金石声。"

【解译】 孙绰是东晋玄言诗代表作家,文章也写得好。《天台赋》就是一篇在当时很有影响的佳作。也许正是因此,他才非常自负,说出那样的话。成语"掷地有声"就是从孙绰《天台赋》的故事而来。

【原文】 穆生决去^①,贾郁重来^②。

【注释】 ①穆生:西汉人。少年时曾与楚元王一同学诗。后来,楚元王任命穆生等为中大夫。穆生不喝酒,每次宴会时,楚元王都要给他准备一些甜酒。有一次,楚元王忘记了此事,穆生说:"可以离开了!醴酒不设,表明了大王怠慢的意思!"于是坚决离开了楚王。

②贾郁:五代人。他曾任仙游县县令。离任时,有一个老吏喝醉了酒骂他,他愤怒地说:"吾再来必惩之。"老吏说:"公若再来,犹铁船渡海。"后来,贾郁果然再来仙游县任县令,老吏因偷盗库银而受到惩罚。

【解译】 文人最看不得别人的白眼,更不愿受嗟来之食。他们有自己的人格,有自己的自尊,如果有人不把他们的人格和自尊放在眼里,他们会决然离去。前有西汉穆生决去,后有陶渊明不为五斗米折腰,自辞彭泽县令,都表现出文人的清高与自尊。

【原文】 台乌成兆^①,屏雀为媒^②。

【注释】 ①台:即御史台。汉朝朱博为御史大夫,府中柏树上,栖息着数千只乌鸦,故有人把御史台称为乌台或乌府。

②屏雀:屏风上画的孔雀。北周窦毅有一女,喜读《列女传》,过目不忘。窦毅以为其女非同常人,不肯轻易许人,就在屏风上画两只孔雀,来求婚的人须射两箭,射中孔雀的眼睛,才把女儿嫁给他。李渊两箭,各中一目,窦毅就把女儿嫁给了李渊。屏风上的孔雀成了李渊与窦女的媒人。

【解译】 古代御史的职责是纠劾大臣违法乱纪的行为。他们能否尽职尽责,关系到国家法纪能否得到维护的大问题。御史是维护国家法纪尊严的最为重要的一道防线,如果他们恪尽职守,不避权贵,国家法纪就不会遭到践踏。如果他们敷衍塞责,整个社会就将贿赂公行,官场就会多徇私枉法之人。

【原文】 平仲无术^①,安道多才^②。

【注释】 ①平仲:即寇准,字平仲。他任宰相时,陈州知府张咏以为,他虽是奇才,但学问不足。有一次,寇准向张咏求教,张咏说:"《霍光传》不可不读。"寇准认真读了一遍,读至"不学无术"时,笑着说:"张公是说我的啊。"

②安道:即张方平,字安道,北宋人。他博闻强记,读书过目不忘。向人借阅三史(《史记》《汉书》《后汉书》),十天就归还了,说:"已知其详矣。"

【解译】 "不学无术"一词,源出《汉书·霍光传赞》,意思是既没有学问,又没有技艺。作为文人需要有学问,作为一般人则要有谋生的技艺,如果一个人不学无术,那他就没有生存的手段。如果身为官员,而被人称为"不学无术",那就等于是说他没有本事。当然,张咏说寇准"不学无术",不是说他没本事,而是说他没有学问,要他多读些书,增加一些知识。

【原文】 杨亿鹤蜕①,窦武蛇胎②。

【注释】 ①杨亿:字大年,北宋文学家。传说他生下来时是一个鹤雏,家人把他包裹起来扔到江边。叔父追至江边,打开一看,鹤蜕变为婴儿。

②窦武:字游平,东汉人。传说他生下来时,同时生下来的还有一条蛇,被送到林子中。其母死后,有大蛇从林中出,以首触灵柩,十分悲伤。

【解译】 中国古代,一些著名人物的出生,大都伴随着一些神奇的故事,从帝王将相到公卿名臣,大都如此。窦武和杨亿都是很有名的人物,他们出生的故事很神奇,但如果联系中国古代这一现象来看,却是一点也不奇怪。

【原文】 湘妃泣竹①,钼麂触槐②。

【注释】 ①湘妃:舜南巡,死于苍梧。其妻娥皇、女英至洞庭湖得到舜死的消息,痛哭流涕,泪水洒在竹子上,竹子变得斑斑点点,世称斑竹。二人悲痛至极,自投湘江而死,成为湘水女神,人称湘妃或湘夫人。

②钼麂:春秋时期义士。晋灵公派他去行刺大臣赵盾,他见赵盾天不亮就穿戴好朝服,准备上朝,认为赵盾是一位贤臣,不忍杀害,就自己触槐而死。

【解译】 钼麂素来被视为义士。他奉君主之命去行刺大臣赵盾,却因见赵盾勤勉为国而不忍加害。如果他不杀赵盾,是不从君命,那将是不忠;如果杀赵盾,赵盾是贤臣,杀害贤臣则是不义。不杀不可,杀亦不可,所以,钼麂最后选择了自尽,用这种方式全忠全义。在这个故事中,人们往往忽略了晋灵公不君这一因素。晋灵公是一个典型的暴君,所作所为完全不像一个国君。钼麂即使不听从他的命令,也不能算不忠。相反,如果听从他的命令,则成了典型的愚忠。

【原文】 阳雍五璧①,温峤一台②。

【注释】 ①阳雍:即阳雍伯,汉朝人。他免费供给过往的行人茶水。有一天,一人喝过茶水,给他一升菜籽,说:"种此可以生美玉,得好妇。"有女徐氏十分漂亮,阳雍伯向其求婚,对方要白玉璧一双为聘礼。阳雍伯去种菜处挖,得玉璧五双,用以聘妻。

②台：指玉镜台。温峤的姑姑有一女儿，姑姑请他做媒。过了很久，温峤对姑姑说："找到了，论门第，论才能，都不比我差。"于是，以玉镜台一枚作为聘礼，聘姑姑之女为妻。

【解译】　古时婚仪有纳采一说，即男方向女方家下聘礼。聘礼多少，通常都有规定，但许多情况下都可以变通。阳雍伯以玉璧五双为聘，温峤以玉镜台一枚为聘，都是为了完成纳采这一程序。因为，没有这一程序，下一步"亲迎"就无法进行。

十一　真

【原文】　孔门十哲①，殷室三仁②。

【注释】　①孔门十哲：指颜渊、闵子骞、冉伯牛、仲弓、宰我、子贡、冉有、子路、子游、子夏。后来，颜渊升为配享，增补曾参；曾参升为配享，又增补子张。

②殷室三仁：指箕子、比干和微子启。三人都是殷朝宗室，殷纣王时，三人为了殷室的基业，一个装疯卖傻，一个剖腹剜心，一个逃亡在外。三人选择不同，动机却是一样，被孔子称为殷室三仁。

【解译】　箕子、比干和微子启三人，都对殷王朝忠心耿耿，却被关的关、杀的杀，微子启一看大事不好，就逃之夭夭了。生当乱世，又遇上残暴的国君，忠臣义士很难有好的下场。这个时候，正应了郑板桥的一句话："难得糊涂。"

【原文】　晏能处己①，鸿耻因人②。

【注释】　①晏：即何晏，三国魏人。曹操纳何晏的母亲为夫人，想把何晏收为养子。何晏就在地上画了一个方框，说："此吾庐也。"曹操明白他的意思，就打消了收他为养子的念头。

②鸿：即梁鸿，东汉人。小的时候，他家的邻居先做好了饭，让他趁热锅做饭，可以省些柴。他说："梁鸿不趁人家的余热。"就把灶中的火熄灭，重新生火做饭。

【解译】　梁鸿是特立独行之人，他不愿意借别人的光，承别人的情，不论什么事情，他都要自己去做。生火做饭这样的小事情，趁一下热锅，原亦没什么不可。可是，他认为这虽是小事情，也是沾别人的光，所以一定要把火先熄灭，然后再拿自家的柴草烧火做饭。性情中人，小到这样的事情，也十分注意。

【原文】　文翁教士①，朱邑爱民②。

【注释】　①文翁：名党，西汉人。汉景帝时为蜀郡太守，崇尚教化，兴办学校，派司马相如等赴京学习，然后回蜀传授弟子。

②朱邑：字仲卿，西汉人。任北海太守时，多有政绩。后入朝为大司农，清正廉洁。汉宣帝赞扬他说："大司农朱邑廉洁守节，外无超出范围的朋友，内无多余的积累。可以称作淑人君子。"

【解译】　古代史学家把官吏分为两类，一类是循吏，一类是酷吏。所谓循吏就是奉公守法、爱民如子的好官。从这个意义上说，文翁、朱邑都可以算作循吏。他们心里装着

中华传世藏书——国学经典文库 蒙学经典——图文珍藏版

百姓,为老百姓办实事,让老百姓得到了实实在在的好处,而他们自己却是节衣缩食,没有多余的钱财。

【原文】 太公钓渭①,伊尹耕莘②。

【注释】 ①太公:即姜太公,名吕尚,字子牙。辅佐周文王前,曾垂钓于渭水。周武王尊为尚父。

②伊尹:名挚,字尹。生于伊水,故以为氏。辅佐商汤之前曾耕于有莘之野,汤三次派人去请他,他才出山辅佐商汤。

【解译】 伊尹、吕尚都是古之名相。他们的成功,固然得力于他们超凡的聪明智慧,但最主要的是他们遇到了一个知人善任的明君。假如他们生当夏桀、殷纣之世而又遇到夏桀、殷纣这样的暴君,恐怕他们也很难逃脱箕子、比干的下场。

姜太公磻溪垂钓

【原文】 皋惟团力①,泌仅献身②。

【注释】 ①皋:即李皋,唐王朝宗室,封曹王。他任江西节度使时,严格训练所部士兵,传授团力之法(把队伍编组进行训练,以增强战斗力的训练方法),在平定李希烈叛乱中建立了大功。

②泌:即李泌,唐朝人。唐代宗时,适逢端午节,大臣都向皇上进献礼物,只有李泌没有奉献礼物。代宗问李泌:"先生为何没有奉献?"李泌说:"臣上自头巾,下至脚上穿的履,都是陛下赐予的,剩下的只有臣这个身子了。"代宗说:"朕要的正是这个。既然献身给朕,就应当随朕所为,这个身子就由不得你了。"

【解译】 古代社会,许多人以为,除生命之外,其余都是皇上的恩赐。尤其是当官的,更是抱着这样一种信念。这种信念导致了许多人的愚忠。封建帝王恰恰就利用了这一点,培养愚忠之臣。李泌与众不同,不向代宗进献礼物,看起来很清高,但他以身自献,实际上表明了他的愚忠态度。

【原文】 丧邦黄皓①,误国章惇②。

【注释】 ①黄皓:三国蜀汉人。后主刘禅时为宦官,专权自恣,愚惑后主,摒斥忠臣,是蜀汉亡国的罪魁祸首之一。

②章惇:字子厚,北宋人。宋哲宗时任尚书左仆射,恢复王安石执政时实行的青苗法和免役法,被视为误国之举。

【解译】 诸葛亮在《出师表》中以为,东汉的灭亡是由于国君"亲小人,远贤臣"。其实不仅东汉,其他朝代也是这样。作为一国之君,如果昏庸无道,荒淫无度,亲小人,远贤臣,那也就离亡国不远了。

【原文】 鞅更秦法①,普读鲁论②。

【注释】 ①鞅:即商鞅,战国人。他为秦相时,革除弊政,实行变法,使秦国走上了富强之路。

②普:即赵普,北宋名相。他曾对宋太宗说:"臣有《论语》一部,以半部佐太祖定天下,半部佐陛下定太平。"

【解译】 北宋赵普把《论语》这部儒家思想的代表性著作当作治国之根本,号称"半部《论语》治天下"。儒家思想是规范君臣、父子、夫妇等社会关系和伦理关系的一种重要思想体系,儒家提倡的仁、义、礼、智、信和忠、孝、节、悌等道德规范,更是对人们的社会文化行为的约束。其实,不仅宋代,历代统治者统治天下,都尊奉儒家思想道德规范。赵普不过是公开提出了这样的命题而已。

【原文】 吕诛华士①,孔戮闻人②。

【注释】 ①吕:指吕尚。西周建立后,吕尚封于齐。齐有华士,不臣天子,不友诸侯,人们都认为他是贤士。吕尚多次征召,他都不应征命,于是就把他杀了。

②孔:即孔子。孔子为鲁国司寇时,上任才七天,就诛杀了身为大夫同时又是名人的少正卯。

【解译】 华士和少正卯,一是贤士,一是名人,在当时都很有影响。可是,他们还是被杀了。他们被杀的理由,在今天看来是根本站不住脚的。譬如吕尚杀华士,就是因为他命令华士来见他,而华士却不愿见他。你有邀请的权力,别人也有不接受邀请的权力。如果仅仅是因为别人不肯接受邀请,就要利用手中的权力把他杀了,岂不是霸道逻辑?

【原文】 暴胜持斧①,张纲埋轮②。

【注释】 ①暴胜:即暴胜之,字公子,西汉人。汉武帝天汉二年(前99年),泰山琅邪盗贼起,暴胜之衣绣持斧,奉旨前往捕杀,刺史、郡守以下多伏诛。

②张纲:字文纪,东汉人。顺帝时为御史,奉旨到各地按察风俗。张纲至洛阳都亭,把所乘的车轮去掉,埋于都亭,说:"豺狼当道,安问狐狸?"

【解译】 张纲"豺狼当道,安问狐狸"的说法,使人们想起早些年反腐败时流行的一句话:"只打苍蝇,不打老虎。"因为,当时处理的一些腐败分子都是无足轻重的人物,而那些手握大权的腐败分子,却很少受到惩罚。倘若有人像张纲这样敢于一针见血地指出"豺狼当道,安问狐狸",不是杀鸡儆猴,而是从打老虎开始,大胆惩治那些握有大权的腐败分子,其警示作用将更为明显,反腐败的效果要好得多。

【原文】 孙非识面①,韦岂呈身②。

【注释】 ①孙:指孙抃,北宋人。宋仁宗时,孙抃为御史中丞,举荐唐介、吴敦复为御史。有人问他与二人不认识,为何举荐他们。他说:"昔人耻呈身御史,今岂求识面台官耶?"

②韦:指韦澳,唐朝人。唐武宗时,韦澳长期得不到升迁。御史中丞高元裕暗示韦澳

去求他,他就可以举荐韦澳为御史。韦澳说:"恐无呈身(即自荐)御史。"

【解译】 "呈身御史"的典故出于《旧唐书·韦澳传》。韦澳中进士十年,都没有得到升迁。他的兄长韦温和御史中丞高元裕关系很好,就请他用韦澳为御史,然后让韦澳去拜见高元裕。韦澳却不肯去,说:"恐无呈身御史。"他的意思是,恐怕没有毛遂自荐去当御史的。这话当然比较委婉,说直白一些,就是哪里有求来的御史?这并不是说韦澳耻于做御史,而是耻于跑官要官。

【原文】 令公请税①,长孺输缗②。

【注释】 ①令公:指裴楷,西晋大臣。裴楷曾为中书令,故称令公。当时,梁王、赵王的封国离京师很近,裴楷每年都请他们捐出租税钱百万,用来赈济贫困的人。有人讽刺他是在施小恩小惠。他说:"损有余而补不足,天之道也。"

②长孺:即杨长孺,北宋人。他任番禺经略安抚使将要离职时,把自己应得的俸禄七千缗,代替属下的百姓交了租税。

【解译】 为官一任,若能两袖清风,不受百姓、官吏的馈赠贿赂,已经算是清官了。而把自己的薪水拿出来,替老百姓交租税,就更加难能可贵了。这样的官员,不要说在古代,就是在当今,恐怕也是不多见的。

【原文】 白州刺史①,绛县老人②。

【注释】 ①白州刺史:即纸。唐薛稷曾经给纸封九锡、拜楮国公、白州刺史,统领万字军。

②绛县老人:春秋时期,晋悼夫人赏赐修建杞城的赶车人,有一绛县老人年纪很大了,也来接受赏赐,问其年龄,老人说他正月甲子生,已经七十三岁了。朝廷官员以为让这样大年龄的老人筑城是自己的过失,就让他做绛县师。后来就以绛老代指老人。

【解译】 七十三岁的绛县老人,正是安享天年的年龄,却被征去修筑杞城。遭遇虽然让人同情,但和杜甫笔下的石壕村老妇比起来,他还算是幸运。石壕村老妇已经为国家献出了两个儿子,自己不顾年纪老迈又上了战场。绛县老人被征劳役,却幸运地遇到了明白事理的官员,不仅免了他的劳役,而且让他做绛县师。对绛县老人的遭遇,不知是该为他高兴,还是该替他悲哀。

【原文】 景行莲幕①,谨选花裀②。

【注释】 ①景行:即庾杲之,字景行,南朝齐人。当时,人们把卫将军王俭幕府称为莲花池,庾景行为王俭长史,萧缅称赞他"泛绿水,依芙蓉,何其丽也"。

②谨选:即许慎,字谨选,唐朝人。他旷达无羁,不拘小节,与朋友聚会,常常在花园中,让仆人聚落花作为坐垫,说:"吾自有花裀,何须坐具?"

【解译】 世俗中人通常是以椅子、板凳、沙发为坐具,佛门弟子则是以蒲团为坐具。若能扫落花为坐垫,与三五好友坐落花之上,把酒对月,谈天说地,那该是怎样一件浪漫的事情啊!

【原文】 郗超造宅①,季雅买邻②。

【注释】 ①郗超:字嘉宾,东晋人。他敬仰道德高尚的隐士,听到某位隐士道德高尚,就花钱为他建造豪华如官衙的住宅。

②季雅:南朝宋人。辞官之后,他在吕僧珍的宅院旁买了一处住宅。吕僧珍问他花了多少钱,他说花了一千一百万。吕僧珍以为价钱太贵了,说:"一百万买宅院,一千万买邻居。"

【解译】 古有孟母择邻,宋有季雅买邻。孟母择邻,是为了孟子的学习和成长。季雅买邻,则是花钱买一个好邻居。只是他买邻花的钱太多了一些,而且似乎也不值。邻居吕僧珍生子,季雅拿一千钱去表示祝贺,看门人却嫌少,不让他进。从吕僧珍看门人的德行来看,他花钱买这样的邻居,确实有点冤枉。

【原文】 寿昌寻母①,董永卖身②。

【注释】 ①寿昌:即朱寿昌,字康叔,北宋人。他七岁的时候,父亲把他的母亲卖给了人家。长大成人后,他辞官不做,到处寻访母亲的下落,后来终于在蜀中找到了已分别五十年的老母亲。

②董永:东汉人。自幼丧母,后来父亲又死了,他没钱安葬父亲,就靠给人做奴隶,借一万钱安葬了父亲。后遇织女,结为夫妇。织女为主人家织缣三百匹,替董永赎了身。

【解译】 董永和织女的故事是一个传之弥久的爱情故事。在这个故事中,最初是董永的孝行感动了上苍,才令织女下凡与他结为夫妇,替他赎身的。但在流传过程中,却变成了织女羡慕人世生活,私自下凡,因见董永勤劳能干,才与之结为夫妇的。但不论怎样变化,始终没有摆脱人神之恋的套路。

【原文】 建安七子①,大历十人②。

【注释】 ①建安七子:汉献帝建安年间的七位著名作家,他们是孔融、王粲、陈琳、阮瑀、徐干、刘桢、应玚。

②大历十人:指唐代宗大历年间十位著名诗人,他们是卢纶、吉中孚、韩翃、钱起、司空曙、苗发、崔峒、耿湋、夏侯审、李端。

【解译】 中国历史上的许多文人,有的以某一时代命名,如初唐四杰、唐宋八大家等;有的以地名命名,如竹林七贤、竟陵八友、竹溪六逸、永嘉四灵等;有的以师承命名,如苏门四学士、江西诗派等;有的以文学观念相同或相近命名,如前七子、后七子、唐宋派等。

【原文】 香山诗价①,孙济酤缊②。

【注释】 ①香山:唐代著名诗人白居易,号香山居士。他的新乐府诗指斥时弊,时人争相传写。有的商人把白居易的诗卖给新罗国国相,一首诗价值一两金子。

②孙济:东汉末年人,孙权的叔叔。喜欢喝酒,经常欠酒家的酒钱。他却不当回事儿,说:"寻常行坐处欠人酒债,欲货此缊袍偿之。"

【解译】 白居易倡导新乐府,认为诗歌应该发挥"补察时政,泄导人情"的作用,主张"文章合为时而著,歌诗合为事而作"。他的诗歌多讽喻时政、反映现实之作,白居易也因此成为继杜甫之后唐代另一现实主义大诗人。

【原文】 令严孙武①,法变张巡②。

【注释】 ①孙武:春秋时期著名军事家。吴王阖庐把宫中美女编成两队,以两个宠姬作队长,让孙武来训练。孙武令持戟,那些宫女们嘻嘻哈哈,不听号令,孙武即将两个队长斩首示众。其他人这才听从号令。

②张巡:唐代著名将领。他针对胡人善骑射且又变幻不定的特点,改变传统的战法,训练士兵时,要求兵识将意,将识士情,上下相习,人自为战。

【解译】 俗话说军令如山。孙武受命训练军队,而那些宫女却不把他的话当回事儿,他当然也就只好军法从事了,杀了吴王最宠爱的两个姬妾,以儆效尤。这么一来,一向娇贵的宫女们都俯首听命了,再次训练,都中规中矩。后来,吴王用她们为将,西破强楚,北威齐鲁。

孙武吴宫教战

【原文】 更衣范冉①,广被孟仁②。

【注释】 ①范冉:字史云,东汉人。范冉小时候与同郡尹包很要好,二人共穿一件红色衣服,谁出门谁穿。尹包年长,范冉就让尹包先穿。

②孟仁:东汉人。他跟从李肃读书时,母亲给他做了一个又厚又大的被子。有人问为何做那么大,他的母亲说:"小儿不善交际,和他交往的多是穷孩子。所以给他做了一条大被子,这样就可以和穷孩子同盖一条被子,多些交往。"

【解译】 孟仁的母亲为儿子考虑得够周到的了。家中贫穷,儿子又不善社交,她担心没有多少人跟她的儿子来往,就做了一个大被子,这样,若是穷人家的孩子和她的儿子交往,就可以同盖一条被子,增加一些交往。真是可怜天下父母心啊!

【原文】 笔床茶灶①,羽扇纶巾②。

【注释】 ①笔床:即笔架;茶灶:茶炉。唐代诗人陆龟蒙无事时常乘小舟,带书籍,拿上茶炉、笔架、钓具等,划船出去游玩。笔床茶灶,这里指休闲用具。

②羽扇:羽毛做的扇子;纶巾:用青丝编织的头巾。三国时期的诸葛亮常头戴纶巾,手持羽扇。

【解译】 在中国古代戏曲小说中,"羽扇纶巾"是军师或师爷之类人物的显著标志,

尤其是羽扇，更是这类人物手中必不可少之物。现在人们称某人为"摇鹅毛扇的"，正是从中国古代戏曲小说中的"羽扇"演化而来。

【原文】 灌夫使酒①，刘四骂人②。

【注释】 ①灌夫：西汉名将。为人刚直，爱借酒发牢骚骂人，屡屡辱骂丞相田蚡。后因罪被诛。使酒，借酒使性子，即发酒疯。

②刘四：即刘子翼，唐朝人。生性刚直，朋友有了过失，就当面指责，不留一点情面，过后却没事似的。李百药曾对人说："刘四虽然老是骂人，人们却是不恨他。"

【解译】 同是刚直，刘四要比灌夫可爱得多。灌夫喝醉了酒就骂人，涵养再高的人最终也受不了。刘四的刚直是摆在桌面上的，朋友有什么不对，他毫不留情地当面指出，虽然可能会让有的人下不了台，但说过就说过，事后像没有发生过这件事似的。可以说，刘四的刚直是疾恶如仇，却又了无芥蒂。

【原文】 以牛易马①，改氏为民②。

【注释】 ①牛易马：这是关于晋朝的一段传说。司马懿时，有"牛继马后"的谶语，司马懿以为这是牛姓人要代替司马氏的预兆，就用毒酒把部将牛金毒死。到了西晋末年，恭王妃夏侯氏与姓牛的小吏私通，生子司马睿，后来成为东晋开国皇帝，是为晋元帝。

②氏：即姓。东汉有一人姓氏，名仪，在吴国做官。孔融给他写信说："氏字民无上，可改为民。"于是，氏仪就改姓民，名民仪。

【解译】 中国古代每一个朝代的更迭，几乎都有一段神奇的传说。"牛继马"之谶，出自当时的《玄石图》，敏感的司马懿意识到牛姓人对司马氏的威胁，就把可能造成威胁的人杀了。可是，他万万没有想到，他的孙子恭王司马觐妃夏侯光姬，竟与姓牛的小吏私通，生晋元帝司马睿，"牛继马"之谶，竟是在这里埋下了伏笔。

【原文】 圹先表圣①，灯候沈彬②。

【注释】 ①表圣：即司空图，字表圣，唐代文学家。他活着的时候，先为自己建造好坟墓，有客来访，就领到坟墓中吟诗作赋，举杯痛饮。圹：埋棺材的坑。

②沈彬：字子文，唐朝人。沈彬临终前手指一块墓地，家人即按其所指挖掘，得石莲花灯三碗，并有铜碑，上有五言诗："佳城今已开，虽开不葬埋。漆灯犹未灭，留待沈彬来。"

【解译】 司空图自号耐辱居士、知非子，是旷达之士。他生前先为自己造好坟墓，客人来访时，还把客人领到他的坟墓中，开怀畅饮，吟诗作赋，丝毫没有忌讳。这样的名士，即使列名魏晋，亦无愧色。

十二　文

【原文】 谢敷处士①，宋景贤君②。

【注释】 ①谢敷：字庆绪，东晋人。他是东晋的隐士。当时，月犯少微星（又名处士星，对应世间隐士），占者以为不利于隐士。名隐戴逵以为将应在自己身上，十分担心。

不料过了不久,谢敷却死了。于是有人讽刺戴逵说:"吴中有高士,求死不得死。"

②宋景:即春秋时期的宋景公。宋景公时,有异常天象出现,占者以为将对宋国国君不利。宋景公问子韦如何办,子韦说:"祸当君,可移于相。"宋景公说:"相是与寡人一道治理国家的人。"子韦说:"可移于百姓。"宋景公说:"百姓死了,寡人还当谁的国君?"子韦又说:"可移于年成。"宋景公说:"年成不好,百姓都饿死了,还有谁把我当国君?"子韦说:"君有至德之言三,荧惑必退。"

【解译】 如果问什么样的国君算是明君,人们可以说出很多条,但最根本的应看他是否心里想着老百姓,是否把老百姓的利益放在第一位,是否真的愿意为老百姓做实事做好事。关乎民心、民情、民意、民生的事情,没有小事情。从这个意义上说,宋景公应该称得上明君了。

【原文】 景宗险韵①,刘辉奇文②。

【注释】 ①景宗:即曹景宗,字振为,南朝梁人。梁武帝时为右将军,以伐北魏有功,梁武帝设宴犒赏。席间君臣联句,韵已用尽,只剩下"竞"和"病"韵。曹景宗援笔立成:"去时儿女悲,归来鼓笛竞。借问行路人,何如霍去病!"

②刘辉:原名刘几,字之道,北宋人。为文好用奇险之语。科举时,欧阳修不喜其文奇险,以朱笔抹之。后来,欧阳修为考官,试题是《尧舜性仁赋》。有一人文章写得很好,擢为第一。等公布的时候,第一名竟是已更名刘辉的刘几。

【解译】 许多人以为,行险用诡多是军事家的事情。所谓兵无常法,阵无常形。而为文赋诗,则有规律可循,句式、平仄、对仗、用典等,皆有常法。但也有人喜欢弄险,用险韵,撰奇文,出乎常轨。陶渊明有诗云:"奇文共赏之,异义相与析。"

【原文】 袁安卧雪①,仁杰望云②。

【注释】 ①袁安:字劭公,东汉人。客居洛阳时,天大雪,洛阳令至其门,见无人迹,就进去察看,袁安僵卧床上。洛阳令问他为何不出门,他说:"大雪天不宜扰人。"

②仁杰:即狄仁杰,字怀英,唐朝大臣。他任并州法都督府曹时,登太行山,抬头南望,见一片白云孤飞,想起河南的亲人,感叹道:"我的亲人的房屋就在那片云下。"

【解译】 汝南袁氏是东汉时期的望族,自袁安起,四世三公,显赫一时。然而,到了东汉末年袁绍、袁术,袁氏盛极而衰。进入魏晋,汝南袁氏竟然后继无人,彻底衰败了。看来,一个名门望族的形成,需要几代人的努力。而其衰败,则呼啦啦似大厦倾,只是瞬间的事情。

【原文】 貌疏宰相①,腹负将军②。

【注释】 ①貌疏:相貌清瘦。北宋王钦若相貌清瘦,举止粗野,皆以为他无贵相,可是后来竟官至宰相。

②腹负将军:北宋初年,太尉党进吃饱饭后,常常打着饱嗝手抚肚皮说:"我不负汝。"手下的人说:"将军不负此腹,此腹却负将军。"意思是说党太尉没有学问,没有智谋,只是

一个酒囊饭袋而已。

【解译】　党进是一介武夫，凭军功一步步爬上来。他升迁靠的是勇力，是能征惯战。但官阶不能代替学问，所以，虽然做了太尉，他还是那个样子，自豪地对肚皮说："我不负汝。"虽不中听，却很率直。这样的话，大概也只有党进这样的粗野之人能够说出来。

【原文】　**梁亭窃灌**①，**曾圃误耘**②。

【注释】　①梁亭：梁国与楚国接壤的一个地方。战国时期，宋就任梁国与楚国接壤的边县令。梁亭与楚亭都种瓜，梁亭人勤于浇水，瓜的味道很好；楚亭人很少浇水，瓜不好吃。楚国人就把梁亭的瓜都拔掉晒焦，梁亭人知道是楚国人干的，要去报复。宋就说："别人作恶你们也作恶，那就太过分了！我教你们夜里替楚人灌溉瓜园，不要让他们知道。"梁人按他说的去做了。楚人的瓜味道变美了，感到很奇怪，仔细观察，发现梁人夜里给他们的瓜园浇水，十分感动，于是向梁人道歉，并酬以重金。

②曾：指曾参。他为瓜田除草，不小心把瓜根斩断了，父亲大怒，用粗棍子打曾参，曾参趴在地上让父亲打，被打昏过去，过了一会儿才醒过来。事后，孔子教导他说："你如今委身以待暴怒，若是被打死了，陷父于不义，和你逃跑不让父亲打相比，哪个更不孝呢？"曾参这才认识到自己的错误。

【解译】　宋就的做法是典型的以德报怨。人家把他的庄稼毁了，他不仅不报复，还替人家做好事，用真情去感动别人。俗话说，人心都是肉长的。楚人从梁人的举动中看到了自己的狭隘，认识到了自己的错误，向梁人道歉。

【原文】　**张巡军令**①，**陈琳檄文**②。

【注释】　①张巡：唐朝名将。他的部将雷万春守雍丘，站在城上与乱军将领令狐潮交谈，被乱军射中六箭，他动也不动，敌人以为他是木刻的人。后来，令狐潮得知那就是雷万春，远远地对张巡说："向见雷将军，已知足下军令矣。"

②陈琳：字孔璋，建安七子之一，曾为袁绍起草讨伐曹操的檄文。当时，曹操正患头疼病，读了他的檄文，头疼立即好了。

【解译】　曹操奸诈，但更爱才。对待陈琳就是很好的例子。陈琳的《为袁绍檄曹操》，把曹操祖宗三代都骂上了，骂得狗血喷头，可是，后来曹操擒获了陈琳，不仅没有杀他，还重重地赏他，并让他做丞相主簿。曹操之爱才，于此可见一斑。

【原文】　**羊殖益上**①，**宁越弥勤**②。

【注释】　①羊殖：春秋时期晋国大夫。赵简子问成抟，羊殖这个人怎么样。成抟说："这个人老是变。十五岁的时候，廉洁而不隐匿自己的过错；二十岁的时候，待人十分仁义；三十岁时为晋中军尉，勇敢而且仁爱；五十岁时为边城将，很远的人都来投奔他。臣已经五年不见他了，所以不敢说了解他。"赵简子说："这个人果然是贤大夫，越变越好。"

②宁越：战国时期齐人。他勤奋好学，别人休息，他不休息，别人睡觉，他不睡觉，发奋学习十三年，终于成为齐威王师。

【解译】　人生活在社会上,会随着社会环境的变化而变化。有的人越变越好,成为对社会有贡献的人。有的人则因一点小小的挫折而自甘堕落,越变越坏,成为社会的罪人。当然,也有另外一些人,他们意志坚定,志向远大,不是被动地去适应环境,而是主动改造环境。真正有成就者,往往是这样的人。

【原文】　蔡邕倒屣①,卫瓘披云②。

【注释】　①蔡邕:东汉著名文学家、书法家。王粲博闻强识,蔡邕以为他是难得的人才,听说王粲来访,急忙去迎接他,把鞋子都穿倒了。

②卫瓘:字伯玉,西晋人。乐广善于谈论,且言简意赅。卫瓘见而奇之,说:"此人之水镜也,见到他就像拨开云雾见青天。"

蔡邕像

【解译】　两晋名士都善谈论。乐广与王衍等号称中朝名士,以谈玄清议闻名于时,名气很大。他们说得多,做得少,身居高位,对社会的贡献却不大。不过,当时的风气就是这样,谈谈玄理,发发牢骚,若再能饮点酒,就可以成为名士了。卫瓘对乐广的评论,虽有爱才之意,实际上更看重乐广善于谈玄。

【原文】　巨山龟息①,遵彦龙文②。

【注释】　①龟山:即李峤,字龟山,唐朝大臣。他曾与袁天罡同榻而寝,睡着后,鼻子不出气,而是用耳朵呼吸。袁天罡向他祝贺道:"龟息也,必大贵寿。"

②遵彦:即杨愔,字遵彦,南朝梁人。他少时聪颖,十一岁时学习《诗》和《易》。堂兄杨昱十分器重他,说:"此儿驹齿未落,已是吾家龙文。更十岁后,当求之千里外。"后来杨愔果然不凡,梁武帝时官太子太保,封开国公。

【解译】　龙文是古代的骏马名,与蒲梢、鱼目、汗血并称西域四骏马。后来常用以比喻才华出众的少年之才。本书《龙文鞭影》之"龙文",亦取其骏马之意。不过,要想真的成为龙文这样的名骏,则必须勤奋学习,掌握更多的知识,练就更强的本领。

十三　元

【原文】　傲倪昭谏①,茂异简言②。

【注释】　①昭谏:即罗隐,字昭谏,唐代诗人。罗隐生性高傲,恃才傲物,不同凡俗。他的诗写得很好,甚得时人称赞。

②简言:即吴简言,字若讷,宋朝人,以茂材异学科进入仕途。他有一首《题巫山神女庙》诗,为巫山神女鸣不平:"惆怅巫娥事不平,当时一梦是空成。只因宋玉闲唇吻,流尽

长江洗不清。"

【解译】 宋玉《神女赋》问世以后,巫山神女和楚襄王的故事,成了文人墨客吟咏不已的风流韵事,巫山神女似乎成了风流情种。吴简言却能从另一角度看待这个问题,他以为这都是宋玉闲嚼舌头惹的事,致使巫山神女千古蒙冤,即使流尽长江水也洗刷不清巫山神女的冤情。

【原文】 金书梦珏[1],纱护卜藩[2]。

【注释】 [1]珏:即李珏,唐文宗开成中曾任宰相。相传有一次,他梦见进入仙境,见石壁上金书中有"李珏",以为自己有成仙之望。其实,此李珏乃是广陵粮商李珏,而不是宰相李珏。

[2]藩:即李藩,字叔翰,唐宪宗时任同平章事。他曾请术士为他占卜,术士说他是纱笼中人。按照世俗的说法,若是做到宰相这样的官,冥司就要用纱笼把其姓名罩起来,以防被异物所害。

【解译】 在世俗文化中,那些有身份地位的人,不仅上应天象,而且在阴曹地府也受到优厚的礼遇。这其实是把现实社会的等级观念和礼仪规范泛社会化,是用世俗眼光看待异常天象,解释身后之事,迷信意味甚浓。

【原文】 童恢捕虎[1],古冶持鼋[2]。

【注释】 [1]童恢:字汉宗,东汉人。他任不其县令时,有虎伤民。童恢捕捉二虎,说:"王法,杀人者死。若杀人者,垂头伏罪,不杀者当号诉。"一虎伏首,一虎号鸣。童恢即杀伏首之虎,把另一只老虎放了。

[2]古冶:即古冶子,古代铸剑名家。齐景公渡河时,有大鼋咬住齐景公左边的卫士沉入水中。古冶子仗剑追赶,斩大鼋之首,救出了卫士。

【解译】 童恢为替受老虎伤害的百姓报仇,捕获二虎,对老虎讲起王法,杀了吃人老虎,把另一只老虎放了。可是,他似乎忘了一点,即吃人是野生老虎的本性。被释放的老虎即使现在没有伤人,不见得日后不会伤人。童恢用杀一虎放一虎的方法,表明执法严明,实际上是放虎归山,纵虎为患。

【原文】 何奇韩信[1],香化陈元[2]。

【注释】 [1]何:即萧何。萧何以为韩信是难得之才,月下追回出走的韩信向刘邦推荐说:"诸将易得,但像韩信这样的人,国内找不出第二个。"于是,刘邦筑坛拜将,以韩信为大将。

[2]香:即仇览,汉朝人。他为蒲亭亭长时,有一寡妇告儿子陈元不孝,仇览亲自去劝说陈元,晓之以理,动之以情。陈元幡然醒悟,成为孝子。

【解译】 萧何月下追韩信,是为了大汉的事业。刘邦打天下时,确实也对韩信言听计从,视为心腹。可是,一旦天下安定,坐稳了皇帝宝座,刘邦对功高震主的韩信就不客气了。正所谓"飞鸟尽,良弓藏。狡兔死,走狗烹"。

【原文】　徐干《中论》[1]，扬雄《法言》[2]。

【注释】　[1]徐干：字伟长，建安七子之一。著有《中论》，辞义典雅，立论弘畅。

[2]扬雄：字子云，西汉著名文学家。著述颇丰。《法言》是其代表作。

【解译】　扬雄曾因作《剧秦美新》，为王莽新政歌功颂德而受到指责。这真正是有些冤枉。就其政策措施而言，王莽新政要比西汉末年其他几位皇帝好得多。扬雄为他唱赞歌，是发自内心的。联系到蜀中富人要花十万钱，以求在《法言》中署一个名字，而扬雄坚决不许之事，可以看出扬雄的人格是值得信赖的。

【原文】　力称乌获[1]，勇尚孟贲[2]。

【注释】　[1]乌获：字文举，春秋时期人。以力大著称，力能扛鼎，后因扛鼎折胘而死。

[2]孟贲：春秋时期人。以力大而勇猛著称于时。据议他能把活牛角拔下来。

【解译】　乌获、孟贲虽然以力大而勇猛著称于时，但从他们做的一些事情来看，似乎只是逞匹夫之勇。据说，孟贲有一次过河时，不按顺序上船，船老大说了他几句，他就因此发怒，把一船人都颠落水中。这样的人，与其孔武有力，还不如文明一些好。

【原文】　八龙荀氏[1]，五豸唐门[2]。

【注释】　[1]八龙：东汉荀淑，字季和。他生有八个儿子，个个都很聪明，人称荀氏八龙。

[2]豸：虫子无脚称作豸。古代，御史戴獬豸装饰的帽子，象征正直无私。宋朝有一个唐姓家族，相继有五个人为御史，人称五豸。

【解译】　御史行使监察纠劾的职责，因此要求他们必须正直无私，无所畏惧。这从他们所戴帽子的装饰上就能看出来。据说，獬豸是一种神兽，见到不正的东西，就要用头上的角去顶。御史冠以獬豸为装饰，就是希望他们能够消除一切邪恶的东西。至于他们能否做到，那就是另一回事儿了。

【原文】　张瞻炊臼[1]，庄周鼓盆[2]。

【注释】　[1]炊臼：在石臼中煮饭。据唐段成式《酉阳杂俎》记载，有一个叫张瞻的人在外做生意，将要回家时，梦见在石臼中做饭，请术士占卜吉凶。术士说："你回去见不到妻子了。在石臼中做饭，就是没有釜（即锅）。釜去声就是个妇字。"张瞻回到家中，其妻果然已经去世。

[2]庄周：即庄子。他死了妻子，敲着瓦盆唱歌。惠子来吊唁，见他并不悲伤，问他为何这样，他说："人生人死，就像花开花落，有什么可悲伤的？"

【解译】　庄子主张一切顺应自然，人生态度十分豁达。妻子死了，他不仅不像寻常人那样表现出十分悲伤的样子，反而敲打着瓦盆唱歌。在他看来，人有生就有死，生生死死，就像花开花落一样，是很正常的事情。

【原文】　疏脱士简[1]，博奥文元[2]。

【注释】　[1]士简：即张率，字士简，南朝梁人。他曾派遣家丁送三千斛米到家乡吴地，待米运到时，只剩下一小半。询问原因，家丁说一路上被鼠雀偷吃了。他虽然明白怎

么回事儿,却不予追究。

②文元:即唐代诗人萧颖士,字茂挺,谥号文元。他有一个仆人名杜亮,跟了他十几年,经常挨打,却不愿离开。有人问杜亮为何不离开,杜亮说:"我不是没有别的地方可去,之所以留下来,只是因为特别爱慕他的学问广博。"

【解译】 杜亮本是一个为人出苦力的人,却能因主人博学多才,而甘愿忍受主人严酷的打骂,不另择高枝。就此而言,杜亮也算是性情中人了。

【原文】 敏修未娶①,陈峤初婚②。

【注释】 ①敏修:即陈敏修,南宋人。他七十三岁时中了探花。宋高宗问他有几个儿子,陈敏修回答说尚未娶妻。高宗就把一个三十岁的宫女许配给他为妻。当时有人就这件事开玩笑说:"新人若问郎年纪,五十年前二十三。"

②陈峤:字景山,宋朝人。年近六十才中进士,有一个读书人把女儿嫁给他。结婚那天他作诗道:"彭祖尚闻年八百,陈郎犹是小孩儿。"

【解译】 中国古代的科举制度使得许多人皓首穷经,埋头功名,像陈敏修、陈峤这样六七十岁中进士,还算是幸运的。很多人苦读一辈子,最后仍是一介布衣。所以,早在唐朝,就有人对科举制度做了这样的评价:"道君皇帝真长策,赚得英雄尽头白。"

【原文】 长公思过①,定国平冤②。

【注释】 ①长公:即韩延寿,字长公,西汉人。他任左冯翊时,有兄弟俩为争田地打官司。韩延寿很伤感,以为亲兄弟为一点田地打官司,责任在他这个父母官,于是闭门思过。两兄弟知道了这件事,幡然改悔,向韩延寿谢罪,并争着让出田地。

②定国:即于定国,西汉人。他任廷尉时,审理案件很公平,平反了很多冤案。当时人们赞扬他说:"张释之为廷尉,天下无冤民;于定国为廷尉。民自以为不冤。"

【解译】 《七品芝麻官》里的县令有一句台词:"当官不为民做主,不如回家卖红薯。"县令尚且如此,就更不要说身为朝廷大员的廷尉了。廷尉是负责审理案件的,秉公执法是其分内的事。中国历史上,像张释之、于定国这样的廷尉虽然有一些,但毕竟太少了。如果许多廷尉都像他们这样心系百姓,为国尽心,为民解难,老百姓也许会少吃一些苦,少受一些罪。

【原文】 陈遵投辖①,魏勃扫门②。

【注释】 ①陈遵:字孟公,东汉人。生性热情好客,每次和朋友聚饮,怕客人中途有事先走,就把客人的车轴两端的插销拔掉,扔进井中。

②魏勃:西汉人。他想见齐相曹参,却没有机会,就经常早起打扫齐相舍人的庭院。舍人感到奇怪,问其姓名,知是魏勃,想见齐相一面,于是就把他引荐给曹参。

【解译】 魏勃即使不是善于投机钻营的人,也是一个很有心计的人。想见权贵而不得,就先巴结权贵的手下,让权贵手下的人引荐,终于如愿以偿。像这样善于巴结逢迎的人,偏偏有人买他的账,一点小把戏,竟能遮人耳目,办起事来左右逢源,真正可叹!

【原文】 孙蕡织屦^①,阮咸曝裈^②。

【注释】 ①孙蕡:宋朝人,家中贫穷,好读书,喜欢吟诗作赋。他一生不参加科举,靠耕田种地、编鞋子过日子。

②阮咸:字仲容,竹林七贤之一。中原习俗,七月七日这一天晒衣被。他家中贫穷,没有什么可晒,就用竹竿挑着牛鼻裈(俗谓牛掩眼)在院子里晒,说:"未能免俗,姑且这样做吧!"

【解译】 阮咸自称未能免俗,不是一句客套话。即使是像阮咸这样任性而为、不拘小节的人,生活在世俗社会,多少还是要受世俗观念的影响。他挑牛鼻裈来晒,虽有调侃的意思,但也表现出他随俗的一面。不然的话,他完全可以置之不理,就当没有这回事儿。

【原文】 晦堂无隐^①,沩山不言^②。

【注释】 ①晦堂:北宋人。黄庭坚欲诠释"吾无隐乎尔"这句话的意思,百思不得其解,于是就问黄堂寺老僧晦堂。当时正是夏秋之交,暑退凉生,秋风满院。晦堂问黄庭坚:"闻木犀香乎?"黄庭坚说:"闻到了。"晦堂说:"吾无隐乎尔。"黄庭坚忽然醒悟。

②沩山:唐代和尚。香岩禅师去拜见沩山。沩山说:"父母未生时,试道一句看。"香岩茫然不知所对,请沩山解释。沩山说:"我说的是我的事,不干汝事。"

【解译】 所谓的参禅悟道,主要是靠"参"和"悟",而能否参悟透佛理,则看你是否有悟性。若有悟性,晦堂只是把黄庭坚的问题重复了一遍,黄庭坚就悟出来了。如果不能参悟,寻常话语也像是打哑谜,局外人根本摸不着头脑。

十四 寒

【原文】 庄生蝴蝶^①,吕祖邯郸^②。

【注释】 ①庄生蝴蝶:庄子曾经梦见自己化为蝴蝶,醒后觉得还是自己,于是就产生了不知自己是蝴蝶所化,还是蝴蝶是自己所化。

②吕祖:即吕岩,字洞宾,著名的道教人物。传说他经过邯郸客店,借店家煮高粱米饭的时候,点化住店客人卢生,并度脱卢生成仙。

【解译】 人生如梦,殊不知梦亦如人生。邯郸道上的卢生,就是在梦中经历了由富贵到贫贱的人生,阅遍了人生悲喜,世态炎凉,最后幡然省悟的。这是能省悟的。也有身在尘世却如在梦中,但又终身不能省悟者。人世间,这样的人并不少。

【原文】 谢安折屐^①,贡禹弹冠^②。

【注释】 ①谢安:字安石,东晋人。他任宰相时,前秦苻坚南侵,他以弟谢石、侄谢玄领军,破苻坚于淝水。捷报传来,他正与人下棋,面无表情,淡然说:"小儿辈已破贼矣。"当他一人独处时,他却是无法掩饰心中的喜悦,健步而行,屐齿折了,竟然都不知道。

②贡禹:字少翁,西汉人。与王阳是好朋友,王阳做了益州刺史,他高兴得弹冠相庆,

只等着王阳举荐他做官了。

【解译】 好朋友取得了成就,固然值得庆贺。但是,如果因为朋友做了官,然后就坐等朋友举荐或提拔,其处世态度就显得有些消极了。一个人的成功,不排斥朋友的提携和帮助,但主要应该靠个人的努力,通过努力证实自己的才能,进而获得社会的承认。像贡禹这样只等朋友举荐,是不可取的。

【原文】 休那题碣①,叔邵凭棺②。

【注释】 ①休那:即姚康,字休那,明朝人。姚康恬淡寡欲,不喜仕进,专心经史。自题墓志铭曰:"吊有青蝇,几见礼成徐孺子;赋无白凤,免得书称莽大夫。"

②叔邵:即方叔邵,字虎王,明朝人。生性豪放不羁,诗酒自娱。临死前整衣入棺中,凭棺而书:"清风明月如常在,翠壁丹崖我尚归。笔砚携从棺里去,山前无事好吟诗。"

【解译】 许多旷达文人,不讳言生,亦不讳言死,常常生前自为碑铭墓志,抒写超凡脱俗的情怀。如姚康自题墓志铭,道其不愿为官之因,乃是恐怕所事匪人,史家把他比作王莽新政的官员,表达了对时政的不满。从此亦可看出,这些不愿为官者,并不是真的不愿做官,而是像陶渊明那样不愿为浊世乱世之官。

【原文】 如龙诸葛①,似鬼曹瞒②。

【注释】 ①诸葛:即诸葛亮。东汉末年,诸葛亮隐居隆中,人称卧龙先生。

②曹瞒:即曹操,小字阿瞒。他临终前嘱咐众姬妾分香卖履,自谋生路,闭口不谈国家大事。有人评论他说:"平生奸伪,死见真性,操之所以如鬼也。"

【解译】 对于曹操,从汉末许劭"乱世之奸雄"的评价开始,人们的评价多是负面的。后来,由于《三国演义》及三国戏影响,许多人都把他看成一个大奸臣,对他的权术与智谋,也是多从消极面来评价。"似鬼曹瞒"的评价,更是对曹操的丑化。这样的评价与历史上的曹操相去甚远,是很不公平的。

【原文】 爽欣御李①,白愿识韩②。

【注释】 ①爽:即东汉荀爽;李:即东汉李膺。李膺是当时名士,能得到他的接见,就被称作"登龙门"。荀爽仰慕李膺的人品学问,以能为李膺驾车而自豪,说:"我今日能够为李君赶车了。"

②白:即唐代大诗人李白;韩:即唐朝韩会,以好士荐贤著称。韩会任荆州刺史时,李白给他写信,信中说:"我听天下之士都这样说:'生不愿封万户侯,但愿一识韩荆州。'不知您为何能够令人仰慕到如此程度?"后以"识荆"为敬辞,谓初次见面或结识。

【解译】 李膺是东汉桓、灵之世的风云人物,他不论为官还是在野,都受到太学生的拥戴和敬仰。所以能够如此,在于他道德学问都堪为人师表,在于他不畏强权,以天下兴亡为己任,在于他疾恶如仇,敢于与朝中奸佞斗争到底,至死不悔。正是因此,同样受人尊敬的荀爽,才以能够为他赶车为骄傲。

【原文】 黔娄布被①,优孟衣冠②。

【注释】　①黔娄:战国时期的隐士。他一生正直,安贫守道。因家中太穷,死后只能用一条又破又短的被子盖尸体,结果是盖住头就盖不住脚。曾子对他的妻子说:"把被子斜着盖就能盖住了。"其妻说:"与其斜而有余,不如正而不足。"

②优孟:春秋时期楚人。楚相孙叔敖死后,优孟穿上他的衣服去见楚庄王。楚庄王以为是孙叔敖复生,要他做楚国相。优孟说回去和老婆商量一下,三日后见楚庄王,说:"老婆说千万不要作楚相。孙叔敖尽忠于楚国,死后他的儿子没有立锥之地,靠砍柴卖柴度日。如果为相,不如自杀。"楚庄王明白了优孟的用意所在,厚待孙叔敖之子。

【解译】　黔娄之妻对曾子的话,可以作为忠臣义士为人处世的座右铭。与其走歪门邪道,通过不正当的途径获得功名富贵,还不如安贫守贱,做一个正直的人。当然,在一个物欲横流的社会里,能够做到这一点的人并不是很多。

【原文】　长歌宁戚①,鼾睡陈抟②。

【注释】　①宁戚:春秋时期人。给人赶车来到齐国,夜里在喂牛时,他敲着牛角唱道:"南山矸,白石烂,生不逢尧与舜禅,短布单衣适至骭。从昏饭牛薄夜半,长夜漫漫何时旦?"齐桓公以为他不是寻常人物,任为上卿。

②陈抟:字图南,北宋初年人。曾隐居华山,常鼾睡不起,一睡就是百余日。

【解译】　春秋战国时期,常有一些高士用唱歌来抒发怀才不遇的情怀。宁戚饭牛(喂牛)而歌,冯谖弹铗(剑)而歌,都引起了当权者的注意,找到了发挥自己才干的场合与机会。所以,对于有心用世的人来说,机会还要靠自己争取。

【原文】　曾参务益①,庞德遗安②。

【注释】　①曾参:孔子的弟子。曾参患病在身,告诫儿子们说,有德行的人要努力做好事,不要因为求利害了自己。务益:从事有益的事情。

②庞德:东汉末年人,避乱隐于岘山。刘表请他出来做官,他推辞了。刘表问他:"先生不受官禄,留什么给子孙?"他说:"人们留下的都是危险,我留下的只有平安。"

【解译】　庞德公是一个很有见识的人。他知道把财富留给子孙,并不是一件好事情。因为很多人都是俗人,而俗人对财富的追求是无止境的。财富一多,不仅外人眼红,惹起很多麻烦事,而且子孙也会为财富的分配起争执,闹矛盾,造成家庭不和。所以,在他看来,把财富留给子孙,实际上等于留下了危险,埋下了祸根。

【原文】　穆亲杵臼①,商化芝兰②。

【注释】　①穆:即公沙穆,字子义,东汉人。他年轻时在太学读书,因家中贫寒,就去给人家舂米。主人吴祐与之交谈,知公沙穆不是寻常人物,遂与之成为好朋友,后人称之为杵臼之交。

②商:即卜商,孔子的弟子。孔子曾对曾参说:"卜商喜欢和比自己强的人交往,端木赐喜欢和不如自己的人交往。不了解那个人,就把他当作朋友来交往。所以说与好人在一起,就像进入芝兰之室,时间长了就闻不到它的香味了,因为已经融化到香味的氛围中

了;与不好的人在一起,就像进入买卖鲍鱼的市场,时间久了也闻不到它的味道了,因为已经融化到鱼腥的氛围中了。"

【解译】 近朱者赤,近墨者黑。这是先秦哲人墨子的话。孔子也说过意思相同的话。他说:"丹之所藏者赤,漆之所藏者黑。是以君子必慎所与处者焉。"他们都看重环境对人的影响,但他们更看重对朋友的选择。他们认为,选择与之交往的人一定要慎重,不能随随便便交朋友。因交友不慎而铸成大错的教训,古往今来可以为鉴者很多很多。

【原文】 葛洪负笈①,高凤持竿②。

【注释】 ①葛洪:字稚川,号抱朴子,东晋人。他家多次遭受火灾,书都被烧了,他就不远千里去借书抄阅,砍柴卖钱买笔墨抄书,背着抄好的书徒步走很远的路程。负笈:背负书箱,指求学。

②高凤:字文通,东汉人。夏日晒麦,妻子让他挑着高竿看麦。他手持赶竿,诵读经典,忽然下起暴雨,麦子被水冲走了,他竟然不知道。

【解译】 读书入了迷,不太注意身外的事情,是完全可能的。但像高凤这样,在庭院中读书看麦,下起暴雨竟然还不知道,显然是不大可能的。因为,持高竿在室外读书,即使是再专心致志,也会感受到暴雨的冲淋的。看来,编撰这个故事的人为了表现高凤读书专心致志,竟忽略了它的真实性。

【原文】 释之结袜①,子夏更冠②。

【注释】 ①释之:即张释之。张释之任廷尉时,有一王姓老人立于庭中,袜带松了,对他说:"为我结袜。"张释之就跪下给老人把袜子带系好。有人责怪老人不该羞辱廷尉,老人说:"我是一个下贱老人,自己想来没什么可以帮助廷尉的,姑且让他屈辱一下给我系一下袜带,用这种方法来让人们更加看重他。"

②子夏:即杜钦,字子夏,西汉人。当时有一人名杜邺,亦字子夏。二人都很有才能。人们为了对二人加以区别,因杜钦瞎了一只眼睛,就称他为"盲杜子夏"。杜钦很不高兴,就做了一顶小帽子,高仅二寸。于是人们就称他为"小冠杜子夏"。

【解译】 士可杀不可辱。有的文士为了维护自己的人格尊严,不惜以性命为代价。杜钦瞎了一只眼睛,成为残疾,人们不仅不体谅他,反而称他为"盲杜子夏"。这对他其实是一种侮辱。可他毕竟是文士,不愿意因此而得罪更多的人,于是就想了一个两全之法,换一顶标志性的帽子。杜钦之用心,可谓良苦。

【原文】 直言唐介①,雅量刘宽②。

【注释】 ①唐介:字子方,北宋人。'他为御史时,耿介敢言,曾弹劾宰相文彦博,说他结交后宫,窃取相位。宋仁宗大怒,将他贬为英州别驾。李师中为他送行,赠诗云:"去国一身轻似叶,高名千古重如山。"

②刘宽:字文饶,东汉人。为人宽宏大度。一次,有人走失了牛,拦住刘宽的车,说拉车的牛是他家的,刘宽也不争辩,下车步行。过了一会儿,那人找到了走失的牛,把牛送

还给他,向他请罪,刘宽却反过来安慰那个人。汉灵帝时,刘宽官至太尉,妻子想试一试他到底会不会发脾气,趁朝中大臣聚会时,令婢女给他送肉羹,故意把羹洒在他身上。他不仅不责怪婢女,还问婢女是否烫坏了手。

【解译】 有人常常说自己如何有涵养。若是看一看贵为太尉的刘宽是如何处理事情,如何宽宏大量,就不难看到自己的不足。别人误认驾车牛一事,换上任何一个人,恐怕都要对误认牛的人解释一下。即使当时让他把牛牵走,待他把牛送回来赔罪的时候,却也不一定会有那样大的肚量,反过来再安慰他。是否真的有涵养,刘宽是一个很好的参照。

【原文】 捋须何点①,捏鼻谢安②。

【注释】 ①何点:字子皙,南朝梁人。与梁武帝是好朋友,梁武帝即位,召何点相见,准备任命他为侍中。何点捋着梁武帝的胡须,说:"想让老子做你的臣子吗?"

②捏鼻:手捏鼻子。谢安兄弟子侄数人皆在朝中为官,独谢安东山高卧,不肯出来做官。夫人刘氏和他开玩笑说:"大丈夫不应该这个样子!"谢安用手捏住鼻子,说:"我担心的就是免不了还要出去做官。"

【解译】 何点敢于当着满朝文武的面,捋梁武帝的胡须,固然说明他与梁武帝的关系非同一般。而他竟然对梁武帝自称"老子",说:"你想让老子做你的臣子吗?"这话显然还停留在朋友之谊上,而没有把梁武帝当皇帝看。梁武帝能够容忍何点在大臣面前如此放肆,显然也是看重朋友之谊。二人如果不是在这一点上达成默契,再给何点一个胆子,他也不敢如此放肆。

【原文】 张华龙鲊①,闵贡猪肝②。

【注释】 ①张华:字茂先,西晋人。陆机曾经送给他一条腌制的鱼,张华一看,说:"这是龙肉。"拿苦酒浇在腌鱼上,腌鱼发出五色的光亮。询问腌鱼的主人,才知道是用在柴草堆下得到的白鱼做成的。鲊:经过腌制的鱼类产品。

②闵贡:字仲叔,东汉人。他曾客居安邑,因家里穷,每天只买一片猪肝。屠户有时不肯卖。安邑县令知道了这件事,让小吏每天给他把猪肝送去。闵贡知道后,感慨道:"我岂能因此而带累安邑的百姓!"于是就迁到沛县去住。

【解译】 古之名士多奉行无功不受禄的人生原则,不会轻易接受别人的恩赐,哪怕只是一点点,受之亦觉有愧。闵贡就是这样一个人。他客居安邑,对县里百姓没有一点贡献,县令却每天供给他猪肝吃,他感到很不安,不愿因自己而使安邑的百姓受累,遂远迁他乡。不知那些爱占小便宜的人,看到这则故事该做何感想?

【原文】 渊材五恨①,郭奕三叹②。

【注释】 ①渊材:即彭渊材,北宋人。他曾自言有五件遗憾的事,一是鲥鱼多骨,二是金橘带酸,三是莼菜性冷,四是海棠无香,五是曾子固(即曾巩)不能作诗。

②郭奕:字大业,西晋人。郭奕为野王令时,羊祜从荆州调任回洛阳经过野王,郭奕

去见他,前后见羊祜三次,见一次感慨一次,最后一次感叹道:"羊叔子未必就不如颜子。"

【解译】 郭奕是一个见贤思齐的人。他趁羊祜经过野王境内,前后三次拜见他。他第一次见羊祜,以为羊祜不比他差;第二次见羊祜,以为羊祜远非寻常人所能比;第三次把他和颜回相提并论,以为他不比颜回差。交往越深,对羊祜的了解也就越深,评价也就越高。羊祜高尚的道德情操,人们可以从郭奕三叹中鲜明地感受到。

【原文】 弘景作相①,延祖弃官②。

【注释】 ①弘景:即陶弘景,字通明,南朝梁人。他隐居茅山华阳洞,梁武帝每遇大事,都要向他咨询,因此被称作"山中宰相"。

②延祖:即元延祖,唐朝人。他不喜欢做官,亲属硬逼他去做官,结果是刚到任就又弃官而去。他以为,人生有衣穿有饭吃就够了,不应再求别的。除了灌园砍柴这些谋生所必需的劳动之外,其他的一概不去考虑。

【解译】 陶弘景和元延祖是两类完全不同的人物。陶弘景名为隐士,实则身在江湖之上,心存魏阙之下,故有"山中宰相"之讥。元延祖虽然被逼出去做官,可是,一到任就弃官而去。他没有像陶弘景那样躲到山中当隐士,而是躬耕垄亩,以耕为隐。

【原文】 二疏供帐①,四皓衣冠②。

【注释】 ①二疏:即汉朝疏广、疏受叔侄。疏广为太子太傅,疏受为太子少傅,二人任职五年,功成身退,请求退休。朝中公卿大夫为他们饯行,并在东都门外设置供帐。

②四皓:即商山四皓。汉文帝为太子时,四皓从之游,一个个须眉尽白,衣冠甚伟。汉高祖原有另立太子的想法,及见四皓从太子游,知太子羽翼已成,遂打消了另立太子的念头。

【解译】 中国古代的许多帝王在打天下的时候,对臣下如兄弟,同甘苦,共患难,而一旦得到天下,那些昔日跟他打天下的弟兄若能知趣地功成身退,君臣仍不失为好朋友,如果自恃有功,试图仍旧与帝王称兄道弟,十有八九不得善终。所以,范蠡助勾践灭吴之后,即急流勇退,泛舟五湖。疏广、疏受见好就收,也有这个意思。

【原文】 曼卿豪饮①,廉颇雄餐②。

【注释】 ①曼卿:即石延年,字曼卿,北宋人。他喜爱饮酒,每次与客人饮酒,就露发跣足,剧饮无度。或戴枷而饮,称为囚饮;或坐树梢上饮,称为巢饮;或伸头缩头而饮,称为鳖饮。

②廉颇:战国时期赵国将军,曾威震齐楚。因不为赵悼襄王所用,出奔魏国。秦军围赵,悼襄王派人去请廉颇回国。廉颇的仇人郭开贿赂使者,诋毁廉颇。使者见到廉颇,廉颇一顿饭尚能吃一斗米,十斤肉。使者回国后对赵悼襄王说:"廉将军虽老,尚善饭,然而一顿饭工夫就出去方便三次。"

【解译】 从传说中的杜康造酒开始,酒文化在中国传统文化中一直占有一席之地。不仅饮酒器具花样繁多,酒令、酒故事、酒笑话层出不穷,而且饮酒的方式也花样翻新,不

胜枚举。仅一个石曼卿就想出了囚饮、巢饮、鳖饮三种方式。这些饮酒方式虽然新奇,但寻常人物是不宜学习的。

【原文】 长康三绝①,元方二难②。

【注释】 ①长康:即顾恺之,字长康,东晋著名画家。他画的人物,数年不点睛。他说:"传神写照,正在人物的眼睛中。"世传他有三绝,即才绝、画绝、痴绝。

②元方:即陈纪,字元方,东汉人。其弟谌,字季方。一日,陈纪之子与陈谌之子各论父亲的功德,二人争执不下,去问祖父陈寔。陈寔说:"元方难为兄,季方难为弟。"意思是说,元方、季方都很好,兄弟难分高下。

【解译】 成语"难兄难弟",出自《世说新语·德行篇》。但陈寔的原意是说兄弟二人道德情操都很高,分不出高下。其意义与现在人们仍在使用的"难兄难弟"完全不同。在现代汉语中,"难兄难弟"常常是指那些行为比较恶劣的一些人,是说某两个(或某些)人同样不好。但人们使用这个成语时,有时又多少带有一些同情的意味。这个例子提醒人们,对古今词意应认真加以分别。

【原文】 曾辞温饱①,城忍饥寒②。

【注释】 ①曾:即王曾,字孝先,北宋人。他参加乡试、会试,皆为第一。有人跟他开玩笑说:"状元试三场,一生吃着不尽。"他听了很不高兴,说:"我平生志向不在温饱。"他有咏梅诗,其中有两句这样写道:"雪中未问调羹事,先向百花头上开。"当朝宰相吕端看了,说:"此生已安排做状元宰相。"

②城:即阳城,字亢宗,唐朝人。他曾隐居中条山中,逢灾年,他把榆树皮磨碎煮粥充饥。有人给他食物,他宁肯忍受饥寒,也不愿接受馈赠。

【解译】 有人经受一点磨难就叫苦不迭,似乎受了天大的委屈。其实,磨难对于一个人的成长,未尝不是一件好事。孟子说,天将降大任于斯人也,必先劳其筋骨,饿其肌腹。不经历一些磨难,就没有奋发向上的动力,就不会培养成愈挫愈勇的精神,因而也就不知幸福之珍贵。有一句歌词说得很好:不经历风雨怎能见彩虹?

【原文】 买臣怀绶①,逢萌挂冠②。

【注释】 ①买臣:即朱买臣,字翁子,西汉人。家中贫穷,靠卖柴为生。其妻嫌其贫而离开了他。后来,拜太中大夫,会稽太守。他穿上原来的破衣服,怀里揣着官印和绶带,步行到郡衙上任,府衙里的人对他理也不理。等他拿出官印绶带,那些人才知道他就是新任太守。

②逢萌:字子庆,东汉初年人。曾为亭长,因不甘为人所役使,就去长安找官做。值王莽杀其子王宇,逢萌说:"三纲绝矣,若不离开,就要大祸临头了。"遂挂冠东都门,携家浮海而去。

【解译】 世上总是有那么一些趋炎附势之徒,狗眼看人低,只认衣衫不认人。见人衣冠楚楚,西装革履,就以为是富贵之人,点头哈腰,拍马逢迎;若是破衣烂衫,或是衣冠

不整,就视为贫贱,不理不睬,甚至怒目对之。这样的人若是遇上朱买臣,立刻就会原形毕露。

【原文】 循良伏湛①,儒雅倪宽②。

【注释】 ①伏湛:字惠公,东汉初年人。伏湛是西汉经学大师伏生九世孙,为平原太守时,捐出俸禄赈济灾民。光武帝刘秀时,任大司徒,奏请行乡饮酒礼。

②倪宽:西汉人。为人雍容儒雅。他任同州太守时,不忍用严厉的手法催租,上缴的税银最少,考核后将要被免职。老百姓知道后,大车小车来缴租税,考核时,倪宽从最下等一下子上升到最上等。

【解译】 为官之道,在待民以宽,让老百姓得实惠。倪宽精通儒家之理,宽以待民,却因上缴的税银少而将要被免职。老百姓得到这个消息,立即主动上缴税银,目的是保住倪宽的官职,并能把这个待民以宽的父母官留下来。因为他们知道,若是来一个酷吏,不顾百姓的死活,为了自己所谓的政绩而拼命搜刮民脂民膏,那他们就将没有好日子过。

【原文】 欧母画荻①,柳母和丸②。

【注释】 ①欧母:即欧阳修之母。欧阳修小时候,家里很穷,他的母亲郑氏亲自教他,经常拿芦荻作笔,在地上写字,教他读书。

②柳母:即唐柳仲郢之母。她把苦参、黄连和熊胆制成丸,让儿子夜里读书时含在嘴里,帮助他勤奋学习。

【解译】 贤母教子,有许多相似之处。从孟母三迁,到柳母和丸,再到欧母画荻,无一不是想方设法让儿子专心致志读书,刻苦勤奋学习。尽管她们采用的方法不尽相同,但她们的良苦用心,都包含在对儿子的殷殷希望中。

【原文】 韩屏题叶①,燕姞梦兰②。

【注释】 ①韩屏:即唐僖宗宫人韩翠屏。她曾在红叶上题诗:"流水何太急,深宫尽日闲。殷勤谢红叶,好去到人间。"然后投入御沟中。学士于祐捡得红叶,在红叶上题诗云:"曾闻叶上题红怨,叶上题诗寄阿谁?"也放进御沟中。后来,韩、于二人结为夫妻,各出所藏红叶,方知姻缘前定。

②燕姞:春秋时期郑文公妾。她曾梦天使给她一枝兰草,因而有孕,生子取名为兰,这就是郑穆公。

【解译】 "御沟题红叶"是一个动人的爱情故事。古代戏曲小说都曾用不同的艺术形式演绎过这样一个爱情故事。只不过它的偶然因素太多了一些,情节设计太过巧合,而且还有宿命成分。不过,这个故事流露出的深宫哀怨,却反映出当时宫女真实的思想感情。

【原文】 漂母进食①,浣妇分餐②。

【注释】 ①漂母:洗衣老妇。韩信穷困时,曾在淮阴城下钓鱼,洗衣老妇见韩信饥饿,就给他饭吃。韩信很感激,说:"我将来一定重重地报答您。"老妇恼怒道:"我是为王

孙感到悲哀而给你饭吃,哪里指望你报答!"

②浣妇:洗纱女子。伍子胥从楚国逃往吴国,至溧阳,有女子在水边洗纱。子胥向她讨饭吃,浣纱女就把自己的饭菜分给他吃,然后投水自尽。

【解译】 男子汉大丈夫常常奉行"一饭之恩必酬"的人生原则,以为受人滴水之恩,当以涌泉相报。可是,有的人帮助别人,是出于好施之德,恻隐之心,而无半点的求报之想。若是对他们言报,无疑是对他们的真心诚意的怀疑,是对他们的人格的侮辱。从这个角度来看,老妇人大怒,也就可以理解了。

十五 删

【原文】 令威华表①,杜宇西山②。

【注释】 ①令威:即丁令威,东汉人。他是辽东人,曾学仙于灵虚山。后化鹤归辽东,停留在城门外的华表上。有人用弹弓射他,他唱道:"有鸟有鸟丁令威,去家千年今始归。城郭如故人民非,何不学仙冢累累。"

②杜宇:即杜鹃。传说西蜀有望帝,得荆人鳖灵,用以为相,令其开峡治水,又让位给鳖灵,自己居于西山修道。后得道成仙,化为鸟,名杜宇,俗称子规。

【解译】 杜宇的传说带有鲜明的贤人政治的色彩,也留下了上古禅让的遗风。杜宇虽为蜀王,因无力治水,让百姓受难,于是就让位给善于治水的鳖灵,自己跑到西山上躲起来。这正符合儒家"天下者,天下人之天下,唯有德者居之"的社会理想。

【原文】 范增举玦①,羊祜探环②。

【注释】 ①范增:项羽的谋士。楚汉战争中,项羽在鸿门设宴,招待刘邦。范增在宴会中多次举玦向项羽示意,要他下决心除掉刘邦。项羽不听,使刘邦得以逃脱。

②羊祜:字叔子,西晋人。传说他五岁的时候,忽然让乳母到邻居李氏园中的桑树下取金环。李氏到那里,果然得金环,说:"这就是我那死去的儿子丢失的。"

【解译】 范增是项羽的重要谋士。可是,关键的时候,项羽却显示出妇人之仁,纵虎归山。后来又中了刘邦的离间计,赶走了范增,最后终于导致兵败垓下,自刎乌江。正像苏轼说的那样:"范增不被赶走,项羽不会灭亡。范增也是人中豪杰!"

【原文】 沈昭狂瘦①,冯道痴顽②。

【注释】 ①沈昭:即沈昭略,东晋人。他有一次喝醉了酒,遇见王约,睁大眼睛看了半天,说:"你为什么这么肥而痴?"王约说:"你为什么这么瘦而狂?"

②冯道:字可道,五代后晋人。耶律德光灭后晋,责怪冯道对后晋不能尽心竭力。他问冯道:"你是什么样一个老子?"冯道回答说:"是无才无德痴顽老子。"

【解译】 冯道的名和字,皆取自老子《道德经》"道可道,非常道"之语。所以,耶律德光问他是怎样一个老子。冯道虽然曾经权倾天下,但如今已是亡国之臣,说话底气不足,只好说自己是"无才无德痴顽老子"。他这样自卑自贬,无非是想取悦耶律德光而已。

【原文】 陈蕃下榻①，郅恽拒关②。

【注释】 ①陈蕃：字仲举，东汉人。他任豫章太守时，闭门谢客，却专门给徐孺子设一榻，用来招待他。唐王勃《滕王阁序》中的"人杰地灵，徐孺子下陈蕃之榻"之语，说的就是此事。

②郅恽：字君章，东汉人。曾任上东门侯，光武帝刘秀外出打猎，夜里回城，他拒关不纳，刘秀只好改从中东门进城。

【解译】 郅恽虽然只是一个上东门侯，但有王法在，他也敢于把皇上拒之门外。皇上出猎，深夜而还，把国家大事置于何地？好在刘秀是一个深明事理的皇帝，知道理屈在己，只好换一个门进城。他虽然没能从上东门进城，但对郅恽执法严明还是给予奖赏，而放他进城的中东门侯不仅没捞到好处，反而被贬为尉官。

【原文】 雪夜擒蔡①，灯夕平蛮②。

【注释】 ①擒蔡：指李愬雪夜人蔡州捉拿吴元济事。唐宪宗元和九年（814），淮西节度使吴元济发动叛乱。元和十一年（816），邓州节度使李愬雪夜出奇兵奇袭蔡州，擒获吴元济。

②平蛮：指北宋狄青平定南蛮之乱事。狄青任广西宣抚使，元宵佳节，设计麻痹敌兵，乘机大破昆仑关守敌。

【解译】 行军打仗最讲究用奇，出奇兵，用奇谋，设奇阵，斗奇法，都可收到意想不到的效果。李愬雪夜人蔡州，是出奇兵；狄青佳节破昆仑，是设奇计。如果两军对阵都像春秋时期的宋襄公那样，彬彬有礼，一副谦谦君子的模样，只有被动挨打的份。

狄青微服度关

【原文】 郭家金穴①，邓氏铜山②。

【注释】 ①郭家：指郭况。郭况是东汉光武帝的小舅子，赏赐甚丰，家中积藏金银数以亿计，时号金穴。

②邓氏：指西汉邓通。看相的人说邓通将来被饿死。汉文帝说："能让邓通富起来的人是我。谁说他会饿死？"就把蜀中的铜山赐给他，还特许他可以自己铸钱。邓通铸的钱在全国流通。景帝即位后，非常憎恶他，免了他的官，没收了他的财产。邓通后来竟因贫困饥饿而死。

【解译】 富如邓通，最后竟然还落得个饥饿而死的下场。因为邓通之富，得力于皇帝的赐予；而邓通之贫穷，也是由于皇帝剥夺了他的财产。在封建社会，一个人是死是活，是贫是富，全在皇帝一句话。老皇帝说过的，小皇帝如果不认账，也等于是没说。如

果再让小皇帝讨厌,那真是死路一条了。

【原文】 比干受策①,杨宝掌环②。

【注释】 ①比干:即何比干,字少卿,西汉人。汉武帝时,何比干任廷尉,处理案件崇尚仁恕,使好几千人得以活下来。一天,一老妇至其门,交给他九十九根算策,说:"你的子孙将来做官的人和这些算策一样多。"

②杨宝:东汉人。为人仁慈,见一雀被鸱鸮搏击坠地,拿回家中仔细照料百余日。雀伤愈之后,朝去暮来。一天,忽然变成一黄衣童子,交给杨宝四枚白玉环,说:"善掌此环,使君子孙洁白,累世三公,当如此环。"

【解译】 杨宝与何比干的故事,更多地属于因果报应一类。所谓善有善报。积的德多,行的善多,即使本人这一辈子不一定得到什么,但天理昭昭,其子孙是会得到好的报应的。这类故事体现出的因果报应思想应予批判,但其本意却是劝人为善,多做好事。正如一首歌唱的那样:"假如人人都献出一份爱,世界将变成美好的明天。"

【原文】 晏婴能俭①,苏轼为悭②。

【注释】 ①晏婴:春秋时期齐国相。平时十分节俭,每顿饭只有一样荤菜,一件皮衣穿三十年,妾皆是穿布衣,祭祀祖先时,猪肉还盖不住碗底。人们都以为他太过简陋,可他却泰然自若。

②苏轼:北宋文学家。他认为人生一世最重要的是要吝啬,说得好听一些是简朴。他五十岁时给朋友写信说:"我快五十岁了,才知道生活最重要的是悭吝,但是却要给它一个好听的名字'俭素'。"

【解译】 对于简朴与吝啬,苏轼是实话实说。他认为,人的一生最重要的是应吝啬,不能大手大脚,挥霍无度。吝啬通常是作为贬义词来用的,苏轼却不忌讳,直言生活最重要的是吝啬。如果换个褒义词,那就是朴素、节俭。

【原文】 堂开洛水①,社结香山②。

【注释】 ①堂:指北宋文彦博所建耆英堂。文彦博以太尉之职留守西都洛阳时,把居住在洛阳的德高望重者聚集在一起,成立耆英会,并在资圣院建耆英堂。

②社:指白居易等人所结的香山社。白居易晚年,与刘梦得、僧如满、容韦楚等年高不仕者共结香山社。

【解译】 白居易贬为江州司马时,取香炉峰之名,号香山居士。致仕以后,他放意诗酒,游山玩水,诗酒唱和,与一些志同道合之人共结香山社,促进了中唐诗歌创作的发展。

【原文】 腊花齐放①,春桂同攀②。

【注释】 ①腊花齐放:唐武则天天授二年(691)冬腊月,武则天颁诏:"明朝游上苑,火速报春知。花须连夜发,莫待晓风吹。"次日凌晨,上苑百花盛开,群臣莫名惊诧。

②春桂同攀:明朝正德年间,蒋南金和王大用元旦同游庙院,闻桂花香,各折桂花一枝。后同中进士,蒋南金官至知府,王大用官至布政使。

【解译】 武则天是中国历史上第一个改元建国号的女皇帝,千百年来,是是非非,评说各异。其令百花冬日同开之事,前人曾经有过各种各样的演绎。清人李汝珍的小说《镜花缘》对这一事件有很精彩的描述。

卷之三

一 先

【原文】 飞凫叶令①,驾鹤缑仙②。

【注释】 ①凫:野鸭。传说东汉王乔为叶(今河南叶县)令时,每逢节日还朝,都不见有车骑相随。皇上感到很奇怪,让太史令暗中观察,见有两只野鸭从南方飞来,张网捕之,却是两只鞋子,原来是皇上赐给他的尚书履。

②缑:即缑岭,又名缑氏山,在今河南偃师。传说王子乔游于伊洛之间,被道士浮邱公接上嵩高山。三十多年后,他对桓良说:"可告我家,七月七日。候我于缑氏山巅。"到了约定的时候,王子乔果乘白鹤,立于缑氏山顶,可望而不可即。

【解译】 古代多神仙传说,如东汉王乔与西周王子乔的故事,皆可做神仙传说来看。

【原文】 刘晨采药①,茂叔观莲②。

【注释】 ①刘晨:东汉人。传说他与阮肇入天台山采药,迷失道路,见山顶有桃,取而食之。下山时遇二女,邀他们至其家,遂与二女结为夫妇。住了半年,二人辞归,到了家中,已经过了七世。

②茂叔:即周敦颐,字茂叔,号濂溪,北宋著名哲学家。他生性喜爱莲花,每当莲花盛开之时,就要前去观看,并撰著名的《爱莲说》。

【解译】 周敦颐是北宋著名理学家,他从对莲花的观察中悟到了许多人生哲理。他以为莲花是花中君子,它出淤泥而不染,香远益清,亭亭净植,可远观而不可亵玩。他赞赏莲花,并作《爱莲说》,是为了表达他不偶世俗的高尚情操。

【原文】 阳公麾日①,武乙射天②。

【注释】 ①阳公:即鲁炀公。传说周穆王时,鲁国与晋国发生战争,战斗异常惨烈。太阳快要落山时,鲁炀公把手中的戈一挥,太阳就退后三舍。

②武乙:商王。他在位时,昏庸无道,制作木偶,称为天神,与之搏斗。天神不胜,就百般羞辱。又用革囊盛满血,悬挂起来,然后仰面射之,称为射天。

【解译】 武乙虽然属于无道昏君一类,但他的想法还是很大胆的。在一切都听天由命的时代,他敢与天斗,并且要战胜它。只不过他的做法太小儿科,以木偶为天神,以革囊为天,这样的与天斗,岂有不胜的道理? 可是,这样的胜利又有多少实际意义? 说白了,这只不过是他对上天发泄愤懑的一种形式而已。

【原文】 唐宗三鉴①，刘宠一钱②。

【注释】 ①唐宗：即唐太宗李世民。他曾对群臣说："以铜为鉴，可正衣冠；以古为鉴，可知兴替；以人为鉴，可明得失。朕常保此三鉴。如今魏征逝世，失去了一鉴。"鉴，镜子。

②刘宠：字祖荣，东汉人。由会稽太守任应征入朝，山阴五六个老人各带一百钱为他饯行，说："自明公到任以来，狗不夜吠，民不见吏。今天听说您要离去，所以来送送您。"刘宠说："我的政绩哪里像你们说的那样?"最后只接受了每人一大钱。出了山阴地界，他就把钱投进江中。

【解译】 刘宠长期在外地为官，政绩显著。他为政清廉，深得百姓爱戴。任职会稽时，把当地治理得"狗不夜吠，民不见吏"，百姓十分感激，在他即将离任时，送一百钱略表心意。刘宠象征性地接受了每人一枚大钱，而且一出山阴地界就把钱投进了江中。这并不是说他看不上那一枚钱，而是表明了他不取百姓一分一厘钱的态度。

【原文】 叔武守国①，李牧备边②。

【注释】 ①叔武：战国时期卫国人。晋文公伐卫，卫国人把卫成公流放到襄牛这个地方，以此取悦于晋国，而让成公之弟叔武守国。晋人使成公复位，射杀叔武。

②李牧：战国时期赵国将领。居雁门防备匈奴，每天杀牛犒赏士兵，等匈奴来攻时，才把士兵集合起来作战。赵王很生气，撤换了他，赵国接连打败仗。后来又起用李牧，将士用命，大破匈奴，匈奴因此十多年不敢再来侵犯。

【解译】 李牧对付匈奴很有一套。匈奴是游牧民族，行踪不定，即使是每天严阵以待，如临大敌，匈奴也未尝来范，而你稍一疏忽，他们却杀上门来。所以，李牧采取严守烽火台，多派间谍，刺探情报，一有情况，马上燃起烽火，集合军队。这叫以逸待劳。可惜，赵王中了秦国的反间计，怀疑李牧的才能和忠心，把他杀了。

【原文】 少翁致鬼①，栾大求仙②。

【注释】 ①少翁：西汉术士，自言能致鬼神。李夫人死后，汉武帝十分思念。李少翁夜中燃灯火，设酒肉，让汉武帝居帷帐中。汉武帝遥见有女如李夫人，在帷帐外缓步而行，却不能到跟前看一眼。

②栾大：西汉术士。他对汉武帝说，他曾在海上见到神仙，如果能够从他们那里得到不死之药，就可长生不老。汉武帝令他入海求仙药。

【解译】 李少翁、栾大都是汉武帝时期的术士。他们自称有奇术，骗得汉武帝的信任，得志于一时。但后来把戏露了馅，栾大竟被腰斩。

【原文】 彧臣曹操①，猛相苻坚②。

【注释】 ①彧：即三国荀彧，字文若。汉末大乱，荀彧归顺曹操，成为曹操最为倚重的谋士。后来，曹操欲加九锡，他表示反对。曹操深以为恨。荀彧患病，曹操使人给他送去食盒。荀彧打开一看，却是空盒，明白了曹操的意思，服毒自尽。

②猛：即前秦王猛，字景略。苻坚称帝，以王猛为丞相，并把他比作三国蜀汉的孔明。

【解译】　王猛是南北朝时期非常著名的人物。东晋桓温北伐时,王猛穿着粗布衣服去见桓温,一边交谈,一边捉虱子,一副旁若无人的样子。桓温对他十分欣赏,说:"江东没有人能够赶得上您。"想带他回江东,却被王猛婉拒。后来,王猛被推荐给符坚,符坚因得到王猛的帮助而迅速强大起来。

【原文】　汉家三杰①,晋室七贤②。

【注释】　①汉家三杰:指张良、萧何与韩信。刘邦曾对诸将说:"运筹帷幄,决胜千里,吾不如子房;镇抚百姓,馈饷不绝,吾不如萧何;连师百万,战胜攻取,吾不如韩信。三者皆人杰,吾能用之,所以取天下。"

②七贤:指竹林七贤。竹林七贤中,阮籍、嵇康皆不曾入晋。这里称为"晋室七贤"不妥。

【解译】　刘邦说的是实话。不论就人品还是就才能而言,刘邦都无法和张良、萧何、韩信一较高下。但他也有长处,这就是善于用人。他不仅能够根据一个人的特长,为其提供发挥才能的场所和机会,而且用人不疑,疑人不用,使人才都能得到充分的信任,让他们放开手脚去干。在楚汉战争中,他能以弱胜强,打败项羽,靠的就是这一点。

【原文】　居易识字①,童乌预玄②。

【注释】　①居易:即白居易。传说白居易生下来七个月就能认字,乳母手指"之"和"无"两个字,他立即就能认出,百试不差。

②童乌:西汉扬雄第二子,名信,字子乌。扬雄著有《太玄》,子乌九岁时就参与撰写。正像扬雄在《法言》中说的:"吾家童乌,九岁预吾《玄》矣。"

嵇康像

【解译】　中国历史上的著名人物,几乎都有一些传说。有些传说还颇为神奇。有的可信,有的不可信。白居易七个月能认字,童乌九岁能写书,皆属可信之列。

【原文】　黄琬对日①,秦宓论天②。

【注释】　①黄琬:字子琰,东汉人。汉桓帝建和元年(147)正月出现日食。黄琬的祖父黄琼当时任魏郡太守,向太后报告此事。太后问日食多少,黄琼想了半天不知如何回答。黄琬当时只有七岁,对爷爷说:"何不言日食之余,如月之初?"黄琼听后大惊,即按他说的回答太后。

②秦宓:字子敕,三国蜀汉人。东吴使者张温来蜀,问蜀汉群臣:"天有头乎?"秦宓就用《诗经》中的话和张温展开辩论,最后辩得张温哑口无言。

【解译】　黄琬形容日食的话,是他看到了日食。再说,童颜无忌,看到什么说什么,

不会想那么多。不像他的爷爷,回答太后的问话,要思前想后,唯恐说话不慎惹太后不高兴。顾虑多,思维就受阻滞,所以一时竟答不上来。

【原文】 元龙湖海①,司马山川②。

【注释】 ①元龙:即陈登,字元龙,东汉人。许汜曾经评价他说:"陈登是江湖中人,那种豪放不羁的习气还没有去掉。"

②司马:指司马迁。司马迁写《史记》之前,曾游江淮,上会稽,窥九嶷,浮沅湘,涉汶泗,讲业齐鲁,乡射邹峄,过梁楚以归,游历了祖国的名山大川。

【解译】 读万卷书,行万里路。这句话是形容人的知识广博,社会阅历丰富,不论走到哪里,都不成问题。著书立说,如果想有自己的真知灼见,同样需要读万卷书,行万里路。司马迁写《史记》是如此,郦道元为《水经》作注也是如此。

【原文】 操诛吕布①,膑杀庞涓②。

【注释】 ①操:即曹操。东汉末年,曹操攻下邳,用荀攸、郭嘉之计,水淹下邳,最后活捉吕布而斩之。

②膑:即战国时期孙膑。孙膑与庞涓是同窗好友。庞涓为魏将,设计陷害孙膑,刖其双足。齐国闻孙膑名,拜为军师。魏伐赵。齐用孙膑计,围魏救赵,然后又用减灶法,诱庞涓冒进,在马陵道将庞涓乱箭射死。

【解译】 围魏救赵是中国古代战争史上著名的战例,而创造这一著名战例的就是战国时期著名的军事家孙膑。当魏军进攻赵国的时候,孙膑不是直接去救援赵国,而是出兵进攻魏国的首都大梁,这叫攻敌所必救。庞涓一听大梁被攻,立即撤兵,准备切断齐军的退路。这个时候,孙膑又用减灶之计,诱庞涓轻敌冒进,在马陵道埋设伏兵,一战而胜,报了刖足之仇。

【原文】 羽救巨鹿①,准策澶渊②。

【注释】 ①羽:即项羽。秦朝末年,秦军围巨鹿,项羽率军渡河,破釜沉舟,士兵每人带三日粮,以示必死之决心。经过大小九战,切断秦军粮道,大破秦军。

②准:即寇准。宋真宗时,契丹大举入侵,真宗用寇准计,御驾亲征,于澶渊大破敌军。契丹请结澶渊之盟。

【解译】 项羽虽然兵败垓下,自刎乌江,成为一个悲剧式的人物。但是假如不以成败论英雄,还是应该承认,项羽的确是一个英雄,一个悲剧英雄。也许正是因此,南宋著名女词人李清照的《夏日绝句》,才对项羽流露出无限崇敬之情:"生当作人杰,死亦为鬼雄。至今思项羽,不肯过江东。"

【原文】 应融丸药①,阎敞还钱②。

【注释】 ①应融:东汉人。曾为汲县令。祝恬被征入朝,半道上患上瘟疫,没人接待。应融亲自迎接,为他赶车,亲手给他制作药丸,还为他准备了寿衣、棺木。由于应融的精心照料,祝恬得以康复。

②阎敞：字子张，东汉人。他为郡守掾属时，太守把一百三十万俸银寄存在他那里。后来，太守全家病死，只剩下一个小孙子。其孙长大成人后，听说祖父寄存在阎敞那里三十万钱，就去向他要。阎敞见太守有后，十分高兴，就把一百三十万钱都还给了太守之孙。其孙说："祖父说只有三十万。"阎敞说："太守当时病得厉害，说得不对，郎君不要怀疑。"

【解译】　当某人患上瘟疫时，人们都是躲之唯恐不及，哪里还敢主动往上凑，自己找麻烦。然而，应融出于对人才的尊重和关心，不顾自己的安危，照料应召赴京的祝恬。在他看来，祝恬是不世英才，国家干城，怎么能因为染病，就把他一个人扔在馆驿中呢？正是由于他的细心照料，祝恬才得以康复。应融对人才的尊重，对国家的忠心，从对祝恬这件事中得到了充分表现。

【原文】　范居让水①，吴饮贪泉②。

【注释】　①范：即范柏年，南朝宋人。他曾对宋明帝说，广州有贪泉。宋明帝问他的家乡有没有这样的泉水，他说："梁州唯有文川武乡、廉泉让水。"宋明帝又问："卿宅在何处？"他回答说："臣所居在廉让之间。"

②吴：即吴隐之，字处默，东晋人。为人耿介有清操。曾为广州刺史，其地有贪泉，传说饮其水者会贪得无厌。吴隐之就取泉水饮之，赋诗曰："古人云此水，一歃怀千金。试使夷齐饮，终当不易心。"在任时，十分清廉。离任时，其夫人带一斤沉香，吴隐之看见后，投入湘亭之水。

【解译】　所谓贪泉，实际上是为那些贪官污吏搜刮民脂民膏找一个理由，说他们是因为饮了贪泉水才变得贪婪起来。这完全是一派胡言。贪婪之官，即使不饮贪泉水，照样是欲壑难填。真正清廉的人，别说饮贪泉水，就是把贪泉移至其宅院，也不会贪，正所谓"试使夷齐饮，不会易其心"。

【原文】　薛逢羸马①，刘胜寒蝉②。

【注释】　①薛逢：字陶臣，唐朝人。任巴州刺史时，广有德政，深得民心。后来仕途坎坷，骑一匹瘦马入朝，遇新进士出游，前面开道的人对他挥挥手，让他回避新科进士。他说："莫贫相！想当年，我也是从进士过来的。"

②刘胜：东汉人。他自蜀郡还，闭门谢客，不问政事。杜密说："胜位列大夫，而知善不荐，闻恶无言，隐情惜己，自同寒蝉，此罪人也。"

【解译】　刘胜知善不荐，闻恶无言，是明哲保身。生当乱世，为求自保而明哲保身，固然无可厚非。但刘胜不是平民百姓，他是朝中大夫，有责任荐贤明，劾奸邪。如果对外界的事情不闻不问，隐情惜己，噤若寒蝉，只求自保，那就不要做官，干脆辞官为民好了。在其位而不谋其政，就难怪杜密说他是罪人了。

【原文】　捉刀曹操①，拂矢贾坚②。

【注释】　①捉刀曹操：曹操有一次接见匈奴使者，嫌自己不够高大魁梧，就让崔琰代替他，而他自己则按刀站立床头，然后让人问匈奴使者："魏王何如？"使者说："魏王气质

的确不同凡人,但床头捉刀人乃是真正的英雄!"

②贾坚:北朝后燕人。善射箭,能拉三石弓。慕容宝因其善射,取牛一头,放在百步外,让贾坚射。贾坚连射两箭,一箭从牛脊上飞过,一箭从牛腹下飞过,皆附肤落毛,上下如一。慕容宝问他还能射中吗,他说:"最可珍贵的就是射不中。要射中有什么难的?"

【解译】 是英雄,言谈举止都会很自然地表现出英雄气质。曹操是汉末英雄,虽然自愿做捉刀人,但还是难掩其英气。匈奴使者不以貌取人,能够看出站在床头捉刀的人是真英雄,也可以说是慧眼识英才了。

【原文】 晦肯负国①,质愿亲贤②。

【注释】 ①晦:即徐晦,唐朝人。徐晦与杨凭友善。杨凭遭李夷简弹劾,被贬为临贺尉,亲友无人敢送,只有徐晦一人至蓝田相送。有人劝他不要自找麻烦,他说:"晦自布衣蒙杨公知奖,今日被贬远方,怎能不和他道个别?"过了不久,徐晦被提升为御史。徐晦对举荐他的李夷简说:"平生和您没有什么交往,您为何要用我?"李夷简说:"您不辜负杨临贺,肯定不会辜负国家!"

②质:即王质,字景文,北宋人。范仲淹被贬饶州,满朝文武没有人敢为他送别,只有王质抱病为范仲淹在国门饯行。有人责怪他不要陷于朋党之中。王质说:"范公是天下贤士,我如果能够为范公党人,范公赐予我的就太厚重了!"

【解译】 社会生活中,若是某人因政治问题倒了霉,许多人生怕受牵连,即使不躲得远远地,也界线分明。但是,如果是道德高尚之人,是一心为公之人,即使倒了霉也总是会有人同情的。总会有人不把头上的乌纱帽看得那么重,愿意在别人落难之时表示自己的一片心意。正如北宋王质,他是出于对范仲淹的钦敬之情,才心甘情愿为之饯行的。危难之时见真情。此话不虚!

【原文】 罗友逢鬼①,潘谷称仙②。

【注释】 ①罗友:字它人,东晋人。有一次,某人被任命为太守,众人为之饯行。罗友后至。桓温问他为何迟到,他说:"中途逢鬼和我开玩笑说:只见你送别人做太守,没有见别人送你做太守。"于是桓温上表,请求任命罗友为襄阳太守。

②潘谷:北宋人。善于制墨,人称墨仙。苏轼有诗赞之:"一朝入海寻李白,空看人间画墨仙。"

【解译】 罗友聚会迟到,竟然谎称中途遇鬼。这看似荒唐,实际上正是他表达情绪的一种方式。别人升迁,他一次次地送别,可好事就是轮不到他。于是,他就借送行之机,表达他久久得不到升迁的愤懑。当然,这实际上也是他要官的一种手段。因为,当时桓温大权在握,他对桓温发牢骚,是希望桓温能够想到他,提拔提拔他。

【原文】 茂弘练服①,子敬青毡②。

【注释】 ①茂弘:即王导,字茂弘,东晋大臣。东晋王朝刚建立时,国库空虚,只有几千匹粗麻布,卖不上好价钱。王导和朝中大臣就每人用粗麻布制作一身衣服,于是,士大

夫都争着穿这样的衣服,粗麻布的价格很快升了上去,卖了个好价钱。练:麻布衣服。

②子敬:即王献之,字子敬。他夜里睡觉,小偷进了家,把值钱的东西偷得干干净净。王献之说:"偷儿,青毡是我家的旧物,可以把它留下来。"

【解译】 王导是东晋大臣,也是名士,更可以称为很有头脑的经济学家。国库空虚,入不敷出,他作为当家人,心急如焚,可他又不愿意采取增加税赋的办法,就只好在现有的物资上想办法,动脑筋。通过他的一番运作,国库中那些本来不值钱的粗麻布,价格直线上升,都卖了好价钱,解了燃眉之急。

【原文】 王奇雁字①,韩浦鸾笺②。

【注释】 ①王奇:北宋人。他做县吏的时候,县令在屏风上题雁字诗云:"只只衔芦背晓霜,昼随鸳鸯入寒塘。"他在后面续道:"晚来渔棹惊飞去,书破遥天字一行。"宋真宗时,赐进士及第。他作诗云:"不拜春官与座主,愿逢天子作门生。"

②韩浦:北宋人。他有弟韩泊,以为自己是造五凤楼手,而其兄的文章只能遮蔽风雨而已。韩浦用蜀产鸾笺写了一首诗,派人送给弟弟。诗云:"十样鸾笺出益州,新朱寄至浣溪头。老兄得此全无用,助汝添修五凤楼。"

【解译】 从王奇的诗来看,王奇应是一个心高气傲的人。如果说"书破遥天字一行"已经流露出这样的心迹,那么,他被钦赐进士及第后写的两句诗,就更是视朝中试官如草芥了。

【原文】 安之画地①,德裕筹边②。

【注释】 ①安之:即严安之。唐玄宗曾在五凤楼前赐脯三日,前来围观者人山人海,执金吾不能禁止,于是令时为河南丞的严安之严加治理。严安之用手板在地上画了一条线,说:"犯此者死!"于是,三日之内没有人敢超过严安之画的线。

②德裕:即李德裕,唐朝大臣。李德裕被免去丞相之职,贬为西川节度使,曾在成都府西建筹边楼。

【解译】 有法必依,违法必究,执法必严,这本是尽人皆知的事。但是,由于各种原因,有时候法规律条形同虚设。尤其是当众多的人犯法时,法不治众似乎成了有法不依的最好借口。其实,越是在这个时候,越要维护法律的权威性和威慑力。严安之在地上画一条线,说:"犯此者死!"就是在非常时期擎起法律之剑,充分发挥了法律的威慑力。

【原文】 平原十日①,苏章二天②。

【注释】 ①平原:即战国时期赵国贵族赵胜,号平原君。魏相魏齐曾让人打折范雎的肋骨。秦昭王得知魏齐在平原君所,为替范雎报仇,致信平原君,愿为十日之饮,借机向平原君索要魏齐。

②苏章:字孺文,汉朝人。他任冀州刺史时,去查办清河太守,而清河太守是他的老朋友。太守设酒招待他,说:"人皆有一天,我独有二天。"苏章说:"今日苏孺文与故人饮酒,是出于私交。明日冀州刺史审理案件,那就要按国法了。"

【解译】 清河太守作奸犯科,以为他的老朋友、老上级会给他撑起一片天,保佑他平平安安。所以他说"人皆有一天,我独有二天"。可是,苏章是公私分明的人,论起朋友,有酒照样喝;但论起国法,照样不留情面,该依法办理,就依法办理。老朋友清河太守,最终还是被正了法。

【原文】 徐勉风月①,弃疾云烟②。

【注释】 ①徐勉:字修仁,南朝梁人。他任吏部尚书时,有一天夜里正和属下聊天,有一个叫虞暠的人来向他求官。他正色道:"今夕只可谈风月,不宜及公事。"

②弃疾:即南宋著名词人辛弃疾。他力主抗金,却遭主和派排挤,于是急流勇退,连家事也交给儿子们管理。他曾作《西江月》记述此事:"万里云烟已过,一身蒲柳先衰。而今何事最相宜?宜醉宜游宜睡。早起催科了办,更量出入收支,乃翁依旧管些儿,管竹管山管水。"

【解译】 古时也有跑官要官的。趁着月夜,到手握百官升迁黜陟大权的老朋友那里,张口要上一官半职,那还不是唾手可得之事!可是,虞暠找错了对象。徐勉一听他是来要官的,立即正色而言:"今夕只可谈风月,不宜及公事。"把他的路堵得死死的。那些管官的人假如都像徐勉这样,跑官要官的人不知该会减少多少。

【原文】 舜钦斗酒①,法主蒲鞯②。

【注释】 ①舜钦:即苏舜钦,字子美,北宋文学家。他喜欢饮酒。在舅舅杜祁公家读书,每天晚上差不多都要饮上一斗。一天,舅舅偷偷看他读书,读到《汉书》"良与客狙击始皇",抚案而起,说:"惜乎不中!"遂满饮一大杯。读到"臣始起下邳,与上会于留,此天以臣授陛下",又抚案而起,说:"君臣相遇,其难如此!"就又饮一大杯。杜祁公笑着说:"有这样的下酒物,喝一斗不算多。"

②法主:即李密,字法主,隋末人。他小的时候,骑一头黄牛,披一片蒲鞯(用蒲草编织的垫子),牛角上挂着《汉书》,一手抓住草垫,一手翻书。鞯:马鞍下面的垫子。

【解译】 穷人读书有穷人的读法,富人读书有富人的读法。同是读《汉书》,苏舜钦读到激动处,就饮上一大杯,而李密却只能骑在牛背上,披着草垫,一边放牛,一边读书。读法虽然不同,但他们感兴趣的却很相近。苏舜钦喜读《留侯传》,李密却喜读《项羽传》。

【原文】 绕朝赠策①,苻卤投鞭②。

【注释】 ①绕朝:春秋时期秦国大夫。晋人士会出奔秦。晋灵公恐士会为秦所用,派人劝说士会归晋。秦康公使士会如魏师,为士会归晋提供了便利。绕朝劝阻无效,赠给士会策书,说:"你不要以为秦国无人,只是我的计谋不被采纳罢了。"

②苻卤:即前秦苻坚。苻坚南下攻晋,苻融等劝阻。苻坚说:"吾百万之众,投鞭于江,足断其流,何险足恃!"兵至淝水,被晋将谢玄等战败。

【解译】 苻坚自恃兵足将广,挥师南下,欲一举平定江南。他哪里知道,过江将士早就憋着一股劲,准备收复中原。在谢安的巧妙安排下,谢玄、谢石等将士用命,以一当十,

在淝水之战中,以少胜多,大败符坚。经此一役,符坚再也不敢南窥。

【原文】 豫让吞炭①,苏武餐毡②。

【注释】 ①豫让:战国时期义士。赵襄子杀智伯,把他的头骨涂上漆,当便器用。智伯的家臣豫让行刺赵襄子未成,遂漆身成癞,吞炭为哑,沿街乞讨,寻找机会为智伯报仇。最后终于报了仇,自己也伏剑而死。

②苏武:字子卿,西汉人。汉武帝时出使匈奴,被扣留下来,流放到阴山大窟中牧羊。苏武饮雪食毡,仗汉节牧羊。留匈奴十九年,始得归汉。

【解译】 苏武羁留匈奴十九年,经受住了威逼利诱,忍受了常人难以忍受的磨难,顽强地生存下来了。他如此坚强,是因为有坚定的信念:他是大汉使者,应出使不辱使命。即使在牧羊的时候,他仍持汉节,表示对汉朝的赤胆忠心。戏曲《苏武牧羊》,就是以他出使匈奴的故事为题材,张扬苏武的高尚情操和爱国精神。

【原文】 金台招士①,玉署贮贤②。

【注释】 ①金台:即黄金台。战国时期,燕昭王欲招贤士。郭隗说:"过去有人求千里马,带千金前往,到达后马已经死了,就用五百金买死马骨而回。不到一年,就得到了三匹千里之马。大王招贤,请先从隗开始。比隗贤明的人,会不远千里而来!"燕昭王即筑黄金台,拜郭隗为师。后来,乐毅、邹衍等闻风而至。

②玉署:即玉堂之署。北宋苏易简任翰林学士承旨,太宗飞白书"玉堂之署"四字赐之,说:"美卿居清华之地也。"

【解译】 世有伯乐,而后有千里马。既不是伯乐,自然是难识千里马。可是,就是这样一些人,一边给人思贤若渴的印象,一边却埋怨没有人才,招不来人才。他们不反省自己对待人才的措施、制度和各种机制是否合理,是否妨碍人才的脱颖而出,是否对人才的成长造成阻滞和束缚。那些整天感慨没有人才的人,真应该仔细读一读燕昭王黄金台的故事。

【原文】 宋臣宗泽①,汉使张骞②。

【注释】 ①宗泽:字汝霖,南宋著名抗金将领。为东京留守时,大败金兵,十三战皆捷,金人十分害怕他。后来,被奸人陷害,闲居在家,忧愤而死。

②张骞:西汉人。汉武帝时,奉旨出使西域,留西域十几年。

【解译】 岳飞、宗泽、韩世忠是南宋三位最为著名的抗金将领。由于奸臣当道,南宋皇帝又不思恢复中原,这三位主战将领或是被杀,或是被贬,几乎没有一个得以善终。宗泽临死前感叹"出师未捷身先死,长使英雄泪满襟",正是南宋抗金将领内心悲愤的逼真写照。

【原文】 胡姬人种①,名妓书仙②。

【注释】 ①胡姬:西晋阮咸姑姑家的婢女。阮咸和姑姑家的婢女胡姬偷情,胡姬已有身孕。姑姑临走,不和阮咸打招呼,就把婢女也带走了。阮咸知道后,急忙骑驴去追,

把胡姬追回,说:"人种不可失。"

②书仙:指唐朝长安名妓曹文姬。曹文姬擅书法,为关中第一,号称书仙。

【解译】 阮成是竹林七贤之一,一生放达无羁,率性而为。姑姑来家,随身带一个胡人使女,阮成就和她珠胎暗结。姑姑知道了他们的事情,答应把婢女留下来,可走的时候突然改变了主意,把使女带走了。阮成不顾世俗舆论,把胡女追回,还大言不惭地说:"人种不可失。"这样的事情,也许只有魏晋时期的所谓名士能够做得出来。

二　萧

【原文】 滕王蛱蝶①,摩诘芭蕉②。

【注释】 ①滕王:指唐代滕王李元婴,善画蝴蝶。王建当时有诗云:"内中数日无呼唤,拓得滕王蛱蝶图。"

②摩诘:即王维,字摩诘,唐代文学家。王维亦擅长绘画,画雪里芭蕉,最为得心应手,意随笔到,自成妙品。

【解译】 王维能诗善画,并且对自己的画很是自负,以为自己一不小心就成了著名的画师。不过,王维有这样的资本,诗写得很好,画又自成妙品,自然可以夸这样的海口。那些本无多大能耐,却自夸其口,说自己一不小心就要成为什么什么家的人,倘若有王维这样的才能,不知又该如何自夸了。

【原文】 却衣师道①,投笔班超②。

【注释】 ①师道:即陈师道,字无已,南宋诗人。他当班侍奉皇上郊祭,天气寒冷,必须穿两件皮衣才能御寒。他家只有一件皮衣,妻子从娘家借一件皮衣给他穿。陈师道得知是从老丈人家借来的,坚决不穿。结果这天夜里被冻得生了病,后因病卒。

②班超:字仲升,东汉人,班固之弟。小时候家里贫穷,给官府抄抄书信,十分辛苦。一天,他投笔而叹,说:"大丈夫无他志略,犹当效傅介子、张骞立功异域,以取封侯,安能久事笔砚间乎!"后因平西域有功,封定远侯。"投笔从戎"的典故即出于此。

班超投笔

【解译】 自古成大事者,必先立志。陈胜与人耦耕时说:"苟富贵,无相忘。"当时就有人笑话他,问他给人做长工,哪来的富贵。陈胜说:"燕雀安知鸿鹄之志!"班超之事与此颇为相似。当他投笔而叹时,旁边的人也都耻笑他。他愤然道:"小子安知壮士之志哉!"二人的话虽不同,但都流露出不甘久为人下的志向。

【原文】 冯官五代^①,季相三朝^②。

【注释】 ①冯:即五代冯道。他先仕后唐庄宗,为翰林学士。后又历仕后晋、契丹、后汉、后周,或为宰相,或为太傅,皆是高官。自号"长乐老",人称"不倒翁"。

②季:即季文子,春秋时期鲁国大臣。历相鲁宣公、鲁成公、鲁襄公三朝。

【解译】 五代时期,朝廷走马灯似的换,而冯道却能在如此变化无常的特殊时期历仕五朝,且都能身居高位,这件事除了表明他的观念中缺少儒家倡导的"忠义",还表明他精于为官之道,懂得如何在纷繁复杂、风云变幻的官场站稳脚跟的技巧和方法。

【原文】 刘蕡下第^①,卢肇夺标^②。

【注释】 ①刘蕡:字去华,唐朝人。文宗朝对策,他极力攻击宦官,考官冯宿等虽以为他说的很有道理,但就是不敢录取。刘蕡因此而落第。

②卢肇:唐朝人。他与黄颇一同中举,太守宴请新科举人,只请黄颇一人,而没有请他。第二年,他状元及第,太守请他看赛龙舟。他写诗道:"向道是龙人不信,果然夺得锦标归。"

【解译】 宦官当权,是中国古代政治的一大痼疾。不知有多少有识之士为结束这一社会现象而奔走呼号,也不知有多少人为此而付出了生命的代价。刘蕡试策之时,大胆指斥宦官,言辞虽然连主考官都打动了,但他还是落第了。主考官尚且畏惧宦官,刘蕡也只好牺牲自己的前程了。

【原文】 陵甘降虏^①,蠋耻臣昭^②。

【注释】 ①陵:即李陵,李广之孙。他奉汉武帝之命讨伐匈奴,深入敌境,杀敌数万,因弹尽粮绝,又无援兵,力尽降敌。

②蠋:即王蠋,战国时期齐人。因谏齐湣公不听,辞官回乡。燕昭王使乐毅伐齐,乐毅闻王蠋贤,大军至其乡三十里而止,派人去请王蠋,说:"不来,吾且屠邑"。王蠋耻为燕臣,说:"忠臣不事二主,好女不更二夫。今国破君亡,我还活着干什么!"遂自刭而死。

【解译】 忠臣不事二主,好女不更二夫,这是儒家的思想。但是,如果主子昏庸无道,荒淫无度,视国家大事如儿戏,还要对其尽忠,岂不是助纣为虐吗?如果丈夫好吃懒做,道德败坏,甚至虐待妇女,这时还要从一而终,对其所作所为是不是一种鼓励呢?所以,对"忠臣不事二主,好女不更二夫"要辩证地看。

【原文】 隆贫晒腹^①,潜懒折腰^②。

【注释】 ①隆:即郝隆,字佐治,东晋人。当时风俗,七月七日晒衣服。到了这一天,富家都晒衣服,郝隆仰面躺在太阳下。有人问他这是干什么,他回答说:"晒吾腹中书耳。"

②潜:即陶潜,字渊明。他为彭泽县令时,督邮来巡视,县吏告诉他应该穿戴整齐去见督邮。陶渊明说:"我岂能为五斗米折腰向乡里小儿!"遂挂冠而去。

【解译】 不为五斗米折腰,是文人的骨气。陶渊明以向那些不学无术的人低头哈腰

为耻辱,所以毅然挂冠而去,表现出文人应有的骨气和高傲。

【原文】 韦绶蜀锦①,元载鲛绡②。

【注释】 ①韦绶:唐朝人。曾任翰林学士。德宗和韦妃一道去他家中看望他,正巧韦绶刚就寝。当时天气严寒,德宗就把韦妃穿的蜀锦袍盖在韦绶身上,然后离去。

②元载:唐朝人。他在芸晖堂内设有紫绡帐。这种床帐十分轻柔透亮,寒冬而风不入,酷暑而凉自生。

【解译】 唐德宗李适是一个善于体恤臣下的君主。他去看望韦绶,刚巧韦绶睡着了,别人先去把韦绶叫醒,他不仅制止了,而且还和妃子一道去看望。当时正是数九寒冬,他怕韦绶受冻,就让韦妃把穿在身上的蜀锦袍脱下来,给韦绶盖上。贵为一国之君,而能如此体恤臣下,仅此一点而言,就可称为明君。

【原文】 捧檄毛义①,绝裾温峤②。

【注释】 ①毛义:东汉人。以孝行著称。张奉慕其名而访之,刚坐下来,府中的公文就到了,任命毛义为安阳令。毛义见之,喜形于色。张奉因而鄙薄之。毛义待其母死后,立即辞官守丧。后来官府多次征召,毛义都不再出来做官。这时,张奉才理解毛义,说:"毛义往日那个高兴劲,是为了母亲装出来的。"

②裾:旧式衣服的大襟,也指衣服的前后摆。东晋温峤任刘琨右司马时,奉旨赴建康(今南京),其母崔氏扯住他的衣服,坚决不让他去。他撕断衣襟,毅然前行。

【解译】 孝顺的儿子,应该遵从父母之命。但作为吃皇粮的官员,又应该为国尽忠。在忠与孝发生冲突时,究竟该怎么办,不同的人会有不同的选择。温峤绝裾赴命,显然是把国家和君主放在了第一位,是以忠为先。

【原文】 郑虔贮柿①,怀素种蕉②。

【注释】 ①郑虔:字弱齐,唐代书法家,善隶书。他自幼喜爱读书,家贫无纸,就到慈恩寺门前扫柿树落叶,用来写字。他贮藏的柿树叶有好几屋子,每天用这些树叶练习隶书。

②怀素:唐代僧人,著名书法家,善草书,世称"草圣"。家贫,没钱买纸,就在院子中种植几万株芭蕉,取芭蕉叶练习写字,称作"种纸"。李白有诗赞其书法云:"少年上人号怀素,草书天下称独步。"

【解译】 爱学习的人总是能够充分利用周围的一切,为自己创造一个学习条件。就像郑虔、怀素,家贫无钱买纸,就扫树叶,种芭蕉,用柿树叶和芭蕉叶练习书法。那些家境富裕有很好的学习条件而不知认真学习的人,应该从郑虔、怀素学习书法的故事中受到教育。

【原文】 延祖鹤立①,茂弘龙超②。

【注释】 ①延祖:即嵇绍,字延祖,嵇康之子。有人曾对王戎说:"昨天在人群中看见嵇绍,昂昂然若野鹤立在鸡群。"王戎说:"你还没有见他的父亲呢!"意思是说嵇康更为出众。

②茂弘：即王导，小字阿龙。晋元帝时，王导为司空。廷尉桓彝在路边看到王导，说："人言阿龙超，阿龙故自然。"一路随观，不知不觉已经到了司空府门口。

【解译】 魏晋时期，人们很重视风度仪表。那些所谓的名士们，一个个风度翩翩，仪态万方。他们评价别人，也很看重这方面，王戎评嵇绍、桓彝评王导，都是偏重他们的风度仪表。

【原文】 悬鱼羊续①，留犊时苗②。

【注释】 ①羊续：字兴祖，东汉人。任庐江太守时，清正廉洁。府丞曾送给他活鱼，他接受后把鱼挂起来，后来有人再送鱼时，他就把悬挂起来的鱼给人看，用这种方法谢绝别人再给他送礼物。

②时苗：东汉末年人。汉献帝建安年间出任寿春令，在任时，驾车的黄牛产一牛犊。离任时，他把牛犊留下，说："牛犊是在淮南生下的。"县吏都说："六畜不识父，自宜随母。"时苗不听，硬是把牛犊留了下来。

【解译】 羊续拒绝属下送礼的办法很巧妙，既不得罪属下，不让属下难堪，又对后来的送礼者是一个警示。

【原文】 贵妃捧砚①，弄玉吹箫②。

【注释】 ①贵妃：即杨贵妃，名玉环，唐玄宗宠爱的妃子。唐玄宗召李白赋诗，当时李白已喝得大醉。唐玄宗令杨贵妃捧砚，李白援笔立成《清平调》三章。

②弄玉：春秋时期秦穆公之女。萧史善于吹箫作凤鸣，秦穆公把弄玉嫁给他为妻。后来，弄玉乘凤，萧史乘龙，一起飞升，成了神仙。

【解译】 李白是豪放不羁之人，就是大唐天子召唤他，他不高兴时照样不理不睬，他曾"自言臣是酒中仙，天子呼来不上船"。唐玄宗想让他写诗，他却是喝得大醉，让杨贵妃捧砚，高力士脱靴，把平时不可一世的杨贵妃和高力士戏弄了一番。

三 肴

【原文】 栾巴救火①，许逊除蛟②。

【注释】 ①栾巴：字叔元，东汉人。桓帝正月初一大会群臣，赐栾巴酒，栾巴忽然含酒向西南方喷去。有司弹劾他对皇上不敬，他说："成都城东有火灾，故噀酒救之。"过了几天，成都果然来报，说正月初一那天城东发生火灾，东北方向忽然来了一阵雨，把火浇灭。火灭之后，人们都闻到了酒气。

②许逊：字敬之，道号真君，东晋人。初学道于吴猛，官蜀郡旌阳令，后因晋室之乱东归。传说他曾斩蛇诛蛟，为民除害。

【解译】 栾巴、许逊都是道教人物，传说中的神仙。《太平广记》把他们都归入"神仙"类，记述了他们由常人而至神仙，以及他们成为神仙之后种种神奇的故事。

【原文】 《诗》穷五际①，《易》布三爻②。

【注释】 ①五际：指卯、酉、午、戌、亥。汉代诗学家以为，五际是阴阳终始际会之际，社会遇到这些年份就会发生一些重大变化，所谓“午、亥之际为革命，卯、酉之际为改正”是也。

②三爻：《易》卦中的每一卦本是六爻，三国吴虞翻《易注》以为，易道在天，三爻足矣。

【解译】 “五际”之说，是古人用来解释社会变革的。这种说法把阴阳五行与十二地支对应起来，根据其生克关系推论社会变化，虽然能够自圆其说，但其根基却经不起推敲，因此可以说是无根之木，无稽之谈。

【原文】 **清时安石①，奇计居鄛②。**

【注释】 ①安石：即谢安，字安石。他东山高卧，与王羲之、许询等人出则游山玩水，垂钓射猎，入则吟诗作赋，享清时之乐。

②居鄛：即今安徽巢县。居鄛人范增是项羽的重要谋士，被项羽尊为亚父，屡次为项羽出奇计，帮助项羽成就大业。

【解译】 项羽有一谋士而不能用，反而中了陈平的离间计，怀疑范增，使范增只好请归。而刘邦不论是人品，还是勇力，都不是项羽的对手，可他善于用人，张良、萧何、韩信都听命于他，为刘汉尽心竭力。楚汉战争，不必看战场如何决胜负，只看刘邦和项羽的用人，就已经胜负可知了。

【原文】 **湖循莺脰①，泉访虎跑②。**

【注释】 ①莺脰：湖名，在太湖西南，以其形似莺脰而得名。脰，脖子，颈。

②虎跑：泉水名，在今杭州大慈山。传说唐朝元和年间，性空大师建定慧寺，以其地无水，准备移往他处。梦神人告诉他，派遣二虎移南岳童子泉于寺。次日，果见二虎跑，山泉出，甘洌异常。

【解译】 中国的几大名泉，都有一些神奇的传说，其共同点都是意在说明某泉是上天所赐，不同寻常。杭州虎跑泉的传说，只是诸多神奇传说中的一种而已。

【原文】 **近游束皙①，诡术尸佼②。**

【注释】 ①束皙：字广微，西晋人。性好学，不慕荣利。尝作《近游赋》。

②尸佼：即尸子，战国时期鲁国人。商鞅曾拜他为师。韩愈《送孟东野序》以为，邹衍、尸佼等“皆以其术鸣”。

【解译】 先秦诸子生当战乱不止的时代，各持己说，游说诸侯，试图用自己的思想学说来实现天下的统一，于是有了儒家、道家、墨家、法家、名家、阴阳家、纵横家等学派。尸子“以其术鸣”，是著名法家商鞅的老师，但是班固《汉书·艺文志》却把他列入了杂家。这大概是因为其术驳杂的缘故。

【原文】 **翱狂晞发①，嵇懒转胞②。**

【注释】 ①翱：即谢翱，字皋羽，南宋人。南宋末年，他参加文天祥领导的抗金斗争，兵败后藏匿民间，与诸诗友往来，著有《晞发集》。晞：干燥。

②嵇：即嵇康。嵇康《与山巨源绝交书》自言小时疏懒，"每常小便，忍而不起，令胞中略转乃起耳"。

【解译】 嵇康是任性之人，也是魏晋时期最能袒露真实自我的人。他的《与山巨源绝交书》，如实吐露心曲，坦坦荡荡，无遮无掩。但也正是因为他太真实了，才授人以柄，被反对他的人抓住了把柄，惨死在司马氏的屠刀之下。

【原文】 西溪晏咏①，北陇孔嘲②。

【注释】 ①晏：即晏殊，字文静，北宋文学家。晏殊曾在海陵西溪盐场为官，在那里种植了一株牡丹，并有题咏。后来范仲淹亦在此为官，题诗道："阳和不择地，海角亦逢春。忆得上林色，相有如故人。"

②孔：即孔稚珪，字德璋，南朝齐人。他著《北山移文》，讽刺当时的假隐士，其中有"南岳献嘲，北陇腾笑"之句。

【解译】 中国历史上有很多假隐士，他们身在江湖之上，心存魏阙之下，以隐逸为终南捷径。孔稚珪的《北山移文》，就是讽刺那些借隐逸来沽名钓誉的假隐士的。文章不仅对假隐士极尽讽刺挖苦之能事，而且词采飞扬，对仗工整，是南北朝时期难得的佳作。

【原文】 民皆字郑①，羌愿姓包②。

【注释】 ①郑：即三国魏郑浑。他任下蔡长、邵陵令时，鼓励当地农民开荒种田，让老百姓富裕了起来。人们念他的恩德，不分男女，起名字时多以郑为字。

②包：即包拯，字希仁，北宋名臣。由于他立朝刚直，外夷亦钦敬其为人。神宗时，西羌俞龙珂请求皇上赐姓包。神宗答应了他的请求，为他取名为顺。

【解译】 官有恩德于民，民必牢记于心。民虽无力报答官之恩德，但他们会吃水不忘掘井人，会用各种方式表达他们对为民造福的好官的感激之情，建生祠，立功德碑，甚至取名时用官员的字号，都是他们表达感情的方式。

【原文】 骑鹏沈晦①，射鸭孟郊②。

【注释】 ①沈晦：据宋代何薳《春渚纪闻》记载，沈晦梦骑大鹏，抟风而上，因作《大鹏赋》以记其事，之后果然中了状元。

②孟郊：字东野，唐代诗人。他任溧阳县尉时，其诗有"不知竹枝弓，射鸭无是非"之句。

【解译】 日有所思夜有所想而成梦。有的梦清晰可寻，有的梦杂乱无章。古代的占梦术，就是试图解说梦的成因与对应物象，把梦境和人事对应起来。沈晦梦骑大鹏抟风而上，记述者就把它当作中状元的先兆，就是有意识地用占梦术解释这一现象。

【原文】 戴颙鼓吹①，贾岛推敲②。

【注释】 ①戴颙：字仲若，东晋人。春天，他携带两个柑橘一斗酒外出，有人问他到哪里去，他说："往听黄鹂声。此俗耳针砭，诗肠鼓吹，汝知之乎？"

②贾岛：字浪仙，唐代诗人。为诗性喜苦吟，尝骑驴自吟"僧敲月下门"，想把"敲"字换成"推"字，在驴背上用手比画，无意中却冲撞了韩愈。韩愈问他在想什么，他如实相

告。韩愈说："敲字佳。"这就是"推敲"一词的来历。

【解译】　人们在作诗或是写文章时,一时找不到合适的词句,或是觉得某些字句不太合适,常说的一句话,就是再推敲推敲。"推敲"就是琢磨、斟酌的意思。贾岛为选择一个合适的词,反复琢磨,又是体会,又是模拟,表明了诗人对遣词造句的执着。

四　豪

【原文】　禹承虞舜①,说相殷高②。

【注释】　①禹:即大禹。其父鲧治水不力,被舜杀害。舜又命禹治水,禹治水成功,舜将天下禅让给禹。禹建立了中国历史上第一个奴隶制王朝夏。

②说:即傅说。殷高:即殷高宗武丁。相传傅说是傅岩这个地方从事版筑的奴隶。武丁梦上帝赐以良相,在傅岩这个地方得到了傅说,用其为相。

【解译】　中国历史上的一些名相,如伊尹、傅说、吕尚等,在出山辅佐名君前,都经历了人生的坎坷,伊尹耕莘,傅说版筑,吕尚钓渭,都是自食其力。然而,由于他们都是难得的人才,最终还是被明君相中,成为一代名相。

【原文】　韩侯敝袴①,张禄绨袍②。

【注释】　①韩侯:即战国时期韩昭侯。他有一条破裤子,让人收藏起来。手下的人说不如送人算了。他说:"我听说明主一颦一笑都很慎重,恼怒有恼怒的理由,高兴有高兴的理由。这条破裤子岂止是高兴不高兴的事! 一定是有功的人才能赐给他。"

②张禄:即范雎。他作为须贾的副手出使齐国,受到齐人的热情招待。须贾怀疑他和齐人背后有什么交易,告诉魏相魏齐,严惩范雎。范雎装死,得以逃出,改名张禄,秦昭王拜其为相。后须贾使秦,范雎穿一身破烂衣服去见他,须贾赠给他一件绨袍。待知道范雎是秦相时,须贾负荆请罪。范雎说:"你之所以能够不死,是因为你赠绨袍还有顾念老朋友的意思。"

【解译】　在战国诸侯中,韩昭侯算不上明君,但他能够按明君的标准要求自己,一颦一笑皆很慎重,认为恼怒应有恼怒的缘由,笑要有笑的原因。即使是一条破裤子,也不能随便赐予,而一定要等有功的人才能赏赐,也算是赏罚分明了。

【原文】　相如题柱①,韩愈焚膏②。

【注释】　①相如:即司马相如,字长卿,西汉文学家。他准备东游中原时,在成都城北的升仙桥柱上题字道:"不乘高车驷马,誓不过此桥!"

②韩愈焚膏:韩愈为国子博士时,勤学不倦,为了能够多学点知识,日落之后,他就点燃油灯继续学习。正如他在《进学解》中说的那样:"焚膏油以继晷,恒兀兀以穷年。"

【解译】　"焚膏继晷"是一个形容夜以继日用功学习的成语。这个成语就出自韩愈为国子博士时勤奋学习的故事。韩愈已经成为国子博士,学习完全可以松一口气了。可他为了能够多学一点文化知识,焚膏继晷,夜以继日,终于成为一代名家。

【原文】 捐生纪信①,争死孔褒②。

【注释】 ①纪信:刘邦的部将。楚汉战争中,刘邦被项羽围困在荥阳,纪信与刘邦换乘马车,引开项羽的追兵,使刘邦得以平安脱险。纪信被项羽活捉后烧死。

②孔褒:东汉末年人,孔融的哥哥。孔褒十六岁那年,为掩护张俭,被捕入狱。孔融亦被收监。孔褒说张俭是他放走的,与孔融无关。又问其母,其母说:"家事任长,妾当其罪。"母子三人争死。最后只追究孔褒一人。

【解译】 孔褒、孔融与母争死一事,一直是作为母贤、子孝、兄友、弟爱的典型传扬的。这样的事情当然只能发生在一人犯罪株连九族的封建社会。在真正的法制社会,谁犯罪就追究谁,无辜者即使想代人受过,也不大可能。

【原文】 孔璋文伯①,梦得诗豪②。

【注释】 ①孔璋:即陈琳,字孔璋。他的文章受到张纮的称赞,他谦虚地说:"自仆在河北,与天下隔。此间率少于文章,易为雄伯,故使仆受此过善之誉。今景兴(王朗字)在此,足下与子布(张昭字)在彼,所谓小巫见大巫,神气尽矣。"

②梦得:即刘禹锡,字梦得,唐代文学家。白居易称他为"诗豪"。

【解译】 一个人的成就、贡献、名气等的大小,都是相对的,参照系不同,评价结果也会有所差异。就像高考,某考生的成绩为全校第一,但放在全市、全省甚至全国去看这一成绩,也许就不值得一提了。陈琳"小巫见大巫"之说,就是这样的意思。

【原文】 马援矍铄①,巢父清高②。

【注释】 ①马援:字文渊,东汉名将。他曾对人说:"丈夫立志,穷当益坚,老当益壮。"他六十二岁时,五溪蛮发动叛乱,他披甲上马,请求平叛。光武帝说:"这个老汉真是精神矍铄啊!"就答应了他的请求。

②巢父:传说为尧时的隐士。尧想把天下让给他,他听到后,跑到颍水边洗耳朵,说:"向闻贪言,污吾耳也!"以此表示其清高。

马援聚米为山

【解译】 巢父洗耳颍滨,还有一种说法。说的是尧又把天下让给许由,许由也不干,他以为尧的话弄脏了他的耳朵,就跑到颍水边洗耳朵。刚巧巢父牵着牛来饮牛,听说这件事,就把牛牵到上游,恐怕许由洗耳的水脏了牛口。巢父、许由不愿为天下所累,不肯接受尧的禅让,千百年来传为美谈。但是,话又说回来,如果都不愿为天下所累,人人只求自我完善,这个世界将是一个什么样子?

【原文】 伯伦鸡肋①,超宗凤毛②。

【注释】 ①伯伦:即刘伶,字伯伦,竹林七贤之一。他有一次和人发生了争执,那人捋捋袖子要打他,他正色道:"鸡肋岂足以当尊拳!"那人立即也就泄了气。

②超宗:即谢凤,南朝齐人。好学习,有文采。南朝宋孝武帝曾对谢庄说:"超宗殊有凤毛,灵运复出。"

【解译】 刘伶可谓是善解纷争之人。别人对他发火,要对他动手,他就说:"鸡肋岂足以当尊拳。"让人下不了手。他脱得精光在屋子里,别人看到了,以为有伤风败俗之嫌,他反而责怪别人,说:"我以天地为栋宇,屋室为裈衣,诸君何为入我裈中?"

【原文】 服虔赁作①,车胤重劳②。

【注释】 ①服虔:字子慎,东汉人。他准备为《春秋》作注释,听说崔烈正在讲授《春秋》,就化名到崔家打工,崔烈讲授时,他就偷偷地听,以便为《春秋》作注时相互参证。

②车胤:字武子,东晋人。他拜谢安、谢玄为师,勤学好问,学业大有长进。他曾对袁平说:"不问则德音有遗,多问则重劳二谢。"怕问的多了,有劳师傅。

【解译】 为了能够使自己的注释更准确更精练,服虔不惜改名换姓,到崔烈家做苦工,以便能够偷听崔烈讲解,将来作注释时相互参证。这种对学术的执着精神,是做学问的人应该很好学习的。

【原文】 张仪折竹①,任末燃蒿②。

【注释】 ①张仪:战国时期纵横家。他和苏秦曾为人抄书,遇到有用的文章,没有地方抄写,就写在手掌里和大腿上,夜里回去,折竹抄写下来,时间一长,就集成了书。

②任末:宋代人。他勤奋好学,编茅为庵,削竹为笔,夜里靠月光读书,月光暗淡时,就点燃艾蒿照明。

【解译】 许多勤奋读书的人,因为家境贫寒,没有钱买笔墨纸砚,就折竹削木为笔,以树叶或沙土为纸。夜里读书没有灯光,就靠月光或雪光照明。那些勤奋学习的人后来大都成为有用之才。

【原文】 贺循冰玉①,公瑾醇醪②。

【注释】 ①贺循:字彦先,东晋人。贺循精通前代典章制度,东晋初建,宗庙制度皆是贺循所定。晋元帝这样评价他说:"循冰清玉洁,位上卿而居室才蔽风雨。"赐给他床垫枕席被褥等,又给钱三十万。

②公瑾:即周瑜,字公瑾。他任东吴都督,折节下士。老将程普评价他说:"与公瑾交,如饮醇醪,不觉自醉。"

【解译】 在《三国演义》中,周瑜是一个心胸狭隘的人,被孔明气了三次就给气死了。但历史上的周瑜却是很有肚量的人,他任都督,老将程普屡屡侮辱他,他丝毫不计较,对部下很是宽容。这样一个心胸开朗的人,如果说是被人气死的,谁肯相信呢?

【原文】 庞公休畅①,刘子高操②。

【注释】 ①庞公:即东汉庞德公。汉末大乱,庞德公与司马德操隐居荆州,分别住在

汉江两岸,隔江相望,常泛舟而游,相对而语,相处十分融洽欢畅。

②刘子:指南朝梁刘讦。刘讦与从兄刘歊及阮孝绪并有高操,号为三隐。其族祖刘孝标对他兄弟二人甚为推重,说:"讦超凡绝俗,如天半朱霞。歊矫矫出尘,如云中白鹤。皆歉岁之良稷,寒年之纤纩。"

【解译】　庞德公与司马德操俱为高隐。他们生当乱世,却能乱中求静,在沔南优游而处。当时,荆州有很多像庞德公这样的隐士,且多有高才。荆州牧刘表虽有争雄逐鹿之心,却无求贤爱贤之意,结果曹军未至,而荆州已土崩瓦解。

【原文】　季札挂剑①,吕虔赠刀②。

【注释】　①季札:春秋时期吴国人,因曾封于延陵,故号延陵季子。他出使鲁国,从徐地经过,徐君十分喜爱他的佩剑,却是不敢说出口。季札准备出使回来时把佩剑赠给徐君。可是,等季札出使归来,徐君已死,季札就把他的佩剑悬挂在徐君墓前的树上。随从问他:"人已经死了,还留给谁呢?"季札说:"当初我已经在心里答应了他,岂能因为他死了而违背我的承诺!"

②吕虔:西晋人。他有一把佩刀,但必须日后位居三公的人才能佩带此刀。他自知自己没有这样的福分,就把刀赠给王祥,说:"苟非其人,刀或为害。卿有公辅之量,聊以相赠。"

【解译】　季札可以说是古之信士。他见徐君喜爱他的佩剑,因要出使鲁国,就准备等从鲁国回来时,再把剑赠给徐君。可是,等他回来时,徐君已死。即使如此,他还是兑现了自己并未说出来的诺言,把佩剑挂在徐君的墓前。因为,在他看来,虽然是没有说出口的话,但他既已心许,就应兑现。

【原文】　来护卓荦①,梁竦矜高②。

【注释】　①来护:即来护儿,隋朝大将。他幼时卓尔不群,读书读到"击鼓其镗,踊跃用兵",舍书而叹,说:"大丈夫当如是。应为国灭贼,以取功名,安能区区事笔砚间乎!"后位至大都督,以平陈有功,封荣国公。

②梁竦:字叔敬,西汉人。自负其才,却是郁郁不得志。尝登高而叹:"大丈夫居世,生当封侯,死当食庙。如其不然,闲居可以养志,读书足以自娱。州郡之职徒劳人耳。"

【解译】　班超小时候给人抄书,曾说过"大丈夫安能区区事笔砚间"这样的话,隋初的来护儿又作如是说。看来,在某些人的观念中,舞文弄墨成就不了什么事业。大丈夫生于世上,要想名列麟阁,像图云台,就应该马上博取功名。

【原文】　壮心处仲①,操行陈陶②。

【注释】　①处仲:即东晋王敦,字处仲。他任荆州刺史时,每次喝醉了酒,就用铁如意敲击痰盂,唱道:"老骥伏枥,志在千里。烈士暮年,壮心不已。"等到把歌唱完,痰盂被敲击得尽是缺口。

②陈陶:字嵩伯,唐代诗人。为人操行高洁,有柳下惠之风。郡守严撰曾派小妾莲花

去试探他,整整一个晚上,陈陶竟不动心。莲花写诗道:"莲花为号玉为腮,珍重尚书遣妾来。处士不生巫峡梦,空劳云雨下阳台。"陈陶有诗答之:"近来诗思清如水,老去风情薄似云。已向升天得门户,锦衾深愧卓文君。"

【解译】 王敦是东晋大臣,过江后,他不是把心思放在如何使东晋迅速强大起来,尽快恢复中原,收复失地,而是因一点个人恩怨就与朝中大臣闹别扭,最后竟至于起兵反叛。这样的"壮心"是不值得称道的。

【原文】 子荆爽迈①,孝伯清操②。

【注释】 ①子荆:即孙楚,字子荆,西晋人。他才藻卓绝,爽迈不群。曾任骠骑将军石苞参军,自负才气,入见不拜,只是长长地作了一揖,说:"天子命我参卿军事。"

②孝伯:即王恭,字孝伯,东晋人。他容貌英俊,清操高迈。曾说:"名士不必须奇才,但使常得无事,痛饮酒,熟读《离骚》,便可称名士。"

【解译】 孙楚是西晋名士,做事一副名士派头,见了顶头上司,只是作了一个揖。说话也十分大气,出口就把天子抬了出来,说:"天子命我参卿军事。"话外之音是,这个参军的位子,我孙楚看不上,只是由于天子发话,我才来屈就。只一句话,就把石苞贬到了一边。

【原文】 李订六逸①,石与三豪②。

【注释】 ①六逸:指竹溪六逸,即李白、孔巢父、陶沔、韩准、裴政和张叔明。李白居徂徕山时,与孔巢父等五人多有交往,号为竹溪六逸。

②石:即北宋石延年。徂徕石介有《三豪诗》,称欧阳修为文豪,石延年为诗豪,杜牧为歌豪。

【解译】 所谓三豪,指的是欧阳修、石延年、杜牧,他们三人都是出类拔萃之人。譬如欧阳修,其文名列"唐宋八大家",其《醉翁亭记》更是千古传诵的著名篇章。

【原文】 郑弘还箭①,元性成刀②。

【注释】 ①郑弘:字巨君,东汉人。他在白鹤山砍柴时,拾到一支箭。这时有人来寻觅,郑弘就把箭还给了他。那人问郑弘有什么要求,郑弘说:"常恨若耶溪运送木柴难,希望早上刮南风,晚上刮北风。"后来果然如其所愿。其地至今仍是早晨刮南风,晚上刮北风,当地人称作"郑公风"。

②元性:即三国蒲元性。传说他曾在斜谷口为诸葛亮铸刀三千口。刀铸成后,他说汉水钝弱,不能给刀淬火,须用蜀江水。使者把水取来,他用刀在水中一划,说水中杂有涪江水八升。使者只好承认,说在涪津时水洒了,因而就掺杂进去八升涪江水。蒲元性令人再去取蜀江水给刀淬火,其刀非常锋利,人称"神刀"。

【解译】 郑弘是一个实在人。他每天上山打柴,靠溪水来往运送柴草,若能顺风顺水,自然可以省不少力。所以,当失箭人问他有什么要求时,他希望若耶溪早晨刮南风,晚上刮北风。他的要求很实在,也很简单。这样的要求,也许只有所谓的神仙才能做

得到。

【原文】　刘殷七业①,何点三高②。

【注释】　①刘殷:字长盛,前汉刘聪时曾任太保,古代著名的孝子。他有七个儿子,五个习五经,一个习《史记》,一个习《汉书》,人称刘氏一门七业俱兴。

②何点:字子皙,南朝梁人。时号游侠处士。南朝宋、齐、梁三代皆征其出仕,他并辞不就。兄何求字子有,弟何胤字子季,亦皆隐居不仕,世谓何氏三高。

【解译】　何氏三兄弟的名字,都是依孔门弟子的名字来取的,点、皙、求、有、胤、季,或是孔子弟子的名,或是孔子弟子的字。就此而论,何氏兄弟应该都是儒家的忠实信徒。在避世而居这方面,他们正是遵循了孔子的教诲:天下有道则仕,天下无道则隐。

五　歌

【原文】　二使入蜀①,五老游河②。

【注释】　①二使入蜀:东汉和帝时,曾派遣二位使者到蜀地观风俗,察民情。候吏(迎接使者的官员)问二位使者是何时出发的。使者很吃惊,问他如何知道他们是朝廷使者,候吏说:"有二使星临益州,故知之。"

②五老:传说尧曾率领舜等游首山,观河渚,见五老游河渚,后飞为流星,入土、昴之间。

【解译】　二使入蜀和五老游河的传说,都和古代的占星术有关,有浓厚的迷信色彩。譬如二使入蜀,尚未到达蜀地,候吏已经通过占星得知此事。所谓"二使星临益州"之说,给此事增加了神秘色彩。

【原文】　孙登坐啸①,谭峭行歌②。

【注释】　①孙登:字公和,三国时期隐士。他隐居于苏门山中,阮籍去拜访,与他谈论终日,他都不说一句话。阮籍返回时,忽闻孙登在山上长啸,其声如凤鸾和鸣,响彻山谷。

②谭峭:字景升,唐朝诗人。好神仙之术,尝作歌曰:"线作长江扇作天,靸鞋抛在海东边。蓬莱信道无多路,只在谭生拄杖前。"

【解译】　孙登是遁世高隐。他与阮籍、嵇康都有交往。阮籍与他谈论终日,不得一言。嵇康和他谈论,他也是一言不发,只是临别时说了一句话:"君才高矣,保身之道不足。"后来,嵇康果然被司马昭杀害。

【原文】　汉王封齿①,齐王烹阿②。

【注释】　①汉王:指汉高祖刘邦。刘邦当上皇帝后,大肆分封同姓王,诸将在下窃窃私语。刘邦看见了,问张良是怎么回事。张良说:"陛下用他们取天下,只是分封同姓,诸将准备造反。"刘邦问他该怎么办,张良劝刘邦赶快封雍齿为什邡侯。于是,刘邦就封雍齿为什邡侯。诸将说:"连雍齿都封侯了,我们就不用担心了。"

②齐王:指战国时期齐威王。当时,齐威王身边有人诋毁即墨大夫,派人去查看,即墨却是治理得很好。又有人称赞阿地大夫,派人去查看,阿这个地方却是治理得一塌糊

涂。于是,齐威王封即墨大夫为万户侯,当天把阿地大夫和替他说好话的那几个人下油锅烹了。

【解译】 张良的足智多谋,在刘邦封侯这件事上表现得十分充分。众将跟随刘邦打天下,出生入死,可打下天下之后,刘邦大肆分封同姓王,诸将却得不到封赏。于是有人准备谋反。这时张良表现出超人的智慧。他让刘邦先将雍齿封为侯。众将一看刘邦平时最为讨厌的雍齿都封了侯,一个个都深信自己也将会被封侯,于是众将的气就消了。

【原文】 丁兰刻木①,王质烂柯②。

【注释】 ①丁兰:东汉人。他很孝顺,母亲死后,他用木头为母亲刻了一座雕像加以供奉。有一天,邻居张叔来借东西,其妻求问木像,木像不许。张叔于是就骂木像。丁兰回家后,见木像不高兴,得知原因后,把张叔打了一顿。张叔告到县里,捕役来抓丁兰,木像为之垂泪。郡守嘉其孝通神明,上奏朝廷,诏令画其形象,以示嘉奖。

②王质:东晋人。传说王质进山伐木,见二童子下围棋,就把斧子放在一边观看。童子给他一枚枣核样大小的东西,让他含在口中,长久观棋不感到饥饿。等王质准备回去时,斧把已经朽烂。到了家中,已经过了几百年,亲人全都不在了。

【解译】 丁兰供奉母像的事,另有一说。说的是其妻趁丁兰外出,用针刺木像,有血渗出。丁兰回家,见木像眼中有泪流出,面有痛苦之状。问其妻,妻初不敢说,后来如实相告。丁兰甚怒,痛责其妻,将其逐出家门。这个故事表彰的是孝子事亲,奉死如生,恭谨如一。

丁兰奉母如生

【原文】 霍光忠厚①,黄霸宽和②。

【注释】 ①霍光:字子孟,西汉大臣。为人忠厚,持事谨慎。汉武帝立太子弗陵,画周公负成王朝诸侯图赐霍光。霍光后为大将军,受遗诏辅佐少主汉昭帝。

②黄霸:字次公,西汉大臣。为人温和,足智多谋。历任地方官员,为政宽和,实行仁政,深得民心。

【解译】 严刑峻法,是非常时期的非常之举。若想社会长治久安,百姓安居乐业,不可能长期实行严刑峻法的政策。为政以仁,为政以德,才是社会长治久安的根本所在。

【原文】 桓谭非谶①,王商止讹②。

【注释】 ①桓谭:字君山,东汉人。光武帝刘秀欲以图谶决疑解惑,颁行天下。桓谭力谏,叩头流血。光武帝怒其菲薄圣人,贬为六安丞。

②王商:字子威,西汉人。成帝时,京师无缘无故地流言四起,说大水将至,百姓纷纷逃难。大将军王凤认为太后和皇上应该上船,以防大水,并让老百姓上城躲避。王商说:"此必讹言,不宜惊扰百姓。"过了不久,流言就消失了。王凤自恨失言,十分惭愧。

【解译】 面对流言,聪明人不是去轻信,而是十分镇静,想一想流言的起因,流言有无变成现实的可能。如果流言一起,就听而信之,像大将军王凤那样,那么,等流言消失的时候,就只有后悔的份了。

【原文】 隐翁龚胜①,刺客荆轲②。

【注释】 ①龚胜:字君实,西汉人。王莽新政时,龚胜辞官归隐,号隐翁。王莽征其出来做官,他称病不起,对门人高晖说:"岂能一身而事二姓?"绝食十四日而死。

②荆轲:字次非,战国时期人。为燕太子丹门客,受命赴秦国刺杀秦王嬴政,以秦国逃亡将领樊於期的人头和夹有匕首的督亢地图为进见礼物。献图的时候,图穷而匕首见,行刺秦王不中而被杀。

【解译】 荆轲一直是作为义士形象而出现的。他为了报答燕太子丹对他的知遇之恩,而去行刺秦王。为求得秦王的信任,他要樊於期献出自己的人头,又要附上燕国督亢这个地方的地图。他以为这样就可以接近秦王,刺杀秦王。可是,他没有料到图穷匕首见之后,他若是没能接近秦王时该怎么办。结果"图穷匕见",徒为笑柄。

【原文】 老人结草①,饿夫倒戈②。

【注释】 ①老人结草:春秋时期,晋国的魏武子临死时,嘱咐儿子魏颗用他的宠妾殉葬,魏颗没有听父亲的话,而是把父亲的宠妾嫁了人。秦师伐晋,魏颗大败之,秦将杜回逃命时被一老人结的草绊倒,因此被魏颗活捉。当天夜里,魏颗梦见一老人对他说:"我就是你嫁的那个妇人的父亲。你没有照父亲说的做,让她活了下来,我因此来报答你。"

②饿夫:指春秋时期赵国的灵辄。赵盾在翳桑打猎时,见一人将死,知道他已经三天没有吃饭了,就把自己的饭分一半给他吃,又给他的母亲送去吃的东西。那人就是灵辄,后来成了晋灵公的卫士。晋灵公要杀赵盾,灵辄倒戈而救赵盾。事后,赵盾问其姓名,才知道那人就是他当初救的那个饿夫。

【解译】 所谓恩怨分明,指的就是有恩报恩,有仇报仇。有仇报仇容易形成冤冤相报,结果是相互仇杀,恶性循环,所以,不论儒家文化还是佛家文化,都反对这样做。而有恩报恩,甚至以德报怨,都是儒家文化所提倡的。所以,老人结草,饿夫倒戈,都成了传统文化表彰的对象。

【原文】 弈宽李讷①,碑赚孙何②。

【注释】 ①李讷:唐朝人。喜欢下棋,但是落子缓慢。有时和人生了气,气愤得不得了,这时,若是把棋盘悄悄地放到他面前,他马上就高兴起来,拿起棋子就下,把生气的事忘得一干二净。

②孙何:北宋人。喜好古文,对碑刻十分感兴趣。他性情急躁,任转运使的时候,下

属都怕他,就针对他喜好古文的特点,找一些文字不清楚的碑刻,等他来时给他看。孙何一见碑刻,就仔细观看,把正事都忘了。

【解译】 清人石成金说过,人不可无癖好,无癖好者不可交。如果把癖好理解为对某一事情的执着,这话还是很有几分道理的。不论做什么事情,都要有一股不达目标不罢休的执着劲儿。但是,这应有一个前提,即不论癖好还是执着,都应是有益的,而不应是恶习。如果是恶习,还要"之死矢靡它",那就糟糕了。

【原文】 子猷啸咏①,斯立吟哦②。

【注释】 ①子猷:即王徽之,字子猷。他非常喜爱竹子,暂居一所空宅子时,令人把空地都种上竹子。有人对他说:"暂居此地,何须如此?"他啸吟良久,指着竹子说:"何可一日无此君?"有一次,他去拜访别人,见院中有竹,就直接来到竹下,啸咏良久,把主人扔在一边,弄得主人很尴尬。

②斯立:即崔立之,字斯立,唐朝人。元和初年,他任蓝田丞,院子里本来已有老槐树和竹子,他又种植两棵松树,每天在树下吟诗。有人来问他,他说:"我正有公事,一边去。"

【解译】 王徽之喜爱竹子,把竹子视为生命中不可一日或缺的东西。他去拜访朋友,见朋友院中有竹子,就直接去看竹子,不见朋友,弄得朋友尴尬至极。王徽之如此率性而为,很有魏晋名士风致。

【原文】 奕世貂珥①,闾里鸣珂②。

【注释】 ①奕世:一代接一代。貂珥:插在官帽上的貂尾。奕世貂珥,就是累代为官的意思。西汉武帝时,匈奴休屠五太子归附于汉,赐姓金,名日碑。其后代七世为官,人称"奕世貂珥"。

②珂:衣服上的玉佩之类。鸣珂,即衣服上的玉佩相撞击的声音。唐朝张嘉贞与弟张嘉祐同朝为官,每当上朝时,他们住的巷子里非常热闹,当时人把他们住的巷子称作鸣珂巷。

【解译】 古代社会有世袭制,一人为高官,后人可得荫授,尤其是封公侯者,其后人如果不犯国法,爵位就可以世袭,一代一代传下去,所以就有累世为官的现象。世代为官,累世高门,在许多人看来,是一种很荣耀的事情。

【原文】 昙辍丝竹①,哀废《蓼莪》②。

【注释】 ①昙:即羊昙,东晋人,谢安的外甥。谢安去世后,他整整一年不听音乐,走路不出西州路,以此表示哀悼。丝竹,弦乐和管乐,这里泛指音乐。

②哀:即王哀,字伟元,西晋人。其父王仪被司马昭杀害,他痛父死于非命,未尝西向而坐,以示不臣于晋之决心。教书的时候,读到《诗经·蓼莪》章,他就痛哭不止。他的弟子也因此而废《蓼莪》之章。

【解译】 儒家倡导百行孝为先,认为人们不论做什么事情,都要把孝放在第一位,孝顺父母,孝顺长辈。只有做到了这一点,一个人才可能立身于世。古代史书中的《孝义

传》,记载的大都是这一类人物。

【原文】 箕陈五福[①],华祝三多[②]。

【注释】 ①箕:即箕子。传说武王灭商之后,向箕子求教治国之道。箕子为之陈《洪范》九畴及飨用五福。五福,即一曰寿,二曰富,三曰康宁,四曰攸好德,五曰考终命。

②华:即传说中的华封。尧到华封观风,华封人祝福说:"愿圣人多福多寿多男子。"尧推辞说:"多男子则多惧,多福则多事,多寿则多辱。"华封人说:"天生万民,必授之职。多男子而授之职,何惧之有!福而使人分之,何事之有!天下有道,与物皆昌;天下无道,修德施仁,何辱之有!"

【解译】 人们祝福某人时,最常说的就是多福多寿多子女。听者自然很高兴。可是,尧听了这三多祝福,却有另外的想法,他以为,子女多了担心多,福多了事情多,寿命长了经受的屈辱也就多。能够从独特的角度看问题,正是尧不同于常人之处。

六　麻

【原文】 万石秦氏[①],三戟崔家[②]。

【注释】 ①秦氏:汉朝秦彭为颍川太守,俸禄二千石。他有四个同族兄弟,都是二千石的官,当时人称他们为万石秦氏。

②戟:古代兵器。这里所说的戟指棨戟,即有缯衣或用油漆的木戟,官员出行时用作前导的仪仗。崔家,指唐朝崔琳。他与两个弟弟皆在朝中为官,出行时有棨戟为仪仗,时号三戟崔家。

【解译】 中国古代有许多名门望族,做官者极多。如东晋的王家和谢家,虽然都是渡江南下的,但在江南,他们仍是大族。唐代诗人刘禹锡有"旧时王谢堂前燕,飞人寻常百姓家"的诗句,是以王、谢二家为对象,感慨世事变迁。

【原文】 退之驱鳄[①],叔敖埋蛇[②]。

【注释】 ①退之:即韩愈,字退之。他被贬潮州刺史时,问民疾苦,百姓说:"郡西溪中有鳄鱼,快要把老百姓的牲畜都吃光了。"韩愈为文祭之。这天夜里,风雨大作,鳄鱼西迁六十里,百姓遂得安宁。

②叔敖:即孙叔敖,战国时期人。他小时候出门,见到一条两头蛇,就把它杀死埋葬。回家后对母亲说:"听说看见两头蛇的人就要死,我恐怕不能侍奉您了。"母亲安慰他说:"有阴德者必有阳报。你把蛇埋了,阴德已著,就可以不死了。"

【解译】 韩愈是不大信邪的。当时,唐宪宗要迎佛骨,韩愈上表谏阻,结果因惹恼了唐宪宗而被贬。可是,他为潮州刺史时,却写了《祭鳄鱼文》。看来,即使是韩愈这样的人物,有时也是难以免俗的。

【原文】 虞诩易服[①],道济量沙[②]。

【注释】 ①虞诩:字升卿,西汉人。他任武都太守时,兵不满三千,羌兵一万多人把武都包围起来。虞诩就令士兵从城东进，进城后换衣服，再从西城出，来回转了几趟。羌人以为城内兵力很多，急忙撤兵，半道又受到伏击，大败而逃。

②道济：即檀道济，东晋人。他率兵伐北魏。兵至历城，因军粮接济不上而退兵。魏军追击。檀道济怕士兵恐慌，夜里唱筹量沙，上面盖上少量的米。魏军见檀道济军粮有余，认为那些投降北魏的士兵是胡说，就把他们杀了。檀道济因此得以全师而返。

【解译】 兵不厌诈。行军打仗，指挥者常常制造一些假象迷惑敌人，虚虚实实，真真假假，让敌人摸不清底细，然后出奇兵胜之。虞诩大胜羌兵，檀道济全师而退，都是兵不厌诈的典型战例。

【原文】 伋辞馈肉①，琼却饷瓜②。

【注释】 ①伋：即孔伋，字子思，孔子之孙。鲁缪公好几次送熟肉给他，他认为拜谢国君的馈赠是辛劳的事，把使者赶到大门外，向北面稽首再拜，而不接受馈赠。

②琼：即苏琼，字珍之，北齐人。他任清河太守六年，不接受任何馈赠。清河有一老人，八十多岁才退休，自恃年老，亲自送给他两个新熟的瓜。苏琼就把那两个瓜放在屋梁上，竟然不切开来吃。人们听说他接受了老人的瓜，都争着给他送新果，到了门口一问，老人送的瓜还在，就只好都回去了。

【解译】 真正的清官都是视民为父母，尽心尽力为百姓做事，百姓的东西却是从来丝毫不受。他们时刻牢记自己的职责，深知"爱半文不值半文莫谓世无知者，作一事须精一事庶几心乃安然"。

【原文】 祭遵俎豆①，柴绍琵琶②。

【注释】 ①祭遵：字弟孙，东汉大将。他跟随刘秀征战河北，把所得的赏赐都分给了士兵，家中没有一点多余的钱财。当时就有人评价他以儒术用兵，"虽在军旅，不忘俎豆"。俎豆，盛放祭品的器物。

②柴绍：字嗣昌，唐朝人。其妻平阳公主是李渊之女。吐谷浑与党项侵犯边城，居高临下，乱箭射下。柴绍守城，坐在那里，令人弹琵琶，又令二女子对舞，好像没事儿似的。等敌人松懈后，柴绍出奇兵从后面袭击敌人，敌兵溃败。

祭遵雅歌投壶

【解译】 凡为将者，应该有临危不惧、泰山崩于前而不改色的气概。三国时期，诸葛亮面对强敌，高坐城楼，抚琴自娱，一副旁若无人的样子，终于以一座空城，吓退了司马懿几十万大军。柴绍临危不乱，泰然自若，颇有诸葛孔明遗风。

【原文】 法常评酒①,鸿渐论茶②。

【注释】 ①法常:河阳(今河南孟州市)人,出家为僧。性嗜酒,对酒有很深的体味。他曾对人说:"酒天虚无,酒地绵邈,酒国安恬,无君臣贵贱之拘,无财利之图,无刑罚之避,陶陶焉,荡荡焉,乐其可得而量也。转而入于飞蝶都,则又朦腾浩渺而不思觉也。"

②鸿渐:即陆羽,唐朝人,字鸿渐。著有《茶经》,论茶之功效,及煎煮之法。

【解译】 中国古代文人对酒有很深刻的品悟,写酒之文,赋酒之诗,迭见佳作。或如法常,以酒为入虚无之天、绵邈之地的路径,或视酒为四恶之首,是色之媒、气之源。但真正对酒有独到理解的,应是北宋邵雍。他用两句诗尽道饮酒之最高境界:"美酒饮教微醉后,好花看到半开时。"

【原文】 陶怡松菊①,田乐烟霞②。

【注释】 ①陶:指陶渊明。他性喜松菊,尝言:"酒能祛百病,菊为制颓龄。"他自辞彭泽县令,高歌《归去来》,其中亦有"三径就荒,松菊犹存"之句。

②田:指田游岩,唐朝人。他隐于箕山,居许由祠旁,朝廷累召不出。唐高宗至嵩山,亲至其门,问:"先生近来好吗?"他说:"臣就是所说的泉石膏肓、烟霞痼疾那样的人。"

【解译】 田游岩虽然自称"泉石膏肓、烟霞痼疾",但他最终还是经受不住名利的诱惑,出去做了官,当上了崇文馆学士。陶渊明没有这些表白,却自辞彭泽县令,隐居田园,成了中国历史上有名的大隐。

【原文】 孟邺九穗①,郑珏一麻②。

【注释】 ①孟邺:字敬业,北齐人。他任东郡太守时,宽以待民,颇有政声。郡中的小麦有的一茎五穗,多者达一茎九穗。人们都以为这是他广施德政所致。

②郑珏:后唐人。他与李愚同为学士,住的地方忽然长出一棵麻。李愚以为这是郑珏将要出任宰相的征兆。到了秋天麻成熟时,才知是一棵白麻。郑珏果然升任宰相。当时惯例,皇上任命宰相,用白麻纸写诏书。

【解译】 古人常常把自然界的一些正常现象分作吉兆和凶兆两类,并把人事变化和这些自然现象联系在一起。譬如,郑珏的住处长出一棵白麻,本是很自然的事。麻籽很小,生命力又很强,只要有合适的气候、土壤,它就会生长。可是,人们却偏偏把它的出现和郑珏拜相联系起来,这就是一种迷信了。

【原文】 颜回练马①,乐广杯蛇②。

【注释】 ①颜回:孔子的弟子。传说他曾和孔子一起登泰山,遥望吴阊门外有白马。孔子问他看见吴阊门没有。颜回说看见了。又问阊门外有什么东西,颜回说:"有匹练之状。"孔子说:"那是一匹白马。"颜回又仔细看了看,果然是一匹马。

②杯蛇:西晋乐广与朋友饮酒,朋友忽然对他说,前次在他这里喝酒,见杯子里有蛇影,喝下去后就生病了。乐广告诉他是挂在墙上的弓影落在杯子中,又倒了一杯酒,让朋友观察,果然又看到了蛇影。朋友明白了怎么回事,病立刻就好了。

【解译】 杯弓蛇影的故事,最早见于东汉应劭《风俗通义》。故事情节与乐广之事大体相似,只是人物不同,且比乐广之事早一百多年。

【原文】 罗珦持节①,王播笼纱②。

【注释】 ①罗珦:唐朝人。小时候曾到寺院随僧斋饭。二十年后,衣锦还乡,在僧房题诗云:"二十年来此布衣,鹿鸣西上虎符归。故时宾从追前事,到处松杉长旧围。野老共遮官路拜,沙鸥遥认隼与飞。春风一宿琉璃殿,唯有泉声惬素机。"

②王播:唐朝人,唐穆宗时曾任丞相。小时候,家中贫寒,常去扬州木兰寺吃斋饭。僧人很讨厌他,就改成吃完饭再敲钟。王播十分羞愧,在墙上题诗道:"上堂已了各西东,惭愧阇黎饭后钟。"后来,王播任扬州刺史,他当年题于寺院中诗,已经用纱遮了起来。他于是在后又续二句:"三十年前尘扑面,而今始得碧纱笼。"

【解译】 人本无贵贱之分,然而,世俗却习惯上用财富的多少、官位的高低来评价一个人,若是无职无权无财富,就会被人看低,甚至于像王播那样想去混一顿斋饭,僧人也要把开饭的时间改一改,让他无饭可吃。而当他成为扬州刺史之后,僧人马上就换一副面孔,把他当年题的诗用绿纱罩起来。世态炎凉,人情冷暖,从王播在寺院前后所受不同待遇中,可以分明地看出来。

【原文】 能言李泌①,敢谏香车②。

【注释】 ①李泌:字长源,唐朝人。唐肃宗第三子李琰被杀后,李辅国等又撺掇唐肃宗另立太子。李泌得知消息,从外地赶回京城,面见肃宗,说:"臣非咎既往,欲陛下慎将来。昔天后忌杀长子弘,次子贤惧,作《黄台瓜辞》,冀其感悟。辞曰:'种瓜黄台下,瓜熟子离离。一摘使瓜好,再摘使瓜稀。三摘犹为可,四摘抱蔓归。'今陛下已摘一矣,慎勿再摘。"肃宗明白了李泌的用意,李辅国等人的计谋没有得逞。

②香车:战国时期齐人。齐宣王曾大兴土木营建百亩大的宫室,建了三年还没有建成。群臣都不敢劝谏。香车入见宣王,冒死劝谏。齐宣王终于醒悟,打消了继续营建宫室的念头。

【解译】 香车谏齐宣王,齐宣王能够听得进去,因为他毕竟还是一个明白事理的君主。他知道,如果君不守君道,臣不守臣道,国家距灭亡也就不远了。他做错了事,大臣不敢劝谏,偏离了臣道。香车敢于冒死进谏,使他明白了事情的严重性。他不仅立即停止营建宫室,还为香车三年之后才劝阻他而感到遗憾。

【原文】 韩愈辟佛①,傅奕除邪②。

【注释】 ①韩愈辟佛:唐宪宗迎佛骨,韩愈上表劝阻,以为佛骨不值得供奉,应该令有司把佛骨投进水中火中,永绝后患。

②傅奕:唐朝人。他曾向唐太宗上表,建议清除佛法,制止歪门邪道。当时有一胡僧,传说他善用咒,能把人咒死,也能把人咒活。傅奕愿意拿自己做实验,结果胡僧不仅没有把他咒死,反而自己倒地死去。

【解译】　江湖术士的骗人把戏,是很容易戳穿的。既是糊弄人的把戏,就要耍一些伎俩,譬如卧刀伏剑、吞炭吐火、油锅抓物等,都是事先做好了准备之后才做的。至于符咒之类,虽然是术士的看家本领,但实际上更经不起推敲。傅奕当场戳穿术士的骗人把戏,术士竟然倒地而死,更让人对江湖术士的骗人把戏嗤之以鼻。

【原文】　春藏足垢①,邕嗜疮痂②。

【注释】　①春:即南朝阴子春,官至刺史。他经常穿一件脏兮兮的衣服,脚几年不洗一次。他说,每洗一次脚就会失一次财。

②邕:即南朝刘邕。此人有食疮痂的癖好,见有疮痂落下,就捡起来吃。他手下有二百多官吏,不论有无罪过,逐个鞭打,用他们的疮痂做菜吃。

【解译】　阴子春和刘邕的嗜好,听起来令人作呕。他们如此龌龊,如此下作,竟然还能位居高官,为一方藩镇,真是有些不可思议。

【原文】　薛笺成彩①,江笔生花②。

【注释】　①薛:即唐代著名女诗人薛涛。薛涛居成都百花潭旁,造十色彩笺,世称薛涛笺。

②江:即江淹,字文通,南朝梁文学家。传说他为蒲城令时,梦人授五色笔,从此文辞日丽。十年后,又梦一美丈夫,自称是郭璞,说:"吾有笔在卿处多年,可见还。"江淹就把五彩笔还给了他。从此以后,其诗作再无佳句,人称江郎才尽。

【解译】　梦笔生花与江郎才尽,是江淹创作生涯中的两个阶段。前者文思泉涌,佳句迭现;后者文思枯竭,难觅佳句。把一个人的文学创作优劣归之于前后两梦,显然是一种颇具想象性的说法。

【原文】　班昭汉史①,蔡琰胡笳②。

【注释】　①班昭:班固之妹,人称曹大家。初嫁曹世叔,夫死,作《女诫》。班固作《汉书》未成,诏令班昭入东观续成。

②蔡琰:字文姬,蔡邕之女。初嫁河东卫仲道,后为胡骑掳入南匈奴,曹操知其所在,以重金赎回,又嫁陈留董祀。她感慨胡地生活,作《胡笳十八拍》。

【解译】　班昭、蔡琰都是东汉人,中国历史上有名的女作家。班昭曾作《女箴》《女诫》,在教导女性如何遵守妇道方面产生了很大影响。蔡琰的贡献在于诗歌创作,她的五言《悲愤诗》和骚体《悲愤诗》,以及传说出自她之手的《胡笳十八拍》,曾被诗家称为汉末"诗史"。

【原文】　凤凰律吕①,鹦鹉琵琶②。

【注释】　①律吕:六律和六吕的合称,泛指音律。传说轩辕黄帝听凤凰鸣叫而调律吕,凤鸣为律,凰鸣为吕。

②琵琶:北宋蔡确的侍儿。蔡确养有一只鹦鹉,每次叩击响板,鹦鹉就叫侍儿琵琶之名。琵琶死后,蔡确误触响板,鹦鹉仍像原来一样不停地叫琵琶的名字。蔡确因此赋诗

一首："鹦鹉言犹在,琵琶事已非。伤心漳江水,同渡不同归。"

【解译】 中国的古典音乐和飞禽有十分密切的关系。据晋葛洪记载,黄帝听凤凰鸣叫而调律吕。如此说来,最早的音乐就是受凤凰鸣叫的启发而创作的。一些著名乐曲,如《百鸟朝凤》《平沙落雁》等,都是人们模仿或表现飞禽的鸣叫而创作的。

【原文】 渡传桃叶①,村名杏花②。

【注释】 ①桃叶:东晋王献之有爱妾名桃叶。相传王献之送桃叶渡秦淮河时,送至渡口,唱《桃叶歌》送之,因名渡口为桃叶渡。

②杏花:即杏花村,著名酒乡。唐杜牧有诗云:"清明时节雨纷纷,路上行人欲断魂。借问酒家何处有,牧童遥指杏花村。"

【解译】 杏花村是著名的酒乡。它的出名,主要得力于杜牧的那首《清明》诗。明池州太守顾元镜有诗言此事:"牧童遥指处,杜老旧题诗。"

七 阳

【原文】 君起盘古①,人始亚当②。

【注释】 ①盘古:传说中开天辟地的人物,相传是人类社会最早的首领。

②亚当:《圣经》中的人物。传说他与夏娃创造了人类社会。

【解译】 关于人类的起源,不同的民族有不同的传说,不同的宗教也有不同的传说。世界各民族、各宗教,都有自己的创世传说。西方社会影响最大的是亚当、夏娃的创世传说,而中国的创世传说,影响最大、流传最广的则是盘古开天辟地的故事。

【原文】 明皇花萼①,灵运池塘②。

【注释】 ①明皇:即唐玄宗。唐玄宗在兴庆坊建离宫,名为兴庆宫。题其西楼为"花萼相辉之楼",题其南楼为"勤政务本之楼"。

②灵运:即谢灵运,南朝宋著名文学家。其《登池上楼》诗有"池塘生春草,园柳变鸣禽"之句,深得后世诗家激赏。

【解译】 谢灵运是著名的山水诗人。给他带来崇高声誉的,主要就是这篇《登池上楼》。《石林诗话》对"池塘生春草"给予很高评价,说:"世多不解此语为工。盖欲以奇求之耳。此语之工,在无所用意,猝然与景相遇,备以成章,不假绳削。诗家妙处,当须以此为根本。"

【原文】 神威翼德①,义勇云长②。

【注释】 ①翼德:即张飞,字翼德。他与刘备等败逃江南,在当阳与曹军遭遇。张飞在长坂坡桥头,立马横矛,视几十万曹军如草芥。曹军竟不敢向前。《三国演义》写此事,说张飞大喊一声,曹操的部将夏侯杰即吓破了胆,一头栽倒马下。

②云长:即关羽,字云长。关羽是古之义士,自三国以后就深受传统文化的推崇,明清以后,随着《三国演义》的流传,更成为忠义的化身。

张飞义释颜

【解译】　关羽之所以成为忠义的化身，与历代帝王的尊崇、民间文化的神化有直接关系。尤其是以戏曲小说为主的民间文化，从一开始就有意神化关羽，把一个有血有肉的人变成了不食人间烟火的神。而到了各种庙祀中的关大帝、关帝爷，关羽已经是神而非人了。

【原文】　羿雄射日①，衍愤飞霜②。

【注释】　①羿：即后羿。传说尧时十日齐出，把庄稼都晒死了。尧命后羿射日，射落九个，仅余其一。

②衍：即战国时期邹衍。他闻燕昭王礼贤下士，就从梁国来到燕国。燕昭王死后，惠王听信谗言，把邹衍关进监狱。邹衍有冤不能伸，仰天而哭。酷暑时节，天竟为之下霜。

【解译】　中国古代究竟有多少冤假错案，有谁能说得清楚？也许正是因此，才出现了许多上天为那些有冤无处申的人鸣冤的故事。邹衍有冤，夏日霜降；东汉窦娥冤情动天，三伏天飞雪。然而，不论夏日霜降也好，三伏天飞雪也罢，含冤而死者已不能复生。人们只不过用这种方式来表达胸中的愤懑不平而已。

【原文】　王祥求鲤①，叔向埋羊②。

【注释】　①王祥：字休征，西晋人。王祥是中国历史上有名的孝子。寒冬时节，继母想吃鲜鱼，王祥就来到冰封的河上，解衣卧冰，冰化如人形，有双鲤跃出水面，王祥因此而得鱼供奉继母。

②叔向：春秋时期人。有一人偷羊，把羊头给了叔向。叔向的母亲很生气，让他把羊头埋起来。后来，偷羊事发，追究到叔向，把埋起的羊头挖出，骨肉皆尽，只剩下一条羊舌，叔向因此得以自明清白。

【解译】　叔向得到赃物，没有举报，虽然没有享用，而是听从母亲的话把它埋了起来，但其行为等于是窝赃。知情不举，且有窝赃之嫌，怎么能说是清白呢？可是，古人就是这样的思维方式，以为叔向是孝子，听从母亲的话，把羊头埋了起来，等于是拒绝了偷羊人的馈赠，所以，这种行为应该受到表彰。

【原文】　亮方管乐①，勒比高光②。

【注释】　①亮：即诸葛亮。汉末大乱中，他躬耕南阳，好为《梁父吟》，自比管仲、乐毅。后出山辅佐刘备，成三分天下之大业。

②勒：即后赵石勒。高，指西汉高祖刘邦；光，指东汉光武帝刘秀。石勒曾对人说："朕遇高祖，当北面而事之；若遇光武，可以并驱中原。大丈夫宜磊落如日月，终不效操

（曹操）与懿（司马懿），欺凌孤寡，狐媚以取天下。"

【解译】 后赵石勒在中国历史上无论如何算不上明君，但他这一番话还是很有个性，很有自知之明。以为若遇刘邦，他当北面而事之，若遇刘秀，还可以一争高下。但是不论怎样，他不会做曹操、司马懿那样的人，欺负孤儿寡母，从孤儿寡母手中夺天下，因为那不是光明磊落之举。

【原文】 世南书监①，晁错智囊②。

【注释】 ①世南：即虞世南，字伯施，唐朝人。博学多才，尤精书法。唐太宗以为他德行、忠直、博学、文辞、书翰堪称五绝。有一次，唐太宗出行，有司请求带上书。唐太宗说："虞世南在，等于带上了秘书监，何用载书！"

②晁错：西汉人。景帝为太子时，他为太子家令，号为"智囊"。后因主张逐步削夺诸侯王的封地，遭人陷害而被杀。

【解译】 晁错虽号称"智囊"，也深得汉景帝的信任，但是一旦出现了皇位受到威胁的情况，汉景帝也只好丢车保帅，杀晁错以谢天下，平息诸侯王的愤怒。"智囊"最后却成了替罪羊，实在令人叹惋！

【原文】 昌囚羑里①，收遁首阳②。

【注释】 ①昌：即周文王，姓姬，名昌。他曾经被殷纣王囚禁在羑里城，因而演八卦为六十四卦，世称《周易》。

②收：即薛收，字伯褒，隋朝人。闻唐高祖李渊起兵，遁入首阳山。李世民为秦王，用为主簿。

【解译】 薛收闻李渊起兵反隋，既遁入首阳山，颇有追慕伯夷、叔齐之意。可是，李世民为秦王，他却又出山，做了李世民的主簿。李世民对他的才能十分欣赏，建立大唐以后，他曾对房玄龄说："薛收如果还活着，就让他做中书令。"

【原文】 轼攻正叔①，浚沮李纲②。

【注释】 ①轼：即苏轼。正叔：即程颐，字正叔。苏轼以为程颐持己过庄，不近人情，经常嘲笑或侮辱他，还让属下上表弹劾，致使程颐被贬出京城。

②浚：即张浚。李纲：字伯纪，与张浚同为南宋大臣。张浚为侍御史，曾上书弹劾时为宰相的李纲有招兵买马之罪。

【解译】 张浚、李纲都是南宋主战派中很有影响的人物。然而，由于对一些问题的看法不同而相互攻讦，使得主战一方难以形成统一的阵营，结果反被秦桧所利用，各个击破，先后遭贬。从二人交恶，可以看出南宋初年主战派为何屡屡失利。

【原文】 降金刘豫①，顺虏邦昌②。

【注释】 ①刘豫：字彦游，南宋初年人。任济南知府时，杀害抗金将领关胜，投降金人，受封为"齐帝"，成为金人扶持的傀儡。

②邦昌：即张邦昌，北宋末年人。金兵攻克汴京，他建立傀儡政权，自称"楚帝"。高

宗即位,他被放逐到潭州(今湖南长沙)处死。

【解译】 每当改朝换代之时,既有义不食周粟、宁死不屈的忠臣义士,也有变节投敌、缺少民族气节的贰臣。譬如两宋之际的张邦昌和刘豫,就心甘情愿做金人扶持的傀儡,成为民族的罪人,留下了千古骂名。

【原文】 瑜烧赤壁①,轼谪黄冈②。

【注释】 ①瑜:即周瑜。赤壁之战,他用火攻之计,大败八十万曹军,一举奠定了三分天下的格局。

②轼:即苏轼。苏轼曾被贬黄州,任团练副使。他曾于秋夜泛舟黄冈赤壁,写下了著名的《赤壁赋》。

【解译】 火烧赤壁,是周瑜一生中最为辉煌的一页。面对八十万曹军,他指挥若定,屡出奇计,以少胜多,创造了中国古代战争史上最著名的战例,也使他名垂青史,成为人们景仰的英雄。

【原文】 马融绛帐①,李贺锦囊②。

【注释】 ①马融:字季长,东汉著名学者。他善鼓琴,好鼓吹,常常在大堂上设绛纱帐,帐前教授学生,帐后载歌载舞。

②李贺:字长吉,唐代诗人。他每次外出,都要带一个仆人,背一个锦囊,一有好的诗句,就写下来放进锦囊中,然后整理成诗。

【解译】 马融是东汉著名学者,精通儒学,但其为人却纵情任性,不拘礼节,也不把儒家那一套放在眼里。其对声色的喜好,令正统儒生羞于启齿。可是,他教授出来的学生,如郑玄、卢植等,则都是典型的儒生。

【原文】 昙迁营葬①,脂习临丧②。

【注释】 ①昙迁:南朝宋僧人。他与范晔是好朋友。范晔一门被诛,亲朋好友没有一人敢给他收尸。昙迁变卖衣物,把范晔一门安葬。宋孝武帝得知此事,对徐爰说:"你著《宋书》,不要遗漏了这个人。"

②脂习:字元升,东汉末年人。他与孔融是好朋友。孔融因忤曹操被杀,当时许多高官没有人敢替孔融收尸。只有脂习一人抚尸而哭,说:"文举,你丢下我而死,让我还和谁去说话?"

【解译】 板荡识诚臣,患难见真情。平时称兄道弟,信誓旦旦,然而一遇变故,就立马视如路人,唯恐受到牵连。这样的朋友不要也罢。真正的朋友,虽然平时之交淡如水,但到了关键时刻,却能伸出援手,甚至不惜两肋插刀。鲁迅说,人生得一知己足矣,斯世当以同怀视之。昙迁之与范晔,脂习之于孔融,可谓知己矣。

【原文】 仁裕诗窖①,刘式墨庄②。

【注释】 ①仁裕:即王仁裕,五代后蜀人。著诗多达万首,时人号为"诗窖子"。

②刘式:字叔度,北宋人。掌管国家财政十几年,死后竟然家徒四壁,只留下几千卷

书。其妻陈氏指着那些书对她的儿子说："这就是你们父亲的墨庄。如今留给你们作为谋生之具。"

【解译】 俗话说，常在河边走，怎能不湿鞋。可是，生活中就是有这样的人。刘式掌管国家财政十几年，死后竟然家徒四壁，留下的只有几千卷书。如果是贪婪之辈，十几年中，即使不是富可敌国，也是家财万贯。像这样清正廉洁的人，不禁令人肃然起敬。

【原文】 刘琨啸月①，伯奇履霜②。

【注释】 ①刘琨：字越石，西晋人。为并州刺史时，被胡人围困于晋阳。刘琨乘月夜登城楼清啸，又奏胡笳。胡兵闻之，皆唏嘘不已，天亮以后就撤围而走。

②伯奇：即尹伯奇，西周人。传说其母死后，父吉甫另娶。因后母谗害，伯奇被放逐野外。伯奇因无罪而遭逐，遂作琴曲《履霜操》以明己志。周宣王出巡，听到伯劳唱歌，知其为孝子。吉甫到野外寻找伯奇。伯奇已化为伯劳鸟。

【解译】 伯奇因后母谗害而化为伯劳鸟的故事，悲婉凄惨，令人同情。这个故事虽然不出后母谗害、孝子冤情无由得伸的窠臼，但伯奇最后化为伯劳鸟的结局，颇具想象力和艺术感染力。

【原文】 塞翁失马①，臧谷亡羊②。

【注释】 ①塞翁失马：这是一个出自《淮南子》的典故。塞上老翁在胡地丢失一匹马，有人来安慰他。他说："安知非福？"过了几个月，他丢失的马领着一匹胡人的骏马回来了。这时有人来向他道贺，他说："安知非祸？"他的儿子骑马坠地，摔折了胳膊。有人又来安慰他。他说："安知非福？"不久，与胡人发生战争，青壮男子多战死，而他的儿子因折了胳膊得以幸免于难。

②臧谷亡羊：这是一个出自《庄子·骈拇篇》的故事。娃臧的和娃谷的两个小孩去放羊，两个人的羊都走失了。姓臧的孩子是因夹着鞭子读书走失了羊，而姓谷的孩子则是因和人赌博而走失了羊。两个人干的事情不一样，但在走失羊这一点上却是相同的。

【解译】 老子说，福兮祸所伏，祸兮福所倚。而《淮南子》则用塞翁失马这样一个故事说明了同样的道理。看待问题，不同的人有不同的角度，得出的结论自然也就不同。本来是好事，若是从另一面来看，可能是坏事。本来是坏事，如果换一个角度，则可能是好事。所谓坏事变好事，也是这个道理。

【原文】 寇公枯竹①，召伯甘棠②。

【注释】 ①寇公：即寇准。寇准因遭人谗害而被贬雷州，途经公安，他在神祠前拜："我若是没有辜负朝廷，枯竹再生。"果然如其所拜，枯竹发了芽。寇准死于雷州，灵柩从公安经过，当地老百姓斩竹挂纸祭拜，过了一个月，这些竹子长成了竹林，人称相公林。

②召伯：即西周召公奭。他曾巡行南国，在甘棠树下审理案件，各种案件处理得都很公平。他死后，老百姓思念他的恩德，作《甘棠》诗以颂之。

【解译】 枯竹再生的可能性是不大的。但是，人们为了表达对寇准的敬仰之情，还

是借助枯竹再生这样的故事,说明寇准赤胆忠心,日月可鉴。

【原文】 匡衡凿壁①,孙敬悬梁②。

【注释】 ①匡衡:字稚圭,西汉人。家贫好学,给一家有很多藏书的大户做佣工而不要工钱。大户问他为何如此,他说愿意多读些书,大户就把书给了他。夜里读书,没有油灯,就在墙上凿个洞,借邻居家的灯光读书。

②孙敬:字文宝,西汉人。勤奋好学,整年闭门读书,偶尔到集市上一趟,人们就说:"闭户先生来了!"夜里读书,恐怕睡熟了,就用绳子把头发悬在梁上,只要一打盹,马上就又醒过来,接着再读。

【解译】 匡衡、孙敬勤奋读书的故事,十分感人。他们一个凿壁偷光,一个悬发于梁,目的却是一个,就是多读些书,多掌握些知识。这种勤奋学习的精神,对那些读书的孩子们仍具有一定的鼓舞作用。

【原文】 衣芦闵损①,扇枕黄香②。

【注释】 ①闵损:字子骞,春秋时期人。后母只喜爱自己生的儿子,嫉恨闵损,冬天给他穿用芦花做的棉衣。父亲知道了实情,要休掉后妻。闵损劝阻说:"母在一子寒,母去三子单。"后母知道后,痛改前非。

②黄香:字文强,东汉人。侍奉父亲十分孝顺,夏天把父亲用的枕席扇凉,冬天先为父亲把被窝暖热。当时人说:"天下无双,江夏黄香。"

【解译】 后母虐待不是自己亲生的子女,是俗而又俗的故事。但在这个故事中,却是闵损深明事理,知道如果父亲休了后母,不仅他要受苦,后母所生的两个儿子也要受苦。出于对后母的孝敬和对兄弟的关心,他劝阻了父亲。后母能够幡然悔悟,痛改前非,正是被他所感动。

【原文】 婴扶赵武①,籍杀怀王②。

【注释】 ①婴:即程婴。春秋时期,晋国权臣屠岸贾杀赵朔,追寻其遗腹子赵武的下落。公孙杵臼用自己的儿子冒充赵武,献给屠岸贾被杀害,而把赵武交给程婴抚养。赵武由程婴抚养成人,后被立为晋王,诛杀屠岸贾,为父报仇。元杂剧《赵氏孤儿》即演此故事。

②籍:项羽,名籍。秦末农民战争中,项羽自称西楚霸王,表面上尊楚怀王为义帝,让他徙都长沙,暗中却命英布在郴县把楚怀王杀害。

【解译】 元代杂剧家纪君祥根据春秋时期程婴和公孙杵臼舍生忘死救助赵氏遗孤的故事,编写成元杂剧《赵氏孤儿》。近人王国维以为此剧"最有悲剧之性质","即列之于世界大悲剧中亦无愧色也"。

【原文】 魏征妩媚①,阮籍猖狂②。

【注释】 ①魏征:字玄成,唐初政治家,以直言敢谏著称。唐太宗曾说:"人言魏征疏慢,我视之更觉妩媚。"

②阮籍：字嗣宗，竹林七贤之一。生性疏狂，率性而为，不拘礼法，常以青白眼视人，饮酒曾大醉六十日不醒。

【解译】 魏征直言敢谏，根本不管唐太宗高兴还是不高兴。所以，有人说他傲慢，有人说他疏狂。可是从谏如流的唐太宗却不这么看。因为魏征不仅敢谏，而且善于劝谏。

【原文】 雕龙刘勰①，愍骥应场②。

【注释】 ①刘勰：字彦和，南朝梁人。著有论述创作规律、文体流变、各体文章特点的《文心雕龙》。

②应场：字德琏，建安七子之一。因感慨生不逢时，志不得伸而作《愍骥赋》。

【解译】 应场在投靠曹操之前，虽有建功立业之志，却不得明主，苦无机会，因而写了《愍骥赋》，抒发其怀才不遇之情。后来归顺了曹操，却也只是围着曹丕、曹植兄弟转，干一些文字差事，不像王粲、陈琳那样受重用。即使如此，从他的诗文中可以看出来，他对这样的处境似乎已是十分满意，一副踌躇满志的样子。

【原文】 御车泰豆①，习射纪昌②。

【注释】 ①泰豆：即泰豆氏。造父向泰豆学习驾车，学了三年，泰豆也没有教他一句。造父对师傅更加恭敬。这时，泰豆告诉他说："你先观察我怎样小步快走，小步快走学会后，六辔可持，六马可御。"就横一根仅可容足的木头为路，让造父在上面快步往还，直到不跌落下来为止。造父学习了三天，就把泰豆的技巧都学到了。

②纪昌：西周人。他曾向飞卫学习射箭，飞卫告诉他说："你先练习不眨眼，然后再说学习射箭。"纪昌回去后，躺在妻子的织布机下，眼盯住织布梭看，看了三年，即使是锥尖到了眼前也不会眨一下眼睛。他去见老师飞卫。飞卫让他继续看东西，要等到把小的看成大的，大的看成小的，然后再来。纪昌就用马尾系住虱子，挂在窗户前，天天看。又练习了三年，达到了老师的要求。这时候师傅才教他学习射箭，果然箭无虚发。

【解译】 勤学苦练是达到目的的最好途径。不论是造父学习驾车，还是纪昌学习射箭，都是靠勤学苦练。应该说，在学习的道路上，没有捷径可走，只有勤学苦练的人才有可能到达光辉的顶点。

【原文】 异人彦博①，男子天祥②。

【注释】 ①彦博：即文彦博，北宋名臣。他为人端庄，不怒而威。契丹使者入朝觐见，见了文彦博，后退数步，说："这就是潞公吧？多么威武！"视文彦博为天下异人。

②天祥：即文天祥，字履善，号文山。南宋灭亡后，文天祥被元兵俘虏，忽必烈欲用他为相，他宁死不屈而被杀。忽必烈感叹道："文丞相称男子，本朝将相皆不能及。"

【解译】 文天祥是著名的爱国英雄。他被元兵俘虏后，经受住了各种威逼利诱，保持了民族气节，一片丹心可鉴日月。正如他在《过零丁洋》一诗中所写的那样："人生自古谁无死，留取丹心照汗青。"

【原文】 忠贞古弼①，奇节任棠②。

中华传世藏书——国学经典文库 蒙学经典——图文珍藏版

【注释】 ①古弼:北魏人。为人忠贞耿直。他劝魏太祖减少宫廷苑囿,太祖当时正和刘树下棋,他就当着皇上的面,把刘树从床上拉下来,说:"不理朝政,实在是你的罪过!"魏太祖说:"不听奏事,是朕的过错。刘树有什么罪?"古弼这时才得以说明减少苑囿的理由。

②任棠:东汉人。他隐居不仕,有奇节。汉阳太守等着和他说话,他却是一语不发,只是把一大棵薤、一盂水放在门口,抱着孙子趴在门口。太守仔细思量,明白了他的意思,说:"水者,欲吾清也。拔大本薤者,欲吾击强宗也。抱儿当户,欲吾开门恤孤也。"

【解译】 古弼敢于当着皇上的面扭打大臣,固然表明了他的耿直和勇气。但从此也可以看出他的蛮横无理。若是有本要奏,就直接向皇上说明,皇上若是不听,那是皇上的事,与大臣何干?如果说这只是他奏事的一种技巧,那么,他也太不把别人当回事了。这样的人,与其说忠直,不如说蛮横。

【原文】 何晏谈《易》①,郭象注《庄》②。

【注释】 ①何晏:字平叔,正始名士之一。他善谈易理,是魏晋清谈之风的领军人物。

②郭象:字子玄,西晋人。向秀注《庄子》,阐发玄理,析理奇趣,可惜没有完成就死了。郭象于是就把向秀注的《庄子》据为己有,把向秀没有注完的《秋水》完成,其余的稍加点定,就换成了自己的名字。

【解译】 郭象注《庄子》,一般皆以为是剽窃向秀的成果,指责郭象不道德。的确,像郭象这样只是把人家的东西稍加点定,就当成自己的,显然违背了做人的基本准则,也违背了起码的学术道德。但是,郭象的功劳还是应该肯定的。如果不是他把向秀注《庄子》从向秀的儿子手中买过来,向秀注《庄子》是怎样一种下场,还未可知。

【原文】 卧游宗子①,坐隐王郎②。

【注释】 ①宗子:即宗炳,字少文,南朝宋著名画家。他曾西至荆州、巫峡,南登衡山,并在衡山结庐而居。后因病回江陵,说:"老病俱至,名山恐难遍睹,惟当澄怀观道,卧以游之。"

②王郎:即王坦之,东晋人。因曾领北中郎将,人称王中郎。爱下围棋,以下围棋为坐隐。

【解译】 围棋也可以称为中国的国粹了。它不仅起源甚早,传说甚多,而且还有一些十分著名的人物。譬如在东晋,王、谢二家中的许多人都善下围棋。王坦之对围棋的理解更为独到,以围棋为坐隐,把下围棋看成是远离人世喧嚣的一种途径。

【原文】 盗酒毕卓①,割肉东方②。

【注释】 ①毕卓:字茂世,东晋人。性喜饮酒,他曾说:"得酒数百斛,左手持酒杯,右手持蟹螯,拍浮酒船中,便足了一生。"他为吏部郎时,邻居家刚酿好了酒,他夜里喝醉了酒,又跑到邻居家的酒瓮旁偷酒喝,结果醉得一塌糊涂,被邻居当成偷酒贼捆起来,天亮一看,原来是毕吏部。

②东方:即东方朔,字曼倩。有一次,汉武帝赐群臣肉,大官未至,东方朔割下来一块就走。有司弹劾他,汉武帝令他自责,他说:"受赐不待诏,何无礼也?拔剑自割,何其壮也!割之不多,何其廉也!归遗细君,又何其仁也!"汉武帝笑着说:"令卿自责,而反自誉。"

【解译】 东方朔是诙谐滑稽之人,多么严重的事情,经他的口一说,真的可以大事化小,小事化了。他向汉武帝进谏,用开玩笑讲笑话的方式把本来十分严肃的政治话题说出来,让汉武帝在轻松的氛围中感受到他的真实用意,常常可以收到意想不到的效果。

【原文】 李膺破柱①,卫瓘抚床②。

【注释】 ①李膺:字元礼,东汉人。他任司隶校尉时,宦官张让的弟弟张朔为野王令,害怕李膺追究他的罪行,藏在张让家的合柱中。李膺得知详情,劈破房柱,把他抓起来杀了。

②卫瓘:字伯玉,西晋人。晋惠帝为太子,很多人都认为他不能担此大任。卫瓘趁喝醉了酒,对晋武帝说他有话要说,可是张了几次口,都没有说出来,最后用手抚摸着晋武帝坐的床说:"此座可惜!"虽然如此,晋武帝还是明白了他的意思。

【解译】 卫瓘谏晋武帝,因为涉及改立太子这样的大事,若劝谏有效则可,若无效,只会给自己制造麻烦,所以,明白的话却不能明白说,只好顾左右而言他,手抚晋武帝的座位说:"此座可惜。"晋武帝同样打哑谜,明明是听懂了他的话外音,却装作没听懂,说:"您真是大醉了。"

【原文】 营军细柳①,校列长杨②。

【注释】 ①细柳:即细柳营。周亚夫驻军细柳营,汉文帝前来劳军,到了军门,军门都尉却不放他们进去,说:"军中闻将军令,不闻天子诏。"汉文帝使者持节召见周亚夫,周亚夫才传令开门。进去以后,军士说:"将军约,军中不得驰骤。"汉文帝只好缓缓而行。到了中军,周亚夫说:"介胄之士不拜。"经过这些,汉文帝对周亚夫另眼相看。

②长杨:指扬雄所作《长杨赋》。汉成帝喜欢打猎,把打到的猎物送到长杨宫射熊馆,向胡人夸耀,而农民因为劳役,把庄稼都荒废了。扬雄因此写了这篇《长杨赋》,借此讽喻汉成帝。

【解译】 从守门卫士对汉文帝说的"军中闻将军令,不闻天子诏"这句话不难看出,周亚夫是善于治军之将。汉文帝去劳军,每至一地,都是长驱直入。到了周亚夫驻扎的细柳营,军士却只知有将军,而不知有天子,牢记将军的命令,按命令行事,一切都井然有序。有这样纪律严明的军队,何愁不能百战百胜!

【原文】 忠武具奠①,德玉居丧②。

【注释】 ①忠武:岳飞的谥号。岳飞曾向周同学习射箭,能左右飞射。周同死后,他每逢初一、十五,都要带上祭品去周同墓前祭奠,拿周同赠给他的弓射三箭。

②德玉:即顾德玉,字润之,唐代人。余观光曾经教过他,对他很欣赏。余观光没有儿子,顾德玉在他死后,奉其灵柩安葬到顾氏先茔旁,披麻戴孝为其守丧,每年按时去祭祀。

【解译】 古人常说，一日为师，终身为父。但这些话也就是说说而已，没有多少人真正能够做得到。岳飞和顾德玉却做到了这一点，他们对待死去的老师，比对自己的父亲还要孝顺，为其守丧，按时祭奠，并能一直坚持下来。传统的师道在他们身上得到了很好的体现。

【原文】 敖曹雄异①，元发疏狂②。

【注释】 ①敖曹：即高昂，北齐人，字敖曹。他喜欢骑马射箭，自言男儿当横行天下。北齐神武帝视之为地上之虎，任命他为西南道大都督。

②元发：即滕达道，北宋人。曾为范仲淹馆客，一日醉酒而归，范仲淹正在他的书房秉烛读书等候他。他问范仲淹读的是什么书，范仲淹说读的是《汉书》。他又问汉高祖是什么人，范仲淹起身就走，不再理会他。

周亚夫细柳式车

【解译】 滕元发疏狂得够可以了，他本是范仲淹的馆客，喝醉了酒，就胡说八道。见范仲淹在读书，就问他读什么书。当他知道范仲淹读的是《汉书》后，竟然问汉高祖是什么人，这就是把范仲淹当白丁了。范仲淹看不上他，不是没有道理的。

【原文】 寇却例簿①，吕置夹囊②。

【注释】 ①寇：即寇准。寇准任宰相时，用人多不按资历，惹得一些人很不高兴。属下把例簿进献给他，他说："宰相所以进贤退不肖也，若用例，一吏职耳。"于是就让属下把例簿拿走了。

②吕：即吕蒙正，字圣公。他任宰相时，夹囊中有一小册子，得知哪里有人才，就记下来，然后分门别类，留待朝廷取用。

【解译】 寇准和吕蒙正都是北宋名相，他们选拔人才，任用官吏，却是各有特色。寇准不拘一格，不按资历，有才者上，无才者下。吕蒙正却是广泛搜集各个方面的人才信息，随手记下来，需要的时候拿出来用。

【原文】 彦升白简①，元曾青箱②。

【注释】 ①彦升：即任昉，南朝梁人，字彦升。梁武帝时，任昉为御史中丞，每次奏事，必定要说："臣谨奉白简以闻。"白简，用白纸书写的简略奏状。

②元曾：即王淮之，南朝宋人。自曾祖王彪之开始，就博学多识，练习朝仪，世代相传，藏之青箱。世人称为"王氏青箱学"。王家四代为御史中丞，王淮之更为人所忌惮。

【解译】 琅邪王氏从东晋开始，一直到齐梁时期，都是江南大姓，出了很多人物。王羲之、王献之是书法名家。王淮之一家四代，则都是御史中丞。他们熟悉纲纪，了解朝

仪，形成了"王氏青箱学"，在整个南朝时期很有影响。

【原文】 孔融了了①，黄宪汪汪②。

【注释】 ①孔融：字文举，东汉人。他小时候随父去见李膺，到了门口却不能进去。孔融对守门人说："我与李府君通家。"见面之后，李膺问他："您的祖上与我的祖上有交往吗？"孔融答道："昔先君仲尼与君先人伯阳相师友，则融与君累世通家也。"有人把这件事告诉陈韪，陈韪说："小时了了，大未必佳。"孔融立刻反驳说："想君小时，必当了了。"说得陈韪很不好意思。

②黄宪：字叔度，东汉人。郭泰去拜访袁奉高，连车都不曾停。而去看望黄宪，竟然一住就是两个晚上。有人为他为何这样，他说："奉高的器量好比是溢出来的水，虽清而易挹；叔度汪汪若千顷波涛，澄之不清，淆之不浊，不可量也。"

【解译】 人与人不同，人们的欣赏习惯也不同。有的人喜欢和率直之人交往，有的人喜欢和有涵养的人交往，有的人喜欢和含蓄一些的人交往。个性不同，喜欢的对象不同，对人物的评价也会不同。黄叔度深不可测，固然值得交往，袁奉高清而易挹，何尝不是可交之人？

【原文】 僧岩不测①，赵壹非常②。

【注释】 ①僧岩：即赵僧岩，南朝齐人。举止无常，时常让人摸不着头脑。他与刘善明是好朋友，刘善明任青州刺史，想举他为秀才。他知道后，拂袖而去，理也不理。

②赵壹：字元叔，东汉人。恃才倨傲，见了司空袁逢，只是长揖而已。袁逢责怪他，他说："昔郦食其长揖汉王。如今长揖三公，有什么可怪的？"前去拜访河南尹羊陟，因没有见着，就跑到堂上大哭。羊陟知其不是寻常人物，急忙出来接见。

【解译】 赵僧岩之所以被称为举止无常，主要是因为老朋友看在多年的交情上，举荐他为秀才，他听说之后，拂袖而去。如果只是用寻常眼光来看这件事，赵僧岩是有些不近情理。其实，他之所以拒绝做秀才，就像嵇康拒绝做吏部郎一样。本来就是不愿受官场束缚的人，你硬要他去做官，他怎么会领你的情？

【原文】 沈思好客①，颜驷为郎②。

【注释】 ①沈思：字持正，号东老，北宋人。善于酿酒，能酿十八仙白酒。一日，吕洞宾自称回道人，来他这里饮酒，喝了几斗，还没有一点酒意，于是题诗相赠："西邻已富忧不足，东老虽贫乐有余。白酒酿成缘好客，黄金散尽为收书。"

②颜驷：西汉人。他年龄很大了才做到郎官。汉武帝从郎署经过，问他为何已经这么老。他说："文帝好文臣好武，景帝好美臣貌丑。陛下好少臣已老，是以三世不遇。"汉武帝于是任命他为都尉。

【解译】 俗话说，人若是不走运，喝口凉水也塞牙。颜驷大概就是这样一个不走运的人。这就叫生不逢时，或者叫怀才不遇。人世间这样的事很多，只不过有的为人所知，有的不为人所知罢了。

【原文】　申屠松屋①,魏野草堂②。

【注释】　①申屠:即申屠蟠,字子龙,东汉人。他见东汉大乱,隐居读书,不应征命,在松树下搭一间房子,闭门养性,因而得以保全自身。

②魏野:字仲先,北宋人。住在自己盖的茅草屋中,又凿一大洞,曰乐天洞,自号草堂居士。不论什么人来,他都是戴纱帽穿白衣会见,出门就骑一头白驴。

【解译】　申屠蟠和魏野都是隐士,但一个隐居是为了躲避战乱,一个隐居则是为了少些拘束。他们不像那些以隐居为终南捷径的假隐士,借隐居来沽名钓誉,而是以隐居为修身养性之途。所以,当朝廷召他们出去做官时,他们根本不加理会。

【原文】　戴渊西洛①,祖逖南塘②。

【注释】　①戴渊:字思若,东晋人。陆机回洛阳,带了很多东西,遇到戴渊指挥一帮人来抢劫。陆机见他气概不凡,说:"你这样有才能的人,也来做强盗吗?"戴渊即弃剑归顺陆机。陆机举荐他为官。东晋时,戴渊官至征西将军。

②祖逖:字士雅,东晋人。祖逖刚到江南时,家中没有什么值钱的东西。一天,王导到祖逖家,忽然看到很多裘皮锦绣、珠宝珍奇,问是从哪里来的,祖逖说:"昨天夜里到南塘走了一趟。"

【解译】　祖逖是东晋著名的北伐将领。可是,他过不惯穷日子,一到物用拮据的时候,就忍不住要干少年时曾多次干过的打家劫舍的勾当。王导身为宰相,明知是怎么回事,竟然不加过问,多少让人感到有些不可理解。

【原文】　倾城妲己①,嫁虏王嫱②。

【注释】　①妲己:殷纣王的宠妾。她有倾城倾国之貌,深得殷纣王的宠爱,劝殷纣王施行多种酷刑,逼得人们纷纷造反,殷朝因此而灭亡。

②王嫱:即王昭君。汉元帝时被选入宫,主动请嫁匈奴,被称为宁胡阏氏。昭君和亲,使汉朝与匈奴之间的关系得到了很大改善。

【解译】　昭君出塞和亲,最初的起因是画师毛延寿从中作祟。他挑选美女时,向王昭君索贿不成,有意点破美人图,使得她被打入冷宫。王昭君久在宫中得不到汉元帝的宠幸,满腹怨恨,主动请求出塞和亲。后来的文学作品,在昭君出塞和亲之因上大做文章,赋予昭君出塞许多政治意义。

【原文】　贵妃桃鬓①,公主梅妆②。

【注释】　①贵妃:即杨贵妃。御花园有千叶桃花,唐明皇亲自折一枝插在杨贵妃的发鬓上,说:"此花亦能助娇态。"

②公主:即南朝宋武帝女寿阳公主。正月初七,寿阳公主卧于含章殿檐下,梅花落在她的额头上,像是故意画的妆,衬托得公主更加妩媚。人们因此而仿效,称为寿阳妆。

【解译】　"楚王好细腰,宫女犹饿死。""城中好高髻,四方高一尺。"这些俗谚充分说明了王公贵族的喜好对社会风俗的影响。梅花只是无意中落在寿阳公主的额头上,人们

觉得好看,就纷纷仿效,并把这种装束称作"寿阳妆",似乎寿阳公主是这种装束的发明人,而实际上只不过是偶尔得来而已。

【原文】 吉了思汉[1],供奉忠唐[2]。

【注释】 [1]吉了:又称秦吉了,一种鸟名,形如鹦鹉而色白。传说有夷人要把它买去,吉了忽作人言,说:"我汉禽,不入夷地。"后因遭到惊吓而死。

[2]供奉:唐昭宗饲养的一只猴子,能随班起居,昭宗赐以绯袍,号为供奉。罗隐有诗云:"何如学取孙供奉,一笑君王便着绯。"后梁朱温即位,取猴听令殿下。猴望见朱温,奋勇向前搏击,因而被杀。

【解译】 宠物被主人宠爱,时间长了就会和主人产生一定的感情,视主人的喜怒哀乐而有不同的表现。这也是宠物的天件所在。

卷之四

八 庚

【原文】 萧收图籍[1],孔惜繁缨[2]。

【注释】 [1]萧:即萧何。他跟从刘邦入关后,诸将争抢财物,只有萧何把秦国丞相、御史的律令图书都收藏起来,使刘邦知道天下何处为险要,百姓有多少,百姓喜欢什么,痛恨什么,为刘邦夺取天下建立了不朽的功勋。

[2]孔:即孔子。卫人孙桓子伐齐失败,新筑人救了他。卫人要赏给新筑人地盘,新筑人不要,只是请求赏赐给他们诸侯使用的乐器和用繁缨装饰的马匹。卫人答应了。孔子知道后,说:"真是遗憾啊!还不如多给他们些城邑。只有名与器,是不可以借给人的。"

【解译】 礼是孔子学说的核心。他说:"克己复礼为仁。"在他看来,礼比所有的东西都要重要,而名与器则是礼的表现和载体,代表不同的身份,不同的等级,不能随便与人。所以,他反对卫人把曲悬和繁缨(这两样都是只有诸侯才能使用的乐器和饰物)赏给新筑人,认为与其这样,还不如多给他们一些地盘。

【原文】 卞庄刺虎[1],李白骑鲸[2]。

【注释】 [1]卞庄:即卞庄子,春秋时期鲁国卞邑大夫。他以勇猛著称,曾一人刺杀两只老虎。齐人欲伐鲁,因为害怕卞庄子,不敢从卞邑经过。

[2]李白骑鲸:传说李白泛舟当涂,见水中月影,入江捉月,溺水而死。有人则说他骑鲸上天而去。

【解译】 李白之死,传说多于史实。李白骑鲸就是其中的一种。说的是李白入江捉月,骑鲸飞升,成为神仙。徐仲华有诗云:"舟叙江干吊谪仙,吟风弄月笑当年。骑鲸直上天门去,诗在人间月在天。"

【原文】 王戎支骨①,李密陈情②。

【注释】 ①王戎:竹林七贤之一。他与和峤同遭大丧,和峤哭泣备礼,王戎鸡骨支床。晋武帝为和峤担心。刘仲雄说:"和峤虽备礼,神气不损。王戎虽不备礼,而哀毁骨立。臣以和峤生孝,王戎死孝。陛下不应忧峤,而应忧戎。"

②李密:字令伯,西晋人。父早亡,母另嫁人,由祖母抚养成人。晋武帝任命李密为太子洗马,李密因祖母年迈,上《陈情表》,请求归养祖母。

【解译】 李密的《陈情表》是魏晋南北朝时期写得最具感情色彩的一篇文章。此文虽是陈说"乌鸟私情",但言辞恳切,感情真挚,堪称千古名篇。

【原文】 相如完璧①,廉颇负荆②。

【注释】 ①相如:即蔺相如,战国时期赵国上卿。赵有和氏璧,秦以十五城易之。蔺相如奉璧入秦,而秦人竟无给赵国城的意思。蔺相如假称璧有微瑕,取璧在手,令秦王斋戒五日而受之,暗地里却派人把和氏璧送回赵国,得以完璧归赵。

②廉颇:战国时期赵国名将。蔺相如因完璧归赵而封为上卿,廉颇胸中不忿,多次欲侮辱他,蔺相如都主动回避。蔺相如对舍人说:"秦人不敢加兵于赵,因为我们两人在。我这样做,是先国家之急而后私仇。"廉颇得知后,肉袒负荆,亲自上门请罪。二人于是成刎颈之交。

【解译】 国家的安定,不仅需要明君,也需要贤相。一国之相负有总理百揆之责,使朝中文武百官各尽其职,各负其责,勤勉尽责,恪尽职守,是一国之相首先要考虑的问题。只有做到了这一点,国家才能繁荣昌盛,长治久安。和这一目标比起来,任何个人恩怨,都是微不足道的。蔺相如有大功于国,却不居功自傲,事事皆能先国家之急,可谓是贤相矣。

【原文】 从龙介子①,飞雁苏卿②。

【注释】 ①介子:即介子推,春秋时期人。他曾跟随晋文公流亡,晋文公即位后封赏有功之臣,却把他忘了。他一气之下,奉母隐于绵山。晋文公后来意识到了自己的错误,请他出山,他坚决不肯出来。晋文公放火烧山,想把他逼出来,他抱着一棵大树,被活活烧死。

②苏卿:即苏武。苏武出使匈奴十九年不得归汉。汉朝使者至匈奴,假称汉天子射猎时得到一只大雁,足上有帛书,上写苏武在大泽中。匈奴单于很惊恐,于是就放苏武回汉朝。

【解译】 晋文公虽然名列春秋五霸,颇受史家的称赏,但他对介子推却是很不公平的。先是封赏时忘了他,认识到错误之后,又采取了一种极端的方法,放火烧山。假如他真心想弥补过错,就应该安车蒲轮亲自去请,怎么能够随便吆喝一声,就让介子推立马颠颠地跑来呢?他放火烧山,理由似乎很充足,仔细一分析,却颇有杀人灭口之嫌。因为,在他逃亡的时候,介子推曾割股食之,有大恩于他。倘若介子推把这件事告诉世人,他岂

不成了忘恩负义之人？

　　【原文】　忠臣洪皓①,义士田横②。

　　【注释】　①洪皓:南宋大臣。他于宋高宗建炎二年(1128)出使金国,金人想让他投降金人的傀儡刘豫,他宁死不从,被流放冷山,十五年后才得回南宋。

　　②田横:西汉初年人。楚汉战争中,他自立为齐王。刘邦即位,他率五百门徒逃到一个海岛上。刘邦召见他,他带领二随从而往,在距洛阳三十里时自杀身亡。海岛上的门徒听到他的死信,全都自杀了。

　　【解译】　洪皓出使金国,和苏武出使匈奴的情况有些相似,但洪皓的名声却不及苏武那么大。主要原因是已有苏武在前,洪皓只是踵武其后。再说,苏武居匈奴十九年,始终持汉节,不改其志。汉节不仅是一件东西,更是国家的象征。

　　【原文】　李平鳞甲①,苟变干城②。

　　【注释】　①李平:即李严,字正方,三国蜀汉人。为人极有心计。因从诸葛亮出祁山运送粮草不继,派人劝诸葛亮撤兵,而当诸葛亮撤兵后,他又推卸责任。诸葛亮上表弹劾李严:"严少为郡职吏,用情深克,苟利其身。乡里为严谚曰:'难可狎,李鳞甲。'"

　　②苟变:战国时期卫人。他很有才能,却因收取税赋时吃了老百姓两个鸡蛋,卫侯不肯用他。子思劝卫侯说:"圣人使用官员,就像匠人使用木材,取其所长,弃其所短。您处于战国这种形势,选择可用之士,却因两个鸡蛋而放弃干城之将,千万不可让邻国知道。"干城:盾和城郭,比喻御敌立功的将领。

　　【解译】　如果说不懂得什么叫因小失大,看一看卫侯弃苟变不用的故事,就一清二楚了。苟变收税时,吃了老百姓两个鸡蛋,卫侯以为这是天大的事,明知他是国之干城而不用。假如不是子思提醒他,他还不知道自己错在哪里。

　　【原文】　景文饮鸩①,茅焦伏烹②。

　　【注释】　①景文:即南朝宋王彧,字景文。他是宋明帝皇后的兄长,宋明帝临死前,赐景文死。当时,王景文正和人下棋,他看了一眼诏书,就继续下棋,等棋下完后,才慢慢地说:"奉敕赐死。"然后饮鸩而死。

　　②茅焦:战国时期秦国人。秦王嬴政杀吕不韦等人,把太后迁徙到雍这个地方。许多人因劝谏而被杀。茅焦进谏,秦王欲烹之。茅焦缓缓向前,说:"秦正要统一天下,而陛下车裂假父,囊扑二弟,迁母于雍,残戮谏士,比桀纣还要过分。臣恐天下瓦解,再也没有和秦国一心的人。"说罢坦然向前受烹。秦王急忙上前拉住,封茅焦为上卿,亲自迎太后归。

　　【解译】　面对死亡,王彧和茅焦不慌不忙,沉着冷静,一如既往。王彧接到了赐死的诏书,就当没那回事似的,继续和人下棋,等把棋下完,才从容就死。茅焦明知劝谏是死,但他还是如实地陈述自己的观点,指责秦王连桀纣也不如,说完之后,坦然就烹。真可谓是视死如归。

　　【原文】　许承耳重①,丁掾目盲②。

【注释】　①许承:东汉人,曾为颍川太守黄霸长吏。有人因为他又老又聋,请求把他赶走算了,黄霸说:"许承廉吏,虽然老了,还能拜起送迎,只是重听有何妨碍? 好好地帮助他,不要让贤者不高兴。"耳重:即耳聋。

②丁掾:即丁仪,字正礼。丁仪很有才能,却是瞎了一只眼。曹操想把女儿嫁给他,曹丕说:"正礼瞎了一只眼,恐爱女不悦。"曹操多次与丁仪交谈,以为他是一个很不同寻常的人,因而责怪曹丕说:"丁掾即使两目俱盲,也应该把女儿嫁给他,何况只瞎了一只眼?"

【解译】　曹操爱丁仪之才,不顾他瞎了一只眼,要把爱女嫁给他,却被曹丕劝阻了。后来曹操和丁仪交往多了,更觉得他是难得的人才,并为没有把女儿嫁给他感到后悔。而曹丕劝阻,却有他自己的想法。丁仪和曹植的关系很好,若成了曹家的女婿,在曹操面前说话会更有分量,对他争立太子会更为不利。曹丕即位魏王之后就把丁仪杀了,与这些过节有很大关系。

【原文】　佣书德润①,卖卜君平②。

【注释】　①德润:即阚泽,字德润,三国吴人。小时候家中贫穷,他就去给人家抄书,赚几个工钱,等把书抄完了,书的内容也都记下来了。

②君平:即严遵,字君平,西汉人。他在成都时,靠为人算卦赚钱谋生,每天得百钱够用的,就闭门读书。有一个富人要资助他出去做官。他说:"益我货者损我神,生我名者杀我身。"

【解译】　严遵是西汉末年有名的隐士。他对名利的看法,十分独到。他以为名利足以累身伤人,让他增加财富就会损伤他的精神,让他扬名世间就等于是杀他。这和俗话所说的"人怕出名猪怕壮"如出一辙。

【原文】　马当王勃①,牛渚袁宏②。

【注释】　①王勃:字子安,初唐四杰之一。传说王勃去江南省父,船行至马当山时,梦水神对他说:"助汝顺风一帆。"天亮时船已经到达南昌,赶上了重修滕王阁庆典,王勃因此写下了著名的《滕王阁序》。

②袁宏:字彦伯,东晋人。中秋之夜,他在牛渚给人撑船时,吟咏自己写的诗抒发情怀,刚好被征西将军谢尚听到。谢尚以为此人不俗,就把他请到自己船上,两人交谈了整整一个晚上。袁宏因此而名声大振。

【解译】　王勃是初唐四杰之一,虽然英年早逝,却给后人留下了许多脍炙人口的文学作品,如《滕王阁序》《送杜少府之任蜀州》,都是千古传诵的名篇。

【原文】　谭天邹衍①,稽古桓荣②。

【注释】　①邹衍:战国时期阴阳五行家。喜谈天象阴阳之事,创五德终始之说,人称"谭天衍"或"谭天驺"。谭,即谈。

②桓荣:字春卿,东汉人。因精通经典而被授太子少傅之职。他曾指着他的车马印绶对太学生说:"这些东西,都是靠博通今古得来的。你们努力吧!"

【解译】 邹衍是阴阳五行说的创始人。他用阴阳五行相生相克的道理解释社会变化和朝代更迭,以为每一个朝代的出现或灭亡,都是五行相生或相克的结果。他的学说原有自己的一套理论,但到了后来却被完全迷信化了。

【原文】 岐曾贩饼①,平得分羹②。

【注释】 ①岐:即赵岐,字邠卿,东汉人。他因多次贬损京兆尹,京兆尹要抓他,他只好改名换姓,逃到北海,在集市上贩卖烧饼。

②平:即郑平,唐朝人,李林甫之婿。李林甫见他一头白发,对他说:"皇上明天赐甘露羹,郑郎若食,白发也会变黑发。"次日,朝廷使者至李林甫宅第赐食,郑平分得甘露羹,一个晚上,白头发都变黑了。

【解译】 赵岐虽是一介书生,但书生自有书生的气节。见京兆尹做事不公,他该指责就指责,该贬损就贬损,结果惹恼了京兆尹,要把他抓起来,他只好远逃他乡贩卖胡饼为生。即使是贩卖烧饼,他也与众不同,他不是低买高卖,而是三十个钱买,三十个钱卖,分文不赚。赵岐之个性,于此可见。

【原文】 卧床逸少①,升座延明②。

【注释】 ①逸少:即王羲之。郗鉴派门生到丞相王导家挑选女婿,王丞相家的子弟听说后,一个个很是矜持,只有王羲之在东厢房露腹仰面而卧,吃着胡麻饼,好像没有这回事似的。郗鉴听了门生的汇报,说:"此正吾婿。"于是就把女儿嫁给了王羲之。

②延明:即刘昶,字延明,北魏人。博士郭瑀有五百多弟子,其中很多人精通儒家经典。他有一个女儿,已到了嫁人的年龄,有意嫁给刘昶。他另设一席,对众弟子说:"我想挑选一个女婿,谁坐这个席位上,我就把女儿嫁给他。"刘昶即撩衣升坐,说:"延明就是您要选的人。"郭瑀于是就把女儿嫁给了刘昶。

【解译】 王羲之是东晋大名士,不拘礼节,率意而为,对功名利禄等也比较淡薄。所以,当太尉郗鉴派人上门选婿时,他不为所动,而是坦腹东床,吃着胡麻饼。郗鉴欣赏的正是这一点,于是就选中了这个东床快婿。

【原文】 王勃心织①,贾逵舌耕②。

【注释】 ①心织:王勃诗写得好,文章也写得好。有人请他写文章,给他很多金银财帛。人们把王勃这种情况称之为"心织笔耕"。他每次写文章前,先研墨数升,然后拉起被子蒙头大睡,忽然跃起,援笔而书,一挥而就,时人称之为"腹稿"。

②贾逵:字景伯,东汉人。他以教授学生为业,千里之外的人都来跟他学习,学生给他的粮食把粮仓堆得满满的。有人说他不是靠力气种庄稼,而是"舌耕"。

【解译】 俗话说,书中自有黄金屋,书中自有千钟粟。这话过去曾经受到批判。但仔细想一想,也不是没有一点道理。知识就是力量,知识就是财富。读书多了,知识丰富了,知识也就很容易转化为财富。

【原文】 悬河郭子①,缓颊郦生②。

【注释】　①郭子：即郭象，西晋人。他很善于谈论，话匣子一打开，就口若悬河，滔滔不绝。当时名士王衍说："每听象语，如悬河泻水，久而不竭。"

②郦生：即郦食其。刘邦听说魏豹反叛，对郦食其说："缓颊往说魏豹，能下之，吾以万户封君。"缓颊：婉言劝说，为人说情。

【解译】　成语"口若悬河"，就是从王衍评价郭象而来。郭象善谈玄理，是西晋清谈名家，和人谈起玄理，似乎有说不完的话。

【原文】　书成凤尾①，画点龙睛②。

【注释】　①凤尾：即凤尾诺。古时把签署文件称作"署诺"，而诺字书写时形如凤尾，故曰凤尾诺。南朝齐江夏王萧锋五岁即学凤尾诺，一学

王羲之像

就学得很像。齐高帝萧道成很高兴，赏赐给他一个玉麒麟，说："麒麟赏凤尾也。"

②画点龙睛：即画龙点睛。南朝梁张僧繇善画龙，他在金陵安乐寺墙壁上画了两条龙，却没有画眼睛。有人问他为何不画眼睛。他说："点即飞去。"人们以为他是骗人的，就请他给龙画上眼睛。刚给一条龙点上眼睛，忽然电闪雷鸣，龙破壁腾空飞去，只剩下那条还没有来得及点睛的龙。

【解译】　画龙点睛这一成语，出自南朝梁著名画家张僧繇画龙的传说。这一传说说明张僧繇画技高超，达到了逼真的地步，充分肯定了他的绘画艺术。后来，人们就把说话、写文章在关键的时候或段落点明要点，说明主旨，称作画龙点睛。

【原文】　功臣图阁①，学士登瀛②。

【注释】　①阁：指唐代凌烟阁。唐朝建立后，唐太宗李世民命当时最著名的画家阎立本，把长孙无忌、魏征等二十四位有功之臣的画像画在凌烟阁上，以示表彰。

②瀛：即瀛洲，传说中的仙界。人们把文人得到荣耀，比作登瀛洲或登瀛。唐朝初年，李世民在宫院西侧开设文学馆，延请四方才德之士，请教治国安邦之策，当时有房玄龄、杜如晦等十八人为文学馆学士。人们称之为"十八学士登瀛洲"。

【解译】　儒家为文人设计了两条道路，一条就是"达则兼济天下"。所谓达，就是在仕途上有所作为。最为典型的例子就是唐代的"十八学士登瀛洲"。房玄龄、杜如晦等以学问见长，他们先后为丞相为名臣，为中国历史上最为辉煌的盛唐时代做出了重要贡献。

【原文】　卢携貌丑①，卫玠神清②。

【注释】　①卢携：字子升，唐朝人。他相貌丑陋，却很有文采。他上书给尚书韦宙，遭到他手下的人的侮辱。韦宙说："卢虽人物不扬，观其文章有首尾，异日必贵。"后来卢

携果然贵极人臣。

②卫玠：字叔宝，西晋人。他相貌堂堂，神清韵远，人称之为"璧人"。他的舅舅王济称赞他说："与玠游，若明珠之在侧，朗然照人。"

【解译】　人不可貌相。东汉末年的王粲，西晋的左思，一个比一个长得丑，其才能却冠绝当时。卢携其貌不扬，韦氏子弟皆瞧不起他，韦宙却从卢携的文章中看出他绝不是寻常之辈。所以，看一个人是否有才能，是否有德行，要验之以实，而不应以貌取人。

【原文】　非熊再世①，圆泽三生②。

【注释】　①非熊：唐朝顾况之子。顾况晚年，其子非熊突然死亡，顾况悲痛不已，为诗曰："老人丧爱子，日暮泪成血。"传说其子冥间得知，把实情告诉冥官，因而得以复生顾况家，两岁时就能说出冥间闻父吟诗、自己求再生的事。

②圆泽：唐朝僧人。传说他与李源相约游峨眉山，路上见一妇人将要临产，对李源说，他将投生为妇人之子，等十三年后的中秋夜，在杭州天竺寺再相见。当晚圆泽果然死去。十三年后，李源如期前往杭州天竺寺，见一牧童扣牛角而歌。问他圆泽的情况，牧童说："李君真信士，然世缘未断，慎勿相近，惟勤修乃复相见。"说罢遂不知所终。

【解译】　在古代民间故事传说和文学作品中，类似上述再世、来生的故事很多。这类故事带有浓厚的迷信色彩，只可姑妄听之。

【原文】　安期东渡①，潘岳西征②。

【注释】　①安期：即王承，字安期，东晋人。他随晋室东渡，一路上寇盗不断，人们都很害怕，他却泰然处之。

②潘岳：字安仁，西晋著名文学家。他从家乡荥阳（今属河南）出发，赴任长安令时，撰有《西征赋》。

【解译】　晋室东渡之时，很多人都不知道等待他们的将是什么，将来的日子该怎样过，所以从南迁之日起，就为悲愁的气氛所笼罩。王承在众人都十分畏惧的情况下，镇定自若，表现不俗，对稳定过江诸人的情绪，起到了很大作用。

【原文】　志和耽钓①，宗仪辍耕②。

【注释】　①志和：即张志和，唐代诗人。他不愿做官，往来江湖间，自称烟波钓叟。常垂钓不设钓饵，志不在鱼也。他的名作《渔歌子》，就是表现渔翁垂钓情趣的。

②宗仪：即陶宗仪，字九成，元末人。著有笔记小说《南村辍耕录》，记述元代政事、典章制度，保存了不少戏曲小说资料。

【解译】　张志和虽然号称烟波钓叟，也经常往来于江河湖泊，临水垂钓，但他常常是不设钓饵，只是为了适意而已。陆羽问他都是与什么人来往，他说："太虚为室，明月为烛，与四海诸公为友，未尝少别，何有往来？"其实，他不过是另一种形式的隐士而已。

【原文】　卫鞅行诈①，羊祜推诚②。

【注释】　①卫鞅：即商鞅。秦王命他率军攻打魏国，魏公子邛率军抵御。商鞅给魏公子写信,诈称要与魏国结盟,把他骗来,活捉魏公子,大败魏军,迫使魏国把西河之地割给秦国。

②羊祜:字叔子,西晋人。他镇守襄阳时,与吴军友好相处,以诚相待。行军至吴境,缺少军粮,就刈谷为粮,然后按价偿还。若是打猎,只要是吴人先打中的,晋军得到,也要还给吴人。由于他能推诚相待,吴地百姓对他很有好感。

【解译】 两国处于战争状态时,自然是兵不厌诈。如果是和平年代,诈术就要不得了。因为一旦一方使诈,就会失信于对方,和平也就失去了保障。若要求和平,就必须都能以诚相待,双方都诚心诚意,自然可以和平共处。

羊祜像

【原文】 林宗倾粥①,文季争羹②。

【注释】 ①林宗:即郭泰。他到陈地讲学,有一个小童名叫魏德公,请求侍奉他。郭泰身体偶有不适,魏德公给他熬粥,粥送上来一次,他就找借口训斥一次,一连把粥倒掉三次。魏德公不仅不恼怒,反而面有高兴之色。郭泰说:“刚开始只是见到你的样子,今天就知道你的心胸了。”

②文季:即沈文季,南朝齐人。齐高帝举行宴会,端上来一道鱼羹。崔祖思说:“这道菜南方北方都说好。”侍中沈文季说:“羹脍是吴地菜肴,不是祖思能够评说的。”祖思说:“烹鳖脍鲤,好像不是吴地的诗吧?”文季争辩说:“千里莼羹,和鲁卫有什么关系!”

【解译】 郭泰的道德学问为人称道。他用倒粥的办法考验还是孩子的魏德公,试探他是否有不同常人的气量。他一而再,再而三,魏德公不仅不恼怒,而且还表现出高兴的样子。一个儿童能有如此气量,若非史家有意杜撰,定是非凡之人。

【原文】 茂贞苛税①,阳城缓征②。

【注释】 ①茂贞:即李茂贞,唐朝人。他任凤阳节度使时,苛捐杂税很多,连点灯的油都要纳税。为了多收灯油税,他甚至不许卖松木的人进城,恐怕人们点松木照明。

②阳城:字亢宗,唐朝人。他任道州刺史时,治理百姓像治家一样。年成歉收,税赋收不上来,观察使催个不停,他就给自己定个最末等的考核成绩,并把自己关在监狱中。

【解译】 苛政猛于虎。治理百姓,手段苛刻,苛捐杂税,名目繁多,这种情况下是不可能真正实现国泰民安的。因此,聪明的统治者都实行与民休息的政策,让利于民,让百姓先富起来。汉代的文景之治,唐朝的贞观之治,无不如此。

【原文】 北山学士①,南郭先生②。

【注释】 ①北山学士:指徐大正,北宋人。他筑室北山之下而居之,号为闻轩。秦少游为之作记,苏轼为之赋诗。人们因此而呼之为北山学士。

②南郭先生:指雍存,北宋人。他隐居家乡全椒城南,以文史自娱,号南郭先生。

【解译】 文人隐居,有的窜身海滨,有的栖身山林,有的则居家而隐。其实,在哪里隐居皆无关紧要,最要紧的是真隐还是假隐。如果是真隐,哪怕是隐于闹市,亦是隐者;如是假隐,把隐逸当作终南捷径,即使是隐于山林,一有做官的机会,马上就会跑出来。

【原文】 文人鹏举①,名士道衡②。

【注释】 ①鹏举:即温子昇,字鹏举,北魏文学家。博学多才,精通百家。济阴王晖业评价说:"江左文人,宋有颜延之、谢灵运,梁有沈约、任昉,我子昇足以凌颜轹谢,含任吐沈。"

②道衡:即薛道衡,字玄卿,隋朝诗人。他出使南朝,作《人日诗》,刚写了"入春才七日,离家已二年"两句,南朝文士就嗤之以鼻,说:"是底言!谁谓此虏解作诗?"等他写出"人归落雁后,思发在花前"之后,南朝文士才不由得感慨赞叹,以为果然不是浪得虚名。

【解译】 薛道衡是隋朝最为知名的作家,而他的知名,与《人日思归》有很大关系。隋开皇五年(585),薛道衡出使南朝陈,人日(即农历正月初七)写下了这首诗。前两句平平淡淡,陈朝文人看了,都以为他根本不懂得作诗。可是,等他写出后面两句,不由得对他刮目相看,以为果然名不虚传。这两句不仅对仗工整,而且写思乡之情,别出心裁,十分新颖。

【原文】 灌园陈定①,为圃苏卿②。

【注释】 ①陈定:字子终,楚国人。楚王聘他为相,他对妻子说:"今日为相,明日就可以驷马高车,有很多好吃的。"妻子说:"虽有驷马高车,我们需要的不过是容膝之处;好吃的再多,需要的不过是一碗肉。今用容膝之安,一肉之味,来换取心怀楚国之忧,恐怕你的命保不住了。"于是,陈定与妻子连夜逃去,隐姓埋名,给人家种菜灌园。

②苏卿:即苏云卿,南宋人。他结庐豫章(今南昌)东湖,穿布衣草鞋,长年不换,自己种菜卖菜,以此度日。他和张浚是少年时代的好朋友,张浚为相,想请他出来做官,他得信后,逃得无影无踪。

【解译】 陈定(一说为陈仲子)之妻视富贵荣华为累身伤命之物,不让丈夫出去做楚国相,固然有一定的道理。但是,假如人人都把为国分忧、为民解难视为累赘,看成伤身害命的事,还有谁会为国家出力呢?国家还靠谁来支撑呢?所以,陈定之妻的话保身之道有余,而进取之意不足。

【原文】 融赋沧海①,祖咏彭城②。

【注释】 ①融:即张融,字思尤,南朝齐人。著有《海赋》,以示友人徐凯之。徐凯之说:"卿此赋实超元虚,但惧不道盐耳。"张融即索笔增写道:"漉沙构白,熬波出素。积雪中春,飞霜暑露。"

②祖:即祖莹,北魏人。王肃咏《悲平城》诗,彭城王元勰认为诗写得很好,让他再吟诵一遍,可是却把平城说成了彭城。王肃听了大笑。祖莹当时在场,当即吟道:"悲彭城,楚歌四面起。尸积石梁亭,血流淮水里。"王肃听了,十分赞赏。

【解译】 有的人文思泉涌,出口成章,俨然宿构。张融增写《海赋》,祖莹当场吟《悲彭城》诗,不仅表明他们反应十分敏捷,而且还表明他们的知识面相当丰富。

【原文】 温公万卷①,沈约四声②。

【注释】 ①温公:即司马光。他藏书一万多卷,每天翻阅,十几年后,书还像新的一样。他曾对子弟说:"商人藏的是货物和钱,我们只有这些,应该加倍珍惜。"

②沈约:字休文,南朝梁文学家。他在诗歌创作上很有造诣,发明了"四声"。

【解译】 沈约"四声",是中国诗歌从古体诗向近体诗转变的重要标志。沈约之后,诗歌创作开始讲究押韵和平仄,并出现了"八病说"(即诗歌创作的八种毛病)。后人总结为"四声八病"。

【原文】 许询胜具①,谢客游情②。

【注释】 ①许询:字玄度,东晋人。好玄言,喜山水,是东晋玄言诗的代表人物。当时人说他:"许非徒有胜情,实有济胜之具。"

②谢客:即谢灵运,小字客儿。他性喜游山玩水,每到一处,都要留下诗篇。他多写山水胜景,是山水诗派的代表作家。

【解译】 中国古代诗歌中的几大诗派,都出现在南朝。玄言诗派虽兴起于西晋,但代表人物却是东晋的许询、孙绰。田园诗派的代表人物,是东晋大诗人陶渊明。而南朝齐谢灵运则是山水诗派的开山之祖。

【原文】 不齐宰单①,子推相荆②。

【注释】 ①不齐:即宓不齐,孔子的弟子。他曾任鲁国单父这个地方的宰(即最高行政长官)。单父有五个人比他贤明,他就向他们学习,所以,他不出屋子就把单父这个地方治理得很好。

②子推:即介子推。他任楚国相十五年,楚国百姓安居乐业,国家强盛。孔子派人去巡视,那人回来报告说:"廊下有二十五俊士,堂上有二十五老人。"孔子说:"合二十五人之智,比汤武还要聪明;并二十五人之力,比彭祖的力量还要大。用他们治理天下,大概也差不多了。用他们治理国家,会治理不好吗?"

【解译】 孔子说:三人行必有吾师。俗话说:三个臭皮匠,顶个诸葛亮。表述不同,意思相近,都是说合众人之智慧必定胜过一个聪明的人。不齐、子推都是很有才能的人,但他们还是要向别人学习,集众人之智慧和力量,来实现富国安民的目标。

【原文】 仲淹复姓①,潘阆藏名②。

【注释】 ①仲淹:即范仲淹。他本姓范,两岁的时候死了父亲,母亲另嫁朱姓,他改姓朱。后来中了进士,他又改回本姓。他以范雎、范蠡之事为例,解释自己改姓事:"志在

投秦，入境遂称夫张禄；名非霸越，乘舟乃效于陶朱。"

②潘阆：北宋人，自号逍遥子。他因受卢多逊一案牵连，逃到潜山山谷寺为僧，隐姓埋名。他在钟楼墙壁上写了两句诗："顽童趁暖贪春睡，忘却登楼打晓钟。"有人看出是潘阆的诗，令人去叫他出来相见，他竟逃得无影无踪。

【解译】　很多人都看重一个"名"字，时时刻刻都幻想着一朝成名天下知，成为人所共知的公众人物，成为追星族的偶像。但是，有的人却奉行"人怕出名猪怕壮"的人生信条，明白"出头的橡子先烂"的道理，不想出名。一旦出了名，就马上隐姓埋名，逃得远远的。

【原文】　烹茶秀实①，漉酒渊明②。

【注释】　①秀实：即陶谷，字秀实，北宋人。他出使南唐时，曾闹出一段风流韵事，人们对他多有好色之讥。他家有一个婢女，原是太尉党进家的歌妓。一次，他让婢女用雪水煮团茶，问道："党家有此风味乎？"婢女说："他是一个粗人，哪里会有这些！只知道销金帐内浅斟低唱，饮羊羔美酒罢了。"陶谷听了，面有惭愧之色。

②渊明：即陶渊明。他性喜饮酒，邻居常招他去饮酒。有一次，邻居请他喝酒，他见酒中有酒糟，就把头巾取下来，把酒糟漉去，端起酒一饮而尽，然后又把头巾戴上。

【解译】　陶谷是一个很有学问的人，诗写得也不错，可惜就是见了美色就把持不住自己。宋太祖让他出使南唐，劝南唐君臣及早投降。可是，到了南唐，却被歌妓秦弱兰的美色所迷惑，闹出了一段外交丑闻，只好灰溜溜地

秀实陶醉写风光好

回到大宋。婢女说的"只知道销金帐内浅斟低唱，饮羊羔美酒罢了"，实际上就是讽刺他的。

【原文】　善酿白堕①，纵饮公荣②。

【注释】　①白堕：即刘白堕，西晋人。善于酿酒，朝中权贵都拿他酿的酒送礼。青州刺史毛鸿宾带了一坛刘白堕酒，路上遇到强盗。强盗见有好酒，打开就喝，结果都喝醉了，一个个被生擒活捉。当时有一句顺口溜，说："不畏张公拔刀，惟畏白堕春醪。"

②公荣：即刘公荣，西晋人。他性喜饮酒，酒量比他大的，比他小的，或者酒量和他差不多的，他都要和他们对饮。有一次，阮籍和王戎对饮，刘公荣在座，阮、王二人只管喝酒说话，根本不顾刘公荣。有人问阮籍为何如此，阮籍说："胜公荣者，不得不与饮；不如公

荣者,不得不与饮。惟公荣可不与饮。"

【解译】 阮籍、王戎都是竹林七贤中的人物,他们说话做事,率性而为,不拘礼教,常常不顾别人的感受。和他们交往的人,大都了解他们的个性,即使有失礼之举,也不当回事儿。刘公荣和二人同坐,二人只管自己喝酒交谈,似乎旁边就没有刘公荣这个人,刘公荣也没觉得有什么不合适。这正是人们所说的魏晋名士风度。

【原文】 仪狄造酒①,德裕调羹②。

【注释】 ①仪狄:上古传说人物。传说他奉舜女之命造出了酒,奉献给夏禹,禹喝了觉得味道甘美,说:"后世必有因酒亡国的人。"于是就疏远了仪狄。仪狄造美酒的方法也就失传了。

②德裕:即李德裕,字文饶,唐朝人。他生活很奢侈,做宰相的时候,不饮京城的水,而一定要从遥远的惠山泉运来。他喝的羹是用珍珠、贝玉、雄黄、朱砂等煎成汁,煎三次后滤去渣再喝,每喝一次羹大约需要花费三万钱。

【解译】 关于酒的发明者,有仪狄造酒、杜康造酒等各种说法。而仪狄造酒的传说,突出的并不是仪狄,而是夏禹。夏禹敏锐地从酒甘美的味道中意识到了它可能造成的危害,以为后世必有因酒亡国者。事实上,虽然有酒池肉林、酒海肉山之说,但真正因酒亡国者却是一个也没有。因为,亡国者多是亡于暴政,亡于荒淫,亡于无道。

【原文】 印屏王氏①,前席贾生②。

【注释】 ①王氏:指唐明皇的宠妃王美人。她多次梦见有人召她饮酒,就告诉了唐玄宗。唐玄宗让她若是再遇此事,就做一个标记。当天晚上,王美人又梦见有人召她去陪饮,她就用手在砚中蘸上墨,在屏风上摁了一个手印。次日追查、在东明观中找到了手印,而道观中的道士却早已逃跑。

②贾生:即贾谊,西汉人。贾谊为长沙王太傅时,汉文帝忽然召他进京,在宣室召见他,问鬼神之事。贾谊仔细讲说,汉文帝听得入神,不知不觉地把座席朝前挪动,叹息道:"我很久不见贾生,自认为超过了他,今天才知道远远赶不上他!"

【解译】 贾谊是西汉初年很有希望的一颗政治新星,虽然受到周勃、灌婴等老将的排斥,却很得汉文帝的信任。汉文帝宣室向贾谊问鬼神之事,表明汉文帝十分欣赏贾谊的才能。可惜,贾谊太不走运,为梁王太傅时,梁王坠马摔死了,他竟因此抑郁而死。

九　青

【原文】 经传御史①,偈赠提刑②。

【注释】 ①经:指《三字经》。《三字经》相传是宋儒王应麟(字伯厚)所作,后人又加增删。后来发现一种大板《三字经》,是明朝蜀人梁应井绘图,聊城傅光宅侍御史作序。所谓"经传御史"之御史,指的就是傅光宅。

②提刑:古代一种官职,这里指郭功甫,名祥正。他任提刑时,曾到舒城白云山海会

寺游览,寺中禅师赠他偈语云:"上大人,孔乙己,话三千,七十士。尔小生,八九子。佳作仁,可知礼。"

【解译】 《三字经》是传统蒙学读物,究竟产生于什么年代,出自何人之手,现在没有一种权威的说法。一般以为,《三字经》产生于宋代,最早出于宋儒王应麟之手。但事实上它和《千字文》一类的蒙学读物一样,在流传过程中多有增删。现在通行的《三字经》,有"十九史""大明兴"之语,显然经过了明人的改动。

【原文】 士安正字①,次仲谈经②。

【注释】 ①士安:即刘晏,字士安,唐朝人。因其特别聪明,八岁就被授为太子正字。杨贵妃抱他在膝上,亲自给他扎鬏鬏。唐玄宗问他:"卿作正字,正得几字?"他回答说:"天下字皆正,惟有朋字未正。"

②次仲:即戴凭,字次仲,东汉人。光武帝刘秀曾令群臣在正月初一这天说经,相互诘难,若是义理不通,就把他的席位夺过来让给能够讲通的人。在这一次宴会上,戴凭共夺五十余席。所以,当时京师有一句谚语:"说经不穷戴侍中。"

【解译】 刘晏八岁为太子正字,颇为令人称奇。他回答唐玄宗的话,就更为令人称奇了。他说唯有朋字未正,实际上是说朝中有朋党,他们行事不正。联系朝中杨国忠等人结党营私,把持朝政,则刘晏的回答似有所指。

【原文】 咸遵祖腊①,宽识天星②。

【注释】 ①咸:即陈咸,字子康,西汉人。元帝时,他官至尚书。王莽专权,他辞官而去,闭门不出,年终祭祀祖先和众神,还是用汉家规矩来祭祀。有人问他为何不变一变,他说:"我的祖宗哪里知道王氏腊祭的规矩?"祖:祭祖;腊:即年终祭祀神灵的仪式。

②宽:即张宽,西汉人。汉武帝祀甘泉,行至渭桥,见一女子在河中洗澡,乳房长达七尺,感到很奇怪,就令人上前询问。女子说:"皇帝后面第七辆车上的侍中,知道我的来历。"当时,张宽坐在第七辆车上,汉武帝问他。张宽回答说:"这是天上主祭的星。祭祀神灵,若是斋戒不严,女人星就会出现。"

【解译】 女人星,《西京杂记》以为是北斗七星中的第七星。传统的占星术以为,女人星主祭祀。如果人君祭祀上天前斋戒不严,或是有猥亵之事,女人星就会出现,以此警示。类似的记载虽出自史家之手,亦未可信。

【原文】 景焕垂戒①,班固勒铭②。

【注释】 ①景焕:北宋人。他著有《野人闲语》一书,书中载:后蜀孟昶为警诫官员,曾敕令立戒石碑。戒语共二十四句,如"尔俸尔禄,民脂民膏。下民易虐,上苍难欺"等,都是警诫官员奉公守法、自律爱民的。

②班固:东汉著名史学家。他任中护军时,随大将军窦宪等出征匈奴,出塞三千余里,到达燕然山,勒石记功,宣扬大汉的威德。

【解译】 后蜀孟昶虽然享国不永,但他对官吏的要求很是严格,官吏上任,要做的头

一件事,就是立戒石碑,熟记戒石碑上的话。"尔俸尔禄,民脂民膏",要官吏们牢记是谁养活了他们,时刻牢记为百姓做好事实事;"下民易虐,上苍难欺",则是用来警诫官员不要虐待老百姓,不要瞒天昧已,泯灭天良。南宋初年,曾明令将黄庭坚所书戒石颂刻于州县。这种做法是建立在官吏自律的基础之上的,但是,由于缺乏必要的制约和监督,真正能够自律的官吏不是很多,戒石碑的效果并不是很好。

【原文】 能诗杜甫①,嗜酒刘伶②。

【注释】 ①杜甫:字子美,唐代著名诗人。其诗关心现实,时代感很强,有"诗史"之誉。他一生都在努力"致君尧舜上,再使风俗淳",被称为"诗圣"。

②刘伶:竹林七贤之一。性喜饮酒,曾乘一独轮车,带一壶酒,让人扛锹跟着他,说:"死便埋我。"妻子劝他戒酒,他让妻子先准备好酒肉,说等祭祀过神灵之后就戒酒。他向上天祈祷道:"天生刘伶,以酒为名。一饮一石,五斗解醒。妇人之言,慎不可听。"祈祷之后,饮酒食肉,结果又是大醉。

【解译】 "天生刘伶,以酒为名",此话不虚。刘伶最有名的作品,就是《酒德颂》。后人提到他的名字,总是和酒相联系。如果留心一下不难发现,一些酒楼使用刘伶之名招徕顾客,一些酒联也嵌入刘伶之名,或使用刘伶醉酒的典故。

【原文】 张绰剪蝶①,车胤囊萤②。

【注释】 ①张绰:唐代道士。传说他精通养气辟谷之术,剪蝶置手中,吹一口气就能结队而飞。

②车胤:东晋人。他幼时好学,家贫无钱买灯油点灯,就在夏天抓很多萤火虫,放在白色的布袋中,用来照明读书。

【解译】 用萤火虫照明读书,这样的故事让今天的孩子们来看,似乎很不可思议。但是,在中国古代,确实有一些人因家中贫寒,读不起书,不要说笔墨纸砚,就是照明用的油灯也没有,因此只好千方百计想办法。相传车胤读书时,常有一只大萤火虫伏在他家的窗子上,等他读完书再飞去。这种传说显然有把车胤读书神秘化的倾向。

【原文】 鸲鹆学语①,鹦鹉诵经②。

【注释】 ①鸲鹆:俗称八哥,善于模仿人们说话。传说东晋桓豁养有一只鸲鹆,善于学人说话。一日,他请客时,鸲鹆能够模仿每一个人说话。有一人患有鼻炎,说话鼻音很重,鸲鹆就把头插到瓮中来模仿他。

②鹦鹉诵经:据《法苑珠林》记载,有一个僧人得到人们施舍的一只鹦鹉,就教它念经,后来鹦鹉竟然能像僧侣一样,能够诵经。一天,它忽然在架上不言不语,问它为何如此,它说:"身心俱不动,为求无上道。"

【解译】 鹦鹉学舌,固不足为奇。但是,鹦鹉能够念经,却是闻所未闻。鹦鹉念经之后,能够懂得"身心俱不动,为求无上道"的道理,就更奇了。奇则奇矣,可信度究竟有多大,却很值得怀疑。

十　蒸

【原文】　公远玩月①，法善观灯②。

【注释】　①公远：即罗公远，唐朝术士。传说中秋之夜，他陪同唐明皇赏月，把手杖朝空中一扔，化作一条天桥，唐明皇踏桥而行，忽见精光夺目一座大城，上书"广寒清虚之府"几字，宫女在大桂树下载歌载舞。等他们朝回走时，回头再看，天桥已经消失了。

②法善：即叶法善，唐代术士。唐开元十八年(730)元宵节，唐玄宗问叶法善哪里最好看，叶法善回答说："广陵。"遂在殿前化一道虹桥，引唐玄宗至广陵，观赏广陵的元宵盛景。

【解译】　罗公远、叶法善都是唐朝很有名的术士，有关他们的传说很多。公远玩月，法善观灯，只是相关传说中较为有名的故事而已。

【原文】　燕投张说①，凤集徐陵②。

【注释】　①张说：字道济，唐朝人，封燕国公。传说他是母亲梦玉燕投怀而生。当时朝中许多重要的文告，都出自他和许国公苏颋之手，人们称他二人为"燕许大手笔"。

②徐陵：字孝穆，南朝陈文学家。传说他的母亲臧氏梦五色云化为凤，聚集在她的左肩，而后生徐陵。

【解译】　人们常用"大手笔"称赞某人的文章写得好，而这一词语最早的出处，就是唐朝张说和苏颋。他们的文章写得好，又身居高官，当时朝廷许多重要的文章都要由他们来写，人们因此称他们二人为"燕许大手笔"。

【原文】　献之书练①，夏竦题绫②。

【注释】　①献之：即王献之。他任吴兴太守时，从乌程县经过，见羊欣穿着白色的绢做的裙子睡觉，就在她的裙子上写了几幅字。羊欣的书法本来就很有功底，得到王献之的字，书法艺术因此而突飞猛进。

②夏竦：字子乔，北宋人。他在仁宗朝中进士，一个老太监拿着用吴地产的绫子做的手巾，请他写一首诗。夏竦提笔写道："殿上衮衣明日月，砚中旗影动龙蛇。纵横礼乐三千字，独对丹墀日未斜。"

【解译】　王献之是性情中人，喜爱羊欣，想教他书法，却又放不下太守的架子，不肯直接表示，见羊欣穿着白绢做的裙子，于是就在她的裙子上写几幅字，通过这种方式教羊欣学习书法。

【原文】　安石执拗①，味道模棱②。

【注释】　①安石：即王安石，字介甫，北宋人。他生性执拗，不喜华腴，生活简朴，衣垢不浣，脸也不洗，做事多不近人情。但议论高古，言辞犀利，很得宋神宗的信任。

②味道：即苏味道，唐朝人。他做丞相数年，没有自己的主见，做事模棱两可。他曾对人说："决事不欲明白，误则有悔，但模棱持两端可也。"当时就有人称他为"模棱手"。

【解译】 寻常人物做事模棱两可，尚且让人难以捉摸，若是身居高位，举动对世人多有影响，做事模棱两可，就让下属左右为难了。像苏味道这样的人，其实是深谙为官之道，唯恐明明白白做事，一旦有错，连一个辩护的机会也没有了，那个时候就要后悔了。而模棱两可则进退自如，可以说是明哲保身的妙方。

【原文】 韩仇良复①，汉纪备存②。

【注释】 ①韩：指战国时期的韩国。良：指张良。秦始皇灭韩，张良为替韩国报仇，在博浪沙椎击秦始皇不中而逃亡。后为刘邦谋士，助刘邦灭秦，终于为韩国报了仇。

②备：指刘备。刘备自称是中山靖王之后，两汉灭亡后，他在蜀中称帝，国号蜀汉，以继承汉统。

【解译】 张良是刘邦手下第一谋士，在楚汉战争中屡次为刘邦出奇策，使刘邦由弱到强，并终于削平诸侯，统一天下，取秦始皇而代之。汉朝建立以后，他并不居功自傲，而是急流勇退，不理政事，潜心修仙学道，最后得以善终。

【原文】 存鲁端木①，救赵信陵②。

【注释】 ①端木：即端木赐，孔子弟子。齐伐鲁，端木赐至吴，请吴王出兵救鲁伐齐。吴国担心越国乘虚而入，端木赐又来到越国，说服越国和吴国一起出兵伐齐。吴与齐战于艾陵，大破齐军，而后又举兵向晋。端木赐又劝晋与吴战，越国从后方袭击吴国，乘机灭吴。孔子知道后，说："乱齐存鲁，吾之初愿。强晋以敝吴，吴亡而越霸，赐之说也。"

②信陵：即信陵君，魏公子无忌。秦围赵，信陵君用侯生之计，使如姬窃取魏王兵符，令朱亥椎杀晋鄙，率其军救赵，为赵国解了围。

【解译】 端木赐虽是孔子的弟子，实则有纵横家之风。他为救鲁国，先是劝齐不要出兵，劝说未果，只好劝吴王出兵救鲁伐齐。而吴王担心越国从后面动手，他又去说服越国，让越和吴一道出兵。吴军伐齐得胜，他又劝吴乘机伐晋，使吴军疲于征战，自顾不暇，越王则借机灭吴，报了旧仇。端木赐只是一介书生，竟能说动那么多的国君，苏秦、张仪之外，恐无人及之。

【原文】 邵雍识乱①，陵母知兴②。

【注释】 ①邵雍：字尧夫，北宋哲学家。他寓居洛阳安乐窝，与客人漫步天津桥，听到杜鹃鸣叫，说："天下将治，地气自北而南；将乱，地气自南而北。禽鸟得气之先。洛阳从无此鸟，今有之，是地气自南而北也。国家必将用南人作相，从此就要多事了。"

②陵：即王陵，西汉人。项羽为了逼王陵背叛刘邦，把王陵的母亲抓了起来。王陵派人来见母亲，母亲对使者说："幸为语陵，善事汉王。汉王长者，当得天下，无以老妾故持二心。"说罢伏剑而死。

【解译】 邵雍是北宋著名哲学家，北宋理学的代表人物，对社会发展、历史变迁、人事变化等重大问题，都有独特见解。但是，他根据地气南移北移来判断社会治乱，虽然言之成理，却有把自然现象绝对化之嫌。

十一 尤

【原文】 琴高赤鲤①，李耳青牛②。

【注释】 ①琴高：宋康王舍人，善于鼓琴。传说他曾入涿水取龙子，乘赤鲤而归。

②李耳：又名李聃，即老子。传说他乘青牛西出函谷关，关令尹喜望气而知将有真人至，向老子求教道术，老子遂留下《道德经》五千余言，而后离去。

【解译】 在各种传说中，老子总是骑一头青牛，青牛似乎成了老子的一种标志，如同莲台是观世音菩萨的标志一样。在神魔小说《封神演义》、民间故事和道教的各种传说中，青牛作为一种标志，总是伴随着老子而出现。

【原文】 明皇羯鼓①，炀帝龙舟②。

【注释】 ①明皇：即唐玄宗。他喜欢听羯鼓，而不喜欢听弹琴。有一次正在演奏琴，还没有弹奏完毕，他就把琴师轰走了，唤汝阳王李琎上场击羯鼓。

②炀帝：即隋炀帝杨广。大业元年（605），隋炀帝乘龙舟赴江都，随行的各种船只绵延二百余里，征用了大批民夫，浪费了大量钱财，激起了民愤。

【解译】 隋炀帝是中国历史上荒淫之主的代表人物。他骄奢淫逸，荒淫无度，心思全放在如何享受上，而根本不把国家大事当回事，结果民怨四起，四海鼎沸，隋王朝很快就在轰轰烈烈的隋末农民大起义中灭亡了。

【原文】 羲叔正夏①，宋玉悲秋②。

【注释】 ①羲叔：尧时大臣。尧为了制作四时历法，派遣羲仲、羲叔、和仲、和叔分别到东、南、西、北四方观察星象，确定季节。羲叔被派到南方，观察夏季的变化和万物生长的情况，并根据日影长短确定了夏至这一天。

②宋玉：屈原的弟子，先秦著名辞赋家。他为屈原被流放而悲伤，作《九辩》以悲之，其文开篇即是"悲哉秋之为气也，萧索兮草木摇落而变衰"，流露出浓厚的悲秋色彩。

【解译】 "悲秋"是中国文学的一个意象性主题。许多文人在不得志的时候，常常会以"悲秋"的形式来表达胸中的苦闷，抒发某种失落、忧愁的情怀。而这一传统虽然最早出现于《诗经》，但真正以"悲秋"的形式出现，却是宋玉的《九辩》。所以有人称宋玉为"悲秋"之祖。

【原文】 才压元白①，气吞曹刘②。

【注释】 ①元白：指唐代文人元稹和白居易。杨嗣复在新昌里大宴宾客，元稹、白居易参加了这次宴会。席间，宾客即席赋诗。杨汝士最后才写成。元稹、白居易看了他写的诗，其中有"文章旧价留鸾掖，桃李新阴在鲤庭"二句，不由得大惊失色。杨汝士回去后，对弟子们说："我今日压倒元、白。"

②曹刘：指曹植和刘桢。唐朝诗人元稹十分推崇杜甫的诗，他说："杜子美诗上薄风骚，下该屈宋，志夺苏李，气吞曹刘，掩颜谢之孤标，杂徐庾之纤丽。诗人以来，未有如子

美者。"

【解译】　元稹评价杜甫诗,是通过比较来表现杜甫诗歌的崇高地位的。先秦文学,以《诗经》和屈原、宋玉为代表;两汉魏晋,苏武、李陵、曹植、刘桢,堪称杰出;而颜延之、谢灵运、徐陵、庾信,则是南北朝时期的代表作家。杜甫的诗歌能够上薄风骚,下该屈宋,兼诸家之长,出诸家之上,称之为诗人以来所未有,不算为过。

【原文】　信擒梦泽①,翻徙交州②。

【注释】　①信:即韩信。韩信为楚王时,有人告其谋反。刘邦诈游云梦,骗韩信去谒见,将其擒获。后知韩信无反意,将其赦免,封为淮阴侯。

②翻:即虞翻,字仲翔,三国吴人。因性情疏直触怒孙权,被远远地流放到交州。

【解译】　楚汉战争中,韩信功劳最大。所以,汉朝建立后,关于韩信的流言最多。功高震主,自然容易遭人暗算。之前曾有人用"狡兔死,走狗烹,飞鸟尽,良弓藏"之类的话劝过他,他还不太相信。直到被捕,他才明白这一道理。所幸有刘邦在,他侥幸逃过了一难。刘邦死后,他最终还是以谋反的罪名被吕后所杀。

【原文】　曹参辅汉①,周勃安刘②。

【注释】　①曹参:汉初大臣。任齐相时,行黄老之术,百姓安居乐业。后代萧何为相,一依萧何之制,举事无所变更,人称"萧规曹随"。

②周勃:汉初大臣。为人质朴稳重,朴实无华,深得刘邦信任。诸吕之乱,他持节入北军,率北军平定诸吕之乱,维护了汉朝的稳定。

【解译】　周勃虽然质木无文,但做事稳重,对汉朝忠心耿耿,所以刘邦在世时就以为"安刘氏者必勃也"。诸吕发动叛乱的时候,他沉着冷静,与陈平定计,然后亲自持节入北军,说:"为吕氏者右袒,为刘氏者左袒。"让将士当场表明态度,究竟是支持刘氏,还是支持吕氏。众将皆表示支持刘氏。于是,周勃率军一举平定诸吕之乱,兑现了刘邦"安刘氏者必勃也"的预言。

【原文】　太初日月①,季野春秋②。

【注释】　①太初:即夏侯玄,字太初,三国魏人。他为人沉着有远识,清静温雅,人们称赞他说:"夏侯太初朗朗如日月之入怀。"

②季野:即褚裒,字季野,东晋人。桓彝评价他说:"褚季野有皮里春秋。"意思是说他表面上不说别人好坏,实际上却是心里有数。

【解译】　史家有所谓"春秋笔法",意思是在如实的叙述中蕴藏作者的主观评价。桓彝说褚裒"皮里春秋",则是说他表面上像阮籍等人那样口不臧否人物,而谁好谁坏谁忠谁奸,心里却明镜似的。有人把这种现象称之为有"城府",但实际上这也许是一种个性,不轻易评价别人,不随便对别人做出类的划分,而在内心深处却自有评判标准。

【原文】　公超成市①,长孺为楼②。

【注释】　①公超:即张楷,字公超,东汉人。他精通严氏《春秋》和古文《尚书》,门徒

415

甚多,宾客盈门,造访的人车马填巷。许多人就在通往他家的路上做买卖,他住的地方因此而成集市。

②长孺:即孙长孺,北宋人。他十分好学,诸子百家之书,他全部收藏,并建藏书楼,人们称之为孙氏书楼。

【解译】 造访张楷的人那么多,以至于他住的地方竟能形成集市,实在令人感慨。但细思其因,除了张楷学问大,来拜访他的人多之外,与当时的选官制度也有很大关系。汉代选拔官吏有"贤良文学"一科,主要是选拔那些精通儒家经典的人。《春秋》和《尚书》都是重要的儒家经典,精通它们就有可能进入仕途。当时很多人向张楷学习,主要目的就在这里。

【原文】 楚邱始壮①,田豫乞休②。

【注释】 ①楚邱:战国时期人。他年龄很大的时候去见孟尝君。孟尝君问他这么大年纪了,有何见教。他说:"让我把石头投得很远。追赶马车,我是老了。如果出谋划策,做出决断,我才刚刚进入壮年,怎么能说我老呢?"

②田豫:字国让,三国魏人。他做卫尉时,已年过七十,请求退休。司马懿以为他正当壮年,不让他退休,还升任他为太中大夫。

【解译】 不想做官的人,未及年老就想辞官而去。而那些想做官的人,已经年过古稀,还自言始壮。楚邱见孟尝君,想要一官半职,就说自己若是干力气活那是年龄大了,若是出谋划策,则正当壮年。看来,纯粹按岁数大小划分人的年龄,也有不尽妥当的地方。不然,何以有老当益壮之说呢?

【原文】 向长损益①,韩愈斗牛②。

【注释】 ①向长:字子平,东汉隐士。他读《易经》,读到损卦和益卦时,感慨道:"我已经理解富不如贫,贵不如贱,但还不明白死怎么会比生好?"

②斗牛:天上的星宿,即斗宿和牛宿。韩愈有《三星行》,述其生时星象云:"我生之初,日宿南斗。牛奋其角,箕张其口。牛不见服箱,斗不挹酒浆。箕独有神灵,无时停簸扬。"

【解译】 向长的话很耐人寻味。世人多嫌贫爱富,向贵背贱,可是向长却在读《易》时感悟到富不如贫,贵不如贱。不知他这样说的理由是什么。如果就人生价值而言,的确无所谓贫富贵贱,只要个人觉得有意义有价值,怎么生活似乎都不太重要。但是,世俗衡量人生成功与否的标准,往往就是贫贱与富贵四字。若能摆脱世俗之见,或许可以理解向长这些话的意思。

【原文】 琎除酿部①,玄拜隐侯②。

【注释】 ①琎:即李琎,唐朝人,封汝阳王。他善于酿酒,自称酿王兼曲部尚书。杜甫《饮中八仙歌》中的"汝阳三斗始朝天",指的就是汝阳王李琎。

②玄:即王玄,西汉隐士。汉景帝曾请他出来做官,他隐居不出,景帝就封其所隐之山为侯山,王玄也因此而被称为隐侯。

【解译】　汉景帝请王玄出山做官，王玄不理不睬。汉景帝却没有像晋文公那样放火烧山，而是采取了封山的办法。他把王玄隐居的山加一个封号，封为侯山，王玄隐居侯山自然就成了隐侯，虽然实际上是隐士，但名义上还是受了汉封。这也许就是汉景帝比晋文公聪明的地方。

【原文】　公孙东阁①，庞统南州②。

【注释】　①公孙：即公孙弘，字次卿，西汉人。汉武帝时，公孙弘为丞相，开东阁延请贤才，让他们参与商议国家大事。他把俸禄都拿出来资助这些贤士，而自己吃的却是粗茶淡饭。

②庞统：字士元，三国时期刘备的谋士。汉末大乱时，他隐居南郡（今湖北江陵）。当时名士司马徽称他为南郡士子之冠冕。

庞统像

【解译】　公孙弘居丞相高位，却能虚心下士，听取他们的意见，并把自己的俸禄拿出来资助他们，而自己却过着十分简朴的生活。中国古代，一心为国家着想、为君主分忧的贤相有不少，但能够像公孙弘这样的却不是很多。

【原文】　袁耽掷帽①，仁杰携裘②。

【注释】　①袁耽：字彦道，东晋人。桓温与人赌博，输了很多，债主催逼甚急，他就请袁耽帮忙。袁耽当时很穷，就把衣服卖了，怀里揣着帽子，和桓温一道去赌博。债主早就听说袁耽赌技很高，却未见过他，于是就和他赌。袁耽一开局就赢了十万，很快就赢了上百万。这时，他从怀中取出帽子，朝地上一掷，说："汝今识袁彦道否？"

②仁杰：即狄仁杰。武则天赐给张宗昌一件集翠裘，让狄仁杰和张宗昌就这件裘衣赌胜负。狄仁杰用他穿的紫袍和张宗昌赌，接连赢了数局，然后拿上张宗昌的集翠裘扬长而去。

【解译】　袁耽是穷赌，但因赌技很高，一出手就赢了上百万，临走时还扔下一句话：今天让你们认识一下谁是袁彦道。狄仁杰和张宗昌是豪赌，但狄仁杰艺高人胆大，竟然赢了武则天为后台的张宗昌。不论穷赌还是豪赌，都是陋习，都不应效法。

【原文】　子将月旦①，安国阳秋②。

【注释】　①子将：即许劭，字子将，东汉人。他与从兄许靖喜欢评论乡里人物，每月更换一次品题内容，时人称之为"月旦评"。曹操"乱世之奸雄"的评价，就出自许劭之口。

②安国：即孙盛，字安国，东晋史学家。著有《晋阳秋》，如实记述两晋历史人物事件，世称良世。

中华传世藏书——国学经典文库 蒙学经典——图文珍藏版

【解译】　许氏兄弟的"月旦评"开汉末清议之风先河,在当时产生了很大影响。尤其是许劭赞扬的人物,后来都有所成就。他拔樊子昭于市肆,出虞承贤于客舍,召李叔才于无闻,擢郭子瑜于小吏,都为人所称道。他们品评人物,注重德行和才能,对魏晋时期的九品中正制有一定影响。

【原文】　**德舆西掖**①**,庾亮南楼**②。

【注释】　①德舆:即权德舆,字载之,唐朝人。他风流蕴藉,在西掖(即中书省)任职长达八年。后来移居练湖,蓬蒿满径,却是怡然自得,每遇胜景佳句,就如获至宝。

②庾亮:字元规,东晋人。他镇守武昌时,属下殷浩、王胡之等秋夜登南楼,吟诗作赋,庾亮忽然率十几人而来,与众人谈玄论道,吟咏唱和,通宵达旦。

【解译】　庾亮是东晋大臣,又是谈玄高手,在秋高气爽的月夜,南楼之上遇到殷浩这样善于谈玄的部下,自然有说不完的话。不过,若仅就谈玄而言,庾亮恐怕不是殷浩的对手。因为殷浩善于谈玄在当时是出了名的,寻常人物皆不是他的对手。

【原文】　**梁吟傀儡**①**,庄梦髑髅**②。

【注释】　①梁:即梁锽,唐朝人。傀儡:即木偶。梁锽有《傀儡吟》,咏牵线木偶:"刻木牵线作老翁,鸡皮鹤发与真同。须臾弄罢寂无事,还似人生一梦中。"

②庄:即庄周。他到楚国去,路上遇见一个空骷髅,说:"你因为贪生失理而死,还是国破家亡被人诛杀而死?"说罢,头枕髑髅而睡,梦见髑髅对他说:"你说的都是人生的累赘,死后就没有这些了。无君于上,无臣于下,亦无四时之事,纵然以天地为春秋,即使南面称王,也没有这样快乐。"

【解译】　庄子梦髑髅,是借髑髅之口解说生死之理。髑髅所说的死后之乐,实际上是针对人世之累而言的。的确,人生在世会有许许多多的烦恼,许许多多的约束。但要解除这些烦恼和约束,应该进行必要的自我调节,尤其是要进行心理调节。因为许多烦恼虽然来自外界,但真正起作用的还是个人心理。

【原文】　**孟称清发**①**,殷号风流**②。

【注释】　①孟:即孟浩然,唐代诗人。性喜山水,是唐朝著名的山水诗人。其诗清雅高远,卓然脱俗,与王维齐名,人称"王孟"。

②殷:即殷浩,字深源,东晋人。性喜老、《易》之学,善于谈玄,颇负盛名,被尊为东晋清谈之宗。

【解译】　魏晋时期,名士风流的首要条件,就是要能够谈玄,善于谈玄,能够把明白地说得人们听不懂,把人们本来就不懂地说得玄而又玄。有与无,名与实,有为与无为等命题,在魏晋名士的文章中,有各种各样的说法,但每一种说法都玄之又玄。这并不是他们都故弄玄虚,而是当时人说话辩论就是这个样子。

【原文】　**见讥子敬**①**,犯忌杨修**②。

【注释】　①子敬:即王献之。他小时候看父亲的学生玩樗蒲(一种赌博用具)这种

游戏,说:"南风不竞。"那人反过来讽刺王献之,说:"此郎管中窥豹,特见一斑。"王献之听了很生气,拂袖而去。

②杨修:字德祖,三国魏人。他才思敏捷,特别聪明,善于揣摩曹操的意思。曹操征汉中,久攻不下。一日,属下问他军中口令,他随口说出"鸡肋"二字。杨修一听,即知曹操有撤军之意,令人收拾东西,却被曹操以惑乱军心罪处死。

【解译】　聪明固然是好事,但聪明要用对地方。杨修是曹操的主簿,又特别聪明,善于揣摩曹操的意思,而且往往不等曹操发话就去做,令曹操心生妒意,深怀嫉恨。但由于许多事不是那么重要,曹操也就忍了,可是,一旦涉及军国大事,曹操就不客气了。杨修之死,与他乱用小聪明有一定的关系。

【原文】　荀息累卵①,王基载舟②。

【注释】　①荀息:春秋时期人。晋灵公建九层高台,三年还没有建成,而国力已经消耗得差不多了。荀息见晋灵公,说:"臣能把十二枚棋子累起来,上面再加九枚蛋。"晋灵公说:"危险啊!"荀息说:"不危险。公造九层台,三年不成,男不耕,女不织,两相比较,哪个更危险呢?"晋灵公明白了他的意思,就不再建九层高台。

王基:三国魏大臣。魏明帝大兴土木,他上书劝阻说:"古人以水喻民,曰水所以载舟,亦所以覆舟。颜渊说:东野之子赶马车,马的力量已经用尽了,他还不停地催赶,恐怕马就要累死了。今事役劳苦,男女离旷。愿陛下深察东野之敝,留意水舟之喻。"

【解译】　荀息以累卵之危谏晋灵公,使晋灵公明白累九卵于十二棋子上,是一件危险的事情,进而明白建九层高台,祸害百姓,也是一件危险的事情,于是放弃了建高台的打算。而王基谏魏明帝,虽然引经据典,却没能打动魏明帝。二人劝谏的方法不同,效果也就不同。

【原文】　沙鸥可狎①,蕉鹿难求②。

【注释】　①沙鸥:海鸥。《列子》中有一个故事,说的是一人每天一大早就到海边,和海鸥一起游玩,很多海鸥都和他玩耍。他的父亲知道了,就让他抓一只回来。第二天,那人再去海边和海鸥玩时,海鸥只是在天上飞,而不肯落下来。

②蕉鹿难求:《列子》中有一个故事,说的是郑人去野外打柴,打死了一只鹿,就把它藏在沟中,用芭蕉叶遮盖起来,然后继续打柴。后来他忘了藏鹿的地方,就以为自己是在做梦,一路对人说。有人按他说的去找,得到了那只鹿。打柴人回家后果真做了一梦,梦见了藏鹿的地方,又梦见了取走鹿的人,第二天就向当地长官告那个人,长官于是就将鹿一分为二,二人各得一份。

【解译】　先秦诸子善于用寓言讲道理,所以,《荀子》《韩非子》等诸子著作中都有很多寓言。列子也善于讲故事,用故事来说明道理。他讲的这两个故事,都是为了说明那些高深的道理。前者所说的道理,是至言无言,至为无为。这些道理都带有玄学色彩,需仔细体味,方能明白一二。

【原文】 黄联池上①,杨咏楼头②。

【注释】 ①黄:即黄镃,北宋人。他自幼相貌不同凡俗,祖父很喜爱他,经常教导他,可他直到七岁还不会说话。一天,祖父带他到池塘边玩,说:"水马池中走。"他忽然对道:"游鱼波上浮。"从此开口说话,后来官至台阁。

②杨:即杨亿,北宋人。他好几岁了还不会说话。一天,家人抱他上楼,不小心碰住了他的头,他随即吟道:"危楼高百尺,手可摘星辰。不敢高声语,恐惊天上人。"

【解译】 杨亿是北宋很有名的文学家,曾与刘筠等人诗歌唱和,编成《西昆酬唱集》,成为宋初诗歌的代表性诗体。所以,关于他也有一些传说,楼头吟诗,即是诸多传说中的一种。但他吟的这首诗,诗家多把它归之于李白名下。

【原文】 曹兵迅速①,李使迟留②。

【注释】 ①曹兵迅速:指曹操挥师南下荆州,追击刘备,率三千骑兵背道而行,一天一夜行三百余里,在当阳大败刘备之事。

②李:即李郃,东汉人。他任汉中太守属下的时候,大将军窦宪纳妾,很多人都去送礼。汉中太守让李郃替他去送礼,李郃说:"窦将军恃宠骄纵,危可立待,幸勿与交。"太守不听,还是派他去了。李郃没有办法,一路上故意走走停停,到了扶风这个地方,窦宪已因事自杀,向他送礼的人都被免了官,而汉中太守却因李郃路途故意迟留得以平安无事。

【解译】 李郃很有先见之明。他从窦宪的日常表现中,看出这个如日中天的人物很快就要失势,建议太守不要去凑热闹。太守不听,他就采取迟留的战术,一路上磨磨蹭蹭,不急于去送礼。正是他的先见之明和迟留战术,才保住了上司的乌纱帽。

【原文】 孔明流马①,田单火牛②。

【注释】 ①流马:即木牛流马。诸葛亮出祁山寨伐魏,因蜀道艰难,特意制造木牛流马运送粮草。《诸葛亮集》有《作木牛流马法》。

②田单:战国时期齐国大将。燕军伐齐,进攻即墨。田单把城中千余头牛集中起来,在牛角上绑上刀,牛尾下捆上芦苇,浇上油,夜里放牛出城,点燃芦苇,牛负痛狂奔,直冲燕军。齐军紧随其后,大败燕军,一举收复七十余城。

【解译】 田单的火牛阵,是战国时期著名的战例。其所以成功,是出其不意,用火牛直冲敌阵。火牛负痛,一路狂奔,燕军哪里阻挡得住,只好亡命而逃。在以冷兵器为主的古代战争中,田单独出心裁,用火牛阵开道,收到了意想不到的效果。如果是现代战争,各种火器尽显威力,这种火牛阵恐怕是派不上用场了。

【原文】 五侯奇膳①,九婢珍馐②。

【注释】 ①五侯:西汉成帝曾在同一天封母舅王谭、王商、王立、王根、王逢时为侯,时称五侯。楼护能言善辩,传食五侯间,五侯都争着把好吃的东西赏赐给他。他把五侯馈赠的鱼和肉合在一起,做成鲭,人称"五侯鲭"。

②九婢:指唐朝段文昌的九个婢女。段文昌精通烹饪技术,家中有一个老婢女掌握

了他传授的技术,可以做上等的菜肴。她把做菜的技术传授其他婢女,但百十个婢女,真正能够学会的只有九个人。

【解译】 烹饪是一门学问。有些菜肴是精心研究出来的,有的菜肴却是偶然得来的。楼护的"五侯鲭",可以说是无心插柳柳成荫。段文昌精心研究烹饪,传授婢女烹饪技术,算是有心插花,可惜他有心栽花花不开,只有九个婢女掌握了他的技术。

【原文】 光安耕钓①,方慕巢由②。

【注释】 ①光:即严光,字子陵,东汉隐士。他与光武帝刘秀是同学,刘秀当了皇帝,想让他出来做官,他却归耕富春江,垂钓七里滩,悠哉悠哉地做他的隐士。

田单火牛阵破燕军

②方:即薛方,字子容,西汉末年隐士。王莽请他出来做官,他说:"尧舜在上,下有巢由。今明王方隆唐虞之德,小臣欲守箕山之节。"巢:即巢父。由:即许由。二人都是上古著名隐士。

【解译】 邦有道则仕,邦无道则可卷而怀之。这是儒家先师的教导。可是,薛方却似乎不是如此。如果说王莽无道,则薛方不应称其为"明王",更不应说他德隆唐虞;如果说王莽是明君,则薛方自当出仕,不应效法巢父、许由,守箕山之节。由此看来,儒家圣贤关于仕与隐的学说,只适用于儒生。如果不信奉儒家那一套,所谓有道无道之说,就等于白说了。

【原文】 适嵇命驾①,访戴操舟②。

【注释】 ①嵇:即嵇康。嵇康与吕安是好朋友,吕安想去见嵇康,就不顾路途遥远,千里命驾,前去拜访。有一次,嵇康不在家,嵇康的兄长嵇喜想代弟弟招待吕安,吕安根本不买他的账,在他家的门口上写了一个"凤"字就离开了。(繁体"鳳"字拆开为"凡鸟"二字,表明了吕安对嵇喜的轻蔑。)

②戴:即戴逵,字安道。王徽之居山阴时,一天夜里,雪后初霁,月色清朗,他忽然想起戴逵,就命人驾舟造访居住在剡溪的戴逵。天亮时到了戴逵的门前,却又打道回府,说:"乘兴而来,兴尽而返,何必见戴!"

【解译】 吕安虽不在竹林七贤之列,但因他和嵇康、向秀等人不同寻常的关系,和竹林七贤中的其他人也多有交往。他和嵇康是好朋友,却不喜欢嵇康的哥哥嵇喜,因为嵇喜恪守礼法,是凡人一个,不像竹林名士那样豪放不羁,挥洒自如。

【原文】 篆推史籀①,隶善钟繇②。

【注释】 ①篆：即篆书，秦汉时期流行的一种文字。传说大篆这种文字是周宣王的太史籀创造的。秦朝李斯变大篆为小篆。

②钟繇：字元常，三国魏人，著名书法家。其书法师法曹喜、蔡邕等人，博采众长，兼善各体，隶书尤为人所称道。

【解译】 传说汉字是由黄帝的史官仓颉创造的，后来经过甲骨文、金文、篆文等发展阶段，到秦朝小篆出现，汉字才基本定型。东汉古文字学家许慎总结汉字的特点，分析汉字的造字方法，提出了"六书"之说，使人们对汉字有了更清楚的认识。

【原文】 邵瓜五色①，李橘千头②。

【注释】 ①邵：即邵平，西汉人。他在长安城东门外种瓜，瓜有五色，味道甚美。因其曾为东陵侯，人称其瓜为东陵瓜。

②李：即李衡，东汉末年人。他任丹阳太守时，想添置家业，被妻子阻止，就暗地里派十个人到龙阳洲建造宅院，种植一千多棵橘子树。临终前，他对儿子说："你的母亲讨厌我经营家业，所以家中如此贫穷。氾州有千头木奴，不缺你的衣食，每年可得千绢，够你用的了。"

【解译】 邵平是一个能够随遇而安的人。秦朝时他被封为东陵侯。秦朝灭亡后，他成了平民百姓，就安安心心地去种地，在长安城东门外种瓜，靠卖瓜为生。他并不因自己一下子从高贵的王侯变为无任何地位的百姓而心里有所不平，而是很快找到了平衡点，自得其乐地过日子。

【原文】 芳留玉带①，琳卜金瓯②。

【注释】 ①芳：即李春芳，明朝人。他小时候在句容崇明寺读书，后来中了状元，给寺中住持写了一首诗："年年山寺听鸣钟，匹马长安忆远公。异日定须留玉带，题诗未可着纱笼。"拜相之后，留玉带于寺中，建楼贮藏，其楼名玉带楼。

②琳：即崔琳，唐朝人。唐玄宗任命宰相，先把人名写好，用金瓯罩起来，对太子说："这是宰相名，你认为是谁呢？"太子说："莫非崔琳、卢从愿？"待宣布时，果然是崔琳。

【解译】 玉带是朝中高官的用物，象征着权势和尊荣。佛寺若有高官赠送的玉带，则表明他们与朝中大员有不同寻常的关系，自然也可以唬一唬地方官。宋代的苏轼和佛印是朋友，苏轼曾把自己的玉带留给佛印作为镇山之物，佛印也把自己的僧袍赠送给苏轼。比较起来，明朝的李春芳留玉带于崇明寺，建玉带楼贮藏之，就很有一些作秀的味道了。

【原文】 孙阳识马①，丙吉问牛②。

【注释】 ①孙阳：即伯乐，以善于相马闻名，即使寻常的马，能得到他的赏识，也会价增十倍。有一天，他从虞坂经过，见一匹骏马在拉盐车，就下车对马而泣。骏马以伯乐为知己，于是俯首而喷，仰天而鸣，声闻于天。

②丙吉：字少卿，西汉人。汉宣帝时，丙吉为相，外出看见有人打群架，他不管不问，

而看见一头牛在喘气,却派人去过问是怎么回事。有人讥笑他,说他不配做丞相。他说:"民众斗殴,应该由京兆尹来管。现在正是春天,天气未热,牛竟然喘气,恐怕是炎热所致,如果这样则节气失调,三公燮理阴阳,为此而忧虑,是分内的事。"

【解译】 丙吉问牛,是千古佳话。但是,仔细想一想,他的做法未必妥当。作为丞相,见人打群架却不管不问,以为这是京兆尹应该管的事。如果不是正巧赶上,完全可以交给京兆尹去管。可是,他正巧赶上了,而且是人命关天的大事,怎么可以以"应该由京兆尹来管"一句话搪塞过去呢?人们讥笑他,不是没有道理。

【原文】 盖忘苏隙①,聂报严仇②。

【注释】 ①盖:即盖勋,字元固,东汉人。与苏正和有宿怨,刺史梁鹄欲杀苏正和,问盖勋此人是否该杀。有人劝盖勋乘机报仇,盖勋说:"乘人之危,不仁。"就劝梁鹄不要杀苏正和。苏正和因此而得救,向盖勋表示感谢,盖勋却闭门不见,对人说:"我是为梁使君谋划,不是为苏郎。"

②聂:即聂政,战国时期人。严仲子与韩相侠累有仇,听说聂政有勇力,奉黄金百镒为聂政之母祝寿,请聂政为其报仇。聂政以其母在,没有答应他。母亲去世后,他独自一人行刺侠累,然后自毁面目而死。

【解译】 人生在世,处世态度各不相同。有的人睚眦之怨必报,有的人却是以德报怨。睚眦之怨必报,固然是男子汉,但以德报怨更能表现出男子汉的博大胸襟。盖勋既不乘人之危,借刀杀人,又不居功自傲,示人以德。他对苏正和的态度和做法,表明了他的做人原则,那就是不公报私仇,不落井下石。

【原文】 公艺百忍①,孙昉四休②。

【注释】 ①公艺:即张公艺,唐朝人。九世同居,没有嫌隙。唐高宗问他有何诀窍,他写了一百多个"忍"字给唐高宗。

②孙昉:字景初,北宋人。自号四休居士。黄庭坚问他四休指什么,他说:"粗茶淡饭饱即休,补破遮寒暖即休,三平二满过即休,不贪不妒老即休。"

【解译】 孙昉的"四休",即是他的生活准则,也是他的养生之道,快乐之法。知足者常乐。孙昉的"四休",奉行的正是这样一种人生原则。饭只求饱腹,衣只求遮体避寒,事只求无过,心只求平衡。这样的人,不论处于怎样的环境,都能够自得其乐。

【原文】 钱塘驿邸①,燕子楼头②。

【注释】 ①驿邸:使者暂时留宿的馆舍。北宋陶谷出使南唐,寓居在钱塘馆舍,歌妓秦弱兰假扮驿吏之女,与陶谷眉目传情。陶谷与之春风一度,赠《风光好》词。后主李煜接见陶谷时,命歌妓唱歌劝酒,秦弱兰唱陶谷所写《风光好》词。陶谷十分惭愧,即日返回宋朝。

②燕子楼:唐张建封镇徐州,宠幸歌妓盼盼,置之燕子楼。张建封死后,盼盼不再嫁人,独守燕子楼,作诗三百首,名《燕子楼诗》。白居易为之作序,并作二绝句和之。其一

云:"今春有客洛阳回,曾到尚书冢上来。见说白杨堪作柱,争教红粉不成灰。"盼盼见诗,跳楼自尽。

【解译】 白居易是一个很看重爱情的人,他的许多作品如《长恨歌》《琵琶行》等,都对坚贞不渝的爱情给予热情的礼赞。盼盼原是歌妓,能在张建封死后,为其守节不渝,已经算是够坚贞的了。可是,在白居易看来,仅仅如此还不够,作诗讽刺她不能为所爱的人殉情。"见说白杨堪作柱,争教红粉不成灰"。仅此二句,已令盼盼无地自容,只好坠楼而死。白居易无意之中作了封建礼教的卫护者。

十二　侵

【原文】　苏耽橘井①,董奉杏林②。

【注释】　①苏耽:南北朝人。事母至孝,预知两年后将流行瘟疫,就种植橘子树,挖了一口深井,临死前嘱咐母亲说:"食橘一叶,饮水一盏自愈。"他死的时候,有几十只白鹤落在家门前。死后两年,果然流行大瘟疫,母亲染上瘟疫,照他说的去做,很快就痊愈了。

②董奉:字君异,三国吴人。他有道术,精于医术,为人治病从不收钱,病人好了,栽杏树为谢,病轻者栽一棵,病重者栽五棵。几年之后,杏树成林。他把杏子堆放在一个粮仓中,买的人用粮食交换,所得粮食都用来赈济贫民。

【解译】　人们称赞某位医生医术高明,常用"誉满杏林""杏林春满"这样的词汇。这里所说的杏林,就出自董奉的故事。当然,传说中的董奉后来成了仙,他为人治病分文不取,照样生活得很快活。可是,对于以行医为生的人来说,就很难做到这一点了。

【原文】　汉宣读令①,夏禹惜阴②。

【注释】　①汉宣:即汉宣帝。汉宣帝时,魏相奏请用四个明经典通阴阳的人主持四时节令,明确各人的职守,以调和阴阳,不误四时。

②夏禹:即大禹。他曾告诫人们要珍惜每一寸光阴。东晋名将陶侃曾对人说:"大禹圣人,乃惜寸阴。至于吾等,尤当惜分阴,岂可逸游荒醉?生无益于时,死无闻于后是自弃也。"

【解译】　早在传说中的大禹时代,贤者就谆谆教诲人们要珍惜光阴。白驹过隙,岁月不再。光阴逝去,是无法追回的,若是等到老大徒伤悲的时候,才知道珍惜光阴,那就太迟了。俗话说,一寸光阴一寸金,寸金难买寸光阴。时光不能倒流,机会稍纵即逝。切记不可重复"少壮不努力,老大徒伤悲"的故事。

【原文】　蒙恬造笔①,太昊制琴②。

【注释】　①蒙恬:秦朝大将。传说他是毛笔的发明人。他用柘木为管,鹿尾为柱,外面裹以羊毛,制造出了毛笔。

②太昊:即伏羲。传说他用桐木做琴身,用丝做琴弦,制作出用来弹奏的琴,从此有了音乐。琴的制作,有各种传说。太昊制琴,只是其中的一种。

【解译】　古代书写工具主要是毛笔,而毛笔的发明人,则是秦朝战功赫赫的大将蒙恬。唐代著名文学家韩愈以毛笔为描写对象,创作出寓言式散文《毛颖传》,记述了毛笔的产生和制作,很有意思,值得一读。

【原文】　敬微谢馈①,明善辞金②。

【注释】　①敬微:即宗测,南朝齐人。他像祖父宗炳一样,喜欢自由自在,朝廷多次请他做官,他都推辞了。当时王公贵族得知他准备游览名山大川,都给他送来很多东西,他都一概谢绝,分文不受。

②明善:即元明善,元朝大臣。他曾作为副使出使交趾,回朝的时候,交趾国送给他们很多礼物,他一概不受。国王对他说:"你们元朝的使臣已经接受了,您何必一定要推辞?"明善说:"使臣所以接受,是为了安小国之心;我不接受,是为了保全大国的体面。"

【解译】　元明善是一个很会说话的人,元朝国君派他作使者,可以说是正堪其任。交趾国送给他们礼物,正使接受了,他作为副使却不接受,这于情于理似乎都不太合适。可是,经他一解释,竟也十分圆满。正使接受礼物,是为了安小国之心。正使若不接受,就会让他们感到不安。而他作为副使,不接受礼物,则是为了保全大国之体。因为,如果他也接受礼物,就有贪恋钱财之嫌了。这样解释,倒也合情合理。

【原文】　睢阳嚼齿①,金藏披心②。

【注释】　①睢阳嚼齿:唐朝"安史之乱"中,安庆绪令尹子奇攻睢阳,张巡与许远坚守睢阳,宁死不屈。每次作战,他都大声呼喊,咬牙嚼齿,牙齿都被嚼碎了。张巡战死后,尹子奇视其齿,大多都已嚼碎,全齿只剩三四个。

②金藏:即安金藏,唐朝人。武则天时,有人诬告太子李旦谋反,来俊臣审理此案。安金藏为太子鸣冤,大喊道:"皇嗣不反。公若不信,吾请剖腹明之!"遂引佩刀自剖其腹。武则天深受感动,说:"吾有子不能自明,使汝如此。"令人给安金藏治疗,并不再追究太子之事。

【解译】　张巡守睢阳,慷慨悲壮,可歌可泣。面对叛军的重重包围和威逼利诱,他矢志报国,宁死不屈。虽然睢阳最终失陷,但他的英雄事迹,千百年来却一直为人们所传诵。张巡、许远和岳飞、文天祥等爱国将领一样,历代为人们所敬仰。

【原文】　固言柳汁①,玄德桑阴②。

【注释】　①固言:即李固言,唐朝人。传说他中状元前,走在柳树下,忽闻柳树神对他说:"我是柳神九烈君,已用柳汁染了你的衣服。你如果中了状元,应该用枣糕祭祀我。"过了不久,李固言果然状元及第。

②玄德:即刘备,字玄德。他家东南角有一棵大桑树,远远望去,像是皇帝所乘车辇的顶盖。刘备小时候与孩子们一起玩,说:"我一定要乘坐像这样的羽葆盖车。"后果为蜀汉之帝。

【解译】　古代传奇故事,神怪小说,都经常可见树神的身影。东晋干宝的《搜神记》

中就有许多树神的传说。李固言的故事，听起来很像神怪小说，想象成分居多，传奇色彩浓厚。

【原文】 姜桂敦复①，松柏世林②。

【注释】 ①敦复：即晏敦复，字景初，晏殊的曾孙，南宋人。秦桧知他是个人才，想拉拢他，说："您若能变通一下，很快就可以做高官。"他回答说："姜桂之性，老而愈辣。我岂能为了自己而误国家大事？"宋高宗赞扬他说："卿骨鲠敢言，可以说没有辱没你的祖宗。"

②世林：即宗世林，三国魏人。曹操很佩服他，想和他交往，而他却鄙薄曹操的为人，不愿与之交往。曹操位居司空，总揽朝政，又想和他交往。他回答说："松柏之志犹存。"竟不理会曹操。

引巡守睢阳

【解译】 秦桧卖国求荣，陷害忠良，人人得而诛之。可是，由于有宋高宗撑腰，他竟有恃无恐，变本加厉，爱国志士屡遭排挤和陷害。虽然如此，也有人敢樱其锋，晏敦复就是一个。他不想成为秦桧的帮凶，虽有诱人的许诺，他仍然不为所动，并义正词严地表明自己的态度："姜桂之性，老而愈辣。"表现出不同凡俗的高尚品质。

【原文】 杜预传癖①，刘峻书淫②。

【注释】 ①杜预：字元凯，西晋人。他一生研究《左传》，刻苦钻研，博采众长，到了晚年才完成《春秋左氏经传集解》。当时大臣，王济有马癖，和峤有钱癖。晋武帝问杜预有什么癖好，杜预回答说："臣有《左传》癖。"

②刘峻：字孝标，南朝梁人。自幼喜爱读书，常燃灯夜读，通宵达旦。听说哪里有好书，一定要去借来读。崔慰祖因此称之为"书淫"。

【解译】 杜预是西晋著名将领，多有谋略，当时就有"杜武库"之誉。然而，就是这样一个声名卓著的将军，竟然对《左传》喜爱到入迷的程度，自称有《左传》癖，著有《春秋左氏经传集解》《春秋释例》《春秋长历》等，是中国古代典型的儒将。

【原文】 钟会窃剑①，不疑盗金②。

【注释】 ①钟会窃剑：钟会是荀勖的堂舅，与荀勖关系不太好。他知道荀勖有一把宝剑，价值百万，由荀勖之母钟夫人收藏，就模仿荀勖的笔迹，把宝剑骗出来，再也不提归还之事。荀勖知道是钟会骗走的，却也没有办法要回来。

②不疑：即直不疑，西汉人。他任郎官时，同宿舍的人请假回家，误把另一人的钱拿走了。那人怀疑直不疑拿了他的钱，直不疑就用自己的钱还了他。请假回家的人回来后，说他走时拿错了钱，把钱还给了那人。那人十分惭愧，一再道歉。世人因此称直不疑

为长者。

【解译】　直不疑默认盗金一事,前人是作为正面的例子宣扬的。但是,这样的例子却不值得学习和效法。自己没有偷盗,却被诬偷盗,那就是对人格的侮辱,如果默认,就等于承认自己人格卑下。假如后来不能证明自己的清白,那岂不是拿屎盆朝自己头上扣?再说,没有偷盗而默认偷盗,实际上是对诬陷者的鼓励,也是对其不负责任。所以,不论从哪一方面而言,直不疑默认盗金事都不应宣扬。

【原文】　桓伊弄笛①,子昂碎琴②。

【注释】　①桓伊:字叔夏,东晋人。精通音乐,善于吹奏笛子。王徽之只知其名而不识其人,一次乘船过溪,桓伊从岸上过,有人说:“此桓野王也。”桓野王是桓伊的小名。王徽之听到后,就派人把他请来,说:“闻君善笛,试为我一奏。”此时桓伊虽然已是十分显贵,但他并没有什么架子,当即坐到胡床上,演奏了三段,然后,一言不发而去。

②子昂:即陈子昂,字伯玉,唐朝诗人。他刚到京师时,没有人理会他。一天,见一人卖胡琴,索价百万,很多王公贵族看了,都看不出这把琴好在哪里。陈子昂就拿一百万钱把它买了下来,说:“余善此乐,明日即可宣扬。”第二天,当王公贵族都来听他弹琴时,他说:“蜀人陈子昂,有文百轴,碌碌尘土,不为人知。此乐贱工耳,岂足留心!”于是,当场把花费百万买来的琴摔碎,把自己的文章分发给在场的人。从此,陈子昂名扬京师。

【解译】　按照今天的观点,唐代的陈子昂绝对是广告高手。他虽然有很多好文章,却是无人知晓,默默无闻。于是,他花百万钱买了一把王公贵族想买却又不知好坏的胡琴,说要演奏给他们听。当王公贵族都来听他演奏时,他却当众把胡琴摔碎,而把自己做的文章分发给他们,花百万钱为自己做了一次广告。这一招果然很奏效,一日之间就名震京师,成为家喻户晓的人物。

【原文】　琴张礼意①,苏轼文心②。

【注释】　①琴:即琴牢,字子张,春秋末年人。他与孟之反、子桑户是莫逆之交。子桑户死后,子张和孟之反不仅不哭,反而弹着琴唱歌。子贡奉孔子之命前去吊唁,见他们如此,问:“临丧而歌,合乎礼义吗?”二人相视而笑,说:“你哪里知道什么是礼义!”

②文心:刘勰解释之为“为文之用心”,用今天的话说,就是写文章的想法和思路。苏轼曾对人说:“某生平无快意事,惟作文,意之所到,则笔力曲折,无不尽意。自谓世间乐事,无复逾此。”

【解译】　按照常理,人死之后,亲朋好友要用哭泣表示悲哀,寄托哀思。可子张和孟之反二人却是又弹琴,又唱歌。他们以为子桑户已经返璞归真了,而他们还要在人世经受折磨。子贡对此表示很不理解。孔子却表示理解,以为他们是超脱世外的人,故不能用世俗的眼光来看他们。

【原文】　公权隐谏①,蕴古详箴②。

【注释】　①公权:即柳公权,唐代著名书法家。唐穆宗荒淫无度,又不听劝谏。时任

右拾遗的柳公权有心劝谏，却找不到合适的机会。刚巧有一次唐穆宗问他怎样才能把字写好，他就以写字为例进行笔谏。他说："用笔在心，心正则笔正，笔正写出来的字才可以让人效法。"

②蕴古：即张蕴古，唐朝人。他曾向唐高祖李渊上《大宝箴》，详述治国之道，提出了"以一人治天下，不以天下奉一人"的主张。

【解译】 柳公权笔谏唐穆宗，表现出不同凡俗的睿智和机敏。唐穆宗荒淫无度，听不进大臣的劝谏。柳公权很是着急，就借唐穆宗向他请教书法之机，以用笔比喻执政，巧妙地进行劝谏。唐穆宗虽然荒淫，但并不昏庸，一听就明白了他的意思，默然改容。柳公权笔谏的故事，因此而成为千古佳话。

【原文】 广平作赋①，何逊行吟②。

【注释】 ①广平：即宋璟，字广平，唐朝大臣。其为人贞姿劲质，刚肠疾恶，但其所作《梅花赋》，却清雅富艳，婉丽多姿，颇有南北朝徐陵、庾信之风。

②何逊：字仲言，南朝梁人。他喜爱梅花，在扬州任职时，常在府衙的一棵梅花树下吟诗。后来居住洛阳，因无梅花，请求再到扬州任职。他到扬州那天，正值梅花盛开，就邀请宾客，饮酒赏梅，笑傲终日。

【解译】 评论文学作品，常常要求知人论事，因为，只有知其人，才能理解和把握其作品。但是，人与作品毕竟是两码事，粗犷威猛之人也会有妩媚婉丽之作，性格柔媚多情之人也会写出豪迈奔放之文。宋璟就是个例子。他位居宰相，刚劲豪迈，铁肠石心，但其作品却是婉丽多姿，不减徐、庾。

【原文】 荆山泣玉①，梦穴唾金②。

【注释】 ①荆山泣玉：楚人卞和得到一块荆山璞玉，先后献给楚厉王和楚武王，以欺君之罪被砍去了双脚。楚文王即位，他抱玉哭泣，说："臣非悲刖，宝玉而题之以石，贞士而名之以诈，所以悲也。"文王令玉工雕琢卞和之玉，果然是稀世难得之美玉，于是称之为"和氏璧"。

②梦穴：陇南市武都区西沿江有石室，俗称"梦穴"。据《述异记》记载，有一艄公，遇黄衣人担两笼黄纸，请他帮忙运过江去。到了山崖下，那人朝船上乱唾一气，然后下崖而去，进入石室。艄公回头看船上，原先的唾物，竟然都是黄金。

【解译】 卞和的遭遇，正如他自己所说，是因真正的宝玉被当成石头，贞节志士被当成骗子。当一个社会如此颠倒黑白、混淆是非时，这个社会也就病入膏肓了，没有良方猛药，是很难根治的。卞和后来虽然遇到了一个明白事理的君主，使他发现的璞玉成为闻名天下的"和氏璧"，但恶果已经造成，损失已无法挽回了。

【原文】 孟嘉落帽①，宋玉披襟②。

【注释】 ①孟嘉：字万年，东晋人。桓温重阳节举行宴会，时任桓温参军的孟嘉参加宴会，风把帽子吹掉了，他竟然没有发觉。孙盛奉桓温之命写文章嘲笑他，孟嘉当即命笔

作答,文采斐然,四座叹服。

②宋玉:战国时期著名辞赋作家。他随从楚襄王游兰台宫,忽然秋风吹来,楚襄王就用袍襟遮挡,说:"好凉快的风啊,寡人与庶人一同共享。"宋玉说:"这是大王之风,庶人怎么能够共享?"

【解译】　宋玉的文章写得很好,但他的"大王之风"说,却有拍马之嫌。风雨阳光,都是自然现象,是造物主的赐予,无论天子还是庶民,皆可共享之。可是,宋玉却把自然界的风分为大王之风、庶人之风,说得活灵活现,楚襄王听了十分高兴。

【原文】　沫经三败①,获被七擒②。

【注释】　①沫:即曹沫,又作曹刿,春秋时期鲁国人。齐桓公伐鲁,与鲁庄公会盟于柯这个地方。曹沫用匕首挟持齐桓公,逼他归还侵占鲁国的土地。齐桓公就把三次战胜所得的土地都还给了鲁国。

②获:即孟获,三国人。诸葛亮平南蛮,七擒孟获,终于使其心悦诚服地归顺蜀汉。《三国演义》中有七擒孟获的故事,十分生动。

【解译】　曹沫是鲁国的一位奇人,有智谋,有勇力。他与鲁庄公论战略战术,提出了著名的"一鼓作气,再而衰,三而竭"的主张,在中国古代战争史上产生了深远影响。他利用齐鲁盟会之机,劫持齐桓公,迫使齐桓公把占领的鲁国土地还给鲁国,其胆略和勇力都是令人钦佩的。

【原文】　易牙调味①,钟子聆音②。

【注释】　①易牙:春秋时期齐国人。他的烹饪技术十分高超,被推荐给齐桓公。齐桓公对他说:"我已经尝遍天下的美味,只有蒸婴儿之味未尝。"于是,易牙就把自己的儿子蒸熟献给齐桓公,因此得到齐桓公的信任。

②钟子:即钟子期,春秋时期楚国人。钟子期精通音乐,伯牙善于弹琴。伯牙弹奏高山流水,钟子期一听就能听出来。钟子期死后,伯牙以为世上再也没有知音的人,就把琴弦全部弄断,从此不再弹琴。

【解译】　易牙阿谀拍马简直到了不顾廉耻、毫无人性的程度。他先是卖身讨好齐桓公的夫人卫共姬,深得她的宠幸。后来又向齐桓公献媚,讨齐桓公的喜欢。齐桓公喜欢美味,说已经尝遍天下美味,只有蒸婴儿没有尝过。一句也许只是开玩笑的话,易牙就当了真,把自己的儿子蒸了献给齐桓公,因此博得齐桓公的信任,有宠于齐桓公。

【原文】　令狐冰语①,司马琴心②。

【注释】　①令狐:即令狐策,东晋人。他做了一梦,梦见自己立在冰上,与冰下人说话,请索紞圆梦。索紞说:"冰上为阳,冰下为阴。为阴阳语,乃媒介事也。士人娶妻,冰还没有融化。你大概要为人做媒人了吧?"后人因此称媒人为"冰人"。

②司马:即司马相如。他知临邛富人卓王孙有女文君新寡,就弹奏《凤求凰》来挑逗她。文君喜欢音乐,听到司马相如弹琴,知道他的意思,十分高兴,就连夜与司马相如私

奔,逃回成都。

【解译】 司马相如与卓文君的故事,是典型的才子佳人故事。二人以琴音定终身,相思相慕,两情相悦。虽然后来因生活贫困,文君当垆卖酒,但他们也能以苦为乐,相悦相伴。传说司马相如富贵之后,曾想纳妾,卓文君作《白头吟》,表示要与司马相如断绝婚姻,司马相如因此而打消了纳妾的念头。

【原文】 灭明毁璧①,庞蕴投金②。

【注释】 ①灭明:即澹台灭明,字子羽,孔子的弟子。他曾带着价值千金的玉璧渡河,河伯想得到玉璧,兴风作浪,又令二蛟挟持澹台灭明乘坐的船。澹台灭明说:"吾可以义求,不可以威劫。"于是左手持玉璧,右手持剑斩蛟。蛟死后,风平浪静,澹台灭明投玉璧于河,连续三次玉璧都不落下。澹台灭明于是毁坏玉璧而去。

②庞蕴:字道玄,世号庞居士,唐代道士。传说他把家财都运到大海中,投进大海。临终前,他对刺史说:"但愿空诸所有,慎勿实诸所无。"

【解译】 孔子曾教导他的弟子,人而无信,不知其可也。弟子们谨遵先生的教诲,把诚信放在为人处世最为重要的地位。澹台灭明对河神的态度,就是以诚信为本。河神欲抢劫玉璧,他说:"吾可以义求,不可以威劫。"所以,当风平浪静之后,他把价值千金的玉璧投进河中,三投三起,他就把玉璧毁坏投进河中,以实践他的诺言。

【原文】 左思三赋①,程颐四箴②。

【注释】 ①左思:字太冲,西晋文学家。他历十年之功创作出《三都赋》,经张华、皇甫谧等名士评点,人们争相传写,洛阳一时为之纸贵。

②程颐:字正叔,世称伊川先生,北宋著名理学家。他曾作视、听、言、动四箴,用以警示自己。

【解译】 成语"洛阳纸贵",就出自左思创作《三都赋》一事。左思居于京城,欲赋蜀、吴、魏三都,构思十年。陆机原也准备写《三都赋》,听说这件事,嗤之以鼻,说等左思写出来后,他要拿它去盖酒坛子。可是,左思的《三都赋》写成后,洛阳士人争相传抄,致使洛阳纸贵。陆机读过之后,叹服不止,因而就打消了写作《三都赋》的想法。

十三 覃

【原文】 陶母截发①,姜后脱簪②。

【注释】 ①陶母:即陶侃之母。陶侃,字士行,东晋名将。陶侃小时候家中贫寒,范逵来造访,正赶上下大雪,陶母把床上垫的草撤下来喂范逵的马,又悄悄地把头发剪下卖钱买来酒菜,招待范逵。

②姜后:周宣王后。有一次,周宣王起得迟了,耽误了早朝。姜后就取下头上的簪子和饰物,待罪于永巷,让人对周宣王说:"妾不才,致使君王乐色而忘勤,失礼而晏起。祸乱之兴,自婢子始。愿请罪。"周宣王说:"寡人不德,实自生过,非夫人之罪也。"从此之

后,勤勉政事,早起晚归,终于使周朝中兴。

【解译】 姜后脱簪谏周宣王,既是自责,也是劝谏。周宣王则从这一事件中看到了自己的过失,痛改前非,勤勉于政。而唐明皇则是自从杨贵妃进宫,就"三千粉黛无颜色","从此君王不早朝"。两相对比,不难看出宣王中兴之由,唐朝转衰之因。

【原文】 达摩面壁①,弥勒同龛②。

【注释】 ①达摩:原名菩提多罗,天竺人,中国佛教禅宗开山之祖。相传他曾在嵩山少林寺达摩洞面壁九年,参悟禅理。圆寂后葬熊耳山。

②弥勒:即弥勒佛,字阿逸多,意即无胜。世人把高僧修行称作与弥勒同龛。龛:供奉神位、佛像的小阁子。

【解译】 达摩面壁九年,终于创立了中土禅宗,使之成为中土佛教最大的门派。这种对真理的执着追求的精神,实际上也是一切成功者的先决条件。要成就一种事业,实现既定的目标,缺少这种坚忍执着的精神,是很难成功的。

【原文】 龙逢极谏①,王衍清谈②。

【注释】 ①龙逢:即关龙逢,夏桀时大臣。夏桀暴虐无道,关龙逢多次犯颜直谏,惹得夏桀很不高兴,把他囚禁起来杀了。

②王衍:字夷甫,西晋大臣。他身居高位,仕不事事,善于清谈,喜谈老、庄玄理,而且随意更改,人称他口中雌黄。

【解译】 关龙逢直言进谏,可谓忠心耿耿,可惜他遇到了中国历史上最残暴的暴君,因忠言逆耳而被杀。魏征也是犯颜进谏,有时那话说得也是够难听的,可唐太宗却能听得进去,并视魏征为"人镜"。同是忠臣,所遇君主不同,境遇竟是如此不同,实在令人感慨!

【原文】 青威漠北①,彬下江南②。

【注释】 ①青:即卫青,字仲卿,西汉名将。汉武帝时,他七次出征匈奴,屡建战功,威镇漠北,令匈奴不敢南视。

②彬:即曹彬,字国华,北宋名将。他奉宋太祖之命平定南唐,严肃军纪,不妄杀一人,令南唐后主李煜举众而降。班师回朝后,他不说平定南唐,只说奉旨到南唐公干而回。

【解译】 曹彬平定南唐,眼看就要胜利了,他担心城破之日,诸将乱杀无辜,忽然称病不起。诸将前来请安,他才说出实情:"余疾非药所能愈,惟诸公诚心自誓,城下之日,不妄杀一人,则自愈。"作为领军统帅,能如此关心百姓,关心生命,实可称仁者之师。

【原文】 遐福郭令①,上寿童参②。

【注释】 ①郭令:即郭子仪,官至中书令,故称郭令。传说他在七月初七夜,望见空中一美女自天而降,以为是织女,就对她施礼而拜。美女说他将大富贵,享长寿。说罢升空而去。后因多有战功,封汾阳王,八子七婿皆显贵一时。

②童参:北宋人。他生性淳朴,以耕为隐,安于清苦,活了一百零三岁。

中华传世藏书

国学经典文库 龙文鞭影

图文珍藏版

【解译】 郭子仪是平定"安史之乱"的功臣，也是中唐时期最具影响力的将领。因其兵权太大，唐德宗即位后，尊他为尚父，给他极高的荣誉，罢了他的兵权。郭子仪待人宽大仁厚，心胸宽广，因而得以富贵长寿。

【原文】 郗愔启箧①，殷羡投函②。

卫青钳徒论相

【注释】 ①郗愔：东晋人。其子郗超为桓温参军，参与了桓温密谋叛乱之事。郗超将死的时候，知道父亲郗愔会悲伤，就派人把一个箱子送给父亲，说："父亲哀悼，可呈此箱。"郗超死后，郗愔果然十分悲伤，门生把箱子呈给他。他打开一看，全是郗超和桓温密谋叛乱的密信，气愤地说："死的晚了！"果然再不为郗超悲伤。

②殷羡：字洪乔，东晋人。他任豫章太守时，准备回家乡，同郡的人都让他给家人捎带书信。他行至石头城（今南京）时，把捎带的一百多封书信都扔进长江中，说："沉者自沉，浮者自浮。殷洪乔不能为人充当送信的邮差。"

【解译】 殷羡是东晋很有名的人物，但他这种做法却不够光明磊落。老乡让捎封书信，如若不方便，可以拒绝。既然答应帮他们传递书信，就应该践诺，而不应食言，更不该把别人的书信都投进长江之中。可他既然接受了别人的嘱托，又不愿屈驾，不肯"为人作致书邮"，实在不是名士所为。

【原文】 禹偁敏赡①，鲁直沉酖②。

【注释】 ①禹偁：即王禹偁，字元之，北宋文学家。他九岁能文，反应敏捷。毕士安出了一个上联"鹦鹉能言争似凤"，让孩子们对下联。刚巧王禹偁在场，随口对道："蜘蛛虽巧不如蚕。"毕士安听了，不由得感慨道："子文章满腹，必当名世。"

②鲁直：即黄庭坚，字鲁直，北宋文学家。他沉湎于经史，勤学不倦。他曾对人说，士大夫三日不读书，则义礼不交于胸中，对镜觉面目可憎，向人则语言无味。

【解译】 黄庭坚能够成为大文豪，名列"苏门四学士"之首，诗文、书法皆擅场一时，主要得益于他勤奋学习，博采众长，得益于他有深厚而丰富的古文化知识。他把读书学习作为日常必需的功课，认为必须勤学不辍，否则就会自惭形秽，就会无法和人交谈。

【原文】 师徒布算①，姑妇手谈②。

【注释】 ①布算：排列算筹，进行推算。传说唐朝僧一行到天台山国清寺访师，来到寺院门口，听见寺僧正在布算，对徒弟说："今日当有弟子远来求吾算法，已经应该到门口了。"寺僧除去一根算筹，说："弟子已到。"听了这句话，僧一行急忙进去拜师求教。

②手谈:围棋对弈称为手谈。王积薪随唐明皇入蜀,夜宿深溪,有婆媳二人在室内下围棋,虽无灯火,却激战正酣。到收枰时,他听见婆婆对媳妇说:"你已经输了,我只赢了九局。"姑妇,即婆媳。

【解译】 围棋是中国的国粹。在古代,很多人都会下围棋,而且不乏民间高手。像上面说到的这对婆媳,家住深山,外无四邻,夜晚无以为乐,又没有灯火,竟然各回各屋,下起了盲棋。象棋可以下盲棋,围棋下盲棋,却是很少听说。即使是今天的围棋国手,恐怕也很难找出可以下盲棋的人。

十四 盐

【原文】 风仪李揆①,骨相吕岩②。

【注释】 ①李揆:字端卿,唐朝大臣。风度翩翩,仪表不俗,文章写得好,善于奏对。唐肃宗称赞他为"当世第一,朝廷羽仪"。

②吕岩:字洞宾,道号纯阳子。传说他还在襁褓中的时候,马祖见之,说:"此儿骨相不凡。日后遇庐则居,见钟则叩,留心记取。"他长大后游庐山,遇汉钟离,得其点化而成仙。

【解译】 吕岩是传说中的八仙之一。八仙指汉钟离、张果老、吕洞宾、李铁拐、韩湘子、曹国舅、蓝采和与何仙姑,他们都是道教传说中的人物,有无边的法力。传说他们来到东海,各显神通,顺利过海。成语"八仙过海,各显神通",指的就是这件事。

【原文】 魏牟尺縰①,裴度千缣②。

【注释】 ①魏牟:战国时期人。他去见赵王,赵王正让工匠制作冠。赵王向他请教治理国家的办法,他说:"大王如果真的能把治理国家看得像这二尺縰那样,国家就得到治理了。"赵王很不理解,以为国家大事怎能看得那么轻巧。魏牟说:"大王制冠不用亲近的人,一定要找技艺高超的工匠,岂不是怕他们糟蹋了縰而制不成冠吗?如今治国不求贤才,而是任用您喜爱的人,这不是把国家看得比二尺縰还轻吗?"赵王听了,没法回答。縰:黑色的细绢。

②裴度:字持正,唐朝大臣。裴度修建福先寺,想让白居易写碑文。皇甫湜当时与张籍、李翱等齐名,任裴度的判官。听说此事,对裴度说:"近舍湜而远求居易,请辞。"裴度就让他写碑文。皇甫湜援笔立成。裴度用丰厚的车马绸缎等物酬劳他。皇甫湜很不满意,说:"自吾为《顾况集序》,未尝许人。今碑文三千字,一字三缣,何遇我薄耶?"裴度笑了笑,说:"不羁之才,应当足数。"缣:丝绢。

【解译】 魏牟以制冠为喻,向赵王讲述治国之道,由浅入深,意味深长。赵王为做一顶漂亮的帽子,找来最好的工匠来做。可是,治理国家,他却是用亲近的人,而不是像做帽子那样选择最有才能的人。所以,魏牟说魏王治理国家,若能像做帽子选择能工巧匠那样,选拔贤才,则国家就可以得到治理了。

【原文】 孺子磨镜①,骒士织帘②。

【注释】 ①孺子:即徐稚,字孺子,东汉人。他很有才能,却是不愿做官,很多人请他都请不动。虽然如此,那些请他做官的人去世后,他不顾家中贫穷,一路上靠磨镜子赚几个钱,买只鸡,打壶酒,前去吊唁。吊唁完毕,不见丧主,就悄悄地离开。

②骥士:即沈骥士,字云祯,南朝齐人。少年时即好学,家中贫穷,要靠织帘谋生,他一边织帘,一边读书,手不停,口亦不停,被称为"山薮奇士"。朝廷多次征召他出来做官,都被他找个理由推辞了。

【解译】 沈骥士不慕富贵,固然值得称道,但他读书的精神,更值得人们学习。家里贫穷,为了谋生,他不得不承担起生活的重任,织帘赚钱,养家糊口。但他又不愿意放弃学业,只好一边织帘子,一边读书。学成之后,他多次放弃了做官的机会,而是选择了教授学生,传道授业解惑。这种选择与传统的"学成文武艺,货于帝王家"的观念有根本的不同。

【原文】 华歆逃难①,叔子避嫌②。

【注释】 ①华歆:字子鱼,三国魏人。他和王朗一起乘船逃难,有一男子想乘他们的船,华歆感到为难,不想捎带他。王朗说:"船上还宽敞,为什么不能捎带?"就让那个男子上了船。后来,盗贼越追越近,王朗却后悔了,想让那个男子下船。华歆以为既然已经捎带了,就不应该再抛弃,于是就带着那个男子一起逃难。

②叔子:即颜叔子,春秋时期鲁国人。他独自一人居住,夜里下大雨,邻居家的房屋倒塌,一个女子深夜来投奔他。为避嫌疑,他点燃一根蜡烛,让那个女子拿着,蜡烛燃尽了,又点燃火把,就这样一直到天明。

【解译】 柳下惠坐怀不乱,已是千古佳话。颜叔子与一女子独处,为避嫌疑,始终让屋中灯火通明,可称柳下惠第二。三国时期的关羽,与刘备的两位夫人居于一室,夜里秉烛读《春秋》,目不斜视,与颜叔子令女子秉烛,可谓是异曲同工。

【原文】 盗知李涉①,虏惧仲淹②。

【注释】 ①李涉:唐朝人。他有一次夜行遇强盗,强盗首领认出了他,说:"既是李博士,不用剽夺。久闻诗名,愿赠一首足矣。"李涉即口占一首:"暮雨萧萧江上村,绿林豪客夜知闻。他时不用逃名姓,世上而今半是君。"强盗听了,高兴地说:"说得很对。"反而拿出酒肉来招待他。

②仲淹:即范仲淹。他任陕西经略副使,镇守延安。西夏人相互告诫说:"毋以延安为意。小范老子胸中有数万甲兵,不比大范(指范雍)老子可欺也。"当时军中流行一句谚语:"军中有一韩,西贼闻之心胆寒。军中有一范,西贼闻之惊破胆。"

【解译】 李涉自号青溪子,唐文宗时曾为太学博士,因事被流放南方,当时颇有诗名。他赠强盗的这首诗名《井栏砂宿遇夜客》,是为应酬"绿林豪客"而作。其中"世上而今半是君"一句最堪玩味,虽是不经意之笔,却极具辛辣讽刺意义。

【原文】 尾生岂信①,仲子非廉②。

【注释】　①尾生：即尾生高，战国时期鲁人。他与一女子相爱，在桥下约会，女子还没有来，忽然河水暴涨，尾生高为守信，抱住桥柱，不肯离开，竟被淹死。庄子以为尾生高抱柱而死，不是为了守信，而是为了求名。

②仲子：即於陵仲子，战国时期齐国人。他为躲避齐国之乱，而逃到楚国，楚王想用他为相，他又隐姓埋名，逃到一个不为人知的地方，靠给人种菜为生。有人认为，他上不臣于君，下不治理家，又不交于诸侯，不能算是廉洁之人。

【解译】　尾生高抱柱而死，是不是为了守信，确实值得商榷。虽然相约于桥下，但女子未至，已是不守信义在前。再说，河水暴涨，如果为了守信，完全可以到桥上去等，不必那么死心眼。庄子说他是为了求名，不是为了守信，有一定的道理。

【原文】　由餐藜藿①，㬎贩鱼盐②。

【注释】　①由：即仲由，字子路。他小的时候，家里很穷，就自己吃野菜，跑到百里之外的地方背米给父母吃。富贵之后，他仍不忘父母，说："愿食藜藿，为亲负米，不可复得也。"孔子以为，子路在父母活着的时候为他们尽力，父母去世后又为他们尽哀。

②㬎：即胶㬎，商朝人。商朝末年，他见天下大乱，弃官不做，做起了小商小贩，靠贩鱼卖盐为生。

【解译】　子路小时候很穷，长大后却是家财万贯，钟鸣鼎食。日子虽然富起来了，可他依然思念当初那种吃野菜充饥，远到百里之外为父母背米的情形。这并不是因为他过惯了穷日子，而是以此表示对父母的怀念与哀思。

【原文】　五湖范蠡①，三径陶潜②。

【注释】　①范蠡：字少伯，春秋时期越国大夫。他帮助勾践灭吴之后，谢绝高官厚禄，泛舟五湖，得以全身而退。

②三径：即家园。陶渊明自辞彭泽县令，隐居家乡，赋《归去来兮辞》，其中有"三径就荒"之语。

【解译】　范蠡深谙为官之道，明白功高震主是祸患之由，所以，在帮助勾践灭吴之后，辞官而去，泛舟五湖。后来，他入齐经商，自号陶朱公，累财数万，富可敌国。陶朱公因而成为富豪的代名词。

范蠡像

【原文】　徐邈通介①，崔郾宽严②。

【注释】　①徐邈：字景山，三国魏人。曹操执政的时候，世贵清素，人人皆求高名，而徐邈却很通达。魏明帝时，天下尚奢糜靡，徐邈却是清雅自若，不随波逐流，人们因此说他耿介。

②崔郾：字广略，唐朝人。他任职陕西的时候，施法宽容，常常是一个月还不惩罚一个人。可是，到鄂地（今湖北）任职后，施法甚严，只要有违法乱纪之事，一定严惩不贷。

有人问他为何宽严不一,他说:"陕西土地贫瘠,百姓辛苦,我用安抚的办法,老百姓就容易心服。鄂地土地肥沃,百姓剽悍,还保留有少数民族的风俗,不施威严,就不能制服。"

【解译】 崔郾为官,恪守入境问俗、政贵知变的原则,每到一个地方,先了解这个地方的风俗民情,然后对症下药,因势利导,所以,他不论在陕西为官,还是在湖北为官,都能把他的辖下治理得很好。地域不同,百姓不同,风俗不同,贫富不同,为政的方法也应有所不同。若墨守成规,不加变通,以为真正有适用于天下每一个地方的政策,就会出现大问题。

【原文】 易操守剑①,归罪遗缣②。

【注释】 ①易操:改变操守。东汉王烈,字彦方,以孝义闻名乡里。有人偷了一头牛,被主人抓住。偷牛人说:"要杀要剐随便,但不要让王彦方知道。"王烈知道这个偷牛人家里很穷,就送给他一匹布。后来,有一人在路途上丢失了剑,回去寻找,见一人正守在剑旁,问其姓名,却是原来偷牛的人。

②遗:赠送的意思。东汉陈寔心存公正,有名于乡里。一天夜里,他正在读书,发现有一个小偷藏在房梁上,他就把弟子叫来,对他们说:"那些做坏事的人,未必本来就是恶人,是社会风俗和个人性格使他们成这个样子的。梁上君子就是这样的人。"小偷听了,急忙跳下来,磕头请罪。陈寔说:"你也是因为家里穷才来偷盗的。"说罢,赠送给他两匹缣,就让他走了。

【解译】 陈寔对偷盗者,可谓是宽宏大量。他知道那些偷盗的人是因为贫穷才不得已铤而走险,做梁上君子的,并不是这些人生来就是做盗贼的料。这样的人,拉他一把,他就可能转变过来,成为一个奉公守法的人;若是推他一把,他也就可能破罐子破摔,索性就去做强盗了。陈寔发现了梁上君子,教育他,感化他,目的是想把他拉回人生的正路。

十五　咸

【原文】 深情子野①,神识阮咸②。

【注释】 ①子野:即桓伊。他精通音乐,善于吹奏笛子。每当听到动听的歌声,他就不由自主地感慨不已。谢安知道他对音乐有特殊的爱好,说:"子野对音乐可谓是一往情深啊!"

②阮咸:字仲容,竹林七贤之一。他精通音乐,尤善音律。当时,荀勖奉旨校正雅乐,阮咸却以为荀勖校正的雅乐与古音律不合,因此遭到荀勖的打击报复,被贬为始平太守。后来发现了周朝的玉尺,荀勖拿来校正自己调制的乐器,发现果然与古音律不合,于是十分佩服阮咸的见识。

【解译】 桓伊不仅精通音乐,而且很有正义感。谢安是当时最有声望的人,也是东晋的安全保障。可是,有人却诬陷他,晋孝武帝对谢安也产生了怀疑。桓伊就借为孝武

帝吹奏笛子的机会,演唱曹植的《怨诗》,其中有"为君既不易,为臣良独难。忠信事不显,乃有见疑患"数句,为谢安鸣不平。传说孝武帝听了,即时感悟。

【原文】 公孙白苎①,司马青衫②。

【注释】 ①公孙:即公孙侨,字子产,春秋时期郑国大夫。吴使季札出使郑国,赠给子产吴地贵重的缟带,子产也把郑国贵重的苎麻衣服赠送给季札。二人各献自己国家珍贵的东西给对方,用以表示彼此的友好关系。

②司马:即白居易。白居易被贬为江州司马,高兴地说:"我思念匡庐很久了,今得青山绿水,为风月主人,幸甚!"一日送客至溢浦口,夜闻琵琶声,得知是长安老妓,遂作《琵琶行》,其中有"座中泣下谁最多,江州司马青衫湿"之句。

【解译】 白居易是一个忧国忧民的诗人,也是一个喜欢吟风弄月的诗人。前者以他的新乐府和《长恨歌》为代表,后者以《琵琶行》为代表。自称风月主人的白居易,在这首诗中尽情抒写清风明月,荻花枫叶,对长安妓"老大嫁作商人妇"的不幸命运表示了深刻的同情。

【原文】 狄梁被谮①,杨亿蒙谗②。

【注释】 ①狄梁:即狄仁杰,因功追封为梁国公。武则天曾对他说:"你在汝南任职的时候,有人诬陷你,你想知道他是谁吗?"狄仁杰说:"陛下如果以为是臣的错,我会改正;如果陛下以为臣没有错,那是我的荣幸。那些诬陷臣的话,我不想听。"

②杨亿:北宋文学家。他的才能受到当权者的嫉恨,朝中也常常有人攻击和诬陷他。他向宋真宗呈上谢罪表,表文形容那些人对他的态度是:"已落沟壑,犹下石而未休;方因蒺藜,尚弯弓而不已。"

【解译】 狄仁杰对于诬陷他的人,采取的是一种"任凭风浪起,稳坐钓鱼船"的态度。因为他知道,任何诬陷,都只有让皇上相信才行。皇上若是相信,你辩驳也无用;皇上若是不信,也用不着再去表明自己的清白。在皇权社会,作为大臣,狄仁杰这样做是很明智的,既显示出自己的宽容大度,又表示了对皇权的绝对尊重。

【原文】 布重一诺①,金慎三缄②。

【注释】 ①布:即季布,西汉人。他原是楚地游侠,以重义守信著称,当时就有"得黄金百斤,不如得季布一诺"的说法。

②金:指后稷庙(一说是太庙)的金人。传说孔子入后稷庙,见金人,三缄其口,只是在其背后写道:"古之慎言人也。无多言,多言多败。无多事,多事多患。安乐必戒,无所行悔。勿谓何伤,其祸将长。勿谓何害,其祸将大。"

【解译】 古人有千金一诺之说。这种说法是从西汉时期楚地的谚语"得黄金百斤,不如得季布一诺"演化而来。诺,即然诺,答应的事情。有的人言而无信,其许诺根本不可信。有的人却是重信重义,一言既出,驷马难追,只要是答应的事,哪怕有千难万险,也要践诺。这样的人是诚信之人,是重义气守信用的人,也是传统文化极力宣扬的人。

【原文】 彦升非少[①]，仲举不凡[②]。

【注释】 ①彦升：即任昉，字彦升，南朝梁人。八岁就能写文章，后来做了高官，为政清廉。褚渊曾对他的父亲任遥说："你有一个好儿子，大家都高兴。正所谓一百不为多，一个不算少。"

②仲举：即陈蕃。当时有一个叫薛勤的人，前去他家拜访，他的父亲出门迎接。薛勤说："足下有一个不同凡俗的儿子，我来是看他的，不是看你的。"他见院子荒芜，对陈蕃说："小孩子家，为何不打扫打扫来招待客人？"陈蕃说："大丈夫当扫除天下，哪里用得着打扫一个院子！"

【解译】 所谓好儿郎，就是有才能，懂道理，肯学习，怀大志，孝敬父母，尊敬长辈的人。好儿郎多多益善，再多不嫌其多。假如不能求其多，一个也不算少。俗话不是有这种说法吗，好儿不要多，一个顶几个。

【原文】 古人万亿，不尽兹函[①]。

【注释】 ①函：套匣，古代书籍多为线装书，分册装订，再装入套匣内。

【解译】 古代有很多不同凡俗的人物，他们的事迹、学问、人品，他们的道德情操、处世态度，以及他们待人接物的方式，都有很多可圈可点的地方。这样一本书是很难囊括得了的。要多学习古代文化知识，继承优秀的传统文化，发扬光大中华民族勤奋学习、自强不息、百折不挠、积极进取、海纳百川、勇往直前的民族精神。